D1671753

FRANZIS LEXIKON

MIDDLEMARCH

FRANZIS LEXIKON

Wolfgang Wienicke

PC-XT-AT Lexikon

- Alle praxisrelevanten Begriffe
- besonders ausführlich erklärt
- mit zahlreichen Problemlösungen

Mit 76 Abbildungen

2., neu bearbeitete und erweiterte Auflage

FRANZIS

Die Deutsche Bibliothek – CIP-Einheitsaufnahme

Wienicke, Wolfgang:
PC-XT-AT-Lexikon: alle praxisrelevanten Begriffe besonders ausführlich erklärt; mit zahlreichen Problemlösungen / Wolfgang Wienicke. – 2., neubearb. und erw. Aufl. – München: Franzis, 1991.
   (Franzis-Lexikon)
   ISBN 3-7723-5513-7
NE: HST

Wichtiger Hinweis:
Die Warennamen werden ohne Gewährleistung der freien Verwendbarkeit benutzt.
MS-DOS, MS-Word, MS-Works sind eingetragene Warenzeichen der Microsoft Corporation. WordStar ist eingetragenes Warenzeichen der Firma MicroPro International. IBM, XT, AT, CGA, EGA sind eingetragene Warenzeichen, PS/2 ist ein Warenzeichen von International Business Machines Corp. WordPerfect ist eingetragenes Warenzeichen der WordPerfect Corporation. Open Access ist eingetragenes Warenzeichen von Software Products International. Lotus 1-2-3 und Symphony sind eingetragene Warenzeichen der Lotus Development Corporation. Multimate ist eingetragenes Warenzeichen der Firma Ashton-Tate. AutoCAD ist eingetragenes Warenzeichen der Firma Autodesk. PC-Draft ist eingetragenes Warenzeichen der Firma RHV-Software.

© 1991 Franzis-Verlag GmbH, München

Sämtliche Rechte – besonders das Übersetzungsrecht – an Text und Bildern vorbehalten. Fotomechanische Vervielfältigungen nur mit Genehmigung des Verlages. Jeder Nachdruck – auch auszugsweise – und jede Wiedergabe der Abbildungen, auch in verändertem Zustand, sind verboten.

Satz: Franzis-Verlag GmbH, München (DTP)
Druck: Offsetdruck Heinzelmann, München
Printed in Germany · Imprimé en Allemagne

ISB N 3-7723-5513-7

Vorwort

Das PC-XT-AT-Lexikon wendet sich an eine breite Schicht von PC-Anwendern. Bereits dem Einsteiger, der noch vor der Anschaffung seines PCs steht, hilft es bei der Auswahl des richtigen Gerätes. Dazu werden die einzelnen Computer, Computerfamilien und Peripheriegeräte beschrieben. Außerdem wird darauf hingewiesen, welche Systemerweiterungen bei den einzelnen Computern später möglich sind.

Ist der PC angeschafft, so ist das Lexikon bei der Wahl des geeigneten Betriebssystems und der geeigneten Programmiersprache behilflich. Wer keine eigenen Programme schreiben will, kann sich informieren, welche käuflichen Anwendungsprogramme man auf PCs benutzen kann.

Dem routinierten PC-Anwender dient das Lexikon als Nachschlagewerk, in dem er unter einer Vielzahl von Stichwörtern Lösungen zu alltäglichen und nichtalltäglichen Problemen findet. Nach dem Motto "wie war das doch gleich" läßt sich z.b. unter den Oberbegriffen Bedienungstechniken und Programmiertechniken nachschlagen, wie man mit Hilfe der Tastenumdefinierung die Funktion einer Taste neu belegen kann, oder welche Sortierverfahren zum Sortieren von Variablenfeldern benutzt werden können.

Damit auch die Computerfreaks nicht zu kurz kommen, wird der Einstieg in die Systemprogrammierung mit Hilfe des Dienstprogramms Debug gezeigt. Ein Beispielprogramm soll hier die Experimentierfreude der Freaks anregen. Auch die Interruptroutinen und ihr formeller Aufruf sind beschrieben, um das Handwerkszeug für diese Experimentierarbeit zu liefern.

Dem PC-Händler ermöglicht das Lexikon z.B. nachzuschlagen, was bei der Installation unterschiedlichster Peripheriegeräte im einzelnen im Inneren eines PCs vorgeht. Aber es wird auch generell sehr detailliert auf die Arbeitsweise der einzelnen Baugruppen des PCs eingegangen.

Um auch Theoretiker anzusprechen, wird unter dem Oberbegriff Codierungsverfahren auf Begriffe aus der Informatik wie z.B. Hammingdistanz oder Redundanz eingegangen. Dabei liegt immer der Schwerpunkt auf der Bedeutung dieser Ausdrücke für PCs. Um die Hardwareeigenschaften von Computern und Peripheriegeräten auch rechnerisch zu erfassen, wird außerdem ausführlich auf die physikalischen Größen und Einheiten eingegangen, die die Hardware von Computersystemen beschreiben.

Um dem Lexikonbenutzer auch bei der Bedienung des PCs und bei der Erstellung von Programmen als Nachschlagewerk zu dienen, verfügt es über eine Beschreibung der Befehle für die beiden wichtigsten Betriebssysteme MS-DOS und OS/2. Dazu werden auch die Befehle der beiden Dienstprogramme Edlin und Debug beschrieben.

Da ein Interpreter für die Programmiersprache Basic auf allen PCs vorhanden ist, wird Basic in diesem Lexikon benutzt, um Beispielprogramme zu verschiedenen Problemen zu formulieren. Deshalb sind auch die Befehle dieser Programmiersprache beschrieben. Der beschriebene Befehlssatz kann sowohl von einem GW-Basic-Interpreter als auch von einem BasicA-Interpreter verarbeitet werden. Außerdem wird darauf hingewiesen, wie Programme, die mit einem Interpreter erstellt wurden, später durch einen Compiler wie z.B. dem Quick-Basic-Compiler oder dem Turbo-Basic-Compiler übersetzt werden können. Bei Problemen, für die BASIC nicht so gut oder gar nicht geeignet ist, wird zusätzlich eine Lösung in der Programmiersprache Turbo-Pascal formuliert.

Damit das Lexikon auch bei speziellen Detailproblemen weiterhelfen kann, wird sehr intensiv auf die Funktionsweise der PCs eingegangen. Besonderen Wert wird auf die Computerarchitektur der Mikroprozessoren gelegt. Um hier keine Frage schuldig zu bleiben, beschreibt das Lexikon die Funktionsweise der Mikroprozessoren bis auf die Ebene der Volladdierer und Gatter und die Funktion der Systemsoftware bis auf die Ebene der Interruptroutinen. Ebenso großer Wert wie auf die Computerarchitektur der PCs wird aber auf die vielfältigen Anwendungsprogramme für PCs gelegt. Dazu wird in einem speziellen Schwerpunktthema zunächst auf die Möglichkeiten hingewiesen, die sich mit PCs eröffnen. Aus dem Schwerpunktthema Anwendungsprogramme erfolgen dann Querverweise zu Unterkapiteln, in denen Anwendungsgebiete wie z.B. Textverarbeitung, Tabellenkalkulation oder die Datenbanken detailliert beschrieben werden. Die Beschreibung der Anwendungsgebiete und der zugehörigen Programme erfolgt zunächst in allgemeingültiger Form, um dem Lexikonbenutzer zeitloses, nicht veraltendes und nicht an Programme oder Programmversionen gebundenes Fachwissen zu bieten. Erst am Ende der Anwendungsgebiete wird auf spezielle Anwendungsprogramme hingewiesen, die von den einzelnen Firmen entwickelt worden sind. Eine detaillierte Beschreibung der firmenspezifischen Anwendungsprogramme bleibt Softwarehandbüchern und spezieller Literatur überlassen.

Damit bei der Tiefe der Details, die das Lexikon beschreibt, der Überblick über den Computermarkt nicht verloren geht, wird das Thema Computerfamilien behandelt. Unter diesem Thema wird beschrieben, welche Computer es neben den PCs gibt und für welche Zwecke diese Computer benutzt werden. Dazu wird die Welt der Homecomputer und der Workstations beschrieben, es wird aber auch auf Anlagen der mittleren Datentechnik und Großrechner eingegangen. Auch die Grenze zwischen den PCs und anderen nicht IBM-kompatiblen Personalcomputern wird beschrieben.

Das Problem bei solchen alphabetisch sortierten Nachschlagewerken ist, daß es nicht so reizvoll ist, das Lexikon von vorn bis hinten durchzulesen wie ein normales Buch, weil die Themen zu stark wechseln. Das führt dazu, daß die Besitzer solcher Lexika oft gar nicht wissen, welch vielseitige Information ihr Nachschlagewerk enthält. Um dem vorzubeugen, verfügt das PC-XT-AT-Lexikon über Schwerpunktthemen, die sich wie die Kapitel eines Computerbuches lesen lassen.

Die Schwerpunktthemen sind nach einer Baumstruktur geordnet, in der das Kapitel PC die Wurzel bzw. den Stamm des Baumes bildet. Vom Kapitel PC aus wird über Querverweise zu den Kapiteln der nächsten Ebene verwiesen, in denen z.B. Betriebssysteme, Mikroprozessoren oder Bildschirme beschrieben sind. Von den Kapiteln der ersten Ebene erfolgen dann weitere Querverweise zu den Kapiteln der zweiten Ebene. Schwerpunktthemen der zweiten Ebene sind z.B. MS-DOS, OS/2, Rechenwerk oder Videokarte. Auf diese Weise wird z.B. von dem Stichwort PC über die Stichworte Mikroprozessor, Rechenwerk, Volladdierer und logische Verknüpfung in die Tiefe der PC-Details verzweigt. Dem Benutzer des Lexikons wird es dadurch möglich, den gesamten Inhalt des Lexikons systematisch themenorientiert zu studieren.

Um zu vermeiden, daß der Benutzer des Lexikons durch Querverweise zu oft von Stichwort zu Stichwort verwiesen wird, weisen die Querverweise mit dem Zeichen → nur vom Oberbegriff zu den Unterbegriffen, also z.B. von Betriebssysteme zu MS-DOS und OS/2, aber nicht umgekehrt.

Ein Querverweis erfolgt auch nur, wenn in dem Unterbegriff wesentlich ausführlicher informiert wird als im Oberkapitel. Der Begriff im Unterkapitel wird aber bereits im Oberkapitel soweit erklärt, wie es für das Verständnis des Oberkapitels nötig ist. Ein Nachschlagen unter dem Querverweis kann dann nach dem Durchlesen des Oberkapitels erfolgen. Der Lesefluß beim Durchlesen des Oberkapitels wird auf diese Weise nicht gestört.

Um einem Benutzer, der unter MS-DOS nachgeschlagen hat, die Möglichkeit zu geben, sich auch noch einmal umfassend über den Oberbegriff Betriebssysteme zu informieren, erscheint am Ende des Unterbegriffes, wie z.B. MS-DOS, der Hinweis "vgl. Betriebssysteme". Dadurch soll angedeutet werden, daß MS-DOS zu dem Oberbegriff Betriebssysteme gehört. Verfolgt man den Weg im Verzweigungsbaum über die Hinweise vgl. zurück, so gelangt man in jedem Fall zu dem Kapitel PC. Vom Kapitel PC aus kann danach ein anderes artverwandtes Unterkapitel verfolgt werden. Andererseits stellt das Kapitel PC aber auch eine Einleitung in das PC-XT-AT-Lexikon dar, in dem alle Unterkapitel angesprochen werden.

A

Abfrage
Überprüfung einer Variablen auf einen bestimmten Wert oder eines Peripheriegerätes auf einen bestimmten Zustand.

Abfrage einer Variablen
Überprüfung, ob eine Variable einen Wert besitzt oder einen bestimmten Wertebereich einhält. Die Abfrage erfolgt in einem Programm. Dort wird die Variable mit einem Referenzwert verglichen. Dabei ergibt sich, ob die Variable einen bestimmten Wert oder Wertebereich einhält oder nicht einhält. Auf Grund einer der beiden Bedingungen wird dann im Programm in einem von zwei verschiedenen Programmteilen weitergearbeitet. In der Programmiersprache Basic wird die Abfrage einer Variablen durch den →Basic-Befehl IF realisiert.

Abfrage, Peripheriegerät
In einer Abfrage kann auch der Zustand eines Peripheriegerätes überprüft werden. Dies erfolgt dann im Computer durch die Abfrage einer Zustandsvariablen, die den Zustand des Peripheriegerätes widerspiegelt. Dadurch kann z.B. in einem Druckprogramm festgestellt werden, ob ein Drucker betriebsbereit ist oder nicht. Im ersten Fall muß ein Programmteil ausgeführt werden, der Daten an den Drucker ausgibt. Im zweiten Fall muß auf die Betriebsbereitschaft des Druckers gewartet werden.
Vgl. Programm.

Abfragesprache
Sprache, in der eine →Datenbank bequem erstellt, geändert und wieder abgefragt werden kann. Vgl. Datenbankprogramm.

Abfragetechnik
→Polling

Ablaufdiagramm
→Flußdiagramm

ablauffähig
→ausführbar

Ablaufverfolgung
→trace

ABS
→Basic-Befehle

absolute Adresse
→Adresse, absolute

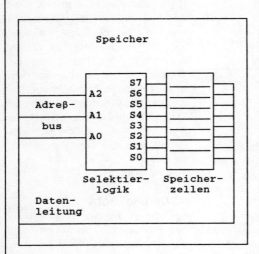

3 Bit Adresse

Selektierlogik											
Adressen			Selektiersignale								
A2	A1	A0	S0	S1	S2	S3	S4	S5	S6	S7
0	0	0	1	0	0	0	0	0	0	0
0	0	1	0	1	0	0	0	0	0	0
0	1	0	0	0	1	0	0	0	0	0
0	1	1	0	0	0	1	0	0	0	0
1	0	0	0	0	0	0	1	0	0	0
1	0	1	0	0	0	0	0	1	0	0
1	1	0	0	0	0	0	0	0	1	0
1	1	1	0	0	0	0	0	0	0	1

Mit einer n-bit Adresse können
2**n verschiedene Speicherzellen
eines Speichers adressiert werden.

absolute Adressierung
→Adressierungsarten

Absturz
Größere Betriebsstörung eines Computers oder eines Programms. Vgl. Betriebssicherheit.

abwärtskompatibel
→kompatibel

access
Englische Bezeichnung für den Zugriff auf einen Speicher oder ein Peripheriegerät. Vgl. Arbeitsspeicher.

Ada
Höhere Programmiersprache, die überwiegend für militärische Zwecke eingesetzt wird. Auf PCs wird Ada wenig benutzt. Vgl. Programmiersprachen.

Adapter
Gerät, mit dem zwei andere Geräte, die nicht über die gleichen Schnittstellen verfügen, verbunden werden können. Vgl. Schnittstelle.

Addition
→Arithmetische Befehle.

Adreßbus
→Bus

Adresse
Nummer zur eindeutigen Identifizierung eines Speicherplatzes. Um verschiedene Speicherplätze eines Speichers unterscheiden zu können, werden die Speicherplätze durchnumeriert. Die jeweilige Ziffer, die ein Speicherplatz dabei erhält, ist seine Adresse. Das gleiche Problem stellt sich bei mehreren Peripheriegeräten, die auch unter unterschiedlicher Adresse angesprochen werden müssen, um sie unterscheiden zu können.

Adresse, Adreßbus
Um auf einen bestimmten Speicherplatz eines Speichers zugreifen zu können, wird die Adresse des Speicherplatzes über den Adreßbus an den Speicher geführt. Der Adreßbus ist ein Bündel von Leitungen. Die Signale auf diesen Leitungen werden in dem Mikroprozessor erzeugt, der auf die Speicherzelle zugreifen will.

Adresse, Selektierlogik
Über einen Adreßbus mit n Leitungen lassen sich $2^{**}n$ verschiedene Speicherzellen adressieren. Für jede einzelne Speicherzelle muß dazu ein Auswahlsignal erzeugt werden, mit dem die Zelle angesprochen werden kann. Diese Auswahlsignale bezeichnet man auch als Selektiersignale. Die $2^{**}n$ Selektiersignale werden in der Selektierlogik erzeugt, indem die Selektierlogik für jede 0/1 Kombination der n Adreßleitungen genau ein Selektiersignal ein-

schaltet. Auf diese Weise wird beim Anlegen einer bestimmten Adresse auch nur eine bestimmte Speicherzelle ausgewählt.

Adresse, Peripheriegeräte
Das gleiche Verfahren wie bei der Adressierung von Speicherzellen läßt sich auch bei der Adressierung verschiedener Peripheriegeräte anwenden. Dabei besitzt aber jedes Peripheriegerät eine eigene Selektierlogik mit nur einem Selektierausgang. Es werden aber auch Peripheriegeräte eingesetzt, die über mehrere Register angesprochen werden. Diese Register werden dann auch wieder über eine Adresse ausgewählt. Vgl. Arbeitsspeicher.

Adresse, absolute
→Adressierungsart

Adresse, aktuelle
Adresse, auf die gerade zugegriffen wird.

Adresse, direkte
→Adressierungsart

Adresse, effektive
→Adresse, relative

Adresse, implizite
→Adressierungsart

Adresse, indirekte
→Adressierungsart

Adresse, indizierte
→Adressierung, indizierte

Adresse, relative
Adresse, die sich auf eine andere Adresse bezieht. Die Adresse, auf die sich die relative Adresse bezieht, nennt man auch Basisadresse. Basisadresse kann z.B. der Anfang einer Tabelle oder eines Speichersegmentes sein. Die Summe aus Basisadresse und relativer Adresse bezeichnet man auch als effektive Adresse. Als Basisadresse für relative Adressen wird gern die Adresse eines Programmbefehls gewählt.

Adresse, absolute
Im Gegensatz zur relativen Adresse bezieht sich eine absolute Adresse nicht auf eine Basisadresse, sondern auf den Anfang des Arbeitsspeichers.

Anwendung
Von den Mikroprozessoren 8088, 80286 und 80386 werden absolute Adressen nur in Sprungbefehlen mit langer Adresse verwendet. Diese lange Adresse bezieht sich auf den Anfang des Arbeitsspeichers. Sprungbefehle mit mittleren und kurzen Sprungweiten benutzen relative Adressen, mit der Adresse des Befehls als Basisadresse. Alle anderen Adressen beziehen sich auf den Anfang des

gerade benutzten Speicherseg-mentes.
Vgl. Adressierungsarten.

Adresse, symbolische

Adresse, die nicht durch eine Zahl, sondern durch einen Namen identifiziert wird. Solch ein Name läßt sich für einen Programmierer leichter merken und einordnen als eine Zahl. Der Name muß aber im Programm einer Zahl eindeutig zugeordnet werden, da der Mikroprozessor, der das Programm ausführt, nur mit einer Zahl adressieren kann.
Vgl. Programmiersprachen.

Adresse, virtuelle

Adresse innerhalb eines →virtuellen Speichers.

Adressenverwaltung

→Adressenverwaltungsprogramm

Adressenverwaltungs-programm

Programm, mit dem eine →Datenbank angelegt und verwaltet werden kann, in der Wohnortadressen von Personen gespeichert sind.

Integrierte Programmpakete

Für die Adressenverwaltung können →Integrierte Programmpakete wie z.B. Lotus 1-2-3 oder →Datenbanksysteme wie dBase eingesetzt werden. Dies ist aber nur dann sinnvoll, wenn man diese Programmpakete bereits besitzt oder ihre vielfältigen Möglichkeiten über die Adressenverwaltung hinaus nutzen möchte. Soll der PC nur zur Adressenverwaltung eingesetzt werden, so können spezielle Adressenverwaltungsprogramme eingesetzt werden, die wesentlich preisgünstiger sind.

Personenadressen

Adressenverwaltungsprogramme sind speziell dafür geeignet, Datenbanken mit Personennamen, Personenadressen und weiteren Personendaten wie z.B. Geburtstage anzulegen. Diese Personendaten können dann insgesamt oder in Teilbereichen nach bestimmten Kriterien sortiert ausgedruckt werden. Z.B. können alle Personen, die im Februar Geburtstag haben, in der Reihenfolge der Geburtstage sortiert ausgedruckt werden, um ihnen zum Geburtstag zu gratulieren. Andererseits können alle Personen im Hamburger Postleitzahlgebiet alphabetisch sortiert ausgedruckt werden, um sie zu einer Tagung in ein Hamburger Hotel einzuladen. Adressenverwaltungsprogramme besorgen auch gleich das Drucken der Adreßaufkleber für die Briefe. Die meisten Programme sind sogar in der Lage, automatisch Serienbriefe zu erstellen, in denen z.B. allen angeschriebenen Perso-

Datenbank Daten					
Name	Vorname	Straße	Plz	Ort	geboren
Baumann	Johann	Lönsstr. 2	3100	Celle	02.07.22
Cramer	Jutta	Ringstr. 28	8958	Füssen	24.02.61
Ebeling	Rudi	Bauhof 19	4930	Detmold	03.02.53
Engel	Anna	Hauptstr. 3	2148	Zeven	26.09.21
Fiebig	Ernst	Lehmweg 1	2300	Kiel	15.11.34
Müller	Horst	Steinstr. 9	2200	Elmshorn	09.02.25
Sander	Franz	Nussweg 7	3170	Gifhorn	27.02.59

Personen mit Geburtstag im Februar					
Ebeling	Rudi	Bauhof 19	4930	Detmold	03.02.53
Müller	Horst	Steinstr. 9	2200	Elmshorn	09.02.25
Cramer	Jutta	Ringstr. 28	8958	Füssen	24.02.61
Sander	Franz	Nussweg 7	3170	Gifhorn	27.02.59

Personen im Hamburger Postleitzahlgebiet					
Engel	Anna	Hauptstr. 3	2148	Zeven	26.09.21
Fiebig	Ernst	Lehmweg 1	2300	Kiel	15.11.34
Müller	Horst	Steinstr. 9	2200	Elmshorn	09.02.25

Adressenverwaltung

nen mit dem gleichen Text zum Geburtstag gratuliert wird. Lediglich der Name und die Adresse der angeschriebenen Person wird von Brief zu Brief geändert.

Commerzielle Anwendungen
Für commerzielle Zwecke werden Adressenverwaltungsprogramme hauptsächlich eingesetzt, um Fir-

mennamen und Firmenadressen zu verwalten. Anstelle der personenbezogenen Daten werden dann Firmendaten wie z.B. Umsätze oder Kundennummern gespeichert. Obwohl die gespeicherten Firmendaten von Firmenbranche zu Firmenbranche sehr unterschiedlich sind, sind die meisten Adressenverwaltungspro-

gramme allgemein formuliert und damit branchenunabhängig. Man spricht daher auch von Standardsoftware im Gegensatz zur Branchensoftware, die nur für spezielle Firmenbranchen geeignet ist.
Vgl. Anwendungsprogramme.

Adressierung
→Adressierungsart

Adressierung, absolute
→Adressierungsart

Adressierung, direkte
→Adressierungsart

Adressierung, registerindirekte
→Adressierungsart

Adressierungsart
Vorschrift, nach der ein Mikroprozessor die Adresse eines Operanden ermittelt, auf die er bei der Ausführung eines Mikroprozessorbefehls zugreifen soll.
Für die Programmierung in höheren Programmiersprachen haben die Adressierungsarten wenig Bedeutung, da der Compiler Befehle der höheren Programmiersprache automatisch in Assemblerbefehle bzw. Maschinensprachebefehle mit einer geeigneten Adressierungsart übersetzt. Die Adressierungsarten sind jedoch ein wichtiges Kriterium für die Beurteilung der Leistungsfähigkeit von Mikroprozessoren. Durch eine gut gewählte Kombination von Adressierungsarten ist ein Mikroprozessor in der Lage, eine vergleichbare Aufgabe mit weniger Befehlen abzuarbeiten als ein Mikroprozessor mit weniger gut aufeinander abgestimmten Adressierungsarten. Weniger Befehle bedeuten aber kürzere Rechenzeit und damit höhere Rechenleistung.

Adressierung, direkte
Die direkte Adressierung ist eine Adressierungsart, bei der die Adresse des Operanden im Mikroprozessorbefehl hinter dem →Operationscode steht. Die Adresse wird auch direkte Adresse genannt, weil mit ihr direkt auf den Operanden zugegriffen werden kann. Direkte Adressierung wird meistens in arithmetischen und logischen Befehlen verwendet, um auf eine →Variable zuzugreifen. Operand kann aber auch eine Sprungadresse in einem Sprungbefehl sein. Alle Mikroprozessoren, die in PCs eingesetzt werden, besitzen Befehle zur direkten Adressierung von Operanden.

Adressierung, indirekte
Die indirekte Adressierung ist eine Adressierungsart, bei der die Adresse des Operanden in einem Speicherplatz außerhalb des Programms steht. Den Inhalt dieses

Adressierungsarten relativ zum Segmentanfang		
Adressierungsart	Assemblerbeispiel	Operation
direkt	MOV AX,MEMADR	AX=[MEMADR]
implizit	MOV AX,BX	AX=[BX]
registerindirekt	MOV AX,[BX]	AX=[[BX]]
indiziert	MOV AX,MEMADR[BX]	AX=[MEMADR+[BX]]
unmittelbar	MOV AX,#KONST	AX=KONST

Adressierungsarten relativ zur Adresse des Befehls		
direkt	JMP RELAD	PC=[PC]+RELAD
registerindirekt	JMP [BX]	PC=[PC]+[BX]
speicherindirekt	JMP [INAD1]	PC=[PC]+[INAD1]

Absolute Adressierungsarten		
direkt	JMP LABEL	PC=LABEL.L CS=LABEL.H
registerindirekt	JMP [INAD2]	PC=[INAD2] CS=[INAD2+2]

Symbol	Symbolerlärung
AX	16 Bit Akkumulator
MEMADR	16 Bit Speicheradresse im 2. und 3. Byte des adressierenden Befehls
[MEMADR]	Inhalt des Arbeitsspeichers an der Adresse MEMADR
BX	16 Bit Datenregister
[BX]	Inhalt des 16 Bit Datenregisters BX
KONSTR	16 Bit Konstante im 2. und 3. Byte des adressierenden Befehls
RELAD	16 Bit Adresskonstante im 2. und 3. Byte des adressierenden Befehls
PC	16 Bit Programmzähler
CS	16 Bit Codesegmentregister
LABEL	24 Bit Sprungadresse im 2., 3. und 4. Byte des adressierenden Befehls
LABEL.L	Untere 16 Bit der Sprungadresse LABEL
LABEL.H	Obere 8 Bit der Sprungadresse LABEL
[INAD1]	16 Bit Inhalt der Speicherzelle mit der Adresse INAD1
[INAD2]	16 Bit Inhalt der Speicherzelle mit der Adresse INAD2

Adressierungsarten der Mikroprozessoren 8088 und 80286

Speicherplatzes nennt man auch die indirekte Adresse. Die indirekte Adresse kann in einem Register oder in einem Speicherplatz des Arbeitsspeichers stehen. Die Registernummer oder die Adresse der indirekten Adresse wird in dem adressierenden Befehl hinter dem →Operationscode angegeben. Sinn der indirekten Adressierung ist es, die indirekte Adresse während des Programmlaufes verändern zu können und damit auf eine ganze Reihe verschiedener Operanden mit dem gleichen Adressierbefehl zugreifen zu können.

Adressierung, registerindirekte
Die Mikroprozessoren 8080 und 80286 verfügen über eine registerindirekte Adressierung. Bei dieser Adressierungart steht die indirekte Adresse in einem Register.

Adressierung, speicherindirekte
Außerdem verfügen die Mikroprozessoren 8088 und 80286 über eine speicherindirekte Adressierung, bei der die indirekte Adresse in einem Speicherplatz des Arbeitsspeichers untergebracht ist.

Adressierung, relative
Die relative Adressierung ist eine Adressierungsart, bei der die Adressen nicht relativ zum Anfang des Speichers, sondern relativ zu einer Basisadresse angegeben werden. Das Gegenstück zur

relativen Adressierung ist die absolute Adressierung. Bei ihr bezieht sich die Adresse immer auf den Anfang des Arbeitsspeichers.

Adressierung, unmittelbare
Die unmittelbare Adressierung ist eine Adressierungsart, bei der der Operand im adressierenden Befehl hinter dem →Operationscode steht. Die unmittelbare Adressierung wird oftmals auch als immediate Adressierung bezeichnet. Sie wird hauptsächlich verwendet, um Berechnungen mit konstanten Operanden durchzuführen. Alle Mikroprozessoren, die in PCs als Zentralprozessoren verwendet werden, besitzen Befehle zur unmittelbaren Adressierung.

Adressierung, implizite
Die implizite Adressierung ist eine Adressierungsart, bei der die Adresse des Operanden Teil des →Operationscodes ist. Implizite Adressierung wird z.B. zur Adressierung von Operanden in Registern verwendet. Dazu werden dann zwei oder drei Bit des Operationscode reserviert, um vier oder acht verschiedene Register adressieren zu können. Alle Zentralprozessoren in PCs verfügen über Befehle mit impliziter Adressierung.

Adressierung, indizierte
Die indizierte Adressierung ist eine Adressierungsart, bei der sich

die Adresse des Operanden aus der Anfangsadresse eines Speicherbereiches und einem Index zusammensetzt. Die Anfangsadresse steht im adressierenden Befehl hinter dem →Operationscode, der Index wird aus einem Register zu der Anfangsadresse addiert, um die Adresse des Operanden zu ermitteln. Sinn der indizierten Adressierung ist es, auf eine ganze Reihe von Operanden mit dem gleichen Befehl zugreifen zu können. Vorteil der indizierten Adressierung gegenüber der indirekten Adressierung besteht darin, daß der erste Operand mit dem Index 0 angesprochen werden kann, auch wenn dieser Operand nicht auf Adresse 0 im Speicher steht. Die Mikroprozessoren 8088, 80286 und 80386 verfügen über eine indizierte Adressierung, bei der alle acht Daten- und Pointerregister als Indexregister benutzt werden können.
Vgl. Computerarchitektur.

Adressierung, speicher-indirekte
→Adressierungsart

Adreßleitung
→Bus

Adreßraum
Maximaler Speicherbereich, der von einer bestimmten Anzahl

Adreßleitungen adressiert werden kann. Bei n Adreßleitungen, die zum Adressieren benutzt werden, errechnet sich der Adreßraum R nach folgender Formel:

$R = 2 ** n$

Die Einheit des Adreßraumes ist das Byte. Der Adreßraum ist auf die adressierende Vorrichtung, also z.B. auf einen Mikroprozessor bezogen. Im Gegensatz dazu bezieht sich die Speicherkapazität auf den adressierten Speicher. Der Adreßraum dagegen sagt nichts darüber aus, wieviel Speicherzellen tatsächlich an die Adreßleitungen angebunden sind.
Vgl. Hardwareeigenschaften.

A/D Umsetzerkarte
Erweiterungsplatine, die in den Steckplatz eines PC gesteckt werden kann. Mit Hilfe der A/D-Umsetzerkarte ist es möglich →analoge Signale, die der Karte als Eingangssignale zugeführt werden, im PC digital auszuwerten.
Vgl. Erweiterungsplatine.

A/D Wandlerkarte
Andere Bezeichnung für →A/D Umsetzerkarte

advanced technology
→PC-AT

AGA-Karte
Grafikkarte für Monochrom- und Farbbildschirme. Besonderheit

der AGA-Karte ist ein zusätzlicher Textmode mit 132 Zeichen pro Zeile, 144 Zeilen pro Bildschirm und ein Grafikmode mit einer Auflösung von 640*200 Pixel in 16 verschiedenen Farben. Daneben können auch der 80*25-Zeichen-Textmode und die Grafikmodi der CGA-Karte sowie der Herculeskarte dargestellt werden. In der Möglichkeit, sowohl den beliebten Herculesstandard als auch den von IBM verbreiteten CGA-Standard auf der gleichen Karte zur Verfügung stellen zu können, liegt die Stärke der AGA-Karte. Es können also sowohl Programme benutzt werden, die Grafiken nur im CGA-Standard darstellen können, als auch Programme, die normalerweise eine Herculeskarte benötigen. Die speziellen Grafikmodi der AGA-Karte sind nicht von so großer Bedeutung, da es dafür nur wenig Software gibt. Zum Umschalten der AGA-Karte in die einzelnen Betriebsarten wird eine Software mitgeliefert, mit der auch die Umschaltung vom Herculesmode in den CGA-Mode und umgekehrt erfolgt. Darüber hinaus besitzt die AGA-Karte zwei DIP-Schalter, mit denen eingestellt werden kann, in welcher Betriebsart sich die Karte nach dem Einschalten befinden soll.

Vgl. Videokarten.

Aix

Multiuserbetriebssystem mit 32 Bit Wortbreite. Aix ist in Anlehnung an das Betriebssystem Unix entstanden. Es wurde von der Firma IBM für die Computer der PS/2-Serie entwickelt, damit für diese Computer auch ein 32-Bit-Betriebssystem zur Verfügung steht. Aix ist besonders für das PS/2 Modell 80 geeignet, da dieser Mikroprozessor 32 Bit breite Datenworte in einem Befehl verarbeiten kann.

Vgl. Betriebssysteme.

Akku

→Akkumulator

Akkumulator

Zentrales Register in Mikroprozessoren. Der Akkumulator ist besonders geeignet, Operanden und Ergebnisse des Rechenwerkes zu speichern. Einige Mikroprozessoren können Rechenwerksbefehle nur mit Hilfe des Akkumulators ausführen. Bei solchen Mikroprozessoren spricht man auch von Akkumulatormaschinen. Den Akkumulator bezeichnet man oftmals auch als Akku.

Eine reine Akkumulatormaschine stellt der Tastaturkontroller der PCs dar, hinter dem sich ein 8048 Mikrocomputer verbirgt. Die Zentralprozessoren der PCs sind keine Akkumulatormaschinen, da

sie arithmetische und logische Befehle mit allen Datenregistern abwickeln können. Sie besitzen aber einen Akkumulator, in dem bestimmte Operationen mit besonders kurzen Befehlen abgearbeitet werden können. Der Akkumulator ist in den Mikroprozessoren 8086/88 und 80286 16 Bit breit, kann aber auf 8 Bit umgeschaltet werden. Der 16 Bit breite Akku ist mit dem Register AX, der 8 Bit breite Akku mit dem Register AL identisch. Der 80386 besitzt einen 32 breiten Akku, der sich ebenfalls auf 16 und 8 Bit umschalten läßt.
Vgl. Computerarchitektur.

Akkumulatormaschine
→Akkumulator

aktuelle Adresse
→Adresse, aktuelle

aktuelles Direktory
→Dateiverzeichnisstruktur

aktuelles Verzeichnis
→Dateiverzeichnisstruktur

Aktentaschencomputer
→lap-top

Akustikkoppler
→Modem

Algol
Abkürzung für algorithmic language. Höhere Programmiersprache, die haupsächlich für mathematische Probleme geeignet ist. Algol wird im Hochschulbereich auf größeren Rechenanlagen gern eingesetzt. Auf PCs kommt Algol wenig zum Einsatz.
Vgl. Programmiersprachen.

Algorithmus
Rechenvorschrift zur Lösung eines Problems durch schrittweise Annäherung an das Ergebnis. Dabei unterscheidet man endliche und unendliche Algorithmen. Programmiert man Computer mit endlichen Algorithmen, so liefern diese auch eine Lösung. Bei unendlichen Algoritmen ist das nicht der Fall. Vgl. Programmiertechniken.

Alignment
Gestaltung der Textzeilen im Desktop-Publishing. Dabei kann eine Zeile linksbündig anfangen, rechtsbündig aufhören oder auf die Mitte zentriert sein. Als vierte Möglichkeit kommt →Blocksatz in Frage. Vgl. Textverarbeitung.

alphamosaik Zeichensatz
Zeichensatz, der Buchstaben, Ziffern, Sonderzeichen und Mosaikzeichen enthält. Mit Hilfe der Mosaikzeichen können Texte mit einfachen Grafiken illustriert werden. Vgl. Codierungsverfahren.

alphanumerischer Ausdruck
→Variable

alphnumerischer Zeichensatz
Zeichensatz, der aus Buchstaben, Ziffern und Sonderzeichen besteht. Der ASCII-Zeichensatz ist ein alphanumerischer Zeichensatz.

Alternatetaste
→Controlltaste

ALU
Abk. für arithmetic-logic-unit. Englische Bezeichnung für →Rechenwerk.

Amiga
→Computerfamilien

Analog-Digital-Converterkarte
Andere Bezeichnung für →A/D-Umsetzerkarte.

Analog-Digital-Umsetzerkarte
→A/D-Umsetzerkarte

Analog-Digital-Wandlerkarte
Andere Bezeichnung für →A/D-Umsetzerkarte.

analoges Signal
→Signal

And
→logische Operation

Anfangsadresse
Adresse, die den Anfang eines Programms, einer Tabelle oder eines Speicherbereiches markiert. Vgl. Adresse.

ANSI
Abk. für "american national standard institute". Amerikanischer Normenausschuß. Der ANSI ist für PCs von Bedeutung, weil er die ANSI-Steuerzeichen zur Steuerung von Bildschirmen genormt hat.
Vgl. ANSI-Steuerzeichen.

ANSI-Steuerzeichen
Folge von 8-Bit-Codes, durch die der Bildschirm eines PC gesteuert werden kann. Durch die ANSI-Steuerzeichen können Funktionen gesteuert werden, für die ein einfacher 8-Bit-Code nicht genügend Zeichenvielfalt zur Verfügung stellen kann. Die ANSI-Steuerzeichen bestehen daher aus mehreren aufeinanderfolgenden 8-Bit-Codes, die durch das Zeichen Escape beginnen. Das Steuerzeichen Escape hat im erweiterten ASCII-Code die dezimale Codierung 27.

ANSI-Zeichen, Eingabemöglichkeiten
Die ANSI-Zeichenfolgen können aber nicht direkt von der Tastatur

Häufig benutzte ANSI-Zeichenfolgen		
Zeichenfolge als dezimale ASCII-Zeichen	PROMPT-Kommando zum Erzeugen der ANSI-Zeichenfolge	Funktion der ANSI-Zeichenfolge
27 91 48 109	PROMPT $e[0m	Alle Attribute ausschalten.
27 91 49 109	PROMPT $e[1m	Fettschrift einschalten.
27 91 52 109	PROMPT $e[4m	Unterstreichen einschalten.
27 91 53 109	PROMPT $e[5m	Blinken einschalten.
27 91 55 109	PROMPT $e[7m	Invertierte Darstellung.
27 91 56 109	PROMPT $e[8m	Verdecken einschalten
27 91 51 48 109	PROMPT $e[30m	Schwarzer Vordergrund.
27 91 51 49 109	PROMPT $e[31m	Roter Vordergrund.
27 91 51 50 109	PROMPT $e[32m	Grüner Vordergrund.
27 91 51 52 109	PROMPT $e[34m	Blauer Vordergrund.
27 91 51 55 109	PROMPT $e[37m	Weißer Vordergrund.
27 91 52 48 109	PROMPT $e[40m	Schwarzer Hintergrund.
27 91 52 49 109	PROMPT $e[41m	Roter Hintergrund.
27 91 52 50 109	PROMPT $e[42m	Grüner Hintergrund.
27 91 52 52 109	PROMPT $e[44m	Blauer Hintergrund.
27 91 52 55 109	PROMPT $e[47m	Weißer Hintergrund.
27 91 75	PROMPT $e[K	Löschen einer Zeile.
27 91 50 74	PROMPT $e[2J	Löschen des Bildschirms.
27 91 OT1 UT1 59 OT2 UT2 112	PROMPT $e[T1;T2p	Umdefinieren der Taste T1 als Taste T2.
27 91 51 53 59 57 50 112	PROMPT $e[35;92p	Umdefinieren der Taste # als Taste \.
27 91 OT1 UT1 59 34 84 88 31 34 112	PROMPT $e[T1;"TX1"p	Belegen einer Taste T1 mit einem Text TX1.
27 91 54 56 59 34 84 88 49 34 112	PROMPT $e[68;"DIR"p	Belegen der Taste D mit dem MS-DOS-Kommando DIR.
27 91 54 56 59 34 68 73 82 34 59 49 51 112	PROMPT $e[68;"DIR";13p	Belegen der Taste D mit dem MS-DOS-Kommando DIR und dem Abschluß durch die Entertaste.

ANSI-Steuerzeichen

```
10000 REM ********************************************************
10100 REM Zeicheneditor in Basic
10200 REM Mit diesem Zeicheneditor können die ASCII-Zeichen
10300 REM einer ANSI-Zeichenfolge in eine Datei eingegeben
10400 REM werden. Dazu sind die meisten übrigen Editoren
10500 REM nicht in der Lage, weil das Escape-Zeichen, mit dem
10600 REM ANSI-Zeichenfolgen beginnen, nicht verarbeitet
10700 REM werden kann.
10800 REM Die Zeichen in der erzeugten Datei können
10900 REM anschließend mit dem MS-DOS-Kommando TYPE auf
11000 REM den Bildschirm ausgegeben werden. Dann wird die
11100 REM Funktion der ANSI-Zeichenfolge ausgeführt.
11200 REM
11300 REM
12000 REM ********************************************************
12100 REM Eröffnen einer Datei
12200 REM in der die ANSI-Zeichenfolge gespeichert wird.
12300 REM
12400 INPUT "Eingabe des Dateinamens: " , DATN$
12500 OPEN DATN$ FOR OUTPUT AS #1
12600 REM
12700 REM
13000 REM ********************************************************
13100 REM Ausgeben einer Bedienungsanweisung auf den Bildschirm
13200 REM
13300 PRINT "Eingabe von dezimal codierten ASCII-Zeichen."
13400 PRINT "Zum Eingeben des Escape-Zeichens mit dem dezimalen"
13500 PRINT "ASCII-Wert 27 muß z.B 2 7 Enter eingegeben werden."
13600 PRINT "Zum Beenden der Eingabe wird 2 5 6 Enter eingegeben"
13700 PRINT "Die eingegebene Zeichenfolge befindet sich dann"
13800 PRINT "in der angegebenen Datei."
13900 PRINT
14000 REM
14100 REM
15000 REM ********************************************************
15100 REM Laufende Eingabe der ANSI-Zeichen über die Tastatur.
15200 REM
15300 INPUT "Eingabe eines Zeichens:   " , Z1
15400 IF Z1 > 255 THEN 18000
15500 REM
15600 REM
16000 REM ********************************************************
16100 REM Ausgabe des dezimal eingegebenen Zeichens als
16200 REM ASCII-Zeichen auf den Bildschirm und in die Datei.
16300 REM
16400 ASZ1$=CHR$(Z1)
16500 PRINT ASZ1$
16600 PRINT #1, ASZ1$;
16700 REM
16800 REM
17000 REM ********************************************************
17100 REM Eingabe des nächsten Zeichens.
17200 REM
17300 GOTO 15000
17400 REM
17500 REM
18000 REM ********************************************************
18100 REM Ende des Programms
18200 REM
18300 CLOSE
18400 PRINT "Datei ", DATN$, "wurde abgespeichert"
18500 END
```

auf den Bildschirm gegeben werden, weil die Eingaben in die Tastatur zunächst vom Kommandointerpreter des Betriebssystems MSDOS ausgewertet werden. Der Kommandoprozessor ist jedoch nicht in der Lage, das Steuerzeichen Escape zu verarbeiten, mit dem die ANSI-Zeichenfolgen beginnen.

ANSI-Zeichen, PROMPT-Befehl

Eine Möglichkeit, ANSI-Zeichenfolgen auf den Bildschirm zu geben, besteht darin, das Bereitschaftszeichen des Betriebssystems durch das →MS-DOS-Kommando PROMPT als eine ANSI-Zeichenfolge zu definieren. Dazu wird im Promptbefehl als erster Parameter das Zeichen $e verwendet. Dahinter folgen die weiteren Zeichen der ANSI-Zeichenfolge. Bei dieser Eingabe wird aber das Prompt-Zeichen des Betriebssystems verändert, so daß dieses Verfahren nicht ohne Rückwirkungen ist.

ANSI-Datei

Sollen ANSI-Zeichenfolgen eingegeben werden, ohne dabei das Bereitschaftszeichen des Betriebssystems zu verändern, so müssen die Zeichenfolgen vorher in eine Datei eingegeben werden. Diese Datei kann anschließend mit dem →MS-DOS-Kommando TYPE auf den Bildschirm ausgegeben werden. Durch die Ausgabe wird

die Funktion der ANSI-Zeichenfolge ausgeführt.

Die Eingabe von ANSI-Zeichenfolgen in eine Datei kann jedoch nur mit speziellen Editierprogrammen erfolgen, da die meisten Editoren das Steuerzeichen Escape ebenfalls nicht verarbeiten können. Mit dem Zeichen Escape beginnen aber alle ANSI-Zeichenfolgen. Da auch der Editor Edlin nicht in der Lage ist das Escape-Zeichen zu verarbeiten, ist es eine interessante Programmieraufgabe, ein solches Editierprogramm selbst zu erstellen. Ein solches Programm läßt sich in der Programmiersprache Basic relativ leicht programmieren. An einem solchen Editor läßt sich auch sehr schön der Zugriff auf Dateien durch ein selbst geschriebenes Programm studieren.

Vgl. Codierungsverfahren.

ANSI.SYS

Gerätetreiberroutine für PCs. Die Routine ANSI.SYS verarbeitet die →ANSI-Steuerzeichen und übernimmt die Steuerung des Bildschirms. Die ANSI.SYS kann in der Konfigurationsdatei CONFIG.SYS mit Hilfe des Befehls

DEVICE=ANSI.SYS

aktiviert werden. Der Bildschirm reagiert dann auf die ANSI-Steuerzeichen, durch die z.B. der Bildschirm gelöscht werden oder eine

bestimmte Farbe erhalten kann.
Vgl. Gerätetreiber.

Antwortzeit

Zeit, die nach der Eingabe eines Befehls vergeht, bis der Computer den Befehl ausgeführt hat und sich mit dem →Prompt-Zeichen meldet. Werden unter einem Multitask-Betriebssystem zu viele Programme gleichzeitig laufen gelassen, so steigt die Antwortzeit stark an. Dies wird für den Benutzer als lästig empfunden. Die Antwortzeit sollte daher nicht über 5 Sekunden liegen.
Vgl. Hardwareeigenschaften.

Anweisung

Arbeitsvorschrift für einen Computer. Anweisungen können in einer höheren Programmiersprache formuliert werden. Dann müssen sie vor der Ausführung durch den Computer in die Maschinensprache des Computers übersetzt werden. Anweisungen können aber auch bereits in Maschinensprache vorliegen. In beiden Fällen kann der Computer die Anweisung eindeutig ausführen.
Vgl. Programmiersprachen.

Anwendungsprogramm

Programm, das für die spezielle Aufgabe eines Anwenders erstellt worden ist. Es unterscheidet sich dadurch vom Betriebssystem, das

zum allgemeinen Betrieb des Computers benötigt wird.

Anwendungsprogramme, Standardlösung

Auf PCs werden Anwendungsprogramme für verschiedenste Zwecke eingesetzt. Im kaufmännischen Bereich entstanden zunächst Programme für →Finanzbuchhaltung, →Lagerhaltung, →Adressenverwaltung, Lohnabrechnung und Gehaltsabrechnung. Da jeder Betrieb auf diesen Gebieten über eine ähnliche Struktur verfügt, kann hier auch die gleiche Software von vielen verschiedenen Betrieben verwendet werden. Die Programme für diese Gebiete wurden ständig verbessert.
Es werden daher für diese Gebiete sehr leistungsfähige Programme angeboten. Diese Programme werden auch als Standardlösung bezeichnet, da sie von allen Anwendern benutzt werden können.

Textverarbeitung

Zur Standardsoftware gehören auch die Programme für die →Textverarbeitung. Mit Hilfe dieser Programme lassen sich sehr komfortabel Texte in den PC eingeben und in einer Datei speichern. Die Texte können anschließend über einen Drucker ausgedruckt oder von anderen Programmen weiterverarbeitet werden. Durch Textverarbeitungsprogramme können z.B. Briefe am

Anwendungsprogramme			
Programmname	Hersteller	Funktion	Besonderheiten
AutoCAD	Autodesk	CAD	Maschinenbau, Elektrotechnik
DBase	Ashton Tate	Datenbank	Sehr weit verbreitet
Framework	Ashton Tate	Integriertes Programmpaket	Weit verbreitet
Lotus-1-2-3	Lotus	Integriertes Programmpaket	Sehr weit verbreitet
Multimate	Ashton Tate	Textverarbeitung	Bedienerfreundlich
Multiplan	Mikrosoft	Tabellenkalkulation	Für betriebswirtschaftliche Planung
Open Access	SPI	Integriertes Programmpaket	Weit verbreitet
Pagemaker	Aldus	DTP	
PC-Draft	RHV-Software	CAD	Maschinenbau, Elektrotechnik
Symphony	Lotus	Integriertes Programmpaket	Für betriebswirtschaftliche Aufgaben
Ventura Publisher	Rank Xerox	DTP	
Word	Mikrosoft	Textverarbeitung	Bedienerfreundlich
Wordperfekt	Wordperfekt Corporation	Textverarbeitung	Bedienerfreundlich
Wordstar	MikroPro	Textverarbeitung	Sehr weit verbreitet
Works	Mikrosoft	Integriertes Programmpaket	

PC geschrieben werden. Gegenüber Schreibmaschinen besitzen Textverarbeitungsprogramme auf PCs erheblich mehr Bedienungskomfort. Texte können z.B. am Bildschirm geändert und dann noch einmal ausgedruckt werden.

Die bekanntesten Programme sind Word, Wordpefekt, Wordstar und Multimate.

DTP
Druckfertige Dokumente mit einer höheren Darstellungsqualität

als bei der Textverarbeitung können beim Desktop-Publishing erzeugt werden. Anstelle des Ausdrucks Desktop-Publishing wird gern die Abkürzung →DTP benutzt. Beim DTP kommt es hauptsächlich auf die Gestaltung eines Textes an. Der Text kann dazu mit Abbildungen illustriert werden. Es wird aber auch eine bessere Schriftqualität als bei der Textverarbeitung erreicht. Daher ist für DTP-Anwendungen der Einsatz eines →Laserdruckers erforderlich. Außerdem wird ein DTP-Layoutprogramm benötigt. Die beiden bekanntesten DTP-Layoutprogramme sind Pagemaker und Ventura-Publisher.

Datenbanken

Um den Datenbestand eines Unternehmens oder eines privaten Nutzers zu verwalten, gibt es →Datenbanksysteme. Zu einem Datenbanksystem gehört ein →Datenbankprogramm und eine →Datenbank. Mit einem Datenbankprogramm kann eine Datenbank angelegt werden, in der z.B. der Materialbestand eines Lagers oder die Personendaten von bekannten oder verwandten Personen gespeichert ist. Die Daten der Datenbank können dann bei Bedarf abgefragt werden. Das bekannteste und umfassendste Datenbankprogramm ist dBase.

Tabellenkalkulation

Um tabellarisch aufgestellt Berechnungen anzustellen, wird auf PCs die →Tabellenkalkulation eingesetzt. Dazu gibt es Programme, mit denen Daten tabellarisch in den PC eingegeben und anschließend spalten- oder zeilenweise nach einer festen Rechenvorschrift miteinander verknüpft werden können. Mit Hilfe der Tabellenkalkulation kann z.B. von einem Materiallager Preis und Stückzahl eines jeden Teils multipliziert werden. Der Gesamtpreis eines jeden Teils wird dann in eine weitere Spalte der Tabelle eingetragen. Die Gesamtpreise der einzelnen Teile können dann zeilenweise addiert werden, um den Gesamtwert des Lagers zu berechnen. Die Tabellenkalkulation kann mit einem speziellen Tabellenkalkulationsprogramm wie z.B. Multiplan abgewickelt werden.

integrierte Programmpakete

Für die Tabellenkalkulation können aber auch →integrierte Programmpakete benutzt werden. Integrierte Programmpakete beinhalten ein Textverarbeitungsprogramm, ein Datenbankprogramm, ein Tabellenkalkulationsprogramm und ein →Kommunikationsprogramm. Mit Hilfe des Kommunikationsprogramms kann eine →Datenfernübertragung zu einem anderen PC erfol-

27

gen. Integrierte Programmpakete sind z.B. die Programme Framework, Lotus-1-2-3, Symphony, Open Access und Works.

Durch ein integriertes Programmpaket erwirbt man eine Programmsammlung zu einem erheblich niedrigeren Preis, als wenn man diese Programmsammlung aus einzelnen Anwendungsprogrammen zusammenstellt. Die Programmkomponenten eines integrierten Programmpaketes sind aber nicht so leistungsfähig und komfortabel wie spezielle Einzelprogramme.

Branchenlösung

Bei Aufgaben wie z.B. Angebotserstellung, Kostenrechnung und Kostenabrechnung muß schon gezielter auf die Probleme einzelner Branchen eingegangen werden, z.B. auf Anwälte, Ärzte, Bauhandwerker, Friseure, Makler oder Steuerberater. Deshalb nennt man Programme, die für spezielle Branchen erstellt wurden, auch Branchensoftware oder auch Branchenlösung.

Branchenlösungen, Aufgaben

Branchenlösungen sind z.B. darauf abgestimmt, in Anwaltskanzleien die Gebührenberechnung oder die Aktenverwaltung zu übernehmen. Für Bauhandwerker gibt es Programme, mit deren Hilfe sehr rationell Kalkulationen,

Angebote und Rechnungen erstellt werden können. Diese Programme übernehmen aber nicht nur die Textverarbeitung, sondern erledigen auch die Berechnung der Einzelpreise und der Gesamtpreise. Bei Friseuren übernehmen Branchenlösungen ebenfalls die Berechnung von Preisen. Es gibt aber auch Programme, mit deren Hilfe der Friseur dem Kunden ein ganz individuelles Frisurprofil erstellen kann. Makler können mit Hilfe von Branchenlösungen den Immobilienbestand verwalten. Es kann aber auch aus dem Immobilienbestand ein genau zugeschnittenes Objekt herausgesucht werden. Die Objekte, die zum Verkauf stehen, müssen dazu vorher in einer Datenbank gespeichert werden. Steuerberater können mit Hilfe von Branchenlösungen z.B. die Rentabilität von Steuersparmodellen auf den einzelnen Klienten angepaßt untersuchen.

Branchenlösung, CAD

Zu den Branchenlösungen gehören auch die meisten Programme für →CAD. Mit Hilfe dieser Programme können sehr rationell technische Zeichnungen erstellt werden. Da technische Zeichnungen in Maschinenbaubetrieben anders aussehen als in Elektronikunternehmen oder im Hochbau oder Tiefbau, sind für CAD-Programme Branchenlösungen nötig.

spezielle CAD-Programme

Die im Maschinenbau am häufigsten eingesetzten CAD-Programme sind Auto-CAD und PC-Draft. In der Bautechnik und in der Architektur kommen CAD-Programme wie z.B. Allplot, Allplan oder Personal-Architekt zum Einsatz. Diese Programme haben jedoch keine so große Verbreitung gefunden wie z.B. Auto-CAD oder PC-Draft, da es in der Bautechnik eine Vielzahl von CAD-Programmen gibt.

Simulationsprogramme

Auf PC können aber nicht nur Zeichnungen von realen Gebilden angefertigt werden, sondern es können auch die physikalischen Eigenschaften von realen Gebilden untersucht werden. Dies erfogt durch →Simulationen mit Simulationsprogrammen. Dabei kann z.B. die Bewegung von beweglichen Objekten auf dem Bildschirm dargestellt werden.

Anwendungsprogramme, Speziallösung

In einzelnen Fällen haben Betriebe auch ganz spezielle Probleme. In diesen Fällen muß ein Programm erstellt werden, das ganz individuell die Probleme dieses Unternehmens behandelt. Solche Programme nennt man auch Speziallösung.
Vgl. PC.

Anwendungsprogrammierer

Programmierer, der sich mit der Erstellung von →Anwendungsprogrammen beschäftigt.

Anwendungssoftware

Andere Bezeichnung für →Anwendungsprogramm.

Anwendungsschicht

→Schichtenmodell

Anzeige

Vorrichtung zur visuellen Darstellung von Informationen. Die einfachste Anzeige ist die Signallampe, die nur die beiden Zustände ein und aus anzeigen kann. Komfortabler sind Ziffernanzeigen, die einzelne oder mehrere Ziffern darstellen können. Sehr komfortable Anzeigen werden in Laptops verwendet. Es handelt sich dabei um →LCDs.
Vgl. Peripheriegeräte.

APPEND

→Edlin-Befehle

Applikationsprogramm

Andere Bezeichnung für →Anwendungsprogramm.

Arbeitsdiskette

→Systemdiskette

Arbeitsspeicher

Speicher, auf den der Zentralprozessor eines Computers direkt zu

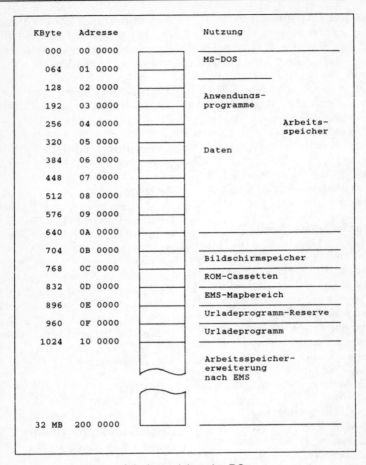

KByte	Adresse	Nutzung
000	00 0000	MS-DOS
064	01 0000	
128	02 0000	Anwendungs-
192	03 0000	programme
256	04 0000	Arbeits-
320	05 0000	speicher
384	06 0000	Daten
448	07 0000	
512	08 0000	
576	09 0000	
640	0A 0000	
704	0B 0000	Bildschirmspeicher
768	0C 0000	ROM-Cassetten
832	0D 0000	EMS-Mapbereich
896	0E 0000	Urladeprogramm-Reserve
960	0F 0000	Urladeprogramm
1024	10 0000	Arbeitsspeicher-erweiterung nach EMS
32 MB	200 0000	

Arbeitsspeicher der PCs

greifen kann. Ein Programm, das ausgeführt werden soll, muß sich im Arbeitsspeicher befinden, da der Zentralprozessor nur Befehle ausführen kann, die im Arbeitsspeicher gespeichert sind. Befindet sich ein Programm, das ausgeführt werden soll, nicht im

30

Arbeitsspeicher, so muß es vorher vom Massenspeicher in den Arbeitsspeicher geladen werden.

Arbeitsspeicher, Zugriff

Der Zugriff des Zentralprozessors auf den Arbeitsspeicher erfolgt über den Adreßbus und den Datenbus. Bei den Computern der PC-Familie besitzen der Adreßbus und der Datenbus unterschiedlich viele Signale.

Arbeitsspeicher, Zugriff, PC-XT

Der PC-XT und das PS/2 Modell 30 greifen über einen 20-Bit-Adreßbus und einen 8-Bit-Datenbus auf den Arbeitsspeicher zu. Es werden daher nach Anlegen einer 20-Bit-Adresse 8 Datenbits gleichzeitig aus dem Arbeitsspeicher gelesen. Der Mikroprozessor 8088, der bei diesen PCs verwendet wird, besitzt 20 Adreßleitungen. Daher kann dieser Prozessor auch nur 1 MByte Arbeitsspeicher adressieren. Das Betriebssystem MS-DOS benutzt davon jedoch nur 640 KByte Arbeitsspeicher. Mit Hilfe einer Speichererweiterungskarte nach →EMS ist es jedoch auch unter dem Betriebssystem MSDOS möglich, bis zu 32 MByte Arbeitsspeicher zu adressieren.

Arbeitsspeicher, Zugriff, PC-AT

Der PC-AT und die PS/2 Modelle 50 und 60 benutzen als Zentralprozessor den Mikroprozessor 80286. Dieser Mikroprozessor verfügt über einen 16-Bit-Datenbus, so daß der Arbeitsspeicher für diese Systeme auch 16 Bit breit ausgelegt sein muß. Dadurch kann aber auch auf 16 Bit gleichzeitig zugegriffen werden. Mit den 24 Adreßleitungen des 80286 Mikroprozessors kann ein physisch vorhandener Arbeitsspeicher von 4 MByte adressiert werden. Unter dem Betriebssystem MS-DOS können jedoch auch davon nur 640 KByte genutzt werden. Mit Hilfe des →EMS kann auch bei PCs mit einem 80286 Mikroprozessor auf bis zu 32 MByte Arbeitsspeicher zugegriffen werden. Darüber hinaus kann der Mikroprozessor 80286 in eine Betriebsart umgeschaltet werden, in der er über seine 24 Adreßleitungen zwar nur 4 Mbyte physisch vorhandenen Arbeitsspeicher, aber 1 GByte →virtuellen Arbeitsspeicher adressieren kann. Teile dieses virtuellen Arbeitsspeichers werden dann auf Massenspeichern zwischengespeichert und bei Bedarf automatisch geladen.

Arbeitsspeicher, Zugriff, PC-AT-386

Der PC-AT-386 und das PS/2 Modell 80 benutzen einen 80386 Mikroprozessor als Zentralprozessor. Dieser Mikroprozessor verfügt über einen 32-Bit-Adreßbus und einen 32-Bit-Datenbus, so daß auf diesen PCs 4 GigaByte physischer Arbeitsspeicher adressiert werden kann.

Arbeitsspeicher, Aufbau, PC-XT
Aufgebaut werden Arbeitsspeicher aus →RAMs. Dies sind →integrierte Schaltungen, die entweder 64 KBit oder 256 KBit Speicherzellen auf einem Chip vereinigen. Diese Chips sind bitorganisiert, das heißt, es müssen für einen 8-Bit-Datenbus 8 Chips parallel geschaltet werden. In PCs schaltet man jedoch 9 Chips parallel. In dem 9. Bit wird das →Paritybit der übrigen 8 Bit beim Schreiben gespeichert und beim Lesen des Arbeitsspeichers jeweils überprüft. Tritt beim Lesen einer Speicherzelle ein Fehler auf, so erhält der Zentralprozessor einen Interrupt. Auf diese Weise können Speicherfehler teilweise erkannt und korrigiert werden.

Arbeitsspeicher, Aufbau, PC-AT
Für einen 16 Bit breiten Datenbus benötigt man 18 →RAMs, da jeweils 8 Bit durch ein Prüfbit kontrolliert werden. Bei der Parallelschaltung dieser 18 RAMs ist zu beachten, daß die unterste Adreßleitung der Chips, also die Adreßleitung A0, an die Adreßleitung A1 des Zentralprozessors gelegt werden muß. Die übrigen Adreßleitungen müssen entsprechend versetzt angeschlossen werden. Dies liegt daran, daß sich die Adressen des Mikroprozessors immer auf ein Byte beziehen. Die Adressen eines 16 Bit breiten Speichers beziehen sich jedoch auf ein Wort. Wenn der Mikroprozessor wortweise adressiert, läßt er also immer eine Adresse aus. Schaltungstechnisch wird diese Tatsache berücksichtigt, indem man die Adresse A0 des 80286 Mikroprozessors nicht an den Arbeitsspeicher anschließt. Vgl. PC.

Arithmetik

Bezeichnung für das Rechnen in den vier Grundrechnungsarten Addition, Subtraktion, Multiplikation und Division. Auch PCs können solche Rechenoperationen durchführen. Dazu besitzen die Mikroprozessoren, die in den PCs als Zentralprozessoren benutzt werden, Befehle, die das Rechnen mit Zahlen unterschiedlicher Genauigkeit erlauben.

arithmetische Unterprogramme
Zum Rechnen mit Zahlen höherer Genauigkeit reicht die Wortbreite, mit der die Zentralprozessoren der PCs arithmetische Berechnungen in einzelnen Befehlen durchführen können, nicht aus. Man zerlegt daher die Operanden in Operandenteile. Diese Operandenteile werden dann mit den niedrigstwertigen Operanden-

teilen beginnend schrittweise verknüpft. Die Befehle der Mikroprozessoren sind bereits so entwickelt, daß die Überläufe der niederwertigen Operationen in der nächsthöheren Operation mit verarbeitet werden können. Diese Technik nennt man auch Kaskadierung von Rechenoperationen. Die Kaskadierung kann in mehreren zusammengehörenden Unterprogrammen durchgeführt werden. Die Unterprogramme werden immer dann aufgerufen, wenn eine arithmetische Operation durchgeführt werden soll. Die verwendeten Unterprogramme nennt man auch arithmetische Unterprogramme oder Arithmetikroutinen.

Arithmetik, Integerarithmetik

Sollen solche Unterprogramme nur mit ganzen Zahlen rechnen, so spricht man auch von einer Integerarithmetik. Die ganzen Zahlen, mit denen die Integerarithmetik rechnen kann, nennt man auch Integerzahlen. Integerzahlen können in allen höheren Programmiersprachen verarbeitet werden.

Arithmetik, Festkommaarithmetik

Genauer als eine Integerarithmetik ist eine Festkommaarithmetik. Bei ihr können neben den ganzen Zahlen auch gebrochene Zahlen, also z.B. 1/3, dargestellt und verarbeitet werden. Eine Festkommaarithmetik hat aber nur eine feste Anzahl Stellen vor und hinter dem Komma. Daher schwankt die Rechengenauigkeit sehr stark bei unterschiedlich großen Zahlen. Außerdem ist der Wertebereich, den Festkommazahlen annehmen dürfen, sehr begrenzt. Auf PCs wird Festkommaarithmetik daher nur für Spezialzwecke eingesetzt.

Arithmetik, Gleitkommaarithmetik

Um eine über den gesamten Zahlenbereich konstante Rechengenauigkeit zu gewährleisten, muß man eine Gleitkommaarithmetik einsetzen. Diese benutzt zur Darstellung der Operanden eine Mantisse und einen Exponenten. Durch die Exponentendarstellung kann die Gleitkommaarithmetik einen erheblich höheren Wertebereich abdecken als die Festkommaaritmetik.

Arithmetik, Gleitkommazahlen

Die Zahlen, mit denen die Gleitkommaarithmetik rechnet, nennt man auch →Gleitkommazahlen. In den höheren Programmiersprachen werden Gleitkommazahlen formell als Real-Zahlen beschrieben. Gleitkommazahlen werden nicht nur auf PCs, sondern auch auf allen anderen Computern sehr häufig benutzt. Deshalb ist ihre

Darstellung vom amerikanischen Ingenieursverband IEEE unter der Normenbezeichnung IEEE-745 genormt worden. Diese Norm sieht zwei unterschiedlich genaue Darstellungen für Gleitkommazahlen vor, die Single-Precision-Darstellung und die Double-Precision-Darstellung. Alle höheren Programmiersprachen erlauben die Darstellung von Gleitkommazahlen in den beiden genormten Darstellungsarten.

Gleitkommaarithmetik-Unterprogramme
Für die Berechnung mit Gleitkommazahlen werden von den Programmen Gleitkomma-Arithmetikroutinen aufgerufen, die standardmäßig als Programmsammlung zu den Übersetzungsprogrammen der höheren Programmiersprachen dazugeliefert werden.

Arithmetik-Coprozessoren
Der Nachteil der Gleitkomma-Arithmetikroutinen besteht darin, daß diese viel Rechenzeit erfordern, weil die Zentralprozessoren von PCs für Gleitkommaberechnungen nicht besonders geeignet sind. Daher können PCs mit speziellen Arithmetik-Coprozessoren ausgestattet werden. Dies sind integrierte Schaltungen, die arithmetische Berechnungen besonders leistungsfähig durchführen

können. Diese Coprozessoren sind über den Adreßbus und den Datenbus direkt mit dem Zentralprozessor des PC verbunden. Will der Zentralprozessor eine Berechnung durchführen, so ruft er nicht mehr die Arithmetikroutinen auf, sondern übergibt die Operanden über den Datenbus an den Coprozessor. Dieser führt die Rechenoperation aus und gibt das Ergebnis an den Zentralprozessor zurück. Um einen arithmetischen Coprozessor nutzen zu können, ist immer eine spezielle Software nötig. Daher werden die Programme, die den Coprozessor nutzen, in zwei verschiedenen Versionen angeboten. Eine Version ist für PCs ohne Coprozessor und eine Version für PCs mit Coprozessor. Außerdem gibt es Programme, in denen über einen Schalter zwischen Betrieb mit und ohne Coprozessor gewählt werden kann. Vgl. PC.

Arithmetik-Coprozessoren
→Integrierte Schaltung, die besonders leistungsfähig die Grundrechnungsarten mit Gleitkommazahlen durchführen kann. Die Arithmetik-Coprozessoren werden in PCs eingesetzt, um die Zentralprozessoren von arithmetischen Berechnungen zu entlasten. Grundsätzlich sind auch die Zentralprozessoren der PCs in der Lage, arithmetische Berechnungen durchzuführen. Sie

können diese jedoch nicht so schnell durchführen wie die speziell für diesen Zweck entwickelten Coprozessoren.

Nachrüstung
Um PCs auch nachträglich noch mit Coprozessoren ausstatten zu können, ist auf der Hauptplatine der PCs eine Fassung vorgesehen, in die der Coprozessor hineingesteckt werden kann. Ist ein PC mit einem Coprozessor ausgestattet, so muß auch die Software, die den Coprozessor benutzen soll, an den Coprozessor angepaßt werden. Anstatt ein Arithmetik-Unterprogramm aufzurufen schickt der Zentralprozessor dann zunächst einen Befehlscode an den Coprozessor, aus dem die Rechnungsart hervorgeht. Danach folgen die beiden Operanden. Der Zentralprozessor kann danach in seinem Programm weiterarbeiten, bis der Coprozessor meldet, daß er mit der Berechnung fertig ist und das Ergebnis an den Zentralprozessor zurückgeben möchte. Ein Coprozessor ist dabei mit einer arithmetischen Berechnung mehr als 100mal schneller fertig als ein Zentralprozessor, der die Berechnung selbst ausführt.

spezielle Coprozessoren
Für alle drei Mikroprozessoren, die auf PCs als Zentralprozessoren verwendet werden, gibt es auch Arithmetik-Coprozessoren. Zu dem 8088-Mikroprozessor gehört der 8087-Coprozessor, zum 80286 gehört der 80287 und zum 80386 gehört der 80387. Die unterschiedlichen Coprozessorversionen sind schon wegen der 8-Bit, 16-Bit und 32-Bit breiten Datenbusse der drei verschiedenen Zentralprozessoren nötig. Vgl. PC.

arithmetik-overflow
→overflow

arithmetische Befehle
Befehle, in denen zwei oder mehrere Variable oder Registerinhalte durch die Grundrechnungsarten Addition, Subtraktion, Multiplikation und Division verknüpft werden. Das Ergebnis der Rechenoperation wird wieder in einer Variablen oder einem Register gespeichert.

arithmetische Befehle, Basic
In der Programmiersprache Basic werden arithmetische Befehle durch eine Formel formuliert. Diese Formel gibt eine Berechnungsvorschrift für die Berechnung des Ergebnisses an. Durch den Basic-Befehl

$SUMM = A+B$

kann z.B. in der Variablen mit dem Namen SUMM die Summe der beiden Variablen A und B berechnet werden.

arithmetische Operatoren

Das Zeichen + nennt man auch arithmetischen Operator der Addition. Neben dem Operator + für die Addition werden in der Programmiersprache Basic die Operatoren -, *, /, \, und MOD für die Operationen Subtraktion, Multiplikation, Division, Ganzzahldivision und Moduloarithmetik benutzt. Die Ganzzahldivision berechnet den ganzzahligen Quotienten, während die Moduloarithmetik den Rest einer Division ermittelt.

Arithmetische Befehle, höhere Programmiersprachen

In anderen höheren Programmiersprachen sehen arithmetische Befehle ähnlich wie in Basic aus. In einigen Programmiersprachen wie z.B. Turbo-Pascal muß vor dem Gleichheitszeichen allerdings ein Doppelpunkt stehen.

arithmetische Befehle, Assemblersprachen

In Assemblersprachen werden arithmetische Befehle dagegen ganz anders formuliert als in Basic. Der Befehl beginnt mit einem Schlüsselwort, z.B. ADD, das die Art der Berechnung anzeigt. Danach folgt eine Leerspalte, und dann werden die Operanden aufgezählt, die verknüpft werden sollen. Die einzelnen Operanden werden durch Kommata getrennt.

In arithmetischen Assemblerbefehlen erfolgt auch sehr häufig die Verknüpfung von Registerinhalten mit Variablen, während in höheren Programmiersprachen überwiegend Variable verknüpft werden.
Vgl. Programm.

arithmetische Operation

Berechnung in den vier Grundrechnungsarten Addition, Subtraktion, Multiplikation und Division.
Vgl. arithmetische Befehle.

arithmetisch-logische Einheit

Andere Bezeichnung für →Rechenwerk.

Arithmetik-Unterprogramme

→Arithmetik

array

Englische Bezeichnung für →Variablenfeld.

ASC

→Basic-Befehl

ASCII

Abk. für american standard code of information interchange. Zeichencode, der aus 8 Bit besteht.
Beim einfachen ASCII werden die untersten 7 Bit benutzt, um 128 verschiedene Zeichen darzustellen. Dazu gehören alle großen

ASCII-Tabelle																	
DEC		0	16	32	48	64	80	96	112	128	144	160	176	192	208	224	240
	HEX	00	10	20	30	40	50	60	70	80	90	A0	B0	C0	D0	E0	F0
0	0	NUL	DLE	SP	0	@	P	`	p	Ç	É	á	▓	└	⊥	α	≡
1	1	SOH	DC1	!	1	A	Q	a	q	ü	æ	í	▓	⊥	┬	β	±
2	2	STX	DC2	"	2	B	R	b	r	é	Æ	ó	▓	┬	┬	Γ	≥
3	3	ETX	DC3	#	3	C	S	c	s	â	ô	ú	│	├	L	π	≤
4	4	EOT	DC4	$	4	D	T	d	t	ä	ö	ñ	┤	—	L	Σ	⌠
5	5	ENQ	NAC	%	5	E	U	e	u	à	ò	Ñ	┤	+	┌	σ	⌡
6	6	ACK	SYN	&	6	F	V	f	v	å	û	ª	┤	├	┌	µ	÷
7	7	BEL	ETB	'	7	G	W	g	w	ç	ù	º	┐	├	┼	τ	≈
8	8	BS	CAN	(	8	H	X	h	x	ê	ÿ	¿	┐	L	┼	Φ	°
9	9	HT	EM	)	9	I	Y	i	y	ë	Ö	⌐	┤	┌	┘	Θ	∙
10	A	LF	SUB	*	:	J	Z	j	z	è	Ü	¬	║	⊥	┌	Ω	·
11	B	VT	ESC	+	;	K	[	k	{	ï	¢	½	┐	┬	█	δ	√
12	C	FF	FS	,	<	L	\	l	|	î	£	¼	┘	├	■	∞	n
13	D	CR	GS	-	=	M	]	m	}	ì	¥	¡	┘	—	█	ø	²
14	E	SO	RS	.	>	N	^	n	~	Ä	₧	«	┘	┼	█	ε	■
15	F	SI	US	/	?	O	_	o		Å	ƒ	»	┐	⊥	■	∩	

und kleinen Buchstaben, die Ziffern, die Sonderzeichen und die →Steuerzeichen. Das achte Bit wird als Prüfbit benutzt. Es wird darin das →Paritybit gespeichert, mit dem das Zeichen auf Gültigkeit überprüft werden kann.

Erweiterter ASCII

Auf PCs wird der einfache ASCII nur zur Datenübertragung zwischen PCs eingesetzt. Zur Speicherung von Texten wird dagegen der erweiterte ASCII benutzt. Bei diesem Code werden alle 8 Bit des Codes zur Darstellung von Zeichen benutzt. Es lassen sich dadurch 256 verschiedene Zeichen darstellen. Das Prüfbit wird nicht benötigt, da die PCs intern ein neuntes Bit als Prüfbit zur Verfügung stellen.

Vgl. Codierungsverfahren.

ASCII-Eingabe

Bedienungstechnik, durch die ASCII-Zeichen über ihren ASCII-Wert eingegeben werden können.

Tastencodes

Auf PCs wird der erweiterte AS-CII-Zeichensatz zur Darstellung und Speicherung von Zeichen verwendet. Dieser ASCII-Zeichensatz besitzt 256 verschiedene Zeichen. Für Buchstaben und Ziffern existieren Tasten, bei deren Betätigung das entsprechende ASCII-Zeichen direkt erzeugt wird. Auch für einige Sonderzeichen und einige Steuerzeichen gibt es solche Tasten. Soll dagegen ein Sonderzeichen oder ein Steuerzeichen eingegeben werden, für das keine Taste existiert, so muß dieses Zeichen über seinen ASCII-Wert eingegeben werden.

Bedienungstechnik

Zur Eingabe eines Zeichens über seinen ASCII-Wert wird zunächst die Alternatetaste gedrückt. Die Alternatetaste trägt die Aufschrift Alt und befindet sich meistens in der linken unteren Ecke der Schreibmaschinentastatur. Während die Alternatetaste gedrückt gehalten wird, wird der dezimale ASCII-Wert des Zeichens über die Ziffernblocktasten eingegeben. Nach dem Loslassen der Alternatetaste erscheint das eingegebene ASCII-Zeichen auf dem Bildschirm.

Besonderheiten

Wichtig ist dabei, daß für diese Ziffereingabe die Ziffernblock-tasten und nicht die Zifferntasten der Schreibmaschinentastatur verwendet werden. Die Ziffernblocktasten müssen zu diesem Zweck auf Ziffernfunktion geschaltet sein. Ist dies nicht der Fall, so muß vor dem Drücken der Alternatetaste die numerische Locktaste angetippt werden. Die numerische Locktaste trägt die Aufschrift Num Lock.

Beispiel

Um z.B. das Zeichen Backslash einzugeben, wird die Alternatetaste gedrückt gehalten und dann nacheinander die Ziffernblocktasten 9 und 2 angetippt, da der dezimale ASCII-Wert für Backslash 92 ist. Nach dem Loslassen der Alternatetaste erscheint das Zeichen \ auf dem Bildschirm.
Vgl. Bedienungstechniken.

ASSEMBLE
→Debug-Befehle

Ashton Tate

Computerunternehmen, das sich mit der Entwicklung von Software beschäftigt. Ein bedeutendes Produkt dieser Firma ist das Datenbankprogramm dBase. Ein weiteres Produkt dieser Firma ist das integrierte Programmpaket Framework.
Vgl. Computerunternehmen.

Assembler

Der Ausdruck Assembler hat zwei Bedeutungen. Er steht sowohl für eine spezielle Programmiersprache als auch für ein Übersetzungsprogramm.

Assembler, Programmiersprache

Mikroprozessororientierte Programmiersprache, deren Befehlssatz direkt in die Maschinensprache des Mikroprozessors umgesetzt werden kann.

Die einzelnen Befehle werden jedoch nicht in binärer oder hexadezimaler Form, sondern in Form von symbolischen Namen dargestellt. Es existieren symbolische Namen für die Befehlsart, aber auch für die Variablen, die in den Befehlen verknüpft werden. Die Assemblersprache ist daher eine symbolische Programmiersprache.

Assemblersprache, Anwendung

In der Assemblersprache lassen sich besonders gut zeitkritische Vorgänge programmieren, da man sehr gut berechnen kann, wie lange der Mikroprozessor für die Ausführung bestimmter Befehle benötigt.

Assembler, Übersetzungsprogramm

Neben der Programmiersprache Assembler bezeichnet der Ausdruck Assembler auch ein Übersetzungsprogramm, das ein Programm aus der Assemblersprache in die Maschinensprache übersetzen kann.

Assembler, spezielle Übersetzungsprogramme

In PCs werden 8088-, 80286-, und 80386-Mikroprozessoren eingesetzt. Programme, die für diese Prozessoren in Assemblersprache geschrieben sind, können mit den Assemblern ASM86, ASM286 und ASM386 von der Firma Intel in Maschinensprache übersetzt werden. Besonders komfortabel ist der →Makroassembler, der von der Firma Mikrosoft für den Einsatz auf PCs entwickelt wurde. Einfachere Assemblerprogramme können jedoch auch ohne Zukauf zusätzlicher Übersetzungsprogramme durch das Dienstprogramm Debug mit Hilfe der →Debug-Eingabeumleitung übersetzt werden. Das Dienstprogramm Debug gehört zum Lieferumfang des Betriebssystems MS-DOS.

Assemblerprogramm

Ein Programm, das in der Programmiersprache Assembler geschrieben wurde und mit einem Assembler in Maschinensprache übersetzt wird, bezeichnet man auch als Assemblerprogramm.

Assemblerprogramm, Anwendung

In Assemblerprogrammen lassen sich besonders gut zeitkritische

Häufig benutzte Assemblerbefehle der Mikroprozessoren 8088, 8086, 80286 und 80386		
Befehl	**Operation**	**Verknüpfung**
MOV RG,OP3	OP3 in Register RG laden	RG :=OP3
MOV OP3,RG	RG im Operanden OP3 abspeichern	OP3:=RG
MOV RS,OP1	OP1 in Segmentregister RS Laden	RS :=OP1
MOV OP1,RS	RS im Operanden OP1 abspeichern	OP1:=RS
IN AL,OP4	Byte vom Port einlesen	AL :=OP4
OUT OP4,AL	Byte über Port ausgeben	OP4:=AL
ADD RG,OP2	Addieren ohne Carrybit	RG :=RG +OP2
ADDC RG,OP2	Addieren mit Carrybit	RG :=RG +OP2
SUB RG,OP2	Subtrahieren ohne Carrybit	RG :=RG −OP2
SUBB RG,OP2	Subtrahieren mit Carrybit	RG :=RG −OP2
CMP RG,OP2	Operanden vergleichen	RG −OP2
TEST RG,OP2	Zeroflag = 0 wenn RG & OP2 = 0	RG &OP2
XOR RG,OP2	Exclusivoder	RG :=RG §OP2
OR RG,OP2	Inclusivoder	RG :=RG $OP2
AND RG,OP2	Logisches Und	RG :=RG &OP2
XCHG OP1,RG	OP1 und RG vertauschen	
INC OP1	Operand OP1 inkrementieren	OP1:=OP1+1
DEC OP1	Operand OP1 decrementieren	OP1:=OP1−1
SHL OP1,1	OP1 1 mal links schieben	Null nachschieben
SHR OP1,1	OP1 1 mal rechts schieben	Null nachschieben
RCL OP1,1	OP1 1 mal links ringschieben	Über Carrybit sch.
RCR OP1,1	OP1 1 mal rechts ringschieben	Über Carrybit sch.
JMP OP7	Unbedingt Springen	
JZ OP6	Springen wenn Resultat null	
JNZ OP6	Springen wenn Res. nicht null	
JG OP6	Springen wenn Res. positiv	
JL OP6	Springen wenn Res. negativ	
JC OP6	Springen wenn Carrybit=1	
CALL OP7	Unterprogrammaufruf	
INT OP5	Aufruf einer Interruptroutine	
RET	Aus Unterprogramm zurückkehren	
PUSH OP1	OP1 auf dem Stack speichern	
POP OP1	OP1 vom Stack laden	
NOP	Keine Operation	

Zeichenerklärung		
	Erlaubte Adressierungsarten und Register	**Beispiel**
RG	Impliziert AL, BL, CL, DL, AH, BH, CH, DH, AX, BX, CX, DX, SI, DI, SP, BP.	MOV CL,BH MOV DX,SI
RS	Impliziert CS, DS, SS, ES.	MOV CS,BX
OP1	Impliziert AL, BL, CL, DL, AH, BH, CH, DH, AX, BX, CX, DX, SI, DI, SP, BP.	MOV AL,CH MOV AX,BP
	Indirekt SI, DI, BP, BX	MOV AL,[SI]
	Indiziert SI, DI, BP, BX	MOV AX,MEM[SI]
OP2	OP1 und unmittelbare Adressierung	MOV AL,55
OP3	OP1 und unmittelbare und direkte Adressierung	MOV AL,MEM
OP4	Adresse eines Ports	IN AL,PORT2
OP5	Nummer einer Interruptroutine	INT 16
OP6	Relativ zum Programmzähler	JNE M12
OP7	Relativ zum Progrz. Segmanf. oder Speicheranf.	JMP START

Vorgänge programmieren, da man sehr gut berechnen kann, wie lange der Mikroprozessor für die Ausführung bestimmter Befehle benötigt. Dagegen ist die Erstellung solcher Programme zeitaufwendig, da alle Befehle sehr ausführlich beschrieben werden müssen.
vgl. Programmiersprachen.

Assemblerprogramm
→Assembler

assemblieren
Übersetzen eines Programms, das in der Programmiersprache Assembler geschrieben ist, in Maschinensprache. Vgl. Assembler.

ASSIGN
→MS-DOS-Befehle

AT
→PC-AT

Atari-ST
Personalcomputer, der nicht mit den IBM-PCs kompatibel ist, weil er mit einem 68000-Mikroprozessor arbeitet. Der 68000-Mikroprozessor besitzt einen völlig anderen Befehlssatz als der 8088-Mikroprozessor bzw. der 80286-Mikroprozessor.
vgl. Computerfamilien.

ATN
→Basic-Befehle

AT-386
→PC-AT-386

ATTRIB
→MS-DOS-Kommando

Attribut
Ausdruck für Eigenschaft. Attribut wird im Zusammenhang mit PCs für zwei verschiedene Zwecke benutzt.

Attribut einer Datei
Das Attribut bezeichnet den Zustand einer Datei, ob diese nur gelesen werden darf oder ob sie gelesen und beschrieben werden darf.

Attribut, Bildschirm
Das Attribut bezeichnet die Eigenschaft der Zeichen auf dem Bildschirm. Blinkt ein Buchstabe, so besitzt er das Attribut Blinken, ist er unterstrichen, so hat er das Attribut Unterstrich.
Vgl. Bildschirm.

Auffrischoperation
→Speicher

Auflösung
Bezeichnung für die Anzahl der Bildpunkte, die auf einem Bildschirm dargestellt werden können.
vgl. Bildschirm

Aufruf
Befehl, der die Ausführung eines Unterprogramms veranlaßt.

Nachdem alle Befehle des Unterprogramms abgearbeitet sind, kehrt der ausführende Mikroprozessor an die Adresse im Programm zurück, die dem aufrufenden Befehl folgt.
Vgl. Unterprogramme.

aufwärtskompatibel
→kompatibel

Aufzeichnungsdichte
Physikalische Größe für die Anzahl der Bits, die pro Flächeneinheit auf einem Magnetspeicher gespeichert werden können. Da bei Magnetspeichern die Informationen in sogenannten Spuren abgespeichert werden, rechnet man die Aufzeichnungsdichte auch in Bits pro Längeneinheit um. Sie wird dann in bpi angegeben. Bpi ist die Abkürzung für bit per inch.
Vgl. Hardwareeigenschaften.

Aufzeichnungsgeschwindigkeit
Physikalische Größe für die Anzahl der Bits, die pro Zeiteinheit auf einen Magnetspeicher geschrieben werden können.
Vgl. Hardwareeigenschaften.

Ausbaufähigkeit
→Systemerweiterung

Ausbaustufe
→Konfiguration

Ausdruck
1. Von einem Drucker gedruckter Text.
Dabei kann es sich um die Liste der Befehle eines Programms oder um die Daten, die von einem Programm erzeugt wurden, handeln.
2. Beschreibung von Operanden oder Adressen in einem Befehl.
3. Oberbegriff für Konstante und Variable.
Vgl. Variable.

ausführbar
Eigenschaft eines Programms, ohne weitere Änderungen auf einem Computer ablaufen zu können. Auf PCs sind Programme mit der Namenserweiterung COM und EXE unmittelbar ausführbar. Vgl. Programm.

Ausgabe
Übertragung von Daten aus dem Arbeitsspeicher an ein Peripheriegerät wie z.B. einen Drucker oder einen Massenspeicher. Dazu können die Daten vom Zentralprozessor aus dem Arbeitsspeicher geholt werden und über einen Port ausgegeben werden. Die Daten können aber auch über einen DMA-Controller aus dem Arbeitsspeicher geholt und direkt vom DMA-Controller an das Peripheriegerät ausgegeben werden.
Vgl. Peripheriegeräte.

Ausgabebefehl

Befehl, der Daten an ein peripheres Gerät überträgt. Ein Ausgabebefehl kann in Maschinensprache oder in einer höheren Programmiersprache formuliert werden. Existieren mehrere Peripheriegeräte, so muß im Ausgabebefehl zusätzlich die Adresse des Gerätes angegeben werden, an das die Daten ausgegeben werden sollen. Es gibt aber auch Ausgabebefehle für spezielle Peripheriegeräte.

Ausgabebefehl, Basic

Der →Basic-Befehl LPRINT ist z.B. speziell für die Ausgabe von Daten auf den Drucker geeignet. Dagegen werden mit dem Basic-Befehl PRINT Daten auf dem Bildschirm angezeigt.
Vgl. Programm.

Ausgabegerät

→Peripheriegerät

Ausgabegeschwindigkeit

Geschwindigkeit, mit der Daten an ein Peripheriegerät übergeben werden. Die Ausgabegeschwindigkeit wird in Bit pro Sekunde angegeben. Vgl. Hardwareeigenschaften.

Ausgabekanal

→Kanal

Ausgabeprogramm

Programm, das die Ausgabe von Daten an ein Peripheriegerät besorgt.

Ausgang

Letzter Befehl, der in einer Programmschleife ausgeführt wird, bevor die Schleife verlassen wird. Vgl. Programmschleife.

AUTO

→Basic-Befehle

AUTOCAD

→CAD

AUTOEXEC.BAT

Batchdatei des Betriebssystems MS-DOS, die nach dem Laden des Betriebssystems automatisch ausgeführt wird. Die Datei AUTOEXEC.BAT läßt sich vom Benutzer des PC z.B. mit Hilfe des Zeileneditors →Edlin ändern oder erweitern. Auf diese Weise ist es möglich, ganz individuelle MS-DOS-Befehle nach dem Einschalten des PCs ausführen zu lassen. Durch Hinzufügen einer Zeile mit dem Inhalt DIR am Ende der Datei kann z.B. erreicht werden, daß nach dem Einschalten des PCs sofort das aktuelle Verzeichnis der Dateien auf dem Bildschirm angezeigt wird. Die Datei AUTOEXEC.BAT muß aber immer in dem Verzeichnis stehen, aus dem das Betriebssystem geladen wird. Sie kann aber zusätzlich in anderen Verzeichnissen gespeichert sein.
Vgl. Datei.

43

autonome Systeme

Selbstständige Systeme, die keine Verbindungen zu anderen Datenverarbeitungsanlagen haben, aber selbst alle Eigenschaften eines Computers besitzen. PCs, die nicht in einem Rechnernetz betrieben werden, sind autonome Systeme.
Vgl. Rechnernetze

AUX

Name für die serielle Schnittstelle von PCs. Um z.B. die Daten der Datei D1 über die serielle Schnittstelle auszugeben, kann das MS-DOS-Kommando
COPY D1 AUX
verwendet werden. Vgl. Peripheriegeräte.

auxiliary-flag

Bit des Programmstatuswortes der PC-Zentralprozessoren. Das auxiliary-flag wird bei arithmetischen Operationen gesetzt, wenn ein Übertrag von den unteren vier Bit zu den oberen vier Bit erfolgt. Vgl. Programmstatuswort

B

Background

Prozeßebene mit niedriger Priorität. Von Multitask-Betriebssystemen werden Prozesse, die im Background ablaufen, nur bearbeitet, wenn keine Prozesse im Forground auf eine Bearbeitung warten. Auf PCs unter dem Multitask-Betriebssystem OS/2 ist es üblich, alle Prozesse im Forground zu starten. Soll jedoch ein besonders rechenintensiver Prozeß nebenher ablaufen, der die Prozesse im Forground nicht verzögern soll, so wird dieser Prozeß im Background gestartet. Dies erfolgt mit dem →OS/2-Multitaskkommando DETACH. Dieser Prozeß wird dann im Background nur bearbeitet, wenn kein Prozeß im Forground den Zentalprozessor des PC benutzt. Der Forground ist besonders für den →Dialogbetrieb geeignet, während der Background für den Batchbetieb benutzt wird.

Vgl. OS/2.

Backslash

Bezeichnung für den Schrägtrich von links oben nach rechts unten. Der Backslash wird auf PCs unter MS-DOS und OS/2 sehr häufig benutzt, da er in Verzeichnispfaden die einzelnen Unterverzeichnisse voneinander trennt. Über die Tastatur kann der Backslash über das gleichzeitige Drücken der Tasten (CTRL), (ALT) und Taste Nr. 1 eingegeben werden. Die Taste Nr. 1 ist mit den beiden spitzen Klammern beschriftet. Ist sie gar nicht vorhanden, so kann der Backslash über das Gedrückthalten der Taste (ALT) und anschließendes Betätigen der Tasten 9 und 2 des Ziffernblocks eingegeben werden. Vgl. Tastatur.

Backspace

Steuerzeichen zum Steuern des Cursors auf dem Bildschirm. Wird das Backspacezeichen auf den Bildschirm ausgegeben, so wird der Cursor auf dem Bildschirm eine Position nach links bewegt. Das Backspacezeichen hat die hexadezimalen Code 08. Es wird auch durch den symbolischen Namen BS dargestellt. Vgl. Steuerzeichen

Backspacetaste

Taste, die das Steuerzeichen Backspace erzeugt, und damit den Cur-

sor auf dem Bildschirm eine Zeichenposition nach links bewegt.
Vgl. Tastatur

Backup

Maßnahme zur Datensicherung.
Beim Backup wird eine Kopie der
zu sichernden Daten auf einem
anderen Datenträger erstellt. Auf
diesen Datenträger wird zurückgegriffen, wenn die Orginaldaten
zerstört werden. Vgl. Massenspeicher.

BACKUP

→MS-DOS-Befehle

Balkencode

→Strichcode

Band

→Magnetband

barcode

→Strichcode

Babygehäuse

Metallgehäuse für PC-AT-kompa-
tible PCs.
Das Babygehäuse unterscheidet
sich vom Orginalgehäuse des
IBM-PC-AT durch eine geringere
Breite. Vgl. PC-Gehäuse.

Basic

Abk. für beginners all purpose
symbolic instruction code. Basic
ist eine höhere Programmiersprache, die eine besonders einfache
und leicht zu erlernende Struktur
aufweist. Besonders auf PCs hat
sie daher eine weite Verbreitung
gefunden. Am weitesten ist GW-
Basic verbreitet, da es zum Lieferumfang des Betriebssystems MS-
DOS für kompatible PCs gehört.
Auf Oginal-IBM-PCs wird BasicA
eingesetzt, das mit GW-Basic
kompatibel ist.

Basic-Interpreter

Die in der Grundausstattung von
PCs vorhandenen Basic-Versionen
sind Basic-Interpretersprachen.
Programme, die in diesen Sprachen geschrieben werden, werden
im PC zunächst in der Form gespeichert, in der sie über Tastatur
eingegeben werden. Erst wenn das
Programm ausgeführt werden soll,
werden die einzelnen Befehle jeweils vor ihrer Ausführung in Maschinensprache übersetzt. Die
Überwachung der Befehlseingabe
und die Übersetzung und Ausführung der einzelnen Befehle
übernimmt der Basic-Interpreter.
Durch die Übersetzung und Abarbeitung einzelner Befehle unterscheidet sich ein Interpreter von
einem Compiler.

Basic-Compiler

Ein Basic-Compiler übersetzt das
gesamte Programm vor seiner
Ausführung in Maschinensprache.
Das übersetze Programm wird mit
Unterprogrammen zusammenge-

```
1000 REM *********************************************
1100 REM *  Basic-Programm zur Addition von 10 Zahlen,  *
1200 REM *  die über die Tastatur eingegeben werden.    *
1300 REM *********************************************
1400 REM *
2000 DEFINT I
2100 DEFSNG S,A
3000 SUMM=0.0 : I=1
3100 PRINT "Dies Programm addiert 10 eingegebene Zahlen."
4000 INPUT "Bitte Zahl eingeben: ",A
4100 SUMM=SUMM+A
4200 I=I+1
4300 IF I<11 THEN 4000
5000 PRINT "Summe =        ",SUMM
6000 END
6100 REM *********************************************
6200 REM *  Ende des Programms                          *
6300 REM *********************************************
```

bunden, die für die Eingabe, Ausgabe und für weitere spezielle Funktionen benötigt werden. Danach existiert ein ausführbares Programm, das in einer Datei abgespeichert wird. Das Programm kann durch Aufruf seines Namens ausgeführt werden.

Bearbeitungszeiten

Ein Interpreterprogramm hat gegenüber einem Compilerprogramm den Vorteil, daß nach einer Programmänderung in einzelnen Befehlen nicht das ganze Programm neu übersetzt werden muß. Nach einer Änderung kann das Programm sofort ausgeführt werden. Der Nachteil der Interpreterprogramme besteht darin, daß Programme langsamer arbeiten als in Compilersprachen, da jeder Befehl vor seiner Ausführung erst übersetzt werden muß.

Basic, strukturierte Programmierung

Ein weiterer Nachteil der Basic-Interpretersprache ist die Tatsache, daß die· strukturierte Programmierung wenig unterstützt wird. Diese Unterstützung ist bei modernen Basic-Compilersprachen wesentlich ausgeprägter.

spezielle Basic-Übersetzungsprogramme

Die Programmiersprache Basic kann auf allen PCs benutzt werden, da alle Orginal-IBM-PCs mit einem BasicA-Interpreter und alle kompatiblen PCs mit einem GWBasic-Interpreter ausgestattet sind. Beide gehören zum Lieferumfang des Betriebssystems und sind untereinander voll kompatibel.

Quick-Basic, Turbo-Basic

Als Basic-Compiler bietet die Firma Mikrosoft das Programmierpaket →Quick-Basic an. Dieses Paket beinhaltet einen Bildschirmeditor, einen Compiler, einen Linker und eine Programmbibliothek mit Eingabe-, Ausgabe-, und Arithmetik-Unterprogrammen. Ein vergleichbares Produkt ist das Programm →Turbo-Basic von der Firma Borland. Beide Compiler können auch benutzt werden, um Basic-Programme, die mit Hilfe eines Interpreters entwickelt wurden, durch einen Compiler zu übersetzen. Dadurch arbeiten solche Programme je nach Programmierstil etwa um eine Zehnerpotenz schneller.

Basic, Codewandlung
Die Basic-Programme, die auf einem Interpreter mit Hilfe des →Basic-Befehls SAVE abgespeichert wurden, müssen vor ihrer Verarbeitung durch einen Compiler aber vorher in Quellentext für den Compiler umgewandelt werden. Dies kann mit Hilfe des Basic-Befehls LIST durch den Interpreter erfolgen. Um das Interpreterprogramm P1.BAS in ein Quellentextprogramm P1.SRC umzuwandeln, kann z.B. folgende Befehlsfolge benutzt werden:

GWBASIC
LOAD P1.BAS
LIST P1.SRC
SYSTEM

Dazu müssen natürlich der Basic-Interpeter GWBasic.EXE und die

Basic-Datei P1.BAS im aktuellen Dateiverzeichnis vorhanden sein. Der Quellentext steht dann in der Datei P1.SRC ebenfalls im aktuellen Verzeichnis.

Basic, Zeilennummer
Eine Besonderheit der Basic-Interpreter ist die Vereinbarung, daß jede Befehlszeile, die zu einem ausführbaren Programm gehören soll, mit einer Zeilennummer beginnen muß. Wird ein Basic-Programm ausgeführt, so werden die Befehle nach der Reihenfolge, die durch ihre Zeilennummer gegeben ist, abgearbeitet. Dabei ist es jedoch möglich, mehrere Befehle in eine Zeile zu schreiben, wenn man die einzelnen Befehle durch einen Doppelpunkt trennt. Trägt eine Zeile dagegen keine Zeilennummer, so wird sie vom Interpreter nicht als Bestandteil eines Programms betrachtet, sondern sofort nach erfolgter Eingabe ausgeführt. Diese Besonderheit gilt aber nur für Basic-Interpreter. Basic-Compiler verarbeiten Befehlszeilen mit und ohne Zeilennummer als Programmzeilen.
Vgl. Programmiersprachen.

BasicA
Version der Programmiersprache Basic. BasicA ist eine Interpretersprache. Orginal-IBM-PCs werden standardmäßig mit einem

BasicA-Interpreter ausgestattet. Dieser Interpreter kann über die →Basic-Befehle bedient werden. Vgl. Basic.

Basic-Befehle

Die hier beschriebenen Basic-Befehle können von einem BasicA-Interpreter auf Orginal-IBM-PCs oder von einem GW-Basic-Interpreter auf einem IBM-PC-kompatiblen PC interpretiert werden.

Zeichenerklärung:

Zeichen in eckigen Klammern [] brauchen nicht angegeben zu werden. Es werden dann voreingestellte Werte benutzt.

Hinweise:

Alle eingegebenen Befehle müssen mit der Entertaste abgeschlossen werden. Der Basic-Interpreter kann durch den Befehl SYSTEM wieder verlassen werden.

Besonderheiten:

Befehle ohne Zeilennummer werden von den Basic-Interpretern sofort ausgeführt. Befehle mit Zeilennummern werden als Befehle eines Programms betrachtet und erst ausgeführt, wenn das Programm gestartet wird. Ein Programm wird durch den Befehl RUN gestartet.

ABS

Funktion, die den Absolutwert einer Variablen berechnet.

Syntax:
Y1=ABS(X1)
Y1:
Vorzeichenloser Absolutwert.
X1:
Vorzeichenbehafteter Wert, von dem der vorzeichenlose Absolutwert Y1 errechnet wird.

AND

Logische Verknüpfungsoperation
Syntax:
Y1=X1 AND X2
Y1:
Logischer Wert, der nur dann eins ist, wenn X1 und X2 beide eins sind.

ASC

Funktion, die den numerischen Wert eines ASCII-Zeichens berechnet.
Syntax:
Y1=ASC(A$)
Y1:
Numerischer Wert des ASCII-Zeichens A$.
A$:
ASCII-Zeichen.

ATN

Funktion, die den Arcustangens einer Variablen berechnet.
Syntax:
Y1=ATN(X1)
Y1:
Wert des Arcustangens
X1:
Wert, von dem der Arcustangens berechnet werden soll.

49

AUTO

Befehl, der die automatisch erzeugte Zeilennummer steuert.
Syntax:
AUTO Z1,Z2
Z1:
Erste Zeilennummer, von der ab neu durchnumeriert wird.
Z2:
Zeilenzahl, die übersprungen wird.

BEEP

Befehl, der einen Ton im Lautsprecher des PC erzeugt.
Syntax:
BEEP

BLOAD

Befehl, mit dem eine binäre Datei aus dem Massenspeicher in den Arbeitsspeicher geladen werden kann. Vgl. BSAVE.
Syntax:
BLOAD "N1"[,A1]
N1:
Name der Datei, die geladen wird.
A1:
Anfangsadresse relativ zum Anfang des Speichersegmentes, in das geladen wird.

BSAVE

Befehl, mit dem der Inhalt eines Speicherbereiches des Arbeitsspeichers in einer binären Datei abgespeichert wird. Dabei kann es sich um Maschinenspracheprogramme oder um binäre Daten

handeln. Zum Abspeichern eines Basic-Programms muß der SAVE-Befehl und nicht der BSAVE-Befehl verwendet werden.
Syntax:
BSAVE "N1",A1,L1
N1:
Name der Datei, in der abgspeichert wird.
A1:
Anfangsadresse des Speicherbereiches relativ zum Segmentanfang.
L1:
Länge des Speicherbereiches

CALL

Anweisung zum Aufruf eines Unterprogramms, das in Maschinensprache vorliegt. Das Maschinenspracheprogramm arbeitet ohne segmentierte Adressen.
Syntax:
CALL A1 [(V1[,V2][,V3] ...)]
V1,V2,V3:
Variablen, die beim Aufruf des Unterprogramms im Stack übergeben werden. Der Stackpointer wird dabei weitergezählt. Vor dem Rücksprung aus dem Unterprogramm muß der Stackpointer um die Zahl der Variablen zurückgezählt werden.

CALLS

Anweisung zum Aufruf eines Unterprogramms, das in Maschinensprache vorliegt. Das Maschinenspracheprogramm arbeitet mit segmentierten Adressen.

Syntax:

CALLS A1 [(V1[,V2][,V3] ...)]
V1,V2,V3:

Variablen, die beim Aufruf des Unterprogramms im Stack übergeben werden. Der Stackpointer wird dabei weitergezählt. Vor dem Rücksprung aus dem Unterprogramm muß der Stackpointer um die Zahl der Variablen zurückgezählt werden.

CDBL

Funktion, die eine Variable einfacher Genauigkeit in eine Variable doppelter Genauigkeit wandelt.

Syntax:

V2=CDBL(V1)
V2:

Gewandelte Variable doppelter Genauigkeit.

V1:

Variable einfacher Genauigkeit.

CHAIN

Anweisung zum Laden und Aufrufen eines Basic-Programms, das in einer Datei steht.

Syntax:

CHAIN [MERGE] N1
[Z1[;ALL[,DELETE Z2 Z3]]]

N1:

Name der Datei, in der das Basic-Programm gespeichert ist.

Z1:

Zeilennummer der Zeile, bei der das Basic-Programm gestartet werden soll.

ALL:

Wird ALL angegeben, so werden alle Variablen aus dem rufenden Programm übernommen.

MERGE:

Bewirkt die Überlagerung der Zeilen des gerufenen Programms über die Zeilen des rufenden Programms.

DELETE:

Bewirkt, daß die Überlagerung, die durch MERGE entsteht, nach der Ausführung des Programms rückgängig gemacht wird. Es werden dann die Zeilen Z2 bis Z3 gelöscht.

CHDIR

Anweisung, mit der ein anderes aktuelles Dateiverzeichnis angewählt wird.

Syntax:

CHDIR V1

V1:

Name des angewählten Verzeichnisses.

CHR$

Funktion, die einen numerischen Wert in ein ASCII-Zeichen umwandelt.

Syntax:

Z1=CHR$(N1)

51

Z1:
Darstellbares ASCII-Zeichen.
Z.B. A.
N1:
Numerischer Dezimalwert, der den ASCII-Wert des gewandelten Zeichens darstellt. Z.B. 65 für den Buchstaben A.

CINT
Funktion, die eine Realvariable in eine Integervariable umwandelt.
Syntax:
V1=CINT(V2)
V1:
Realvariable
V2:
Integervariable

CIRCLE
Anweisung, die eine Ellipse auf den Bildschirm zeichnet.
Syntax:
CIRCLE (X1,Y1),R1[,F1 [,L1,L2,P1]]]
X1:
X-Koordinate des Ellipsenmittelpunktes.
Y1:
Y-Koordinate des Ellipsenmittelpunktes.
F1:
Farbe der Ellipsenlinie.
L1:
Anfang der Ellipsenlinie.
L2:
Ende der Ellipsenlinie.

P1:
Proportion von X- und Y-Verzerrung der Ellipse.

CLEAR
Anweisung, die den Inhalt aller Variablen löscht. Außerdem werden alle Dimensionierungen von Feldern ungültig.
Syntax:
CLEAR [S1[,A1]]
S1:
Anzahl der Speicherplätze, die reserviert werden.
A1:
Obere Adresse des Basic-Bereiches im Arbeitsspeicher.

CLOSE
Anweisung, die eine geöffnete Datei schließt. Dadurch werden alle Veränderungen an der Datei besonders hinsichtlich ihrer Größe in das Dateiverzeichnis eingetragen.
Syntax:
CLOSE [#D1]
D1:
Nummer der Datei
Wird keine Nummer angegeben, so werden alle Dateien geschlossen.

CLS
Anweisung, die den Bildschirm löscht.
Syntax:
CLS

COLOR

Anweisung zur Auswahl der Farbe des Bildschirms, des Bildschirmrandes und des dargestellten Textes.

Syntax:

COLOR [F1[,F2[,F3]]]

F1:

Farbe des Textes

Farbtabelle:

F	Farbe	F	Farbe
00	schwarz	08	grau
01	blau	09	hellblau
02	grün	10	hellgrün
03	zyan	11	hellzyan
04	rot	12	hellrot
05	violett	13	hellviolett
06	braun	14	gelb
07	weiß	15	weiß

F2:

Farbe des Bildschirm-Hintergrundes.

F3:

Farbe des Bildschirmrandes.

COM

Anweisung zur Steuerung der seriellen Schnittstellen.

Syntax:

COM D1 S1

D1:

Nummer der Schnittstelle. D1 kann die Werte 1 oder 2 annehmen.

S1:

Steuerwort zum Aktivieren oder Deaktivieren der Schnittstelle ON oder OFF oder STOP.

COMMON

Befehl, der die Variablen definiert, die im Commonbereich untergebracht werden sollen. Diese Variablen werden mit dem CHAIN-Befehl an Unterprogramme übergeben.

Syntax:

COMMON V1[,V2 ...[,VN]]

V1:

Erste Variable

V2:

Zweite Variable

VN:

Letzte Variable

CONT

Anweisung, die ein Programm fortsetzt, das mit dem Befehl STOP angehalten wurde. Dazu muß CONT ohne Zeilennummer eingegeben werden.

Syntax:

CONT

COS

Funktion, die den Cosinuswert einer Variablen berechnet.

Syntax:

V1=COS(V2)

V1:

Variable, die den Cosinuswert enthält.

V2:

Variable, die den Wert enthält, von dem der Cosinus berechnet werden soll.

53

CSNG

Funktion, die eine Variable doppelter Genauigkeit in eine Variable einfacher Genauigkeit umwandelt.
Syntax:
V1=CSNG(V2)
V1:
Variable einfacher Genauigkeit.
V2:
Variable doppelter Genauigkeit.

CSRLIN

Systemvariable, in der die aktuelle Zeilennummer des Cursors gespeichert ist.

CVD

Funktion, die den numerischen Wert einer 8 Byte langen Zeichenkette berechnet.
Syntax:
V1=CVD(Z$)
V1:
Numerischer Wert der Zeichenkette.
Z$:
Zeichenkette.

CVI

Funktion, die den numerischen Wert einer 2 Byte langen Zeichenkette berechnet.
Syntax:
V1=CVI(Z$)
V1:
Numerischer Wert der Zeichenkette.

Z$:
Zeichenkette.

CVS

Funktion, die den numerischen Wert einer 4 Byte langen Zeichenkette berechnet.
Syntax:
V1=CVS(Z$)
V1:
Numerischer Wert der Zeichenkette.
Z$:
Zeichenkette.

DATA

Anweisung zur Definition der Elemente eines Datenblocks. Der Datenblock kann mit der Anweisung READ gelesen werden.
Syntax:
DATA D1[,D2]...[,DN]
D1:
Wert für 1. Element
D2:
Wert für 2. Element
DN:
Wert für N. Element

DATE$

Anweisung zum Setzen oder zum Lesen des Datums.
Syntax zum Setzen:
DATE$=D$
Syntax zum Lesen:
D$=DATE$
D$:
Zeichenkettenvariable für das Datum.

DEF DBL

Anweisung zur Definition der Variablen, die mit einem bestimmten Buchstaben oder Buchstabenbereich beginnen als doppeltgenaue Variable.

Syntax:

DEF DBL B1[-B2][,B3[-B4]]

B1,B2,B3,B4:
Anfangsbuchstaben von Variablen, die als doppeltgenaue Variable definiert werden sollen.

DEF FN

Anweisung zur Definition einer Funktion.

Syntax:

DEF FN F1(X1[,X2]...[XN])

F1:
Name der Funktion

X1:
Eingangsvariable der Funktion.

X2:
Eingangsvariable der Funktion.

XN:
Eingangsvariable der Funktion.

DEF INT

Anweisung zur Definition der Variablen, die mit einem bestimmten Buchstaben oder Buchstabenbereich beginnen, als Integervariable.

Syntax:

DEF INT B1[-B2][,B3[-B4]]

B1,B2,B3,B4:
Anfangsbuchstaben von Variablen, die als Integer definiert werden sollen.

DEF SEG

Anweisung zur Festlegung der Adresse eines Segmentes im Arbeitsspeicher.

Syntax:

DEF SEG[=A1]

A1:
Adresse des Segmentes.

DEF SNG

Anweisung zur Definition der Variablen, die mit einem bestimmten Buchstaben oder Buchstabenbereich beginnen als einfachgenaue Variable.

Syntax:

DEF SNG B1[-B2][,B3[-B4]]

B1,B2,B3,B4:
Anfangsbuchstaben von Variablen, die als einfachgenaue Variable definiert werden sollen.

DEF STR

Anweisung zur Definition der Variablen, die mit einem bestimmten Buchstaben oder Buchstabenbereich beginnen als Zeichenkette.

Syntax:

DEF STR B1[-B2][,B3[-B4]]

B1,B2,B3,B4:
Anfangsbuchstaben von Variablen, die als Zeichenkette definiert werden sollen.

DEF USR

Anweisung zur Festlegung der Anfangsadresse eines Maschinenspracheprogramms.

Syntax:

DEF USR [N1]=A1

A1:
Anfangsadresse

N1:
Nummer des Maschinenprogramms. Defaultwert für N1 ist 0.

DELETE

Anweisung zum Löschen einer Zeile oder eines Zeilenbereiches.

Syntax:

DELETE Z1[-Z2]

Z1:
Zeile, die gelöscht werden soll.

Z1-Z2:
Zeilenbereich, der gelöscht werden soll.

DIM

Anweisung zur Dimensionierung von ein- und mehrdimensionalen Feldern.

Syntax:

DIM F1(X1[,X2])

F1:
Feldname

X1:
Anzahl der Zeilen des Feldes

X2:
Anzahl der Spalten des Feldes

DRAW

Anweisung zum Zeichnen einer Linie auf dem Bildschirm. Diese Linie beginnt bei einem Bildpunkt, der vorher mit der Anweisung PSET gesetzt wurde.

Syntax:

DRAW Z1$

Z1$:
Zeichenkette, die die Linie beschreibt. Die Zeichenkette setzt sich aus folgende Elementen zusammen:

Un n Punkte nach oben
Dn n Punkte nach unten
Ln n Punkte nach links
Rn n Punkte nach rechts
En n Punkte nach diagonal o.r.
Fn n Punkte nach diagonal u.r.
Gn n Punkte nach diagonal u.l.
Hn n Punkte nach diagonal o.l.

EDIT

Anweisung zum Editieren einer Programmzeile.

Syntax:

EDIT Z1

Z1:
Zeilennummer der Zeile, die editiert werden soll.

END

Anweisung zum Beenden eines gestarteten Basic-Programms und zum Zurückkehren in den Interpretermode.

Syntax:

END

ENVIRON

Anweisung zur Änderung der Zeichenkettentabelle im Kommandointerpreter.
Syntax:
ENVIRON Z1$
Z1:
Zeichenkette

ENVIRON$

Anweisung zum Lesen der Zeichenkettentabelle des Kommandointerpreters.
Syntax:
Z1$=ENVIRON(N1)
Z1$:
Gelesene Zeichenkette
N1:
Nummer der gelesenen Zeichenkette.

EOF

Funktion, die berechnet, ob das Ende einer Datei erreicht ist.
Syntax:
L1=EOF(N1)
L1:
Logischer Wert, der wahr ist, wenn das Ende der Datei erreicht ist.
N1:
Dateinummer, unter der die untersuchte Datei mit dem Befehl OPEN geöffnet wurde.

ERASE

Anweisung zur Zurücknahme der Dimensionierung von Feldern, die vorher mit der DIM-Anweisung dimensioniert worden waren. Die Felder können nach der ERASE-Anweisung neu dimensioniert werden.
Syntax:
ERASE F1 [,F2]
F1,F2:
Felder, deren Dimensionierung zurückgenommen wird.

ERDEV

Systemvariable, die die Fehlernummer eines defekten Gerätes enthält.

ERDEV$

Systemvariable, die den Gerätenamen eines defekten Gerätes enthält.

ERL

Systemvariable, die die Zeilennummer enthält, in der ein Programmfehler aufgetreten ist.

ERR

Systemvariable, die die Fehlernummer eines Programmfehlers enthält.

ERROR

Anweisung, die eine von 255 verschiedenen Fehlermeldungen auf dem Bildschirm darstellt.
Syntax:
ERROR N1
N1:
Fehlernummer

EXP

Funktion zur Berechnung der Exponentialfunktion.

Syntax:

Y1=EXP(X1)

Y1:

Exponentialfunktion

X1:

Eingangsvariable, mit der die Berechnung e**X1 durchgeführt wird.

EXTERR

Anweisung zum Lesen zusätzlicher Fehlerinformation nach dem Auftreten eines Fehlers.

Syntax:

F1=EXTERR(P1)

F1:

Fehlerinformation

P1:

Fehlerparameter

FIELD

Anweisung zur Reservierung von Speicherplatz innerhalb einer Datei mit wahlfreiem Zugriff. Der Speicherplatz wird für Zeichenketten reserviert, die anschließend mit der Anweisung LSET in die Datei geschrieben werden können.

Syntax:

FIELD #N1,B1,Z1$ [,B2 Z2$] ...

N1:

Dateinummer, unter der die Datei mit der Anweisung OPEN eröffnet wurde.

B1:

Anzahl von Zeichen, die für die Zeichenkette Z1$ reserviert werden.

Z1$:

Zeichenkette

B2:

Anzahl von Zeichen, die für die Zeichenkette Z2$ reserviert werden.

Z2$:

Zeichenkette

FILES

Anweisung zur Anzeige der Dateien im aktuellen Dateiverzeichnis. Die Basic-Anweisung FILES entspricht dem MS-DOS-Kommando DIR

Syntax:

FILES

FIX

Funktion zur Umwandlung einer Realvariablen in eine Integervariable. Die Stellen hinter dem Komma werden abgeschnitten, im Gegensatz zur Anweisung INT, die Stellen hinter dem Komma rundet.

Syntax:

Y1=FIX(X1)

Y1:

Integervariable

X1:

Realvariable

FOR

Anweisung zur Bildung von Schleifen. Der Anfang einer solchen Schleife wird durch die Anweisung FOR, das Ende durch die Anweisung NEXT markiert.
Syntax:
FOR V1=X1 TO X2 [STEP X3]
V1:
Variable, die nacheinander die Werte X1 bis X2 annimmt.
X1:
Anfangswert von V1.
X2:
Endwert von V1
X3:
Schrittweite, um die V1 bei jedem Schleifendurchlauf erhöht wird. Defaultwert von X3 ist 1.

FRE

Funktion, die den freien Speicherplatz im Arbeitsspeicher berechnet, der für Basic zur Verfügung steht.
Syntax:
Y1=FRE(V1)
Y1:
Freier Speicherplatz
V1:
Formelle Variable, die nicht vordefiniert zu werden braucht.

GET

Anweisung zum Lesen eines Grafikspeicherbereiches in den Arbeitsspeicher.

Syntax:
GET(X1,Y1)-(X2,Y2),F1
X1,Y1:
Anfangskoordinaten des zu übertragenden Speicherbereiches.
X2,Y2:
Endkoordinaten des zu übertragenden Speicherbereiches.
F1:
Feldvariable, in der die Punktfarbinformation gespeichert wird.

GET#

Anweisung zum Lesen eines Datensatzes aus einer Datei.
Syntax:
GET #N1, [,D1]
N1:
Dateinummer
D1:
Datensatz

GOSUB

Anweisung zum Aufruf eines Basic-Unterprogramms. Die Rückkehr aus dem Unterprogramm erfolgt durch die Anweisung RETURN.
Syntax:
GOSUB Z1
Z1:
Zeilennummer der ersten Zeile des Basic-Unterprogramms.

GOTO

Anweisung zum Springen an eine andere Programmzeile. Die Ausführung des Programms wird dann bei der neuen Zeile fortgesetzt.

Syntax:

GOTO Z1

Z1:

Zeilennummer, die angesprungen werden soll.

HEX$

Funktion zur Umwandlung einer Variablen in eine Hexadezimalzahl.

Syntax:

Y1$=HEX$(X1)

Y1$:

Hexadezimalzahl-Zeichenkette

X1:

Numerische Variable

IF

Anweisung zur Abfrage einer Bedingung und zur Verzweigung zu zwei verschiedenen Programmteilen.

Syntax:

IF B1 THEN A1 [ELSE A2]

B1:

Bedingung, die wahr oder falsch sein kann.

A1:

Anweisung oder Kette von Anweisungen, die ausgeführt wird, wenn B1 wahr ist.

A2:

Anweisung oder Kette von Anweisungen, die ausgeführt wird,

wenn B1 falsch ist. Wird ELSE A2 weggelassen, so wird mit dem Befehl in der nächsten Zeile fortgefahren.

INKEY$

Funktion zum Lesen der Tastatur.

Syntax:

Z1$=INKEY

Z1$:

Zeichenkettenvariable, die den ASCII-Wert der gerade gedrückten Taste enthält. Wurde gerade keine Taste gedrückt, ist Z1$="" "

INP

Funktion zum Lesen eines Ports.

Syntax:

Y1=INP(P1)

Y1:

Wert, der vom Port gelesen wurde.

P1:

Adresse des Ports.

INPUT

Anweisung zum Lesen einer oder mehrerer Variablen von der Tastatur.

Syntax:

INPUT ["K1";] V1 [,V2]...[,VN]

K1:

Kommentar, der auf dem Bildschirm angezeigt wird, bevor auf die Eingabe der Variablen gewartet wird.

V1,V2,VN:
Variablen, in denen die Tastatureingabe gespeichert wird.

INPUT#

Anweisung zum Lesen von Daten aus einer sequentiellen Datei.
Syntax:
INPUT #DN1, V1 [,V2]...[,VN]
DN1:
Dateinummer der sequentiellen Datei.
V1,V2,VN:
Variablen, in denen die Daten gespeichert werden.

INPUT$

Funktion zum Einlesen von ASCII-Zeichen von der Tastatur oder aus einer Datei.
Syntax:
Z1$=INPUT$(N1[,D1])
Z1$:
Zeichenkettenvariable, in die die ASCII-Zeichen eingelesen werden.
N1:
Anzahl der ASCII-Zeichen, die gelesen werden.
D1:
Dateinummer. Wird D1 weggelassen, so werden die ASCII-Zeichen von der Tastatur gelesen.

INSTR

Funktion zum Suchen einer Zeichenkette in einer anderen Zeichenkette.

Syntax:
N1=INSTR(Z1$,Z2$)
N1:
Anzahl der ASCII-Zeichen vom Anfang der Zeichenkette Z1$ bis zum Auftreten der Zeichenkette Z2$ in der Zeichenkette Z1$.

INT

Funktion zur Umwandlung einer Realzahl in eine Integerzahl. Im Gegensatz zur Funktion FIX wird bei INT gerundet und nicht geschnitten.
Syntax:
Y1=INT(X1)
Y1:
Integervariable
X1:
Realvariable

IOCTL

Anweisung zum Übertragen von Steuerzeichen an einen Gerätetreiber.
Syntax:
IOCTL D1,Z1$
D1:
Dateinummer des Gerätetreibers.
Z1$:
Zeichenkette, die an den Gerätetreiber übergeben wird.

IOCTL$

Anweisung zum Lesen von Steuerzeichen aus einem Gerätetreiber.

Syntax:
Z1$=IOCTL$(D1)

Z1$:
Gelesene Zeichenkette.

D1:
Dateinummer des Gerätetreibers.

KEY
Anweisung zum Anzeigen der Texte, die den Funktionstasten zugeordnet sind.

Syntax:
KEY [(T1)] P1

T1:
Funktionstastennummer

P1:
Parameter, der die Werte ON, OFF oder LIST haben kann.

KILL
Anweisung zum Löschen einer Datei.

Syntax:
KILL D1

D1:
Dateiname der Datei, die gelöscht werden soll.

LEFT$
Funktion zum Abtrennen einer Teilzeichenkette vom Anfang einer Zeichenkette.

Syntax:
Z1$=LEFT$(Z2$,N1)

Z1$:
Teilzeichenkette

Z2$:
Zeichenkette, von der die Teilzeichenkette abgetrennt wird.

N1:
Anzahl der Zeichen in der Teilzeichenkette Z2$

LEN
Funktion zur Berechnung der Länge einer Zeichenkette.

Syntax:
N1=LEN(Z1$)

N1:
Anzahl der Zeichen in der Zeichenkette Z1$

Z1$:
Zeichenkette

LET
Anweisung zur Belegung einer Variablen mit einem Wert.

Syntax:
[LET] V1=X1

V1:
Variable, die auf den Wert X1 gesetzt wird.

LINE
Anweisung zum Zeichnen einer Linie auf dem Bildschirm.

Syntax:
*LINE[(X1,Y1)]-(X2,Y2)
[,F1[,B[F]]]*

oder

*LINE[(X1,Y1)]
-STEP(XR2,YR2)[,F1[,B[F]]]*

X1,Y1:
Anfangskoordinaten der Linie.
Werden die Anfangskoordinaten
weggelassen, so gilt der aktuelle
Bildpunkt als Anfangskoordinate.
X2,Y2:
Endkoordinaten der Linie
XR2,YR2:
Endkoordinaten der Linie relativ
zu den Anfangskoordinaten.
F1:
Farbe der Linie Vgl. Anweisung
COLOR.
B:
Schalter zum Zeichnen eines
Rechtecks anstatt einer Linie.
F:
Schalter zum Füllen des Recht-
ecks mit der Farbe F1.

LINE INPUT

Anweisung zum Einlesen einer
Textzeile von der Tastatur oder
aus einer Datei in eine Zeichen-
kettenvariable. Das Ende der
Textzeile wird durch das Zeichen
Carridge-Return erkannt.
Syntax:
LINE INPUT [#D1,] Z1$
D1:
Dateinummer, unter der die Datei
mit der Anweisung OPEN eröff-
net wurde. Wird #D1 weggelas-
sen, so wird die Textzeile von der
Tastatur eingelesen.
Z1$:
Zeichenkette, in der die Textzeile
gespeichert wird.

LIST

Anweisung zum Anzeigen der
Zeilen eines Programms auf dem
Bildschirm.
Syntax:
LIST [[Z1][-Z2]]
Z1:
Erste Programmzeile, die anzeigt
werden soll.
Z2:
Letzte Programmzeile, die ange-
zeigt werden soll.
Wird Z2 weggelassen, wird nur
die Zeile Z1 angezeigt. Werden
Z1 und Z2 weggelassen so wird
das gesamte Programm angezeigt.
Wird nur Zeile Z1 weggelassen,
so werden alle Zeilen vom An-
fang des Programms bis zur Zeile
Z2 angezeigt.

LLIST

Anweisung zum Drucken der Zei-
len eines Programms auf dem
Drucker.
Syntax:
LLIST [[Z1][-Z2]
Z1,Z2:
Zeilennummern vgl Anweisung
LIST.

LOAD

Anweisung zum Laden eines Basic-Programms aus einer Datei in
den Arbeitsspeicher.
Syntax:
LOAD D1[,R]

63

D1:
Name der Datei.

R:
Schalter, der bewirkt, daß das geladene Programm auch gestartet wird.

LOC

Anweisung zum Lesen der Nummer des Datenblockes einer Datei, auf den zuletzt zugegriffen wurde.

Syntax:

$B1=LOC(D1)$

D1:
Nummer der Datei.

B1:
Nummer des Datenblockes.

LOCATE

Anweisung zum Positionieren des Cursors auf dem Bildschirm.

Syntax:

$LOCATE \ [X1],[Y1] \ [,S1][,S2]$
$[,S1]$

X1:
Neue Spaltennummer des Cursors. Wird X1 weggelassen, so wird die Spaltennummer des Cursors nicht verändert.

Y1:
Neue Zeilennummer des Cursors auf dem Bildschirm. Wird Y1 weggelassen, so wird die Zeilennummer des Cursors nicht verändert.

S1:
Schalter zum Ein- und Ausschalten des Cursors. S1=1 Einschalten, S1=0 Ausschalten.

LOCK

Anweisung zum Einschränken des eigenen Zugriffsrechtes auf eine Datei, die auch von anderen Anwendern genutzt wird. Der Befehl wird bei Betrieb des PCs in einem Rechnernetz benötigt.

Syntax:

$LOCK \ \#D1[,[S1][TO \ S2]$

D1:
Dateinummer

S1:
Satznummer, bei der die Einschränkung beginnt.

S2:
Satznummer, bei der die Einschränkung endet.

LOG

Funktion zum Berechnen des natürlichen Logarithmus.

Syntax:

$Y1=LOG(X1)$

Y1:
Wert des Logarithmus

X1:
Wert, von dem der Logarithmus berechnet werden soll.

LPOS

Funktion zum Berechnen der Position des Druckkopfes.

64

Syntax:
Y1=LPOS(X1)

Y1:
Position des Druckkopfes
X1:
Nummer des Druckers

LPRINT
Anweisung zum Drucken.
Syntax:
LPRINT [USING F1;]
[X1[,X2]...[,XN][S1]
X1:
Wert, der gedruckt wird
X2:
Wert, der gedruckt wird
XN:
Wert, der gedruckt wird
S1:
Softwareschalter. Wird S1 wegge-lassen, erfolgt ein Wagenrücklauf nach dem Drucken. Wird für S1 ein ; eingesetzt, so wird der Wagenrücklauf unterdrückt.
F1: Format, in dem gedruckt wird.

LSET
Anweisung zum Hinzufügen einer Zeichenkette am Anfang einer anderen Zeichenkette.
Syntax:
LSET Z1$=Z2$
Z1$:
Zeichenkette, die erweitert wird.
Z2$:
Zeichenkette, die angefügt wird.

MERGE
Anweisung zum Laden eines Basic-Programms aus einer Datei in den Arbeitsspeicher. Im Gegensatz zur Anweisung LOAD wird durch die Anweisung MERGE das geladene Programm über ein noch im Speicher befindliches Programm überlagert.
Syntax:
MERGE D1

D1:
Datei, aus der das Basic-Programm geladen wird.

MID$
Funktion zur Übergabe einer Zeichenkette aus einer beliebigen Position einer anderen Zeichenkette, oder zur Übergabe einer Zeichenkette in eine andere Zeichenkette.
Syntax:
Z2$=MID$(Z1$,N1,N2)
oder
MID$(Z1$,N1,N2)=Z2$

Z1$:
Zeichenkette, die übergeben werden soll
Z2$:
Zeichenkette, aus der oder in die die Zeichenkette Z1 übergeben werden soll.

MKDIR
Anweisung zum Anlegen eines neuen Dateiverzeichnisses.

Syntax:

MKDIR D1

D1: Name des neuen Verzeichnisses

MKD$

Anweisung zum Umwandeln eines doppeltgenauen numerischen Ausdrucks in eine Zeichenkette.

Syntax:

Z1$=MKD$(N1)

Z1$:
Zeichenkette

N1:
Numerischer Ausdruck vom Typ double precision (doppeltgenau).

MKI$

Anweisung zum Umwandeln eines ganzzahligen numerischen Ausdrucks in eine Zeichenkette.

Syntax:

Z1$=MKI$(N1)

Z1$:
Zeichenkette

N1:
Numerischer Ausdruck vom Typ Integer.

MKS$

Anweisung zum Umwandeln eines einfachgenauen numerischen Ausdrucks in eine Zeichenkette.

Syntax:

Z1$=MKS$(N1)

Z1$:
Zeichenkette

N1:
Numerischer Ausdruck vom Typ single precision (einfachgenau).

MOD

Funktion zur Berechnung des Restes bei der Division.

Syntax:

R1=X1 MOD X2

R1:
Rest

X1:
Wert, der durch X2 dividiert werden soll.

NAME

Anweisung zum Umbenennen einer Datei.

Syntax:

NAME N1 AS N2

N1:
Alter Name der Datei

N2:
Neuer Name der Datei

NEW

Anweisung zum Löschen des Programms im Arbeitsspeicher.

Syntax:

NEW

NOT

Funktion zur Invertierung eines logischen Wertes

Syntax:

Y1=NOT X1

Y1:
Invertierter Wert
X1:
Logischer Wert, der invertiert werden soll.

OCT$

Funktion zur Wandlung einer Dezimalzahl in eine Oktalzahl.
Syntax:
Y1$=OCT$(X1)
Y1$:
Oktalzahl als Zeichenkette
X1:
Dezimalzahl

ON COM

Anweisung zum Aufruf eines Unterprogramms, sobald Daten über die serielle Schnittstelle des PC eingetroffen sind.
Syntax:
ON COM (N1) GOSUB Z1
N1:
Nummer der seriellen Schnittstelle.
Z1:
Zeilennummer des Unterprogramms, das gerufen wird.

ON ERROR GOTO

Anweisung zur Definition einer Zeilennummer, zu der verzweigt werden soll, wenn im Programm ein Fehler auftritt.
Syntax:
ON ERROR GOTO Z1

Z1:
Zeile, zu der verzweigt werden soll.

ON GOSUB

Anweisung, mit der eine Reihe verschiedener Unterprogramme gerufen werden können.
Syntax:
ON X1 GOSUB Z1,Z2
[,Z3]...[ZN]]
X1:
Variable, die die Auswahl des Unterprogramms steuert. X1 kann dazu Werte von 1 bis N annehmen. Dann wird zu dem entsprechenden Unterprogramm mit der Anfangszeile Z1 bis ZN verzweigt.

ON GOTO

Anweisung, mit der zu mehreren verschiedenen Zeilennummern verzweigt werden kann.
Syntax:
ON X1 GOTO Z1,Z2
[,Z3...[,ZN]]
X1:
Variable, über die die Verzweigung gesteuert wird. X1 darf Werte von 1 bis N annehmen. Dann wird zu der entsprechenden Zeilennummer Z1 bis ZN verzweigt.

OPEN

Anweisung zur Eröffnung einer Datei oder eines Gerätes.

Syntax:
OPEN "N1" FOR [M1] AS #D1
N1:
Name der Datei oder des Gerätes
M1:
Schalter zum Wählen der Betriebsart der Datei.

Betriebsart
M1 = O: Ausgabedatei
M1 = I: Eingabedatei
M1 = R: Ein-/Ausgabedatei
D1 =   : Dateinummer

OPTION BASE
Anweisung zur Festlegung des kleinsten Index der Felder.
Syntax:
OPTION BASE X1
X1:
Kleinster Index eines Feldes. X1 kann die Werte 0 oder 1 besitzen.

OUT
Anweisung zur Ausgabe eines Bytes an einen Port.
Syntax:
OUT A1,D1
A1:
Adresse des Port
D1:
Datenbyte, das ausgegeben wird.

PAINT
Anweisung zum Färben einer gezeichneten Figur.

Syntax:
PAINT (X1,Y1) [,F][,G]
X1,Y1:
Koordinaten eines Punktes innerhalb der Figur
F:
Farbe, mit der gefärbt wird. Defaultwert für F ist die Vordergrundfarbe des Bildschirms.
G:
Farbe der Umrandung.
Vgl. Basic-Befehl COLOR

PALETTE
Anweisung zum Zuordnen einer Farbe im Palettenspeicher zu einer Farbnummer im Bildspeicher. Der Befehl ist nur zum Betrieb mit EGA-Karten geeignet.
Syntax:
PALETTE[FB1,FP1]
FB1:
Farbnummer im Bildspeicher. FB1 kann die Werte 0 bis 15 annehmen.

FP1:
Farbnummer im Palettenspeicher. FP1 kann die Werte 0 bis 63 annehmen.

PCOPY
Anweisung zum Kopieren einer Speicherseite in eine andere Speicherseite des Bildschirmspeichers.
Syntax:
PCOPY S1,S2

S1:
Nummer der Seite, aus der kopiert wird.
S2:
Nummer der Seite, in die kopiert wird.

PEEK
Funktion, die den Inhalt eines Speicherplatzes im Arbeitsspeicher liest.
Syntax:
D1=PEEK(A1)
D1:
Gelesenes Datenbyte
A1:
Adresse des Datenbyte

PEN
Anweisung zum Aktivieren, Deaktivieren und Anhalten eines Lichtgriffels.
Syntax:
PEN S1
S1:
Schalter, der folgende Werte annehmen kann:
S1 = ON : Aktivieren
S1 = OFF : Deaktivieren
S1 = STOP: Anhalten

PLAY
Anweisung zum Spielen einer Melodie.
Syntax:
PLAY Z1$

Z1$:
Zeichenkette zur Darstellung der Noten.

POINT
Funktion zur Berechnung der Farbe eines Punktes auf dem Bildschirm.
Syntax:
F1=POINT(X1,Y1)
F1:
Farbe des Punktes vgl. Anweisung COLOR
X1,Y1:
Koordinaten des Punktes

POKE
Anweisung zum Abspeichern einer 8-Bit-Zahl in einer Speicherzelle des Arbeitsspeichers.
Syntax:
POKE A1,D1
A1:
Adresse der Speicherzelle.
D1:
Datenbyte.

POS
Funktion zur Berechnung der horizontalen Position des Cursors.
Syntax:
V1=POS(X1)
V1:
Position des Cursors
X1:
Frei wählbarer Wert

PRESET

Anweisung zum Zeichnen eines
Punktes auf dem Bildschirm.

Syntax:

PRESET(X1,Y1)[,F1]

X1:
Horizontalkoordinate des
Punktes.

Y1:
Vertikalkoordinate des Punktes.

F1:
Farbe des Punktes.

F1=0 : schwarz

F1=1 : weiß

PRINT

Anweisung zum Anzeigen von
Werten auf dem Bildschirm.

Syntax:

PRINT [X1[,X2]...[,XN]] [;]

X1:
Wert

X2 : Wert

XN: Wert

;
Unterdrückt den Zeilenrücklauf
am Ende des Ausdrucks.

PRINT USING

Anweisung zum Anzeigen von
Zeichenketten auf dem Bildschirm in einem bestimmten Format.

Syntax:

PRINT USING F1$
[X1$[,X2$]...[,XN$]] [;]

F1$:
Zeichenkette, die das Format beschreibt.

F1="!":
Nur das erste Zeichen einer Zeichenkette soll ausgedruckt werden.

X1$,
X2$,
XN$:
Zeichenketten, die angezeigt wer-
den sollen.

;
Unterdrückt den Zeilenrücklauf
am Ende des Ausdrucks.

PRINT #D1

Anweisung zum Ausgeben von
Werten in eine Datei.

Syntax:

PRINT #D1,
[X1[,X2]...[,XN]] [;]

D1:
Dateinummer der Datei, in die
ausgegeben werden soll.

X1:
Wert

X2:
Wert

XN:
Wert

;
Unterdrückt den Zeilenrücklauf
am Ende des Ausdrucks.

PRINT #D1 USING

Anweisung zum Ausgeben einer
Zeichenkette in eine Datei in einem bestimmten Format.

Syntax:

*PRINT #D1, USING F1$
[X1$[,X2$]...[,XN$]] [;]*

D1:
Dateinummer der Datei, in die
ausgegeben werden soll.

F1$:
Zeichenkette, die das Format beschreibt.

F1="!":
Nur das erste Zeichen einer Zei-
chenkette soll ausgedruckt wer-
den.
X1$,
X2$,
XN$:
Zeichenketten, die ausgedruckt
werden sollen.
;
Unterdrückt Zeilenrücklauf am
Ende des Ausdrucks.

PSET
Anweisung zum Zeichnen eines
Punktes auf dem Bildschirm.
Syntax:
PSET(X1,Y1)[,F1]

X1:
Horizontalkoordinate des Punk-
tes.
Y1:
Vertikalkoordinate des Punktes.
F1:
Farbe des Punktes.
F1=0 : schwarz
F1=1 : weiß

PUT
Anweisung zum Abspeichern ei-
nes Speicherbereiches in einer
Datei.
Syntax:
PUT [#]D1[,S1]
D1:
Dateinummer
S1:
Satznummer in der Datei.

RANDOMIZE
Anweisung zum Starten des Zu-
fallsgenerators mit einem An-
fangswert.
Syntax:
RANDOMIZE N1
N1:
Anfangswert, mit dem der Zu-
fallsgenerator gestartet wird.

RANDOMIZE TIMER
Anweisung zum Starten des Zu-
fallsgenerators mit einem automa-
tischen Anfangswert.
Syntax:
RANDOMIZE TIMER

READ
Anweisung zum Lesen von Varia-
blen, die am Anfang des Pro-
gramms mit der DATA-Anwei-
sung definiert wurden. Vgl.
Basic-Befehle DATA und
RESTORE.
Syntax:
READ V1[,V2]...[,VN]

V1, V2, VN:
Variable, die gelesen werden.

REM

Anweisung zum Anzeigen eines Kommentars in einer Programmzeile.
Syntax:
REM K1
K1:
Kommentar

RENUM

Anweisung zum Neunumerieren der Zeilennummern eines Basic-Programms.
Syntax:
RENUM [N1][,N2][,N3]
N1:
Erste neue Zeilennummer
N2:
Erste alte Zeilennummer
N3:
Abstand der neuen Zeilennummern

RESET

Anweisung zum Schließen aller geöffneten Dateien.
Syntax:
RESET

RESTORE

Anweisung zum Setzen des Lesezeigers. Mit dem Lesezeiger werden Variable aus den Basic-Befehlen DATA gelesen. Der Lese-zeiger wird nach jedem Lesevorgang automatisch auf die nächste Variable gesetzt. Mit der RESTORE-Anweisung wird der Lesezeiger auf die erste Variable einer DATA-Anweisung gesetzt. Vgl. Basic-Befehle DATA und READ.
Syntax:
RESTORE [Z1]
Z1:
Zeilennummer einer DATA-Anweisung.

RESUME

Anweisung zum Definieren einer Programmzeile, in der nach einem Fehler weitergearbeitet werden soll. Vgl. Basic-Befehl ON ERROR.
Syntax:
RESUME [Z1]
Z1:
Zeile, in der weitergearbeitet wird. Wird Z1 weggelassen, so wird in der Zeile weitergearbeitet, in der der Fehler aufgetreten war.

RETURN

Anweisung zur Rückkehr aus einem Unterprogramm.
Syntax:
RETURN

RIGHT$

Funktion zum Abtrennen einer Teilzeichenkette aus einer Zeichenkette.

Syntax:

Z1$=RIGHT$(Z2$,N1)

Z1$:
Zeichenkette, die aus der Zeichenkette Z2$ abgetrennt wird.

Z2$:
Zeichenkette, von der die rechten N1 Zeichen abgetrennt werden.

N1:
Anzahl der Zeichen in der neuen Zeichenkette Z1$.

RMDIR

Befehl zum Löschen eines Dateiverzeichnisses.

Syntax:

RMDIR "DV1"

DV1:
Dateiverzeichnispfad vom Wurzelverzeichnis zu dem Verzeichnis, das gelöscht wird.

RND

Funktion zur Berechnung einer Zufallszahl.

Syntax:

Y1=RND[(X1)]

Y1:
Zufallszahl

X1:
Zahl, mit der der Zufallsgenerator neu gestellt wird.

RSET

Anweisung zum Vorbereiten des Dateipuffers für wahlfreien Zugriff. Der Dateipuffer wird anschließend mit dem Basic-Befehl PUT in eine Datei geschrieben. Er muß mit dem Basic-Befehl FIELD definiert werden. Vgl. Basic-Befehle FIELD und PUT.

Syntax:

RSET Z1$,Z2$

Z1$:
Dateipuffer für wahlfreien Zugriff.

Z2$:
Zeichenkette, die in den Dateipuffer geschrieben wird.

RUN

Anweisung zum Starten eines Programms.

Syntax:

RUN [Z1]

Z1:
Zeilennummer, bei der das Programm gestartet wird.

SAVE

Anweisung zum Abspeichern eines Basic-Programms auf dem Massenspeicher.

Syntax:

SAVE "D1" [,A][,P]

D1:
Datei, in der abgespeichert wird.

A:
Schalter zum Abspeichern im lesbaren ASCII-Format.

P:
Schalter zum Abspeichern in einem geschützten Format.

SCREEN
Anweisung zum Setzen und Aktivieren von Bildschirmfunktionen
Syntax:
SCREEN [M1][,F1][,S1][,S2]

M1:

M1	Text	Grafik
0	80*25	
1	80*25	320*200
2	80*25	640*200
7	40*25	320*200
8	80*25	640*200
9	80*25	640*350
10	80*25	640*350

F1:
Farbe

S1:
Aktive Seite

S2:
Sichtbare Seite

SGN
Funktion zur Berechnung des Vorzeichens eines Wertes.
Syntax:
V1=SGN(X1)

V1:
Vorzeichen

X1:
Wert, von dem das Vorzeichen berechnet wird.

SHELL
Anweisung zum Aufruf des Kommandointerpreters des Betriebssystems.

Syntax:
SHELL [K1]

K1:
Kommando, das vom Kommandointerpreter ausgeführt wird. Wird kein Kommando angegeben, so wartet der Kommandointerpreter nach seinem Aufruf auf eine Bedienung.

SIN
Funktion zur Berechnung des Sinuswertes.
Syntax:
Y1=SIN(X1)

Y1:
Sinuswert

X1:
Winkel, von dem der Sinus berechnet wird.

SOUND
Anweisung zur Erzeugung eines Tons.
Syntax:
SOUND F1,T1

F1:
Fequenz des Tones.

T1:
Zeitdauer des Tones.

SPACE$
Funktion zur Erzeugung einer Zeichenkette mit Leerzeichen.
Syntax:
Z1$=SPACE$(N1)

Z1$:
Zeichenkette

N1:
Anzahl der Leerzeichen in der Zeichenkette Z1$.

SQR

Funktion zur Berechnung der Quadratwurzel.
Syntax:
Y1=SQR(X1)
Y1:
Quadratwurzel
X1:
Radikand

STICK

Funktion zur Berechnung der Stellung des Joysticks auf dem Spielpult.
Syntax:
K1=STICK(M1)
K1:
Koordinaten
M1:
Art der Koordinaten.

M1	Koordinaten
0	X Stick A
1	Y Stick A
2	X Stick B
3	Y Stick B

STOP

Anweisung zur Unterbrechung eines Programms. Das Programm wird durch Eingabe des Basic-Befehls CONT fortgesetzt.

Syntax:
STOP

STR$

Funktion zum Umwandeln eines numerischen Ausdrucks in eine Zeichenkette.
Syntax:
Z1$=STR$(X1)
Z1$:
Zeichenkette
X1:
Numerischer Wert

STRIG

Anweisung zum Aktivieren eines Spielpultes.
Syntax:
STRIG(N1) S1
N1:
Nummer des Knopfes auf dem Spielpult.

N1	Knopf
0	A 1
1	B 1
2	A 2
3	B 2

S1:
Schalter

S1	Funktion
ON	Aktivieren
OFF	Deaktivieren
STOP	Anhalten

STRIG

Funktion zum Lesen der Spielpultknöpfe.

Syntax:

Y1=STRIG(N1)

Y1:

Zustand des Knopfes

Y1 Knopf

-1 gedrückt

0 nicht gedrückt

N1:

Nummer des Knopfes

N1 Knopf

0 A1 gedrückt

1 A1 gerade gedrückt

2 B1 gedrückt

3 B1 gerade gedrückt

4 A2 gedrückt

5 A2 gerade gedrückt

6 B2 gedrückt

7 B2 gerade gedrückt

Gedrückt bedeutet: Seit der letzten Abfage gedrückt. Gerade gedrückt bedeutet: Während der Abfrage gedrückt.

STRING

Funktion zur Errechnung einer Zeichenkette mit gleichen Zeichen.

Syntax:

Z1$=STRING$(N1,C1)

Z1$:

Errechnete Zeichenkette

N1:

Anzahl der Zeichen.

C1:

ASCCI-Wert der Zeichen in der Zeichenkette. C1 wird dezimal angegeben. Anstelle von C1 kann

auch eine andere Zeichenkette Z2$ angegeben werden. Dann wird das erste Zeichen dieser Zeichenkette anstelle von C1 benutzt.

SWAP

Anweisung zum Vertauschen der Werte zweier Variablen.

Syntax:

SWAP V1,V2

V1, V2:

Variable, deren Werte vertauscht werden.

SYSTEM

Anweisung zur Rückkehr ins Betriebssystem.

Syntax:

SYSTEM

TAB

Anweisung zum Auffüllen der laufenden Textzeile mit Leerzeichen. Es wird bei der aktuellen Cursorposition begonnen. Die TAB-Anweisung darf nur in den Basic-Befehlen PRINT, PRINT# und LPRINT benutzt werden.

Syntax:

TAB(N1)

N1:

Cursorposition, bis zu der mit Leerzeichen aufgefüllt wird.

TAN

Funktion zur Berechnung des Tangens.

Syntax:

Y1=TAN(X1)

Y1:

Tangens

X1:

Winkel

TIME$

Anweisung zum Setzen und Lesen der Uhrzeit.

Syntax:

Setzen der Uhrzeit:

TIME$=Z1$

Lesen der Uhrzeit:

Z1$=TIME$

Z1$:

Zeichenkettenvariable, in der die Uhrzeit steht. Um 8.55 Uhr hat Z1$ das Format:
"08.55.00"

TIMER

Anweisung zum Aktivieren und Deaktivieren des Timers. Der Timer muß vor Ausführung des Basic-Befehls ON TIMER aktiviert sein.

Syntax:

TIMER S1

S1:

Schalter

S1	Funktion
ON	Aktivieren
OFF	Deaktivieren
STOP	Anhalten

TIMER

Funktion zum Lesen des Timercounters. Im Timercounter ist die Anzahl der Sekunden gespeichert, die seit Mitternacht bzw. seit dem Einschalten des Gerätes vergangen sind. Vgl. Timercounter

Syntax:

Y1=TIMER

Y1:

Numerische Variable, die auf den Wert des Timercounters gesetzt wird.

TRON

Anweisung zum Einschalten der Befehlsverfolgung. Vgl. Trace.

Syntax:

TRON

TROFF

Anweisung zum Ausschalten der Befehlsverfolgung. Vgl. Trace.

Syntax:

TROFF

UNLOCK

Anweisung zum Aufheben der Zugriffsbeschränkung auf eine Datei. Eine Zugriffsbeschränkung wird mit dem Basic-Befehl LOCK erteilt.

Syntax:

UNLOCK [#N1][,S1][TO S2]

N1:

Dateinummer.

S1:
Satznummer des ersten Satzes.
S2:
Satznummer des letzten Satzes.

USR
Funktion zum Aufruf eines Unterprogramms in Maschinensprache.
Syntax:
Y1=USR[N1](V1)
Y1:
Wert, der in dem Unterprogramm errechnet wird.
N1:
Nummer des Unterprogramms.
V1:
Variable, die im Unterprogramm bearbeitet wird.

VAL
Funktion zur Berechnung des numerischen Wertes, den eine Zeichenkette darstellt.
Syntax:
Y1=VAL(Z1$)
Y1:
Numerischer Wert
Z1$:
Zeichenkette

VARPTR
Funktion zur Berechnung der Anfangsadresse einer Variablen oder eines Variablenfeldes im Arbeitsspeicher.
Syntax:
A1=VARPTR(V1)

A1:
Adresse im Arbeitsspeicher. Die Adresse wird als Dezimalzahl errechnet.
V1:
Variable oder Variablenfeld. Anstelle von V1 kann auch eine Dateinummer angegeben werden. Dann wird die Anfangsadresse des FCB errechnet.

VARPTR$
Funktion zur Berechnung der Anfangsadresse einer Variablen oder eines Variablenfeldes im Arbeitsspeicher.
Syntax:
Z1$=VARPTR$(V1)

Z1$:
Adresse im Arbeitsspeicher. Die Adresse wird als 3-Byte-Hexadezimalzahl errechnet.

V1:
Variable oder Variablenfeld.

VIEW
Anweisung zum Definieren eines Bildschirmausschnittes auf dem Bildschirm, in dem grafische Ausgabe erfolgen soll.
Syntax:
VIEW [SCREEN]
[(X1,Y1)-(X2,Y2)][,F1[,F2]]

X1,Y1:
Koordinaten der linken oberen Ecke des Ausschnittes.

X2,Y2:
Koordinaten der rechten unteren Ecke des Ausschnittes.
F1:
Farbe des Ausschnittes.
F2:
Farbe des Randes.

VIEW PRINT

Anweisung zum Definieren eines Bildschirmausschnittes für Textausgabe.
Syntax:
VIEW PRINT [Z1 TO Z2]
Z1:
Erste Zeile des Ausschnittes.
Z2:
Letzte Zeile des Ausschnittes.

WAIT

Anweisung zum Warten auf ein Peripheriegerät.
Syntax:
WAIT A1, M1 [,M2]
A1:
Adresse des Peripheriegerätes.

M1,M2:
Masken, mit denen das Bitmuster verglichen wird, das das adressierte Peripheriegerät liefert. Das Bitmuster wird mit M2 durch die Exclusiv-Oder-Funktion und anschließend mit M1 durch die Und-Funktion verknüpft. Ist das Ergebnis 0, so wird weiter gewartet. Andernfalls wird mit dem folgenden Befehl fortgefahren.

WEND

Anweisung zum Beenden einer Schleife, die mit dem Basic-Befehl WHILE begonnen wurde.
Syntax:
WEND

WHILE

Anweisung zur Ausführung einer Folge von Befehlen in einer Schleife. Die Schleife beginnt mit der WHILE-Anweisung und endet mit der WEND-Anweisung. Vgl. Basic-Befehl WEND.
Syntax:
WHILE C1

C1:
Ausdruck, der auf null oder ungleich null geprüft wird. Solange C1 ungleich null ist, wird die Schleife ausgeführt.

WIDTH

Anweisung zum Definieren der Zeilenbreite bei der Ausgabe.
Syntax:
WIDTH N1

N1:
Anzahl der Zeichen in einer Zeile.

WINDOW

Anweisung zum Definieren eines Bildschirmausschnittes auf dem Bildschirm, in dem grafische Ausgabe erfolgen soll.

Syntax:
WINDOW [SCREEN]
[(X1,Y1)-(X2,Y2)]
X1,Y1:
Koordinaten der linken oberen Ecke des Ausschnittes.

X2,Y2:
Koordinaten der rechten unteren Ecke des Ausschnittes.

WRITE
Anweisung zum Ausgeben einer Liste von Ausdrücken auf den Bildschirm.
Syntax:
WRITE [A1[,A2[,AN]]]
A1,A2,A3:
Liste von Ausdrücken.

WRITE#
Anweisung zum Ausgeben einer Liste von Ausdrücken in eine sequentielle Datei.
Syntax:
WRITE #N1,[A1[,A2[,AN]]]
N1:
Nummer der Datei.

A1,A2,A3:
Liste von Ausdrücken.

Basisadresse
→relative Adresse

Batchbetrieb
→Dialogbetrieb

Batchdatei
Datei, in der Betriebssystembefehle gespeichert sind. Auf PCs ist eine Batchdatei im Dateiverzeichnis an ihrer Extension .BAT zu erkennen. Wird unter den Betriebssystemen MS-DOS oder OS/2 der Name der Batchdatei ohne die Extension aufgerufen, so werden die Befehle in der Batchdatei nacheinander abgearbeitet. Eine Batchdatei kann z.B. mit dem Zeileneditor Edlin erzeugt werden.
Vgl. Betriebssystem.

batch-processing
→Dialogbetrieb

Batch-Verarbeitung
→Dialogbetrieb

Batterie-Backup
Bezeichnung für die zusätzliche Versorgung eines Computers oder einer Baugruppe des Computers mit einer Batterie. Solange der Computer an das Stromnetz angeschlossen ist, bezieht er auch von dort seinen Strom. Wird das Netz abgeschaltet, so übernimmt die Batterie die Versorgung. Batterie-Backup wird gern zur Versorgung von Speichern eingesetzt, die ihre Information nicht verlieren dürfen. Für PCs gibt es spezielle Speichererweiterungskarten, die über ein Batterie-Backup verfügen.

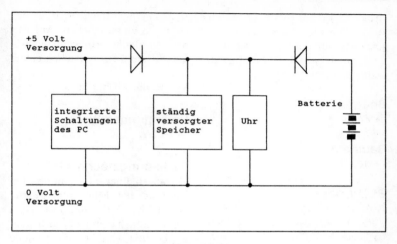

+5 Volt
Versorgung

integrierte
Schaltungen
des PC

ständig
versorgter
Speicher

Uhr

Batterie

0 Volt
Versorgung

Batterie-Backup

Auch die Uhren-ICs in PC-ATs werden durch ein Batterie-Backup versorgt. Vgl. Uhrenbaustein.

Baud
→Übertragungsgeschwindigkeit

Baudrate
→Übertragungsgeschwindigkeit.

Baugruppe
Selbstständig arbeitender Teil eines Computers oder Peripheriegerätes. Die PCs sind aus solchen Baugruppen aufgebaut. Dadurch wird eine erhöhte Übersichtlichkeit erreicht, da jede Baugruppe für sich beschrieben, entwickelt und getestet werden kann. Im Servicefall lassen sich defekte Baugruppen austauschen. Die einzelnen Baugruppen der PCs werden durch eine oder mehrere →integrierte Schaltungen realisiert.
Vgl. PC

Baumstruktur
Hierarchische Organisationsstruktur, bei der von einem zentralen Knoten, der sogenannten Wurzel, Zweige ausgehen, die zu hierarchisch niedrigerwertigen Knoten führen. Von diesen Knoten führen weitere Zweige zu noch niedrigerwertigen Knoten usw. Die Baum-

81

struktur wird auf PCs benutzt, um auf großen Massenspeichern Verzeichnisse und Unterverzeichnisse untereinander zu ordnen. Vgl. Dateiverzeichnisstruktur.

Baugruppe
→Modul

Baustein
→Modul

BCD-Code
Abk. für binary coded dezimals. Code, in dem als Dezimalzahlen vorliegende Zahlen einfach verschlüsselt werden können. Zur Codierung werden mit den niedrigstwertigen Bit beginnend jeweils vier Bit zu einer Tetrade zusammengefaßt. Um eine Dezimalzahl mit 6 Ziffern zu verschlüsseln, benötigt man also 6 Tetraden bzw. 24 Bit bzw. 3 Byte. Die Ziffern der Dezimalzahl werden dann mit ihren Binärwerten direkt in den Tetraden gespeichert. Dabei werden von den 16 verschiedenen Binärwerten pro Tetrade nur 10 Binärwerte genutzt. Vgl. Codierungsverfahren.

Bedienerführung
Ausgeben von Hinweisen zur Bedienung auf den Bildschirm. Diese Hinweise werden von Betriebssytemen oder Anwendungsprogrammen ausgegeben, um den Bediener auf mögliche Eingaben aufmerksam zu machen. Auf PCs wird die Bedienerführung in grafischen Benutzeroberflächen eingesetzt.
Vgl. Benutzeroberfläche.

Bedienungsfehler
→Fehler

Bedienungstechniken
Verfahren, über die Computer bedient werden. Man unterscheidet allgemeine Bedienungstechniken, die im alltäglichen Gebrauch ständig benutzt werden, und spezielle Bedienungstechniken, die für besondere Zwecke eingesetzt werden.

allgemeine Bedienungstechniken
Allgemeine Bedienungstechniken sind z.B. die Dateierzeugung oder die Dateianzeige. Die Dateierzeugung kann z.B. mit dem Zeileneditor →Edlin, die Dateianzeige mit dem →MS-DOS-Befehl TYPE erfolgen.

spezielle Bedienungstechniken
Neben den allgemeinen Bedienungstechniken gibt es spezielle Bedienungstechniken, die nur bei besonderen Anlässen benutzt werden.

Tastenumdefinierung
Eine spezielle Bedienungstechnik ist die →Tastenumdefinierung. Die Tastenumdefinierung wird be-

nutzt, wenn Sonderzeichen, für die keine Taste existiert, auf eine nicht benutzte Taste gelegt werden sollen.

ASCII-Eingabe
Soll die Funktion keiner Taste der Tastatur verändert werden, so können Sonderzeichen, für die keine Taste existiert, durch die →ASCII-Eingabe eingegeben werden. Dabei wird der dezimale ASCII-Wert eines Zeichens über die Ziffernblocktasten der Tastatur eingegeben.

Debug-Eingabeumleitung
Ohne Anschaffung eines Assemblers lassen sich Quellentexte mit Hilfe der →Debug-Eingabeumleitung assemblieren. Der Debugger Debug wird dazu veranlaßt, ein Assemblerprogramm aus einer Quellentextdatei heraus in ein ausführbares COM-Programm zu übersetzen.

Kaltstart
Wird auf dem PC z.B. ein fehlerhaftes Programm gestartet, das eine Endlosschleife enthält, so läßt sich der PC nicht mehr in der üblichen Form bedienen. Aus diesem Zustand kann der PC z.B. über einen →Kaltstart befreit werden. Dazu muß er ein- und ausgeschaltet werden. Vielfach läßt er sich in einer solchen Schleife aber auch noch über einen Warmstart mit den Tasten

(CTRL)+(ALT)+(DEL) bedienen.
Vgl. PC.

Bedienungshandbuch
Handbuch, in dem die Bedienung eines Gerätes oder eines Programms beschrieben ist.
Vgl. Softwareengineering.

Bedieneroberfläche
Andere Bezeichnung für →Benutzeroberfläche.

bedingter Sprungbefehl
→Sprungbefehl

bedingte Verzweigung
→Sprungbefehl

BEEP
→Basic-Befehl

Befehl
Kleinste selbstständig ausführbare Einheit in einem Anwendungsprogramm oder einem Betriebssystem.

Bedienerbefehl
Ein Befehl kann dazu benutzt werden, um ein fertig entwickeltes Anwendungsprogramm oder ein Betriebssystem zu bedienen. Dann handelt es sich um einen Bedienerbefehl. Bedienerbefehle sind z.B. die →MS-DOS-Kommandos.

Programmbefehl

Ein Befehl kann auch bei der Erstellung eines Anwendungsprogramms benutzt werden. Dann handelt es sich um einen Programmbefehl. Programmbefehle werden in der Programmiersprache formuliert, in der das Anwendungsprogramm geschrieben wird. Ein Programmbefehl ist z.B. ein →Basic-Befehl, der mit einer Zeilennummer eingegeben wird. Der Basic-Interpreter betrachtet diesen Befehl als einen Befehl, der zu einem Anwendungsprogramm gehört. Wird das Anwendungsprogramm gestartet, so wird der Programmbefehl ausgeführt. Das Starten des Programms erfolgt mit dem →Basic-Befehl RUN.

Ein Basic-Befehl, der in einen Basic-Interpreter ohne Zeilennummer eingegeben wird, wird vom Interpreter sofort ausgeführt. Er wird also zum Bedienen des Interpreters benutzt und ist damit kein Programmbefehl, sondern ein Bedienerbefehl.

Programmbefehle, verschiedene

Bei der Erstellung von Programmen werden Befehle für verschiedene Zwecke eingesetzt. Dazu gehören Deklarationsbefehle und ausführende Befehle.

Deklarationsbefehle

Am Anfang eines Programms müssen zunächst die Variablen definiert werden, damit diese Variablen im Programm angesprochen werden können. Die Definition der Variablen erfolgt mit Hilfe der Deklarationsbefehle. Deklarationsbefehle sind z.B. die Basic-Befehle DEFINT, DEFSNG oder DEFDBL. Die Deklarationsbefehle werden aber nur in symbolischen Programmiersprachen benötigt. Sie dienen nur dazu, dem Compiler, Interpreter oder auch Assembler Informationen für seine Übersetzungsarbeit zu liefern. Die Deklarationsbefehle werden auch nur von den übersetzenden Programmen ausgewertet. Der Mikroprozessor, der später das übersetzte Programm abarbeitet, bearbeitet die Deklarationsbefehle nicht mehr.

Befehle, ausführende

Sind die Variablen deklariert, so können in ihnen Werte gespeichert werden, die von Peripheriegeräten eingelesen wurden. Dies wird durch Eingabebefehle realisiert. Umgekehrt können Werte, die in Variablen gespeichert sind, an Peripheriegeräte ausgegeben werden. Dazu werden Ausgabebefehle benutzt. Außerdem können die Werte mehrerer Variablen durch arithmetische Befehle verknüpft werden. Das Ergebnis einer solchen Rechenoperation kann dann wieder in einer Variablen gespeichert werden. Um den

Ablauf der Befehle in einem Programm zu steuern, benötigt man letztlich noch Sprungbefehle. Eingabebefehle, Ausgabebefehle, arithmetische Befehle und Sprungbefehle werden bei der Ausführung eines Programms durch einen Mikroprozessor abgearbeitet. Da der Mikroprozessor bei ihrer Abarbeitung eine Operation ausführt, nennt man sie auch ausführende Befehle.
Vgl. Programmiersprachen.

Benchmarks

Einfach strukturierte Programme, mit denen die Leistungsfähigkeit von Computern getestet und mit der Leistungsfähigkeit anderer Computer verglichen werden kann. In Benchmarks werden dazu bestimmte, für die Leistungsfähigkeit von Computern charakteristische Befehle in Schleifen durchlaufen. Wird die Befehlsfolge z.B. 1000mal in der Schleife durchlaufen, so ist die Ausführungszeit der Schleife auch 1000mal so lang wie die Ausführungszeit der einzelnen Befehlsfolgen. Da die Ausführungszeit der Befehlsfolgen im Millisekundenbereich liegt, liegt die Ausführungszeit der Schleife im Sekundenbereich. Sie kann also auf verschiedenen Computern gestoppt und verglichen werden. Außerdem läßt sich aus der gestoppten Zeit die Ausführungszeit der einzelnen Befehlsfolgen berechnen.
Vgl. Hardwareeigenschaften.

Benchmark-Test

Vergleichstest mehrerer Computer mit Hilfe der →Benchmarks.

Benutzer

Person, die an einem Computer Programme benutzt, aber keine Programme erstellt. Sie unterscheidet sich dadurch vom Programmierer, der Programme erstellt. Vgl. Betriebssystem.

benutzerfreundlich

Eigenschaft von Computern und Programmen, sich vom Benutzer leicht bedienen zu lassen. Vgl. Benutzeroberfläche

Benutzeroberfläche

Dienstprogramm, das die Benutzung eines Computers erleichtert. Dazu bieten Benutzeroberflächen eine Menütechnik, wodurch die Eingabebefehle nicht mehr über die Tastatur eingegeben werden müssen. Eine Liste von möglichen Eingabebefehlen wird dabei auf dem Bildschirm angezeigt. Diese Liste wird auch →Menü genannt. Aus dem Menü kann mit Hilfe einer →Maus ein Befehl ausgewählt und ausgeführt werden. Mit Hilfe der Maus lassen sich auch grafische Eingaben wie z.B. Zeichnungen besonders gut in einen Computer eingeben. Man spricht deshalb auch von grafischen Benutzeroberflächen.

spezielle Benutzeroberflächen
Das Betriebssystem MS-DOS verfügt bis zu seiner Version 3.3 nicht über eine grafische Benutzeroberfläche. Es können jedoch grafische Benutzeroberflächen wie z.B. →Windows oder →GEM benutzt werden. Diese werden dann unter MS-DOS wie ein normales EXE-Programm aufgerufen. Sie erlauben dann im weiteren die grafische Eingabe der Befehle. Ab Version 4.0 ist MS-DOS jedoch standardmäßig mit einer grafischen Benutzeroberfläche ausgestattet. Vgl. Betriebssysteme.

Bereich
→Partition

Bereitstellen
Andere Bezeichnung für →Laden eines Programms.

Bereitschaftszeichen
→Prompt

Betriebsart
Zustand, in dem sich ein Gerät oder ein Programm befindet. In diesem Zustand reagiert das Gerät nach genau definierten Regeln, die sich von den Regeln einer anderen Betriebsart des gleichen Gerätes unterscheiden. Die englische Bezeichnung für Betriebsart ist Mode.

spezielle Betriebsarten
Auch PCs können in verschiedenen Betriebsarten genutzt werden. Betriebsarten sind z.B. Batchbetrieb und →Dialogbetrieb, →Real-Mode und Protected-Mode. Drucker und Bildschirme unterscheiden z.B. die Betriebsarten Textmode und →Grafikmode.
Vgl. Betriebssysteme

Betriebssicherheit
Eigenschaft eines Gerätes, dauerhaft störungsfrei zu arbeiten.

Betriebssicherheit, PCs
In PCs wird eine erhöhte Betriebssicherheit erreicht, indem der Arbeitsspeicher gegen Störungen und fehlerhafte Zeichen gesichert wird. Bei der Größe der Arbeitsspeicher von PCs ist dies bereits eine wichtige Maßnahme. Die Sicherung erfolgt, indem zu jeweils einem Byte im Arbeitsspeicher ein →Paritybit gespeichert wird.

Weitere Fehlerquellen
Bei der Betriebssicherheit der PCs darf aber nicht vergessen werden, daß bei der Arbeit mit einem Computer nicht nur der Computer fehlerhaft sein kann. Auch in benutzten Anwenderpro-

grammen und Betriebssystemen können →Fehler auftreten.

Außerdem kann es passieren, daß ein Bediener den PC fehlerhaft bedient. Bei den aufgezählten Fehlern spricht man dann von Hardwarefehlern, Softwarefehlern und Bedienungsfehlern.

Computerviren

Um die Betriebssicherheit eines Computers nicht zu gefährden, muß aber auch beachtet werden, daß keine →Computerviren in die Speicher des Computers gelangen. Durch Computerviren kann ein Computer infiziert werden, wenn ein unbefugter Benutzer über ein Rechnernetz Zugriff auf einen Computer erhält. Der Unbefugte kann den Computer dann von einem anderen Computer aus gezielt infizieren.

Datenschutz

Es ist daher wichtig, für den →Datenschutz eines Computers zu sorgen, damit kein Unbefugter Zugriff zu unerlaubten Bereichen des Computers erhält. Dies kann durch Vereinbarung von Zugriffsrechten für die einzelnen Benutzer erfolgen.

Datensicherung

Um die Software gegen versehentliches oder gezieltes Löschen zu schützen, sollte in regelmäßigen Abständen eine →Datensicherung von Daten und Program-

men erfolgen. Dazu kann eine Copie der Daten und Programme auf einem zweiten Datenträger erfolgen. Vgl. PC.

Betriebssystem

Gruppe von Systemprogrammen, die zum allgemeinen Betrieb eines Computers benötigt werden.

Betriebssystem, Aufgaben

Ein Betriebssystem ist auf jedem Computer die Schnittstelle zwischen Mensch und Maschine. Es übersetzt die an der Tastatur eingegebenen Befehle in die Sprache der Mikroprozessoren und läßt die übersetzten Befehle auch gleich ausführen. Im Gegensatz zu Anwenderprogrammen, die spezielle Probleme des Anwenders lösen, bearbeiten Betriebssysteme allgemeine Probleme, die sich allen Anwendern immer wieder in ähnlicher Form stellen. Dazu gehört z.B. das Kopieren von Daten und Programmen, von Diskette auf Festplatte und umgekehrt, das Anzeigen der Programme, die in einer Bibliothek vorhanden sind, oder das Starten von Anwenderprogrammen.

Nachdem ein Anwenderprogramm seine Aufgaben ausgeführt hat, gibt es die Kontrolle wieder vollständig an das Betriebssystem zurück. Mit Hilfe des Betriebssystems können dann z.B.

Daten, die von Anwenderprogrammen erzeugt wurden, ausgedruckt werden oder zur Datensicherung auf eine Diskette kopiert werden.

Betriebssystem, Arbeitsweise

Um einen äußerlich einfachen Vorgang wie das Kopieren einer Datei von Diskette auf Festplatte auszuführen, muß das Betriebssystem aber noch eine Vielzahl von Einzelschritten ausführen.

Eingabe eines Befehls

Die Buchstaben, die bei der Eingabe des COPY-Befehls über die Tastatur eingegeben werden, werden zunächst in einem Eingabepuffer gesammelt. Der Eingabepuffer ist ein Zwischenspeicher im Arbeitsspeicher des Computers. Bei der Eingabe eines jeden Buchstabens wird jeweils ein Interrupt ausgelöst, der den Mikroprozessor des PCs veranlaßt, die Tastatur zu überprüfen und die Tastennummer der gedrückten Taste festzustellen. Die Tastennummer wird anschließend in das entsprechende ASCII-Zeichen umgewandelt und in dem schon erwähnten Eingabepuffer gespeichert. Anschließend muß das neu eingegebene Zeichen aber auch noch auf dem Bildschirm angezeigt werden, damit der PC-Benutzer auch erkennt, daß das Drücken der Taste vom PC erkannt und verarbeitet wurde. Auf diese Weise gelangt z.B. der Kopierbefehl Buchstabe für Buchstabe in den Eingabepuffer und gleichzeitig auf den Bildschirm.

Auswertung eines Befehls

Bei den meisten Betriebssystemen wird ein eingegebener Befehl durch die →Entertaste abgeschlossen und wird dann ausgeführt. Dazu muß zunächst der eingegebene Befehl auf Fehlerfreiheit geprüft werden. Ist z.B. das Schlüsselwort COPY nicht richtig geschrieben, so muß eine Fehlermeldung auf dem Bildschirm angezeigt werden, damit der Bediener weiß, daß sein Kommando vom PC nicht verstanden wurde. Der PC muß danach auf einen neuen Eingabebefehl warten.

Kommandointerpreter

Die Programmteile, die die Eingabe der Bedienerbefehle überwachen und die Bedienerbefehle auswerten, nennt man auch Kommandointerpreter oder Kommandoprozessoren. Bei allen marktgängigen Betriebssystemen sind diese Kommandointerpreter in eigenständigen Programmen untergebracht. Dadurch kann man ein bestimmtes Betriebssystem auch mit verschiedenen Kommandointerpretern ausstatten.

Ausführung eines Befehls.

Hat der Kommandointerpreter eines Betriebssystems einen eingegebenen Befehl eines Bedieners fehlerfrei erkannt, so beginnt das Betriebssystem mit der Bearbeitung des Befehls. Zunächst wird das Befehlswort entschlüsselt, damit das Betriebssystem das zum eingegebenen Befehl gehörende Programm, z.B. Drucken oder Kopieren, ausführen kann. Danach müssen die Parameter, die zu dem Befehl eingegeben wurden, ausgewertet werden. Im Falle des Kopierbefehls sind dies der Name der Datei, aus der Daten herauskopiert werden sollen, und der Name der Datei, in die die Daten hineinkopiert werden sollen. Dabei kann es passieren, daß die Datei, aus der die Daten herauskopiert werden sollen, nicht existiert. In diesem Falle muß das Betriebssystem eine Fehlermeldung auf den Bildschirm bringen und den Kopiervorgang abbrechen.

Wird die Quellendatei vom Betriebssystem gefunden, so muß das Betriebssystem als nächstes prüfen, ob die im Kopierbefehl angegebene Zieldatei schon existiert, oder ob sie erst neu eingerichtet werden muß. Danach kann der eigentliche Kopiervorgang beginnen. Sind alle Zeichen der Quellendatei in die Zieldatei hinüberkopiert, so werden beide Dateien geschlossen. Unter Schließen einer Datei versteht man das Eintragen der Dateilänge und des Dateinamens in das Dateiverzeichnis. Nach dem Schließen der Dateien ist der Kopiervorgang beendet. Das Betriebssystem kehrt dann in die Eingabebetriebsart zurück und wartet auf neue Befehle.

Verschiedene Befehle

Ähnlich wie bei dem Kopierbefehl laufen die Vorgänge auch bei den übrigen Befehlen, die ein Betriebssystem bearbeiten kann, ab. Die Anzahl der Parameter, die hinter dem eigentlichen Befehlswort stehen dürfen, sind jedoch von Befehl zu Befehl unterschiedlich. So braucht z.B. in dem MS-DOS-Kommando DIR, das das Inhaltsverzeichnis der Massenspeicher anzeigt, gar kein Parameter angegeben zu werden. Dann wird das aktuelle Inhaltsverzeichnis des Massenspeichers angezeigt, mit dem gerade gearbeitet wird. Soll das Inhaltsverzeichnis eines anderen Massenspeichers angezeigt werden, so kann dieser Massenspeicher bei den meisten Betriebssystemen als erster Parameter angegeben werden.

Betriebssystem, MS-DOS

Auf PCs wird das Betriebssystem →MS-DOS eingesetzt. MS-DOS ist zugleich auch das bekannteste und weitestverbreitete Betriebssystem überhaupt. Für MS-DOS gibt es eine Vielzahl von Anwen-

Betriebssysteme, Benutzeroberflächen und Dienstprogramme für PCs		
Name	Hersteller	Funktion
MS-DOS	Mikrosoft	Sehr weit verbreitetes 16-Bit-Singletask-Betriebssystem
PC-DOS	IBM	Sehr weit verbreitetes 16-Bit-Singletask-Betriebssystem
OS/2	Mikrosoft	Weit verbreitetes 16-Bit-Multitask-Betriebssystem
BS/2	IBM	Weit verbreitetes 16-Bit-Multitask-Betriebssystem
UNIX	ATT	Sehr leistungsfähiges 32-Bit-Multiuser-Betriebssystem
AIX	IBM	Sehr leistungsfähiges 32-Bit-Multiuser-Betriebssystem
XENIX		Historisches 16-Bit-Multitask-Betriebssystem
CP/M		Historisches 8-Bit-Singletask-Betriebssystem
RMX	Intel	16-Bit-Multitask-Betriebssystem für die Echtzeitverarbeitung
Windows	Mikrosoft	Grafische Benutzeroberfläche für MS-DOS und PC-DOS
GEM	Digital Research	Grafische Benutzeroberfläche für MS-DOS und PC-DOS
Presentation-manager	Mikrosoft	Grafische Benutzeroberfläche für OS/2 und BS/2
EDLIN	Mikrosoft	Zeileneditor für MS-DOS, PC-DOS, OS/2 und BS/2
DEBUG	Mikrosoft	Debugger für die Fehlersuche unter MS-DOS und PC-DOS

dungsprogrammen, die man auf Disketten kaufen kann. Diese Anwendungsprogramme kann man auf jedem IBM-PC und auf jedem kompatiblen PC unter MS-DOS laufen lassen.

MS-DOS ist von der Firma Mikrosoft für IBM entwickelt worden. IBM setzt dieses Betriebssystem jedoch unter dem Namen PC-DOS bzw. DOS ein. Die Firma Mikrosoft vertreibt das gleiche

Betriebssystem aber weiterhin für alle Hersteller kompatibler Geräte unter dem Namen MS-DOS.

MS-DOS, Benutzeroberflächen

MS-DOS besitzt standardmäßig den Kommandointerpreter COMMAND.COM, der die Eingabe der Bedienerbefehle überwacht und die eingegebenen Befehle auswertet. Es können aber auch komfortablere Kommandointerpreter eingesetzt werden. Bei besonders komfortablen Kommandointerpretern spricht man auch von einer grafischen →Benutzeroberfläche.

spezielle Benutzeroberflächen

MS-DOS verfügt bis zur Version 3.3 nicht über eine grafische →Benutzeroberfläche. Es können jedoch die Benutzeroberflächen →GEM und →Windows benutzt werden. Dann kann die Eingabe der Befehle mit Hilfe einer →Maus erfolgen. Die Befehle können dazu aus einer Liste von möglichen Befehlen, dem sogenannten →Menü, ausgewählt werden. Ab Version 4.0 verfügt MS-DOS über eine eigene Benutzer- oberfläche, die anstelle des Kommandointerpreters COMMAND.COM eingesetzt werden kann.

Betriebssystem, OS/2

Das Betriebssystem MS-DOS hat den Nachteil, daß es nicht im →Multitaskbetrieb benutzt werden kann. Im Multitaskbetrieb können auf einem Computer mehrere Programme gleichzeitig bearbeitet werden. Um auf PCs auch Multitaskbetrieb zu ermöglichen, wurde das Betriebssystem →OS/2 entwickelt. Dieses Betriebssystem ist zwar speziell für die neue PS/2-Computerfamilie von IBM gedacht, es ist jedoch auch bis zum PC-AT abwärtskompatibel. Das heißt, es kann auf PC-ATs betrieben werden. Auf PC-XTs läuft es dagegen nicht.

Betriebssystem, BS/2

OS/2 wurde von der Firma Mikrosoft für IBM entwickelt. IBM setzt dieses Betriebssystem aber unter dem Namen BS/2 ein. Für kompatible PCs wird das gleiche Betriebssystem von der Firma Mikrosoft unter dem Namen OS/2 angeboten.

Betriebssystem, OS/2, Wortbreite

OS/2 ist aber auch nur ein 16-Bit-Betriebssystem. Das heißt, es nutzt nur Mikroprozessorbefehle, die 8 Bit und 16 Bit breite Datenworte verarbeiten. Diese Einschränkung muß aufrecht gehalten werden, um die Kompatibilität zum 80286 Mikroprozessor zu erhalten, der nur 16 Bit breite Datenregister besitzt. Dieser Prozessor kommt sowohl in den PC-ATs als auch in den PS/2 Modellen 50 und 60 zum Einsatz. Die 32 Bit breiten Datenregister des 80386 Mikroprozessors kann OS/2 dagegen nur als 16 Bit breite Datenregister nutzen.

Unix, AIX

Auf PCs mit dem 32-Bit-Mikroprozessor 80386 ist es vorteilhaft, die höhere Leistungsfähigkeit dieses Mikroprozessors auch zu nutzen. Dafür bieten sich die beiden 32-Bit-Betriebssysteme →Unix und →AIX an. UNIX wird hauptsächlich auf PC-AT-386-Computern eingesetzt, während AIX für IBM-Computer PS/2 Modell 70 und 80 entwickelt wurde. Unix und AIX sind beide Multiuser-Betriebssysteme.

Xenix

Ein weiteres Multitask-Betriebssystem ist Xenix. Xenix ist jedoch längst nicht so komfortabel wie OS/2 oder gar Unix. Für Neuanschaffungen ist Xenix daher nicht geeignet, es wird jedoch noch hin und wieder verwendet.

CP/M

Ebenfalls einen Schritt in die Vergangenheit stellt das Betriebssystem →CP/M dar. CP/M ist noch ein 8-Bit-Betriebssystem. Es kann auch nur als Singletask-Betriebssystem benutzt werden. Da das Betriebssystem MS-DOS aus CP/M hervorgegangen ist, ist die Bedienung von CP/M in vielen Punkten dem MS-DOS ähnlich. CP/M wird jedoch nur noch auf Homecomputern wie z.B. dem

C128 benutzt. Auf PCs wird CP/M nicht mehr eingesetzt.

RMX

Eine Besonderheit stellt das Betriebssystem RMX von der Firma Intel dar. Bei diesem Betriebssystem handelt es sich um ein Multitask-Betriebssystem für die →Echtzeitverarbeitung. Unter diesem Betriebssystem können mehrere gleichzeitig laufende Programme Befehle zu genau definierten Zeiten ausführen. Solch ein Betriebssystem wird benötigt, wenn ein PC als →Prozeßrechner für die Prozeßsteuerung eingesetzt werden soll.

Dienstprogramme

Die Betriebssysteme für die PCs verfügen über zusätzliche →Dienstprogramme, die zum Lieferumfang des Betriebssystems gehören. Solche Dienstprogramme wie z.B. der →Editor und der →Debugger müssen selbst wieder über eine Kommandosprache bedient werden, um z.B. die Eingabe von Textzeilen oder das Testen von Programmen zu steuern. Zur Vollständigkeit sind in diesem Lexikon die →Edlin-Befehle und die →Debug-Befehle wiedergegeben, da der Zeileneditor Edlin und der Debugger Debug zum Lieferumfang des Betriebssystems MS-DOS gehören.

Vgl. PC.

Bezugsadresse

Adresse, auf die sich eine →relative Adresse bezieht.

Bibliothek

Sammlung von Programmen, Programmteilen oder Daten, die häufig benutzt werden. Die Programme und Daten, die in Bibliotheken gespeichert werden, sind allgemein formuliert und befinden sich in einem getesteten Zustand. Dadurch brauchen sie nicht mehr verändert zu werden.

Programmbibliothek

Werden in einer Bibliothek Programme oder Programmteile gespeichert, so spricht man auch von einer Programmbibliothek. In solchen Programmbibliotheken sind z.B. Unterprogramme gespeichert, die in höheren Programmiersprachen zur Eingabe und Ausgabe von Daten oder zum Rechnen mit Gleitkommazahlen benutzt werden. Diese Unterprogramme werden von einem Linker an den Objectcode eines Programms gebunden. Der Objectcode entsteht beim Übersetzen eines Programms aus einer höheren Programmiersprache.

Zellbibliothek

Bei CAD-Anwendungen werden fertig entwickelte Zeichnungsteile, die oft benutzt werden, in Bibliotheken abgespeichert. Diese Zeichnungsteile können dann beliebig oft in eine Zeichnung hineinkopiert werden. Bei den einzelnen Zeichnungsteilen spricht man auch von Zellen. Die Bibliotheken werden auch Zellbibliotheken genannt.

Bibliotheksdatei

Auf PCs werden Bibliotheken in Dateien untergebracht. Die Dateien, die Bibliotheken enthalten, nennt man auch Bibliotheksdateien. Sie erhalten die Namenserweiterung LIB, weil Bibliothek im englischen Sprachraum library heißt.
Vgl. Datei.

Bibliotheksdatei

→Bibliothek

Bibliotheksverwaltungsprogramm

Programm, mit dessen Hilfe neue Unterprogramme in eine →Programmbibliothek eingefügt werden können. Auch das Löschen und Ändern von Unterprogrammen in einer bestehenden Programmbibliothek gehört zu den Aufgaben eines Bibliotheksverwaltungsprogramms.
Vgl. Bibliothek.

bidirektional

Eigenschaft von Datenübertragungsvorrichtungen, Daten in zwei Richtungen übertragen zu können.

bidirektionale Signalleitungen
Signalleitungen sind bidirektional, wenn auf ihnen Daten in beiden Richtungen übertragen werden können. Die Leitungstreiber müssen dazu auf beiden Seiten zum Senden und zum Empfangen geeignet sein.

bidirektionale Drucker
Von bidirektionalen Druckern spricht man, wenn diese in der Lage sind, Texte von rechts nach links und von links nach rechts zu drucken. Dies hat den Vorteil, daß der Druckweg verkürzt und damit die Druckgeschwindigkeit erhöht wird. Vgl. Drucker.

Bildauflösung
→Auflösung

Bildelement
Andere Bezeichnung für →Pixel.

Bildfrequenz
→Bildwiederholfrequenz

Bildplatte
→Laserdisk

Bildpunkt
→Pixel

Bildschirm
Ausgabegerät für PCs. Mit Hilfe eines Bildschirms zeigt der PC dem Benutzer Daten, Texte und Grafiken an.

Rasterbildschirme
Am weitesten verbreitet sind für PCs Rasterbildschirme, die mit einer Kathodenstrahlröhre arbeiten. Bei den Rasterbildschirmen ist die Darstellungsfläche in eine Matrix von Bildpunkten in horizontaler und vertikaler Richtung eingeteilt. Der Kathodenstrahl der Kathodenstrahlröhre tastet die einzelnen Bildpunkte zeilenweise ab.

Monochrom-Bildschirme
Dabei wird der Bildpunkt bei Monochrom-Bildschirmen hell oder dunkel dargestellt, je nachdem, ob der Elektronenstrahl beim Abtasten des Bildpunktes gerade mit einer hohen oder niedrigen Strahlstärke strahlt.

Farbbildschirme
Bei Farbbildschirmen werden die Bildpunkte durch drei Elektronenstrahlen gleichzeitig abgetastet. Jeder der Elektronenstrahlen steuert dabei eine der Farbkomponenten Rot, Grün und Blau. Durch eine Mischung der drei Farbkomponenten können alle denkbaren Farben erzeugt werden.

Bildschirm, Steuersignale
Bei Monochrom-Bildschirmen wird die Helligkeit der Bildpunkte über ein Signal mit dem Namen Video gesteuert. Bei Farbbildschirmen wird die Farbe der Bild-

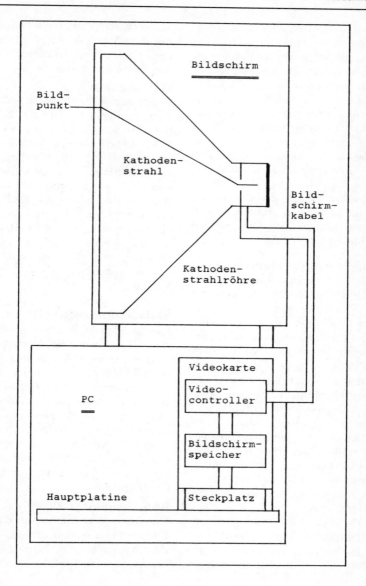

punkte dagegen über die drei Signale R, G und B gesteuert, da bei Farbbildschirmen auch drei getrennte Kathodenstrahlen gesteuert werden müssen. Zusätzlich müssen alle Bildschirme mit einem Synchronsignal versorgt werden. Dieses Synchronsignal liefert am Anfang einer neuen Seite einen langen Impuls und am Anfang einer neuen Zeile einen kurzen Impuls. Mit Hilfe dieses Synchronsignals positioniert der Bildschirm den Kathodenstrahl zum richtigen Zeitpunkt auf den einzelnen Bildpunkt.

Bildschirm, Videokarte
Die Steuersignale für den Bildschirm werden im PC von einer →Videokarte erzeugt. Die Videokarte wird oftmals auch als Grafikkarte bezeichnet, der umfassendere Ausdruck ist jedoch Videokarte. Die Videokarte besteht im wesentlichen aus einem →Bildschirmspeicher und einem →Videocontroller. Im Bildschirmspeicher ist die Information gespeichert, die vom Bildschirm dargestellt werden soll. Der Grafikkontroller liest diese Information zyklisch aus und erzeugt daraus die Steuersignale für den Bildschirm.
Die Videokarte ist in einem Steckplatz des PC montiert, so daß der Mikroprozessor des PC die Videokarte über die Signale

des Steckplatzes ansprechen kann. Auf diese Weise ist der PC in der Lage, Texte und Grafiken auf dem Bildschirm darzustellen.

LC-Bildschirme
Neben den Bildschirmen mit Kathodenstrahlröhren gibt es LC-Bildschirme, die ebenfalls nach dem Rasterbildschirm-Verfahren arbeiten. Diese LC-Bildschirme haben den Vorteil, daß sie kleiner sind und weniger Strom verbrauchen als Bildschirme mit Kathodenstrahlröhren. Sie sind aber nicht so gut ablesbar. LC-Bildschirme werden deshalb gern in tragbaren PCs, den sogenannten Laptops, eingesetzt.
Vgl. PC.

Bildschirmspeicher

Speicher, der die Information enthält, die auf dem Bildschirm dargestellt werden soll. Auf PCs ist der Bildschirmspeicher in der Videokarte untergebracht. Ebenfalls auf der Videokarte ist der Videocontroller montiert. Der Videocontroller liest den Bildschirmspeicher zyklisch durch und erzeugt aus der gelesenen Information die Ansteuersignale für den Bildschirm.

Bildschirmspeicher, Zugriff
Um Grafiken und Texte auf dem Bildschirm zu erzeugen, muß der Zentralprozessor des PC Grafikmuster und Textzeichen in den

Adresse relativ zum Anfang des Bildschirmspeichers		Zeichen und Attribute im Bildschirmspeicher	
Dezimal	Hexadezimal		
0000	0000	Z(1, 1)	Zeichen und Attribute in Zeile 1 auf dem Bildschirm
0001	0001	A(1, 1)	
0002	0002	Z(1, 2)	
0003	0003	A(1, 2)	
0158	00BE	Z(1,80)	
0159	00BF	A(1,80)	
0160	00A0	Z(2, 1)	
0161	00A1	A(2, 1)	
0162	00A2	Z(2, 2)	
0163	00A3	A(2, 2)	
3838	0EFE	Z(24,80)	
3839	0EFF	A(24,80)	
3840	0F00	Z(25, 1)	Zeichen und Attribute in Zeile 25 auf dem Bildschirm
3841	0F01	A(25, 1)	
3842	0F02	Z(25, 2)	
3843	0F03	A(25, 2)	
3998	0FBE	Z(25,80)	
3999	0FBF	A(25,80)	

Z(X, Y) : Zeichen an der Position X, Y
           auf dem Bildschirm

A(X, Y) : Attribut des Zeichens
           an der Position X, Y auf dem Bildschirm

Format der Attribute:

Bit7	Bit6	Bit5	Bit4	Bit3	Bit3	Bit1	Bit0
Blin— ken	Farbe des Hintergrundes			Inten— sität	Farbe des Zeichens		

Organisation des Bildschirmspeichers im Textmode

Bildschirmspeicher hineinschreiben. Um Kollisionen mit dem Arbeitsspeicher zu vermeiden, ist der Bildspeicher oberhalb der 640-KByte-Grenze angeordnet. Bei Monochrom-Grafikkarten beginnt er bei Adresse B0000 und bei Farbgrafikkarten bei Adresse B8000. Diese beiden Adressen werden oftmals auch in der Schreibweise B000:0000 und B800:0000 dargestellt. Dabei erfolgt die Adressierung des Anfangs vom Bildschirmspeicher mit Hilfe von Segmentregistern. Die Segmentregister, die zur Adressierung des Bildschirmspeichers benutzt werden, müssen also auf den Wert B000 oder B800 gesetzt werden. Innerhalb des Bildschirmspeichers können dann einzelne Textzeichen oder Grafikpunkte mit den 16-Bit-Pointerregistern des Zentralprozessors adressiert werden.
Vgl. Videokarten.

Bildschirmeditor
→Editor

Bildschirmkontroller
→Videocontroller

Bildschirmtext
Kommunikationsdienst, mit dem der Benutzer über das Fernsprechnetz auf ein umfangreiches Datenbanksystem zugreifen kann.

Bildschirmtext wird in der Bundesrepublik von der Bundespost betrieben. Es können jedoch auch Datenbanken privater und industrieller Datenanbieter angewählt und abgefragt werden. Bildschirmtext wird oftmals auch als Btx bezeichnet. Im Ausland, besonders in hoch entwickelten Ländern wie z.B. in USA und Canada, ist Btx noch populärer als in der Bundesrepublik.

Bildschirmtext, Anwendungen
Für PC-Anwender ist Btx interessant, weil man einen PC leicht für den Bildschirmtextbetrieb nachrüsten kann. Dazu benötigt man einen →Akustikkoppler oder ein →Modem, die an das Telefon bzw. an das Fernsprechnetz angeschlossen werden. Außerdem muß der PC mit einer Bildschirmtext-Karte ausgerüstet werden, die in den Steckplätzen montiert wird. Zu der Bildschirmtext-Karte gehört eine Software, die zu der Karte geliefert wird. Diese Software verarbeitet die seriell über das Fernsprechnetz einlaufenden Daten und stellt auf dem Bildschirm des PC Texte und Bilder dar.
Vgl. Datenfernübertragung.

Bildschirmtext-Karte
→Bildschirmtext

Bildspeicher
→Bildschirmspeicher

Bildsymbol
→Grafiksymbol

Bildwiederholfrequenz
Anzahl der Bilder, die pro Zeiteinheit auf einem Bildschirm erzeugt werden. Die Bildwiederholfrequenz wird in Hertz gemessen. Bei einer Bildwiederholfrequenz von 50 Hertz werden vom Videocontroller der Bildschirmkarte 50 Bilder pro Sekunde auf dem Bildschirm erzeugt. Dies ist aber bereits die untere Grenze der Bildwiederholfrequenzen für Bildschirme, da das menschliche Auge sonst die wiederholte Erzeugung des Bildes erkennt bzw. als Flimmern empfindet. Für Bildschirme werden daher Bildwiederholfrequenzen zwischen 60 und 100 Hertz verwendet. Vgl. Hardwareeigenschaften.

Bildwiederholspeicher
→Bildschirmspeicher

binär
Eigenschaft einer Speicherstelle oder eines →Signals, zwei Zustände annehmen zu können. Technisch werden binäre Signale realisiert, indem ein elektronischer Schalter geöffnet oder geschlossen wird und das Signal dadurch den Wert 0 Volt oder +5 Volt bzw. den Zustand low oder high annimmt. Vgl. Codierungsverfahren.

BIOS
Abk. für Basic Input/Output-System. Teil des Betriebssystems auf PCs. Die Betriebssysteme der PCs bestehen aus einem geräteabhängigen Teil, der den Zugriff auf die Peripheriegeräte übernimmt, und einem geräteunabhängigen Teil. Den geräteabhängigen Teil der Betriebssysteme CP/M, MS-DOS und OS/2 bezeichnet man auch als BIOS. Im BIOS sind Unterprogramme untergebracht, die direkt mit den Peripheriegeräten arbeiten. Das hat den Vorteil, daß Änderungen am Betriebssystem, die für spezielle Peripheriegeräte durchgeführt werden müssen, sich nur auf das BIOS beschränken.

ROM-BIOS
Ein Teil dieses BIOS ist in ROMs untergebracht und dient gleichzeitig als →Urladeprogramm beim Einschalten des PC. Der andere Teil des BIOS ist auf Diskette gespeichert und wird nach dem Einschalten des PC in den Arbeitsspeicher geladen.

ROM-Basic
Findet das Urladeprogramm keine Diskette oder Festplatte, von der es das Betriebssystem laden kann, so ruft es einen Programmteil auf, der eine Fehlermeldung auf den Schirm bringt. Dieser Programmteil des Urladeprogramms wird auch ROM-Basic genannt. Vgl. Betriebssysteme.

BIOS-ROM

Baugruppe auf der Hauptplatine des PC. Das BIOS-ROM ist als →ROM oder →EPROM aufgebaut. Es enthält das →Urladeprogramm. Durch das Urladeprogramm lädt der Mikroprozessor nach dem Einschalten des PC das Betriebssystem vom Massenspeicher in den Arbeitsspeicher. Neben dem eigentlichen Urladeprogramm sind aber im BIOS-ROM auch noch Unterprogramme zum Zugriff auf Peripheriegeräte wie z.B den Massenspeicher untergebracht. Dies ist schon deshalb nötig, damit das Urladeprogramm beim Laden des Betriebssystems auf den Massenspeicher zugreifen kann. Das BIOS-ROM stellt eine Baugruppe des PC dar und unterscheidet sich dadurch vom ROM-BIOS, das ein Teil des Betriebssystems ist.
Vgl. PC.

Bit

Abk. für binary digit. Binärziffer, die nur die Werte 0 oder 1 annehmen kann. In Computern wird das Bit durch →Signale dargestellt, die Werte 0 Volt oder +5 Volt annehmen können. Diese Signale werden in Speicherzellen gespeichert, deren Ausgänge ebenfalls nur die beiden Werte 0 Volt und 5 Volt einnehmen können. Um nicht mit physikalischen Einheiten rechnen zu müssen, nennt man die beiden Zustände auch low und high, L und H oder auch 0 und 1. Sollen auf einem Computer mehr als zwei Zustände dargestellt werden, so werden 8 Bit zu einem Byte zusammengefaßt. Mit einem Byte lassen sich dann 256 verschiedene Zustände darstellen. Vgl. Codierungsverfahren.

Bitgeschwindigkeit

Andere Bezeichnung für →Übertragungsgeschwindigkeit

Bitmuster

Folge von →Bit, die eine bestimmte 0/1-Kombination aufweisen

bitorganisierter Speicher

→Wortorganisierter Speicher

Bitrate

Andere Bezeichnung für →Übertragungsgeschwindigkeit

Blank

→Leerzeichen

Blättern

Anzeigen von Daten und Texten auf dem Bildschirm. Es wird dazu bei längeren Texten immer nur eine Bildschirmseite dargestellt. Durch Betätigen der Enter-Taste wird dann die nächste Seite angezeigt. Das Blättern kann auf PCs mit den →MS-DOS-Kommandos TYPE und MORE angefordert werden.

Block

Zusammenfassung von mehreren Datenbits oder Datenbytes bei der Eingabe oder Ausgabe von Daten. Innerhalb eines solchen Blocks werden dann Maßnahmen zur Fehlererkennung und Fehlerbeseitigung ergriffen. Vgl. Betriebssicherheit.

Blockdiagramm

→Flußdiagramm

Blocklänge

Anzahl der Zeichen, die in einem →Block übertragen werden

Blocksatz

Textformat, bei dem der Text linksbündig anfängt und rechtsbündig aufhört. Damit beide Randbedingungen erfüllt werden können, wird der Text gedehnt. Es werden dazu einzelne Leerzeichen durch mehrere aufeinander folgende Leerzeichen ersetzt. Den Blocksatz bezeichnet man auch als Randausgleich.

Flattersatz

Im Gegensatz zum Blocksatz steht der Flattersatz. Beim Flattersatz beginnt der Text linksbündig, die Zeilen sind aber unterschiedlich lang. Vgl. Textverarbeitung.

booten

Ausdruck für das Laden des Betriebssystems vom Massenspeicher in den Arbeitsspeicher. Vgl. Reset.

Borland

Computerunternehmen, das sich hauptsächlich mit der Entwicklung von Programmierpaketen beschäftigt. Von der Firma Borland stammen alle Compiler und Interpreter, die mit dem Namenszusatz Turbo beginnen. Dazu gehören Turbo-Pascal, Turbo-C und Turbo-Prolog.
Vgl. Computerunternehmen.

bpi

Einheit für die →Aufzeichnungsdichte

bps

Andere Bezeichnung für →Übertragungsgeschwindigkeit

Branchenlösung

→Anwendungsprogramme

BREAK

1. MS-DOS-Kommando
2. MS-DOS-Konfigurationsbefehl
3. OS/2-Konfigurationsbefehl

breakpoint

Adresse in einem Programm, an der die Ausführung des Programms unterbrochen wird.

Breakpoints werden zum Testen von Programmen verwendet. Vgl. Debug.

Breaktaste
→Controltaste

Briefkasten
→mailbox

BS
Abk. für →Backspace

BS/2
Bezeichnung für das Betriebssystem OS/2 auf Orginal-IBM-PCs. IBM liefert die Computer der PS/2-Serie mit dem Betriebssystem BS/2 aus. Dabei handelt es sich um das gleiche Betriebssystem, das von Mikrosoft für IBM-kompatible PCs angeboten wird. Vgl. Betriebssysteme.

Btx
Abk. für →Bildschirmtext.

Bubble-Sort
→Sortierverfahren

Buffer
1. →MS-DOS-Konfigurationsbefehl
2. →OS/2-Konfigurationsbefehl
3. Speicherbereich im Arbeitsspeicher, in dem Daten zwischengespeichert werden können.
4. Verstärkerbaustein, mit dem Signale verstärkt werden können.

Bug
Bezeichnung für einen Fehler in einem Programm. Die Bezeichnung bug stammt aus dem englischen Sprachraum und bedeutet dort Wanze. Bugs können in einem Programm mit Hilfe eines Debuggers entfernt werden. Auf PCs wird das Dienstprogramm Debug als Debugger benutzt. Vgl. Debugger.

Bus
Bündel von Signalleitungen, auf denen mehrere parallele Signale übertragen werden.

Adreßbus
In PCs werden Busse benutzt, um →Adressen vom Mikroprozessor zum Arbeitsspeicher und zu den Peripheriegeräten zu transportieren. Man spricht dabei vom Adreßbus. Die einzelnen Signalleitungen eines Adreßbusses bezeichnet man auch als Adreßleitungen.

Datenbus
Über den Datenbus werden Daten vom Mikroprozessor zum Arbeitsspeicher und zu den Peripheriegeräten transportiert. Aber der Mikroprozessor kann über den Datenbus auch Daten aus dem Arbeitsspeicher und aus Peripheriegeräten lesen. Die einzelnen Signalleitungen eines Datenbusses bezeichnet man auch als Datenleitungen.

Controlbus
Zum Umschalten der Übertragungsrichtung benutzt der Mikroprozessor den Controllbus, über den er auch den Zugriff auf den Speicher und die Peripherie steuert.

Entkopplung der Busse
Die Signalleitungen des Daten- und des Adreßbusses müssen auf der Hauptplatine des PC sehr viele integrierte Schaltungen verbinden. Um dabei nicht zu viele Signaleingänge von integrierten Schaltungen an einen Signalausgang schalten zu müssen, was den Ausgang überlasten würde, trennt man den Adreßbus und den Datenbus auf.

Zentralprozessorbus
Der Zentralprozessorbus verbindet zunächst nur Zentralprozessor, Arithmetikprozessor und Buspuffer. Er besteht aus dem Zentralprozessor-Datenbus, dem Zentralprozessor-Adreßbus und dem Zentralprozessor-Controlbus.

lokaler Bus
Der Zentralprozessorbus wird auch als lokaler Bus oder CPU-Bus bezeichnet.

Systembus
Die Verbindung des Zentralprozessors und des Arithmetik-Co-prozessors zu den übrigen Baugruppen des PC erfolgt über den Systembus. Der Systembus ist über den Buspuffer mit dem Zentralprozessorbus verbunden. Der Buspuffer verstärkt die Signale des Zentralprozessorbusses und erzeugt dabei die Signale des Systembusses. Der Systembus besteht auch wieder aus Systemdatenbus, Systemadreßbus und Systemcontrolbus.

Steckplatzbus
Der Systembus führt auch an den Steckplatzpuffer. Der Steckplatzpuffer ist eine integrierte Schaltung, die die Signale des Systembusses verstärkt, damit diese Signale auch die Vielzahl von integrierten Schaltungen auf den Erweiterungsplatinen ansteuern können. Der Steckplatzpuffer ist mit den Buchsenleisten der Steckplätze über den Steckplatzbus verbunden. Von den Steckplätzen führen die Signalleitungen des Steckplatzbusses weiter in die Erweiterungsplatinen. Der Steckplatzbus besteht aus Datenbus, Adreßbus und Controlbus, da auch die Controlleitungen im Steckplatzpuffer verstärkt werden. Vgl. PC.

Buscontroller
→Buspuffer

Buspuffer
Baugruppe auf der Hauptplatine des PC, die den Zentralprozessor-

bus und den Systembus entkoppelt.

Zentralprozessorbus

Der Zentralprozessorbus verbindet Zentralprozessor, Arithmetikprozessor und Buspuffer. Er besteht aus Datenbus, Adreßbus und Controlbus.

Systembus

Der Systembus stellt die Verbindung des Buspuffers mit den übrigen Baugruppen auf der Hauptplatine des PC her.
Er besteht ebenfalls aus einem Datenbus, einem Adreßbus und einem Controlbus.

Entkopplung der Busse

Der Buspuffer hat die Aufgabe, die zeitkritischen Signale des Zentralprozessorbusses zu verstärken, damit diese die Signaleingänge der restlichen Baugruppen ansteuern können.

Auffrischen des Arbeitsspeichers

Da der Buspuffer über seinen Systembus mit dem Arbeitsspeicher verbunden ist, wird bei PCs in dieser Baugruppe auch das Auffrischen der Speicherzellen des Arbeitsspeichers durchgeführt. Dies ist nötig, da der Arbeitsspeicher ein dynamischer Speicher ist, der seine Information nur jeweils einige Millisekunden speichern kann. Durch das Auffrischen wird die gesamte Information im Arbeitsspeicher in Abständen von Millisekunden ausgelesen und neu wieder eingeschrieben.

Buscontroller

Im Buspuffer werden auch die Steuersignale für den Systembus erzeugt. Dieser Schaltungsteil, in dem aus den Signalen des Zentralprozessor-Controlbusses die Steuersignale des Systemcontrolbusses generiert werden, nennt man auch Buscontroller. Während die Signale des Datenbusses und des Adreßbusses im Buspuffer nur verstärkt werden, werden die Controlbussignale aber auch zeitlich verändert. Vgl PC.

Byte

Bezeichnung für 8 parallel geschaltete Bit. Ein Byte ist die kleinste adressierbare Speichereinheit im Arbeitsspeicher von PCs. Die Arbeitsspeicher der PCs sind jedoch 9 Bits breit aufgebaut. Zu den 8 Datenbits ist ein 9. Prüfbit parallelgeschaltet, mit dessen Hilfe der PC das Byte auf Fehlerfreiheit prüfen kann. Dieses Prüfbit wird im PC verwaltet und ist nach außen nicht zugänglich.

Einheit

Da ein Byte die kleinste adressierbare Einheit im Arbeitsspeicher von PCs ist, dient es gleichzeitig auch als Einheit für die Speicherkapazität.

Anwendung

In einem Byte können 256 verschiedene Zeichen dargestellt werden. Dies wird auf PCs genutzt, um in einem Byte ein Zeichen des erweiterten ASCII-Zeichensatzes darzustellen. Um numerische Gleitkommazahlen darzustellen, müssen 4 Byte für eine einfachgenaue Zahl und 8 Byte für eine doppeltgenaue Zahl benutzt werden. Auch die Befehle, die die Mikroprozessoren abarbeiten, sind im Mikroprozessor byteweise gespeichert. Die Mikroprozessoren der PCs verwenden Maschinensprachebefehle, die bis zu 6 Byte lang sind.

Vgl. Hardwareeigenschaften.

byteorganisierter Speicher
→Wortorganisierter Speicher.

C

C

Höhere Programmiersprache. C unterstützt sehr gut die strukturierte Programmierung. Trotzdem ist es eine einfach strukturierte Programmiersprache. C besitzt weniger als 40 verschiedene Befehle, während z.B. die Programmiersprachen Basic und Pascal über mehr als 150 verschiedene Befehle verfügen. Weiterhin ist C sehr nah an die Maschinensprache der Mikroprozessoren angelehnt. Da es sich um eine höhere Programmiersprache handelt, können Programme in C jedoch maschinennunabhängig formuliert werden. Man bezeichnet C daher auch als portablen Assembler. C ist als Programmiersprache aber auch besonders beliebt, weil es im Programmierstil mehr Freiheiten erlaubt als andere höhere Programmiersprachen wie z.B. Pascal oder Basic.

C ist jedoch nicht so leicht zu erlernen wie andere Programmiersprachen, da viel mit Sonderzeichen gearbeitet wird, deren Bedeutung sich der Programmierer einprägen muß. Dadurch sind Programme in C für ungeübte schwerer zu überblicken als Programme in anderen Programmiersprachen. Es ist daher eine Programmiersprache für professionelle Programmierer. Besonders Betriebssysteme werden gern in C erstellt.

Turbo-C

Auf PCs ist Turbo-C besonders beliebt und verbreitet. Bei Turbo-C handelt es sich einerseits um eine spezielle Version der Programmiersprache C. Für diese spezielle Version der Sprache C wird ein Programmierpaket mit dem Namen Turbo-C angeboten. Dieses Programmierpaket besteht aus einem Editor, einem Compiler, einem Linker und einer Unterprogrammbibliothek. Mit Hilfe des Turbo-C-Programmierpaketes können Turbo-C-Programme in den PC eingegeben, übersetzt und mit den Unterprogrammen der Unterprogrammbibliothek zusammengebunden werden. Das Turbo-C-Programmierpaket ist ein Produkt der Firma Borland.

MS-Quick-C

Neben dem Turbo-C-Programmierpaket der Firma Borland bietet die Firma Microsoft ein vergleichbares Programmierpaket an, das ebenfalls aus einem Editor, einem Compiler, einem Linker und einer Unterprogrammbibliothek besteht. Dies Programmierpaket wird unter dem Namen Quick-C, MS-Quick-C und Microsoft-Quick-C angeboten.

MS-C
Außer dem MS-Quick-C-Programmierpaket bietet die Firma Microsoft einen MS-C-Compiler an. Dabei handelt es sich um ein Produkt, das für professionelle Anwendungen entwickelt wurde. Vgl. Programmiersprachen.

Cache-Speicher
→ PC-AT-486

CAD
Abk. für computer aided design. CAD umfaßt das vom Computer unterstützte Zeichnen, Konstruieren, Entwickeln und Testen. Es wird vorwiegend in den Fachrichtungen Bauwesen, Elektronik und Maschinenbau eingesetzt. Beim CAD wird nicht mehr gezeichnet, indem Striche mit einem Lineal auf einem Blatt Papier gezogen werden. Es werden stattdessen die Koordinaten der Anfangs- und Endpunkte eines Striches in den Computer eingegeben. Anschließend zeichnet der Computer den Strich auf den Bildschirm. Ist auf diese Weise eine Zeichnung eingegeben worden, so kann sie abgespeichert werden. Mit Hilfe der gespeicherten Daten kann die Zeichnung anschließend noch einmal auf einem →Plotter dargestellt werden.

CAD, Vorteile
Die Daten können aber auch benutzt werden, um damit z.B. direkt eine Werkzeugmaschine zu steuern, die das gezeichnete Teil fertigt.
Ein weiterer Vorteil von CAD besteht in der Möglichkeit, Zeichnungen leicht ändern zu können. Auch können oft benutzte Teilzeichnungen in →Bibliotheken gespeichert werden. Diese Teilzeichnungen brauchen dann nicht immer wieder neu erstellt zu werden, sondern können aus der Bibliothek in die Gesamtzeichnung übernommen werden.

CAD-Programme
Für das CAD benötigt man ein CAD-Programm. Dieses CAD-Programm überwacht die Eingabe der Zeichnung und sorgt auch dafür, daß die eingegebene Zeichnung anschließend auf den Plotter geplottet werden kann. Die CAD-Programme sind aber nicht nur in der Lage, Zeichnungen aus geraden Linien aufzubauen, sondern können auch geometrische Gebilde, wie z.B Ellipsen oder Kreise erzeugen. Die erstellten Zeichnungen können durch Texte beschriftet und bemaßt werden.

Außerdem können die Zeichnungen ganz oder in Teilen manipuliert werden. Dazu gehört das Verschieben, Drehen, Spiegeln und Vergrößern.

spezielle CAD-Programme
Zwei sehr häufig eingesetzte CAD-Programme sind Auto-CAD und PC-Draft. Auto-CAD stammt von der Firma Autodesk, während PC-Draft von der Firma RHV-Software entwickelt wurde. Beide Programme sind hauptsächlich für die Fachrichtung Maschinenbau entwickelt worden. Sie werden aber auch in der Elektrotechnik und in der Architektur eingesetzt. In der Architektur kommen aber auch eine Vielzahl verschiedener CAD-Programme wie z.B. Allplot, Allplan oder Personal-Architekt zum Einsatz. Vgl. Anwendungsprogramme.

CAE
Abk. für computer aided engineering.
CAE umfaßt das vom Computer unterstützte Entwickeln und Fertigen. Es besteht aus →CAD und →CAM.

CALL
→Basic-Befehle

CALLS
→Basic-Befehle

CALL-Gates
Unterprogrammtechnik, die bei der →Multitaskprogrammierung verwendet wird.

CAM
Abk. für computer aided manufakturing.
CAM bedeutet Computer unterstützte Fertigung. Dazu gehört die Steuerung von Prozeßrechnern und CNC-Werkzeugmaschinen. CAM bezeichnet aber auch die Überwachung der Materialbeschaffung, der Lagerhaltung und der Arbeitszeitabläufe mit Hilfe von Computern. Vgl. Anwendungsprogramme.

CAP
Abk. für computer aided planning. Computergestützte Arbeitsplanung und Arbeitsvorbereitung. Vgl. Anwendungsprogramme.

Capitellocklampe
→Shifttaste

Capitellocktaste
→Shifttaste

carridge return
Englische Bezeichnung für →Wagenrücklauf.

Carry
→Carrybit

Carrybit

Bit, das in Rechenwerken bei Rechenoperationen gesetzt wird, die den Zahlenbereich des Rechenwerkes überschreiten. Das Carrybit wird auch als Carry, Übertragsbit oder Übertrag bezeichnet. Wird das Carrybit bei einer Rechenoperation gesetzt, so kann im folgenden Programm entschieden werden, ob das Ergebnis der Rechenoperation als fehlerhaft gelten soll oder ob das carrybit in die folgende Rechenoperation als Übertrag mit einwirken soll. Dies kann bei mehrstufigen Rechenoperationen von Bedeutung sein.

Bei den Rechenwerken der Mikroprozessoren, die in den PCs als Zentralprozessoren verwendet werden, ist das Carrybit Bestandteil des Programmstatuswortes. Vgl. Programmstatuswort.

Cartridge

Kassette, die eine Platine mit einem ROM enthält. Diese Kassette kann über eine Steckvorrichtung in einen Computer gesteckt werden. Dann kann das Programm im ROM der Cartridge vom Computer benutzt werden.

Auch auf PCs ist die Möglichkeit vorgesehen, Cartridges zu montieren. Die Cartridges haben sich jedoch nicht durchsetzen können, so daß die Programme für PCs nur auf Disketten angeboten werden. Der Speicherbereich, der für die Cartridges vorgesehen war, wird daher für Speichererweiterungen nach dem EMS benutzt. Vgl. EMS.

CD

→Laserdisk

CD-ROM

→Laserdisk

CDBL

→Basic-Befehle

Centronics-Schnittstelle

→Parallele Schnittstelle.

CEPT

1. Behörde, die die Bildschirmtext-Normen entwickelt hat.
2. Bildschirmtext-Normen für Europa.

Vgl. Bildschirmtext.

CGA-Karte

Abk. für Colour-Graphics-Adapter-Karte. Die CGA-Karte ist eine Grafikkarte für PCs, durch die Texte und Grafiken auf einem Farbbildschirm farbig dargestellt werden können.

Aufbau

Die CGA-Karte kann in dem Steckplatz eines PC montiert werden. Sie liefert dann die Ansteuersignale für einen Farbbildschirm. Die CGA-Karte besteht im wesentlichen aus einem →Bildschirmspeicher und einem →Videocontroller. In dem Bildschirmspeicher werden die darzustellenden Texte und Grafiken vom Zentralprozessor des PC abgespeichert. Der Videocontroller erzeugt aus der Information im Bildschirmspeicher die Ansteuersignale für den Bildschirm.

Textmode

Die CGA-Karte kann Texte und Grafiken in verschiedenen Auflösungen darstellen. Im Textmode ist die Darstellung von 80*25 Zeichen und 40*25 Zeichen möglich. Zusätzlich kann jedes Zeichen mit Attributen versehen werden. Als Attribute können verschiedene Vordergrundfarben, verschiedene Hintergrundfarben, Blinken und Unterstreichen gewählt werden. Die einzelnen Zeichen werden bei der CGA-Karte im Textmode mit einer Auflösung von 8*8 Pixel pro Zeichen dargestellt.

Für eine Bildschirmseite mit 80*25 Zeichen sind dann 2000 Byte Textspeicher und 2000 Byte Attributspeicher nötig. Da die CGA-Karte über 16 KByte Bildschirmspeicher verfügt, können jeweils 4 Bildschirmseiten gleichzeitig gespeichert werden. Es kann also zwischen 4 Seiten hin und her geblättert werden, ohne diese Seiten erst aufbauen zu müssen. Auch ist es möglich, eine

Seite, die gerade aufgebaut wird, erst anzuzeigen, wenn sie komplett ist.

Grafikmodes

Im Grafikmode kann man die CGA-Karte für drei verschiedene Auflösungen programmieren. Bei 160*100 Pixel pro Bildschirmseite sind 16 Farben möglich. Bei 320*200 Pixel kann eine Seite noch in 4 Farben und bei 640*200 Pixel in 2 Farben dargestellt werden. Diese Auflösungen sind so gewählt, daß der zur Verfügung stehende Bildschirmspeicher von 16 KByte gerade ausreicht.

Formeller Zugriff

Die CGA-Karte gehört zur Familie der Videokarten. Die Bildspeicherformate und die Formate der Steuerregister sind auf allen Videokarten sehr ähnlich, da alle Karten den gleichen Videoprozessor verwenden. Daher ist der formelle Zugriff auf die CGA-Karte unter Videokarten allgemein dargestellt. Auf Besonderheiten der CGA-Karte wird dort hingewiesen. Vgl. Videokarten.

CHAIN
→Basic-Befehle

channel
→Kanal

character
Englische Bezeichnung für →Zeichen.

CHDIR
→MS-DOS-Kommandos

Chip
→Integrierte Schaltung

Chips and Technologies
Computerunternehmen, das integrierte Schaltungen für PCs entwickelt und fertigt.
Vgl. Computerunternehmen.

CIM
Abk. für computer integrated manufacturing. CIM ist der Oberbegriff für CAD und CAM.
Vgl. CAD.

CINT
→Basic-Befehle

CIRCLE
→Basic-Befehle

CISC
Abk. für complex instruction set computer. Computer mit komplexem Instruktionssatz. Alle PCs sind CISC, da die Mikroprozessoren 8088, 8086, 80286 und 80386, die in den PCs als Zentralprozessor eingesetzt werden, ausnahmslos über eine CISC-Architektur verfügen. Die Bezeichnung CISC kam auf, um die Computer mit einer CISC-Architektur von den Computern mit einer →RISC-Architektur abzugrenzen. Vgl. Computerarchitektur.

CLEAR
→Basic-Befehle

Clone
Nachbau eines Orginalgerätes. Bei der Hardware von IBM-kompatiblen PCs spricht man von Clones. Die Clones sind dabei mit integrierten Schaltungen ausgestattet, die einen höheren Integrationsgrad aufweisen als die Orginalgeräte von IBM. Vgl. PC.

CLOSE
→Basic-Befehle

CLS
1. →Basic-Befehle
2. →MS-DOS-Kommandos

CNA
Abk. für communication network architecture. Architektur für →Rechnernetze.

CNC
Abk. für computerized numeric control. Numerische Steuerung von Werkzeugmaschinen. Die Werkzeugmaschinen besitzen dazu eine Programmiervorrichtung, über die die Koordinaten des zu fertigenden Werkstücks eingegeben werden können. Danach erzeugt die Werkzeugmaschine das Werkstück automatisch. Einige Werkzeugmaschinen können auch direkt an PCs und Workstations

angeschlossen werden, so daß die Daten, die beim CAD erzeugt werden, direkt von der Werkzeugmaschine verarbeitet werden können. Vgl. CAD.

Cobol

Abk. für common business oriented language. Programmiersprache für kaufmännische Aufgabenstellungen. Cobol wird überwiegend auf größeren Computern benutzt. Für PCs gibt es auch Cobol-Compiler, diese werden aber hauptsächlich eingesetzt, um Programme, die für größere Computer in Cobol entwickelt wurden, auch für PCs zu übersetzen. Für Neuentwicklungen von Programmen auf PCs wird Cobol weniger eingesetzt.

MS-Cobol

Ein Cobol-Compiler für PCs ist von der Firma Microsoft entwickelt worden. Dieser Compiler wird unter den Namen MS-Cobol oder Microsoft-Cobol angeboten. Vgl. Programmiersprachen.

Code

→Codierungsverfahren

Codierungsverfahren

Verfahren zur Darstellung einer Information in einer bestimmten Darstellungsform. In Computern werden Informationen in Form von Nullen und Einsen darge-

stellt. Diese Darstellungsform bezeichnet man auch als zweiwertig oder →binär. Eine einzelne Ziffernstelle, die die Werte null oder eins annehmen kann, ist das →Bit. Acht parallel geschaltete Bits bezeichnet man als →Byte.

Codierungsverfahren, Anwendung

Ein Byte kann z.B. benutzt werden, um die Nummer einer Taste zu speichern, die auf einer PC-Tastatur gedrückt wurde. Man spricht dann auch von einem Zeichen, das in dem Byte gespeichert ist.

Code

Um z.B. allen Tasten einer Tastatur eine Tastennummer zuzuordnen, wird eine Zuordnungsvorschrift benötigt. Diese Zuordnungsvorschrift bezeichnet man auch als Code.

Zeichen

In diesem Beispiel wurde einer Taste eine Tastennummer zugeordnet. Ein Code ordnet aber allgemeiner formuliert einem →Zeichen eine Zeichennummer zu. Zeichen sind z.B. →Buchstaben, →Ziffern, →Steuerzeichen oder →Sonderzeichen. In dem konkreten Beispiel der Tastatur stellt auch jede Taste ein Zeichen dar. Die Zeichennummer, die einem einzelnen Zeichen zugeordnet wird, ist der Zeichencode. Es gibt verschiedene Codes, die die Zuordnung von Zeichencodes zu den Zeichen beschreiben. Dazu gehören der →ASCII, der →B-CD-Code und der →Hexadezimal-Code. Alle Codes werden für verschiedene Anwendungen eingesetzt.

Zeichensatz

Ein Code beschreibt immer eine Zuordnungsvorschrift für eine bestimmte Menge Zeichen. Diese Zeichenmenge bezeichnet man auch als Zeichensatz. Der erweiterte ASCII-Zeichensatz ordnet z.b. einer Menge von 256 verschiedenen Zeichen 256 verschiedene Binärzahlen zu. Alle ASCII-Zeichen zusammen bezeichnet man dann als ASCII-Zeichensatz. Ein anderer Zeichensatz ist der →Alpha-Mosaikzeichensatz, der Mosaikzeichen für die Darstellung von Bildern besitzt.

Zeichenvielfalt

In einem Zeichensatz, der zur Darstellung der Zeichen n Bits benutzt, lassen sich maximal 2^{**n} verschiedene Zeichen darstellen. Mit einem Zeichensatz können also entweder viele Zeichen dargestellt werden. Dann werden aber auch mehr Bits benötigt als in einem Code, der mit wenigen Bits auskommt, dafür aber auch nur wenige Zeichen darstellen kann.

Zeichenfolgen

Um eine größere Zeichenvielfalt zu erzielen, können aber auch Zeichenfolgen eingesetzt werden. Die →ANSI-Steuerzeichen bestehen z. B. aus solchen Zeichenfolgen.

Redundanz

Die Zeichenvielfalt muß aber nicht unbedingt ausgeschöpft werden. Beim BCD-Code werden z.B. mit 4 Bits nur 10 Zeichen dargestellt. Maximal könnten aber 16 Zeichen dargestellt werden. Im BCD-Code wird also nicht die gesamte Information zur Darstellung von Zeichen ausgenutzt. Die nicht genutzte Information in einem Code bezeichnet man auch als →Redundanz.

Fehlersicherheit

Die Redundanz kann auch zur Überprüfung eines Codes auf fehlerhafte Zeichen benutzt werden. Beim BCD-Code ist ein systematisches Erkennen eines fehlerhaften Zeichens am Zeichen selbst noch nicht möglich. Es gibt jedoch Codes, bei denen fehlerhafte Zeichen erkannt und sogar korrigiert werden können. Ein Maß für die Fehlersicherheit eines Codes ist die →Hammingdistanz.
Vgl. PC.

COLOR
→Basic-Befehle

COM
→Basic-Befehle

COM-Datei
→Datei

COMMAND
→MS-DOS-Kommandos

COMMAND.COM
→Kommandointerpreter der Betriebssysteme MS-DOS und OS/2.

Commodore
Computerunternehmen, das sich mit der Entwicklung und Produktion von Büromaschinen, Computern und Computerzubehör beschäftigt. Für PCs hat Commodore die AGA-Karte entwickelt. Als PC-XT produziert Commodore die beiden Modelle PC-10 und PC-20. Der Commodore PC-40 ist ein PC-AT. Commodore produziert daneben aber auch Computer anderer Computerfamilien. Die Homecomputer C-64 und C-128 und der Personalcomputer Amiga sind eine Entwicklung von Commodore.
Vgl. Computerunternehmen.

COMMON
→Basic-Befehle

Compact-Disk
→Laserdisk

Compare
→Debug-Befehle

compatibility-box
→Real-Mode

Compiler
Übersetzungsprogramm, das Programme aus einer höheren Programmiersprache in Maschinensprache übersetzen kann. Als Zwischenschritt übersetzen einige Compiler die Programme aus der höheren Programmiersprache zunächst in Assemblersprache und anschließend weiter in Maschinensprache. Dadurch ist es möglich zu überprüfen, wie effektiv der Compiler die höhere Programmiersprache in Assemblersprache übersetzt hat. Im Gegensatz zum Interpreter, der nur einzelne Befehle vor ihrer Ausführung übersetzt, übersetzt ein Compiler das gesamte Programm in einem Stück und erzeugt einen Objektcode in einer Datei mit der Namenserweiterung .OBJ. Die Objektcodes in einer oder mehreren Dateien können mit Hilfe eines Linkers zu einem ausführbaren Programm zusammengebunden werden. Dieses Programm speichert der Linker dann in einer Datei mit der Namenserweiterung COM oder EXE.
Vgl. Programmiersprachen.

Compilersprache
→Compiler

Computer
Universelle Datenverarbeitungsanlage.

Aufbau
Ein Computer besteht mindestens aus einem Steuerwerk, einem Rechenwerk, einem Arbeitsspeicher, einer Speicherverwaltungseinheit und einer Ein-/Ausgabevorrichtung.

Programmierbarkeit
Durch das Steuerwerk unterscheidet sich der Computer von einfachen Rechenmaschinen, da die Computer durch das Steuerwerk in der Lage sind, vorher festgelegte Arbeitsvorschriften automatisch abzuarbeiten. Die Arbeitsvorschriften werden dem Computer in Form von Programmen übermittelt.

universeller Einsatz
Von Automaten unterscheiden sich Computer durch ihre universelle Einsetzbarkeit.
Da ihre Arbeitsvorschriften durch ein Programm festgelegt werden, können sie für ständig neue Aufgaben programmiert werden.

Computer, PCs
Auch die PCs gehören zur Familie der Computer. Die Baugruppen Steuerwerk, Rechenwerk und Speicherverwaltungseinheit sind bei den PCs in einer einzigen integrierten Schaltung untergebracht. Der Arbeitsspeicher, in dem Programme und Daten gespeichert werden können, ist aus mehreren integrierten Speicherschaltungen aufgebaut. Mit seiner Umwelt korrespondiert der PC über ein Ein- und Ausgabetor. Darüber hinaus verfügen alle PCs über einen Massenspeicher in Form eines Diskettenlaufwerkes oder einer Festplatte, auf dem Programme und größere Datenmengen nichtflüchtig abgespeichert werden können. Das heißt, die Daten bleiben erhalten, wenn der PC ausgeschaltet wird.
Vgl. PC.

computer aided design
→CAD

Computerarchitektur
Architektur, durch die der Aufbau und die Arbeitsweise eines Computers festgelegt ist. In PCs wird diese Architektur durch den Zentralprozessor bestimmt, da die Zentralprozessoren bereits die Funktionseinheiten beinhalten, die die Architektur eines Computers beeinflussen.

Befehlssatz
Im Zentralprozessor wird auch der Befehlssatz festgelegt, mit dem der Computer arbeiten kann. Man unterscheidet hier CISC-

und →RISC-Befehlssatz. CISC bedeutet complex instruction set, RISC bedeutet reduced instruction set. Die Zentralprozessoren der PCs benutzen einen komplexen Instruktionssatz mit vielen verschiedenen Befehlen und vielen verschiedenen →Adressierungsarten. Diese Befehle bearbeiten mehrere Arbeitsschritte in einem Befehl. Der Befehl benötigt zu seiner Ausführung aber auch er- heblich mehr Zeit als der einfach strukturierte Befehl eines RISC. Die Zentralprozessoren der PCs sind nach der CISC-Architektur aufgebaut. Damit sind auch die PCs CISCs. Mikroprozessoren, die nach der RISC-Architektur aufgebaut sind, werden durch die Transputer repräsentiert.

Busse
Für die Architektur von Computern ist auch von Bedeutung, in welcher Form der Zentralprozessor auf die Speicher und Peripheriegeräte zugreift. Der Zugriff erfolgt über ein System von parallelen Signalleitungen, das auch Bus genannt wird. Es existieren dazu ein Adreßbus und ein Datenbus, über die →Adressen und →Daten transportiert werden. Ein Computer kann sämtliche Speicher und Peripheriegeräte über einen einheitlichen Bus ansprechen. In solch einem Fall

spricht man von einer →von-Neumann-Architektur. Greift der Zentralprozessor dagegen über zwei unterschiedliche Adreßbusse und auch zwei Datenbusse auf einen Programmspeicher und einen getrennten Datenspeicher zu, so spricht man von einer Aiken-Architektur.

Verarbeitung
In der Computerarchitektur wird auch der Aufbau des Rechenwerkes festgelegt. Dabei entscheidet sich, ob ein Computer in der Lage sein soll, mehrere Befehle parallel abzuarbeiten. Dann spricht man von einer →Parallelverarbeitung. Die Mikroprozessoren der PCs verwenden keine Parallelverarbeitung. Die Befehle werden nacheinander abgearbeitet. Die Parallelverarbeitung wird z.B. in →Transputern eingesetzt. Mit Transputern können PCs in Form einer Transputer-Erweiterungsplatine nachgerüstet werden.
Vgl. PC.

Computerfamilien
Gruppe von Computern, die von ihrer Ausstattung und von ihrer Leistungsfähigkeit her zusammengehören. Die am Markt befindlichen Computer lassen sich von ihrer Größe und ihrer Ausstattung in 6 Familien aufteilen. Dazu gehören Homecomputer, nicht-IBM-kompatible Personalcomputer, IBM-PC und kompatible

Computerfamilien					
Computer-familie	Name des Computers	Erst-Hersteller	Betriebs-system	CPU	Anwendungen
Home-computer	APPLE II Atari 800 C64 C128 CPC64	Apple Atari Commodore Commodore Schneider	 CP/M CP/M	6502 Jane 6502 8502/Z80 Z80	Computer-spiele Basic Programmierung
Personal Computer nicht IBM-PC kompatibel	Atari ST Amiga Macintosh SE	Atari Commodore Apple	TOS Workbench Apple	68000 68000 68000	Computerspiele Basic- und Turbo-pascal Programmierung
Personal-Computer IBM-PC kompatibel	PC PC-XT PC-AT PC-AT 386 PS 2/30 PS 2/50 PS 2/60 PS 2/70 PS 2/80	IBM IBM IBM Compaq IBM IBM IBM IBM IBM	MS-DOS MS-DOS MS-DOS MS-DOS MS-DOS OS/2 OS/2 OS/2 OS/2	8088 8088 80286 80386 8088 80286 80286 80386 V 80386	Industrielle Anwendungen Buchführung Material-wirtschaft Angebots-erstellung CAD Desktop-Publishing
Work-stations	Macintosh 2 Vax 2000 DN 3000 SUN 3/50 SUN 4/260	Apple Digital Equipment Apollo Domain Sun Mikro-systems	UNIX UNIX Unix Unix UNIX	68020 Spezial-CPU 68020 68020 RISC CPU	CAD Netzwerk-anwendungen Desktop-publishing Software-entwicklung
EDV-Anlagen der mittleren Datentechnik					Buchhaltung eines mittle-ren Industrie-betriebes
Großrechenanlagen					Buchhaltung einer Bank

Workstations, EDV-Anlagen mittlerer Datentechnik und Großrechenanlagen.

Großrechenanlagen

Großrechenanlagen stehen in Rechenzentren und werden dort z.B. eingesetzt, um die Buchhaltung einer Bank oder Versicherung zu bewältigen. Auch in der For-schung kommen solche Rechenanlagen zum Einsatz. Für den persönlichen Gebrauch sind sie nicht geeignet und sollen hier nicht weiter behandelt werden.

Mittlere Datentechnik

Auch die EDV-Anlagen der mittleren Datentechnik gehören nicht in den Einsatzbereich der PCs und sollen hier nur zur Vollständigkeit erwähnt werden. Sie dienen z.B. dazu, die Buchhaltung und die Lagerhaltung eines mittleren Industriebetriebes abzuwickeln.

Workstations

Die Workstations waren ursprünglich ebenfalls für industrielle Anwendungen wie z.B. CAD gedacht. Der Übergang von den Workstations zu den Personalcomputern ist jedoch fließend geworden, da die Personalcomputer der höheren Leistungsklassen immer weiter in den Bereich der Workstations hineinwachsen.

Andererseits bieten die traditionellen Hersteller von Workstations preisgünstige Geräte an, um einen Marktanteil vom PC-Markt zu erhalten.

Als Workstations sollen in diesem Lexikon Computer bezeichnet werden, die mit einem reinen 32-Bit-Mikroprozessor arbeiten und diesen auch standardmäßig mit einem 32-Bit-Multiuser-Betriebssystem wie z.B. Unix nutzen. Weiterhin gehören zu einer Workstation ein Netzwerk und ein hochauflösender Bildschirm.

Diese Bedingungen erfüllen auch schon Geräte wie der PC-AT-386 und das PS/2 Modell 80. Um die Abwärtskompatibilität zu den anderen Mitgliedern der PC-Familie nicht zu gefährden, läßt man diese

Geräte jedoch standardmäßig mit den 16-Bit-Betriebssystemen MS-DOS und OS/2 laufen. Daher werden auch diese beiden Geräte als PC bezeichnet.

Workstations, spezielle

Workstationhersteller sind die Firmen Appollo-Domain, SUN-Microsystems und Digital-Equipment. Geräte der unteren Leistungsklasse, die diese Unternehmen anbieten, sind z.B. die DN-3000 von Appollo Domain, die SUN 3/50 von SUN-Microsystems und die Vax-2000 von Digital Equipment. Dazu gesellt sich noch der Macintosh 2 der Firma Apple. Die Firma Apple ist jedoch kein traditioneller Workstationhersteller. Um ein typisches Topmodell handelt es sich bei der SUN 4/260 der Firma Sun Microsystems. Dazwischen gibt es jedoch noch eine Vielzahl von Workstations verschiedenster Hersteller wie z.B. Nixdorf, Siemens, Hewlett Packard, NCR und Kontron.

Personalcomputer

Unterhalb der Workstations sind die Personalcomputer angesiedelt. Als Personalcomputer sollen in diesem Lexikon alle Computer bezeichnet werden, die über einen 16-Bit-Mikroprozessor verfügen und diesen Mikroprozessor auch durch ein 16-Bit-Betriebssystem nutzen.

Dabei ist zu beachten, daß der 8088-Mikroprozessor, der im IBM-PC eingesetzt wird, zwar intern über 16 Bit breite Register verfügt und auch Instruktionen besitzt, die 16 Bit breite Rechenoperationen in diesen Registern durchführen können. Den Zugriff auf den Arbeitsspeicher und die Peripherie steuert der 8088 jedoch über einen 8 Bit breiten Datenbus, über den er zweimal zugreift, um ein 16 Bit breites Datenwort zu transportieren.

Der 68000-Mikroprozessor, der in den nicht-IBM-kompatiblen PCs eingesetzt wird, verfügt über einen 16 Bit breiten Datenbus und kann auch Rechenoperationen mit 16 Bit breiten Operanden durchführen. Die Register des 68000 sind jedoch 32 Bit breit organisiert und auch vom Instruktionssatz her kann er 32 Bit breite Datenworte verarbeiten. Der 68000-Mikroprozessor steht also von seiner technischen Ausstattung her eine ganze Stufe höher als der 8088. Trotzdem ist es üblich, beide Mikroprozessoren als 16-Bit-Mikroprozessoren zu bezeichnen. Der 8088 ist dabei nur das unterste Glied einer 16-Bit-Mikroprozessorfamilie, die bis zum 80286 reicht. Der 68000 stellt dagegen das einzige Mitglied einer anderen 16-Bit-Mikroprozessorfamilie dar.

Personalcomputer, Begriffe

Die Personal-Computer teilt man wiederum in die Gruppe der IBM-PC und Kompatiblen einerseits und in die nicht-IBM-PC-kompatiblen andererseits ein. Um eine einheitliche Linie zu verfolgen, wird in diesem Lexikon der Ausdruck PC nur für den IBM-PC und alle dazu kompatiblen Geräte benutzt. Der Ausdruck Personalcomputer dient als Oberbegriff für alle 16-Bit-Computer. Personalcomputer, die nicht zum IBM-PC-kompatibel sind, werden als nicht-IBM-PC kompatible Personalcomputer bezeichnet. Für diese Gruppe wird grundsätzlich nicht die Abkürzung PC verwendet. Der Ausdruck nicht-IBM-PC-kompatible Personalcomputer ist zwar etwas umständlich, er wird jedoch in diesem Lexikon nicht so oft gebraucht, da diese Gruppe nur zur Abgrenzung gegenüber den PC erwähnt werden soll. Die IBM-PC und alle dazu kompatiblen Geräte sind dagegen das Hauptthema dieses Lexikons.

PC

Der Schwerpunkt für IBM-PC und kompatible Geräte liegt bei industriellen und professionellen Anwendungen. Im Laufe der Jahre sind hier von verschiedensten Herstellern Anwendungsprogramme für verschiedenste Computeranwendungen im kaufmännischen und technischen Bereich entstanden. Dadurch konnten IBM-PC und Kompatible über die Verbreitung der Software den größten Teil vom Personalcomputer-Markt erringen. Gleichzeitig hat eine Vielzahl von Geräteherstellern IBM-PC-kompatible Computer entwickelt und in großen Stückzahlen gefertigt. Dadurch konnten die Gerätekosten für solche Computer drastisch gesenkt werden, wodurch diese Geräte wiederum in weitere Käuferschichten vordringen konnten.

nicht-PC-kompatible Geräte

Für IBM-PC und Kompatible wird neben der Software für professionelle Anwendungen auch eine Reihe von Computerspielen angeboten. Der Schwerpunkt für Computerspiele liegt jedoch bei den nicht-IBM-PC-kompatiblen Personal-Computern. Das hat seinen Grund darin, daß die Hersteller dieser Computer den Markt der Computerspiele intensiver verfolgt haben und auch immer neue Computerspiele angeboten haben. Andererseits waren aber auch die Käufer und die Hersteller von Computerspielen traditionell mehr auf die nicht-IBM-kompatiblen Computer fixiert.

Letztlich hat es auch einen technischen Grund, daß sich die Computerspiele auf den nicht-kompatiblen Geräten besser entwickeln

konnten als auf dem PC. Der 68000-Mikroprozessor, der in den nicht-kompatiblen Computern verwendet wird, ist nämlich durch seinen Instruktionssatz besonders gut geeignet, um bewegte Objekte auf einem Bildschirm darzustellen. Das gilt besonders, wenn diese Objekte ständig gedreht oder gespiegelt werden sollen, da sich dann der komfortable arithmetische Instruktionssatz des 68000-Mikroprozessors besonders vorteilhaft auswirkt.

Kompatibilität

Ob ein Computer IBM-PC-kompatibel ist oder nicht, läßt sich am einfachsten daran erkennen, ob er als Zentralprozessor einen Mikroprozessor der Firma Intel benutzt. Die PCs verwenden einen der vier Intel-Mikroprozessoren 8088, 8086, 80286 oder 80386. Die nichtkompatiblen Computer benutzen dagegen meistens den Mikroprozessor 68000 der Firma Motorola. Da beide Mikroprozessoren vollständig unterschiedliche Instruktionssätze haben, ist es nicht möglich, ein Programm, das auf einem IBM-PC für den Instruktionssatz des 8088-Mikroprozessors entwickelt wurde, auf einem Personalcomputer mit einem 68000-Mikroprozessor laufen zu lassen. Die übrigen Mikroprozessoren der Intel-Familie 8086, 80286 und 80386 sind jedoch zum 8088 aufwärtskompatibel. Das heißt, sie können alle Instruktionen des 8088 bearbeiten und noch einige zusätzlich. Von diesen zusätzlichen Instruktionen wird jedoch unter dem Betriebssystem MS-DOS kein Gebrauch gemacht. Dadurch ist es möglich, daß Programme, die auf einem PC-AT entwickelt wurden, mit Hilfe einer Diskette auf einen PC-XT zu transportieren und auch dort zu benutzen.

Weitere Kriterien für die Kompatibilität

Außer einem der genannten Intel-Mikroprozessoren muß ein PC über eine IBM-PC-kompatible Ansteuerung für die Peripheriegeräte verfügen. Dies ist aber bei den kompatiblen PCs fast immer der Fall, da sich die Hersteller solcher Geräte an den von IBM vorgegebenen Schnittstellen orientiert haben. Auch in den Herstellerangaben wird bei PCs bereits auf die IBM-Kompatibilität hingewiesen.

Homecomputer

Unterhalb der Personalcomputer sind die Homecomputer angesiedelt. Da diese Computer reine 8-Bit-Mikroprozessoren benutzen, werden sie oft auch als 8-Bit-Computer oder 8-Bit-Personalcomputer bezeichnet. Der Übergang vom Homecomputer zum Personalcomputer ist aber auch wieder fließend. Vielfach werden

auch die nicht-IBM-PC-kompatiblen Personal-Computer als Homecomputer bezeichnet, da bei ihnen der Schwerpunkt auf Spielen und damit auf dem häuslichen Gebrauch liegt. Homecomputer sind daher auch nicht so professionell aufgebaut wie Personalcomputer. Um in diesem Lexikon eine einheitliche Linie zu verfolgen, werden hier alle Computer, die als Zentralprozessor einen 8-Bit-Mikroprozessor besitzen und diesen auch unter einem 8-Bit-Betriebssystem nutzen, als Homecomputer bezeichnet.

Diese Homecomputer sollen aber nur der Vollständigkeit halber erwähnt werden, da der Trend eindeutig zu Personalcomputern geht. Zu einer Neuanschaffung solcher Geräte kann nicht mehr geraten werden. Wer jedoch noch einen C64 oder einen C128 besitzt, wird diesen auch weiterhin nutzen können.

Vgl. PC.

Computerspiel

Programm, das der Freizeitbeschäftigung dient. Es werden Computerspiele angeboten, mit denen z.B. auf dem Bildschirm eines Computers Fußball oder Handball gespielt werden kann. Dazu werden auf dem Bildschirm das Spielfeld, die Spieler und der Ball dargestellt. Die Bewegungen der Spieler werden von einem oder mehreren Bedienern des Computers über geeignete Peripheriegeräte gesteuert.

Computerspiele, PCs

Für Computerspiele werden hauptsächlich nicht-IBM-kompatible Personalcomputer eingesetzt. Für diese Computer wird eine Vielzahl von Computerspielen angeboten. Es gibt aber auch Computerspiele für PCs. Dazu gehören z.b. der Flugsimulator und der U-Boot-Kampf. Beide Spiele können über die Tastatur bedient werden. Für andere Computerspiele muß der PC mit einem Joystick nachgerüstet werden. Ein Joystick ist eine Art Steuerknüppel, über den die Objekte auf dem Bildschirm bewegt werden können.
Vgl. Systemerweiterung.

Computerunternehmen

Unternehmen, die sich mit der Entwicklung, der Produktion oder dem Vertrieb von Computern und Zubehör beschäftigen. Einige Unternehmen haben sich durch besonders gut durchdachte und erfolgreiche Produkte einen Namen gemacht.

IBM

Allen Unternehmen voran steht IBM. IBM ist das größte Computerunternehmen überhaupt. Von der Firma IBM sind die IBM-PCs

entwickelt worden. Orginal IBM-PCs werden auch von IBM produziert und vertrieben. Zu den IBM-PCs werden aber auch von einer Vielzahl anderer Firmen kompatible PCs produziert und vertrieben. Außerdem wird ein Großteil des Computerzubehörs und der Software für IBM-PCs von anderen Firmen geliefert.

Intel

Die →Mikroprozessoren 8086, 80286 und 80386, die in den IBM-PCs als Zentralprozessoren eingesetzt werden, stammen von der Firma →Intel. Von Intel wurden auch die ersten Peripherieschaltungen für diese Mikroprozessoren entwickelt.

Chips and Technologies

Um die PCs preisgünstiger und kompakter zu machen, wurde ein höherer Integrationsgrad für die integrierten Peripherieschaltungen nötig. Solche höher integrierten Schaltungen stammen von der Firma →Chips and Technologies. Ein Produkt von Chips and Technologies ist z.B. der Interrupt-DMA-Controller 82C206.

Motorola

Ein weiteres sehr großes Computerunternehmen ist →Motorola. Von dieser Firma stammt z.B. der Videocontroller MC 6845, der in nahezu allen Videokarten eingesetzt wird. Motorola produziert auch die sehr leistungsfähigen Mikroprozessoren 68000 und 68020. Diese Prozessoren können jedoch nicht in PCs, sondern nur in anderen Computerfamilien eingesetzt werden.

Microsoft

Für die Software steht im Zusammenhang mit PCs die Firma →Microsoft an erster Stelle, da sie die Betriebssysteme →MS-DOS und →OS/2 entwickelt hat. Außerdem liefert die Firma Microsoft Compiler und Interpreter für verschiedene Programmiersprachen und Anwendungsprogramme wie z.B. MS-Word und MS-Works.

Borland

Eine Firma, deren Schwerpunkt auf Übersetzungsprogrammen liegt, ist →Borland. Von dieser Firma stammen alle Compiler und Interpreter, die den Namen Turbo tragen. Sehr beliebt und weit verbreitet ist Turbo-Pascal.

Ashton Tate

Mit dem weit verbreiteten Datenbankprogramm dBase hat sich die Firma →Ashton Tate hervorgetan. Das Datenbankprogramm dBase zeichnet sich durch seine universellen Einsatzmöglichkeiten aus.

Lotus

Die Firma →Lotus hat ihren Schwerpunkt dagegen auf →integrierte Programmpakete gelegt. Von dieser Firma stammen die beiden Programmpakete Lotus-1-2-3 und Symphony.

Hercules

Während die meisten Videokarten von der Firma IBM entwickelt wurden, hat die Firma →Hercules sich mit ihrer →Herculeskarte sehr erfolgreich am Markt durchsetzen können. Die Herculeskarte hat sich besonders auf Grund ihrer hohen Auflösung als Standard für Monochrom-Videokarten herausgebildet.

Commodore

Von der Firma Commodore ist die →AGA-Karte entwickelt worden. Commodore bietet aber auch eine weite Produktreihe von Computern und Computerzubehör an.

INMOS

Durch →Transputer bzw. Transputererweiterungskarten kann die Leistungsfähigkeit von PCs gesteigert werden. Bei der Entwicklung und Produktion von Transputern hat die Firma →INMOS Meilensteine gesetzt. Von dieser Firma stammt auch die Programmiersprache →Occam.
Vgl. PC.

Computerviren

Programme, die in einen Computer eindringen und sich auf dem Computer vervielfältigen. Nach dem Vervielfältigen belegen sie Speicherplatz, durch den der freie Speicherplatz des Computers eingeschränkt wird. Einige Computerviren löschen auch bereits bei ihrer Vervielfältigung benutzte Speicherbereiche des Computers. Das Eindringen der Computerviren in einen Computer erfolgt von einem anderen infizierten Computer ausgehend über eine Diskette oder ein Rechnernetz. Es erfolgt gezielt durch eine geplante Infektion, oder zusammen mit der Übertragung von Programmen oder Daten. Die Vervielfältigung der Computerviren erfolgt, indem sich das übertragene Virusprogramm selber startet oder zusammen mit einem anderen Programm gestartet wird.

**Computerviren,
Abwehrmaßnamen**
Die konsequenteste Methode, einen Computer von Computerviren zu befreien, besteht darin, alle Programme und Daten zu löschen und anschließend von nicht-infizierten Disketten neu zu laden. Dazu muß bekannt sein, wann das Computervirus in den Computer eingedrungen ist, bzw. welche Disketten infiziert sind. Sind keine Disketten mehr vorhanden, die frei von Computerviren sind, so muß das Virus gezielt entfernt werden. Dazu muß der Typ des Computervirus bekannt sein oder

in Erfahrung gebracht werden. Vgl. Betriebssssicherheit.

CONFIG.SYS
→Konfigurationsdatei

CONT
→Basic-Befehl

control-character
→Steuerzeichen

Controltaste
Taste auf der Tastatur von PCs, die die Aufschrift CTRL trägt. Die Controltaste befindet sich auf PC-Tastaturen am linken Rand der Schreibmaschinentasten.
Während die Controltaste gedrückt ist, erhalten die übrigen Tasten der Tastatur eine andere Bedeutung.

STRG-Taste
Die Controltaste wird auch als STRG-Taste bezeichnet, da sie auf vielen Tastaturen die Aufschrift STRG tägt.

Controltaste, Anwendung
Wird z.B während der Eingabe von Texten in den Zeileneditor Edlin die Controltaste gedrückt gehalten und anschließend die Taste C betätigt, so wird die Eingabe von Zeichen abgebrochen. Man spricht dabei auch von dem Betätigen der Tastenkombination (CTRL)-C. Durch andere Tastenkombinationen können spezielle

Tastenkombinationen der Controltaste	
Tastenkombination	Funktion der Tastenkombination
(CTRL) C	Abbrechen der Ausführung eines Befehls.
(CTRL) P	Zusätzliche Ausgabe der Bildschirmausgaben auf den Drucker.
(CTRL) S	Unterbrechen der Ausführung eines Befehls. Die Ausführung des Befehls kann anschließend durch Betätigung einer beliebigen Taste fortgesetzt werden.
(CTRL) Z	Erzeugung des Sonderzeichens am Ende einer Datei. Außerdem kann die Eingabe von Texten in eine Datei durch diese Tastenkombination abgeschlossen werden.
(CTRL) (BREAK)	Abbrechen der Ausführung eines Befehls.
(CTRL) (ALT) (DEL)	Neuladen des Betriebssystems

→Steuerzeichen in den PC eingegeben werden, für die auf der Tastatur keine Tasten vorgesehen sind.

Breaktaste
Ein Abbrechen von Anwendungsprogrammen kann auch durch die Tastenkombination (CTRL)-(BREAK) erreicht werden. Die Taste (BREAK) befindet sich im Ziffernblock der PC-Tastatur.

Alternatetaste
Eine ähnliche Bedeutung wie die Controltaste hat die Alternatetaste. Sie trägt die Aufschrift ALT und befindet sich auf PC-Tastaturen ebenfalls am linken Rand der Schreibmaschinentasten.

Alternatetaste, Anwendungen
Nach dem Drücken der Alternatetaste können weitere Steuerzeichen eingegeben werden.
Besonders vielseitig ist die Eingabe der ASCII-Zeichen über ihren dezimalen Code. Durch dieses Verfahren können alle 256 verschiedenen Zeichen des erweiterten ASCII-Zeichensatzes direkt über die Tastatur eingegeben werden. Zur Eingabe hält man die Alternatetaste gedrückt und gibt anschließend den dezimalen Code des ASCII-Zeichens über die Zifferntasten des Ziffernblockes ein. Werden z.B nach dem Drücken der Alternatetaste die Tasten 6 und 5 des Ziffernblockes (!)

125

betätigt, so erscheint nach dem Loslassen der Alternatetaste der Buchstabe A auf dem Bildschirm.

Besondere Vorsicht ist bei dem Betätigen der Tastenkombination (CTRL)-(ALT)-(BREAK) geboten. Danach werden nicht nur die laufenden Anwenderprogramme abgebrochen, sondern auch das Betriebssystem. Es wird dann ein neues Betriebssystem vom Massenspeicher geladen. Alle Informationen im Arbeitsspeicher sind danach aber verloren.
Vgl. Tastatur.

Coprozessor

Spezieller Mikroprozessor, der in Computern den Zentralprozessor von Spezialaufgaben entlastet. Grundsätzlich könnten die Aufgaben, die ein Coprozessor übernimmt, auch vom Zentralprozessor selbst gelöst werden. Ein Coprozessor ist jedoch für spezielle Aufgaben besser geeignet als der universal ausgerichtete Zentralprozessor. Daher kann der Coprozessor diese Aufgaben schneller erledigen als der Zentralprozessor. Auf PCs werden Coprozessoren als →Arithmetik-Coprozessoren, als →Grafikprozessoren und als →Kanalprozessoren eingesetzt.
Vgl. Mikroprozessoren.

COPY

1. →MS-DOS-Kommando
2. →Edlin-Befehl

COUNTRY

1. →MS-DOS-Konfigurationsbefehl
2. →OS/2-Konfigurationsbefehl

CP/M

Abk. für control program for microcomputers. Betriebssystem für 8-Bit-Homecomputer. CP/M hat in der Vergangenheit eine große Bedeutung gehabt, da es zunächst für den 8080-Mikroprozessor entwickelt war und darum später für den Z80 Mikroprozessor verwendet wurde. Da der 8080-Mikroprozessor mit dem 8088-Mikroprozessor in den PCs verwandt ist, wurde CP/M als CP/M-86 zunächst auch auf PCs eingesetzt. Aus CP/M heraus ist dann das Betriebssystem MS-DOS weiterentwickelt worden. Daher enthält MS-DOS noch viele Strukturen, die CP/M-ähnlich sind. Das gilt besonders für die Syntax der Befehle. Seit die Homecomputer durch die Personalcomputer mit ihrer 16-Bit-Struktur abgelöst werden, hat auch CP/M an Bedeutung verloren. Für Neuanschaffungen ist es nicht mehr geeignet.
Vgl. Betriebssysteme.

cps

→Druckgeschwindigkeit

CPU

Abk. für central prozessing unit. Zentrales Rechen- und Steuerwerk eines Computers. Die CPU wird auch Zentraleinheit oder Zentralprozessor genannt. In PCs übernimmt ein Mikroprozessor die Aufgabe des Zentralprozessors. Vgl. Mikroprozessor.

CRT

Andere Bezeichnung für →Kathodenstrahlröhre.

CRT-Controller

Andere Bezeichnung für →Videocontroller.

CSNG

→Basic-Befehle

CSRL

→Basic-Befehle

CSMA/CD-Verfahren

Verfahren, nach dem das Zugriffsrecht auf ein Rechnernetz vergeben wird. Das CSMA/CD-Verfahren wird auf dem Ethernetbus verwendet.

Zugriffsverfahren

Will ein Computer auf dem Ethernetbus senden, so prüft er, ob der Bus frei ist und greift dann auf den Bus zu. Während der laufenden Sendung prüft der sendende Computer dann noch einmal, ob eine Buscollision entstanden ist,

weil z.B. ein anderer Busteilnehmer gleichzeitig zu senden begonnen hat. Ist dies der Fall, so wird die Sendung abgebrochen und zu einem späteren Zeitpunkt wieder neu begonnen. Die Zeit, die bis zur Wiederholung des Sendeversuches gewartet wird, wird bei allen Busteilnehmern durch einen Zufallsgenerator gesteuert. Auf diese Weise kann es nicht passieren, daß sich die beiden gleichen Busteilnehmer noch einmal stören. Beim zweiten Zugriffsversuch kann es nämlich nicht mehr passieren, daß beide Teilnehmer zur gleichen Zeit abfragen, ob der Bus besetzt ist. Dadurch können auch nicht mehr beide zur gleichen Zeit zu senden beginnen.

statistische Zugriffszeit

Obwohl es gelegentlich zu einer Buskollision mit Zugriffswiederholung kommt, hat das CSMA/CD-Verfahren z.B. gegenüber dem →Tokenverfahren eine kürzere statistische Zugriffszeit, weil es äußerst selten vorkommt, daß zwei Netzwerk-Teilnehmer exakt zur gleichen Zeit auf das Netzwerk zugreifen wollen. Beim Tokenverfahren muß der Netzwerkteilnehmer dagegen statistisch wesentlich länger warten, bis er das Zugriffsrecht erhält und auf das Netzwerk zugreifen darf.

Vgl. Ethernetbus.

Cursor

Zeiger, der die Position auf dem Bildschirm markiert, an der gerade geschrieben wird.

Cursorblocktasten

→Ziffernblocktasten

Cursortasten

→Ziffernblocktasten

CTTY

→MS-DOS-Kommando

CVI

→Basic-Befehle

D

DATA
→Basic-Befehle

DATE
→MS-DOS-Kommandos

DATE$
→Basic-Befehle

Datei
Sammlung zusammengehörender Daten, die unter einem Namen auf einem Massenspeicher abgespeichert werden.

Unter dem Namen, den die Datei bei ihrer Erzeugung erhalten hat, kann im weiteren auf die Daten der Datei zugegriffen werden. Es wird dann also formell nicht mehr auf einen Speicherbereich, sondern auf einen Dateinamen zugegriffen. Die Daten dieser Datei können sich dann in einem beliebigen Speicherbereich des Massenspeichers befinden. Die Zuordnung zwischen Dateiname und Speicherbereich ist in einem Dateiverzeichnis gespeichert, das sich ebenfalls auf dem Massenspeicher befindet.

Datei, Zugriff
Um die Daten einer Datei zu bearbeiten, halten die Betriebssysteme Befehle bereit, mit denen auf die Daten einer Datei zugegriffen werden kann. Auf PCs können z.B. unter den Betriebssystemen MS-DOS und OS/2 Dateien ausgedruckt, auf dem Bildschirm angezeigt oder von einem Massenspeicher auf einen anderen kopiert werden. Außerdem wird zu den Betriebssystemen der PCs ein Zeileneditor geliefert, mit dem Dateien erstellt und geändert werden können. Aber auch mit Anwendungsprogrammen können Dateien erzeugt und weiterverarbeitet werden. Dazu gibt es in vielen Programmiersprachen spezielle Befehle. Andernfalls muß mit Hilfe von →Interruptroutinen und →FCBs auf Dateien zugegriffen werden.

Datei-Namenserweiterungen
Um anzudeuten, daß Dateien für unterschiedliche Zwecke eingesetzt werden und um auf die Form hinzuweisen, in der die Daten in einer Datei gespeichert sind, wird an den Dateinamen eine Namenserweiterung angehängt. Die Namenserweiterung ist von dem Dateinamen durch einen Punkt getrennt und besteht aus drei Buchstaben. Sie wird auch Exten-

Dateien	
Namens— erweiterung	Daten in der Datei
SRC	Quellentexte
OBJ	Objektcodes
COM	Ausführbare nicht verschiebbare Programme
EXE	Ausführbare verschiebbare Programme
PAS	Pascal Quellentexte
FOR	Fortran Quellentexte
CBD	Cobol Quellentexte
ASM	Assembler Quellentexte
LST	Programmlisten zur Dokumentation
LIB	Bibliotheken
BAS	Basic Quellentexte
BAT	Batchdateien
TXT	Quellentexte für die Textverarbeitung
FMT	Formatangaben für die Textverarbeitungsdateien
SYS	Gerätetreiber und Konfigurationsdateien

sion genannt. Durch die Namenserweiterung wird es auch möglich, auf alle Dateien mit der gleichen Namenserweiterung in einem einzigen Befehl zuzugreifen. Z.B. kopiert der Befehl

COPY *.SRC A:

alle Dateien mit der Namenserweiterung SRC auf die Diskette in dem Laufwerk A.

Programmdateien

Bekannte Dateien sind Source-Dateien. Diese erhalten die Namenserweiterung SRC. Sie werden daher auch als Quellentextdateien bezeichnet. In ihnen sind Quellentexte von Programmen gespeichert, die z.B. mit Hilfe eines Editors oder eines Textverarbeitungsprogramms erzeugt wurden. Quellentexte werden anschließend mit Hilfe von Com-

pilern oder Assemblern in Objektcode übersetzt. Die Objektcodes werden in Dateien mit der Namenserweiterung OBJ gespeichert. Einzelne oder mehrere Objektcodes müssen anschließend durch einen Linker zu einem lauffähigen Programm zusammengebunden werden. Diese ausführbaren Programme werden in Dateien mit der Namenserweiterung COM oder EXE gespeichert. Programme in COM-Dateien können nur an einem festen Platz im Arbeitsspeicher ausgeführt werden, EXE-Dateien sind dagegen frei verschiebbar und können an jeder Adresse des Arbeitsspeichers ausgeführt werden.

Anstelle der Namenserweiterung SRC erwarten einige Compiler auch Quellentexte mit einer speziellen Namenserweiterung. So wird bei Pascal PAS, bei Fortran FOR und bei Cobol CBD als Namenserweiterung benutzt. Der Assemblertext, den die Compiler als Zwischenschritt erzeugen, wird in einer Datei mit der Namenserweiterung ASM gespeichert. Außerdem erzeugen Compiler bei ihrer Übersetzung eine Programmliste, die in einer Datei mit der Namenserweiterung LST gespeichert wird. Diese Programmliste kann zur Dokumentation der Programme ausgedruckt werden.

Bibliotheksdateien

Beim Zusammenbinden der Objektcodedateien werden vom Linker zu den Objektcodes Unterprogramme dazugebunden, die in Bibliotheksdateien stehen. Diese Unterprogramme besorgen z.B. die Eingabe oder Ausgabe von Daten oder das Rechnen mit Gleitkommazahlen. Die Bibliotheksdateien, in denen diese Unterprogramme gespeichert sind, tragen die Namenserweiterung LIB.

Basic-Dateien

Eine Sonderstellung nehmen die Basic-Programme ein, die von einem Basic-Interpreter mit dem →Basic-Befehl SAVE abgespeichert wurden. Sie enthalten einen Code, der nur vom Basic-Interpreter ausgewertet werden kann. Die Dateien, in denen Basic-Code gespeichert ist, tragen die Na-

menserweiterung BAS. Diese Dateien können zwar mit dem →MS-DOS-Kommando COPY zur Datensicherung von einem Massenspeicher auf einen anderen kopiert werden, sie auszudrucken oder auf dem Bildschirm anzuzeigen ist jedoch nicht sinnvoll.

Die Information in diesen Dateien kann aber in lesebaren Quellentext umgewandelt werden, wenn sie unter einem Interpreter mit dem →Basic-Befehl LOAD geladen und anschließend mit dem →Basic-Befehl LIST in eine Datei ausgegeben wird. Die Datei enthält dann Quellentext, der auch von einem Basic-Compiler verarbeitet werden kann.

Textverarbeitungsdateien

Die Textverarbeitungsprogramme erzeugen ihre Quellentexte in Dateien mit der Namenserweiterung TXT. Zusätzlich erzeugen einige Textverarbeitungsprogramme Dateien, in denen die Formatangaben für den Text gespeichert sind. Diese Dateien erhalten die Namenserweiterung FMT.

Batchdateien

Die Batchdateien enthalten auf dem Bildschirm darstellbare Texte. In ihnen können MS-DOS-Kommandos zeilenweise gespeichert werden. Die Batchdateien erhalten bei ihrer Erstellung die Namenserweiterung BAT. Wird der Name der Batch-Datei ohne

Namenserweiterung eingegeben, so werden die Befehle in der Batchdatei zeilenweise vom Betriebssystem abgearbeitet.

Gerätetreiberdateien
Neben den verschiedenen erwähnten Dateien gibt es noch die Dateien mit der Namenserweiterung SYS, die für Gerätetreiber benutzt werden. Die Ausnahme stellt hier die Datei CONFIG.SYS dar, die von den Betriebssystemen als →Konfigurations-Datei benutzt wird. In ihr wird vom Benutzer des PC die Ausbaustufe beschrieben, in der der PC betrieben werden soll.
Vgl. Massenspeicher.

Dateiverzeichnis
Liste von zusammengehörenden Dateien. Um einzelne Dateien auf großen Massenspeichern leichter wiederzufinden, faßt man Dateien, die zu einer bestimmten Gruppe gehören, in einem Dateiverzeichnis zusammen. Zu solch einer Gruppe können z.B. alle Dateien eines Benutzers gehören, der den PC mit anderen Benutzern zusammen benutzt. Aber auch Dateien, die für ein bestimmtes Projekt oder für eine bestimmte Aufgabe benötigt werden, können in einem Dateiverzeichnis zusammengefaßt werden. So ist es z.B. sinnvoll, alle Dateien, die vom Betriebssystem benötigt werden, in einem Verzeichnis zu speichern. Auf kleineren Massenspeichern, wie z.B. Disketten, reicht dagegen ein einziges Verzeichnis aus, um darin alle Dateien unterzubringen.

Dateiverzeichnis, anzeigen
Ein Dateiverzeichnis kann mit dem MS-DOS-Kommando DIR auf dem Bildschirm eines PC angezeigt werden. Dabei wird auch die Anzahl der Bytes angezeigt, die die einzelnen Dateien auf dem Massenspeicher belegen. Das angezeigte Dateiverzeichnis ist ein Abbild des Dateiverzeichnisses, das auf dem Massenspeicher in einem speziell dafür vorgesehenen Speicherbereich gespeichert ist. In dem Dateiverzeichnis auf dem Massenspeicher sind jedoch noch genauere Angaben über die einzelnen Speicherbereiche des Massenspeichers vorhanden. Dazu gehört eine Tabelle, in die die Speicherbereiche der einzelnen Dateien eingetragen sind. Diese Tabelle wird bei jedem Hinzufügen, Ändern oder Löschen einer Datei wieder auf den neuesten Stand gebracht. Dadurch kann der nächste Zugriff auf eine Datei mit den aktuellen Daten dieser Tabelle erfolgen.

Dateiunterverzeichnisse
Dateiverzeichnisse müssen jedoch nicht nur Dateinamen enthalten. Sie können auch Namen anderer

```
Volume in drive A is PROGRAMM 1
Directory of  A:\
DATEI1    SRC      166  14.11.88   11.53
DATEI1    OBJ       79  14.11.88   15.01
DATEI1    EXE      312  10.11.88   19.27
DATEI1    BAT       83  11.11.88    9.13
DATEI2    SRC    50880  11.11.88   19.28
          5 File(s)       307200 bytes free
```

Dateiverzeichnis

Dateiverzeichnisse enthalten. Solche Dateiverzeichnisse nennt man auch Dateiunterverzeichnisse oder Unterverzeichnisse, weil die Dateien in den Unterverzeichnissen zu dem Verzeichnis gehören, in das die Unterverzeichnisse eingetragen sind.

Dateiunterverzeichnisse anzulegen ist immer dann sinnvoll, wenn mit sehr vielen Dateien gearbeitet werden soll, die in einem einzigen Dateiverzeichnis nicht übersichtlich genug dargestellt werden können. Neue Unterverzeichnisse können mit dem →MS-DOS-Kommando MKDIR eröffnet werden.

Vgl. Massenspeicher.

Dateiverzeichnis-Struktur

Hierarchische Ordnung der Dateiverzeichnisse untereinander. Da auf großen Festplatten viele verschiedene Verzeichnisse eröffnet werden können, müssen auch die Verzeichnisse untereinander eine bestimmte Ordnung besitzen. Grundsätzlich wäre es möglich, alle Dateiverzeichnisse in ein einziges Verzeichnis einzutragen. Bei sehr vielen Dateiverzeichnissen würde dies aber zu einem sehr langen und damit unübersichtlichen Verzeichnis führen.

Baumstruktur

Auf PCs benutzt man daher eine Baumstruktur für die Ordnung der Dateiverzeichnisse untereinander. Bei dieser Baumstruktur existiert ein Hauptverzeichnis, dem alle Dateiverzeichnisse zugeordnet sind. In das Hauptverzeichnis sind aber nur die Verzeichnisse erster Ordnung eingetragen. In die Verzeichnisse erster Ordnung sind dann die Verzeichnisse zweiter Ordnung und in die Verzeichnisse zweiter Ordnung

133

die Verzeichnisse dritter Ordnung
eingetragen usw.

Hauptverzeichnis

Das Hauptverzeichnis nennt man
auch Wurzelverzeichnis oder root-
directory. Alle anderen Verzeichnisse werden als Unterverzeichnisse oder subdirectories bezeichnet.

Zugriff auf Unterverzeichnisse

Soll vom Wurzelverzeichnis aus
z.B. auf eine Datei zweiter Ordnung zugegriffen werden, so müssen vor dem Dateinamen die Verzeichnisnamen erster und zweiter
Ordnung eingegeben werden, zu
denen diese Datei gehört. Die einzelnen Verzeichnisnamen müssen
dabei durch ein →backslash-Zei-
chen getrennt werden. Die Datei
D1, die dem Hauptverzeichnis
z.B. durch die Dateiunterverzeichnisse DV1 und DV2 zugeordnet ist, kann dann über das
MS-DOS-Kommando

TYPE \DV1\DV2\D1

auf dem Bildschirm angezeigt
werden.

aktuelles Dateiverzeichnis

Jeder Benutzer eines PC muß den
PC von einem Dateiverzeichnis
aus benutzen. Dieses Verzeichnis
nennt man auch das aktuelle Verzeichnis. Nach dem Einschalten
des PC wird das Hauptverzeichnis
als das aktuelle Verzeichnis benutzt. Soll ein anderes Verzeichnis

als aktuelles Verzeichnis benutzt
werden, so kann dieses Verzeichnis mit dem MS-DOS-Kommando
CHDIR angewählt werden. Auf
Dateien, die in diesem Verzeichnis stehen, kann der Benutzer
anschließend zugreifen, ohne ein
Dateiverzeichnis anzugeben. Auf
Dateien, die in Unterverzeichnissen stehen, die zu dem aktuellen
Verzeichnis gehören, kann zugegriffen werden, indem nur die Unterverzeichnisse vom aktuellen
Verzeichnis aus angegeben werden. Auf Dateien, die in anderen
Verzeichnissen stehen, müssen dagegen die Verzeichnisse eingegeben werden, die vom Hauptverzeichnis zu der Datei führen, auf
die zugegriffen werden soll.

Verzeichnispfad

Die Verzeichnisse, die von einem
Verzeichnis zu einem anderen
Verzeichnis führen, nennt man
auch Verzeichnispfad oder Pfad.
Soll ein Verzeichnispfad vom
Wurzelverzeichnis zu einem Unterverzeichnis führen, so muß er
im MS-DOS-Kommando mit einem backslash beginnen. Soll der
Pfad dagegen vom aktuellen Verzeichnis zu einem Unterverzeichnis führen, muß er ohne backslash
mit dem ersten Unterverzeichnis-
namen beginnen.

Zum Anzeigen des Verzeichnis-
pfades, der vom Hauptverzeichnis
zum aktuellen Verzeichnis führt,

kann das →MS-DOS-Kommando TREE benutzt werden.

Um in den MS-DOS-Kommandos keine unnötig langen Pfade angeben zu müssen, ist es also wichtig, das aktuelle Verzeichnis in das günstigste Verzeichnis zu legen. Das aktuelle Verzeichnis sollte sich deshalb möglichst in dem Verzeichnis befinden, auf das am häufigsten zugegriffen wird. Soll von einem aktuellen Verzeichnis aus oft auf ein anderes Verzeichnis zugegriffen werden, so kann das aktuelle Verzeichnis auch zeitweise in dieses Verzeichnis gelegt werden. Dies geschieht mit dem MS-DOS-Kommando CHDIR.

Programmverzeichnisse

In dem aktuellen Verzeichnis sollte auch das Programm stehen, mit dem auf die benutzten Dateien zugegriffen werden soll. Dies ist entweder das Betriebssystem oder ein Anwenderprogramm. Soll ein Programm ausgeführt werden, das in einem anderen Verzeichnis steht, so muß dieses Verzeichnis mit dem MS-DOS-Kommando PATH als Programmverzeichnis definiert werden. Wird das Programm anschließend aufgerufen, so wird im aktuellen Verzeichnis und in den Programmverzeichnissen nach dem Programm gesucht. Wird ein Programm mit dem Namen des Aufrufs und der Namenserweiterung COM, EXE oder BAT gefunden, so wird dieses Programm geladen und ausgeführt. Andernfalls erfolgt eine Fehlermeldung, weil das Programm vom Betriebssystem nicht gefunden wurde.

Verzeichnistiefe

Die Verzeichnisstruktur kann mit Unterverzeichnissen beliebiger Ordnung angelegt werden. In der Praxis sollte man jedoch nicht über vier Hierarchieebenen hinausgehen, da die Verzeichnisstruktur sonst wieder zu unübersichtlich wird. Geht man davon aus, daß in jedem Verzeichnis im Mittel 10 Verzeichnisse oder 10 Dateien verzeichnet sind, so können mit einer vierstufigen Hierarchieebene bereits 10**4 Dateinamen gespeichert werden.

Vgl. Massenspeicher.

Daten

Auf Computern darstellbare Form von Informationen über ein bestimmtes Thema. Die Daten können in Form von Texten oder numerischen Ausdrücken dargestellt werden.

Auf PCs werden Daten vom Zentralprozessor über den Datenbus zum Arbeitsspeicher und zu den Peripheriegeräten übertragen. Vgl. Computerarchitektur.

Datenabfragesprache

→Datenbankprogramm

Datenausgabe
→Ausgabe

Datenbank
Sammlung von Daten über ein bestimmtes Thema oder über eine bestimmte Gruppe von Elementen. Die Elemente einer Gruppe können dabei z.B. die Bücher einer Bibliothek sein. Ein Thema, das in einer Datenbank gespeichert ist, kann z.B. der Inhalt eines oder mehrerer Bücher sein.

formatierte Datenbank
Wird eine Datenbank zur Speicherung der Elemente einer Gruppe benutzt, so werden die Daten zu jedem Element der Gruppe in einem festen Format abgespeichert.

Zu den einzelnen Büchern einer Bibliothek wird also z.B. neben dem Titel des Buches ein bestimmter Speicherplatz für den Verfasser, für den Verlag und für den Inhalt des Buches freigehalten. Eine Datenbank, in der die Daten zu einzelnen Elementen in einem festgelegten Format gespeichert sind, nennt man auch formatierte Datenbank.

formatfreie Datenbank
Eine Datenbank, in der die Daten dagegen nicht in einem festen Format gespeichert sind, nennt man formatfreie Datenbank. In einer solchen Datenbank können z.B. die Texte aller Bücher einer Bibliothek hintereinander gespeichert sein. Um bestimmte Daten in einer solchen formatfreien Datenbank finden zu können, ohne dazu die gesamte Datenbank von vorn bis hinten durchlesen zu müssen, besitzt eine formatfreie Datenbank Schlüsselworte. Solche Schlüsselworte können z.B. die Überschriften einzelner Kapitel oder Stichworte sein.

formatfreie Datenbank, Deskriptoren
Zu den Schlüsselworten sind sogenannte Deskriptoren gespeichert. Diese Deskriptoren beschreiben, an welcher Speicherstelle der Datenbank die entsprechenden Schlüsselworte zu finden sind. Nach jeder Änderung in der Datenbank werden die Deskriptoren wieder auf den neuesten Stand gebracht, so daß beim nächsten Suchvorgang nach einem Schlüsselwort mit aktuellen Deskriptoren gearbeitet werden kann.

formatfreie Datenbank, Thesaurus
Die Liste der Deskriptoren nennt man Deskriptorenliste oder Thesaurus. Der Thesaurus ist also mit dem Stichwortverzeichnis eines Buches vergleichbar.

formatfreie Datenbank, Anwendung
Formatfreie Datenbanken werden z.B. für →Dokumentations-

systeme eingesetzt. Dort werden umfangreiche Texte zur Dokumentation eines speziellen Themas gespeichert.

hierarchische Datenbank

Zu den formatierten Datenbanken gehört die hierarchische Datenbank. Bei der hierarchischen Datenbank sind die Daten nach einer Baumstruktur geordnet. Die Daten über die Bücher einer Bibliothek sind also nach Sachbereichen wie z.B. Technik oder Geografie geordnet. Innerhalb der Sachbereiche sind sie dann weiter nach Unterbereichen wie z.B. Europa, Asien oder Amerika geordnet.

vernetzte Datenbank

Dabei kann es passieren, daß ein Buch, das z.B. die Getreideproduktion in der Welt beschreibt, in alle drei Unterbereiche gehört. Wird dann nicht für jedes Unterverzeichnis ein getrennter Datensatz angelegt, sondern von allen Unterverzeichnissen auf einen Datensatz zugegriffen, der dieses Buch beschreibt, so spricht man von einer vernetzten Datenbank. Bei der Organisationsstruktur der vernetzten Datenbank handelt es sich also nicht mehr um eine Baumstruktur, sondern um eine Netzstruktur.

relationale Datenbank

Die auf PCs am häufigsten verwendeten Datenbanken sind relationale Datenbanken. Hierbei handelt es sich ebenfalls um eine formatierte Datenbank. Das Format ist die tabellarische Darstellung der Daten. In der ersten Spalte der Tabelle sind die Namen der Elemente gespeichert, weitere Spalten enthalten die Daten. Die tabellarische Darstellung bezeichnet man auch als Relation. Durch die Relation ist es besonders einfach, Teile der Datenbank nach bestimmten Kriterien sortiert darzustellen. Aus den Büchern einer Bibliothek können z.B. mit Hilfe einer Datenbank alle Bücher von Autoren gesucht werden, die in einem bestimmten Land wohnen. Die auf PCs benutzten Datenbankprogramme wie z.B. dBase, aber auch die integrierten Programmpakete wie z.B. Framework, LOTUS-1-2-3, Open-Access, Symphony oder WORKS erzeugen relationale Datenbanken.

Datenbankhardware

Unter einer Datenbank versteht man aber nicht nur die gespeicherten Daten, sondern auch die Geräte, die zur Speicherung und Verwaltung der Daten benötigt werden. Dazu gehört ein Computer und ein Massenspeicher. Das Datenbankprogramm, mit dem die Datenbank verwaltet wird, ist dagegen Bestandteil des Daten-

banksystems. Es gehört damit nicht zur Datenbank.
Vgl. Datenbanksysteme.

Datenbank, formatfreie
→Datenbank

Datenbank, formatierte
→Datenbank

Datenbank, hierarchische
→Datenbank

Datenbankprogramm
Programm, mit dem eine →Datenbank angelegt werden kann. Außerdem lassen sich mit Hilfe eines Datenbankprogrammes die Daten der Datenbank bei Bedarf wieder abfragen.

Abfragesprache
Zum Bedienen eines Datenbankprogramms wird eine Abfragesprache zur Verfügung gestellt. Mit Hilfe der Abfragesprache kann der Bediener eine Datenbank anlegen und wieder abfragen.

Datenbank
Mit den Datenbankprogrammen, die auf PCs eingesetzt werden, lassen sich relationale →Datenbanken erstellen. In solch einer Datenbank sind die gespeicherten Daten tabellarisch geordnet.

Datensätze
Jede Zeile einer solchen Tabelle stellt einen Datensatz dar. Der Datensatz wird durch den Satznamen charakterisiert. Die Daten zu diesem Satznamen sind in Datenfeldern gespeichert.

Dateneingabe
Bei der Eingabe von Daten in eine Datenbank wird auf einem Massenspeicher eine Datenbankdatei angelegt, in der die Daten gespeichert werden. Um Daten in diese Datei einzugeben, erlauben Datenbankprogramme mehrere Eingabemöglichkeiten.

Maskeneingabe
Bei der Maskeneingabe wird für jeden Datensatz eine Eingabemaske auf dem Bildschirm dargestellt. Diese Eingabemaske ähnelt einer Karteikarte, in der vom Bediener die einzelnen Datenfelder des Datensatzes ausgefüllt werden.

Tabelleneingabe
Bei der Tabelleneingabe werden die Datensätze in Form eines Tabellenschemas auf dem Bildschirm dargestellt. Die Eingabe der Daten erfolgt Datenfeld für Datenfeld in das Tabellenschema auf dem Bildschirm.

Programmeingabe
Bei der Programmeingabe werden die Daten durch ein Programm automatisch erzeugt. Das entsprechende Programm setzt sich aus Befehlen der Datenbanksprache zusammen.

Übernahme fremder Daten

Die Daten können aus einer anderen Datenbankdatei oder aus einer fremden Datei übernommen werden.

Datenbankabfrage

Die gespeicherten Daten einer Datenbank können ganz oder teilweise abgefragt werden.

Selektion

Bei der Abfrage können einzelne oder mehrere Datensätze ausgewählt und in Form einer Tabelle angezeigt werden. Die Auswahl kann nach bestimmten Suchkriterien erfolgen. Bei der Ausgabe können die Datensätze aber auch nach Sortierkriterien sortiert werden. Die Auswahl einzelner Datensätze einer Datenbank bezeichnet man als Selektion.

Projektion

Vielfach ist es sinnvoll, nur einen Teil der Tabellenspalten bei der Abfrage anzeigen zu lassen. Die Auswahl einzelner Spalten bezeichnet man auch als Projektion.

Sortieren

Bei der Ausgabe können die Datensätze aber auch nach Sortierkriterien sortiert werden. Die sortierten Datensätze können aber auch in einer neuen Datenbankdatei gespeichert werden.

Programmierung

Die Befehle, die zum Erzeugen und Abfragen einer Datenbank benötigt werden, können in Form von Einzelbefehlen eingegeben werden. Sollen z.B. mehrere Datensätze mit einem gleichen Suchkriterium aus der Datenbank nacheinander ausgewählt werden, so müssen bei Eingabe über Einzelbefehle mehrere immer gleiche Suchbefehle eingegeben werden. Um das zu vermeiden, kann ein Programm erstellt werden, in dem dieser gleiche Suchbefehl mehrfach durchlaufen wird. Die Abfragesprache ist jedoch nicht nur für spezielle Datenbankoperationen ausgelegt, sondern erlaubt auch die Programmierung allgemeiner Aufgaben. Bei vielen Programmieraufgaben geht man auch dazu über, anstelle einer Programmiersprache wie Basic oder Pascal eine Abfragesprache zu benutzen. Anstelle eines Interpreters oder Compilers wird dann ein Datenbankprogramm eingesetzt.

spezielle Datenbankprogramme

Das bekannteste und umfassendste Datenbankprogramm ist dBase. dBase wurde von der Firma Ashton Tate entwickelt. Besonders beliebt und verbreitet ist die Version dBase III, obwohl es inzwischen modernere Versionen gibt. Als Datenbankprogramme können aber auch die integrierten Programmpakete wie z.B. Framework, Lotus-1-2-3, Open-Access, Symphony oder Works benutzt werden. Die integrierten Programmpakete beinhalten neben dem Datenbankprogramm aber auch noch ein Tabellenkalkulationsprogramm, ein Textverarbeitungsprogramm und ein Kommunikationsprogramm.

Vgl. Anwendungsprogramme.

Datenbank, relationale
→Datenbank

Datenbank, vernetzte
→Datenbank

Datenbanksystem

Computersystem zum Anlegen und Verwalten einer →Datenbank. Zu einem Datenbanksystem gehört außer der Datenbank ein →Datenbankprogramm, mit dem die Daten einer Datenbank erstellt, geändert, abgefragt und verwaltet werden können.

Datenbank

Die →Datenbank, die zum Datenbanksystem gehört, umfaßt einerseits die Computerhardware zum Speichern der Daten. Andererseits gehören aber auch die gespeicherten Daten zur Datenbank und damit auch zum Datenbanksystem. Die gespeicherten Daten nennt man auch Datenbasis.

Vgl. Anwendungsprogramme.

Datenbasis

Sammlung von Daten, die in einer Datenbank gespeichert sind. Vgl. Datenbanksystem.

Datenblock
→Block

Datenbus
→Bus

Dateneingabe
→Eingabe

Datenfernübertragung

Übertragung von Daten über große Entfernungen über ein Datennetz oder über eine Datenfernübertragungs-Leitung.

Datenfernübertragungs-Leitung

Eine Datenfernübertragungs-Leitung besteht im einfachsten Fall aus einer Verbindungsleitung zwischen zwei Computern. Für diese Verbindungsleitung muß jedoch ein abgeschirmtes Kabel verwendet werden, damit die übertragenen Signale nicht gestört werden. PCs können z.B über die serielle Schnittstelle mit einem geschirmten Kabel verbunden werden. Um die Störsicherheit zu erhöhen, wird auf der seriellen Schnittstelle nicht mit Signalspannungen von 0 Volt und 5 Volt wie auf den übrigen Datenleitungen im PC, sondern mit Spannungen von -12 Volt und +12 Volt gearbeitet.

Postnetze

Um größere Entfernungen zu überbrücken, werden anstelle von Datenfernübertragungsleitungen Datennetze benutzt. Die Post bietet für die Datenfernübertragung mehrere Datennetze an. Dazu gehören das →Fernsprechnetz, das →Fernschreibnetz, das →Datexnetz und das →ISDN. Unter dem Datennetz versteht man zunächst nur das Leitungssnetz zwischen den angeschlossenen Teilnehmern. Am weitesten verbreitet ist das Fernsprechnetz. Auch an das Fernschreibnetz sind weltweit mehrere Millionen Teilnehmer angeschlossen. Das Datexnetz und das ISDN haben jedoch nur eine geringe Verbreitung.

Postdienste

Um die Leitungsnetze den Teilnehmern zur Verfügung zu stellen, bieten die Postverwaltungen in allen Ländern verschiedene Postdienste an. Die bekanntesten Postdienste sind der Fernsprechdienst und der Fernschreibdienst. Beim Fernsprechdienst wird den Teilnehmern erlaubt, mit Hilfe eines Telefons über das Fernsprechnetz zu telefonieren. Beim Fernschreibdienst erfolgt die Kommunikation mit Hilfe von Fernschreibern.

Weitere Postdienste sind der Datexdienst, →Teletex und →Bildschirmtext.

Bildschirmtext

Bei dem Postdienst →Bildschirmtext können die Teilnehmer über das →Fernsprechnetz Daten aus einer sehr umfangreichen Datenbank abfragen. Diese Datenbank wird von der Post zur Verfügung gestellt.

Teletex

Beim dem Postdienst →Teletex können die Teilnehmer über das →Datexnetz mit einer hohen Übertragungsgeschwindigkeit miteinander fernschreiben. Zur Datenübertragung kann aber auch das weit verbreitete →Fernschreibnetz benutzt werden. Dann erfolgt die Übertragung langsamer.

Schichtenmodell

Um die verschiedenen technischen Vorrichtungen und Verfahren der Datenfernübertragung zu beschreiben, hat man das →Schichtenmodell eingeführt. Das Schichtenmodell beschreibt die Funktionsweise der Übertragungseinrichtungen, damit alle Teilnehmer eines Datennetzes und eines Postdienstes von gleichen Voraussetzungen ausgehen und sich untereinander verstehen.

Übertragungsgeschwindigkeit

Im Schichtenmodell wird auch die →Übertragungsgeschwindigkeit beschrieben, mit der die Datenfernübertragung erfolgt. Sowohl auf Datenfernübertragungs-Leitungen als auch auf Datennetzen werden die Daten mit einer festen Übertragungsgeschwindigkeit übertragen. Die Übertragungsgeschwindigkeit gibt an, wieviele Zeichen pro Zeiteinheit übertragen werden können. Sie wird in Bit pro Sekunde oder Baud gemessen.

Anwendung
PCs werden über die →serielle Schnittstelle mit einer Datenfernübertragungsleitung oder einem Datennetz verbunden. Dann können zwei PCs miteinander Daten austauschen.

Kommunikationsprogramm
Die Daten werden dazu beim sendenden PC durch ein →Kommunikationsprogramm aus einer Datei geladen und über die Datenfernübertragungs-Leitung übertragen. Beim empfangenden PC werden die Daten ebenfalls durch ein Kommunikationsprogramm empfangen und wieder in einer Datei abgespeichert. Die Daten können dann später beim Empfänger ausgewertet werden.

Anwendung, Fernsprechnetz
Bei der Übertragung der Daten über ein Postnetz wird die Verbindung über ein →Modem oder einen Akustikkoppler hergestellt. Bei Benutzung des Fernsprechnetzes wird das Modem zwischen die →serielle Schnittstelle des PC

und einen Hauptanschluß des Fernsprechnetzes geschaltet.
Dann kann die Kommunikation mit einem anderen Teilnehmer des Fernsprechdienstes erfolgen, dessen PC ebenfalls über ein Modem und eine serielle Schnittstelle mit dem Fernsprechnetz verbunden ist.

Anwendung, Datexnetz
Sollen Daten mit einer höheren Übertragungsgeschwindigkeit als 2400 Baud über ein Postnetz übertragen werden, so ist es sinnvoll, das Datexnetz zu benutzen. Für die Kommunikation mit einem festen Teilnehmer ist auf diesem Netz eine →Standleitung besonders komfortabel, da sie ohne vorherigen Wählvorgang benutzt werden kann.
Vgl. PC.

Datenfernübertragungsleitung
→Datenfernübertragung

Datenkanal
→Kanal

Datenleitung
→Bus

Datenschutz
Schutz personenbezogener Daten vor Personen, die von den Daten keine Kenntnis erhalten sollen. Dazu gehören rechtliche Maßnah-

men, die den unerlaubten Zugriff unter Strafe stellen. Zum Datenschutz gehören aber auch technische Maßnahmen, die den unerlaubten Zugriff verhindern sollen. Vgl. Betriebssicherheit.

Datensicherung
Maßnahme, die den Verlust von Daten verhindern soll. Die Datensicherung kann durch eine externe Sicherungsmaßnahme erfolgen, indem man z.B. auf einem zweiten Datenträger eine Reservekopie der Daten anfertigt, auf die im Falle des Datenverlustes zurückgegriffen wird.

Die Datensicherung kann aber auch durch eine interne Sicherungsmaßnahme erfolgen, indem man z.B. zusätzliche Datenbits auf dem Datenträger abspeichert, die bestimmte Prüfsummen darstellen. Mit Hilfe dieser Prüfsummen lassen sich dann Fehler erkennen und korrigieren.

Anwendung
Auf PCs kann eine externe Datensicherung z.B. durch das →MS-DOS-Kommando BACKUP erfolgen. Durch diesen Befehl wird eine Sicherungskopie eines ganzen Massenspeichers erstellt. Aber auch mit dem →MS-DOS-Kommando COPY können einzelne oder mehrere Dateien gesichert werden.

Eine interne Datensicherung wird auf PCs z.B. durch das 9. und 18. Bit des Arbeitsspeichers realisiert. Die entsprechenden Bits werden auch →Parytybits genannt. In diesen Bits wird jeweils die Prüfsumme für ein Byte gespeichert. Im Falle einer fehlerhaften Prüfsumme erhält der Zentralprozessor der PCs einen Interrupt und kann geeignete Maßnahmen ergreifen, um den Fehler zu korrigieren. Vgl. Betriebssicherheit.

Datenübertragung
→Datenfernübertragung

Datenverarbeitung
Verarbeitung von Daten mit Hilfe von →Computern.

Datenwort
→Wort

Datexnetz
Datenübertragungsnetz der deutschen Bundespost, auf dem Daten mit hoher Übertragungsgeschwindigkeit übertragen werden können. Man unterscheidet DatexL und DatexP. Beim DatexL müssen beide Teilnehmer einer Datenübertragung mit gleicher Übertragungsgeschwindigkeit arbeiten. Beim DatexP können dagegen beide Teilnehmer unterschiedliche Übertragungsgeschwindigkeiten benutzen. Vgl. Datenfernübertragung.

D/A-Umsetzerkarte

Erweiterungskarte für PCs, mit deren Hilfe digital gespeicherte Daten in →analoge Signale umgewandelt werden können. Vgl. Erweiterungsplatine.

D/A-Wandlerkarte

Andere Bezeichnung für →D/A-Umsetzerkarte.

dBase

→Datenbankprogramm

DD

Abk. für double-density
→Diskettenkapazität

Deadlock

Zustand eines Multitask-Betriebssystems, bei dem sich zwei Prozesse gegenseitig behindern, weil jeder Prozeß auf die Freigabe einer Datei wartet, die der andere Prozeß noch benutzt.
Vgl. Multitaskbetrieb.

Debug

Debug ist sowohl ein Dienstprogramm als auch der Aufruf dieses Dienstprogramms. Das Dienstprogramm kann außerdem zum Assemblieren einfacher Assemblerprogramme benutzt werden.

Debug, Dienstprogramm

Debug ist ein Dienstprogramm zur Unterstützung bei der Fehlersuche in Programmen. Ein solches Programm zur Fehlersuche nennt man auch Debugger.

Das Dienstprogramm Debug läuft selbst unter dem Betriebssystemen MS-DOS und gehört auch zum Lieferumfang von MS-DOS. Es unterstützt die Fehlersuche in Programmen, die für den Betrieb unter MS-DOS entwickelt werden. Zur Fehlersuche wird das Dienstprogramm Debug über die →Debug-Befehle bedient.

Debug, Aufruf

Das Dienstprogramm Debug wird von MS-DOS aus durch das →MS-DOS-Kommando Debug aufgerufen. Danach kann es durch die →Debug-Befehle bedient werden.

Debug-Eingabeumlenkung

Mit Hilfe des Dienstprogramms Debug können auch einfache Assemblerprogramme assembliert werden. Dazu muß das Assemblerprogramm als Quellentext in einer Quellentextdatei vorliegen. Das Assemblieren erfolgt dann mit Hilfe der →Debug-Eingabeumlenkung. Beim Aufruf von Debug wird dazu der Name der Quellentextdatei, durch eine spitze Klammer mit der Spitze nach links getrennt, an den Befehl Debug angehängt.

Debug, Erzeugung eines ausführbaren Programms.

Mit Hilfe von Debug können auch ausführbare COM-Programme er-

```
A 100
;*****************************************************************
; Testprogramm zur Demonstration des Dienstprogramms DEBUG
;*****************************************************************
; Dieses Testprogramm kann z.B. mit Hilfe des Editors Edlin in
; die Datei TEST01.ASM eingegeben werden.    Der MS-DOS-Befehl
; DEBUG <TEST01.ASM
; übersetzt das Testprogramm und erzeugt das ausführbare Programm
; TEST01.COM. Dies Programm kann durch den Befehl TEST01 aufgerufen
; werden. Es wartet dann auf eine Tastatureingabe.   Der eingegebene
; ASCII Wert wird dann 64 mal auf dem Bildschirm dargestellt.
; Dieses Testprogramm soll auch die Funktion des Interrupt 21
; demonstrieren, über den in Assemblerprogrammen die Eingabe,
; die Ausgabe und die Rückkehr zu MS-DOS realisiert werden kann.
;*****************************************************************
; Das Programm muß bei Adresse 100 anfangen

A 100
; Einlesen eines Zeichens von der Tastatur in das Register AL
MOV AH,01
INT 21
; Tastaturzeichen im Register AL im Pufferregister BL speichern
MOV BL,AL
; Schleifenzählregister SI auf 40 hexadezimal = 64 dezimal setzen
MOV SI,0040
; Tastaturzeichen im Pufferregister BL auf den Bildschirm ausgeben
MOV DL,BL
MOV AH,02
INT 21
; Schleifenzähler erniedrigen und Ende der Schleife abfragen
DEC SI
JNZ 109
; Rückkehr zu MS-DOS
MOV AH,00
INT 21
; Markierung des Programmendes
NOP
;*****************************************************************
; Abspeichern des Programms unter dem Namen TEST01.COM
; Dazu muß im Register CX die Länge des Programms in Bytes stehen.

RCX
16
N TEST01.COM
W
A 100
;*****************************************************************
; Wird der Befehl Q am Ende dieser Datei entfernt, so kann das
; Programm mit Hilfe der DEBUG-Befehle für Tests geändert werden.
;*****************************************************************
; Nach dem Verlassen des Debuggers durch den Befehl Q am Ende
; dieser Datei kann das neu erzeugte Programm TEST01.COM
; durch Eingabe des Befehls TEST01 aufgerufen werden.
; Der ASCII-Wert einer danach gedrückten Taste wird dann 64-mal
; auf dem Bildschirm dargestellt.
;*****************************************************************

Q
```

145

zeugt werden. Dazu muß zunächst die Länge des Programms in das Register CX geschrieben werden. Dies erfolgt mit dem →Debug-Befehl REGISTER. Dann wird für das Programm mit dem →Debug-Befehl NAME eine Programmdatei eröffnet. Der Dateiname der Programmdatei muß bereits die Namenserweiterung COM erhalten. Danach kann das Programm mit dem →Debug-Befehl WRITE in der Datei abgespeichert werden.

Debug, Ausführung und Test
Das Programm in der Programmdatei kann dann anschließend aufgerufen werden, indem sein Dateiname ohne die Namenserweiterung COM wie ein MS-DOS-Kommando eingegeben wird. Das Programm in der Programmdatei kann aber auch mit Hilfe des Dienstprogramms Debug getestet werden. Dazu wird der Name der Programmdatei ohne spitze Klammer, aber durch ein Leerzeichen getrennt, hinter das MS-DOS-Kommando Debug geschrieben.
Vgl. Betriebssysteme.

Debug-Befehle

Befehle zum Bedienen des Dienstprogramms Debug. Mit Hilfe dieses Dienstprogramms können Programme getestet werden, die für PCs geschrieben wur-

den und unter MS-DOS laufen sollen.

Zeichenerklärung
Zeichen in [] brauchen nicht eingegeben zu werden. Dann werden von Debug voreingestellte Werte benutzt. Adressen und Daten müssen in hexadezimaler Form eingegeben werden.

Hinweise
Alle eingegebenen Befehle müssen mit der Entertaste abgeschlossen werden, um von Debug ausgeführt zu werden.

Ein laufendes Programm kann durch die Tastenkombination (CTRL)-(BREAK) unterbrochen werden.

Aus dem Dienstprogramm Debug kann mit dem Befehl Q zu MS-DOS zurückgekehrt werden.

Besonderheiten
Bei der Beschreibung der Befehle, in denen ein Speicherbereich angegeben werden kann, wird zur Vereinfachung der Beschreibung dieser Speicherbereich durch Anfangs- und Endadresse angegeben. Debug kann aber zusätzlich Speicherbereiche interpretieren, die über Anfangsadresse und Länge eingegeben werden. Zur Eingabe eines Speicherbereiches von Adresse 100 bis 110 kann dann geschrieben werden: 100L10

ASSEMBLE
Befeh zur Übersetzung der folgenden Assemblerbefehle in einen Speicherbereich.
Syntax:
A [A1]
A1:
Anfangsadresse des Speicherbereiches.

COMPARE
Befehl vergleicht zwei Speicherbereiche.
Syntax:
C [A1,A2,A3]
A1:
Anfangsadresse des ersten Speicherbereiches.

A2:
Endadresse des ersten Speicherbereiches.

A3:
Anfangsadresse des zweiten Speicherbereiches.

DUMP
Befehl zum Anzeigen des Inhalts eines Speicherbereiches.
Syntax:
D [A1,A2]
A1:
Anfangsadresse des angezeigten Speicherbereiches.

A2:
Endadresse des angezeigten Speicherbereiches.

ENTER
Befehl zum Ändern des Inhalts von Speicherzellen.
Syntax:
E A1 [D1 [D2] ...[DN]]
A1:
Adresse der ersten Speicherzelle.

D1:
Datenbyte, das in Adresse A1 geschrieben wird.

D2:
Datenbyte, das in Adresse A1+1 geschrieben wird.

DN:
Datenbyte, das in Adresse A1+N geschrieben wird.

FILL
Befehl zum Füllen eines Speicherbereiches mit Daten.
Syntax:
F [A1 A2 D1]
A1:
Anfangsadresse des Speicherbereiches.

A2:
Endadresse des Speicherbereiches.

D1:
Datenbyte, das in den Speicherbereich eingeschrieben wird.

GO
Befehl zum Starten eines Programms.
Syntax:
G [=A0][A1]..[AN]

A0:
Adresse, bei der das Programm gestartet wird.

A1:
Adresse, an die der erste Breakpoint gesetzt werden soll.

AN:
Adresse, an die der N. Breakpoint gesetzt werden soll.

HEXARITHMETIC

Befehl zur Berechnung der Summe und der Differenz zweier Hexadezimalzahlen.

Syntax:

H Z1 Z2

Z1:
Erster Operand.

Z2:
Zweiter Operand.

INPUT

Befehl zum Einlesen eines Bytes von einem Port.

Syntax:

I A1

A1:
Adresse des Ports.

LOAD

Befehl zum Laden einer Datei in den Arbeitsspeicher. Der Dateiname der Datei, die geladen werden soll, muß vorher mit dem Debug-Befehl NAME definiert werden.

Syntax:

L [A1]

A1:
Anfangsadresse des Speicherbereiches, in den die Datei geladen werden soll.

MOVE

Befehl zum Verschieben der Daten aus einem Speicherbereich des Arbeitsspeichers in einen anderen Speicherbereich.

Syntax:

M A1 A2 A3

A1:
Anfangsadresse des Bereiches, aus dem verschoben wird.

A2:
Endadresse des Bereiches, aus dem verschoben wird.

A3:
Anfangsadresse des Bereiches, in den verschoben wird.

NAME

Befehl zum Definieren des Namens einer Datei. In diese Datei können anschließend Programme mit dem Debug-Befehl WRITE abgespeichert werden. Mit dem Debug-Befehl LOAD können solche Programme wieder in den Arbeitsspeicher geladen werden.

Syntax:

N D1

D1:
Name der Datei, die definiert wird.

Zu dem Namen kann auch ein Verzeichnispfad und ein Laufwerks-Buchstabe angegeben werden.

OUT

Befehl zum Ausgeben eines Datenbytes über einen Port.

Syntax:

O A1 D1

A1:

Adresse des Ports.

D1:

Datenbyte, das ausgegeben wird.

QUIT

Befehl zum Verlassen des Dienstprogramms Debug. Es wird dann zum Betriebssystem MS-DOS zurückgekehrt.

Syntax:

Q

REGISTER

Befehl zum Anzeigen und Setzen eines Registers. Die Register befinden sich im Zentralprozessor des PC.

Syntax:

R [G1]

G1:

Name des Registers. Wird G1 weggelassen, so werden alle Register angezeigt. Wird G1 angegeben, so wird der Inhalt eines speziellen Registers angezeigt. Anschließend kann ein neuer Wert eingegeben werden, auf den das Register gesetzt werden soll. Wird ohne Eingabe eines Wertes die

Entertaste betätigt, so bleibt das Register unverändert.

Die Zentralprozessoren der PCs haben folgende Register:

Datenregister:
AX, AH, AL,
BX, BH, BL,
CX, CH, CL,
DX, DH, DL,

Pointerregister:
SP, BP,

Indexregister:
SI, DI

Segmentregister:
DS, ES, SS, CS.

SEARCH

Befehl zum Suchen eines Zeichens oder einer Zeichenfolge in einem Speicherbereich des Arbeitsspeichers.

Syntax:

S A1 A2 Z1

A1:

Anfangsadresse des Speicherbereiches.

A2:

Endadresse des Speicherbereiches.

Z1:

Zeichen oder Zeichenfolge.

TRACE

Befehl zum Verfolgen eines Programmablaufes. In dem Programm, dessen Ablauf verfolgt wird, wird dann je ein Programmbefehl abgearbeitet. Danach werden die Registerinhalte des Zentralprozessors auf dem Bildschirm angezeigt und danach der nächste Befehl abgearbeitet.

Syntax:

T[=A1][N1]

A1:

Adresse, bei der die Verfolgung begonnen wird.

N1:

Anzahl der Befehle, die verfolgt werden.

UNASSEMBLE

Befehl zum Rückübersetzen eines Maschinenspracheprogramms im Arbeitsspeicher in Assemblersprache.

Syntax:

U[A1 A2]

A1:

Anfangsadresse des Speicherbereiches.

A2:

Endadresse des Speicherbereiches.

WRITE

Befehl zum Abspeichern eines Speicherbereiches des Arbeitsspeichers in einer Datei.

Der Name der Datei muß vorher mit dem Debug-Befehl NAME definiert werden. Vor dem Abspeichern muß im Register CX die Länge des Speicherbereiches

in Byte stehen. Das Einschreiben in das Register kann mit dem Debug-Befehl REGISTER erfolgen.

Syntax:

W[A1]

A1:

Anfangsadresse des Speicherbereiches, der abgespeichert werden soll.

Debug-Eingabeumlenkung

Bedienungstechnik zum Assemblieren von Quellentexten mit Hilfe des Debuggers Debug. Der Assembler-Quellentext wird zu diesem Zweck in eine Datei eingegeben. Anschließend wird Debug aufgerufen. Hinter dem Aufruf wird eine spitze Klammer mit der Spitze nach links und daran anschließend der Dateiname der Quellentextdatei eingegeben. Dadurch holt sich Debug seine Befehle nicht mehr von der Tastatur, sondern aus der Quellentextdatei.

Assembliervorgang

Der Assembliervorgang wird in der Quellentextdatei durch den →Debugbefehl Assemble eingeleitet. Soll ein direkt ausführbares Programm mit der Namenserweiterung COM erstellt werden, so muß hinter dem Befehl Assemble die Adresse 100 angegeben werden. COM-Programme müssen bei Adresse 100 hexadezimal im Codesegment beginnen. Der Be-

fehl Assemble hat dann die Form:
A 100

In der nächsten Zeile können dann die Befehle eines Assemblerprogramms folgen. In dem Assemblerprogramm müssen alle Adressen und Konstanten als Hexadezimalzahlen angegeben werden. Kommentarzeilen beginnen mit dem Semikolon. Wird eine Leerzeile eingefügt, so wird der Assembliervorgang unterbrochen.

Abspeichern des Programms

Das Assemblierte Programm kann danach abgespeichert werden. Dazu wird mit dem →Debugbefehl REGISTER das Register CX auf die Länge des Programms in Bytes gesetzt. Danach wird mit dem →Debugbefehl NAME der Name der Datei definiert, in der das ausführbare Programm gespeichert werden soll. Sinnvoll ist es, die Namenserweiterung COM zu wählen, da das Programm dann direkt vom Betriebssystem aus aufgerufen werden kann. Mit dem →Debugbefehl WRITE wird das Programm dann abgespeichert.

automatisches Verlassen des Debuggers

Der Debugger läßt sich während der Eingabeumleitung überhaupt nicht mehr von der Tastatur bedienen. Er muß daher nach dem Assembliervorgang automatisch

wieder verlassen werden. Dies erfolgt durch den Befehl Q am Ende der Quellentextdatei. Wird Q vergessen, so muß der PC durch einen Reset oder einen Kaltstart wieder zum Laufen gebracht werden.

Testen des Programms

Da der Debugger nach dem Assembliervorgang automatisch wieder verlassen werden muß, kann kein Test des Programms erfolgen. Zum Testen kann Debug aber anschließend noch einmal ohne Eingabeumlenkung aufgerufen werden. Dann folgt dem Befehl DEBUG der Dateiname des übersetzten COM-Programms. Ist das Programm fehlerfrei, so kann es auch vom Betriebssystem aus, unter dem Dateinamen ohne Namenserweiterung COM, direkt aufgerufen werden.

Vorteile, Nachteile

Die Debug-Eingabeumlenkung eignet sich nur zur Erstellung kleinerer Assemblerprogramme, da nur der allernötigste Bedienungskomfort zur Verfügung gestellt wird. Sie stellt aber die Möglichkeit dar, auch ohne Anschaffung eines Assemblers Assemblerprogramme zu erstellen, da der Debugger Debug bereits zum Lieferumfang des Betriebssystems MS-DOS gehört.

Vgl. Bedienungstechnik.

Debugger

Dienstprogramm, mit dessen Hilfe die Fehlersuche in Programmen erfolgen kann. Zum Betriebssystem MS-DOS wird der Debugger Debug dazugeliefert. Für das Betriebssystem OS/2 gibt es einen umfangreichen Satz von Utilities, mit deren Hilfe das Testen von Programmen erfolgen kann, die im Multitaskbetrieb laufen sollen. Diese Utilities werden direkt von der Firma Microsoft vertrieben. Vgl. Betriebssystem.

Debugging

Fehlersuche in Programmen. Das Debugging erfolgt mit Hilfe eines Debuggers. Vgl. Debug.

Decrementieren

Erniedrigen eines Wertes. Von Decrementieren spricht man, wenn ein Zähler einer Programmschleife um einen festen Wert erniedrigt wird. Meistens wird bei jedem Durchlauf durch die Schleife der Zähler um eins erniedrigt. Vgl. Programmschleife.

Defaultwert

Wert der Variablen eines Computers oder Zustand eines Gerätes nach dem Einschalten. Außerdem haben die Parameter eines Bedienungsbefehls Defaultwerte, die gelten, wenn diese Parameter bei der Eingabe nicht angegeben werden.

Defaultwert, Variable

Die Zustandsregister von Geräten werden nach dem Einschalten durch den Resetimpuls auf den Defaultwert gesetzt. Bei Computern erhält der Zentralprozessor nach dem Einschalten einen solchen Resetimpuls. Dadurch beginnt der Zentralprozessor die Abarbeitung seiner Befehle im Initialisierungsprogramm, in dem die Variablen auf den Defaultwert gesetzt werden. Auch bei der Programmierung und Bedienung von Programmen muß beachtet werden, daß die Variablen auf einen Defaultwert gesetzt werden. In einem Programm erfolgt dies im Initialisierungsteil. Der Initialisierungsteil wird durchlaufen, sobald das Programm gestartet wird.

Defaultwert, Befehlsparameter

Zur Bedienung von Computern werden Befehle benutzt, die durch Parameter vielseitiger gestaltet werden. Damit bei der Eingabe nicht immer alle Parameter angegeben werden müssen, besitzen diese Parameter Defaultwerte, die gelten, wenn diese Parameter weggelassen werden.
Über einen Parameter kann z.B im →MS-DOS-Kommando DIR angegeben werden, welches Dateiverzeichnis angezeigt werden soll. Wird kein Dateiverzeichnis angegeben, wird das laufende Dateiverzeichnis angezeigt. Der De-

faultwert für das Dateiverzeichnis ist in diesem Befehl also das aktuelle Verzeichnis.
Vgl. Reset.

DEFDBL
→Basic-Befehle

DEF FN
→Basic-Befehle

DEFINT
→Basic-Befehle

DEF SEG
→Basic-Befehle

DEFSNG
→Basic-Befehle

DEFSTR
→Basic-Befehle

DEFUSR
→Basic-Befehle

Deklarationsbefehle
→Befehle

DEL
→MS-DOS-Kommando

DELETE
1. →Basic-Befehle
2. →EDLIN-Befehle

Delete-Taste
→Insert-Taste

Deskriptor
Beschreibung des Schlüsselwortes in einer formatfreien →Datenbank.

Deskriptorenliste
Liste, in der alle Schlüsselworte einer formatfreien →Datenbank verzeichnet sind.

Desktop-Publishing
→DTP

DEVICE
1. MS-DOS-Konfigurationsbefehl
2. OS/2-Konfigurationsbefehl

DFÜ
Abk. für →Datenfernübertragung.

Dialogbetrieb
Betriebsart eines Computers, in der der Benutzer über Tastatur und Bildschirm mit dem Computer korrespondiert. Der Benutzer gibt also über die Tastatur einen Befehl ein und wartet, bis der Computer den Befehl verarbeitet hat. Der Computer signalisiert danach auf dem Bildschirm durch das Promptzeichen seine Bereitschaft für neue Eingaben. Daraufhin gibt der Benuzer den nächsten Befehl ein.

Batchbetrieb
Im Gegensatz zum Dialogbetrieb steht der Batchbetrieb. Bei dieser

Betriebsart holt sich der Computer alle Eingaben, die er für die Bearbeitung einzelner oder mehrerer Programme benötigt, aus einer Batchdatei.

PCs werden normalerweise im Dialogbetrieb benutzt. In dieser Betriebsart befinden sie sich nach dem Einschalten. Soll der Batchbetrieb benutzt werden, so muß eine Batchdatei erstellt werden, die die Namenserweiterung BAT erhält. Eine Batchdatei kann z.B. mit Hilfe des Zeileneditors Edlin erstellt werden. Wird unter MS-DOS oder OS/2 der Name der Batchdatei ohne die Namenserweiterung BAT eingegeben, so werden die Befehle, die sich in der Batchdatei befinden, abgearbeitet. Nach der Bearbeitung des letzten Befehls kehrt der PC wieder in den Dialogbetrieb zurück und wartet auf Eingaben von der Tastatur oder von einem grafischen Eingabegerät.
Vgl. Betriebsart.

Dienstprogramm

Programm, das allgemeine Aufgaben erledigt, die durch das Betriebssystem nicht bearbeitet werden können.

Dienstprogramme zu MS-DOS

Auf PCs wird das Betriebssystem MS-DOS durch die Dienstprogramme →Edlin und →Debug ergänzt. Mit Hilfe dieser beiden Programme können Texte editiert und Programme getestet werden.

Dienstprogramme, verschiedene

Neben diesen beiden Dienstprogrammen, die zum Lieferumfang von MS-DOS gehören, werden eine Vielzahl weiterer Dienstprogramme angeboten. Das bekannteste Dienstprogramm stellen die →Norton-Utilities dar. Mit diesem Programm können z.B. versehentlich gelöschte Dateien restauriert werden. Weitere Dienstprogramme sind →PC-Tools und →Sidekick.
Vgl. Betriebssystem.

digitales Signal
→Signal

Digital/Analog-Umsetzerkarte
→D/A-Umsetzerkarte

DIM
→Basic-Befehle

DIR
→MS-DOS-Kommandos

directionflag

Bit im Programmstatusregister von Mikroprozessoren. Mit Hilfe des directionflags wird in den Zentralprozessoren der PCs die Abarbeitung der →Stringbefehle gesteuert. Ist das directionflag 0, so werden die Indexregister SI und DI nach der Bearbeitung eines Stringelementes automatisch um 1 erhöht. Ist das flag 1, werden die Indexregister um 1 erniedrigt. Vgl. Programmstatusregister.

Directory
Andere Bezeichnung für →Dateiverzeichnis.

Directory, aktuelle
→Dateiverzeichnis

direkte Adresse
→Adressierungsart

direkte Adressierung
→Adressierungsart

direkter Zugriff
→DMA

Direktory
→Dateiverzeichnis

Diskette
Kunststoffscheibe mit einer magnetisierbaren Oberfläche, auf der Informationen in Form von magnetischen Zuständen gespeichert werden können.

Aufbau
Äußerlich besteht eine Diskette aus einer quadratischen Kunststoff-Schutzhülle, in die ein kreisförmiger Datenträger eingeschweißt ist. Die Abmessungen der Schutzhülle sind abhängig von der →Diskettengröße. Die Schutzhülle enthält mehrere Öffnungen, durch die auf den Datenträger der Diskette zugegriffen werden kann. Der Zugriff auf die Informationen der Diskette erfolgt durch ein Diskettenlaufwerk, in das die Diskette hineingeschoben werden kann. Im Diskettenlaufwerk befinden sich Schreib/Leseköpfe, über die Informationen auf die Diskette geschrieben und wieder gelesen werden können. Damit auf die gesamte Fläche des Datenträgers zugegriffen werden kann, wird der Datenträger innerhalb der Schutzhülle durch das Diskettenlaufwerk gedreht. Auf diese Weise wird der Datenträger an den Schreib/Leseköpfen vorbeigeführt.

Spuren, Sektoren, tracks, Zylinder
Die Aufzeichnung der Daten auf den Datenträger erfolgt in konzentrisch umlaufenden Spuren. Die Spuren werden auch als Zylinder oder tracks bezeichnet. Um nicht immer auf die Information einer ganzen Spur zugreifen zu müssen, teilt man die Disketten noch zusätzlich in Sektoren ein. Der Zugriff auf eine bestimmte Information der Diskette erfolgt dann immer, indem ein ganzer Sektor von der Diskette in den Arbeitsspeicher geladen wird. Zur Adressierung eines solchen Sektors muß immer die Sektornum-

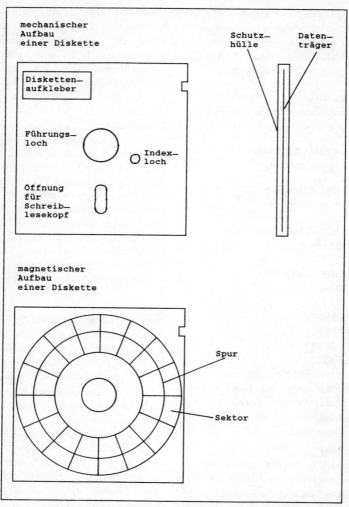

Mechanischer und magnetischer Aufbau einer Diskette

mer und die Spurnummer angegeben werden.

Schreibschutzkerbe

Die Schutzhülle einer Diskette besitzt mehrere Öffnungen für verschiedene Zwecke. Für den PC-Anwender ist die Schreibschutzkerbe am interessantesten. Diese Kerbe befindet sich bei 5,25-Zoll-Disketten an der rechten Kante der Diskette. Wird diese Kerbe zugeklebt, so kann die Diskette nicht mehr beschrieben, sondern nur noch gelesen werden. Dies wird benutzt, um Disketten mit wichtigen unveränderlichen Programmen und Daten gegen versehentliches Löschen zu schützen. Bei 3,5-Zoll-Disketten erreicht man durch das Verschieben des kleinen Riegels, daß die Schreibschutzkerbe geschlossen wird.

Weitere Öffnungen

Im Zentrum der Diskette sitzt das Führungsloch, in das die Antriebswelle des Diskettenlaufwerkes hineingreift, um den Datenträger der Diskette rotieren zu lassen. Unter dem Führungsloch hat die Schutzhülle eine länglich ovale Öffnung für den Zugriff der Schreib/Leseköpfe. Rechts neben dem Führungsloch besitzt die Schutzhülle noch das Indexloch. Dieses Loch ist auch im Datenträger vorhanden. Wird der Datenträger vom Diskettenlaufwerk so gedreht, daß sich das Indexloch des Datenträgers über dem Indexloch der Schutzhülle befindet, so erkennt das Diskettenlaufwerk, daß der Anfang einer Spur gerade am Schreib/Lesekopf vorbeigeführt wird.

Aufkleber

Neben den diversen Öffnungen besitzt eine Diskette einen Aufkleber, auf dem vermerkt werden kann, welche Information auf der Diskette gespeichert ist. Auf diese Weise kann die Verwechslung von Disketten vermieden werden. Der Aufkleber wird getrennt zu den Disketten geliefert. Er sollte immer vor dem Aufkleben beschriftet werden, da durch das Schreiben auf der Diskette der Datenträger beschädigt werden kann.

Vgl. Massenspeicher.

Diskettenbetriebssystem

Betriebssystem, das mindestens ein Diskettenlaufwerk benötigt. Die auf PCs eingesetzten Betriebssysteme MS-DOS, OS/2 und Unix sind Diskettenbetriebssysteme. Der Ausdruck Diskettenbetriebssystem wurde zur Abgrenzung gegenüber den Betriebssystemen geschaffen, die ausschließlich in ROMs untergebracht sind. Solche Betriebssysteme werden auf Homecomputern verwendet.

Vgl. Betriebssysteme.

Diskettendirectory
→Dateiverzeichnis

Diskettengröße
Größe einer Diskette. Man unterscheidet Disketten nach drei verschiedenen Diskettengrößen. Dies sind die 8-Zoll-, die 5,25-Zoll- und die 3,5-Zoll-Disketten. Die Zollangaben beziehen sich dabei auf den Durchmesser des Datenträgers. Dieser Durchmesser ist bei den einzelnen Disketten 20,3 cm, 13,3 cm und 8,9 cm. Die Kantenlänge der Schutzhülle ist nur geringfügig größer als der Durchmesser des Datenträgers.

8-Zoll-Disketten
8-Zoll-Disketten werden von PCs sehr selten verwendet. Sie können auch nur auf externen Diskettenlaufwerken benutzt werden, die nicht im Gehäuse des PC untergebracht sind. Solche Diskettenlaufwerke können z.B. benutzt werden, um Software von anderen Computern, die 8-Zoll-Disketten verwenden, auf PCs zu kopieren.

5.25-Zoll-Disketten
5,25-Zoll-Disketten werden dagegen auf PCs sehr häufig verwendet. Sie werden hauptsächlich auf PC-XTs und PC-ATs eingesetzt, da diese Geräte traditionell mit 5,25-Zoll-Diskettenlaufwerken ausgestattet sind.

3.5-Zoll-Disketten
3.5-Zoll-Disketten erfreuen sich zunehmender Beliebtheit. Sie werden hauptsächlich in tragbaren PCs und in der PS/2 Computerserie von IBM verwendet. Es ist aber auch möglich, PC-XTs und PC-ATs mit externen 3,5-Zoll-Diskettenlaufwerken nachzurüsten. Dadurch kann auch die 3.5-Zoll-Diskette auf diesen PCs benutzt werden. Andererseits können auch Computer, die standardmäßig mit einem 3.5-Zoll-Laufwerk ausgerüstet sind, mit einem externen 5,25-Zoll-Laufwerk erweitert werden. Dadurch kann Software, die nur auf 5,25- oder nur auf 3,5-Zoll-Disketten verfügbar ist, auf allen Computern der PC-Familie benutzt werden.
Vgl. Diskette.

Diskettenkapazität
Magnetisches Speichervermögen einer Diskette. Entscheidend für die Speicherkapazität einer Diskette ist nicht allein ihre mechanische Abmessung, sondern auch ihre magnetische Qualität. Die magnetische Qualität bestimmt, wie dicht die einzelnen Informationsbits auf den Datenträger der Diskette geschrieben werden dürfen.

Spuren
Die einzelnen Bits werden in konzentrisch umlaufenden Spuren auf der Diskette gespeichert.

Baugrößen von Disketten				
Disketten-bezeichnung	DSDD	DSHD	DSQD	DSHD
Diskettengröße	5.25 Zoll	5.25 Zoll	3.5 Zoll	3.5 Zoll
Speicherkapazität	360 KByte	1,2 MByte	720 KByte	1,4 MByte
Seiten	2	2	2	2
Spuren pro Seite	40	80	80	80
Sektoren pro Spur	9	15	9	15
Bytes pro Sektor	512	512	512	512

Spurdichte

Die Anzahl der Spuren, die pro Längeneinheit des Diskettenradius gespeichert werden dürfen, bezeichnet man als Spurdichte. Die Spurdichte wird in tracks per inch, abgekürzt tpi, gemessen.

magnetische Qualitäten

Man unterscheidet die magnetischen Qualitäten single-density, double-density, quad-density und high-density. Die Abkürzungen für diese Diskettenqualitäten heißen SD, DD, QD und HD.

Anzahl der Seiten

Außer der magnetischen Qualität einer Diskette ist für ihre Speicherkapazität wichtig, ob die Diskette von beiden Seiten beschrieben werden kann oder nur von einer Seite. Entsprechend spricht man von single-sided und double-sided Disketten, oder kurz von SS- oder DS-Disketten.

Bezeichnung der Disketten

Die Bezeichnung für die Anzahl der Seiten und die Bezeichnung für die magnetische Qualität werden meistens zu einer Bezeichnung zusammengefaßt. Für 5,25-Zoll-Laufwerke mit 360 KByte Speicherkapazität sind double-sided double-density Disketten geeignet. Diese tragen auf ihrer Verpackung die Aufschrift DSDD. Für 5,25-Zoll-Laufwerke mit 1,2 MByte Speicherkapazität, die in PC-ATs verwendet werden, sollten dagegen double-sided high-density Disketten verwendet werden. Diese tragen die Aufschrift DSHD.

Weitere Entwicklung

Die Tendenz zu höheren Speicherkapazitäten ist ungebrochen. So wurden inzwischen 3,5-Zoll-Disketten entwickelt, die für 20.8 MByte Speicherkapazität geeignet sind.

Vgl. Diskette.

159

Diskettenlaufwerk

Mechanisches Gerät, mit dessen Hilfe Information in magnetischer Form auf Disketten geschrieben und auch wieder gelesen werden kann.

Tangentialbewegung

Den Schreib- und Lesevorgang besorgt ein Schreib-/Lesekopf. Um alle Positionen auf dem Datenträger einer Diskette erreichen zu können, wird der Datenträger der Diskette in Rotation versetzt. Der Schreib-Lesekopf beschreibt dann auf dem Datenträger eine konzentrische Bahn. Diese Bahn wird auch Spur genannt. Die Rotation des Datenträgers wird durch den Antriebsmotor des Diskettenlaufwerkes ausgeführt. Der Antriebsmotor beschleunigt den Datenträger vor dem Zugriff auf eine Rotationsgeschwindigkeit von 300 Umdrehungen pro Minute. Wird anschließend nicht mehr auf die Diskette zugegriffen, bleibt auch der Antriebsmotor stehen.

Radialbewegung

Damit der Schreib/Lesekopf nicht nur eine Spur auf der Diskette erreichen kann, wird er selbst in radialer Richtung über die Diskettenoberfläche bewegt. Die Schutzhülle der Diskette besitzt zu diesem Zweck eine länglich ovale Öffnung in radialer Richtung, durch die der Schreib-/Lesekopf alle Spuren der Diskette erreichen kann.

Schreib/Lesekopf

Um einzelne Speicherzellen zu beschreiben und zu lesen, besteht der Schreib-/Lesekopf aus einem Elektromagneten, dessen Wicklung von einem Strom durchflossen wird. Je nachdem, in welcher Richtung der Strom durch die Wicklung fließt, wird eine 0 oder eine 1 in die magnetische Speicherzelle der Diskette geschrieben.

5,25-Zoll-Laufwerke

Den verschiedenen Disketten entsprechend gibt es auch verschiedene Diskettenlaufwerke. Die für PCs wichtigsten Laufwerke sind 5,25-Zoll-Standardlaufwerke und 5,25-Zoll-Hochkapazitäts-Laufwerke. Mit den Standardlaufwerken lassen sich Disketten für 360 KByte Speicherkapazität formatieren, während Hochkapazitäts-Laufwerke für Speicherkapazitäten von 1,2 MByte geeignet sind.

Datenaustausch, PC-XT, PC-AT

In Hochkapazitäts-Laufwerken lassen sich auch Disketten lesen, die für 360 KByte Speicherkapazität auf einem Standardlaufwerk formatiert wurden. Bei dem Beschreiben und Formatieren solcher Disketten im 360-KByte-Speicherformat auf Hochkapazitätslaufwerken ist jedoch Vorsicht geboten. Solche Disketten lassen sich nicht mehr auf allen Standardlaufwerken lesen. Für den Datenaustausch zwischen PC-XTs und PC-ATs über Disketten empfiehlt es sich daher, immer ein zusätzliches Standardlaufwerk an den PC-AT anzuschließen. Dieses Laufwerk kann auch als externes Laufwerk ausgeführt sein, wenn im Gehäuse des PC-AT nicht genügend Platz ist. Auf PC-XTs kann dagegen kein Hochkapazitäts-Laufwerk betrieben werden, da Hochkapazitäts-Laufwerke nur für PC-ATs geeignet sind.

3,5-Zoll-Laufwerke

Neben den Diskettenlaufwerken für 5,25-Zoll-Disketten gibt es auch Laufwerke für 3,5-Zoll-Disketten. Diese Laufwerke können Disketten auch wieder für zwei unterschiedliche Speicherkapazitäten formatieren. Üblich sind hier Speicherkapazitäten von 700 KByte und 1.4 MByte. Vgl. Massenspeicher.

Diskettenqualität
→Diskettenkapazität

Diskettenverzeichnis
→Dateiverzeichnis

diskrete Bauelemente

Elektronische Bauelemente, die einzeln aufgebaut sind und in ei-nem Gehäuse geliefert werden. Einzelne Widerstände, Transistoren und Kondensatoren sind diskrete Bauelemente. Im Gegensatz dazu stehen integrierte Schaltungen, bei denen eine Vielzahl von Widerständen und Transistoren in ein einziges Gehäuse eingebaut sind. Vgl. Schaltung.

Dispatcher

Zeitzuteilungsvorrichtung beim →Multitaskbetrieb.

Division

→Arithmetische Befehle

DMA

Abk. für direct memory access. Der DMA ist ein Zugriffsverfahren auf den Arbeitsspeicher eines Computers. Dabei werden die Daten, auf die im Arbeitsspeicher zugegriffen werden soll, nicht vom Zentralprozessor, sondern von einem DMA-Controller transportiert.

DMA-Controller

Der DMA-Controller ist eine integrierte Schaltung, die über einen Adreßbus und einen Datenbus verfügt. Über diese beiden Busse kann er ähnlich wie der Zentralprozessor auf den Arbeitsspeicher zugreifen. Will der DMA-Controller auf den Arbeitsspeicher zugreifen, so teilt er dieses dem Zentralprozessor über ei-

ne Steuerleitung mit. Der Zentralprozessor läßt daraufhin den DMA-Controller kurzzeitig auf den Arbeitsspeicher zugreifen, bevor er seinen nächsten Zugriff auf den Arbeitsspeicher beginnt. Die Daten, auf die der DMA-Controller zugegriffen hat, gelangen anschließend an Peripheriegeräte. Auf diese Weise entlastet der DMA-Controller den Zentralprozessor von Eingabe- und Ausgabeoperationen.
Vgl. PC.

DMA-channel
→Kanal

DMA-Controller
→DMA

DMA-Kanal
→Kanal

Dokumentationssystem
Datenbank, in der Texte gespeichert werden, die für umfangreiche Dokumentationszwecke benutzt werden. Da solche Texte sich nicht in einem festen Format darstellen lassen, verwendet man formatfreie Datenbanken.
Vgl. Datenbanken.

doppelte Dichte
→Diskettenkapazität

doppelte Genauigkeit
→Gleitkommazahlen

DOS
Abk. für disk operating system. DOS ist ein Betriebssystem, das für seine Arbeitsabläufe auf Disketten zugreift. Der Ausdruck DOS wird auch für das Betriebssystem PC-DOS gebraucht. Mit PC-DOS werden alle Orginal-IBM-PCs ausgestattet. Das gleiche Betriebssystem wird unter dem Namen MS-DOS auf IBM-kompatiblen PCs installiert. Auch MS-DOS ist ein disk operating system.
Vgl. Betriebssystem.

double density
→Diskettenqualität

double precision
→Gleitkommazahlen

DRAW
→Basic-Befehle

DRIVER.SYS
Gerätetreiber für PCs unter MS-DOS, durch den die Eigenschaften von Diskettenlaufwerken und Festplatten-Laufwerken verändert oder neu eingegeben werden können.

Der Gerätetreiber DRIVER.SYS wird dazu unter dem Betriebssystemen MS-DOS in der Konfigurationsdatei CONFIG.SYS aufgerufen. Der Aufruf erfolgt in dem

→MS-DOS-Konfigurationsbefehl DEVICE. Durch den Gerätetreiber DRIVER.SYS kann dem Betriebssystem mitgeteilt werden, welche Laufwerke unter welchem Laufwerks-Buchstaben angesprochen werden können.
DRIVER.SYS wird ab MS-DOS Version 3.21 zum MS-DOS geliefert.
Vgl. Gerätetreiber.

Drucker

Peripheriegerät, das zum Ausdrucken von Daten und Programmen benutzt wird, die im Computer gespeichert sind.

Die auf Papier ausgedruckten Daten und Programme können für Dokumentationszwecke benutzt werden. Aber auch die Ergebnisse, die ein Computer errechnet hat, werden gern ausgedruckt, da besonders längere Tabellen auf Papier leichter auszuwerten sind als am Bildschirm. Auch ist es leichter, einen Stapel Papier durchzublättern, als die Daten einer Datei seitenweise auf dem Bildschirm anzeigen zu lassen.

Schnittstelle

Der Anschluß eines Druckers an einen PC erfolgt über eine Schnittstelle. Es kann sowohl eine →parallele Schnittstelle, als auch eine →serielle Schnittstelle be-

nutzt werden. Die serielle Schnittstelle ist jedoch nicht auf allen Druckern verfügbar.

parallele Schnittstelle

Die meisten Drucker verfügen über eine →parallele Schnittstelle. Diese wird auch als Druckerschnittstelle bezeichnet. Sie kann über ein Druckerkabel mit der parallelen Schnittstelle eines PC verbunden werden. Im PC werden die Signale für die parallele Schnittstelle durch eine Schnittstellenkarte erzeugt. Diese Karte ist in einem der Steckplätze des PC montiert. Viele PCs sind auch mit Videokarten ausgestattet, die hauptsächlich die Steuersignale für den Bildschirm erzeugen, aber zusätzlich eine parallele Schnittstelle besitzen. Diese Schnittstelle kann dann für einen Drucker benutzt werden.

parallele Schnittstelle, Vorteile, Nachteile

Die Schnittstellenkarten besitzen dagegen eine parallele und eine serielle Schnittstelle. Die parallele Schnittstelle hat gegenüber der seriellen Schnittstelle den Vorteil, daß sie auf fast allen Druckern vorhanden ist und daß sie vom Betriebssystem der PCs besser unterstützt wird, als die serielle Schnittstelle. Sie hat jedoch den Nachteil, daß mit ihr nur eine Entfernung von bis zu 5 m vom

PC zum Drucker störungsfrei überbrückt werden kann.

Serielle Schnittstelle

Soll der Drucker weiter als 5 m vom PC aufgestellt werden, so empfielt es sich, die →serielle Schnittstelle für die Datenübertragung zu verwenden. Viele PCs verfügen bereits in ihrer Grundausstattung über diese Schnittstelle, da sie für viele andere Anwendungen gebraucht wird. Die Drucker sind dagegen selten mit einer seriellen Schnittstelle ausgestattet. Die serielle Schnittstelle kann jedoch sowohl am PC als auch am Drucker nachgerüstet werden.

Druckertreiber

Zum Drucken von Texten und Grafiken werden vom PC zum Drucker →Zeichen übertragen. Zum Drucken von einfachen Texten sind diese Zeichen für alle Drucker gleich. Sollen dagegen Grafiken oder Texte mit speziellen →Steuerzeichen gedruckt werden, so ist ein →Druckertreiber nötig. Der Druckertreiber ist ein Programm für den PC. Er paßt die vom PC ausgegebenen Zeichen an die vom Drucker erwarteten Zeichen an.

Nadeldrucker

Um die vom PC übertragenen Texte auf Papier bringen zu können, verwenden Drucker unterschiedliche Drucktechniken. Zu-sammen mit PCs werden am häufigsten →Nadeldrucker eingesetzt, weil sie sich am besten in das Preisgefüge der PCs einpassen. Bei den Nadeldruckern werden die zu druckenden Zeichen aus einer Punktmatrix zusammengesetzt. Jeder Punkt dieser Matrix wird dabei zu Papier gebracht, indem eine Drucknadel das Farbband des Druckers an das Papier anschlägt. Das führt dazu, daß Nadeldrucker sehr laute Geräusche erzeugen.

Matrixdrucker

Die Nadeldrucker gehören zur Gruppe der Matrixdrucker, weil sie ihre Zeichen aus einer Punktmatrix zusammensetzen. Zu dieser Gruppe gehören auch die →Tintenstrahldrucker und die →Thermodrucker, die aber von PC-Anwendern weniger verwendet werden. Im Zusammenhang mit PCs ist daher meistens ein Nadeldrucker gemeint, wenn von einem Matrixdrucker die Rede ist.

Laserdrucker

Für gehobenere Anforderungen werden gern →Laserdrucker verwendet. Diese bringen die Schriftzüge und Grafiken nach der gleichen Technik zu Papier wie die Fotokopierer. Laserdrucker arbeiten daher sehr leise und übertreffen die Matrixdrucker auch an Druckgeschwindigkeit. Außerdem ist der Ausdruck von Laserdruckern schärfer als der von Matrixdruckern. Laserdrucker sind jedoch auch preislich höher angesiedelt als Matrixdrucker.

Kettendrucker
Für besonders lange Ausdrucke, die mit einer hohen Druckgeschwindigkeit ausgedruckt werden sollen, verwendet man →Kettendrucker. Diese werden gern in Rechenzentren eingesetzt. Für PC-Anwender sind Kettendrucker nur in Ausnahmefällen geeignet.

Typenraddrucker
Beim →Typenraddrucker wird gedruckt, indem die Typen auf einem Typenrad ein Farbband an das Papier anschlagen. Der Typenraddrucker entspricht nicht mehr dem Stand der Technik, da er gegenüber den vielfältigen Möglichkeiten der Matrixdrucker nicht mithalten kann. Für Neuanschaffungen ist er daher nicht geeignet.

Zeichendrucker
Die Drucker werden weiterhin nach →Zeichendruckern, Zeilendruckern und Seitendruckern eingeteilt. Zeichendrucker sind z.B Nadeldrucker oder Typenraddrucker, die in einem Arbeitsgang nur ein Zeichen drucken können. Zeilendrucker und Seitendrucker drucken dagegen eine ganze Zeile

bzw. eine ganze Seite in einem Arbeitsgang.
Vgl. PC.

Druckerkabel
Verbindungskabel zwischen PC und Drucker. Vgl. Drucker.

Druckerschnittstelle
→Schnittstelle

Druckerschnittstellen-Karte
→Schnittstellenkarte

Druckerspooler
→Spool

Druckertreiber
Programm, das die Zeichen eines Computers bei der Druckerausgabe an einen speziellen Drucker anpaßt. Sollen nur einfache Texte ohne spezielle Steuerzeichen ausgegeben werden, so ist kein Druckertreiber erforderlich. Die Drucker aller Fabrikate werden dazu durch einheitliche ASCII-Zeichen angesteuert.

Druckertreiber, Anwendung
Sollen jedoch auf einem Drucker z.B. Grafiken erzeugt werden, so müssen die Grafikzeichen, die der Computer ausgibt, an die Grafikzeichen angepaßt werden, die der Drucker eines speziellen Fabrikats verarbeiten kann. Auch wenn spezielle Druckerfunktionen wie z.B. Schriftarten oder Schrift-

165

höhen eingestellt werden sollen, muß eine Anpassung der Druckerausgabe an den benutzten Drucker erfolgen. Diese Anpassung wird vom Druckertreiber ausgeführt.

Druckertreiber, Vorteil
Durch eine Anpassung über einen Druckertreiber wird vermieden, daß in allen Anwendungsprogrammen Programmteile zur Ansteuerung aller marktgängigen Drucker vorhanden sein müssen. Es braucht stattdessen nur ein Druckertreiber für den vorhandenen Drucker vorhanden zu sein. Viele Anwendungsprogramme, wie z.B. die Textverarbeitungsprogramme, werden daher mit einer Bibliothek verschiedener Drukkertreiber geliefert. Vgl. Drucker.

Druckgeschwindigkeit
Physikalische Größe für die Anzahl der Zeichen, die ein Drucker pro Zeiteinheit drucken kann. Die Einheit für die Druckgeschwindigkeit ist characters per second, cps oder Buchstaben pro Sekunde.
Vgl. Hardwareeigenschaften.

Drucktaste
→Hardcopy

DS
→Diskettenkapazität

DTP
Abkürzung für Desktop-Publishing. Desktop-Publishing bezeichnet die Gestaltung einer druckfertigen Seite am Bildschirm. Gegenüber der Textverarbeitung mit Textverarbeitungsprogrammen wird bei der Gestaltung des Textes durch DTP eine höhere Darstellungsqualität erreicht. Ausserdem können Texte mit aufwendigen Grafiken illustriert werden.

DTP-System, Hardwareausstattung
Für ein DTP-System sollte als Computer mindestens ein PC-AT benutzt werden, da ein PC-XT für diesen Zweck zu langsam arbeitet. Noch besser ist ein PC-AT-386 geeignet. Der verwendete PC sollte mindestens über ein Diskettenlaufwerk und eine Festplatte verfügen. Auf Grund der höheren Darstellungsqualität wird für ein DTP-System ein →Laserdrucker benötigt. Auch ein hochauflösender Bildschirm und eine →VGA-Karte sollten nicht fehlen, da sonst das erstellte Layout nicht am Bildschirm betrachtet werden kann.

DTP-Layoutprogramm
Softwareseitig wird für ein DTP-System ein DTP-Layoutprogramm benötigt. Als Layoutprogramm bieten sich die beiden Programme Pagemaker und

Ventura-Publisher an. Am weitesten verbreitet ist das Programm Pagemaker. Dieses Programm war ursprünglich für den Computer Macintosh-II der Firma Apple entwickelt worden, ist aber inzwischen auch für PCs verfügbar.

Das Programm Ventura-Publisher wurde dagegen direkt für PCs entwickelt. Es benutzt die grafische Benutzeroberfläche →GEM.

DTP-Layoutprogramme, Arbeitsweise

Aufgabe der Layoutprogramme ist es, Texte, Bilder und Grafiken, die im Computer gespeichert sind, zu übernehmen und zu einer druckfertigen Seite zusammenzufügen. Die Gestaltung von Text und Bild steuert der Bediener des DTP-Layoutprogramms. Ist ein druckfertiges Dokument erstellt, so wird es in einer Datei abgespeichert und anschließend auf einem Laserdrucker ausgedruckt.

DTP-Druckerzeugnisse

Bei den Druckerzeugnissen kann es sich im einfachsten Fall z.B. um Visitenkarten handeln, für die die Druckqualität der Textverarbeitung nicht ausreicht. Allein für die Erstellung von Visitenkarten lohnt sich jedoch nicht die Investition für ein DTP-System. Bei der Erstellung von Preislisten, Mitteilungsblättern oder Bedienungshandbüchern kann es aber bereits sinnvoll sein, ein eigenes DTP-System zu besitzen, besonders wenn diese Dokumente häufig geändert werden müssen. Gegenüber Dokumenten, die über ein einfaches Textverarbeitungssystem erzeugt wurden, haben DTP-Produkte den Vorteil, daß sie kleiner und handlicher sind und weniger Papier verbrauchen. Der größte Vorteil von DTP-Dokumenten ist natürlich, daß sie optisch ansprechender aussehen und sich auch leichter lesen und erfassen lassen.

DTP, Vervielfältigung

Sollen nur kleine Serien von DTP-Dokumenten gedruckt werden, so können alle Exemplare direkt über den Laserdrucker des DTP-Systems ausgedruckt werden. Bei größeren Serien ist es dagegen vorteilhafter, auf dem DTP-System nur die Druckvorlage zu erstellen und die Serie in einem anderen Vervielfältigungsverfahren zu erzeugen. Dazu kann die Druckvorlage z.B. auf einem Fotokopierer vervielfältigt werden.

Fotosatz

Für größere Serien ist die Vervielfältigung im Fotosatzverfahren geeignet. Dazu wird das DTP-Dokument über den Laserdrucker ausgedruckt und anschließend auf fotografischem Wege auf eine Druckplatte gebracht. Danach kann das Dokument in einem Druckverfahren gedruckt werden. Eine noch bessere Auflösung erreicht man, wenn die Druckvorlage nicht über den Laserdrucker ausgedruckt, sondern über einen Laserbelichter direkt auf einen Film ausgegeben wird.

Die Information auf dem Film kann dann wieder auf eine Druckplatte gebracht und anschließend in einem Druckverfahren gedruckt werden.

Vgl. Anwendungsprogramme.

dual
andere Bezeichnung für →binär.

DUMP
→Debug-Befehle

Dump
Ausdruck eines Speicherbereiches.

Duplexübertragung
Datenübertragung, bei der die Daten auf dem Übertragungsweg zu jeder Zeit in beiden Richtungen übertragen werden können. Man spricht dann auch von Vollduplex. Für die Vollduplexübertragung sind zwei Datenleitungen nötig.

Halbduplexbetrieb
Ist nur eine Datenleitung vorhanden, so kann der Halbduplexbetrieb eingesetzt werden. Dabei sendet zunächst der erste Teilnehmer und der zweite empfängt. Danach wird die Übertragungsrichtung umgeschaltet und der zweite Teilnehmer sendet und der erste empfängt.

Simplexübertragung
Ist nur eine Datenleitung vorhanden, auf der die Daten auch nur in einer Richtung übertragen werden, so spricht man von Simplexübertragung.

Vgl. Datenfernübertragung.

Durchsatz
→Verarbeitungsgeschwindigkeit

dynamische Speicherverwaltung
→virtueller Speicher

dynamischer Speicher
→Speicher

dynamisches RAM
→RAM

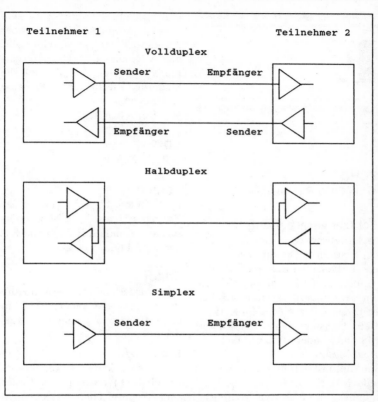

Duplexübertragung

169

E

ECHO
→MS-DOS-Batchbefehle

Echtzeitverarbeitung
→Betriebsart von Computern, bei der bestimmte Operationen zu genau festgelegten Zeiten bearbeitet werden. Auf PCs kann dies durch ein Anwenderprogramm geschehen, das unter einem Singletask-Betriebssystem läuft, also unter MS-DOS oder unter OS/2 im Real-Mode.

Im Multitaskbetrieb unter OS/2 ist jedoch keine Echtzeitverarbeitung möglich, da OS/2 kein Multitask-Echtzeit-Betriebssystem ist. Für Spezialanwendungen kann das Multitask-Echtzeit-Betriebssystem RMX benutzt werden. RMX ist von der Firma Intel speziell für die Mikroprozessoren 80186, 80286 und 80386 entwickelt worden. Damit ist RMX auch für PC-ATs geeignet.

Für die Echtzeitverarbeitung werden PCs jedoch wenig benutzt, da hier spezielle Prozeßrechner zum Einsatz kommen. Es ist aber grundsätzlich möglich, einen PC mit A/D- und D/A-Umsetzerkarten auszurüsten und ihn für die Steuerung technischer Prozesse einzusetzen.
Vgl. Betriebssystem.

EDIT
→Basic-Befehl

Edition
Bezeichnung für eine Version des Betriebssystems OS/2. Man unterscheidet Standard Edition und Extended Edition. Vgl. OS/2.

Editor
Dienstprogramm, mit dessen Hilfe Programme und andere Texte in einen Computer eingegeben werden können.

Bedienung
Ein Editor kann entweder zum Erstellen einer neuen Datei oder zum Ändern einer bestehenden Datei benutzt werden. Das Erstellen oder Ändern einer Datei bezeichnet man auch als editieren. Beim Aufruf des Editors muß neben dem Namen des Editors der Name der Datei eingegeben werden, die editiert werden soll. Der Editor sucht als erstes die angegebene Datei im aktuellen Dateiverzeichnis. Findet er die Datei nicht, so eröffnet er eine neue Datei.

Findet der Editor dagegen die angegebene Datei, so geht er davon aus, daß diese Datei geändert werden soll. Er benennt also die alte Datei als erstes um, indem er ihr die Namenserweiterung BAT gibt. Dann erstellt er eine neue Datei mit dem Namen der gefundenen Datei und kopiert den Inhalt der alten Datei in die neue Datei. In der neuen Datei werden auch im weiteren alle Änderungen durchgeführt, während die Datei mit der Namenserweiterung BAT unverändert erhalten bleibt.

Betriebsarten

Jeder Editor besitzt mindestens zwei Betriebsarten, den Befehlsmode und den Eingabemode. Der Benutzer kann über Tastatureingaben die Betriebsart ständig wechseln. Zum Verlassen des Eingabemodes muß eine Taste benutzt werden, die im eingegebenen Text nicht verwendet wird. Üblich sind dafür die Escapetaste mit der Aufschrift (ESC) oder die Tastenkombination (CTRL)-C. Auch Tastenkombinationen der Alternatetaste wie z.B. (ALT)-F sind üblich, um den Eingabemode zu verlassen.

Befehlsmode

Im Befehlsmode kann der Editor über die Editorbefehle bedient werden. Mit Hilfe der Editorbefehle können z.B. einzelne oder mehrere Zeilen gelöscht werden.

Auch können in dieser Betriebsart Zeilen aus anderen Dateien in die gerade editierte Datei hineinkopiert werden. Aus dem Befehlsmode heraus wird der Editor auch wieder verlassen. Zur Bedienung des Zeileneditors Edlin können z.B die →Edlin-Befehle benutzt werden. Komfortable Bildschirmeditoren besitzen sogar mehrere Befehlsmodi, in denen Befehle verschiedener Gruppen bearbeitet werden können.

Eingabemode

Sollen neue Texte eingegeben werden, so muß sich der Editor im Eingabemode befinden. Danach kann der Text fließend eingegeben werden. Ist der Text eingegeben, so wird wieder in den Befehlsmode zurückgewechselt.

Zeileneditor

Es gibt unterschiedlich komfortable Editoren. Grundsätzlich unterscheidet man Zeileneditor und Bildschirmeditor. Beim Zeileneditor können Änderungen immer nur durch Anzeigen und Ändern einer Zeile erfolgen. Der Editor →Edlin, der zur Grundausstattung des Betriebssystems MS-DOS gehört, ist solch ein Zeileneditor.

Bildschirmeditor

Bei einem Bildschirmeditor kann zum Ändern einer Datei eine ganze Textseite auf dem Bildschirm dargestellt werden. In der dargestellten Seite können dann Änderungen erfolgen, indem der Benutzer die zu ändernden Textstellen mit dem Cursor anfährt und den Text direkt überschreibt. Diese Methode ist vor allem viel anschaulicher und übersichtlicher als das Ändern mit Hilfe von Editorbefehlen bei den Zeileneditoren.

Aber auch die Bildschirmeditoren verfügen über einen Befehlsmode, in dem Editorbefehle eingegeben werden können. Dieser wird jedoch seltener benutzt als beim Zeileneditor. Auch das Weiterblättern der Seiten auf dem Bildschirm kann über Kontrolltasten erfolgen, so daß dazu nicht in den Befehlsmode gewechselt werden muß. Lediglich zum Verlassen des Editors muß in den Befehlsmode gewechselt werden.

Auch das mehrfache automatische Ersetzen von Zeichenketten läßt sich im Befehlsmode leichter durchführen als im Eingabemode. Mit Bildschirmeditoren sind z.B. die Programmierpakete MS-Quick-Basic, Turbo-Basic und Turbo-Pascal ausgerüstet. Vgl. Betriebssysteme.

Edlin

Zeileneditor für PCs. Edlin gehört zum Lieferumfang der Betriebssysteme MS-DOS und OS/2. Er wird durch folgenden Befehl aufgerufen:

Edlin D1

D1 ist dabei der Name der Datei, die editiert werden soll. Nach dem Aufruf befindet sich Edlin im Befehlsmode, in dem er durch die →Edlin-Befehle bedient werden kann. Durch den Edlin-Befehle INSERT wird vom Befehlsmode in den Eingabemode geschaltet. Danach können Texte eingegeben werden. Der Eingabemode wird durch Betätigen der Tastenkombination (CTRL)-C wieder verlassen. Danach befindet sich Edlin wieder im Befehlsmode. Aus dem Befehlsmode kann Edlin über die Edlin-Befehle END oder QUIT wieder verlassen werden. Durch END wird die geänderte Datei abgespeichert, durch QUIT wird sie nicht gespeichert, sondern gelöscht.

Vgl. Editor.

Edlin-Befehle

Befehle zum Bedienen des Zeileneditors Edlin im Befehlsmode. Vgl. Edlin.

Zeichenerklärung:

Zeichen in eckigen Klammern [] können weggelassen werden. Edlin setzt dann voreingestellte Werte ein.

Der Doppelpunkt wird benutzt, um auf die Syntax hinzuweisen und um die zu erklärenden Parameter von der Erklärung zu trennen. Die Erklärung steht dann jeweils in der nächsten Zeile.

Hinweise:

Jede eingegebene Befehlszeile muß mit der Enter-Taste abgeschlossen werden.

Um Zeichen eingeben zu können, muß mit dem Edlin-Befehl INSERT in den Eingabemode gewechselt werden. Der Eingabemode wird durch Betätigen der Tastenkombination (CTRL)-C wieder verlassen.

Aus dem Befehlsmode von Edlin kann mit dem Edlin-Befehl END zum Betriebssystem MS-DOS zurückgekehrt werden.

APPEND

Befehl liest Textzeilen in den Arbeitsspeicher.

Syntax:

[Z1]A

Z1:

Anzahl der Zeilen, die gelesen werden.

Defaultwert für N1 ist 1

COPY

Befehl kopiert einen Textbereich vor eine Textzeile.

Syntax:

[Z1],[Z2],Z3[,N]C

Z1:

Erste Zeile des Textbereiches.

Z2:

Letzte Zeile des Textbereiches

Z3:

Zeile, vor der der Text eingefügt wird.

N:

Anzahl, wie oft der Kopiervorgang wiederholt wird.

DELETE

Befehl zum Löschen von Zeilen.

Syntax:

[Z1][,Z2]D

Z1:

Erste gelöschte Zeile.

Z2:

Letzte gelöschte Zeile.

EDIT

Befehl zum Ändern einer Zeile.

Syntax:

Z1

Z1:

Nummer der Zeile, die geändert werden soll. Nach dem Betätigen der Enter-Taste wird die ungeänderte Zeile auf dem Bildschirm dargestellt. Diese Zeile kann durch die Funktionstaste (F1) zeichenweise und durch (F3) ganz in die geänderte Zeile übernommen werden. Zwischendurch können einzelne Zeichen durch andere überschrieben werden. Außerdem können Zeichen durch die Delete-Taste gelöscht werden. Zum Einfügen von Zeichen muß vor dem ersten einzufügenden Zeichen und nach dem letzten einzufügenden Zeichen die Insert-Taste

173

betätigt werden. Ist die Zeile komplett übernommen, so wird nochmal die Enter-Taste betätigt. Die Zeile ist dann geändert.

END

Befehl zum Verlassen des Editors. Die geänderte Datei wird abgespeichert, die alte Datei erhält die Namenserweiterung BAK.
Syntax:
E

INSERT

Befehl zum Einfügen von Zeilen. Durch den Befehl INSERT wird der Editor in den Eingabemode geschaltet. Diese Betriebsart kann durch Betätigen der Tastenkombination (CTRL)-C oder (CTRL)-(BREAK) wieder verlassen werden. Im Eingabemode kann der einzufügende Text zeilenweise eingegeben werden. Eine Zeile wird jeweils durch die Enter-Taste abgeschlossen.
Syntax:
[Z1]I
Z1:
Zeilennummer der Zeile, vor der die eingegebenen Zeilen eingefügt werden sollen.

LIST

Befehl zum Anzeigen von Zeilen auf dem Bildschirm.
Syntax:
[Z1][,Z2]L

Z1:
Erste Zeile.
Z2:
Letzte Zeile.

MOVE

Befehl zum Versetzen eines Textbereiches an eine andere Stelle im Text.
Syntax:
[Z1],[Z2],Z3M
Z1:
Erste Zeile des Textbereiches.
Z2:
Letzte Zeile des Textbereiches.
Z3:
Zeile, vor die der Text eingefügt wird.

PAGE

Befehl zum Anzeigen von Textzeilen auf dem Bildschirm. Die aktuelle Zeile wird anschließend auf das Ende des angezeigten Textes gesetzt. Dadurch kann der Text seitenweise durchgeblättert werden.
Syntax:
[Z1][,Z2]P
Z1:
Erste angezeigte Zeile.
Z2:
Anzahl der Zeilen.

QUIT

Befehl zum Verlassen des Editors. Die Änderungen werden nicht gespeichert. Der QUIT-Befehl kann benutzt werden, wenn während des Editiervorgangs erkannt wird, daß die eingegebenen Änderungen nicht richtig waren.

Syntax:

Q

REPLACE

Befehle zum Ersetzen einer Zeichenkette durch eine andere. Die Zeichenkette wird an allen Textstellen ersetzt, an denen sie gefunden wird.

Syntax:

[Z1][,Z2][?]R TX1 (F6) TX2

Z1:

Zeile, von der ab ersetzt wird.

Z2:

Zeile, bis zu der ersetzt wird.

?:

Schalter zur Aktivierung einer Abfrage vor jedem Ersetzungsvorgang, ob ersetzt werden soll.

TX1:

Zu ersetzender Text

(F6):

Funktionstaste (F6)

TX2:

Neuer Text

SEARCH

Befehl zum Suchen einer Zeichenkette.

Syntax:

[Z1][,Z2][?]S TX1

Z1:

Zeile, von der ab gesucht wird.

Z2:

Zeile, bis zu der gesucht wird.

?:

Schalter zur Aktivierung einer Abfrage nach jedem Suchvorgang, ob weitergesucht werden soll.

TX1:

Zu suchender Text.

TRANSFER

Befehl zum Lesen der Textzeilen einer anderen Datei.

Syntax:

[Z1]T D1

Z1:

Zeile, vor der die gelesenen Textzeilen eingefügt werden sollen.

D1:

Datei, aus der gelesen wird.

WRITE

Befehl zum Schreiben von Textzeilen in die geänderte Datei.

Syntax:

[Z1]W

Z1:

Anzahl der Textzeilen, die weggeschrieben werden.

EDV

Abk. für elektronische Datenverarbeitung. EDV erfofgt mit Hilfe von →Computern.

EEPROM

→EPROM

effektive Adresse
Adresse, relative

EGA-Karte
Abk. für Enhanced Grafics Adapter Karte. Die EGA-Karte ist eine Farbgrafikkarte für PCs. Mit ihrer Hilfe könne Texte und Farbgrafiken auf einem Farbbildschirm dargestellt werden. Sie wird dazu in dem Steckplatz eines PC montiert.

EGA-Karte, Funktionsweise
Um ein Bild auf dem Bildschirm zu erzeugen, schreibt der Mikroprozessor des PC Textzeichen und Grafikmuster in den Bildschirmspeicher der EGA-Karte. Die EGA-Karte erzeugt dann die Ansteuersignale für den Bildschirm, indem sie die Information im Bildschirmspeicher auswertet. Sie ist in der Lage, sowohl Monochrom-Bildschirme als auch Farbbildschirme anzusteuern.

Textmode
Die EGA-Karte kann im Textmode und im Grafikmode betrieben werden. Im Textmode können entweder 80*25 Zeichen oder 40*25 Zeichen dargestellt werden. Die einzelnen Zeichen werden in einer Matrix von 8*14 Pixel dargestellt. Diese 8*14 Pixel werden im laufenden Betrieb der Karte aus einem RAM gelesen. Das RAM wird nach dem Einschalten des PC automatisch mit den Daten eines ROMs geladen. Das hat den Vorteil, daß man bei der Gestaltung der Buchstaben, Ziffern und Sonderzeichen noch Änderungen vornehmen kann, nachdem die Zeichenmuster aus dem ROM ins RAM kopiert worden sind. Es steht auch nicht nur ein Zeichensatz zur Verfügung wie bei der CGA-Karte, sondern es kann auf 4 verschieden Zeichensätze mit 256 Zeichen zugegriffen werden. Um aber die Abwärtskompatibilität zur CGA- Karte zu gewährleisten, hat man einen der vier Zeichensätze mit der 8*8 Pixel Zeichenmatrix der CGA-Karte programmiert.

Grafikmode
Im Grafikmode können verschiedene Auflösungen programmiert werden. Dazu gehören die Auflösungen, die auch bei der CGA-Karte vorhanden sind. Dadurch ist die Abwärtskompatibilität zur CGA-Karte auch im Grafikmode gewährleistet. Darüberhinaus kann mit der EGA-Karte eine Auflösung von 640*350 Pixel bei 16 Farben dargestellt werden. Dies ist der komfortabelste Mode der Karte. Um diese hohe Auflösung bei 16 Farben realisieren zu können, werden auf der EGA-Karte 256 KByte Bildschirmspeicher zur Verfügung gestellt.

Bildschirme

Die EGA-Karte ist in der Lage, Ansteuersignale für verschiedene Bildschirme zu liefern. Dazu muß sie mit Hilfe von DIP-Schaltern programmiert werden. Danach können an die Karte Monochrom-Bildschirme, Farbbildschirme oder spezielle EGA-Bildschirme angeschlossen werden.

Adressierung

Die EGA-Karte gehört zur Familie der Videokarten. Die Adressierung des Bildschirmspeichers erfolgt im Textmode ähnlich wie bei allen anderen Videokarten. Besonderheiten der Adressierung des Bildschirmspeichers im Grafikmode werden unter Videokarten dargestellt. Vgl. Videokarten.

Ein/Ausgabekanal
→Kanal

Ein/Ausgabeprozessor
→Kanalprozessor

einfache Dichte
→Diskettenkapazität

einfache Genauigkeit
→Gleitkommazahlen

Einfüg-Taste
→Insert-Taste

Eingabe
Übertragung von Daten von einem Eingabegerät wie z.B. der Tastatur in den Arbeitsspeicher eines Computers. Im Arbeitsspeicher können die eingegebenen Daten anschließend vom Zentralprozessor des Computers weiterverarbeitet werden.
Vgl. Peripheriegeräte.

Eingabebefehle
Befehle, durch die Daten von einem Eingabegerät in den Arbeitsspeicher eines Computers transportiert werden. Ein Eingabebefehl kann in Maschinensprache oder in einer höheren Programmiersprache formuliert werden. Existieren mehrere Eingabegeräte, so muß im Eingabebefehl zusätzlich die Adresse des Eingabegerätes angegeben werden, über das die Daten eingegeben werden sollen. Es gibt aber auch Eingabebefehle für spezielle Peripheriegeräte.

Eingabebefehle in Basic

Der →Basic-Befehl INPUT ist z.B. speziell für die Eingabe von Daten über die Tastatur geeignet. Im Basic-Befehl INPUT# kann dagegen die Nummer einer Datei angegeben werden, aus der Daten gelesen werden sollen. Die Dateinummer muß vorher mit dem →Basic-Befehl OPEN einer Datei zugeordnet werden. Der Massenspeicher, auf dem sich die Datei befindet, ist dann das adressierte Eingabegerät. Vgl. Programme.

Eingabegerät
→Peripheriegeräte

Eingabekanal
→Kanal

Eingabe-Taste
→Enter-Taste

Einplatz-Betriebssystem
→Multiuserbetriebssystem

Einplatzsystem
→Multiusersystem

Einzelblatteinzug

Papierzuführungsvorrichtung für Drucker. Besitzt ein Drucker einen Einzelblatteinzug, so kann nicht nur auf Endlospapier, sondern auch auf einzelne Blätter gedruckt werden. Die Blätter müssen vor dem Druckvorgang in den Drucker eingeschoben werden. Das Drucken auf einzelne Blätter ist immer dann vorteilhaft, wenn nur eine kurze Liste oder ein Brief auf einem einzelnen Blatt ausgedruckt werden soll.

automatischer Einzelblatteinzug

Besitzt ein Drucker zusätzlich einen automatischen Einzelblatteinzug, so kann ein ganzer Papierstapel in den Drucker eingelegt werden. Der automatische Einzelblatteinzug zieht dann Blatt für Blatt in den Drucker ein. Eine Vorrichtung zum automatischen Einzelblatteinzug kann bei den meisten Druckern, die über einen einfachen Einzelblatteinzug verfügen, nachgerüstet werden.
Vgl. Drucker.

Einzelschrittbetrieb
→Trapflag

EISA

Abk. für extended industrial architecture.

Computerarchitektur, die eine Erweiterung des PC-AT beschreibt. Die EISA ist auf die PC-AT-Architektur aufgebaut und ist auch aufwärtskompatibel zum PC-AT. Ziel von EISA ist es, für einen 32-Bit-PC eine geeignete Steckplatz-Schnittstelle zu definieren, auf der bis zu 4000 MByte externer Arbeitsspeicher angeschlossen werden können. Außerdem soll auf dieser Schnittstelle ein schneller Datentransfer möglich sein. Dieser Datentransfer erfolgt über einen Multimasterbus, so daß mehrere PCs an diesen Bus angeschlossen werden können.

Die Schnittstelle stellt damit ein Konkurrenzprodukt zu dem Mikrochannel der IBM PS/2 Computerserie dar. EISA wird von den Firmen AST, COMPAQ, Epson, HP, Intel, Microsoft, NEC, Tandy, Zenith und 3Com entwickelt.
Vgl. PS/2.

elektronische Datenverarbeitung

Verarbeitung von Daten mit Hilfe von →Computern.

elektronische Post

Übermittlung von Texten über eine Datenfernübertragungs-Leitung anstelle der Übermittlung eines Briefes. Der Text einer solchen Übertragung gelangt in eine →Mailbox des Empfängers. Vgl. Datenfernübertragung.

elektronischer Briefkasten

→Mailbox

elektrostatischer Drucker

→Laserdrucker

EMS

Abk. für expanded memory spezifikation. Erweiterungsarchitektur, durch die auch PC-XTs mit mehr als 1 MByte Arbeitsspeicher ausgerüstet werden können. Dieser erweiterte Arbeitsspeicher wird vom Betriebssystem MS-DOS ab der Version 4.0 unterstützt. Von früheren MS-DOS-Versionen kann der erweiterte Speicherbereich zwar nicht benutzt werden. Unter diesen Versionen können jedoch Anwendungsprogramme aufgerufen werden, die den erweiterten Speicherbereich benötigen. Solch ein Programm ist z.B. Lotus-1-2-3. Die Firmen Lotus, Intel und Microsoft

waren auch die Urheber des EMS-Standards. Deshalb nennt man den EMS-Standard auch LIM-Standard.

Voraussetzungen

Um den EMS einsetzen zu können, benötigt der Anwender eine Speichererweiterungskarte, die einen Speicherzugriff nach EMS erlaubt.

Diese Karte muß in einem Steckplatz des PC montiert werden. Auf diese Speichererweiterungskarte muß mit einem speziellen Gerätetreiber, dem expanded memory manager, zugegriffen werden. Dieses Dienstprogramm wird auch EMM genannt. Es wird zu den EMS-Speichererweiterungskarten auf Diskette geliefert. Der EMM wird unter den Betriebssystemen MS-DOS und OS/2 in der Konfigurationsdatei CONFIG.SYS mit dem →Konfigurationsbefehl DEVICE aufgerufen.

Adressiertechnik

Der PC-XT benutzt einen 8088-Mikroprozessor als Zentralprozessor. Dieser hat nur 20 Adreßleitungen, mit denen er 1 MByte Speicher direkt adressieren kann. Um auf diesem PC den Arbeitsspeicher über 1 MByte hinaus zu erweitern, benutzt man einen Speicherbereich, der ursprünglich für ROM-Cassetten vorgesehen war. In solchen ROM-

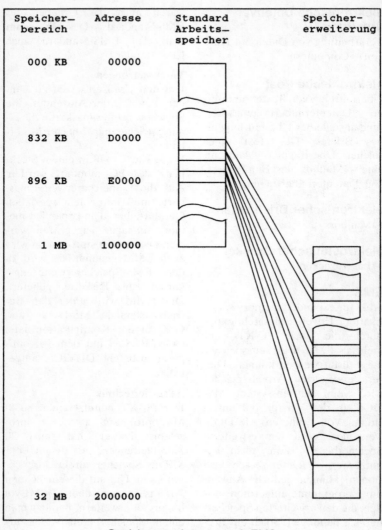

Speichererweiterung nach EMS

Cassetten sollten Anwendungsprogramme montiert werden. Die ROM-Cassetten haben sich aber nicht durchgesetzt, so daß der Speicherbereich von Adresse D0000 bis Adresse DFFFF frei ist. Diesen Adreßraum, der insgesamt 64 KByte groß ist, teilt man in vier 16 KByte große Bereiche ein. Diese Speicherbereiche nennt man auch Bänke oder Speicherbänke. Auch die Speichererweiterung von 1 MByte bis 32 MByte ist in 16-KByte-Bänke eingeteilt. Damit der Mikroprozessor auf den erweiterten Speicherbereich jenseits von 1 MByte zugreifen kann, werden jeweils vier Bänke des erweiterten Speicherbereiches in die Speicherbänke von Adresse D0000 bis DFFFF hineingeschaltet. Das Umschalten besorgt hardwaremäßig eine Vorrichtung, die auf den EMS-Speicherkarten vorhanden ist. Diese Vorrichtung wird softwaremäßig vom EMM verwaltet, der oben schon erwähnt wurde. Das Umschalten der Speicherbereiche bezeichnet man auch als bankswitching oder mapping.

PC-AT

Nicht nur für PC-XTs ist eine Speichererweiterung nach EMS sinnvoll. Auch bei PC-ATs kann sie eingesetzt werden. Der Mikroprozessor 80286 verfügt zwar über 24 Adreßpins, mit denen er bis zu 16 MByte-Arbeitsspeicher direkt adressieren kann. Der 80286 muß jedoch den Real-Mode verlassen und in den Protected-Mode umschalten, um diese 16 MByte adressieren zu können. Im Protected Mode ist er aber nicht kompatibel zum Real-Mode und damit auch nicht kompatibel zu MS-DOS. Daher bleibt man auch bei Speichererweiterungen auf dem PC-AT im Real-Mode mit seinem 1 MByte Adreßraum und erweitert den Arbeitsspeicher nach dem EMS-Standard.

Vgl. Systemerweiterung.

Emulation
→Emulator

Emulator

Gerät, das ein anderes Gerät nachbildet, obwohl es technisch anders aufgebaut ist als das Originalgerät. Emulatoren werden z.B. verwendet, um integrierte Schaltungen nachzubilden. Sinn dieser Nachbildung ist es, die Funktionsweise der integrierten Schaltung zu untersuchen oder zu verändern und dann zu untersuchen.

Einige integrierte Schaltungen wie z.B. Mikrocomputer müssen auch programmiert werden, um für ihr Einsatzgebiet geeignet zu sein. Das Programm für solch einen Mikrocomputer kann dann

181

mit Hilfe eines Emulators getestet werden, bevor die integrierte Schaltung gefertigt wird.

Anwendung

Emulatoren zum Emulieren von Mikrocomputern und Mikroprozessoren können über die serielle Schnittstelle an PCs angeschlossen werden. Dann wird der Emulator vom PC aus gesteuert. Auf diese Weise ist es möglich, Programme für Mikrocomputer und nicht-8088-kompatible Mikroprozessoren auf PCs zu entwickeln und mit Hilfe des Emulators zu testen.

Vgl. Systemerweiterung.

END
→Basic-Befehle

ENDLOCAL
→OS/2-Batchbefehl

Endlosformular
→Endlospapier

Endlospapier
Papier, das zum Ausdrucken längerer Listen benutzt wird. Die einzelnen Seiten beim Endlospapier sind an den Enden gefalzt und zickzackförmig gefaltet. Die Falze an den Enden der Seiten besitzen eine Perforation, an der das Endlospapier abgetrennt werden kann.

Vgl. Drucker.

ENTER
→Debug-Befehle

Enter-Taste
Taste auf der Tastatur von PCs. Die Enter-Taste befindet sich am rechten Rand der Schreibmaschinen-Tastatur von PCs. Sie trägt die Aufschrift Enter, Return oder Eingabe und wird deshalb auch als Return-Taste oder Eingabe-Taste bezeichnet.

Funktion

Die Enter-Taste wird zum Abschließen einer eingegebenen Zeile benutzt. Durch das Betätigen der Enter-Taste wird die eingegebene Zeile in den PC übernommen und verarbeitet.

Vgl. Tastatur.

Entfern-Taste
→Insert-Taste

Entwicklungspaket
→Programmierpaket

ENVIRON
→Basic-Befehle

ENVIRON$
→Basic-Befehle

EOF
→Steuerzeichen

EOT
→Steuerzeichen

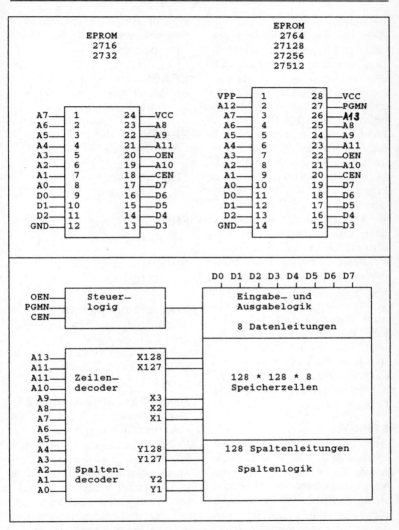

Pinbelegung und Blockschaltbild von EPROMs

EPROM

Abk. für erasable programmable read only memory. Speicherbaustein, der seine Information nicht verliert, wenn die Versorgungsspannung abgeschaltet wird. Vor dem Einschreiben der Information muß das EPROM mit UV-Licht gelöscht werden. EPROMS haben dazu auf ihrem Gehäusedeckel ein Fenster, durch das UV-Licht eindringen kann. Nach dem Löschen kann das EPROM mit einem speziellen Programmiergerät programmiert werden. Bei dem Programmiervorgang wird Information in den Speicherbaustein eingeschrieben. Diese Information ist danach dauerhaft gespeichert und kann bis zum Löschen des gesamten Bausteins nicht mehr verändert . werden. EPROMs werden in PCs eingesetzt, um den BIOS-Urlader zu speichern. Dies ist ein Programm, das nach dem Einschalten des PC das Betriebssystem in den Arbeitsspeicher lädt.

EEPROM

Auch das EEPROM ist ein Speicherbaustein, der seine Information nicht verliert, wenn die Versorgungsspannung abgeschaltet wird. EEPROM ist die Abk. für electrical erasable programmable read only memory. Wie der Name schon sagt, kann es elektrisch gelöscht werden. Es braucht also nicht mit UV-Licht bestrahlt zu werden.
Vgl. Speicher.

ERASE

1. →MS-DOS-Kommandos
2. →Basic-Befehle

ERDEV

→Basic-Befehle

ERL

→Basic-Befehle

ERR

→Basic-Befehle

ERROR

→Basic-Befehle

Erweiterungsplatine

→Platine, die zur Erweiterung eines PCs benutzt wird. Die Erweiterungsplatinen werden senkrecht in die Stecksockel der Steckplätze gesteckt.

Standard-Erweiterungsplatinen

Standardmäßig ist jeder PC mit einer Erweiterungsplatine für die Bildschirmsteuerung und einer Platine für die Steuerung der Massenspeicher wie z.B. Diskette und Festplatte ausgestattet. Diese Steuerfunktionen sind nicht auf der Hauptplatine untergebracht, da man bei der Entwicklung der PCs grundsätzlich die Möglichkeit offenhalten wollte, mit ständig verbesserten Bildschirmen und Massenspeichern zu arbeiten. Diese verbesserten Peripheriegeräte müssen dann aber auch durch verbesserte →Videokarten und verbesserte →Massenspeichercontroller angesteuert werden.

zusätzliche Erweiterungsplatinen
Um einen PC dagegen für komplexere Aufgaben einsetzen zu können, gibt es →Speichererweiterungsplatinen, mit denen der Arbeitsspeicher der PCs erweitert werden kann. Beliebt sind auch →Schnittstellenplatinen, mit denen ein PC nachträglich mit →seriellen Schnittstellen und →parallelen Schnittstellen ausgerüstet werden kann. →Multi-IO-Karten enthalten ebenfalls Schnittstellen. →Multifunktionskarten enthalten sowohl zusätzlichen Speicher als auch zusätzliche Schnittstellen. Für spezielle Aufgaben können aber auch →A/D-Umsetzerkarten oder Erweiterungsplatinen für →Bildschirmtext und →Transputer eingesetzt werden.
Vgl. PC.

ESC
→Steuerzeichen

Escape
→Steuerzeichen

Escape-Taste
Taste, die das Steuerzeichen Escape erzeugt. Die Escape-Taste befindet sich bei den Ziffernblocktasten. Sie trägt die Aufschrift Esc oder Escape.
Vgl. Tastatur.

ESDI-Schnittstelle
→Massenspeicher-Schnittstelle

ETB
→Steuerzeichen

Ethernetbus
Netzwerkarchitektur, nach der lokale Rechnernetze aufgebaut werden können. Beim Ethernetbus wird zur Übertragung ein 60-Ohm-Coax-Kabel verwendet, auf dem die Daten mit einer Übertragungsgeschwindigkeit von bis zu 10 MBaud übertragen werden können. Als Modulation für die Datenübertragung wird Basisbandmodulation verwendet.

Buszugriff
Im passiven Zustand sind alle Teilnehmer als Empfänger geschaltet. Will ein Netzwerk-Teilnehmer senden, so erhält er das Zugriffsrecht nach dem →CSMA/CD-Verfahren. Bei diesem Verfahren greift der Teilnehmer zu und prüft während der Sendung, ob eine Buscollision vorliegt, weil ein anderer Sender zur gleichen Zeit zu senden begonnen

hat. In diesem Fall wird die Sendung abgebrochen und zu einem späteren Zeitpunkt neu begonnen.

Teilnehmerzahl
Durch das CSMA/CD-Verfahren ist die Erweiterung der Teilnehmerzahl beim Ethernetbus ohne Unterbrechung des Netzwerkbetriebes möglich. Das Coax-Kabel wird dazu mit einem Verbindungsdorn angebohrt, der die Verbindung zur Seele und zum Mantel des Kabels herstellt. An den Verbindungsdorn wird das Netzwerkkabel des neuen Teilnehmers angeschlossen.
Vgl. Rechnernetzstandards.

ETX
→Steuerzeichen

Exceptions
Unterprogrammaufrufe, die bei der →Multitaskprogrammierung verwendet werden.

Exclusiv-Oder
→logische Verknüpfung

EXE2BIN
→MS-DOS-Kommando

EXE-Datei
→Datei

EXE-Programm
→Verschiebbare Programme

EXOR
→logischer Befehl

EXP
→Basic-Befehle

expanded memory
→extended memory

Expertensysteme
Programme, die Aufgaben von menschlichen Experten übernehmen. Mit Hilfe dieser Programme wird Fachwissen gesammelt und bei Bedarf Auskunft über spezielle Fragen zu diesem Wissensgebiet gegeben. Bei dem Wissensgebiet kann es sich um Naturwissenschaften wie Biologie, Chemie, Medizin oder Physik handeln. Mit Expertensystemen können aber auch theoretische Probleme aus Geisteswissenschaften wie z.B. Mathematik, Psychologie oder Theologie behandelt werden.

Expertensystem, Programmiersprachen
Zur Programmierung von Expertensystemen eignen sich besonders Programmiersprachen, in denen die verwendeten Befehle vom Programmierer selbst definiert werden können. Dafür bieten sich die Programmiersprachen Forth, Lisp und Prolog an. Besonders beliebt und weit verbreitet ist Prolog.
Vgl. Programmiersprachen.

Exponent
→Gleitkommazahlen

extended edition
→edition

extended memory
Speicherbereich des Arbeitsspeichers, der oberhalb der 1-MByte-Grenze liegt. Soll dieser Speicherbereich als extended memory genutzt werden, so müssen an jeden Adreßanschluß des Arbeitsspeichers eine Adreßleitung vom Mikroprozessor angeschlossen werden. Der Mikroprozessor kann dann direkt auf alle Speicherzellen des Arbeitsspeichers zugreifen. Der 8088 Mikroprozessor der PC-XTs besitzt nur 20 Adreßleitungen. Zur Adressierung von 1 MByte Speicher werden aber bereits 20 Adreßleitungen benötigt. PC-XTs können daher kein extended memory adressieren.

expanded memory
Aber auch PC-XTs können auf den →Adreßraum jenseits der 1-MByte-Grenze zugreifen. Dazu werden jeweils vier Speicherbänke von je 16 KByte des Adreßraumes von 1 MByte bis 32 MByte in den 64-KByte-Adreßraum von 832 KByte bis 896 KByte hinein-

geschaltet. Der Adreßraum von 832 KByte bis 896 KByte ist im PC unterhalb der 1-MByte-Grenze gerade noch frei.
Diese Zugriffstechnik nennt man auch EMS. Den Speicherbereich jenseits der 1-MByte-Grenze, auf den durch EMS zugegriffen wird, nennt man expanded memory. Auf ein expanded memory kann immer nur in Teilbereichen zugegriffen werden. Soll auf einen Teil des Speichers zugegriffen werden, der nicht durch eine der vier ausgewählten Speicherbänke erfaßt wird, so muß vorher eine der vier Speicherbänke umgeschaltet werden.
Vgl. EMS.

extended technologie
→PC-XT

Extension
→Namenserweiterung

externer Befehl
→resident

EXTERR
→Basic-Befehle

EXTPROC
→OS/2-Batchbefehl

F

Farbbildschirm
→Bildschirm

Farbdrucker
→Drucker, der Texte und Grafiken farbig darstellen kann.

Farbgrafikkarten
→Videokarten

Farbmonitor
→Bildschirm

FCB
Abk. für file control block. Datenblock im Arbeitsspeicher von PCs, der für jede Datei angelegt wird, die gerade bearbeitet wird. Der FCB wird vom Betriebssystem verwaltet.

FCB, Massenspeicher
Neben dem FCB im Arbeitsspeicher existiert ein FCB auf dem entsprechenden Massenspeicher. Aus Sicherheitsgründen befindet er sich dort in zweifacher Ausführung. Der FCB im Massenspei-

cher ist ein Abbild des FCB im Arbeitsspeicher.

FCB, Inhalt
Ein FCB ist 44 Byte lang. Er enthält für jede Datei Informationen über den Dateinamen, das Laufwerk und die Speicherplatzbelegung. Außerdem wird im FCB das Datum der Abspeicherung und das Attribut der Datei gespeichert.

FCB, höhere Programmiersprachen
Anwendungsprogrammierer benutzen ständig FCBs. Sobald sie in einem Programm eine Datei eröffnen, wird der FCB automatisch vom Betriebssystem im Arbeitsspeicher angelegt. Wird die Datei nicht mehr benötigt, so kann sie geschlossen werden. Der FCB im Arbeitsspeicher wird dann gelöscht. Das Öffnen und Schließen einer Datei erfolgt in der Programmiersprache BASIC z.B. durch die →BASIC-Befehle OPEN und CLOSE.

FCB, Assemblerprogramme
Soll in Assemblerprogrammen über die →Interruptroutine 21 auf Dateien zugegriffen werden, so erfolgt der Zugriff ebenfalls über einen FCB. Der FCB muß dann jedoch vom Programmierer mit verwaltet werden. Beim Öffnen, Schließen, Lesen und Beschreiben einer Datei werden dann die

Aufbau eines FCB. Alle Zahlenangaben sind Hexadezimalzahlen.		
Adresse relativ zum FCB-Anfang	Anzahl der Bytes	Funktion des FCB-Speicherbereiches
00	01	Anfangskennung des FCB. Die Anfangskennung muß im Anwendungsprogramm auf FF gesetzt werden.
01	05	Reservierter Speicherplatz
06	01	Dateiattribut: 00 = kein Attribut
07	01	Gerätenummer: 00 = Aktuelles Laufwerk 01 = Laufwerk A 02 = Laufwerk B 03 = Laufwerk C
08	08	Dateiname. Es können maximal 8 ASCII-Zeichen angegeben werden. Leerstellen müssen mit 20 hexadezimal aufgefüllt werden.
10	03	Datei-Namenserweiterung. Leerstellen müssen mit 20 hexadezimal aufgefüllt werden.
13	02	Aktuelle Block-Nummer
15	02	Länge der Datensätze, die über den Datenpuffer gelesen oder geschrieben werden. Das niederwertige Byte steht in Adresse 15, das höherwertige Byte in Adresse 16.
17	04	Anzahl der Bytes in der Datei.
1B	02	Datum der letzten Änderung. Bit00 – Bit04 : Tag des Monats Bit05 – Bit08 : Monat Bit09 – Bit15 : Jahr relativ zu 1980
1D	02	Uhrzeit der letzten Änderung. Bit00 – Bit04 : Doppelsekunden Bit05 – Bit10 : Minuten Bit11 – Bit15 : Stunden
1F	08	Reservierter Speicherbereich
27	01	Aktuelle Nummer des Datensatzes
28	04	Nummer des Datensatzes bei wahlfreiem Zugriff auf die Datei.

```
A 100
;*************************************************************
; Testprogramm zur Demonstration des Zugriffs auf eine Datei
; durch Interruptroutinen und FCBs in einem Assemblerprogramm.
; Die Datenübertragung erfolgt über den Datenpuffer. Der
; Datenpuffer befindet sich auf Adresse 080 im Codesegment.
; Das Assemblerprogramm kann mit Hilfe der Debug-Eingabeumlenkung
; und des Debuggers DEBUG übersetzt und ausgeführt werden.
;*************************************************************
MOV AX,CS
MOV DS,AX
; Neue Datei eröffnen. Die Dateiinformation steht im FCB.
MOV AH,16
MOV DX,180
INT 21
; Satzlänge des FCB auf 64 Bytes setzen.
MOV AL,40
MOV DI,195
MOV [DI],AL
; Datenpuffer mit 64 gleichen Buchstaben füllen.
MOV DI,080
MOV BL,40
MOV AL,41
MOV [DI],AL
INC DI
DEC BL
JNZ 119
; Datenpuffer in die Datei schreiben.
MOV AH,15
MOV DX,180
INT 21
; Datei schließen. Die Dateiinformation steht im FCB.
MOV AH,10
MOV DX,180
INT 21
; Rückkehr zum Betriebssystem
MOV AH,00
INT 21

A 180
;*******************************************************
; FCB zum Zugriff auf die Datei TEST21.DAT.
DB FF
DB 00,00,00,00,00
; Dateiattribut
DB 00
; Gerätenummer.
DB 00
; Dateiname TEST21
DB 54,45,53,54,32,31,20,20
; Datei-Namenserweiterung DAT.
DB 44,41,54
; FCB-Daten, die vom Betriebssystem modifiziert werden.
DB 00,00,00,00,00,00,00,00,00,00,00,00,00
DB 00,00,00,00,00,00,00,00,00,00,00,00,00,00,00,00
DB 00,00,00,00,00,00,00,00,00,00,00,00,00
;*******************************************************
; Abspeichern des übersetzten Assemblerprogramms TEST21.COM.

RCX
100
N TEST21.COM
W
Q
```

190

Funktionen 0F, 10, 14 und 15 der Interruptroutine 21 benutzt. Das Öffnen einer neuen Datei erfolgt mit der Funktion 16. Das Eintragen des Dateinamens in den FCB kann mit der Funktion 29 der Interruptroutine 21 erfolgen. Vgl. Datei.

FCBS

1. →MS-DOS-Konfigurations-befehl
2. →OS/2-Konfigurationsbefehl

FDISK

→MS-DOS-Kommando

Fehler

Von Ihrer Entstehung her unterscheidet man Hardwarefehler, Softwarefehler und Bedienungsfehler.

Hardwarefehler

Hardwarefehler entstehen, wenn die Hardware eines Computers nicht in Ordnung ist. Dies ist z.B der Fall, wenn bestimmte Speicherzellen des Arbeitsspeichers nicht funktionieren. Beim Laden eines Programms wird dann das Programm verfälscht und arbeitet nicht in der Art und Weise, wie es in der Bedienungsanweisung beschrieben ist.

Fehlererkennung, Fehlerkorrektur

Um Hardwarefehler auf Computern möglichst zu vermeiden, setzt man Fehlererkennungsverfahren und Fehlerkorrekturverfahren ein. Auf PCs wird die Fehlererkennung von Fehlern im Arbeitsspeicher mit Hilfe eines neunten Speicherbits realisiert, in dem das →Paritybit von jeweils 8 Bit eines Bytes gespeichert wird. Dieses Bit wird beim Lesen des Arbeitsspeichers geprüft. Ist es fehlerhaft, so erhält der Zentralprozessor der PC einen Interrupt und kann eine Fehlermeldung ausgeben oder Maßnamen zur Fehlerkorrektur einleiten. Diese Fehlerkorrektur kann z.B. in dem nochmaligen Laden des defekten Speicherbereiches bestehen. Auch bei der Übertragung von Daten auf Datenfernübertragungs-Leitungen und Rechnernetzen werden Fehlererkennungsverfahren eingesetzt. Die Fehlerkorrektur erfolgt durch Wiederholung der Datenübertragung im Fehlerfalle.

Softwarefehler

Softwarefehler entstehen bei der Entwicklung eines Programms. Man unterscheidet syntaktische und logische Fehler. Syntaktische Fehler entstehen, wenn bei der Programmierung von den Regeln der Programmiersprache abgewichen wird. Solche Fehler werden durch die Compiler, Interpreter und Assembler gefunden und durch eine Fehlermeldung angemahnt.

Logische Softwarefehler entstehen, wenn bei der Programmierung von den Anforderungen abgewichen wird, die an das Programm gestellt werden. Solche Fehler lassen sich nur durch Testen der Programme finden und beseitigen.

Bedienungsfehler

Bedienungsfehler entstehen, wenn der Benutzer eines Programms das Programm durch falsche Eingaben bedient. Dabei kann es sich um formell falsche Eingaben handeln, die das Programm überprüft und durch eine Fehlermeldung anmahnt. Solche Formfehler entstehen z.B., wenn anstelle einer Zahl ein Buchstabe eingegeben wird oder wenn zu viele Zeichen eingegeben werden. Wird ein Programm dagegen durch eine falsche, aber formell gültige Eingabe bedient, so arbeitet es auch fehlerhaft.
Vgl. Betriebssicherheit.

Fehlererkennung
→Fehler

Fehlerkorrektur
→Fehler

Feld
→Variablenfeld

Fenster
Teilausschnitt eines Bildschirms, in dem Vorgänge überwacht werden können. Mit einem geeigneten Betriebssystem können auf Bildschirmen mehrere Fenster eröffnet werden, um mehrere getrennt ablaufende Vorgänge zu überwachen. Eine andere Bezeichnung für Fenster ist Window.

MS-DOS

Das Betriebssystem MS-DOS kann erst ab Version 4.0 mehrere Fenster, auf dem gleichen Bildschirm eröffnen. Die davor herausgekommenen Versionen von MS-DOS können aber durch grafische Benutzeroberflächen wie Windows oder GEM erweitert werden. Dann können ebenfalls mehrere Fenster eröffnet werden.

OS/2

Für das Betriebssystem OS/2 gibt es den Presentationmanager, über den mehrere verschiedene Sessions in verschiedenen Fenstern angezeigt werden können. In einer Session wird unter OS/2 jeweils ein selbständiges Programm bearbeitet, das auch Zugriff auf Eingabe und Ausgabegeräte hat. Der Presentationmanager löst den Sessionmanager ab, der jeweils nur eine Session anzeigen kann, der aber das Durchblättern der verschiedenen Sessions erlaubt.
Vgl. Betriebssystem.

Fernschreibcode
→Fernschreibnetz

Fernschreibnetz

Übertragungsnetz der Post. Über das Fernschreibnetz wird der Fernschreibverkehr abgewickelt. Dabei wird ein Fernschreiben vom Sender zum Empfänger übertragen. Das Fernschreiben bezeichnet man auch als Telex. An das Fernschreibnetz sind auf der ganzen Welt mehrere Millionen Teilnehmer angeschlossen.

Fernschreibcode

Als Sender und Empfänger dient beim Fernschreiben ein Fernschreiber. Der Fernschreiber benutzt zur Übertragung über das Fernschreibnetz den Fernschreibcode. Dies ist ein 5-Bit-Code, mit dem 32 verschiedene Zeichen dargestellt werden können. Um alle Buchstaben, Ziffern und Sonderzeichen übertragen zu können, wird während der Übertragung zwischen zwei Zeichengruppen umgeschaltet. Die 32 verschiedenen Zeichen stellen in der ersten Zeichengruppe Buchstaben und in der zweiten Zeichengruppe Ziffern und Sonderzeichen dar. Vgl. Datenfernübertragung.

Fernsprechnetz

Übertragungsnetz der Post. Normalerweise wird das Fernsprechnetz benutzt, um mit Hilfe von Fernsprechapparaten zu telefonieren. In neuerer Zeit bietet die Bundespost das Fernsprechnetz aber auch für andere Postdienste wie z.B. Bildschirmtext an. Auch zum Aufbau einer Datenfernübertragung oder eines Rechnernetzes kann das Fernsprechnetz benutzt werden. Dies ist besonders interessant, da das Fernsprechnetz eine große Verbreitung über die ganze Welt gefunden hat.

Fernsprechnetz, Datenübertragung

Bei der Datenfernübertragung werden keine Sprachsignale, sondern Daten in Form von aufeinanderfolgenden Nullen und Einsen über das Fernsprechnetz übertragen. Die Übertragung der Nullen und Einsen erfolgt durch zwei unterschiedlich hohe Töne. Dazu ist bei beiden Teilnehmern ein Modem oder ein Akustikkoppler nötig. Vgl. Datenfernübertragung.

Festkommazahlen

Zahlen mit einer festen Stellenzahl vor dem Komma und hinter dem Komma. Auf PCs werden keine Festkommazahlen verwendet, da hier die komfortableren Gleitkommazahlen benutzt werden können. Für die Berechnungen mit ganzen Zahlen wird dagegen die Integer-Zahlendarstellung eingesetzt. Die Festkommazahlen werden auch Festpunktzahlen genannt. Vgl. Arithmetik.

Festplatte

Speichervorrichtung, auf der große Datenmengen gespeichert werden können.

Aufbau und Arbeitsweise

Die Speicherung der Daten erfolgt bei der Festplatte auf magnetisierbaren Metallscheiben. Diese runden Metallscheiben sind auf einer Antriebswelle fest montiert. Sie werden auch als Platten bezeichnet. Das Schreiben und Lesen der Informationsbits erfolgt durch Schreib/Leseköpfe, die in radialer Richtung über die Platten bewegt werden. Die Aufzeichnung der Information auf die Platten erfolgt in konzentrisch umlaufenden Spuren. Damit die Schreib-/Leseköpfe sämtliche Bits einer Spur erreichen können, werden die Platten von der Antriebswelle gedreht. Zu jeder Platte sind zwei Schreib/Leseköpfe zugeordnet, da die Platten auf beiden Seiten beschrieben werden. Damit die Platten keinen mechanischen Kontakt zu den Schreib/Leseköpfen bekommen, wird ein Luftpol-

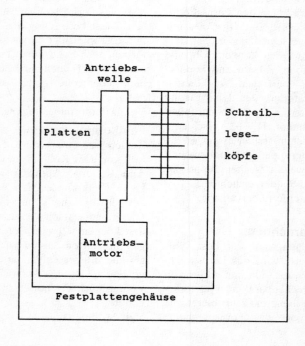

ster zwischen Platten und Köpfen aufgebaut. Ein vollkommen luftdichtes Gehäuse schützt die empfindlichen Teile im Inneren vor jeglichem Staub oder sonstigen Fremdkörpern.

Speicherkapazität
Durch die mechanische Stabilität der Metallplatten und durch das staubfreie Luftpolster auf den Platten wird es möglich, die Plattenoberflächen besonders dicht zu beschreiben. Dadurch kann wiederum eine hohe Speicherkapazität erzielt werden. Übliche Speicherkapazitäten sind 5, 10, 20, 30, 40, 60, 80, 100 und 120 MByte. Die Platten haben dabei einen Durchmesser von 5.25 Zoll, also 12,8 cm. Um die unterschiedlichen Speicherkapazitäten zu realisieren, werden mehrere Platten übereinander angeordnet.

Zugriff
Die Festplatte ist in konzentrisch umlaufende Spuren eingeteilt, in denen die Information gespeichert ist. Die Spuren sind nocheinmal in Sektoren unterteilt. Der Zugriff auf die Daten der Festplatte erfolgt immer sektorweise. Es werden also immer ganze Sektoren von der Festplatte in den Arbeitsspeicher gelesen. Diesen Zugriff steuert der Massenspeichercontroller, der in einem Steckplatz des PC untergebracht ist.

Zugriffszeit
Die Zugriffszeit auf einen Sektor der Festplatte liegt je nach Festplattentyp zwischen 20 ms und 100 ms. Diese Zugriffszeiten werden durch eine Rotationsgeschwindigkeit der Platten von 3600 Umdrehungen pro Minute erreicht. Mit dieser Geschwindigkeit drehen sich die Platten ständig, auch wenn gerade nicht auf die Platte zugegriffen wird, da die Platten sonst ständig auf diese hohen Geschwindigkeiten beschleunigt und danach wieder abgebremst werden müßten.
Vgl. Massenspeicher.

Festpunktzahlen
→Festkommazahlen

Festwertspeicher
Speicher, der mit einer festen Information beschrieben ist, die nur gelesen, aber nicht geändert werden kann. Auf PCs werden Festwertspeicher in Form von →EPROMs für das BIOS-Urladeprogramm eingesetzt.
Auch →Laserdisks sind Festwertspeicher. Sie werden auf PCs als Massenspeicher verwendet. Vgl. Speicher.

FIBU
→Finanzbuchhaltung

FIELD

→Basic-Befehle

FIFO

Abk. für first in first out. Das FIFO ist ein Speicher, in den Daten in einer festen Reihenfolge eingeschrieben werden. Beim Auslesen werden die zuerst eingeschriebenen Daten auch zuerst wieder ausgelesen. Als FIFOs sind Warteschlangen aufgebaut, in denen Programme oder Daten auf ihre Verarbeitung warten.

LIFO

Das Gegenteil vom FIFO ist das LIFO. Beim LIFO werden Daten ebenfalls in einer festen Reihenfolge in einen Speicher eingeschrieben. Beim Auslesen der Daten wird aber das zuletzt eingeschriebene Datenwort zuerst ausgelesen. Eine andere Bezeichnung für LIFO ist Stapelverfahren. Die Daten werden beim Einschreiben aufgestapelt. Beim Auslesen werden sie dem Stapel wieder entnommen.

FIFO, Anwendung

Auf PCs wird ein FIFO von der grafischen Benutzeroberfäche Windows benutzt. Mit diesem FIFO wird eine Warteschlange aufgebaut, in der die eingegebenen Befehle auf ihre Bearbeitung warten. Auch die Queues, die vom Betriebssystem OS/2 zur Interprozeßkommunikation benutzt werden, sind Warteschlangen, die als FIFO aufgebaut sind.

LIFO, Anwendung

In PCs ist der Unterprogrammstack als LIFO aufgebaut. In diesem Stack werden die Rücksprungadressen aus Unterprogrammen gespeichert. Das Einschreiben in den Stack erfolgt automatisch beim Aufruf des Unterprogramms. Am Ende des Unterprogramms wird die Rücksprungadresse durch den Befehl RETURN wieder aus dem Stack geholt.
Vgl. Stack.

file

Englische Bezeichnung für
→Datei.

filecard

Erweiterungsplatine für PCs, auf der eine Festplatte untergebracht ist. Eine filecard kommt zum Einsatz, wenn in einem PC nicht genügend Platz ist, um eine normale Festplatte einzubauen. Besonders platzsparend sind filecards, auf denen nicht nur eine Festplatte, sondern zusätzlich ein Massenspeicherkontroller untergebracht ist. Vgl. Massenspeicher.

FILES

1. Basic-Befehl
2. MS-DOS-Konfigurationsbefehl
3. OS/2-Konfigurationsbefehl

Filterbefehl

Befehl, der das Betriebssystem veranlaßt, Daten zu lesen, zu bearbeiten und wieder auszugeben. Die gelesenen Daten können von einem Eingabegerät oder aus einer Datei stammen. Auch die Ausgabedaten eines anderen Betriebssystembefehls können als Eingabedaten benutzt werden. Die Ausgabe erfolgt wieder in eine Datei oder zu einem Ausgabegerät. Die Bearbeitung des Eingabetextes besteht z.B. im Sortieren der gelesenen Daten.

spezielle Filterbefehle
Die →MS-DOS-Kommandos FIND, MORE und SORT sind Filterbefehle.
Vgl. Betriebssystem.

FILL

→Debug-Befehle

Finanzbuchhaltung

Disziplin, die sich mit der Abrechnung des Zahlungsverkehrs eines Betriebes beschäftigt. Besonders das Buchen von Zahlungseingängen und Zahlungsausgängen ist Bestandteil der Finanzbuchhaltung.

Anwendung
Die Finanzbuchhaltung kann auch mit Hilfe von PCs abgewickelt werden. Die einzelnen Buchungen werden dann nicht handschriftlich in ein Buch eingetragen, sondern über die Tastatur eines PCs in eine Datei eingegeben. Die Eingabe erfolgt mit Hilfe eines Programms für die Finanzbuchhaltung. Mit einem solchen Programm kann dann auch jederzeit ein Tages-, Monats- oder Jahresabschluß durchgeführt werden. Das Programm greift dabei auf die Daten der Datei zu und addiert die Beträge der einzelnen Buchungen.

spezielle Programme
Für PCs wird eine Vielzahl von Programmen für die Finanzbuchhaltung angeboten. Diese Programme tragen in ihrem Namen häufig die Abkürzung FIBU.
Vgl. Anwendungsprogramme.

Flag

Bit zum Speichern eines Zustandes. Flags werden z. B. im Programmstatusregister von PCs eingesetzt.
Vgl. Programmstatusregister

Flattersatz

Bezeichnung für die Darstellung von Texten mit unterschiedlicher Zeilenlänge. Beim Flattersatz beginnt der Text linksbündig und hört rechts in unterschiedlichen Spalten auf.
Vgl. Textverarbeitung.

Flip-Flop

Elektronische Speicherschaltung, die die beiden Zustände 0 und 1 annehmen kann. Vgl. Speicher.

197

Fließkommaarithmetik
→Gleitkommaarithmetik

Fließkommazahlen
→Gleitkommazahlen

Floppy
Andere Bezeichnung für →Diskette.

floppy-disk
Englische Bezeichnung für →Diskette

floppy-disk-controller
→Massenspeichercontroller

Floppylaufwerk
→Diskettenlaufwerk

floppy-disk-unit
Englische Bezeichnung für →Diskettenlaufwerk.

flüchtiger Speicher
→Speicher

Flüssigkristallanzeige
→LC-Anzeige

Flußdiagramm
Grafische Darstellungsform für den Ablauf eines Programms. Im Flußdiagramm wird mit Hilfe genormter Symbole die Reihenfolge veranschaulicht, in der die einzelnen Programmteile ablaufen. Vgl. Softwareengineering.

FOR
1. →Basic-Befehle
2. →MS-DOS-Batchbefehle

Forground
→Background

formaler Parameter
→Parameter

formaler Fehler
→Fehler

FORMAT
→MS-DOS-Kommandos

formatfreie Datenbank
→Datenbank

Formatieren
Festlegen der Spuren und Sektoren auf einem Massenspeicher. Auf PCs erfolgt das Formatieren durch das →MS-DOS-Kommando FORMAT.
Vgl. Massenspeicher.

form-feed
Steuerzeichen, das auf Druckern einen Seitenvorschub bewirkt. Vgl. Steuerzeichen.

FORTH
Höhere Programmiersprache. In Forth können die benutzten Schlüsselworte vom Programmierer selbst definiert werden. Außerdem nimmt Forth eine Zwi-

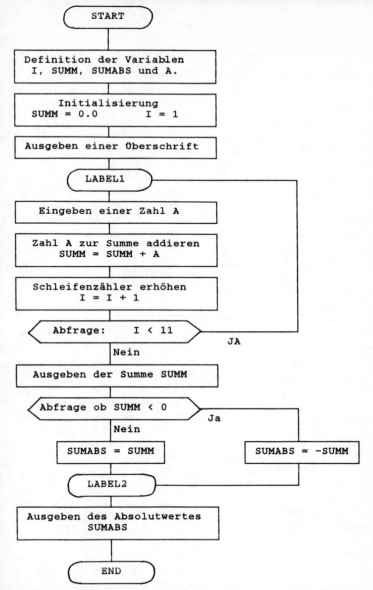

Flußdiagramm eines Programms zum Addieren von 10 eingegebenen Zahlen und Ausgeben der Summe und des Summen-Absolutwertes.

199

schenstellung zwischen Compiler-
und Interpretersprachen ein.

Anwendung

Forth wird auf PCs eingesetzt, um
Expertensysteme oder Probleme
der künstlichen Intelligenz zu programmieren. Es ist jedoch nicht
sehr verbreitet.
Vgl. Programmiersprachen

Fortran

Abk. für formular translation.
Höhere Programmiersprache für
technisch-wissenschaftliche Zwek-
ke. Für PCs gibt es einen Fortran-
Compiler, der von der Firma
Mikrosoft vertrieben wird.
Fortran wird auf PCs jedoch
weniger eingesetzt als z.B. Turbo-
Pascal. Der Fortran-Compiler
kann jedoch benutzt werden,
um Programme, die für größere
Rechenanlagen in Fortran ent-
wickelt wurden, auch auf PCs zur
Verfügung zu stellen.

MS-Fortran

Ein Fortrancompiler für PCs wurde von der Firma Microsoft entwickelt. Dieser wird unter den
Namen MS-Fortran oder Micro-
soft-Fortran angeboten.
Vgl. Programmiersprachen.

Framework

→Integrierte Programmpakete

FRE

→Basic-Befehle

Frequenz

Physikalische Größe für die Anzahl periodischer Vorgänge. Die
Frequenz gibt die Anzahl periodischer Vorgänge pro Zeiteinheit
an.

Einheiten

Die Frequenz wird in Hertz gemessen. 1 Hertz ist das Maß für
einen periodischen Vorgang pro
Sekunde. Die Abkürzung für
Hertz ist Hz. Gängigere Einheiten
sind:
1 KiloHertz = 1 KHz,
1 KHz = 1000 Hz,
1 MegaHertz = 1 MHz
1 MHz = 1 000 000 Hz

Anwendungen

Für PCs ist besonders die Taktfrequenz von Bedeutung. Die Taktfrequenz gibt die Anzahl der
Taktpulse pro Sekunde an, die
dem Mikroprozessor des PC zugeführt werden. Sie ist damit ein
Maß für die Leistungsfähigkeit
des PC. Die Bildwiederholfrequenz ist dagegen ein Maß für die
Flimmerfreiheit von Bildschirmen. Während die Taktfrequenz
im Bereich von 10 MHz liegt, liegt
die Bildwiederholfrequenz zwischen 50 Hz und 100 Hz.
Vgl. Hardwareeigenschaften.

Funktion

Programmodul, das den Wert einer mathematischen Formel berechnet.
Vgl. arithmetische Befehle.

Funktionstasten

Tasten auf der Tastatur von PCs. Die Tastatur der PCs hat 10 Funktionstasten. Diese Tasten tragen die Aufschrift (F1) bis (F9). Auf Tastaturen für PC-XTs befinden sich die Funktionstasten in zwei Reihen links neben den Schreibmaschinentasten. Auf Tastaturen für PC-ATs sind die Funktionsta-

Funktion der Funktionstasten unter MS-DOS	
Funktions- taste	Funktion
(F1)	Kopieren eines Zeichens des zuletzt eingegebenen Befehls in eine neue Befehlszeile.
(F2) (Z1)	Kopieren aller Zeichen des zuletzt eingegebenen Befehls bis zum Auftreten des Zeichens (Z1) in eine neue Befehlszeile. Das Zeichen (Z1) muß nach dem Betätigen der Taste (F2) eingegeben werden.
(F3)	Kopieren aller Zeichen des zuletzt eingegebenen Befehls in eine neue Befehlszeile.
(F4) (Z1)	Löschen aller Zeichen des zuletzt eingegebenen Befehls bis zum Auftreten des Zeichens (Z1). Das Zeichen (Z1) muß nach dem Betätigen der Taste (F4) eingegeben werden. Weitere Zeichen können dann mit der Taste (F1) übernommen werden.
(F5)	Kopieren aller Zeichen des zuletzt eingegebenen Befehls in eine neue Befehlszeile.
(F6)	Setzen eines CTRL-Z Zeichens an das Ende einer neuen Befehlszeile.
(F7)	Setzen eines CTRL-@ Zeichens an das Ende einer neuen Befehlszeile.

sten in einer Reihe über den Schreibmaschinentasten angeordnet.

Anwendung

Mit den Funktionstasten können bestimmte Funktionen ausgelöst werden, für die der Bediener sonst eine längere Zeichenfolge eingeben müßte. Wird unter MS-DOS z.B. die Taste (F3) betätigt, so wird das letzte eingegebene MS-DOS-Kommando wiederholt. Den Funktionstasten können aber auch vom Bediener bestimmte Funktionen zugewiesen werden.

Funktionstasten, Belegung

Um eine Funktionstaste mit einem bestimmten Zeichen oder einer Zeichenfolge zu belegen, wird eine Folge von →ANSI-Steuerzeichen benutzt. Diese ANSI-Zeichenfolge wird am besten durch das →MS-DOS-Kommando PROMPT in den PC eingegeben. Um eine Funktionstaste FN mit dem Text TX1 zu belegen, kann folgendes PROMPT-Kommando benutzt werden:

PROMPT $e[0;FN;"TX1";p

FN ist dabei die Tastennummer der Funktionstaste, die belegt werden soll. Die Tastennummern für die Funktionstasten F1 bis F10 heißen dabei 59 bis 68. Soll z.B. die Funktionstaste F1 mit dem Text DIR belegt werden, so sieht das PROMPT-Kommando folgendermaßen aus:

PROMPT $e[0;59;"DIR";p

Vgl. Tastatur.

G

Ganzzahldivision
→arithmetische Befehle

Ganzzahlvariable
→Variable

gap
1. Luftspalt zwischen Schreib-Lesekopf und Speicheroberfläche eines Magnetspeichers.
2. Unbeschriebene Speicherfläche auf einem Magnetspeicher, die zur Trennung zweier Datenblöcke dient.

gate
1. Unterprogrammeingang, der bei der →Multitaskprogrammierung verwendet wird.
2. Andere Bezeichnung für →logische Schaltung

Gatter
Andere Bezeichnung für →logische Schaltung

gedruckte Schaltung
→Platine

Gehäuse
→PC-Gehäuse

Genauigkeit
→Arithmetik

GEM
Grafische Benutzeroberfläche, die von der Firma Digital-Research entwickelt wurde. GEM war ursprünglich für den Atari-Personal-Computer entwickelt, es wird aber auch für den Betrieb auf PCs unter MS-DOS angeboten.

Bedienung
Durch GEM wird die grafische Eingabe von MS-DOS-Befehlen über ein →Menü möglich. Zusätzlich können Befehle in der gewohnten Weise über die Tastatur eingegeben werden. Sollen die grafischen Eingabemöglichkeiten von GEM auch in Anwendungsprogrammen genutzt werden, so müssen spezielle Programme eingesetzt werden, die ein Menü erzeugen und verwalten können. Solche Programme beginnen in ihrem Namen meistens mit GEM.

Hardware
Als Hardware sollte für den Betrieb von GEM ein PC mit mindestens 256 KByte Arbeitsspeicher zur Verfügung stehen. Zusätzlich werden eine →Maus und eine →Grafikkarte benötigt.

Vgl. Betriebssysteme.

Gerätenamen
→Peripheriegeräte

Gerätetreiber
Unterprogramme des Betriebssystems, die die Ein- und Ausgabe von Daten an Peripheriegeräte und Massenspeicherdateien übernehmen. Gerätetreiber werden auch als Gerätetreiberroutinen bezeichnet.

Arbeitsweise
Bei der Eingabe laden die Gerätetreiber die Daten von den Peripheriegeräten und Dateien in einen Speicherbereich des Arbeitsspeichers. Bei der Datenausgabe werden die Daten aus dem Arbeitsspeicher geholt und zum Peripheriegerät oder zu einer Datei transportiert. Die Gerätetreiber verwalten den physischen Speicherplatz, den die Dateien auf den Massenspeichern belegen. Auch die elektronische Steuerung der Peripheriegeräte wird von den Gerätetreibern übernommen. Die Gerätetreiber ermöglichen dem Betriebssystem und den Anwendungsprogrammen einen einheitlichen Zugriff auf Peripheriegeräte und Dateien, indem sie es erlauben, ganze Speicherbereiche unter einem Dateinamen bzw. einem Gerätenamen anzusprechen.

Spezielle Gerätetreiber
Die Betriebssysteme MS-DOS und OS/2 sind standardmäßig mit Gerätetreibern für die wichtigsten Peripheriegeräte ausgestattet. Dazu gehören Diskettenlaufwerke, Festplatten-Laufwerke und Drucker. Darüberhinaus können diese Betriebssysteme mit weiteren Gerätetreibern für zusätzliche Peripheriegeräte ausgestattet werden. Solche Geräte können z.B. ein externes Festplattenlaufwerk, ein externes Diskettenlaufwerk oder eine RAM-Disk sein. Um solche Geräte benutzen zu können, müssen die entsprechenden Gerätetreiber nach dem Einschalten des PC bei der Festlegung der Ausbaustufe des PC aufgerufen werden. Dies geschieht in der Konfigurationsdatei CONFIG.SYS mit Hilfe des →MS-DOS-Konfigurationsbefehls DEVICE.

Gerätetreiber, Dateinamen
Mit dem DEVICE-Befehl werden Dateien aufgerufen, in denen Gerätetreiberroutinen gespeichert sind. Die Gerätetreiberdateien sind im Dateiverzeichnis leicht an ihrer Namenserweiterung SYS zu erkennen.

Für die RAM-Disk werden je nach Version des Betriebssystems Gerätetreiberdateien mit den Namen VDISK.SYS, RAMDISK.SYS oder RAMDRIVE.SYS verwendet. Die Gerätetreiber für externe Diskettenlaufwerke heißen EDRIVE.SYS oder EDISK.SYS. Mit Hilfe des Gerätetreibers ANSI.SYS können Zeichenfolgen zur Steuerung besonderer Bildschirmfunktionen definiert werden. Der Gerätetreiber DRIVER.SYS dient dagegen zum Festlegen der Eigenschaften von Laufwerken.

Beim Aufruf all dieser Gerätetreiber müssen im →MS-DOS-Konfigurationsbefehl DEVICE zusätzlich zum Dateinamen Parameter angegeben werden, über die die Arbeitsweise der Gerätetreiber gesteuert wird.
Vgl. Massenspeicher.

GET
→Basic-Befehle

Giga
Vervielfachungsfaktor für physikalische Einheiten und Speichermengen. Bei physikalischen Einheiten bezeichnet Giga die $10^{**}9$ fache Einheit. 1 Gigahertz sind also $10^{**}9$ Hertz. Bei Speichermengen bezeichnet Giga dagegen die $1024^{**}3$ fache Speichermenge. 1 Gigabyte sind also $1024^{**}3$ Byte.

Tera
Einen noch größeren Vervielfachungsfaktor stellt Tera dar. Bei physikalischen Einheiten bezeichnet Tera die $10^{**}12$fache Einheit, bei Speichermengen die $1024^{**}4$fache Speichermenge.
Vgl. Hardwareeigenschaften.

Glasfaserkabel
Kabel, auf dem die Informationen durch Lichtimpulse über eine Glasfaser übertragen werden.
Vgl. Datenfernübertragung.

Gleitkommaarithmetik
Bezeichnung für das Rechnen mit →Gleitkommazahlen in den vier Grundrechnungsarten Addition, Subtraktion, Multiplikation und Division. Die verwendeten Gleitkommazahlen bestehen aus Mantisse und Exponent.

Auf PCs wird die Gleitkommaarithmetik durch arithmetische Unterprogramme oder durch Arithmetik-Coprozessoren realisiert.

Arithmetische Unterprogramme
Die Mikroprozessoren, die in den PCs als Zentralprozessoren verwendet werden, sind grundsätzlich in der Lage, arithmetische Berechnungen mit ganzen Zahlen durchzuführen. Soll aber mit Gleitkommazahlen gerechnet werden, so müssen Unterprogramme benutzt werden, die solche Berechnungen durchführen können. Diese Unterprogramme führen die Berechnungen schrittweise aus, indem sie von den beiden Gleitkommaoperanden zu-

nächst die niederwertigsten Teile der Mantissen verknüpfen, dann die höherwertigen Teile der Mantissen, dann das Vorzeichen der Mantissen und zuletzt die Exponenten. Um über den gesamten Zahlenbereich eine konstante Rechengenauigkeit zu gewährleisten, werden die Mantissen der Operanden vor jeder Rechenoperation normiert. Das heißt, die Mantisse wird solange wie möglich mit zwei multipliziert und der Exponent decrementiert. Der Wert der Operanden ändert sich durch diesen Vorgang nicht. Seine Genauigkeit nimmt aber mit jeder möglichen Multiplikation zu.

Variablendeklaration

Um die arithmetischen Unterprogramme benutzen zu können, müssen die Variablen, mit denen gerechnet werden soll, deklariert werden. Alle höheren Programmiersprachen stellen dafür Befehle zur Verfügung. Mit diesen Befehlen können die Operanden, mit denen gerechnet werden soll, als Gleitkommazahlen definiert werden. Außerdem erhalten die Variablen bei der Deklaration einen Namen, unter dem im weiteren Programm auf sie zugegriffen wird.

Arithmetische Verknüpfung

Weiterhin gibt es Befehle, mit denen die eigentliche Verknüpfung der Gleitkommazahlen erfolgt.

Als dritte Gruppe werden Eingabe- und Ausgabebefehle für Gleitkommazahlen zur Verfügung gestellt.

Gleitkommaarithmetik, Basic

In der Programmiersprache Basic kann die Multiplikation zweier Gleitkommazahlen mit Hilfe der arithmetischen Unterprogramme folgendermaßen erfolgen:

```
1000 DEFSNG A,B: REM Deklaration
2000 INPUT A,B  : REM Eingabe
3000 C=A*B      : REM Multiplikation
4000 PRINT C    : REM Ausgabe
5000 END
```

In diesem kleinen Programm wird auch gleich gezeigt, wie die Ein- und Ausgabe von Gleitkommazahlen erfolgt. In jeder Befehlszeile wird mit Gleitkommazahlen einfacher Genauigkeit gerechnet. Soll mit doppelter Genauigkeit gerechnet werden, so muß der Befehl DEFSNG in Zeile 1000 durch den Befehl DEFDBL ersetzt werden.

Vgl. Arithmetik.

Gleitkommazahlen

Zahlen, die auf Computern durch eine Mantisse und einen Exponenten dargestellt werden. Gleitkommazahlen stehen damit im Gegensatz zu Festkommazahlen, die keinen Exponenten besitzen, und Integerzahlen, mit denen nur ganze Zahlen dargestellt werden können. Gleitkommazahlen wer-

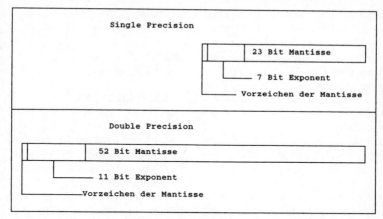

Darstellung von Gleitkommazahlen nach der Norm IEEE 754

den in den Programmiersprachen auch als Real-Zahlen bezeichnet, ganze Zahlen als Integer-Zahlen. Festkommazahlen werden dagegen auf PCs selten verwendet.

Gleitkommazahlen, Normenbezeichnung

Da Gleitkommazahlen auf Computern so häufig benutzt werden, sind sie vom amerikanischen Ingenieursverband IEEE genormt worden. Diese Norm trägt die Bezeichnung IEEE-754.

Rechengenauigkeit

Die IEEE-Norm sieht zwei unterschiedlich genaue Zahlendarstellungen vor. Dies sind die single-precision- und die double-precision-Darstellung. Single-precision heißt einfache Genauigkeit, double precision doppelte Genau-igkeit. Auch auf PCs werden beide Zahlendarstellungen verwendet. Zahlen mit beiden Zahlendarstellungen können in allen höheren Programmiersprachen vereinbart werden. In der Programmiersprache Basic erfolgt die Definition einer Variablen als Gleitkommazahl durch die →Basic-Befehle DEFSNG und DEFD-BL.

Single-precision

Bei der single-precision werden für die Darstellung einer Gleitkommazahl 32 Bit oder 4 Byte benötigt. Davon werden die unteren 23 Bit für die Darstellung der Mantisse benutzt. Sieben weitere Bits werden zur Darstellung des Exponenten benutzt. Der Exponent wird als vorzeichenlose

Binärzahl dargestellt. Um auch negative Exponenten darstellen zu können, wird auf den Exponenten einer eingegebenen Zahl ein Offsetwert addiert. Ist der Exponent einer Gleitkommazahl z.B null, so wird in der Gleitkommadarstellung der Offsetwert abgespeichert. Der Offsetwert muß vor der Benutzung der Gleitkommazahlen festgelegt werden, muß dann aber konstant bleiben. Das 31. Bit einer single-precision-Gleitkommazahl wird zur Speicherung des Vorzeichens der Mantisse benutzt.

Double-precision

Bei double-precision werden für die Darstellung von Gleitkommazahlen 64 Bit bzw. 8 Byte benötigt. Zur Speicherung der Mantisse werden davon 52 Bit und zur Speicherung des Exponenten 11 Bit verwendet. In dem höchstwertigen Bit wird wieder das Vorzeichen der Mantisse dargestellt. Als Exponent wird wie bei der single-precision-Darstellung ein Offsetwert auf den Exponenten addiert, um auch negative Exponenten darstellen zu können. Vgl. Arithmetik.

globale Variable
→Variable

GO
→Debug-Befehle

GOSUB
→Basic-Befehle

GOTO
→Basic-Befehle

Grafikbildschirm

Bildschirm, auf dem nicht nur Texte, sondern auch Grafiken dargestellt werden können. Alle von PCs benutzbaren Bildschirme sind Grafikbildschirme, da die Ansteuerelektronik für die Bildschirme in den →Videokarten der PCs untergebracht ist. Die Ausstattung der Videokarte entscheidet also, ob ein PC nur Texte oder Texte und Grafiken darstellen kann. Vgl. Bildschirm.

Grafikcontroller
→Videocontroller

Grafikkarten

→Videokarten, die nicht nur Texte sondern auch Grafiken darstellen können. Alle modernen Videokarten mit Ausnahme der IBM-Monochromkarte sind Grafikkarten. Deshalb ist im Zusammenhang mit PCs meistens von Grafikkarten die Rede. Der umfassendere Oberbegriff ist jedoch Videokarte.

Grafikmode

Betriebsart von Videokarten. Im Grafikmode wird der Bildschirmspeicher der Videokarte punktweise auf dem Bildschirm abgebildet. Einzelne Videokarten besitzen sogar mehrere Grafikmodi, in denen die Punkte in verschiedenen Auflösungen und verschiedenen Farben dargestellt werden können. Videokarten, die einen oder mehrere Grafikmodi besitzen, nennt man auch Grafikkarten.

Textmode

Alle Grafikkarten und die Videokarten, die keine Grafiken darstellen können, besitzen aber mindestens einen Textmode. Im Textmode wird der Bildschirmspeicher nicht punktweise, sondern zeichenweise ausgewertet. Auf dem Bildschirm können dann Texte dargestellt werden. Üblich ist eine Darstellung von 25 Zeilen und 80 Zeichen pro Zeile. Die meisten Grafikkarten können auch auf andere Formate umgeschaltet werden, diese Formate werden aber nur für spezielle Zwecke benutzt.
Vgl. Videokarte.

Grafikprozessor

Integrierte Schaltung, die die Information im Bildspeicher eines PC besonders effektiv verwalten kann. Grafikprozessoren sind z.B. in der Lage, grafische Objekte auf dem Bildschirm zu drehen oder zu spiegeln. Dadurch entlasten Grafikprozessoren die Zentralprozessoren von PCs.
Vgl. Coprozessor.

Grafiksymbol

Symbol, das als Grafik anstelle eines Wortes steht. Das Grafiksymbol steht symbolisch für dieses Wort. Anstelle des Wortes Löschen kann z.B. das Grafiksymbol Papierkorb abgebildet sein. Grafiksymbole werden in Menüs von grafischen Benutzeroberflächen benutzt. Sie werden auch als Ikons bezeichnet.
Vgl. Menü.

Grafiktablett

Vorrichtung zur Eingabe von Grafiken in einen Computer. Die Grafiken müssen als grafische Darstellung auf Papier vorliegen. Die Grafik wird dann auf das Grafiktablett gelegt und mit einem Stift überfahren. Dabei wird im Stift registriert, ob ein Punkt oder eine weiße Fläche überfahren wird. Diese Farbinformation übermittelt das Grafiktablett zusammen mit den Koordinaten des überfahrenen Punktes an den Computer. Der Computer bereitet diese Daten auf und speichert anschließend die Grafik in einer Datei des Massenspeichers. Dazu ist ein Programm nötig, durch das das Grafiktablett gesteuert wird. Das Grafiktablett wird auch als Digitalisiertablett bezeichnet.

Grafiktablett, Anwendung

Da sich mit Grafiktabletts besonders exakt Grafiken erstellen lassen, werden sie gern für CAD-Anwendungen eingesetzt.

Menü

Über ein Grafiktablett können auch Befehle eingegeben werden. Dazu ist ein Programm nötig, das ein Menü auf dem Bildschirm erzeugt und verwaltet. Das Grafiktablett wird zur Bedienung der einzelnen Befehle in Menüfelder eingeteilt. Jedes Menüfeld entspricht dann einem im Menü dargestellten Befehl.

Vgl. Systemerweiterung.

grafische Benutzeroberfläche

→Benutzeroberfläche

GRAFTABLE

→MS-DOS-Kommandos

GRAPHICS

→MS-DOS-Kommandos

Grundplatine

→Hauptplatine

GW-Basic

Version der Programmiersprache Basic. GW-Basic ist eine Interpretersprache, die von der Firma Microsoft entwickelt worden ist. Alle IBM-kompatiblen PCs werden mit einem GW-Basic-Interpreter ausgestattet, der über die →Basic-Befehle bedient werden kann. Der GW-Basic-Interpreter stammt ebenfalls von der Firma Microsoft.

Vgl. Basic.

H

Hacker

Person, die sich damit beschäftigt, fremde Daten in Computern zu lesen und zu verändern. Vgl. Datenschutz.

Halbaddierer

→Volladdierer

Halbbyte

Zusammenfassung von vier zusammengehörenden Bit eines Bytes. Es werden dabei jeweils die unteren vier oder die oberen vier Bit eines Bytes zu einem Halbbyte zusammengefaßt. Das Halbbyte wird auch Nibble oder Tetrade genannt. Vgl. Codierungsverfahren.

Halbduplexübertragung

→Duplexübertragung

Halbleiter

Material, das zur Herstellung von integrierten Schaltungen, Transistoren und Dioden benutzt wird. Vgl. integrierte Schaltungen.

Halbleiterspeicher

Speichervorrichtung, bei der die Speicherzellen aus Halbleiterbauelementen aufgebaut sind. Auf Halbleiterspeicher kann sehr schnell zugegriffen werden, da in ihnen keine mechanisch bewegten Teile benutzt werden. Der Zugriff erfolgt stattdessen rein elektronisch. Die Zugriffszeiten liegen damit im Nanosekundenbereich.

spezielle Halbleiterspeicher

Zu den Halbleiterspeichern gehören das →ROM, das PROM, das →EPROM, das EEPROM und das →RAM.

nichtflüchtige Halbleiterspeicher

ROM, PROM, EPROM und das EEPROM bezeichnet man auch als nichtflüchtige Speicher, weil sie die gespeicherte Information beim Ausschalten der Versorgungsspannung nicht verlieren. Sie können aber nur gelesen werden. Die gespeicherte Information wird einmalig bei der Herstellung bzw. Auslieferung festgelegt.

flüchtige Speicher

Das RAM dagegen ist ein flüchtiger Speicher, weil es seine Information beim Ausschalten der Versorgungsspannung verliert. Es hat aber gegenüber dem ROM, PROM und EPROM den Vorteil, daß die Information eingeschrieben und gelesen werden kann.

211

flüchtige dynamische Speicher
RAMs mit großer Speicherkapazität werden als dynamische RAMS aufgebaut. In solchen RAMs lassen sich die Speicherzellen durch einen einzelnen Transistor aufbauen. Die gespeicherte Information muß jedoch im Abstand von Millisekunden ausgelesen und wieder eingeschrieben werden, weil die Speicherzellen die Information nicht länger halten können.

nichtflüchtige Schreiblesespeicher
Das EEPROM ist nichtflüchtig und kann beschrieben und gelesen werden, es ist aber verhältnismäßig teuer. Die Eigenschaften des EEPROMs hat auch ein RAM, das durch ein Batterie-Backup versorgt wird. Solch ein RAM muß aber als statisches CMOS-RAM aufgebaut werden, weil es nur wenig Strom verbrauchen darf. RAMs in statischer CMOS-Technik sind aber ebenfalls verhältnismäßig teuer.

Anwendung
Dynamische →RAMs werden in PCs eingesetzt, um den Arbeitsspeicher aufzubauen. Dabei ist der Aufbau von Speichern mit vielen 100 KByte Speicherkapazität bei Zugriffszeiten im Nanosekundenbereich möglich. In →ROMs und →EPROMs wird das →Urladeprogramm gespeichert. Das Urladeprogramm wird direkt nach dem Einschalten des PC benutzt, um das Betriebssystem vom Massenspeicher in den Arbeitsspeicher zu laden. Der →Uhrenbaustein im PC-AT ist in statischer CMOS-Technik aufgebaut und wird durch ein →Batterie-Backup versorgt. Dieser Uhrenbaustein besitzt ein RAM, das zum Speichern der Uhrzeit verwendet wird. Da dieses RAM nichtflüchtig ist, wird in einigen nicht benutzten Speicherzellen auch die Ausbaustufe des PC-AT gespeichert. Vgl. PC.

Hammingdistanz
Kleinste Anzahl der Bit, die bei zwei Zeichenpaaren eines Codes unterschiedlich sind.

Stellendistanz
Die Anzahl der Bits, die zwischen zwei Zeichenpaaren eines Codes unterschiedlich sind, bezeichnet man als Stellendistanz. In einem Zeichencode kann die Stellendistanz zwischen den einzelnen Zeichenpaaren unterschiedlich sein. Die kleinste Stellendistanz bezeichnet man als Hammingdistanz.

Anwendung
Die Hammingdistanz beeinflußt die Störsicherheit eines Zeichencodes. Mit einer Hammingdistanz von 1 Bit läßt sich ein Fehler pro Zeichen erkennen. Mit einer Hammingdistanz von 2 Bit lassen

sich 2 Fehler erkennen oder ein Fehler korrigieren.
Vgl. Codierungsverfahren.

handheld computer
→laptop

Hardcopy
Kopie eines Bildschirminhaltes, die auf einen Drucker oder Plotter ausgegeben wird.

Printscreentaste
Auf PCs wird eine Hardcopy auf dem Drucker erzeugt, wenn die Printscreentaste betätigt wird. Diese Taste befindet sich auf PC-Tastaturen im Ziffernblock. Sie trägt die Aufschrift (PRTSC).

Hardcopy, Drucktaste
Auf einigen Tastaturen trägt die Printscreentaste auch die Aufschrift (Druck). Sie wird daher auch als Drucktaste bezeichnet.

Hardcopy, Interruptroutine 05
Eine Hardcopy des Bildschirminhaltes auf den Drucker kann auch in einem Programm ausgelöst werden. Dazu muß die →Interruptroutine 05 aufgerufen werden. Dies kann z.B. in einem Assembler- oder Turbo-Pascal-Programm erfolgen. Die Befehle dazu heißen formell *INT ø5* bzw. *INTR($ø5,1)*.

Hardcopy, Bildschirmspeicher
Der Ausdruck, der bei der Hardcopy ausgedruckt wird, wird aus den Daten des Bildschirmspeichers erzeugt. Enthält der Bildschirmspeicher nur Text, so kann die Hardcopy ohne weitere Vorbereitung erfolgen. Enthält der Bildschirmspeicher dagegen auch Grafiken, so muß er für die Hardcopy vorbereitet werden. Dies kann z.b. mit dem →MS-DOS-Kommando GRAPHICS erfolgen.
Vgl. Bildschirm.

harddisk
→Festplatte

Hardware
Bezeichnung für alle physisch vorhandenen Baugruppen und Geräte eines Computers. Bei PCs gehören zur Hardware alle Geräteteile im PC-Gehäuse und in den Peripheriegeräten. Vgl. PC.

Hardwareeigenschaften
Eigenschaften der Geräteteile eines Computers und der Geräteteile seiner Peripheriegeräte.

physikalische Eigenschaften
Die Hardwareeigenschaften werden einerseits durch physikalische Größen beschrieben und durch physikalische Einheiten gemessen. Dabei werden aber einzelne Geräteteile für sich betrachtet.

Programmeigenschaften
Neben den physikalischen Eigenschaften einzelner Geräteteile ist

Hardwareeigenschaften		
Physikalische Größe	Pysikalische Einheit	Charakterisiertes Gerät
Adressraum	KByte	Computer
Antwortzeit	Sekunden	Computer
Aufzeichnungsdichte	Bits per inch	Magnetspeicher
Aufzeichnungsgeschwindigkeit	Bit pro Sekunde b/s	Magnetspeicher
Bildwiederholfrequenz	Hertz	Bildschirm
Diskettenkapazität	KByte	Disketten
Druckgeschwindigkeit	Zeichen pro Sekunde Zeilen pro Sekunde Seiten pro Sekunde	Drucker
Norton Faktor	Relativzahl	Computer
Reaktionszeit	Sekunden	Computer, Peripheriegeräte
Speicherkapazität	KByte, MByte	Arbeitsspeicher, Massenspeicher
Spurdichte	tracks per inch tpi	Magnetspeicher
Übertragungsgeschwindigkeit, Baudrate	Bit pro Sekunde Baud	Datenfernübertragungsleitungen, Rechnernetze
Taktfrequenz	MHertz	Computer
Verarbeitungsgeschwindigkeit, Durchsatz	MIPS	Computer
Zugriffszeit	Mikrosekunden	Speicher

aber für die Leistungsfähigkeit eines Computers wichtig, wie das gesamte Computersystem mit den Programmen zusammenarbeitet.

Benchmarks

Um Vergleichszahlen zu schaffen, durch die die Leistungsfähigkeit von Computersystemen gemessen werden kann, hat man Vergleichsprogramme geschaffen. Diese Vergleichsprogramme nennt man auch →Benchmarks. Den Test von Computern mit Hilfe von Benchmarks nennt man auch Benchmarktest. Ein gern benutztes Vergleichsprogramm ist u.a. Bestandteil der →Norton-Utilities. Dabei wird der Nortonfaktor gemessen.

Hardware-Eigenschaften der Baugruppen

Um bei einem Benchmarktest günstige Vergleichszahlen zu erzielen, müssen in einem Computer Baugruppen mit leistungsfähigen physikalischen Eigenschaften verwendet werden.

Zentralprozessor

Für den Zentralprozessor gehören dazu die →Taktfrequenz und die →Verarbeitungsgeschwindigkeit. Auch der →Adreßraum, den ein Zentralprozessor adressieren kann, ist eine wichtige Größe.

Arbeitsspeicher.

Für den Arbeitsspeicher sind die →Speicherkapazität und die →Zugriffszeit charakteristisch.

Hardwareeigenschaften, Massenspeicher

Auch für die Massenspeicher ist die Speicherkapazität und die Zugriffszeit ein Kriterium, das über den Preis entscheidet. Diese Größen hängen bei den Magnetspeichern von den Größen →Spurdichte, →Aufzeichnungsdichte und →Aufzeichnungsgeschwindigkeit ab.

Hardwareeigenschaften, Drucker

Die Leistungsfähigkeit von Druckern wird von ihrer →Druckge-schwindigkeit bestimmt. Die Druckgeschwindigkeit gibt an, wieviel Zeichen, Zeilen oder Seiten ein Drucker pro Zeiteinheit drucken kann.
Vgl. PC.

Hardwarefehler
→Fehler

Hardwarereset
→Reset

Hauptplatine
→Platine, auf der die wesentlichsten Baugruppen eines PCs untergebracht sind. Dazu gehören der Mikroprozessor, der Arithmetik-Coprozessor, der Taktgeber, der Buspuffer, der Arbeitsspeicher, das BIOS-ROM, der Tastaturcontroller und der Interrupt-DMA-Controller. Diese Baugruppen bestehen jeweils aus einer oder mehreren integrierten Schaltungen, die durch diskrete Bauteile wie Widerstände und Kondensatoren ergänzt werden.

Die Hauptplatine ist parallel zur Bodenplatte des PC-Gehäuses montiert. Auf Grund der vielen Verbindungen, mit denen die integrierten Schaltungen auf der Hauptplatine verbunden werden müssen, ist die Hauptplatine als Multilayerplatine ausgeführt.
Vgl. PC.

Hauptprogramm

Programmteil eines Programms, von dem aus →Unterprogramme erstmalig aufgerufen werden. Unterprogramme können vom Hauptprogramm, aber auch von anderen Unterprogrammen aufgerufen werden. Das Hauptprogramm wird dagegen immer vom Betriebssystem des Computers aufgerufen.
Vgl. Programm.

Hauptspeicher

Andere Bezeichnung für
→Arbeitsspeicher

Hauptverzeichnis

→Dateiverzeichnisstrukturen

HDLC

Datenübertragungsverfahren, bei dem die Information in Blöcken übertragen wird. Die Blöcke besitzen eine Prüfsumme, durch die Übertragungsfehler erkannt werden können.
Vgl. Kommunikationsprotokoll.

head-crash

Störung des Schreib-/Lesekopfes eines Magnetspeichers. Die Störung entsteht durch das Berühren von Kopf und Speicherplatte.
Vgl. Festplatte.

Heap

→Sortierverfahren

Heap-Sort

→Sortierverfahren

Heimcomputer

→Homecomputer

Help-Funktion

Funktion eines Programms oder Betriebssystems, die einem Anwender bei der Bedienung weiterhilft. Die Helpfunktion kann vom Anwender durch einen speziellen Befehl aufgerufen werden. Dann werden auf dem Bildschirm Hinweise zur Bedienung des gerade benutzten Programms dargestellt.
Vgl. Benutzeroberfäche.

Hercules

Computerunternehmen, das die Hercules-Videokarte für PCs entwickelt hat. Die Herculeskarte hat sich durch ihre hohe Auflösung als Standard für Monochrom-Videokarten herausgebildet.
Vgl. Computerunternehmen.

Herculeskarte

Videokarte für PCs, mit deren Hilfe Texte und Schwarzweißgrafiken auf einem Bildschirm dargestellt werden können. Die Herculeskarte kann in dem Steckplatz eines PCs montiert werden. Sie liefert dann die Ansteuersignale für einen Schwarzweiß-Bildschirm. Die Herculeskarte ist von der Firma Hercules entwickelt worden. Sie stellt damit ein Konkurrenzprodukt zu der CGA-Karte der Firma IBM dar.

Grafikmode

Eine Besonderheit der Herculeskarte ist der Grafikmode mit einer Auflösung von 728*348 →Pixel. Er wird auch Hercules-Grafikmode genannt. Er hat eine fast doppelt so hohe Auflösung wie z.B. die CGA-Farbgrafikkarte. Da die Herculeskarte über einen Bildschirmspeicher von 64 KByte verfügt, können sogar zwei Grafikseiten gleichzeitig gespeichert werden. Das hat den Vorteil, daß die Aufbereitung einer Grafik in einer unsichtbaren Speicherseite erfolgen kann. Ist die Seite fertig, so wird sie auf den Bildschirm geschaltet, und die andere Speicherseite kann als unsichtbare Seite bearbeitet werden.

Textmode

Im Textmode kann die Grafikkarte 25 Zeilen mit je 80 Zeichen darstellen. Die einzelnen Zeichen haben dabei eine Auflösung von 9*14 Pixel. Dadurch sind die Zeichen deutlicher darstellbar als bei der CGA-Karte mit ihren 8*8 Pixel pro Zeichen.

Verbreitung

Auf Grund ihrer Vorteile und ihres günstigen Preises hat die Herculeskarte eine weite Verbreitung gefunden. Auf PCs mit Mono-chrom-Bildschirmen gehört sie häufig zur Standardausrüstung.

Adressierung

Die Herculeskarte gehört zur Familie der Videokarten. Die Adressierung des Bildschirmspeichers erfolgt im Textmode ähnlich wie bei den anderen Videokarten. Auf Besonderheiten der Adressierung im Grafikmode wird unter Videokarten eingegangen.
Vgl. Videokarten.

Hertz

Physikalische Einheit für die Frequenz. Die Frequenz ist die Größe für die Anzahl periodischer Vorgänge pro Zeiteinheit. Ein Hertz bezeichnet einen periodischen Vorgang pro Sekunde.
Vgl. Frequenz.

Hexadezimalcode

Zahlencode, in dem sich binäre Zahlen besonders übersichtlich darstellen lassen. Das Hexadezimalsystem verfügt über 16 Ziffern. Zusätzlich zu den zehn Ziffern des Dezimalsystems werden die Buchstaben A bis F als Ziffern benutzt. Mit den 16 Ziffern können jeweils 4 Bits eines Bytes dargestellt werden. Den Ziffern des Hexadezimalsystems sind folgende binäre Codes zugeordnet:

Ziffer	Code	Ziffer	Code
0	0000	8	1000
1	0001	9	1001
2	0010	A	1010
3	0011	B	1011
4	0100	C	1100
5	0101	D	1101
6	0110	E	1110
7	0111	F	1111

Sollen Binärzahlen mit mehr als vier Bit durch Hexadezimalzahlen dargestellt werden, so werden mehrere Hexadezimalziffern zur Darstellung benutzt.
Vgl. Codierungsverfahren.

HEXARITHMETIC
→Debug-Befehle

HEX$
→Basic-Befehle

hierarchische Datenbank
→Datenbank

Hintergrund
→Background

höchstwertiges Bit
Bit, das in einer Bitfolge die höchste Wertigkeit repräsentiert. Auf PCs steht das höchstwertige Bit in der linken Position eines Bytes. Vgl. Bit.

höhere Programmiersprache
→Programmiersprachen

Homecomputer
Selbständiges Computersystem, das für einfache Anwendungen eingesetzt wird. Homecomputer benutzen normalerweise einen 8-Bit-Mikroprozessor als Zentralprozessor. In den meisten Homecomputern wird dafür der Mikroprozessor 6502 von der Firma Rockwell eingesetzt. Als Peripheriegeräte existieren meistens nur ein Bildschirm und ein Magnetcassettengerät. Homecomputer werden gern für Computerspiele eingesetzt.
Vgl. Computerfamilien.

Hostsystem
1. Computersystem, auf dem Programme für fremde Computersysteme entwickelt werden.
2. Zentraler Computer in einem Rechnernetz. Vgl. Rechnernetz.

hot-key
Taste, durch die Programme gestartet werden können, die noch im Arbeitsspeicher geladen sind, aber gerade nicht ausgeführt werden. Das zeitaufwendige Laden des Programms entfällt dann. Durch einen hot-key können nur Programme aufgerufen werden, die speziell dafür entwickelt sind. Ein Beispiel für ein solches Programm ist z.B. Sidekick.

I

IBM

Abk. für International Business Machines Corporation. Amerikanisches Großunternehmen, das Computer und Computerzubehör entwickelt, produziert und vertreibt. IBM hat auch den PC entwickelt und auf den Markt gebracht. Vgl. PC.

IC
→integrierte Schaltung

IEC-Bus

Bussystem, über das bis zu 15 Geräte miteinander verbunden werden können, um Informationen auszutauschen. Der IEC-Bus wird hauptsächlich in der Meß- und Regelungstechnik eingesetzt, um Meßgeräte untereinander zu verbinden. Die Meßgeräte müssen dazu eine IEC-Bus-Schnittstelle haben, über die sie auf den Bus geschaltet werden.

Anwendung

Auf PCs kann mit Hilfe von Erweiterungsplatinen die IEC-Bus-Schnittstelle nachgerüstet werden. Dann kann der PC zur Steuerung von Meßgeräten benutzt werden. Vgl. Schnittstellen.

IEEE

Abk. für institute of electrical and electronic engineers. Amerikanischer Ingenieursverband, der Normenempfehlungen erarbeitet und herausgibt. Darunter sind die für PCs wichtigen Normenempfehlungen IEEE-803 und IEEE-754. Vgl. Gleitkommazahlen.

IEEE-754
→Gleitkommazahlen

IEEE 803
→Rechnernetzstandards

IF
→MS-DOS-Batchbefehle

IF THEN
→Basic-Befehle

Ikon
→Grafiksymbol

inboard
→Systemerweiterungen

increment
Englische Bezeichnung für →inkrementieren

Index
→Variablenfeld

indirekte Adresse
→Adressierungsart

indirekte Adressierung
→Adressierungsart

indizierte Adressierung
→Adressierungsart

Informationsgehalt
→Redundanz

Inhaltsverzeichnis
→Dateiverzeichnis

Initialisierung
Definiertes Setzen der Variablen und Register eines Computers oder eines Peripheriegerätes. Die Initialisierung erfolgt nach dem Einschalten eines Gerätes, um die weitere Arbeitsweise des Gerätes festzulegen. Auch beim Beginn eines Programms muß eine Initialisierung erfolgen, um die Variablen, die in dem Programm benutzt werden, mit einem Anfangswert zu belegen.
Vgl. Reset.

inkrementieren
Erhöhen des Wertes einer Variablen oder eines Registers um einen konstanten Wert. Den Wert, um den erhöht wird, bezeichnet man auch als Inkrement.
Vgl. Variable.

INKEY
→Basic-Befehle

INMOS
Computerunternehmen, das sich mit der Entwicklung und Fertigung von Transputern beschäftigt.
Vgl. Computerunternehmen.

INP
→Basic-Befehle

INPUT
→Debug-Befehle

INPUT$
→Basic-Befehle

INSERT
→Edlin-Befehle

Insert-Taste
Taste auf der Tastatur von PCs. Die Insert-Taste befindet sich auf erweiterten Tastaturen bei den Cursorblocktasten. In einfachen Tastaturen ist sie Bestandteil der Ziffernblocktasten. In vielen Anwendungsprogrammen und Dienstprogrammen wird sie benutzt, um Zeichen in einen Text einzufügen. Sie wird deshalb auch als Einfüge-Taste oder Einf-Taste bezeichnet. Sie trägt die Aufschrift Ins oder Einf.

Delete-Taste

Neben der Insert-Taste befindet sich die Delete-Taste. Diese Taste wird zum Löschen von Zeichen in eingegebenen Textzeilen benutzt. Sie wird auch als Lösch-Taste oder Entfern-Taste bezeichnet. Deshalb trägt sie die Aufschrift Del, Lösch oder Entf. Die Delete-Taste wird auch zusammen mit der Control-Taste und der Alternate-Taste benutzt, um den PC zu initialisieren und ein neues Betriebssystem zu laden. Vgl. Tastatur.

Installation

Ausstattung eines PC mit Peripheriegeräten und Arbeitsspeicher sowie Festlegen der Ausbaustufe für das Betriebssystem.

Die Architektur der PCs ist so entworfen, daß die PCs ganz nach den finanziellen Möglichkeiten des Besitzers unterschiedlich komfortabel mit Arbeitsspeicher und Peripheriegeräten ausgestattet werden können. Die vorhandene Ausstattung eines PC mit Peripheriegeräten und Arbeitsspeicher nennt man auch Konfiguration.

Festlegung der Ausbaustufe, PC-XT

Da das Betriebssystem die vorhandenen Peripheriegeräte und den Arbeitsspeicher beim Einschalten des PC auf Funktionsfähigkeit überprüft, muß die Ausbaustufe des PC dem Betriebssystem bekannt sein. Die Ausbaustufe muß dem Betriebssystem daher bei der Installation nach der physischen Montage der Peripheriegeräte mitgeteilt werden. Bei PC-XTs geschieht dies durch Setzen von DIP-Schaltern auf der Hauptplatine.

Festlegung der Ausbaustufe, PC-AT

Bei PC-ATs wird die Ausbaustufe in nichtflüchtigen Registern des →Uhrenbausteins gespeichert. Diese Register werden für den Betrieb der Uhr nicht benötigt. Da der Uhrenbaustein über ein Batterie-Backup weiterversorgt wird, wenn der PC ausgeschaltet wird, bleibt die Information über die Ausbaustufe das PC ständig erhalten. Sie kann nur durch eine neue Ausbaustufe überschrieben werden.

Installationsprogramm

Zum Einschreiben der Ausbaustufe in die Register des Uhrenbausteins wird das Installationsprogramm →Setup benutzt.

Die Installation eines PC erfolgt erstmals vor Auslieferung des Gerätes durch den Händler oder Hersteller. Sie braucht durch den Benutzer nur verändert zu werden, wenn Peripheriegeräte oder Arbeitsspeicherbereiche nachgerüstet oder demontiert werden sollen. Vgl. PC.

Installationsprogramm

Programm, mit dem die Ausbaustufe von PC-ATs in einen nichtflüchtigen Speicher des PC eingetragen wird. Dieser nichtflüchtige Speicher befindet sich im Uhrenbaustein des PC-AT. Die dort gespeicherte Information wird vom Betriebssystem ausgewertet, um festzustellen, welche Arbeitsspeicherbereiche und welche Peripheriegeräte vorhanden sind und unterstützt werden sollen.

Als Installationsprogramm wird auf PC-ATs das Installationsprogramm →Setup verwendet. Vgl. Installation.

INSTR

→Basic-Befehle

instruction-manual

englische Bezeichnung für →Bedienungshandbuch.

instruction pointer

→Programmzähler

Instruktion

Befehl in →Maschinensprache

Instruktionssatz

Umfang aller Befehle, mit denen ein Mikroprozessor in Maschi-

nensprache programmiert werden kann.

Vgl. Maschinensprache.

INT

→Basic-Befehle

Integerarithmetik

→Integerzahlen

Integerzahlen

Zahlen, die auf Computern als ganze Zahlen dargestellt werden. Integerzahlen werden auf PCs hauptsächlich zum Zählen von Vorgängen und als Indizes verwendet. Zum Darstellen physikalischer Größen und zum Rechnen mit solchen Größen werden dagegen die Gleitkommazahlen benutzt.

Integerzahlen, Basic

In der Programmiersprache Basic können Integerzahlen benutzt werden, indem zunächst Variable als Integervariable erklärt werden. Dies erfolgt mit dem →Basic-Befehl DEFINT. Zahlen, die anschließend in solchen Variablen gespeichert werden, werden als Integerzahlen abgespeichert und anschließend automatisch als Integerzahlen behandelt. Vgl. Arithmetik.

Integrationsgrad

Physikalische Größe für die Anzahl der Bauelementefunktionen, die auf einer integrierten Schaltung untergebracht sind.

VLSI

Mikroprozessoren und Speicher besitzen einen Integrationsgrad von über 100000 Transistoren pro Baustein. Bei solchen Schaltungen spricht man auch von VLSI-Schaltungen. VLSI ist die Abkürzung für very large scale integration.

LSI

Bei Bustreibern und Interruptcontrollern liegt der Integrationsgrad unter 100000 Transistoren. Bei solchen Schaltungen spricht man von LSI-Schaltungen. Der Begriff LSI-Schaltung gilt für Integrationsgrade von 100000 bis 1000 Transistoren.

MSI

Integrierte Schaltungen mit einem Integrationsgrad von 1000 bis 50 Transistoren pro Schaltung bezeichnet man als MSI-Schaltung. MSI ist die Abkürzung für medium scale integration. Ein Beispiel für MSI-Schaltungen sind Flip-Flops und Gatter.

SSI

Schaltungen mit weniger als 50 Transistoren bezeichnet man als SSI-Schaltungen. Inverter sind z.B. SSI-Schaltungen. SSI ist die Abkürzung für smale scale integration.

Integrationsgrad in PCs

Der Integrationsgrad von integrierten Schaltungen hat eine große Bedeutung für kompatible PCs, da in kompatiblen PCs vielfach Schaltungen mit einem höheren Integrationsgrad eingesetzt werden, als in Orginal-IBM-PCs. Vgl. integrierte Schaltung.

integrierte Programmpakete

Sammlung von Programmen, die die wichtigsten Aufgaben von PC-Anwendern bearbeiten können. Zu diesen Aufgaben gehören die Textverarbeitung, die Tabellenkalkulation, das Verwalten von Datenbanken und die Kommunikation mit anderen Computern.

Textverarbeitung

Mit Hilfe von integrierten Programmpaketen können Texte in den PC eingegeben werden. Die eingegebenen Texte werden in einer Datei gespeichert und können anschließend über einen Drucker ausgegeben werden. Auf diese Weise können z.B. Briefe am PC geschrieben werden. Enthält der ausgedruckte Brief noch Fehler, so kann die erstellte Datei anschließend mit Hilfe des integrierten Programmpaketes leicht geändert werden. In einem nochmaligen Ausdruck der Datei sind dann auch die Änderungen enthalten.

Datenbanken

Ein integriertes Programmpaket enthält auch ein Datenbankprogramm. Mit Hilfe dieses Programms kann eine relationale Datenbank erstellt werden. In solch einer Datenbank sind die Daten in tabellarischer Form gespeichert. In einer relationalen Datenbank können z.B. die Namen, Adressen und Geburtstage von bekannten Personen gespeichert werden. Für jeden Namen wird dann eine Zeile, für Adressen und Geburtstage jeweils eine Spalte in der Tabelle angelegt. Eine Zeile in der Datenbank nennt man auch Datensatz. Die angelegte Datenbank kann dann bei Bedarf abgefragt werden. Dabei kann auch nach einem Teil der Daten gefragt werden, z.B. nach Personen mit bestimmten Namen oder bestimmten Geburtstagen.

Tabellenkalkulation

Die Daten der Datenbank können auch zeilenweise oder spaltenweise nach einer programmierbaren Rechenvorschrift miteinander verknüpft werden. Das Ergebnis dieser Verknüpfung kann dann in eine neue Spalte bzw in eine neue Zeile eingetragen werden. Der Inhalt der Datenbank kann dann anschließend ausgedruckt werden. Bei dem Ausdruck kann es sich z.B. um eine Handwerkerrechnung oder eine Steuererklärung handeln, in der Einzelposten spaltenweise multipliziert und zeilenweise addiert werden müssen.

Kommunikation

Als weiterer Programmteil enthalten integrierte Programmpakete ein Kommunikationsprogramm. Mit solch einem Programm kann ein PC Daten über eine Datenfernübertragungs-Leitung zu einem anderen Computer schicken oder von dort empfangen. Die Kommunikation erfolgt über die →serielle Schnittstelle.

spezielle Programme

Von den verschiedenen Firmen wird eine Vielzahl von integrierten Programmpaketen angeboten. Die bedeutendsten Programmpakete sind Framework, Lotus-1-2-3, Open-Access, Symphony und Works.

Framework

Das Programm Framework stammt von der Firma Ashton Tate. Neben den für integrierte Programme üblichen Leistungsmerkmalen besitzt Framework ein Wörterbuch mit über 90000 Wörtern. Dadurch können bei der Textverarbeitung eingegebene Wörter auf Rechtschreibung geprüft werden.

Lotus-1-2-3

Das Programm Lotus 1-2-3 wurde von der Firma Lotus entwickelt. Es stellt das am weitesten verbreitete integrierte Programmpaket dar.

Open Access

Das Programm Open Access stammt von der SPI.

Symphony

Das Programm Symphony wurde ebenso wie das Programm Lotus-1-2-3 von der Firma Lotus entwickelt. Symphony ist besonders für Aufgaben der betriebswirtschaftlichen Planung geeignet, da betriebswirtschaftliche Zusammenhänge gut grafisch dargestellt werden können.

Works

Das Programm Works stammt von der Firma Microsoft. Es wird deshalb auch unter den Namen MS-Works angeboten.
Vgl. Anwendungsprogramme.

integrierte Schaltung

Elektronische Schaltung, bei der sämtliche Bauelemente auf einem Kristall untergebracht sind. Der Kristall ist in ein Gehäuse eingebaut. Das Gehäuse verfügt über Anschlußdrähte, die einerseits mit den Leiterbahnen auf dem Kristall verbunden sind. Auf der anderen Seite können die Anschlußdrähte an die Leiterbahnen einer Platine angelötet werden.

Anwendung

In PCs sind die meisten Baugruppen als integrierte Schaltungen aufgebaut. Einzelne Baugruppen bestehen auch aus mehreren integrierten Schaltungen. Die einzelnen integrierten Schaltungen ha-

ben dabei unterschiedliche →Integrationsgrade.
Vgl. Schaltung.
*

Intel

Amerikanisches Computerunternehmen, das hauptsächlich Mikroprozessoren entwickelt und vertreibt. Von der Firma Intel stammen die Mikroprozessoren 8088, 8086, 80286 und 80386. Diese Mikroprozessoren werden in den PCs als Zentralprozessoren eingesetzt. Weiterhin hat die Firma Intel die Mikrocomputer 8048 und 8041 entwickelt, die in den PCs als Tastaturcontroller eingesetzt werden.
Vgl. Computerunternehmen.

interaktiver Betrieb
→Dialogbetrieb

Interface
→Schnittstelle

interne Befehle
→resident

Interprozeßkommunikation

Datenaustausch mehrerer Prozesse untereinander beim Multitaskbetrieb.
Beim Multitaskbetrieb werden mehrere Programme auf dem gleichen Computer gleichzeitig ausgeführt. Die ausgeführten Programme nennt man Prozesse. Dabei kann es passieren, daß mehrere

gleichzeitig aktive Prozesse in unterschiedlicher Form auf ein Peripheriegerät zugreifen wollen. Dazu müssen die Zugriffsrechte der einzelnen Prozesse eindeutig geregelt sein. Würde man z.B. zwei Prozessen gleichzeitig Druckerlaubnis auf den gleichen Drucker erteilen, so würden die Ausgaben beider Prozesse durcheinandergedruckt. Ähnlich verhält es sich beim Schreiben zweier Programme auf die gleiche Datei. Um dies zu vermeiden, müssen sich die einzelnen Prozesse über das Betriebssystem untereinander verständigen. Diese Verständigung nennt man Interprozeßkommunikation.

Semaphore

Den Zustand der Peripheriegeräte und der Dateien speichert das Betriebssystem in einem Statusregister. Dieses Statusregister wird Semaphore genannt. Im Semaphore ist also gespeichert, ob ein Gerät gerade von einem Prozeß benutzt wird oder nicht.

Will ein Prozeß auf ein Peripheriegerät zugreifen, so prüft das Betriebssystem vorher, ob das Semaphore des entsprechenden Peripheriegerätes markiert ist. Ist es nicht markiert, so ist das Peripheriegerät frei und der Prozeß kann zugreifen sowie das Semaphore markieren. Will ein zweiter Prozeß ebenfalls auf das gleiche Peripheriegerät zugreifen, so stellt das Betriebssystem fest, daß das Semaphore des betreffenden Gerätes markiert ist und läßt einen Zugriff des zweiten Prozesses nicht zu. Der zweite Prozeß kann zwar weiterarbeiten, mit seinem Zugriff auf das Peripheriegerät muß er jedoch warten, bis der erste Prozeß das Peripheriegerät nicht mehr benötigt und das Semaphor wieder löscht.

Pipe

Neben der Kommunikation mit Peripheriegeräten muß es den Prozessen auch möglich sein, Informationen untereinander auszutauschen. Dazu dienen die Pipes. Dies sind Zwischenspeicher, in die Daten von einem Prozeß hineingeschrieben werden und von einem zweiten Prozeß wieder ausgelesen werden können. Die Pipes können maximal 64 KByte lang sein. Der Einschreib- und Auslesemechanismus erfolgt nach dem first-in-first-out-Prinzip. Dabei werden die Daten in einen Stapelspeicher geschrieben. Das erste Zeichen, das in diesen Stapelspeicher hineingeschrieben wird, wird auch als erstes wieder herausgelesen.

Queue

Komfortabler als Pipes sind die Queues. Die deutsche Bezeichnung für Queue ist Warteschlange. Die Queues sind also Warteschlangen von Zeichenketten. Diese Zeichenketten werden von einem Prozeß erzeugt, um einem anderen Prozeß Informationen mitzuteilen. Auf eine Queue können alle Prozesse gleichberechtigt zugreifen, während die Pipes nur von einem Prozeß beschrieben und von einem anderen Prozeß gelesen werden können. Die einzelnen Zeichenketten innerhalb einer Queue können beliebig lang werden, da die Länge der Zeichenketten in der Queue gespeichert ist. Zusätzlich ist der Name des Prozesses gespeichert, der die Zeichenkette erzeugt hat.

Shared-Memory

Um den Programmierern von Multitaskprogrammen auch eine individuelle Kommunikation zwischen zwei Prozessen zu ermöglichen, hat man bei dem Betriebssystem OS/2 das Shared-Memory vorgesehen. Das Shared-Memory ist ein Speicherbereich, dessen Struktur individuell vereinbart werden kann. Auf diesen Speicherbereich können alle Prozesse gleichberechtigt zugreifen. Eine weitere Unterstützung durch das Betriebssystem existiert jedoch für das Shared-Memory nicht. Vgl. OS/2.

Interpreter
→Interpretersprache

Interpretersprache
Programmiersprache, in der die Befehle einzeln übersetzt und ausgeführt werden.

Interpreter
Das Dienstprogramm, das die Eingabe der Befehle überwacht und die eingegebenen Befehle übersetzt und ausführt, nennt man Interpreter.
Befehle, die in einen Interpreter ohne Zeilennummer eingegeben werden, werden sofort übersetzt und ausgeführt. Befehle, die mit einer Zeilennummer versehen eingegeben werden, werden in unübersetzter Form gespeichert. Diese Befehle können anschließend als geschlossenes Programm ausgeführt werden. Dazu wird jede Befehlszeile vor der Ausführung in Maschinensprache übersetzt und dann ausgeführt.

spezielle Interpreter
Auf PCs werden die beiden Basic-Interpreter BasicA und GWBasic häufig benutzt, da sie zum Lieferumfang des Betriebssystems MS-DOS gehören.
Vgl. Programmiersprachen.

Interrupt
Unterbrechung eines Programms durch ein externes oder internes Ereignis. Der Mikroprozessor, der das unterbrochene Programm bearbeitet hat, speichert nach erfolgter Unterbrechung die Registerin-

halte und den Inhalt des Programmzählers im Stack. Dann reagiert er auf das Ereignis. Dazu setzt er seine Arbeit in einem Interruptunterprogramm fort. Dieses Unterprogramm wird auch →Interruptroutine oder Interruptserviceroutine genannt. Es wird durch den Interrupt automatisch aufgerufen. Am Ende der Interruptroutine steht ein Return-Befehl, durch den der Mikroprozessor an die Stelle im Programm zurückkehrt, an der er unterbrochen wurde.

externe Interrupts
Der Grund für die Unterbrechung kann ein externes oder internes Ereignis sein. Bei einem externen Interrupt wird dem Mikroprozessor die Unterbrechung über ein externes Signal angezeigt. Dieses Signal wird dem Mikroprozessor über den →Interruptcontroller zugeführt. Der Interruptcontroller teilt dem Mikroprozessor auch die Nummer des Interrupts mit, damit er die richtige Interruptroutine aufrufen kann. Ein Beispiel für einen externen Interrupt ist der Tastaturinterrupt, der erzeugt wird, wenn eine Taste der Tastatur gedrückt wird.

interne Interrupts
Neben den externen Interrupts kann ein Mikroprozessor auch auf prozessorinterne Ereignisse reagieren. Solch ein interner Inter-

rupt wird z.B. erzeugt, wenn eine fehlerhafte arithmetische Operation durchgeführt wird, wie z.B. eine Division durch null. In diesem Fall unterbricht der Mikroprozessor seine Arbeit selbst und verzweigt zu einer Interruptroutine, die z.B. eine Fehlermeldung auf den Bildschirm ausgibt.

Softwareinterrupts
Die Reaktion auf externe oder interne Interrupts erfolgt immer im automatischen Aufruf einer →Interruptroutine. Da diese Interruptroutinen Unterprogramme darstellen, können sie auch direkt von einem Anwendungsprogramm gerufen werden. Ein solcher Aufruf wird als Softwareinterrupt bezeichnet. Von Softwareinterrupts wird besonders bei der Programmierung von Betriebssystemen und Dienstprogrammen Gebrauch gemacht, da sich durch solche Softwareinterrupts Funktionen realisieren lassen, die in den höheren Programmiersprachen nicht vorgesehen sind.

Interruptbefehl
Der Aufruf einer Interruptroutine kann durch einen Unterprogrammsprung an die Anfangsadresse der Routine erfolgen. Eleganter ist aber die Benutzung von Interruptbefehlen. In diesen Befehlen wird nicht die Anfangsadresse der Interruptroutine, sondern die Nummer der Inter-

ruptroutine angegeben. Dadurch braucht der Programmierer die Anfangsadresse der Routine nicht zu kennen.

Softwareinterrupt, Anwendung
Besonders gern werden die Tastaturinterruptroutine mit der Nummer 09 und der DOS-Interrupt mit der Nummer 21 benutzt.

Softwareinterrupt, Turbo-Pascal
In einer höheren Programmiersprache wie z.B. Turbo-Pascal sieht der Interruptbefehl formell folgendermaßen aus:
INTR ($Ø9,VAR)
VAR ist dabei eine Variable, in der der Interruptroutine Information über die Arbeitsweise mitgeteilt wird. In der Tastaturinterruptroutine wird in VAR der gelesene Tastaturwert zurücktransportiert.

Softwareinterrupt in Assembler
Der Befehl zum Aufruf der Interruptroutine zum Lesen der Tastatur heißt in Assemblersprache:
INT 09
Bei der Programmierung in Assembler übernimmt das 16-Bit-Register AX die Funktion der Variablen VAR. Der Aufruf von Interruptroutinen kann in Assemblersprache mit Unterstützung des Dienstprogramms →Debug erfolgen.

Softwareinterrupt in Basic
In der Programmiersprache Basic ist der Interruptbefehl nicht vorgesehen. Sollen trotzdem Interruptroutinen aufgerufen werden, so muß dies in einem Unterprogramm erfolgen, das in Assemblersprache geschrieben ist. Dieses Unterprogramm kann dann mit dem Basic-Befehl CALL gerufen werden.

Vgl. Interrupt.

Interruptcontroller
→Integrierte Schaltung, über die einem Mikroprozessor Signale zugeführt werden, die einen Interrupt auslösen können. Durch solch einen Interrupt wird das laufende Programm unterbrochen, zwischendurch ein Unterprogramm abgearbeitet und danach das unterbrochene Programm fortgesetzt.

Interruptcontroller, Funktionsweise
Der Mikroprozessor besitzt zur Kommunikation mit den Interruptcontrollern die beiden Signale IRQ und IACKN. Durch das Signal IRQ signalisiert der Interruptcontroller dem Mikroprozessor, daß ein Interrupt ausgeführt werden soll. Mit dem Signal IACKN antwortet der Mikroprozessor und signalisiert dem Interruptcontroller, daß er den Interrupt bemerkt hat und bereit ist,

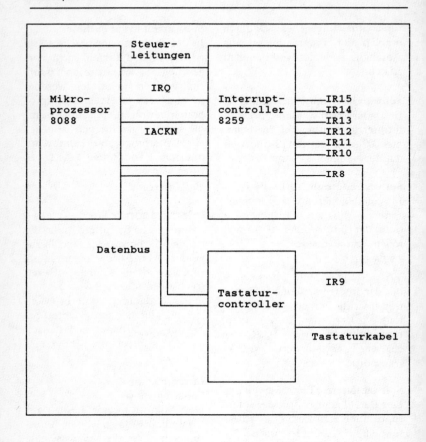

Interruptcontroller

die Nummer des Interrupts zu empfangen. Der Interruptcontroller wird wiederum durch die Signale an seinen Interrupteingängen veranlaßt, einen Interrupt auszulösen. Diese Signale werden in den Peripheriegeräten erzeugt, die die Interrupts auslösen. Der Interruptcontroller 8259 besitzt z.B. 8 Interrupteingänge, die in PCs mit den Signalnamen IR8 bis IR15 bezeichnet sind.

Tastaturinterrupt

Der Interrupteingang IR9 ist dabei mit der Tastatur verbunden. Wird nun eine Taste der Tastatur gedrückt, so setzt die Tastatur den Interrupteingang IR9 auf 1. Der Interruptcontroller setzt daraufhin das Signal IRQ auf 1 und signalisiert dem Mikroprozessor, daß er ihn unterbrechen möchte. Der Mikroprozessor arbeitet daraufhin seinen gerade bearbeiteten Befehl ab und setzt dann das Signal IACKN auf 0 zum Zeichen dafür, daß er bereit ist, die Nummer des Interrupts zu empfangen. Der Interruptcontroller schickt darauf die Nummer 9 über den Datenbus zum Mikroprozessor. Der Mikroprozessor besitzt im Arbeitsspeicher eine 256 Worte lange Tabelle mit Adressen von Interruptroutinen. Da er vom Interruptcontroller die Interruptnummer 9 empfangen hat, lädt er die neunte Adresse aus der Tabelle in seinen Programmzähler und springt damit die →Interruptroutine 9 an. In dieser Interruptroutine liest der Mikroprozessor die Nummer der gedrückten Taste. Anschließend setzt er seine Arbeit an der Stelle im Arbeitsspeicher fort, an der er durch den Interrupt unterbrochen wurde.

Interruptcontroller, interne Register

Die Interruptcontroller haben für jeden Interrupteingang ein Register, in dem die Interruptnummer gespeichert ist.

Diese Interruptregister müssen nach dem Einschalten der Versorgungsspannung vom Mikroprozessor neu mit der Interruptnummer initialisiert werden, die der Interruptcontroller bei einem Interrupt an den Mikroprozessor übergeben soll. Außerdem existieren weitere Register, die Statusbits für jeden Interrupteingang enthalten. Diese Register müssen ebenfalls initialisiert werden. Die Statusbits geben z.B. die Priorität der einzelnen Interrupts an. Sie bestimmen also, welcher Interrupt zuerst ausgeführt wird, wenn zwei Interrupts gleichzeitig ausgelöst werden.

spezielle Interruptcontroller

Der beschriebene Interruptmechanismus gilt für die Mikroprozessoren 8086, 8088, 80286 und 80386. Das Prinzip ist bei anderen Mikroprozessoren ähnlich, es unterscheidet sich jedoch in der Form, in der die Nummer des Interrupts vom Interruptcontroller an den Mikroprozessor übergeben wird.

Als Interruptcontroller wurde in den ersten PCs der 8259 von der Firma Intel eingesetzt. An diesem Baustein läßt sich die Funktionsweise eines Interruptcontrollers gut studieren. In den modernen kompatiblen PCs wird dagegen der Interruptcontroller mit dem DMA-Controller und dem Timer zusammen in einer integrierten Schaltung untergebracht. Die integrierte Schaltung 82C206 ist z.B. solch ein kombinierter Interrupt-DMA-Controller mit Timer. Vgl. Interrupt-DMA-Controller.

Interrupt-DMA-Controller

Integrierte Schaltung, die einen →Interruptcontroller und einen →DMA-Controller beinhaltet.

Der Interrupt-DMA-Controller beinhaltet auch den Timer, über den die Uhr des PC weitergetaktet wird. Er wird auch als Peripheriecontroller bezeichnet.

Alle modernen PCs sind mit solchen integrierten Schaltungen aufgebaut, da sich alle drei Baugruppen schaltungstechnisch leicht zusammenfassen lassen. Die Funktionsweise eines Interruptcontrollers und eines DMA-Controllers läßt sich dagegen leichter an getrennten Baugruppen studieren. Ein Beispiel für einen Interrupt-DMA-Controller ist die integrierte Schaltung 82C206 von der Firma →Chips and Technologies. Vgl. PC.

Interruptflag

Bit des Programmstatusregisters. Mit Hilfe des Interruptflags können Interrupts für die Zentralprozessoren von PCs erlaubt oder verboten werden. Ist das Interruptflag gesetzt, so sind Interrupts erlaubt, ist es auf 0, so sind die Interrupts verboten. Es wird dann nicht auf Interrupts reagiert. Vgl. Programmstatusregister.

Interruptroutinen

Das Betriebssystem MS-DOS verfügt über eine große Auswahl leistungsfähiger Interruptroutinen. Diese Interruptroutinen werden bei einem Interrupt durch den Interruptmechanismus des Zentralprozessors automatisch gerufen. Da diese Interruptroutinen ganz normale Unterprogramme sind, können sie aber auch durch einen Unterprogrammaufruf in einem Programm aufgerufen werden. Der Befehlssatz der Zentralprozessoren unterstützt solche Aufrufe sogar durch einen speziellen Interruptbefehl, in dem nur die Interruptnummer, aber nicht die Anfangsadresse der Interruptroutine angegeben werden muß.

Anwendung:
Interruptbefehle können z.B. in Assemblerprogrammen benutzt werden. Der entsprechende Befehl zum Aufruf der Interruptroutine heißt in Assembler *INT N1* und in Turbo-Pascal *INTR (N1,F1)*. N1 ist die Interruptnummer, F1 die Funktionsnummer.

**Interruptroutinen,
formeller Aufruf**
Vor dem Aufruf einer Interrupt-

routine müssen einzelne Register des Zentralprozessors auf bestimmte Werte gesetzt werden. Im Register AH muß z.B. die Funktionsnummer stehen, wenn die Interruptroutine mehrere Funktionen ausführen kann.

Nach der Rückkehr aus der Interruptroutine stehen dann in anderen Registern die Ergebnisse, die die Interruptroutine errechnet hat.

Interruptroutinen, einzelne
Im folgenden sollen die wichtigsten Interruptroutinen und ihr formeller Aufruf beschrieben werden, damit Anwender von PCs in der Lage sind, die Eingabe, die Ausgabe und die gebräuchlichsten übrigen Funktionen in Assemblerprogrammen zu realisieren. Andererseits soll dargestellt werden, was die wichtigsten Interrupts leisten, da die Interruptroutinen ja auch für die Bearbeitung von Interrupts gedacht sind. Eine detaillierte Beschreibung aller Interruptroutinen mit allen Funktionen bleibt spezieller Literatur vorbehalten.

Zeichenerklärung:
Der Doppelpunkt trennt zu erklärende Ausdrücke von ihrer Erklärung. Die Erklärung erfolgt in einer neuen Zeile.

Hinweise:
Alle Interruptnummern werden in hexadezimaler Form angegeben. Eingaberegister müssen vor dem Aufruf der Interruproutine auf einen Wert gesetzt werden.

Ausgaberegister enthalten nach der Rückkehr aus der Interruptroutine Ergebnisse, die die Interruptroutine errechnet hat.

E/A-Register ist die Bezeichnung für Eingabe- und Ausgaberegister.

INT 00 :
Interruptroutine zur Erzeugung einer Fehlermeldung nach einer Division durch null.
E/A-Register:
keine

INT 01 :
Interruptroutine zur Bearbeitung der Befehle eines Programms im Einzelschrittbetrieb.

INT 02 :
Interruptroutine zur Auswertung von Fehlern auf dem Datenbus. Diese Fehler werden durch ein falsches Paritybit erkannt.

INT 03 :
Interruptroutine, durch die Programme unterbrochen werden können. Durch den Aufruf dieser Routine wird ein Breakpoint in einem Programm realisiert.

INT 04 :
Interruptroutine zur Auswertung eines arithmetischen Überlaufes.

233

INT 05 :
Interruptroutine zum Ausdrucken des Bildschirminhaltes auf dem Drucker. Der Aufruf dieser Routine bewirkt das gleiche wie ein Betätigen der Printscreentaste.

INT 06 :
Unbenutzt.

INT 07 :
Unbenutzt.

INT 08 :
Interruptroutine zum Weitertakten des Timercounters. Die Interruptroutine 08 wird 18,2 mal pro Sekunde durch den Timerinterrupt aufgerufen.

INT 09:
Interruptroutine zum Lesen der Tastennummer aus dem Tastaturcontroller. Die Tastennummer stellt die Nummer der Taste dar, die auf der Tastatur des PCs gedrückt ist. Die Tastennummer ist aber nicht identisch mit dem ASCII-Wert des Zeichens.

Die gelesene Tastennummer wird durch diese Interruptroutine automatisch in dem Tastaturpuffer abgespeichert. Dort kann sie später von der Interruptroutine 16 ausgewertet werden.

Eingaberegister:
Keine.
Ausgaberegister:
AH=1 :
Keine Taste gedrückt.

AH=0 :
Taste gedrückt.
AL :
Tastennummer

INT 0A :
Unbenutzt.

INT 0B :
Interruptroutine zur Auswertung der seriellen Schnittstelle COM2.

INT 0C :
Interruptroutine zur Auswertung der seriellen Schnittstelle COM1.

INT 0D :
Interruptroutine zum Bedienen der Festplatten.

INT 0E :
Interruptroutine zum Bedienen des Diskettenlaufwerks.

INT 0F:
Interruptroutine zum Bedienen des Druckers.

INT 16 :
Interruptroutine zum Auslesen eines Zeichens aus dem Tastaturpuffer. In diesen Puffer werden die Zeichen sofort nach ihrem Eintreffen im Tastaturcontroller durch die Interruptroutine 09 eingeschrieben.

Eingaberegister:
AH=1

Ausgaberegister:
Bei Tasten im erweiterten ASCII-Zeichensatz:
AL=0
AH:
ASCII-Zeichen der Taste.
Bei Tasten im einfachen ASCII-Zeichensatz:
AL:
ASCII-Zeichen der Taste.
AH:
Tastennummer der Taste auf der Tastatur.

INT 1A   Funktion 0 :

Interruptroutine zum Lesen des Timercounters. Der Timercounter ist ein 32 Bit breiter Zähler, in dem die Timerinterrupts gezählt werden. Das Weiterzählen des Timercounters besorgt die Interruptroutine 08. Aus dem Timercounter ermittelt das Betriebssystem die Uhrzeit.

Eingaberegister:
AH=0

Ausgaberegister:
CX:
Obere 16 Bit des Zeitzählers.
DX:
Untere 16 Bit des Zeitzählers.

INT 1A   Funktion 1 :

Interruptroutine zum Setzen des Timercounters.
Vgl. INT 1A Funktion 0.

Eingaberegister:
AH=1
AL=0
CX:
Obere 16 Bit des zu setzenden Wertes.
DX:
Untere 16 Bit des zu setzenden Wertes.

Ausgaberegister:
Keine

INT 21   Funktion 00 :

Interruptroutine zur Rückkehr aus einem Programm zum Betriebssystem MS-DOS. Diese Interruptroutine muß als letzter Befehl eines Programms aufgerufen werden.

Eingaberegister:
AH=00

Ausgaberegister:
Keine.

INT 21   Funktion 01 :

Interruptroutine zum Lesen eines Zeichens von der Tastatur und Ausgabe dieses Zeichens auf den Bildschirm.

Eingaberegister:
AH=01

Ausgaberegister:
AL:
Gelesenes ASCII-Zeichen.

INT 21   Funktion 02 :

Interruptroutine zum Anzeigen

eines ASCII-Zeichens auf dem Bildschirm.

Eingangsregister:
AH=02

DL:
ASCII-Zeichen, das angezeigt werden soll.

INT 21   Funktion 03 :
Interruptroutine zum Lesen eines ASCII-Zeichens von der seriellen Schnittstelle.

Eingaberegister:
AH=03

Ausgaberegister:
AL:
Gelesenes ASCII-Zeichen.

INT 21   Funktion 04 :
Interruptroutine zum Ausgeben eines ASCII-Zeichens auf die serielle Schnittstelle.

Eingaberegister:
AH=4

DL:
ASCII-Zeichen, das ausgegeben werden soll.

Ausgaberegister:
Keine

INT 21   Funktion 05 :
Interruptroutine zum Ausgeben eines ASCII-Zeichens auf den Drucker.

Eingaberegister:
AH=05

DL:
ASCII-Zeichen, das gedruckt werden soll.

Ausgaberegister:
Keine.

INT 21   Funktion 09 :
Interruptroutine zum Ausgeben einer ASCII-Zeichenkette auf den Bildschirm.

Eingaberegister:
AH=09

DS:
Segmentadresse der Zeichenkette.

DX:
Adresse der Zeichenkette innerhalb des Datensegmentes.
Die Zeichenkette muß mit $ enden.

INT 21   Funktion 0A :
Interruptroutine zum Einlesen einer ASCII-Zeichenkette von der Tastatur.

Eingaberegister:
AH=0A

DS:
Segmentadresse der Zeichenkette.

DX:
Adresse der Zeichenkette innerhalb des Datensegmentes.

Ausgaberegister:
Keine.

INT 21   Funktion 0E :
Interruptroutine zur Auswahl des aktuellen Laufwerks.

Eingaberegister:
AH=0E
DL:
DL=00:
Laufwerk A
DL=01:
Laufwerk B
Ausgaberegister:
AL:
Anzahl der Laufwerke.

INT 21   Funktion 0F :
Interruptroutine zum Öffnen einer bestehenden Datei. Dazu wird ein FCB benutzt, in dem die Information über diese Datei gespeichert ist.
Eingaberegister:
AH=0F
DS:
Segmentadresse des FCB.
DX:
Adresse des FCB innerhalb des Datensegmentes.
Ausgaberegister:
AL:
AL=00:
Eröffnung erfolgreich.
AL=FF:
Eröffnung erfolglos.

INT 21   Funktion 10 :
Interruptroutine zum Schließen einer Datei. Dazu wird ein FCB benutzt, in dem die Information über diese Datei gespeichert ist.

Eingaberegister:
AH=10
DS:
Segmentadresse des FCB.
DX:
Adresse des FCB innerhalb des Datensegmentes.
Ausgaberegister:
AL:
AL=00:
Schließen erfolgreich.
AL=FF:
Schließen erfolglos.

INT 21   Funktion 14 :
Interruptroutine zum Lesen eines Datensatzes aus einer Datei. Dazu wird ein FCB benutzt, in dem die Information über diese Datei gespeichert ist.
Eingaberegister:
AH=14
DS:
Segmentadresse des FCB.
DX:
Adresse des FCB innerhalb des Datensegmentes.
Ausgaberegister:
AL:
AL=00:
Lesen erfolgreich abgeschlossen.
AL=01:
Ende der Datei wurde erreicht.
AL=02:
Segment wurde beim Lesen überschritten.

INT 21   Funktion 15 :
Interruptroutine zum Schreiben eines Datensatzes in eine Datei. Dazu wird ein FCB benutzt, in dem die Information über diese Datei gespeichert ist.

Eingaberegister:
AH=15

DS:
Segmentadresse des FCB.

DX:
Adresse des FCB innerhalb des Datensegmentes.

Ausgaberegister:
AL:
AL=00:
Schreiben erfolgreich abgeschlossen.

AL=01:
Ende der Datei wurde erreicht.

AL=02:
Segment wurde beim Schreiben überschritten.

INT 21   Funktion 16 :
Interruptroutine zum Öffnen einer neuen Datei. Dazu wird ein FCB benutzt, in dem die Information über diese Datei gespeichert ist.

Eingaberegister:
AH=16

DS:
Segmentadresse des FCB.

DX:
Adresse des FCB innerhalb des Datensegmentes.

Ausgaberegister:
AL:
AL=00:
Eröffnung erfolgreich.

AL=FF:
Eröffnung erfolglos.

INT 21   Funktion 29 :
Interruptroutine zum Schreiben eines Dateinamens in einen FCB. Der FCB kann anschließend zum Zugriff auf die Datei benutzt werden. Der Dateiname muß durch das ASCII-Zeichen 00 abgeschlossen werden.

Eingaberegister:
AH=29

DS:
Segmentadresse des Dateinamens.

SI:
Adresse des Dateinamens innerhalb des Speichersegmentes.

ES:
Segmentadresse des FCB.

DI:
Adresse des FCB innerhalb des Speichersegmentes.

INT 21   Funktion 2A :
Interruptroutine zum Lesen des Datums.

Eingaberegister:
AH=2A

Ausgaberegister:
AL:
Tag der Woche. Sonntag=00.

CX:
Jahr.
DH:
Monat. Januar=01
DL:
Tag des Monats.

INT 21   Funktion 2B :
Interruptroutine zum Setzen des
Datums.

Eingaberegister:
AH=2B
AL:
Tag der Woche. Sonntag=00.
CX:
Jahr.
DH:
Monat. Januar=01.
DL:
Tag des Monats.

INT 21   Funktion 2C :
Interruptroutine zum Lesen der
Uhrzeit.
Eingaberegister:
AH=2C
Ausgaberegister:
CH:
Stunde.
CL:
Minute.
DH:
Sekunde
DL:
Hundertstel Sekunde.

INT 21   Funktion 2D :
Interruptroutine zum Setzen der
Uhrzeit.
Eingaberegister:
AH=2D
CH:
Stunde.
CL:
Minute.
DH:
Sekunde
DL:
Hundertstel Sekunde.
Ausgaberegister:
AL:
AL=00:
Schreibvorgang fehlerfrei.
AL=FF:
Schreibvorgang fehlerhaft.

Inverter
→logische Schaltung

I/O
Abkürzung für input output. Bezeichnung für Geräte und Schnittstellen, die sowohl die →Eingabe,
als auch die →Ausgabe von Daten realisieren können.
Vgl. Schnittstellen.

IP
Abk. für instruction pointer auch
für integriertes Paket

IPC
→Interprozeßkommunikation

IRQ

Abk. für Interruptrequest. Kontrolleitung, über die ein Interruptcontroller die Unterbrechung eines Mikroprozessors steuert.
Vgl. Interruptcontroller.

ISDN

Abk. für integrated service digital network. ISDN ist ein Datennetz der Post, über das eine Vielzahl von Postdiensten abgewickelt werden kann. Dem Teilnehmer dieses Netzes wird ein ISDN-Hauptanschluß zur Verfügung gestellt, über den er z.B. ein Telefon, ein Bildschirmtextgerät oder einen Computer anschließen kann. Die Übertragung auf dem ISDN erfolgt digital mit einer →Übertragungsgeschwindigkeit von 64 kBaud.
Vgl. Datenfernübertragung.

Iteration

→Rekursion

J

JOIN
MS-DOS-Befehle

Joker
Andere Bezeichnung für →wild-cards.

Joystick
Peripheriegerät zum Steuern von bewegten Objekten auf dem Bildschirm.

Joystick, Aufbau und Funktionsweise
Der Joystick ist eine Art Steuerknüppel. Er ist auf einem Gehäuse montiert, in dem ein mechanisch veränderbarer Widerstand sitzt. Diesen Widerstand nennt man auch Potentiometer. Durch Bewegung des Steuerknüppels wird der Widerstandswert des Potentiometers verändert.

Das Joystick-Gehäuse ist über ein Kabel mit der Joystick-Adapterkarte des PC verbunden.

Joystick-Adapterkarte
Die Joystick-Adapterkarte ist eine Erweiterungsplatine für die Steckplätze des PC. In der Joystick-Adapterkarte wird der Widerstandswert des Potentiometers ausgewertet und in digitale Information umgesetzt. Diese digitale Information kann dann vom Zentalprozessor des PC gelesen werden. Sie wird im weiteren benutzt, um entweder die Position eines Objektes auf dem Bildschirm festzulegen oder um die Geschwindigkeit zu steuern, mit der sich ein Objekt auf dem Bildschirm bewegt.

Vgl. Systemerweiterung.

Joystick-Adapterkarte
→Joystick

K

K
Abk. für →Kilo

Kaltstart
Starten eines PC durch Einschalten der Versorgungsspannung. Der Kaltstart wird aber auch benutzt, um den PC in einen definierten Zustand zurückzusetzen. Dazu wird der PC ausgeschaltet und anschließend wieder eingeschaltet. Danach wird das Betriebssystem automatisch aus dem Massenspeicher in den Arbeitsspeicher geladen. Außerdem wird der PC neu initialisiert.

Den Kaltstart bezeichnet man auch als coldstart.

Warmstart
Das Neuladen des Betriebssystems kann auch durch gleichzeitiges Betätigen der →Controltaste, der Alternatetaste und der Deletetaste erfolgen. Dann wird das laufende Programm durch einen Interrupt unterbrochen. Da der PC dazu nicht ausgeschaltet wer-

den braucht, nennt man diesen Start auch Warmstart oder wormstart.

Reset
Der Warmstart über die Controltasten funktioniert nur, wenn sich das laufende Programm noch per Interrupt unterbrechen läßt. Damit sich der PC in jedem Falle neu starten läßt, ohne ihn auszuschalten, besitzen einige PCs an der Frontplatte eine Resettaste. Bei der Betätigung dieser Taste erhält der Zentralprozessor des PC ein Resetimpuls, durch den er in das Urladeprogramm springt und ebenfalls ein neues Betriebssystem lädt.

Break
In vielen Fällen, in denen sich der PC nicht mehr ordnungsgemäß bedienen läßt, ist es nicht nötig, ein neues Betriebssystem zu laden. Stattdessen kann das gerade laufende fehlerhafte Programm abgebrochen werden. Dies erfolgt durch gleichzeitiges Betätigen der →Controltaste und der Breaktaste. Dabei erfolgt eine Programmunterbrechung, die auch Break genannt wird. Nach dem Break kann der PC wieder ordnungsgemäß bedient werden.

Vgl. Bedienungstechnik.

Kanal
Datenübertragungseinrichtung, die Daten aus dem Arbeitsspei-

cher eines Computers zu den Peripheriegeräten transportiert.

Kanalprozessor

Ein Kanal besitzt dazu einen Kanalprozessor, der von dem Zentralprozessor nur angestoßen wird. Das heißt, der Kanalprozessor erhält eine Steuerinformation, welche Daten er ausgeben oder einlesen soll. Den eigentlichen Datentransport übernimmt der Kanalcontroller selbständig durch einen DMA-Zugriff auf den Arbeitsspeicher. Er unterscheidet sich dadurch von einem Port, in den der Zentralprozessor jedes einzelne Byte hineinschreiben muß.

Kanal, Anwendung

Auf PC-XTs und PC-ATs erfolgt die Eingabe und Ausgabe über Ports. Ein Kanal ist bei diesen Geräten nicht vorgesehen. Das neue PS/2-System von IBM verfügt jedoch in seinen Modellen 50, 60, 70 und 80 über einen Kanal. Dieser Kanal wird von IBM Mikrochannel genannt. Vgl. Mikrochannel.

Kanalkapazität

Physikalische Größe für die Menge der Informationen, die pro Zeiteinheit über einen Kanal übertragen werden können. Die Kanalkapazität wird in Bytes pro Sekunde angegeben. Vgl. Hardwareeigenschaften.

Kanalcontroller

Andere Bezeichnung für →Kanalprozessor

Kanalprozessor

Integrierte Schaltung, die speziell für die Übertragung von Daten aus dem Arbeitsspeicher eines Computers an Peripheriegeräte entwickelt wurde. Der Kanalprozessor erhält dazu vom Zentralprozessor die Information, welche Daten er übertragen soll. Danach führt er die Übertragung selbständig aus.

Die PC-XTs und PC-ATs besitzen in ihrer Grundausbaustufe keine Kanalprozessoren. Die Computer der PS/2-Familie benutzen jedoch in den Modellen 50 und 60 die Kanalprozessoren 82C221und im Modell 80 den Kanalprozessor 82C321. Vgl. Mikrochannel.

Karte

→Platine

Kathodenstrahl

→Kathodenstrahlröhre

Kathodenstrahlröhre

Elektronisches Bauelement, das zur Darstellung von Texten und Grafiken benutzt wird. Die Texte und Grafiken werden mit Hilfe eines Kathodenstrahls auf den Schirm der Kathodenstrahlröhre geschrieben. Der Schirm der Kathodenstrahlröhre besitzt eine Leuchtschicht, die sich beim Bestrahlen durch den Kathodenstrahl hell färbt. Die Kathodenstrahlröhre wird im englischen Sprachraum auch als CRT bezeichnet. Vgl Bildschirme.

kBaud
→Übertragungsgeschwindigkeit

KBit
→Kilo

KByte
→Kilo

kHz
→Frequenz

Kernspeicher
Speicher, bei dem die Speicherzellen aus magnetisierbaren Ferritkernen bestehen. Kernspeicher wurden früher als Arbeitsspeicher in Computern eingesetzt. Seit es genügend schnelle Halbleiterspeicher gibt, haben Kernspeicher an Bedeutung verloren. Sie werden für Neuentwicklungen nur noch eingesetzt, wenn schnelle nichtflüchtige Speicher benötigt werden. In PCs kommen Kernspeicher nicht mehr zum Einsatz. Vgl. Speicher.

KEYBXX
→MS-DOS-Kommando

Kilo
Vervielfachungsfaktor für physikalische Einheiten und Informationsmengen. Bei physikalischen Einheiten versteht man unter einer Kiloeinheit eine 1000fache Einheit, die durch den Kleinbuchstaben k angegeben wird. Es gilt also:

$1\ km\ \ \ \ = 1000\ m,$
$1\ kH\ \ \ \ = 1000\ Hz,$
$1\ kg\ \ \ \ \ = 1000\ g,$
$1\ kbaud = 1000\ baud.$

Bei Informationsmengen ist eine Kiloeinheit dagegen eine 1024fache Einheit. Das hat seinen Grund darin, daß Informationsmengen über Adressen adressiert werden. Mit 10 Adreßleitungen kann man aber gerade 1024 verschiedene Informationselemente adressieren. Deshalb hat man für Informationsmengen wie Bit und Byte eine Kilomenge auf eine 1024fache Menge festgelegt. Es gilt daher:

$1\ KByte = 1024\ Byte,$
$1\ KBit\ \ = 1024\ Bit.$

Zur Unterscheidung von dem Vervielfachungsfaktor 1000 verwendet man als Abkürzung bei KByte und KBit den Großbuchstaben K.
Vgl. Hardwareeigenschaften.

Kilobaud
→Übertragungsgeschwindigkeit

Kilobit
→Kilo

Kilobyte
→Kilo

Kilohertz
→Frequenz

Kindprozeß
Prozess, der im →Multitaskbetrieb von einem anderen Prozess eröffnet wurde.

Knoten
Verzweigungspunkt in einem Rechnernetz.
Vgl. Rechnernetz.

Knotenrechner
Computer, der in dem Knoten eines Rechnernetzes angeordnet ist und die Verwaltung des Rechnernetzes übernimmt.
Vgl. Rechnernetze.

Kommando
→Kommandointerpreter

Kommandointerpreter
Programmteil eines Betriebssystems oder Anwendungsprogramms, der die Bedienungsbefehle auswertet, mit denen ein Benutzer das Betriebssystem oder Anwendungsprogramm steuert. Der Kommandointerpreter wird auch als Kommandoprozessor bezeichnet.

Kommandos
Die Befehle, die ein Kommandointerpreter auswerten kann, werden auch Kommandos genannt.

spezielle Kommandointerpreter
Von dem Betriebssystem MS-DOS wird der Kommandointerpreter COMMAND.COM benutzt, um die →MS-DOS-Kommandos auszuwerten, die ein Benutzer über die Tastatur eingibt.
Vgl. Betriebssystem.

Kommandoprozessor
→Kommandointerpreter.

Kommentar
Erläuternder Text in einem Programm. Der Kommentar dient dazu, die Arbeitsweise des Programms besser zu verstehen.
In Basic-Programmen beginnen alle Kommentare mit dem →Basic-Befehl REM.
Vgl. Softwareengineering.

Kommunikationsprogramm
Programm, das bei der Datenfernübertragung das Senden und Empfangen der Daten übernimmt. Das Kommunikationsprogramm lädt dazu Daten, die übertragen werden sollen, aus einer Datei und überträgt sie anschließend an die serielle Schnittstelle. Von der seriellen Schnittstelle

empfängt das Kommunikationsprogramm auch die Daten eines
anderen Teilnehmers und speichert diese Daten in einer Datei
ab.

**spezielle Kommunikations-
programme**
Ein Kommunikationsprogramm
ist Bestandteil der integrierten
Programmpakete wie z.B. Framework, Lotus-1-2-3, Open-Access,
Symphony oder Works. Aber
auch zu vielen Datenfernübertra-
gungsvorrichtungen wie z.B. dem
LEP-Link werden Kommunika-
tionsprogramme geliefert.
Vgl. Anwendungsprogramme.

Kommunikationsprotokoll

Vereinbarung über das Format, in
dem die Rohinformation auf Datenfernübertragungs-Leitungen
übertragen wird. Dieses Format
kann z.B. darin bestehen, daß die
Informationen zu Blöcken zusammengefaßt werden, um Übertragungsfehler innerhalb solcher
Blöcke zu erkennen.
Vgl. Datenfernübertragung.

kompatibel

Eigenschaft von Geräten, Bau-
teilen oder Programmen, gegeneinander austauschbar zu sein.
Die Austauschbarkeit solcher
Einheiten bezeichnet man auch
als Kompatibilität. Große Bedeu-

tung hat die Kompatibilität durch
die IBM-PCs erlangt. Diese PCs
werden von vielen Mitbewerbern
nachgebaut, wobei es darauf an-
kommt, daß die nachgebauten
PCs gegen den Original-IBM-PC
ausgetauscht werden können.
Dadurch hat das nachgebaute
Gerät bei geringerem Preis bessere Marktchancen. Eine Gleichheit kann dabei schon aus urhe-
berrechtlichen Gründen nicht
erreicht werden. Sie wird aber
auch aus Kostengründen gar nicht
angestrebt.

aufwärts-, abwärtskompatibel
Ein kompatibler PC kann durch-
aus leistungsfähiger sein als das
Originalgerät. Ersetzt man ein
Originalgerät durch ein leistungs-
fähigeres kompatibles Gerät, so
kann dieses Gerät auch Aufgaben
übernehmen, für die das Originalgerät nicht geeignet ist. Wird das
Nachbaugerät für solche Aufgaben eingesetzt, so kann es nicht
mehr durch das Originalgerät ersetzt werden. In diesem Falle
spricht man davon, daß das Nachbaugerät aufwärtskompatibel zum
Originalgerät und das Originalgerät abwärtskompatibel zum
Nachbaugerät ist. Bedingungslos
austauschbar sind beide Geräte
nur, solange sie für Aufgaben eingesetzt werden, für die auch das
abwärtskompatible Gerät geeignet ist.

pinkompatibel

Nicht nur Geräte, sondern auch einzelne Bauelemente können gegeneinander austauschbar sein. Dies ist besonders bei integrierten Schaltungen verschiedener Hersteller wichtig, da durch den Einsatz kompatibler Schaltungen anderer Hersteller Lieferschwierigkeiten einzelner Hersteller umgangen werden können. Besitzen ICs neben der gleichen Funktion auch das gleiche Gehäuse und das gleiche Anschlußschema, so spricht man auch von pinkompatiblen ICs. Werden solche ICs auf Fassungen montiert, so können sie auch nach der Montage durch leistungsfähigere aufwärtskompatible ICs ausgetauscht werden. Pinkompatibel sind z.B. die EPROMs 2764 und 27128. Der 27128 enthält jedoch doppelt soviel Speicher wie der 2764 und ist damit aufwärts-pinkompatibel zum 2764.

softwarekompatibel

Auch Programme können untereinander austauschbar sein. Dann spricht man von Softwarekompatibilität oder von softwarekompatiblen Programmen. Ein Beispiel für softwarekompatible Programme sind die verschiedenen Versionen des Betriebssystems MS-DOS. Das Betriebssystem ist ständig leistungsfähiger geworden. Jede neue Version mußte jedoch die historisch gewachsenen Aufgaben mit übernehmen können. Softwarekompatible Programme können ausgetauscht werden, indem man die Disketten wechselt, von denen diese Programme geladen werden. Aber auch ein Austausch von EPROMs mit kompatiblen Programmen ist möglich. Dies ist z.B. nötig, wenn eine neuere Version des Urladeprogramms BIOS auf einem PC benutzt werden soll.
Vgl. PC.

Kompatibilität
→kompatibel

Kompatibilitätsbox
→Real-Mode

Kompatibilitätsmode
→Real-Mode

Konfiguration

Der Ausdruck Konfiguration bezeichnet auf PCs einerseits die Ausbaustufe eines PCs mit Peripheriegeräten und andererseits die Festlegung des Benutzers, wie diese Ausbaustufe benutzt werden soll.

Konfiguration, Ausbaustufe

Jeder PC kann mit unterschiedlich vielen Peripheriegeräten wie z.B. Diskettenlaufwerken oder Festplatten ausgestattet werden. Die Ausbaustufe eines PCs bezeichnet man als Konfiguration. Die Ausbaustufe eines PCs wird nach der Montage der Peripheriegeräte und des Arbeitsspeichers festgelegt. Auf PC-XTs erfolgt diese Festlegung in DIP-Schaltern auf der Hauptplatine, bei PC-ATs in freien Registern des →Uhrenbausteins. Aus dieser Festlegung erkennt das Betriebssystem, wieviel Arbeitsspeicher und welche Peripheriegeräte nach dem Einschalten des PCs auf Funktionsfähigkeit geprüft werden müssen.

**Konfiguration,
Nutzung der Ausbaustufe**

Nach dem Einschalten eines PC kann der Benutzer aber noch einmal festlegen, wie er die tatsächlich vorhandenen Geräte nutzen will. Dazu ist es z.B. möglich, Gerätetreiber für zusätzliche Peripheriegeräte aufzurufen. Den Vorgang bezeichnet man auch als Konfiguration. Bei der Konfiguration wird festgelegt, wie der Arbeitsspeicher und die Peripheriegeräte eines PC genutzt werden sollen. Die Konfiguration kann vom Anwender für jede Aufgabenstellung speziell angepaßt werden. Unter dem Betriebssystem MS-DOS erfolgt die Konfiguration durch die →MS-DOS-Konfigurationsbefehle in der Konfigurationsdatei CONFIG.SYS.
Vgl. Systemerweiterung.

Konfigurationsbefehle

1. →MS-DOS-Konfigurations-
   befehle
2. →OS/2-Konfigurationsbefehle

Konfigurationsdatei

Datei, in der die Ausbaustufe eines PC festgelegt wird. Von den Betriebssystemen MS-DOS und OS/2 wird dafür die Konfigurationsdatei CONFIG.SYS verwendet. Zum Festlegen der Konfiguration werden je nach Betriebssystem die →MS-DOS-Konfigurationsbefehle oder die →OS/2-Konfigurationsbefehle benutzt.
Diese Befehle können z.B. mit dem Zeileneditor Edlin eingegeben oder geändert werden.
Vgl. Datei.

Konsole

Peripheriegerät, von dem aus die Systemverwaltung eines Computers erfolgt. Bei PCs übernehmen Tastatur und Bildschirm die Funktion der Konsole. Die Konsole trägt als Peripheriegerät den Namen CON.

Konstante

→Variable

Kontrollbit

→Paritätsbit

Künstliche Intelligenz

Wissenschaftliche Disziplin, die sich damit beschäftigt, Probleme durch Computer lösen zu lassen, die Intelligenz im weitesten Sinne erfordert. Dabei gibt es unterschiedlichste Richtungen und Anwendungen für Künstliche Intelligenz.

Programmiersprachen
Zur Formulierung von Problemen der künstlichen Intelligenz eignet sich besonders die Programmiersprache Prolog. Aber auch andere Programmiersprachen wie z.B. Lisp oder Forth können eingesetzt werden.
Vgl. Programmiersprachen.

KV-Diagramm
Diagramm zur Darstellung einer logischen Funktion aus mehreren Eingangsvariablen. Das KV-Diagramm hat besondere Bedeutung für das Vereinfachen logischer Ausdrücke. Logisch wahre und logisch falsche Ausdrücke, die sich zu einem Ausdruck zusammenfassen lassen, liegen im KV-Diagramm immer nebeneinander oder übereinander, aber niemals diagonal zueinander.

Vgl.logische Schaltung.

L

Label

1. →MS-DOS-Kommando
2. Aufkleber für Disketten. Der Aufkleber kann vor dem Aufkleben beschriftet werden, um die Diskette auch äußerlich eindeutig gegenüber anderen Disketten identifizieren zu können. Nach dem Aufkleben sollte auf dem Aufkleber nicht mehr geschrieben werden, da sonst die Diskette beschädigt werden kann.
3. Name für eine Adresse in einem Programm. Ist eine Adresse mit einem Label versehen, so kann zur Adressierung der Name des Labels angegeben werden. In dem adressierenden Befehl braucht dann die Adresse des Labels nicht bekannt zu sein.
Vgl. Diskette.

Laden

Bezeichnung für das Holen von Daten oder Programmen aus ei-nem äußeren Arbeitsbereich eines Computers in einen inneren Arbeitsbereich eines Computers. Äußerer und innerer Arbeitsbereich können dabei z.B. Arbeitsspeicher und Register oder Massenspeicher und Arbeitsspeicher sein.

Laden von Programmen
Beim Laden von Programmen werden Programme von einem Massenspeicher in den Arbeitsspeicher transportiert. Dies erfolgt, um die Programme anschließend im Arbeitsspeicher ausführen zu können.

Ladeprogramm
Das Laden erfolgt durch ein Ladeprogramm. Das Ladeprogramm wird auch als Lader oder Loader bezeichnet. Es lädt die Bytes eines Programms von einem Massenspeicher, auf dem sie dauerhaft gespeichert sind, in den Arbeitsspeicher, in dem das Programm ausgeführt werden kann.

Laden von Programmen auf PCs
Auf PCs erfolgt das Laden eines Programms automatisch vor der Ausführung durch das Betriebssystem MS-DOS.

COM-Programme
Programme, die die Namenserweiterung COM enthalten, werden bei einer festen Adresse beginnend geladen.

EXE-Programme
Programme mit der Namenserweiterung EXE können dagegen an eine beliebige Stelle im Arbeitsspeicher geladen werden. Den freien Speicherplatz ordnet das Betriebssystem dem EXE-Programm automatisch beim Laden zu.

EXE-Programme, Vorteile, Nachteile
Der Nachteil der EXE-Programme besteht darin, daß diese Programme allgemeiner formuliert werden müssen als COM-Programme. Das Laden von EXE-Programmen dauert daher auch länger als das Laden von COM-Programmen.
Vgl. Massenspeicher.

Ladeprogramm
→Laden

Lagerhaltung
Disziplin, die sich mit der Verwaltung von Materiallagern beschäftigt. Die Lagerhaltung wird auch Lagerverwaltung oder Materialwirtschaft genannt. Sie ist ein typisches Anwendungsgebiet für Computer. Ohne Computer wird die Lagerverwaltung mit Hilfe von Karteikarten durchgeführt.

Lagerhaltung mit Hilfe von Computern
Kommt ein Computer zum Einsatz, so erhalten die verschiedenen Teile, die gelagert werden, eine Lagernummer. Im Computer kann dann gespeichert werden, wieviel Teile einer bestimmten Lagernummer vorhanden sind. Wird eine Anzahl von Teilen benötigt, kann mit Hilfe des Computers sehr leicht festgestellt werden, ob genügend Teile vorhanden sind. Sind nicht genügend Teile vorhanden, kann der Computer ausrechnen, wieviel Teile bestellt werden müssen. Treffen die Teile ein, so werden sie zu dem Bestand, der im Computer gespeichert ist, addiert. Werden anschließend Teile entnommen, so werden diese Teile von dem Bestand, der im Computer gespeichert ist, abgezogen. Auf diese Weise stimmt der im Computer gespeicherte Teilebestand immer mit dem Teilebestand im Lager überein. Es kann also von den verschiedenen Abteilungen eines Betriebes der Bestand des Lagers abgefragt werden.

Lagerhaltung auf PCs
Im einfachsten Fall kann die Lagerhaltung auf einem PC mit Hilfe eines Datenbankprogramms wie z.B. dBase realisiert werden. Auch integrierte Programmpakete, wie z.B. Framework, Lotus-1-2-3, Open-Access, Symphony oder Works können eingesetzt werden, da sie ein Datenbankprogramm beinhalten.

251

Es gibt aber auch spezielle Programme, die auf die Gegebenheiten der Lager einzelner Unternehmen eingehen.
Vgl. Anwendungsprogramme.

LAN
→Rechnernetze

LAP-Link
Datenübertragungsvorrichtung zwischen zwei PCs. Der LAP-Link wird benutzt, um Daten zwischen zwei PCs zu übertragen, die nicht über das gleiche Diskettenlaufwerk verfügen. Er besteht aus einer Übertragungsleitung, die an beiden PCs an die serielle Schnittstelle angeschlossen wird.

Datenübertragung
Außerdem gehört zum LAP-Link ein Kommunikationsprogramm, das auf beiden PCs geladen werden muß. Danach können Dateien, die auf einem PC z.B. auf einer 5.25-Zoll-Diskette gespeichert sind, auf einen anderen PC übertragen werden und dort z.B.. auf einer 3.5-Zoll-Diskette gespeichert werden.
Vgl. Datenfernübertragung.

Laptop
Tragbarer PC, der durch eine Batterie oder einen Akkumulator versorgt wird und dadurch netzunabhängig betrieben werden kann. Laptops werden auch als Aktentaschen-Computer oder als handheld-computer bezeichnet.

Bildschirm
Da Laptops nur wenig Strom verbrauchen dürfen, sind sie mit einem LCD-Bildschirm ausgestattet. Dieser hat gegenüber einem Bildschirm mit einer Kathodenstrahlröhre jedoch den Nachteil, daß er nicht so gut ablesbar ist. Dies gilt besonders bei hellen Lichtverhältnissen. Da der LCD-Bildschirm jedoch kleiner ist als ein Kathodenstrahlbildschirm, kann er direkt im PC-Gehäuse mit untergebracht werden.

Tastatur
Auch die Tastatur ist bei Laptops direkt im Computergehäuse untergebracht.

Massenspeicher
Als Massenspeicher haben Laptops üblicherweise ein 3.5-Zoll-Diskettenlaufwerk. Sie können aber auch mit einer Festplatte ausgestattet werden.
Vgl. PC.

Laserdisk
Optischer Massenspeicher, auf dem sehr große Speicherkapazitäten gespeichert werden können. Die Laserdisk wird auch als compact-disk, CD oder CD-ROM bezeichnet.
Der Nachteil der Laserdisk besteht darin, daß sie nur einmal bei ihrer Herstellung beschrieben und

dann nur noch gelesen werden kann. Sie eignet sich daher für große Daten- und Programmsammlungen, die nicht mehr verändert werden brauchen. Zum Speichern von individuell erstellten Programmen und Daten ist die Laserdisk nicht geeignet. Es gibt zwar auch Laserdisks, die sich lesen und wieder neu beschreiben lassen. Diese sind aber preislich noch sehr hoch angesiedelt.

Laserdisk, Hardware
Um eine Laserdisk an einem PC betreiben zu können, benötigt man eine spezielle Erweiterungsplatine, und eine Laserdisk-Speichervorrichtung. In die Speichervorrichtung wird dann die Laserdisk gesteckt, um die individuelle Information zu lesen. Die Laserdisk-Speichervorrichtung wird auch als Laserdisk-Laufwerk bezeichnet.

Laserdisk, Zugriff
Der Zugriff auf die Information der Laserdisk erfolgt über Gerätetreiber. Da sich unter den Informationsanbietern kein einheitliches Massenspeicherformat durchsetzen konnte, werden diese Gerätetreiber von den einzelnen Informationsanbietern zu den Laserdisks geliefert.

Informationsanbieter
Informationsanbieter, die Informationen auf Laserdisks zur Verfügung stellen, sind hauptsächlich

nordamerikanische Verlage, die z.B. Großlexika und Nachschlagewerke aller Art auf Laserdisks anbieten. Die Informationen dieser Laserdisks sind in englischer Sprache verfaßt. Aber auch für den deutschsprachigen Raum gibt es Handbücher und Nachschlagewerke, die auf Laserdisk geliefert werden.

Vgl. Massenspeicher.

Laserdrucker
Drucker, bei dem der Druckvorgang durch einen Laserstrahl gesteuert wird. Beim Laserdrucker tastet ein Laserstrahl eine elektrostatisch aufgeladene Trommel ab und entlädt die Trommel an den Stellen, die später einen Punkt darstellen sollen. Anschließend wird auf die Trommel ein feiner Kunststoffstaub aufgebracht. Der Kunststoffstaub wird auch als Toner bezeichnet. Er setzt sich an den entladenen Stellen der Trommel ab. Die Trommel wird anschließend mit dem Papier in Berührung gebracht. Dabei gelangt der Toner auf das Papier. Anschließend wird der Toner durch große Hitzeeinwirkung zum Schmelzen gebracht, so daß auf dem Papier dauerhafte Punkte entstehen, wo Toner auf das Papier aufgebracht wurde.

Ein Laserdrucker verwendet das gleiche Druckverfahren wie ein Fotokopierer. Mit Hilfe eines Laserdruckers lassen sich besonders scharf aufgelöste Texte und Grafiken drucken. Vgl. Drucker.

LASTDRIVE
→MS-DOS-Konfigurationsbefehl
→OS/2-Konfigurationsbefehl

Laufwerk
Peripheres Gerät, das zum Beschreiben und Lesen von Massenspeichermedien verwendet wird. Dazu gehören Diskettenlaufwerke, Festplatten-Laufwerke und Magnetband-Laufwerke.

Laufwerks-Buchstabe
Um solche Massenspeicher auf PCs über das Betriebssystem ansprechen zu können, wird jedem Laufwerk ein Laufwerks-Buchstabe automatisch zugeordnet, über den die Peripheriegeräte identifiziert werden können. Standardmäßig werden die beiden Buchstaben A und B für zwei Diskettenlaufwerke benutzt. Die Festplatte wird unter dem Laufwerks-Buchstaben C angesprochen. Weiteren Laufwerken werden dann beim Einrichten die Buchstaben D, E usw. zugewiesen. Die Zuordnung der Laufwerks-Buchstaben kann aber auch durch das →MS-DOS-Kommando ASSIGN verändert werden.

virtuelle Laufwerke
Es können aber nicht nur Peripheriegeräte, sondern auch Arbeitsspeicherbereiche wie ein Laufwerk angesprochen werden. Das Laufwerk muß dann bei der Konfiguration durch den MS-DOS-Konfigurationsbefehl DEVICE eingerichtet werden. Man spricht dann von einem virtuellen Laufwerk oder einer RAM-Disk. Besitzt ein PC eine Festplatte, so erhält das erste virtuelle Laufwerk den Laufwerks-Buchstaben D. Bei PCs ohne Festplatte wird der Buchstabe C an das erste virtuelle Laufwerk vergeben. Weitere virtuelle Laufwerke erhalten dann die folgenden freien Buchstaben.
Vgl. Massenspeicher.

Laufwerks-Buchstabe
→Laufwerk

LC-Anzeige
Anzeigegerät, bei dem die Darstellung von Punkten durch elektrisch polarisierte Flüssigkristalle erfolgt. LCD haben einen sehr geringen Stromverbrauch, sind aber nicht so gut ablesbar wie Kathodenstrahlbildschirme. LC-Anzeigen werden in Laptops als Bildschirme eingesetzt.
Vgl. Bildschirme.

LCD-Bildschirme
→LC-Anzeige

Leerzeichen

Zeichen, das bei der Darstellung eines Textes auf einem Bildschirm oder einem Drucker den Platz eines Buchstaben einnimmt, selbst aber nicht dargestellt wird. Im ASCII-Zeichensatz wird das Leerzeichen durch den dezimalen Zeichencode 32 bzw. durch den hexadezimalen Zeichencode 20 dargestellt. Vielfach wird das Leerzeichen auch als blank oder space bezeichnet.
Vgl. Zeichen.

LEFT$

→Basic-Befehle

LEN

→Basic-Befehle

Lesefehler

Fehler, der beim Lesen von Daten aus einem Peripheriegerät in den Arbeitsspeicher auftritt.
Vgl. Fehler.

LET

→Basic-Befehle

Lichtgriffel

Peripheriegerät für Computer, mit dem unterschiedlich helle Flächen abgetastet werden können. Der Lichtgriffel erkennt die Helligkeit einzelner Punkte, die mit ihm überfahren werden, und übermittelt diese Helligkeit an den Computer.

Anwendung

PCs können über eine Erweiterungsplatine mit einem Lichtgriffel verbunden werden. Der Lichtgriffel kann dann mit dem →Basic-Befehl PEN aktiviert werden und über die Basic-Funktion PEN abgefragt werden. Der Lichtgriffel wird dann benutzt, um grafische Eingaben direkt am Bildschirm einzugeben.
Vgl. Systemerweiterung.

Lichtleiter

Datenübertragungskabel, auf dem die Information durch einen Lichtstrahl übertragen wird.
Vgl. Datenfernübertragung.

LIFO

→FIFO

LINE

→Basic-Befehl

LINE INPUT

→Basic-Befehl

Linker

Dienstprogramm, das mehrere unabhängig voneinander übersetzte Programmteile zu einem ausführbaren Programm zusammenfügt.
Vgl. Programmiersprachen.

LIM

Andere Bezeichnung für →EMS.

255

Lisp

Abk. für list processing. Lisp ist eine höhere problemorientierte Programmiersprache. Es handelt sich um eine Interpretersprache, in der der Programmierer die benutzten Befehle selbst definieren kann. Lisp ist deshalb gut zur Formulierung von Programmen für Expertensysteme geeignet.

spezielle Interpreter
Für PCs gibt es den Golden-Common-Lisp-Interpreter, mit dem Lispprogramme übersetzt werden können. Lisp hat jedoch keine große Verbreitung gefunden, da Lisp-Programme sehr umfangreich werden.
Vgl. Programmiersprachen.

LIST

1. →Edlin-Befehle
2. →Basic-Befehle

LLIST

→Basic-Befehle

Literal

Konstante, die durch einen symbolischen Namen dargestellt wird. Unter diesem Namen kann sie in einer Anweisung direkt verwendet werden. Vgl. Variable.

LOAD

1. →Debug-Befehle
2. →Basic-Befehle

loader

→Laden

local-area-network

→Rechnernetze

LOCATE

→Basic-Befehle

Löschen

Entfernen einer gespeicherten Information aus einem Speicher.

LOG

→Basic-Befehle

Logarithmus

Mathematische Funktion. Der Logarithmus eines Operanden ist die Zahl, mit der eine Basiszahl potenziert werden muß, um den Operanden zu erhalten. In der Computertechnik ist der Logarithmus zur Basiszahl 2 von besonderer Bedeutung. Dieser wird auch als dualer Logarithmus bezeichnet und mit ld abgekürzt. Der duale Logarithmus gibt z.B. an, wieviel Bit b mindestens benötigt werden, um einen Speicher mit n Speicherzellen zu adressieren. Es gilt dann:

$$b = ld\ n$$

Der Wert b muß nach dem Bestimmen des Logarithmus aufgerundet werden.

Logarithmus und Potenzierung der Basiszahl 2	
ld n	n
b	2 ** b
0	1
1	2
2	4
3	8
4	16
5	32
6	64
7	128
8	256
9	512
10	1024
11	2048
12	4096
13	8192
14	16384
15	32768
16	65536
17	131072
18	262144
19	524288
20	1048576
21	2097152
22	4194304
23	8388608
24	16777216
25	33554432
26	67108864

Logarithmus, Basic

In der Programmiersprache Basic wird nur der →Basic-Befehl LOG zur Verfügung gestellt, der den natürlichen Logarithmus mit der Basis e berechnet. Der Logarithmus zur Basis 2 kann aber aus dem natürlichen Logarithmus nach folgender Formel errechnet werden:

$ld = (\log n) / (\log 2)$

Durch Austauschen der 2 durch eine 10 kann durch die gleiche Formel auch der Logarithmus zur Basis 10 berechnet werden.

Potenzierung

Der Logarithmus ist definitionsgemäß die Umkehrfunktion der Potenzierung. In der Computertechnik ist wieder die Potenzierung der Basiszahl 2 von Bedeutung. Die Potenzierung liefert umgekehrt zum Logarithmus die Antwort, wieviel Speicherzellen n man mit b Adreßbits adressieren kann. Es gilt dann:

$n = 2 ** b$

Die Schreibweise 2 ** b wird in vielen höheren Programmiersprachen benutzt. In der Mathematik schreibt man stattdessen 2 hoch b. In der Programmiersprache Basic wird statt der beiden Sterne das Sonderzeichen ^ verwendet. Vgl. Codierungsverfahren.

logischer Ausdruck

Ausdruck, der die beiden Werte wahr oder falsch bzw. 0 oder 1 annehmen kann. Logische Ausdrücke können in Form von logischen Variablen oder logischen Konstanten formuliert werden.

logische Konstante
Logische Konstanten behalten während des gesamten Programmablaufes ihren logischen Wert.

logische Variable
Der Wert von logischen Variablen kann jedoch durch das Programm geändert werden. Logische Variable werden auch zum Speichern des Ergebnisses von logischen Operationen benutzt.
Vgl. logischer Befehl.

logischer Befehl
Befehl zur Verknüpfung von zwei oder mehreren logischen Ausdrücken zu einem neuen Ausdruck.
Die Verknüpfung erfolgt in einem Programm durch die Operationen And, Or, Nand, Nor, Exor oder Exnor. Zusätzlich gibt es die NOT-Funktion, die den logischen Wert einer einzelnen Variablen umkehrt. Die logischen Verknüpfungen findet man auch unter dem Namen Und, Oder, Nichtund, Nichtoder, Antivalenz, Äquivalenz und Invertierung. Bei der Verknüpfung entsteht ein neuer Ausdruck, der bei bestimmten Bedingungen der verknüpften Ausdrücke den Wert 1 annimmt.

logische Befehle
Die in PCs benutzten Mikroprozessoren 8088 und 80286 besitzen Befehle für die logischen Operationen And, Or und Exor. Die übrigen logischen Operationen müssen auf diese drei Operationen zurückgeführt werden.
Die Programmiersprache Basic besitzt keine logischen Befehle. Sollen logische Ausdrücke in einer höheren Programmiersprache benutzt werden, so kann die Programmiersprache Pascal eingesetzt werden.
Vgl. Programm.

logische Konstante
→logischer Ausdruck

logische Operation
→logischer Befehl

logische Schaltung
Verknüpfung von zwei oder mehreren logischen Signalen zu einem neuen logischen Signal. Logische Signale können die Werte 1 oder 0 besitzen. Die Verknüpfung erfolgt in einer logischen Schaltung durch die Operationen And, Or, Nand, Nor, Exor oder Exnor. Zusätzlich gibt es die Not-Funktion, die den logischen Wert einer einzelnen Variablen umkehrt. Die logischen Verknüpfungen findet man auch unter dem Namen Und, Oder, Nichtund, Nichtoder, Antivalenz, Äquivalenz und Invertierung. Bei der Verknüpfung entsteht ein neues Signal, das bei bestimmten Bedingungen der verknüpften Signale den Wert 1 annimmt.

Logische Schaltungen		
Deutscher und englischer Name der Schaltung	Schaltsymbol und Formelzeichen der Schaltung	logisches Verhalten der Signale
And Und	A— & —F B— $F = A\,B$	A B | F 0 0 | 0 0 1 | 0 1 0 | 0 1 1 | 1
Or Oder	A— ≥1 —F B— $F = A{+}B$	A B | F 0 0 | 0 0 1 | 1 1 0 | 1 1 1 | 1
Nand Nichtund	A— & —F B— $F = \overline{A\,B}$	A B | F 0 0 | 1 0 1 | 1 1 0 | 1 1 1 | 0
Nor Nichtoder	A— ≥1 —F B— $F = \overline{A{+}B}$	A B | F 0 0 | 1 0 1 | 0 1 0 | 0 1 1 | 0
Exor Antivalenz	A— + —F B— $F=(A\,\overline{B})+(\overline{A}\,B)$	A B | F 0 0 | 0 0 1 | 1 1 0 | 1 1 1 | 0
Exnor Äquivalenz	A— = —F B— $F=(A\,B)+(\overline{A}\,\overline{B})$	A B | F 0 0 | 1 0 1 | 0 1 0 | 0 1 1 | 1
Not Nicht	A— 1 —F $F = \overline{A} = AN$	A | F 0 | 1 1 | 0

Darstellungsform

Logische Schaltungen können in Form von Formeln oder in Form von Schaltbildern dargestellt werden. In den Formeln werden die logischen Signale durch logische Formelzeichen verknüpft. Für jede logische Operation gibt es dazu ein Formelzeichen. In Schaltbildern werden die logischen Signale durch logische Schaltsymbole verknüpft. Vgl. Rechenwerk.

logisches Signal

Signal, das die beiden logischen Werte 0 oder 1 annehmen kann. Vgl. logische Schaltung.

logische Variable

→logischer Ausdruck

logische Verknüpfung

→logische Schaltung

lokaler Bus

→Bus

lokale Variable

→Variable

lokales Netz

→Rechnernetze

Loop

1. →Basic-Befehle
2. Andere Bezeichnung für →Programmschleife.

Lotus

Computerunternehmen, das sich mit der Erstellung von Software für PCs beschäftigt. Die beiden bedeutensten Softwarepakete, die von der Firma Lotus stammen, sind die beiden integrierten Programmpakete Lotus-1-2-3 und Symphony.
Vgl. Computerunternehmen.

Lotus-1-2-3

→Integrierte Programmpakete

LPOS

→Basic-Befehl

LPRINT

→Basic-Befehl

LPT1

Gerätename für den ersten Drucker, der an einen PC angeschlossen wird. Der Gerätename kann direkt in MS-DOS-Kommandos angegeben werden, um den Drucker anzusprechen.
Vgl Peripheriegeräte.

LSI

Abk. für large scale integration. Technologie, in der komplexe integrierte Schaltungen gefertigt werden. Von LSI spricht man bei Schaltungen mit 1000 bis 100000 Transistoren pro integrierter Schaltung. Vgl. Integrationsgrad.

M

M
Abk. für →Mega

Macintosh
Personalcomputer, der von der Firma Apple entwickelt, gefertigt und vertrieben wird. Es gibt zwei Ausführungen des Macintosh. Der Macintosh-SE benutzt als Zentralprozessor einen 68000-Mikroprozessor. Der Macintosh-II dagegen arbeitet auf der Basis eines 68020-Mikroprozessors. Daher wird dieser Personalcomputer vielfach auch als Workstation bezeichnet. Als Betriebssystem wird vom Macintosh ein sehr komfortables Betriebssystem benutzt, das von der Firma Apple speziell für den Macintosh entwickelt wurde. Alle Computer der Macintosh-Familie sind jedoch nicht IBM-PC-kompatibel, da sie als Zentralprozessoren Mikroprozessoren der 68000-Familie von der Firma Motorola verwenden.
Vgl. Computerfamilien.

Magnetband
Magnetisches Speichermedium, bei dem die Daten auf einem flachen Kunststoffband mit magnetisierbarer Oberfläche gespeichert werden. Das Magnetband ist auf eine Spule aufgewickelt.

Magnetbandgerät
Um Daten auf das Magnetband zu schreiben und die Daten anschließend wieder zu lesen, wird die Magnetbandspule in ein Magnetband-Lesegerät gespannt. Dies ist ein Peripheriegerät, das von einem Computer gesteuert wird. Um auf eine bestimmte Speicherstelle des Magnetbandes zugreifen zu können, muß das Magnetband teilweise auf eine andere Spule umgespult werden. Dies erfordert eine erhebliche Zugriffszeit. Für PCs werden Magnetbänder daher wenig verwendet. Ihr Einsatzbereich liegt auf größeren Rechenanlagen.

Magnetkassetten
Eine Sonderform des Magnetbandes ist die Magnetkassette. Bei ihr sind beide Enden eines Magnetbandes auf je eine Spule aufgewickelt. Beide Spulen sind in ein Gehäuse, die sogenannte Kassette, eingebaut.

Streamer
Der Zugriff auf die Magnetkassette erfolgt in einem Peripheriegerät, das Magnetkassettengerät

oder Streamer genannt wird. Der Vorteil der Magnetkassette gegenüber dem Magnetband liegt in der einfacheren Handhabung durch den Benutzer. Während das Magnetband in das Magnetbandgerät eingefädelt werden muß, braucht die Magnetkassette nur in den Streamer eingelegt zu werden.

Anwendung
Die Magnetkassette wird auf PCs zur Datensicherung verwendet. Dazu muß der PC natürlich über einen Streamer verfügen. Gegenüber Disketten hat die Magnetkassette eine erheblich höhere Speicherkapazität. Gegenüber einer Festplatte hat sie den Vorteil, daß sie nicht fest im Streamer montiert ist. Es kann also jeden Abend der Inhalt einer Festplatte auf eine andere Magnetkassette kopiert werden. Bei dem Kopiervorgang ist es üblich, Dateien nicht einzeln mit dem COPY-Kommando, sondern ganze Speicherbereiche mit dem →MS-DOS-Kommando BACKUP auf die Magnetkassette zu kopieren.
Vgl. Magnetspeicher.

Magnetbandgerät
→Magnetband

Magnetkarte
Kunstsoffkarte mit einer magnetisierbaren Oberfläche, auf der Daten gespeichert werden können.

Magnetkarten werden gern als Ausweis verwendet. Die auf ihnen gespeicherten Daten werden von Magnetkarten-Lesegeräten ausgewertet.

Anwendungen
Magnetkarten werden z.B. eingesetzt, um die Zugangsberechtigung bestimmter Personen zu bestimmten Räumen zu kontrollieren. Auch Anwesenheitskontrollen von Personen oder der Zugriff auf ein bestimmtes Bankkonto über einen Geldautomaten läßt sich durch Magnetkarten steuern. PCs werden für solche Aufgaben jedoch selten eingesetzt.
Vgl. Magnetspeicher.

Magnetkassette
→Magnetband

Magnetplatte
Magnetisches Speichermedium, bei dem die Daten auf einer magnetisierbaren Platte gespeichert sind. Die Information wird in konzentrischen Spuren auf die Magnetplatte aufgezeichnet. Magnetplatten sind deshalb runde Scheiben, die man um ihren Mittelpunkt rotieren läßt. Die Zugriffszeit auf Magnetplatten liegt zwischen 10 und 100 msec bei einer Speicherkapazität zwischen 100 KByte und 1 GByte. Auf PCs wird die Magnetplatte in Form

von →Disketten und →Festplatten eingesetzt. Auf größeren Rechenanlagen findet man Wechselplatten.
Vgl. Magnetspeicher.

Magnetspeicher

Speicher, der Daten in einem magnetischen Speichermedium speichert. Zu den Magnetspeichern gehören das →Magnetband, die →Magnetkarte, die →Magnetplatte und die →Magnettrommel. Außerdem ist der →Kernspeicher ein Magnetspeicher. Dieser nimmt gegenüber den anderen Magnetspeichern eine Sonderstellung ein, da er über keine mechanisch bewegten Teile verfügt. Seine Zugriffszeiten liegen damit im Nanosekundenbereich, während die Zugriffszeiten der anderen Magnet-speicher im Millisekundenbereich liegen.

Magnetspeicher, Anwendung

Die Technologie der Magnetspeicher wird in PCs für den Aufbau von Massenspeichern eingesetzt. Dabei kommt das Magnetband in Form des Streamers zum Einsatz. Die Festplatten und Disketten bauen dagegen auf die Technologie der Magnetplatte auf. Eine Magnetkarte kann durch periphere Magnetkarten-Lesegeräte ausgewertet werden. Magnettrommel und Kernspeicher werden dagegen auf PCs nicht mehr benutzt.
Vgl. PC.

Magnettrommel

Speichermedium, bei dem die Daten auf einer rotierenden Trommel gespeichert werden. Magnettrommeln werden für Neuentwicklungen nicht mehr verwendet und sollen nur zur Vollständigkeit erwähnt werden.
Vgl. Magnetspeicher.

mailbox

Englische Bezeichnung für elektronischen Briefkasten. Bei Computern bezeichnet man als mailbox einen Speicherbereich, der einem bestimmten Benutzer zugewiesen ist.

In diesen Speicherbereich können andere Benutzer des gleichen Computers Meldungen hineinschreiben. Der Benutzer, dem die mailbox gehört, kann diese Meldungen bei Bedarf auslesen und auswerten.

In die mailbox können jedoch auch Meldungen von Benutzern fremder Computer geschrieben werden. Dazu müssen die Computer über eine Datenfernübertragungsleitung oder über ein Rechnernetz verbunden sein.
Vgl. Datenfernübertragung.

Makro

Folge von Befehlen, die unter einem Namen zusammengefaßt werden. Der Name wird auch Makroname genannt. Werden die

Befehle, die im Makro beschrieben sind, in einem Programm mehrfach benutzt, so braucht nur der Makroname mehrfach aufgerufen zu werden. Ein Befehl, der ein Makro aufruft, wird Makrobefehl genannt.

Makro, Unterschiede zum Unterprogramm.

Das Makro unterscheidet sich grundsätzlich vom Unterprogramm. Beim Makro wird während der Übersetzung von der symbolischen Programmiersprache in die Maschinensprache des Mikroprozessors der Programmcode mehrfach erzeugt. Beim Unterprogramm existiert der Programmcode nur einfach und wird bei der Ausführung durch den Mikroprozessor mehrfach durchlaufen.

Vgl. Unterprogramm.

Makroassembler

Übersetzungsprogramm, das Programme aus der Assemblersprache in die Maschinensprache übersetzt. Das besondere am Makroassembler ist die Eigenschaft, Programme übersetzen zu können, die →Makros enthalten.

Vgl. Programmiersprachen.

Makrobefehl

→Makro

Makrobibliothek

Bibliothek, in der →Makros für verschiedene Zwecke gespeichert sind. Vgl. Bibliothek.

Makroname

→Makro

Mantisse

→Gleitkommadarstellung

manual

Englische Bezeichnung für →Bedienungshandbuch.

map

Englische Bezeichnung für Landkarte. In der Computertechnik bezeichnet man als map eine Liste, aus der die Aufteilung des Speicherplatzes eines Computers hervorgeht. Eine map kann für die verschiedenen Teile eines Programmes, aber auch für alle Speicherbereiche eines Computers erstellt werden.

Vgl. Arbeitsspeicher.

mapping

Zuordnung eines logischen Speicherbereiches zu einem physisch vorhandenen Speicherbereich.

EMS

Eine besondere Bedeutung hat das mapping bei der Erweiterung des Arbeitsspeichers eines PC nach dem EMS. Beim EMS wird ein Teilbereich des Arbeitsspeichers oberhalb von 1 MByte in den Adreßbereich des Zentralprozessors von D0000-DFFFF hineingeschaltet. Der Zentralprozessor greift dabei auf wechselnde Bereiche oberhalb 1 MByte zu.

Protected-Mode

Anders liegen die Verhältnisse beim mapping im Protected-Mode des PC. Um den Speicherplatz des Arbeitsspeichers effektiver nutzen zu können, wird dem Adreßbereich des Zentralprozessors ein ständig wechselnder physischer Speicherbereich des Arbeitsspeichers zugeordnet. Während jedoch beim EMS eine spezielle Hardware für den Zugriff des Mikroprozessors auf den Arbeitsspeicher nötig ist, erfolgt das mapping im Protected-Mode direkt durch die memory-management-unit des Zentralprozessors. Vgl. EMS.

Marke

Markierung in einem Programm, die durch einen Namen oder durch eine Zeilennummer erfolgen kann. Marken werden gern benutzt, um den Anfang eines Programms oder eines Programmteils zu markieren, damit dieser anschließend angesprungen oder aufgerufen werden kann. Vgl. Programm.

Maschinenbefehl
→Maschinensprache

Maschinencode
→Maschinensprache

Maschinenprogramm
→Maschinensprache

Maschinensprache

Programmiersprache, in der ein Mikroprozessor ein Programm direkt ausführen kann. Ein Programm, das in Maschinensprache vorliegt, wird auch als Maschinenprogramm oder Maschinenspracheprogramm bezeichnet.

Maschinenbefehl

In Maschinensprache werden die einzelnen Befehle als eine Folge von Binärzahlen dargestellt. Die binär codierten Befehle nennt man auch Maschinenbefehle oder Maschinensprachebefehle. Sie werden byteweise oder wortweise vom Mikroprozessor aus dem Arbeitsspeicher geholt und dann ausgeführt.

Maschinencode

Die in Maschinensprache codierten Befehle nennt man auch Maschinencode. Für den Programmierer ist der Maschinencode jedoch sehr schwer zu überblicken. Deshalb werden die meisten Programme zunächst in höheren Programmiersprachen oder Assembler erstellt und dann von Übersetzungsprogrammen in Maschinensprache übersetzt. Vgl. Programmiersprachen.

Maschinensprache-programm
→Maschinensprache

Maske
Binärwort, das einem anderen Binärwort überlagert wird, um bestimmte Bits des zweiten Binärwortes auszuwählen, auszublenden, zu setzen oder zu löschen. Die Binärworte können dabei 8, 16 oder 32 Bit breit sein. Man bezeichnet sie auch als Binärmuster. Zur Maskierung eines Binärmusters werden die logische Und- und die logische Oder-Funktion verwendet.

Setzen, Löschen
Zum Setzen einzelner Bits eines Binärmusters muß das Binärmuster mit einer Maske geodert werden, bei der die entsprechenden Bits 1 sind, die in dem Binärmuster gesetzt werden sollen. Zum Löschen einzelner Bits muß das Binärmuster mit einer Maske durch die logische Und-Operation verknüpft werden. Die Maske

muß an den zu löschenden Bits Nullen enthalten, alle anderen Bits der Maske müssen 1 sein.

Auswählen, Ausblenden
Das Auswählen bzw. Ausblenden von Bits ist eine wichtige Operation, wenn einzelne Bits getestet oder überlagert werden sollen. Zum Auswählen einzelner Bits eines Binärmusters werden die restlichen Bits gelöscht, beim Ausblenden von Bits werden die auszublendenden Bits gelöscht. In beiden Fällen erfolgt eine logische Und-Operation mit einer Maske, in der die zu löschenden Bits Null sind. Vgl. Codierungsverfahren.

Massenspeicher
Speichervorrichtung, in der große Datenmengen gespeichert werden können. Um diese großen Datenmengen zu ordnen, sind Massenspeicher in →Dateien aufgeteilt. Der Zugriff auf die Daten des Massenspeichers erfolgt durch den Zugriff auf solche Dateien. Dabei wird nicht mehr ein Speicherplatz oder ein Speicherbereich angegeben wie beim Zugriff auf einen Arbeitsspeicher, sondern nur noch ein Dateiname. Um jedem Dateinamen einen Speicherbereich zuzuordnen, besitzen die Massenspeicher mindestens ein →Dateiverzeichnis. Das Da-

teiverzeichnis ist ein Speicherbereich am Anfang des Massenspeichers, in dem alle Dateinamen und die zugehörigen Speicherbereiche der Dateien eingetragen sind. Das Dateiverzeichnis eines Massenspeichers wird nach jeder Änderung einer Datei vom Betriebssystem automatisch wieder auf den neuesten Stand gebracht.

Auf großen Massenspeichern können mehrere Dateiverzeichnisse eröffnet werden. Diese sind dann durch eine →Dateiverzeichnisstruktur untereinander geordnet.

Massenspeicher, Gerätetreiber

Im Gegensatz zum Arbeitsspeicher, bei dem der Zentralprozessor eines Computers die einzelnen Speicherzellen direkt adressieren kann, erfolgt der Zugriff auf einen Massenspeicher über die →Gerätetreiber des Betriebssystems. Diese Gerätetreiber sind Unterprogramme, die vom Betriebssystem aufgerufen werden. Sie laden eine ganze Datei oder einen Teil einer Datei vom Massenspeicher in den Arbeitsspeicher. Im Arbeitsspeicher kann der Zentralprozessor dann auf die Daten des Massenspeichers zugreifen. Der Zentralprozessor greift also nicht direkt auf den Massenspeicher zu, sondern lädt vorher die Daten aus dem Massenspeicher in den Arbeitsspeicher.

Massenspeicher, RAM-Disk

Bei der Unterscheidung zwischen Massenspeicher und Arbeitsspeicher ist es zunächst auch unbedeutend, wie groß die Speicherkapazität und wie schnell der Zugriff auf den Massenspeicher ist. So ist es z.B. möglich, einen kleinen Teil des schnellen Arbeitsspeichers als Massenspeicher zu definieren, wie dies bei einer →RAM-Disk gern praktiziert wird. Der Zugriff auf die RAM-Disk erfolgt dann über den Gerätetreiber RAMDISK.SYS des Betriebssystems. Dieser lädt die Daten einer Datei, die physisch im Arbeitsspeicher gespeichert sind, in einen anderen Speicherbereich des Arbeitsspeichers, auf den der Zentralprozessor direkt zugreifen darf. Mit Hilfe einer RAM-Disk kann also formell auf einen Massenspeicher zugegriffen werden, der die physischen Eigenschaften, im besonderen die kurzen Zugriffszeiten, eines Arbeitsspeichers besitzt.

Massenspeicher, Diskettenlaufwerk

Bekannter als die RAM-Disk ist die →Diskette. Mechanisch stellt die Diskette eine magnetisierbare runde Kunststoffscheibe dar. Sie kann in ein →Diskettenlaufwerk eingeschoben werden. Das Diskettenlaufwerk schreibt dann Daten auf die Diskette, indem es die

Diskette in kleinsten Teilbereichen magnetisch positiv oder negativ magnetisiert. Anschließend können die Daten wieder gelesen werden, indem das Diskettenlaufwerk die magnetische Information auf der Diskette auswertet.

Massenspeicher, Massenspeichercontroller

Die elektronische Steuerung der mechanisch bewegten Teile des Diskettenlaufwerkes wird durch den →Massenspeichercontroller realisiert. Der Massenspeichercontroller ist eine Platine, die in einem Steckplatz des PC montiert ist. Er gehört bei allen PCs zur Standardausrüstung. Damit er für zukünftige technologisch bessere Massenspeicher leichter nachgerüstet werden kann, bzw. damit er gegen einen moderneren Massenspeichercontroller ausgewechselt werden kann, ist er nicht mit auf der Hauptplatine des PC untergebracht.

Massenspeicher, Zugriff

Mit Hilfe des Massenspeichercontrollers ist der PC in der Lage, Datenströme auf die Diskette zu schreiben und wieder zu lesen. Dazu steuert der PC den Massenspeichercontroller mit Hilfe der →Gerätetreiber des Betriebssystems. Die Gerätetreiberroutine versorgt den Massenspeichercontroller mit der Information,

auf welche Datei bzw. auf welche Dateiteile zugegriffen werden soll. Außerdem stellt sie die Daten, die geschrieben werden sollen, aus dem Arbeitsspeicher des PC zur Verfügung und nimmt die vom Massenspeicher gelesenen Daten entgegen, um sie anschließend im Arbeitsspeicher des PC zu speichern.

Massenspeicherschnittstelle

Der Massenspeichercontroller wird über die →Massenspeicherschnittstelle an den Massenspeicher angeschlossen. Über die Massenspeicherschnittstelle werden die Daten vom Massenspeichercontroller zur Massenspeichervorrichtung übertragen. An den Systembus des PC ist der Massenspeichercontroller dagegen über die Signale der Steckplätze angeschlossen.

Massenspeicher, Diskette

Der Vorteil der →Diskette ist, daß sie als Datenträger aus einem →Diskettenlaufwerk herausgenommen werden kann. Dadurch können die Daten und Programme, die auf einer Diskette gespeichert sind, auf einen anderen PC transportiert und dann dort benutzt werden. Auf diese Weise ist es möglich, Daten und Programme einem großen Anwenderkreis zur Verfügung zu stellen bzw. Programme, die auf

Diskette gespeichert sind, zum Verkauf anzubieten.

Die Speicherkapazität einer Diskette liegt zwischen 360 KByte und 1,2 MByte. Reicht diese Kapazität für die Speicherung eines großen Programms oder einer Programmsammlung nicht aus, so müssen die Programme auf mehrere Disketten verteilt werden. Sollen bestimmte Programme aus einer Programmsammlung in den Arbeitsspeicher geladen werden, so können die Disketten, auf denen sich die Programmsammlung befindet, nacheinander eingelegt werden. Das Betriebssystem bzw. das Dienstprogramm, das diese Programmsammlung liest, fordert dann jeweils zum Einlegen der nächsten Diskette auf, wenn es die laufende Diskette gelesen hat. Auch hierbei ist es wieder vorteilhaft, daß die Diskette aus dem Diskettenlaufwerk herausgenommen werden kann.

Massenspeicher, Festplatte
Der Nachteil der Diskette besteht in dem mechanischen Aufwand, der für die Herausnehmbarkeit der Diskette aus dem Diskettenlaufwerk in Kauf genommen muß. Bei einer →Festplatte ist daher die magnetisierbare Scheibe fest mit dem Laufwerk verbunden. Das Laufwerk ist in ein staubdichtes Gehäuse eingebaut. Die Scheibe besteht nicht aus biegsamem Kunststoff, sondern aus Metall. Deshalb nennt man das Laufwerk auch Festplatten-Laufwerk oder harddisk-unit. Die magnetisierbare Scheibe, auf der die Daten gespeichert sind, wird Festplatte oder harddisk genannt. Durch die höhere mechanische Stabilität können auf einer Festplatte je nach Bauart Speicherkapazitäten von 5 MByte bis 120 MByte realisiert werden.

Vom PC aus wird das Festplatten-Laufwerk ähnlich wie ein Diskettenlaufwerk durch die Gerätetreiberroutinen des Betriebssystems und den Massenspeichercontroller angesteuert. Der Massenspeichercontroller eines PC kann mehrere Disketten und Festplatten-Laufwerke gleichzeitig steuern. Als Gerätetreiber für Diskettenlaufwerke und Festplatten-Laufwerke werden jedoch getrennte Routinen verwendet.

Massenspeicher, Laserdisk
Noch größere Speicherkapazitäten als mit einer Festplatte erreicht man mit einer →Laserdisk. Laserdisks werden auch als Compact-Disks, CDs oder CD-ROMs bezeichnet. Gegenüber Festplatten haben sie jedoch den Nachteil, daß die auf ihnen gespeicherten Daten nur einmal bei der Herstellung auf die Laserdisk geschrie-

ben werden können. Danach kann die Information nur noch gelesen werden. Laserdisks eignen sich deshalb gut zur Speicherung großer Bibliotheken, die nicht mehr verändert zu werden brauchen. Zum Speichern individueller Daten eines PC-Anwenders sind sie dagegen nicht geeignet.

Massenspeicher, Magnetkassette

Zur Datensicherung umfangreicher Daten, die auf einer Festplatte gespeichert sind, wird dagegen gern ein streamer benutzt. Dabei handelt es sich um ein Laufwerk, in das →Magnetkassetten eingelegt werden können. Gegenüber einer Diskette hat die Magnetkassette eine erheblich höhere Speicherkapazität. Gegenüber der Festplatte hat sie den Vorteil, daß sie aus dem streamer herausnehmbar ist.

Der streamer wird hauptsächlich benutzt, um ganze Speicherbereiche, die aus mehreren Dateien bestehen können, von einer Festplatte auf eine Magnetkassette zu kopieren. Dieser Kopiervorgang kann mit dem →MS-DOS-Kommando COPY durchgeführt werden. Speziell für die Datensicherung sind dagegen die →MS-DOS-KommandosBACKUP und RESTORE gedacht.

Vgl. PC.

Massenspeichercontroller

Erweiterungsplatine für PCs, über die Diskettenlaufwerke und Festplatten-Laufwerke vom PC aus angesteuert werden können. Der Massenspeichercontroller gehört zur Standardausrüstung eines jeden PC. Er ist nicht auf der Hauptplatine des PC untergebracht, um die Möglichkeit offen zu halten, PCs in der Zukunft mit moderneren und größeren Massenspeichern und dazugehörenden Massenspeichercontrollern auszurüsten. Die meisten Massenspeichercontroller können drei Massenspeicher steuern. Es ist also möglich, eine Festplatte und zwei Diskettenlaufwerke oder zwei Festplatten-Laufwerke und ein Diskettenlaufwerk anzuschließen.

Vgl. Massenspeicher.

Massenspeicherschnittstelle

Schnittstelle, über die die Massenspeichervorrichtung an den Massenspeichercontroller im PC angeschlossen wird. Für diesen Anschluß gibt es verschiedene Schnittstellen.

ST506-Schnittstelle

Die ST506-Schnittstelle ist die am meisten verbreitete Schnittstelle. Über diese Schnittstelle erfolgt die Übertragung seriell. Es wird dabei eine Übertragungsgeschwindigkeit von 5 MBit pro Sekunde erreicht.

SCSI-Schnittstelle
Die SCSI-Schnittstelle ist eine geräteunabhängige Schnittstelle. Die Abkürzung SCSI steht für small computer interface. Die Datenübertragung erfolgt byteparallel mit einer Übertragungsgeschwindigkeit von 4 MByte pro Sekunde.

ESDI-Schnittstelle
Die ESDI-Schnittstelle ist eine laufwerksorientierte Schnittstelle. Die Abkürzung ESDI bedeutet enhanced small computer interface. Die Übertragung erfolgt bitseriell mit einer Übertragungsgeschwindigkeit von bis zu 10 MBit pro Sekunde.

SMD-Schnittstelle
Für Hochleistungslaufwerke wird die SMD-Schnittstelle eingesetzt. SMD ist die Abkürzung für storage module device. Die Übertragung erfolgt bitseriell. Es werden Übertragungsgeschwindigkeiten von 9, 15 und 24 MBit pro Sekunde benutzt.

Vgl. Schnittstelle.

Materialwirtschaft
→Lagerhaltung

Matrixdrucker
Drucker, der das Druckbild aus Punkten zusammensetzt, die matrixförmig angeordnet sind. Zu den Matrixdruckern gehören →Nadeldrucker, →Tintenstrahldrucker und →Thermodrucker. Vgl. Drucker.

Maus
Grafisches Eingabegerät, über das der Cursor auf dem Bildschirm eines PC bewegt werden kann. Eine Maus besteht aus einem Kästchen, das über ein Kabel an die serielle Schnittstelle eines PC angeschlossen werden kann. Im Boden des Kästchens befindet sich eine Rollkugel, über die die Bewegungen der Maus über eine ebene Fläche abgetastet werden können. Wird die Maus z.B. in waagerechter oder senkrechter Richtung über einen Tisch bewegt, so wird die Veränderung der Koordinaten dem PC über die serielle Schnittstelle mitgeteilt. Ein geeignetes Anwendungsprogramm oder Betriebssystem kann daraufhin auch den Cursor auf dem Bildschirm des PC analog zur Bewegung der Maus neu positionieren.

grafische Eingaben
Die Maus wird gern für CAD und andere grafische Eingaben benutzt. Mit ihrer Hilfe lassen sich

Linien und andere grafische Objekte durch Bewegung der Maus auf einer ebenen Unterlage in den PC eingeben. Das Zeichnen erfolgt dabei ähnlich wie das Zeichnen mit dem Zeichenstift auf Papier. Die Darstellung der eingegebenen Zeichnung erfolgt dann jedoch nicht auf der Unterlage, sondern auf dem Bildschirm.

Eingabe einer Linie
Das Eingeben von Anfangs- und Endkoordinaten einer Linie, wie dies bei grafischen Eingaben über die Tastatur üblich ist, entfällt bei der Eingabe über eine Maus. Zum Zeichnen einer Linie wird die Maus so bewegt, daß der Cursor auf den Anfang der Linie zeigt. Danach wird auf der Maus eine Taste angetippt, wodurch dem PC signalisiert wird, daß der Zeichenvorgang beginnen soll. Anschließend wird die Maus so positioniert, daß der Cursor auf dem Bildschirm auf die Endkoordinate der Linie zeigt. Durch nochmaliges Antippen einer Taste auf der Maus wird dann die eingegebene Linie im PC gespeichert. Ähnlich wie bei der Eingabe einer Linie erfolgt auch die Eingabe anderer grafischer Gebilde mit Hilfe einer Maus.

Eingabe von Befehlen
Neben grafischen Gebilden können aber auch Befehle mit Hilfe der Maus eingegeben werden. Von geeigneten Programmen wird dazu in einem Teil des Bildschirms eine Liste von ausgewählten Befehlen angezeigt. Diese Liste wird auch Menü genannt. Auf einen der Befehle dieses Menüs kann dann der Cursor mit Hilfe der Maus positioniert werden. Durch Drücken einer speziellen Taste auf der Maus wird der angewählte Befehl dann ausgeführt.

geeignete Programme
Das Betriebssystem MS-DOS unterstützt bis zu seiner Version 3.3 den Betrieb einer Maus nur mit Hilfe der grafischen Benutzeroberflächen GEM und Windows. Ab Version 4.0 ist MS-DOS standardmäßig mit einer grafischen Benutzeroberfläche ausgestattet, die Menüs auf dem Bildschirm darstellt und den Betrieb einer Maus unterstützt. Aber auch in MS-DOS-Versionen unterhalb von 4.0 können Anwendungsprogramme aufgerufen werden, die den Betrieb einer Maus unterstützen.

Vgl. Systemerweiterung.

MBit
→Mega

MByte
→Mega

Mega

Vervielfachungsfaktor für physikalische Einheiten und Speichermengen. Bei physikalischen Einheiten bezeichnet Mega eine millionfache Einheit. Es gilt also:

1 Megahertz = 1 MHz,
1 MHz = 1000000 Hz,
1 Megabaud = 1 MBaud,
1 MBaud = 1000000 Baud.

Die Abkürzung für Mega ist der Großbuchstabe M.

Megabit

In der Datenverarbeitung weicht man jedoch bei den Einheiten für Speicherkapazitäten davon ab. Von der Speicherkapazität eines Speichers hängt ab, wieviel Adreßleitungen an diesen Speicher geführt werden müssen. Mit 20 Adreßleitungen lassen sich aber gerade 2**20 Speicherzellen adressieren. Daher hat man die Einheit 1 Megabit auf 2**20 Bit festgelegt, obwohl dies nicht genau 1 Million Bit sind. Es gilt daher:

1 Megabit = 1 MBit,
1 MBit = 1048576 Bit.

Die Abkürzung für Mega ist auch bei Speichermengen der Großbuchstabe M.

Megabyte

Ähnliche Vereinbarungen wie für bitorganisierte Speicher wurden für byteorganisierte Speicher getroffen. In byteorganisierten Speichern wird über eine Adresse auf acht parallel geschaltete Bits zugegriffen. Die acht Bits bezeichnet man auch als Byte. 1 Megabyte sind dann 2**20 Byte oder 1048576 Byte.

Es gilt daher:

1 Megabyte = 1 MByte,
1 MByte = 1048576 Byte.

Die Abkürzung für Mega ist auch wieder der Großbuchstabe M. Vgl. Hardwareeigenschaften.

Megabaud

→Übertragungsgeschwindigkeit

Megabit

→Mega

Megabyte

→Mega

Megahertz

→Frequenz

Mehrfachanweisung

Zusammenfassung mehrerer Anweisungen in einer Befehlszeile. In der Programmiersprache Basic werden Mehrfachanweisungen

realiert, indem mehrere in sich geschlossene Basic-Befehle in eine Programmzeile geschrieben werden. Die Trennung der einzelnen Befehle untereinander erfolgt durch einen Doppelpunkt.
Vgl. Basic.

Mehrplatzsystem
→Multiusersystem

Mehrplatz-Betriebssystem
→Multiuser-Betriebssystem

Mehrprozessorsystem
Computersystem, bei dem mehrere Mikroprozessoren auf den gleichen Arbeitsspeicher zugreifen.
Die PCs sind ursprünglich keine Mehrprozessorsysteme, da bei ihnen ein Zentralprozessor sämtliche Zugriffe auf den Arbeitsspeicher überwacht. PCs können aber mit Coprozessoren ausgestattet werden, die den Zentralprozessor entlasten. Dann wird auch ein PC zum Mehrprozessor-System.
Vgl. Rechnernetze.

memory
Englische Bezeichnung für →Speicher

Memory-Management
→Memory-Management-Unit

Memory-Management-Unit
Baugruppe, die die Verwaltung des Arbeitsspeichers eines Computers übernimmt. Sie wird auch als MMU bezeichnet. Bei PCs ist die MMU Bestandteil des Zentralprozessors.

MMU im Real-Mode
Der 8088-Mikroprozessor, der in PC-XT als Zentralprozessor verwendet wird, verfügt über die 4 Segmentregister CS, DS, ES und SS, über die die Anfangsadressen von vier verschiedenen Speichersegmenten programmiert werden können. Die Speichersegmente sind 64 KByte lange Bereiche des Arbeitsspeichers.
Über die vier Segmentregister verfügt auch der 80286-Mikroprozessor, der im PC-AT eingesetzt wird. Im Real-Mode unter dem Betriebssystem MS-DOS nutzt der 80286 die Segmentregister genauso wie der 8088, indem die Segmentregister softwaremäßig mit Anfangsadressen von Arbeitsspeichersegmenten programmiert werden.

MMU im Protected-Mode
Der 80286 ist jedoch auch in der Lage, in den Protected-Mode umzuschalten. Dieser Mode wird von Multitask-Betriebssystemen wie OS/2 oder Unix benutzt, um den

Arbeitsspeicher als →virtuellen Speicher zu verwalten. Dann kann ein physisch vorhandener Speicher von 16 MByte wie ein scheinbar vorhandener Speicher von 1024 MByte genutzt werden.

Um dies zu realisieren, hält die MMU immer nur die Programmteile im physisch vorhandenen Arbeitsspeicher, die gerade benötigt werden. Die restlichen Programmteile werden auf einen Massenspeicher ausgelagert und bei Bedarf neu in den Arbeitsspeicher geladen. Das Auslagern und neu Laden geschieht automatisch durch die MMU des 80286-Mikroprozessors. Deshalb ist die MMU des 80286 erheblich komplexer aufgebaut als die MMU des 8088, der den Protected-Mode nicht bearbeiten kann.

Vgl. Mikroprozessor.

Menü

Liste von Schlüsselwörtern, Befehlen oder Symbolen, die von einigen Anwendungsprogrammen und Betriebssystemen auf dem Bildschirm eines Computers angezeigt werden. Der Cursor des Bildschirms kann mit Hilfe einer Maus oder eines anderen Eingabegerätes auf einer Zeile des Menüs positioniert werden. Wird danach die Eingabetaste der Maus angetippt, so wird die ausgewählte Zeile des Menüs vom PC als Eingabe verstanden und ausgeführt. Das Eingeben der Befehlszeile Buchstabe für Buchstabe über die Tastatur entfällt dabei. Es kann jedoch der Cursor auch mit Hilfe der Tastatur auf einer Zeile des Menüs positioniert werden und der ausgewählte Befehl anschließend mit Hilfe einer Taste der Tastatur ausgeführt werden.

Menü, Pulldown-Menü

Um nicht zu lange Menüs auf dem Bildschirm anzeigen zu müssen, werden immer nur Teile des gesamten Befehlsvorrates angezeigt. Soll ein Befehl aus einem anderen Teil des Menüs ausgeführt werden, so wird die unterste Zeile des gerade angezeigten Menüs ausgewählt. Dann erscheint das nächste Teilmenü auf dem Bildschirm. Diese Art der Menüdarstellung bezeichnet man auch als Pulldown-Menü.

Menü, Grafiksymbole

Mehr Übersichtlichkeit wird in Menüs durch →Grafiksymbole erreicht. Diese Symbole stehen anstelle von Befehlen. Durch Grafiksymbole werden lange Beschreibungen von Befehlen vermieden.

Vgl. Betriebssystem.

MERGE
→Basic-Befehle

Meta-Zeichen
Buchstaben, die im →MS-DOS-Kommando PROMPT benutzt werden, um das Bereitschaftszeichen mit einer bestimmten Funktion zu programmieren.

Vgl. Prompt.

MHz
→Frequenz.

Microsoft
Amerikanisches Computerunternehmen, das wichtige Teile der Software für PCs entwickelt hat. Von der Firma Microsoft stammen die Betriebssysteme MS-DOS und OS/2.

Außerdem bietet Microsoft Compiler, Interpreter und Assembler für verschiedene Programmiersprachen an. Dazu gehören z.B. die Softwarepakete GW-Basic, Quick-Basic und Quick-C. Auch das Textverarbeitungsprogramm Word und das integrierte Programmpaket Works stammen von Microsoft.

Vgl. Computerunternehmen.

Mikrochannel
Ein/Ausgabebus der PS/2 Computerfamilie vom IBM. Der Mikrochannel versorgt bei den Computern der PS/2-Familie die Steckplätze für die Erweiterungskarten mit Datenbussignalen, Adreßbussignalen und Steuersignalen. Er übernimmt dazu die Funktion, die bei den PCs mit Hilfe von →Ports gelöst wird. Die Steckplätze der PS/2-Computerfamilie sind jedoch nicht kompatibel zu den Steckplätzen der PCs. Für die PS/2-Computer sind also andere Erweiterungsplatinen nötig als für die PCs. Die Erweiterungsplatinen für PCs und PS/2-Computer sind nicht untereinander austauschbar.

Mikrochannel, Kanaltechnik
Das entscheidende am Mikrochannel ist, daß die Steckplatzsignale nicht von einem Port erzeugt werden, sondern von einem →Kanalcontroller. Bei einem Port muß der Zentralprozessor jedes einzelne Byte, das ausgegeben werden soll, aus dem Arbeitsspeicher holen und in den Port schreiben. Einem Kanalcontroller braucht der Zentralprozessor dagegen nur die Steuerinformation zu übermitteln, welcher Bereich des Arbeitsspeichers an welches Peripheriegerät ausgegeben werden soll. Der Kanalcontroller greift dann selbständig auf den Arbeitsspeicher zu und überträgt die auszugebenden Daten Byte

Steckerbelegung des Mikrochannels				
	Reihe A		Reihe B	
Pin	Signal	Funktion des Signals	Signal	Funktion des Signals
1	AUDGND	Audio-Masse	CDSTN	
2	AUD	Audio-Ausgang	MADE24	
3	GND	Masse	GND	
4	OSC14		ADR11	Adreßleitungen
5	GND		ADR10	
6	ADR23	Adreßleitungen	ADR09	
7	ADR22		+5 Volt	
8	ADR21		ADR08	
9	GND		ADR07	
10	ADR20		ADR06	
11	ADR19		+5 Volt	
12	ADR18		ADR05	
13	GND		ADR04	
14	ADR17		ADR03	
15	ADR16		+5 Volt	
16	ADR15		ADR02	
17	GND		ADR01	
18	ADR14		ADR00	
19	ADR13		+12 Volt	
20	ADR12		ADLN	
21	GND		PREEMPN	
22	IRQ9N	Interrupt-Request-Leitungen	BURSTN	
23	IRQ3N		-12 Volt	
24	IRQ4N		ARB0	Arbitrationssignale
25	GND		ARB1	
26	IRQ5N		ARB2	
27	IRQ6N		-12 Volt	
28	IRQ7N		ARB3	
29	GND		ARBGNTN	
30			TCN	
31			+5 Volt	
32	CHCKN		SON	Mikroprozessorstatus
33	GND		S1N	
34	CMDN		MION	Speicher/Port Umsch.
35	CRDY		+12 Volt	
36	CDSFN		CDCHRDY	
37	GND		DATA0	Datenbusleitungen
38	DATA1	Datenbusleitungen	DATA2	
39	DATA3		+5 Volt	
40	DATA4		DATA5	
41	GND		DATA6	
42	CHRESET		DATA7	
43			GND	
44			DS16N	
45	GND		REFRESHN	
46				
47				
48	DATA8		+5 Volt	
49	DATA9		DATA10	Datenbusleitungen
50	GND		DATA11	
51	DATA12		DATA13	
52	DATA14		+12 Volt	
53	DATA15			
54	GND		SBHEN	
55	IRQ10N	Interrupt-Request-Leitungen	CDDS16N	
56	IRQ11N		+5 Volt	
57	IRQ12N		IRQ14N	Interrupt-Request-Leitungen
58	IRQ12N		IRQ15N	

für Byte an das Peripheriegerät.

Das Übertragen der Steuerinformation vom Zentralprozessor an den Kanalcontroller nennt man auch Anstoßen des Kanalcontrollers. Der Mikrochannel wird auch Mikrokanal oder Kanal genannt. Ein Kanal besteht also aus den Signalen, die ein Kanalcontroller erzeugt. Der Kanalcontroller selbst ist eine integrierte Schaltung. Er ist also eine Art Coprozessor für Ein- und Ausgabe.

Mikrochannel, PS/2 Modell 30

Auf den verschiedenen PS/2-Systemen ist die Kanaltechnik ganz unterschiedlich gelöst. Das PS/2-Modell 30 besitzt überhaupt keinen Mikrochannel. Die Ein- und Ausgabe wird hier über Ports realisiert, die mit den Steckplätzen der PCs kompatibel sind.

Mikrochannel, PS/2-Modelle 50 und 60

Das nächsthöhere Modell 50 dagegen besitzt für die Ein- und Ausgabe schon eine voll ausgeprägte Kanalarchitektur. Über den gleichen Mikrochannel verfügt auch das Modell 60. Da beide Modelle den 80286 Mikroprozessor benutzen, ist der Mikrokanal für diese beiden Systeme auch mit einem 16 Bit breiten Datenbus ausgestattet.

Zusätzlich zum Datenbus besitzt der Mikrochannel noch einen Adreßbus, einen Controlbus und einen Arbitrationsbus. Über den Adreßbus wird festgelegt, welches Peripheriegerät adressiert werden soll, bzw. welche Adresse eines externen Speichers adressiert werden soll. Der Controlbus steuert den eigentlichen Zugriff auf die Peripherieeinheiten. Das Neue gegenüber den Steckplätzen der PCs ist der Arbitrationsbus.

Mikrochannel, Arbitrationsbus

Bei PCs legt der zentrale Mikroprozessor den genauen Zeitpunkt fest, wann Daten an einen Port ausgegeben oder von einem Port eingelesen werden sollen. Bei der Mikrochannelarchitektur ist es jedoch möglich, mehrere periphere Geräte an den Mikrokanal anzuschließen, die sich auf dem Kanal melden, wenn sie dem zentralen Mikroprozessor Daten mitteilen wollen. Damit sich nicht mehrere Geräte gleichzeitig auf dem Kanal melden und sich gegenseitig stören, besitzt der Kanal den sogenannten Arbitrationsbus, über den die Reihenfolge gesteuert wird, nach der mehrere Channelbenutzer den Kanal nacheinander belegen dürfen.

Mikrochannel, Multimasterbus

Ein solches Bussystem, auf dem mehrere Busbenutzer die Kontrolle über den Bus übernehmen und danach den Bus wieder für andere Benutzer freigeben, nennt man auch →Multimaster-Bus. An solch einen Multimaster-Bus können mehrere Master und mehrere Slavesysteme angeschlossen werden. Die Mastersysteme können auf dem Bus selbständig aktiv werden. Das heißt, sie können die Kontrolle über den Bus übernehmen, einen anderen Master oder ein Slavesystem adressieren und dorthin Daten senden oder von dort Daten abfordern. Die Slavesysteme können jedoch nur passiv auf dem Bus darauf warten, daß sie von einem Mastersystem adressiert werden und mitgeteilt bekommen, welche Arbeiten sie verrichten sollen.

Mikrochannel, Coprozessoren

Bei dieser Art von Architektur ist es möglich, intelligente Coprozessoren verschiedenster Art an den Bus anzuschließen, die den Zentralprozessor von Aufgaben entlasten können, für die dieser nicht speziell geeignet ist. Dies stellt einen entscheidenden Schritt in die Zukunft dar, weil der Trend zu immer ausgereifteren Coprozessoren für arithmetische Operationen und grafische Darstellungen geht.

Mikrochannel, PS/2-Modell 80

Neben den Modellen 50 und 60 darf man das eigentliche Flaggschiff der PS/2-Serie das Modell 80 nicht vergessen. Dies Modell hat einen 80386 Mikroprozessor als CPU und ist daher mit einem 32 Bit breiten Datenbus ausgestattet. Daher besitzt auch der Mikrokanal auf diesem System einen 32 Bit breiten Datenbus. Außerdem ist der Mikrokanal des Modells 80 in der Lage, mit zwei verschiedenen Zugriffszyklen auf Peripherieeinheiten zuzugreifen. Über den Basic Transfer Bus Cycle verfügen auch die Modelle 50 und 60. Der Matched Memory Bus Cycle dagegen, der einen besonders schnellen Zugriff ermöglicht, ist nur auf dem Modell 80 realisiert, da diese Betriebsart auch nur von dem 80386-Mikroprozessor unterstützt wird.

Mikrochannel, Marktsituation

Der Mikrochannel stellt ein technisch ausgezeichnetes Produkt dar. Er hat jedoch den Nachteil, daß er nicht zu den Ports der PC-Familie kompatibel ist. Außerdem bekommt der Mikrochannel durch die Computer, die nach der →EISA Architektur arbeiten werden, eine massive Konkurrenz. Es bleibt also abzuwarten, ob sich der Mikrochannel auf einem breiten Markt durchsetzen kann.
Vgl. PS/2.

Mikrochip

Andere Bezeichnung für →integrierte Schaltung.

Mikrocomputer

Der Ausdruck Mikrocomputer bezeichnet einerseits ein Computersystem und andererseits eine integrierte Schaltung.

Mikrocomputer, Computersystem

Als einen Mikrocomputer bezeichnet man ein komplettes Computersystem, das mit Hilfe eines Mikroprozessors aufgebaut ist. Zu solch einem Computersystem gehört neben dem Mikroprozessor und dem Arbeitsspeicher mindestens ein Eingabegerät und ein Ausgabegerät. Ein PC mit einer Tastatur und einem Bildschirm ist somit ein Mikrocomputer.

Mikrocomputer, integrierte Schaltung

Als einen Mikrocomputer bezeichnet man auch eine integrierte Schaltung, auf der alle Baugruppen eines Computers untergebracht sind. Ein Mikrocomputer besteht also aus einem Mikroprozessor, einem Arbeitsspeicher und einem oder mehreren Ports. Der Arbeitsspeicher ist dabei als nichtflüchtiger Lesespeicher ausgelegt, der entweder bei der Fabrikation des Mikrocomputers oder nachträglich mit speziellen Programmiergeräten programmiert werden kann.

Anwendung

Mikrocomputer verbergen sich hinter einigen Spezialchips in PCs.

Als Tastaturcontroller wird z.B. in PC-XTs ein 8048-Mikrocomputer verwendet. In PC-ATs arbeitet ein 8042-Mikrocomputer als Tastaturcontroller. Weitere sehr leistungsfähige Mikrocomputer sind der 8051 und der 8052.
Vgl. Tastaturcontroller.

Mikrokanal
→Mikrochannel

Mikroprozessor

Integrierte Schaltung, die in der Lage ist, binär codierte Befehle aus einem Arbeitsspeicher zu lesen und die gelesenen Befehle zu entschlüsseln und auszuführen.

Mikroprozessor, Befehle

Die Befehle sind in dem Arbeitsspeicher in binärer Form gespeichert. Sie werden vom Mikroprozessor über den Adreßbus im Speicher adressiert und über den Datenbus aus dem Speicher in den Mikroprozessor transportiert. Im Mikroprozessor wird der Befehl in einem Steuerwerk entschlüsselt. Das Steuerwerk erzeugt auch die Steuersignale, über die die Ausführung der Befehle gesteuert wird. Bei dem auszuführenden Befehl kann es sich z.B. um einen Additionsbefehl handeln, der den Inhalt eines Speicherplatzes des Arbeitsspeichers zu einem Register addiert. Ein weiterer oft benutzter Befehl

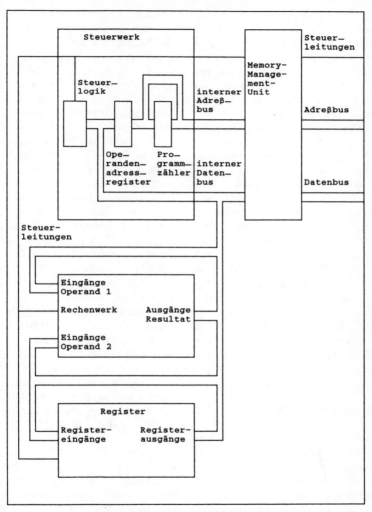

Basismodell eines Mikroprozessors

ist der Speicherbefehl. Er transportiert z.B. den Inhalt eines Mikroprozessor-Registers in den Arbeitsspeicher zurück. Speicherbefehle werden immer dann gebraucht, wenn Ergebnisse von Rechenoperationen im Arbeitsspeicher abgespeichert werden müssen, weil die Register des Mikroprozessors für neue Rechenoperationen benötigt werden. Als dritte Gruppe besitzt jeder Mikroprozessor Eingabe- und Ausgabebefehle, über die er mit seiner Umwelt korrespondiert. Die vierte Befehlsgruppe, über die jeder Mikroprozessor verfügt, sind die Sprungbefehle. Sie bewirken, daß der Mikroprozessor die Bearbeitung seines Programms an einer anderen Stelle des Arbeitsspeichers fortsetzt. Bei allen anderen Befehlen wird das Programm nach Ausführung eines Befehls mit dem adreßmäßig nächsten Befehl fortgesetzt.

Mikroprozessor, Aufbau

Die wesentlichen Baugruppen eines Mikroprozessors sind das →Steuerwerk, das →Rechenwerk und die →Memory-Management-Unit. Das Rechenwerk benötigt für die Zwischenspeicherung der Ergebnisse mindestens ein →Register. Moderne Mikroprozessoren haben jedoch eine Vielzahl von Registern, um mehrere Ergebnisse gleichzeitig speichern zu können.

Das Steuerwerk hat die Aufgabe, Befehl für Befehl aus dem Arbeitsspeicher zu holen und die Befehle zu entschlüsseln. Handelt es sich bei dem geholten Befehl um einen Sprungbefehl, so führt das Steuerwerk diesen Befehl selber aus. Einen arithmetischen oder logischen Befehl läßt das Steuerwerk dagegen vom Rechenwerk ausführen.

Die Memory-Management-Unit wird vom Steuerwerk benötigt, um den Arbeitsspeicher des Mikroprozessors zu verwalten und die Steuersignale für den Arbeitsspeicher zu erzeugen. Die Memory-Management-Unit wird auch MMU abgekürzt.

Moderne Mikroprozessoren verfügen außerdem über MMUs, die bestimmte Speicherbereiche des Arbeitsspeichers ständig anderen Adreßbereichen des Mikroprozessors zuordnen können. Dadurch können Programme problemlos in gerade freie Bereiche des Arbeitsspeichers geladen werden.

Steuerwerk

Das Steuerwerk des Mikroprozessors besteht aus dem Programmzähler, dem Operandenadreßregister und der Decodierlogik. Der Programmzähler ist ein Register, in dem die Adresse des Befehls steht, der gerade abgearbeitet wird. Die Decodierlogik entschlüsselt die Befehle und steuert den Transport der Daten auf dem Datenbus. In das Operandenadreßregister wird die Adresse des Speicherplatzes im Arbeitsspeicher geladen, der durch den Befehl bearbeitet wird. Bei einer Addition steht also z.B. im Operandenadreßregister die Adresse des Speicherplatzes, dessen Inhalt zu einem Register addiert werden soll.

Um den einzelnen Befehl zu adressieren, legt das Steuerwerk über die MMU die Adresse, die im Programmzähler gespeichert ist, an den Arbeitsspeicher. Danach stellt sie den Arbeitsspeicher mit Hilfe der Steuerleitungen auf Lesen. Dann wird das erste Byte des Befehls aus dem Arbeitsspeicher über den Datenbus in das Steuerwerk geholt. Ein Befehl kann aus einem oder mehreren Bytes bestehen. Das erste Byte gibt aber immer die Operation an, die mit dem Befehl durchgeführt werden soll. Man bezeichnet dieses Byte daher auch als →Operationscode.

Der Operationscode wird mit Hilfe der Decodierlogik entschlüsselt. Bei der Entschlüsselung wird einerseits festgestellt, wie lang der auszuführende Befehl ist, bzw. wieviel Bytes insgesamt für die Abarbeitung des Befehls aus dem

Arbeitsspeicher geholt werden müssen. Außerdem wird festgestellt, ob es sich um einen Rechenwerksbefehl, einen Transportbefehl, einen Eingabe-Ausgabebefehl oder um einen Sprungbefehl handelt. Die Art der Operation, die ausgeführt werden soll, wird im Steuerwerk gespeichert.

Gehört der Operationscode zu einem Sprungbefehl, so wird das dritte und vierte Befehlsbyte, das vom Arbeitsspeicher geholt wird, im Operandenadreßregister gesammelt. Diese beiden Bytes stellen das untere und obere Byte einer 16-Bit-Adresse dar, bei der der Mikroprozessor die Abarbeitung seiner Befehle fortsetzen soll. Deshalb wird diese 16-Bit-Adresse zur Ausführung des Sprungs in den Programmzähler geladen. Das zweite Befehlsbyte eines Sprungbefehls gibt die →Adressierungsart an, auf die weiter unten noch detaillierter eingegangen wird.

Rechenwerk
Erkennt das Steuerwerk an dem Operationscode einen arithmetischen oder logischen Befehl, so wird auch wieder zunächst das zweite Befehlsbyte geladen, aus dem die Adressierungsart des Befehls hervorgeht. Das dritte und vierte Byte wird ebenfalls wie beim Sprungbefehl im Operan-

denadreßregister gesammelt. Die Operandenadresse wird bei Rechenwerksbefehlen jedoch nicht in den Programmzähler geladen wie beim Sprungbefehl. Stattdessen wird die Operandenadresse über die MMU und den Adreßbus an den Arbeitsspeicher gelegt, um den Operanden zu adressieren. Dieser Operand wird dann aus dem Arbeitsspeicher über den Datenbus in das →Rechenwerk geholt. Im Rechenwerk erfolgt dann die Verknüpfung des Operanden mit einem Registerinhalt. Das Ergebnis der arithmetischen oder logischen Operation wird dann in einem Register gespeichert.

Register

Das Rechenwerk ist dazu sowohl eingangsseitig als auch ausgangsseitig mit den →Registern verbunden. Das Durchschalten der Busse vom Rechenwerk zu den Registern realisiert das Steuerwerk über die Steuerleitungen. Es führen deshalb Steuerleitungen nicht nur zu dem Rechenwerk, sondern auch zu den Registern.

Bei Transportbefehlen kann das Steuerwerk den Datenbus des Mikroprozessors auch direkt auf die Register durchschalten. Dadurch kann der Operand, der durch den Transportbefehl transportiert werden soll, direkt aus dem Arbeitsspeicher in ein Register geholt

werden. Umgekehrt kann der Operand auch aus einem Register in dem Arbeitsspeicher abgespeichert werden.

Adressierungsarten

Bei den bisher beschriebenen Befehlen wurden die Adressen der Operanden vollständig aus dem Arbeitsspeicher geladen. Diese →Adressierungsart bezeichnet man auch als direkte absolute Adressierung, weil die geladene Adresse direkt den Operanden angibt und weil sie sich auf den Anfang des Arbeitsspeichers bezieht. Neben der direkten absoluten Adressierung verfügen moderne Mikroprozessoren über weitere Adressierungsarten, in denen die Operandenadressen angegeben werden können. Befehle, die solche Adressierungsarten verwenden, bestehen dann nicht aus vier Bytes, sondern nur aus drei oder zwei Bytes. Die Adressierungsart eines Befehls wird bei den meisten Befehlen im zweiten Byte des Befehls gespeichert. Es gibt aber auch spezielle Befehle, die nur ein Byte lang sind. Die Adressierungsart und die Adresse sind dann Bestandteil des Operationscodes. Solche Befehle werden z.B. benutzt, um Daten von einem Register in ein anderes zu transportieren. Diese Adressierungsart nennt man auch implizite Adressierung. Die Adresse bzw.

die Registernummern und die Adressierungsart sind dabei in den Operationscode eingewickelt. Impliziert bedeutet aber eingewickelt, daher kommt der Name für die implizite Adressierung.

Eingabe und Ausgabe
Um mit seiner Umwelt zu korrespondieren, muß ein Mikroprozessor auch Daten an Peripheriegeräte schicken können. Dazu besitzt der Mikroprozessor Eingabebefehle und Ausgabebefehle. Über diese Befehle kann ein Port aktiviert werden.

Port
Ein →Port ist eine integrierte Schaltung außerhalb des Mikroprozessors, in der ein elektronisches Datentor untergebracht ist. Der Port ist einerseits über den Adreßbus und den Datenbus mit dem Mikroprozessor, andererseits mit einem Peripheriegerät verbunden. Außerdem besitzt der Port Steuerleitungen, über die der Mikroprozessor das elektronische Datentor des Ports für den Datentransport öffnen kann.

Eingabe- und Ausgabebefehle
Das Öffnen eines Ports erfolgt jeweils bei der Ausführung eines →Eingabebefehls oder eines →Ausgabebefehls. Durch einen Eingabebefehl wird auch der Datentransport von einem Periphe-riegerät über einen geöffneten Port und den Datenbus in ein Register des Mikroprozessors gesteuert. Umgekehrt steuert ein Ausgabebefehl den Datentransport aus einem Register des Mikroprozessors über den Datenbus und einen geöffneten Port zu einem Peripheriegerät.

Mikroprozessoren der PCs
Bei dem bisher beschriebenen Mikroprozessor handelt es sich um ein Basismodell, in dem die Baugruppen und deren Funktionen allgemein beschrieben sind. Auf dieses Basismodell bauen alle am Markt erhältlichen Mikroprozessoren auf. Sie unterscheiden sich nur durch Zusatzkomfort, der z.B. in speziellen Adressierungsarten oder komplexen Memory-Management-Units besteht. Das hier beschriebene Basismodell ist aber so gewählt, daß sich darauf aufbauend die Besonderheiten der verschiedenen in PCs eingesetzten Mikroprozessoren beschreiben lassen.

Zentralprozessoren
Mikroprozessoren werden in PCs als Zentralprozessoren und als Coprozessoren eingesetzt. Als Zentralprozessoren werden im PC-XT der Mikroprozessor 8088, im PC-AT der Mikroprozessor 80286 und in PC-AT386 der Mikroprozessor 80386 benutzt. In ei-

nigen PC-XTs wird statt des 8088 der 8086 verwendet.

Zentralprozessoren, Besonderheiten

Alle vier Mikroprozessoren bauen auf das zuvor beschriebene Basismodell auf. Sie unterscheiden sich im wesentlichen durch die verwendete →Memory-Management-Unit, durch die der Arbeitsspeicher segmentweise adressiert werden kann. Auch die Breite des Datenbusses und des Adreßbusses ist unterschiedlich. In dem Befehlssatz unterscheiden sich alle vier Mikroprozessoren jedoch nur sehr wenig. Dies muß auch schon deshalb so sein, damit alle PCs untereinander kompatibel sind. Lediglich die Mikroprozessoren 80286 und 80386 besitzen einige zusätzliche Befehle, die aber hauptsächlich zur Programmierung der MMU benötigt werden.

Zentralprozessoren, Prefetchspeicher

Eine weitere Besonderheit der PC-Mikroprozessoren ist der Prefetchspeicher, in dem der Mikroprozessor die Befehlsbytes, die hinter dem gerade verarbeiteten Befehlsbyte stehen, im voraus aus dem Arbeitsspeicher lädt. Dadurch braucht der Mikroprozessor nicht auf den Arbeitsspeicher zu warten, wenn dieser nicht schnell genug das adressierte Byte bereitstellen kann. Der Prefetchspei-

cher ist bei den Prozessoren 8088, 8086, 80286 4 Bytes lang und beim 80386 6 Bytes lang.

Mikroprozessor 8088

Der Mikroprozessor 8088 besitzt intern 16 Bit breite Register und auch ein 16 Bit breites Rechenwerk. Die 16-Bit-Register lassen sich von den meisten Befehlen auch als 8-Bit-Register ansprechen, so daß mit 8-Bit- und 16-Bit-Operanden gerechnet werden kann.

Nach außen hin besitzt der 8088 jedoch nur einen 8-Bit-Datenbus. Er muß daher zweimal auf den Arbeitsspeicher zugreifen, um einen 16 Bit langen Befehl zu holen oder um ein 16 Bit breites Register zu füllen. Der Adreßbus ist beim 8088 20 Bit breit. Dadurch kann dieser Prozessor 1 MByte Arbeitsspeicher adressieren.

Gemultiplexter Adreß- und Datenbus

Eine weitere Besonderheit des 8088 Mikroprozessors ist der gemultiplexte Adreß- und Datenbus. Bei diesem Prozessor werden die unteren 8 Bits des Adreßbusses und die 8 Bits des Datenbusses nicht über getrennte Adreßleitungen und Datenleitungen herausgeführt. Stattdessen wird jeweils eine Adreßleitung und eine Datenleitung über den gleichen Mikroprozessoranschluß herausgeführt. Über das Controlsignal mit

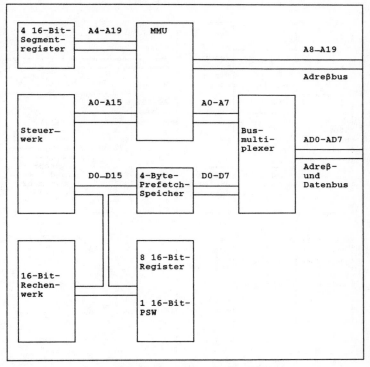

Blockschaltbild des 8088-Mikroprozessors

dem Namen ALE legt der Mikroprozessor fest, ob auf dem Busanschluß gerade ein Adreßsignal (ALE=1) oder ein Datensignal (ALE=0) ausgegeben wird.

Der gemultiplexte Bus hat den Nachteil, daß der Adreßbus und der Datenbus außerhalb des Mikroprozessors wieder getrennt werden müssen. Der Vorteil besteht darin, daß der Prozessor in einem sehr preisgünstigen und zuverlässigen 40-Pin-Gehäuse untergebracht werden kann. Das 8-Bit-Flipflop, mit dem die Adressen und Daten wieder getrennt werden können, ist erheblich preisgünstiger als die Preisdifferenz vom 40-Pin-Gehäuse zum nächsthöheren 64-Pin-Gehäuse.

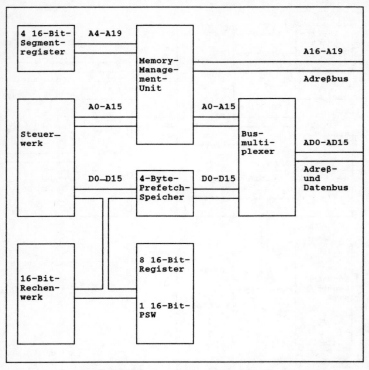

Blockschaltbild des 8086-Mikroprozessors

Mikroprozessor 8086

Der Mikroprozessor 8086 ist intern genauso aufgebaut wie der 8088. Nach außen hin verfügt er ebenfalls über einen gemultiplexten Adreß- und Datenbus. Der entscheidende Unterschied zum 8088 besteht jedoch in der Breite des Datenbusses. Während der 8088 intern einen 16-Bit und extern einen 8-Bit-Datenbus hat, verfügt der 8086 sowohl intern als auch extern über einen 16-Bit-Datenbus. Es müssen daher die unteren 16 Adreßleitungen zusammen mit den entsprechenden Datenleitungen gemultiplext werden. Dadurch kann aber auch der 8086 in einem 40-Pin-Gehäuse untergebracht werden.

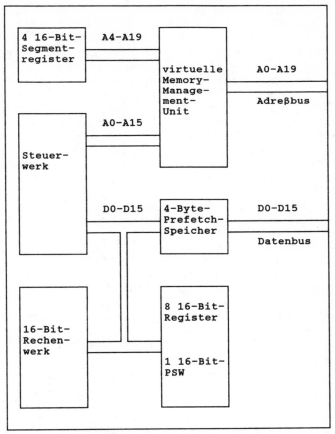

Blockschaltbild des 80286-Mikroprozessors

Mikroprozessor 80286

Auch der Mikroprozessor 80286 besitzt intern eine 16-Bit-Struktur mit 16 Bit breiten Registern und einem 16 Bit breiten Rechenwerk. Auch der Instruktionssatz unterscheidet sich nur wenig von den Befehlen des 8088. Im einzelnen sind nur einige wenige Befehle zur Steuerung der komplexeren Memory-Management-Unit hinzugekommen.

Nach außen hin besitzt der 80286 jedoch einen 16-Bit-Datenbus und einen 24 Bit breiten Adreßbus, die beide über getrennte Pins herausgeführt werden. Deshalb ist der 80286 auch in einem 68-Pin-Gehäuse untergebracht. Über den Adreßbus können 16 MByte physisch vorhandener Speicher adressiert werden. Die MMU dieses Prozessors erlaubt jedoch die Adressierung eines →virtuellen Speichers von 1000 Megabyte.

Mikroprozessor 80386

Der Mikroprozessor 80386 besitzt intern wie extern einen 32 Bit breiten Datenbus und einen 32 Bit breiten Adreßbus. Er kann alle Befehle ausführen, die auch der 80286 und der 8088 kennen. Darüber hinaus besitzt er Befehle, mit denen er seine 32 Bit breiten Register nicht nur als 8- und 16-Bit-Register, sondern auch als 32 Bit breite Register bearbeiten kann. Dazu verfügt er natürlich auch über ein 32 Bit breites Rechenwerk. Um 32 Bit breite Konstanten in einem Befehl in ein Register schreiben zu können, besitzt er neben den maximal 4 Byte langen Befehlen des 80286 maximal 6 Byte lange Befehle. Über solche 6 Byte lange Befehle können auch Speicherplätze über den 32 Bit breiten Adreßbus direkt absolut adressiert werden. Der 80386 verfügt aber auch über alle anderen

Adressierungsarten, über die auch der 80286 und der 8088 den Arbeitsspeicher ansprechen können. Mit Hilfe seiner MMU kann der 80386 4 Gigabyte physischen Speicher und 64 Terabyte virtuellen Arbeitsspeicher ansprechen. (1 Gigabyte = 1024 Megabyte, 1 Terabyte = 1024 Gigabyte). Da mit 32 Bit breiten Operandenadressen gearbeitet wird, steigt auch die Länge eines Speichersegmentes von 64 KByte beim 80286 auf 4 Gigabyte beim 80386. Der Mikroprozessor 80386 wird in einem 132-Pin-Gehäuse geliefert.

Coprozessoren

Die bisher behandelten Mikroprozessoren werden in den PCs als Zentralprozessoren eingesetzt. Zentralprozessoren dienen dazu, das Betriebssystem und die Anwendungsprogramme abzuarbeiten.

Einige Aufgaben, wie z.B. komplizierte arithmetische Berechnungen, können von den Zentralprozessoren nicht so leistungsfähig ausgeführt werden. Deshalb werden PCs zusätzlich zu den Zentralprozessoren mit Coprozessoren ausgestattet. Die Coprozessoren sind ebenfalls Mikroprozessoren und bauen auch auf das anfangs beschriebene Mikroprozessor-Basismodell auf. Sie können aber bestimmte Aufgaben

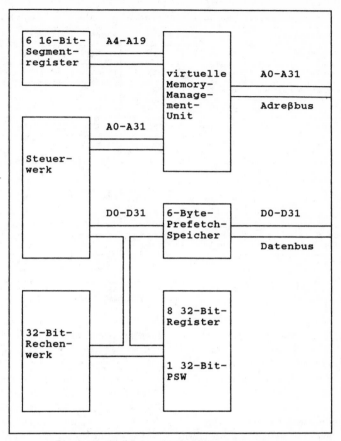

Blockschaltbild des 80386-Mikroprozessors

schneller ausführen als die Zentralprozessoren. So besitzen z.B. arithmetische Coprozessoren ein besonders aufwendiges Rechenwerk, das besonders Multiplikationen und Divisionen erheblich schneller ausführen kann als das Rechenwerk der Zentralprozessoren. Besitzt ein PC einen arithmetischen Coprozessor, so übergibt der Zentralprozessor vor einer Multiplikation die Operanden an

291

Besonderheiten der Zentralprozessoren von PCs				
Mikroprozessor	8088	8086	80286	80386
Adressbus	20 Bit	20 Bit	24 Bit	32 Bit
Datenbus	8 Bit	16 Bit	16 Bit	32 Bit
Registerbreite	16 Bit	16 Bit	16 Bit	32 Bit
Rechenwerk	16 Bit	16 Bit	16 Bit	32 Bit
Prefetchspeicher	4 Byte	4 Byte	4 Byte	6 Byte
Maximale Befehlslänge	4 Byte	4 Byte	4 Byte	6 Byte
Gemultiplexte Busleitungen	A0-A7 D0-D7	A0-A15 D0-D15		
Maximale Arbeitsspeicher- Segmentlänge	64 KByte	64 KByte	64 KByte	4 GByte
Physischer Adressraum	1 Mega- byte	1 Mega- byte	16 Mega- byte	4 Giga- byte
Virtueller Adressraum			1 Giga- byte	64 Tera- byte
Gehäuse	40 Pin	40 Pin	68 Pin	132 Pin

den Coprozessor und läßt von diesem die Berechnung durchführen. Das Ergebnis gibt der Coprozessor dann an den Zentralprozessor zurück.

Arithmetische Coprozessoren

Als arithmetischer Coprozessor wird im PC-XT der 8087-Mikroprozessor verwendet. Im PC-AT kommt der 80287 und im PC-AT-386 der 80387-Mikroprozessor zum Einsatz. Die PCs haben einen Stecksockel, in den die Coprozessoren nachträglich eingesteckt werden können.

Grafikprozessoren

Neben den arithmetischen Coprozessoren können PCs auf den Erweiterungsplatinen mit weiteren Coprozessoren für verschiedene Zwecke ausgestattet werden. Um den Zentralprozessor von der Aufbereitung von Grafiken zu entlasten, werden Grafikkarten mit →Grafikprozessoren ausgestattet. Diese können auf Anweisung des Zentralprozessors im Bildschirmspeicher einer Grafikkarte grafische Objekte erzeugen. Grafikprozessoren dürfen aber nicht mit Grafikcontrollern verwechselt werden, die die Information im Bildschirmspeicher auf dem Bildschirm darstellen.

Kanalprozessoren

Eine weitere Gruppe von Coprozessoren stellen die Eingabe/Ausgabeprozessoren dar. Diese werden auch als →Kanalprozessoren bezeichnet. Sie übernehmen selbstständig die Eingabe und Ausgabe von Speicherbereichen des Arbeitsspeichers an periphere Geräte.

Coprozessorsoftware

Um einen Coprozessor wirklich nutzen zu können, ist es nicht damit getan, den PC oder die Erweiterungsplatine mit einem Coprozessor auszustatten. Zum Betrieb von Coprozessoren sind vielmehr spezielle Programme nötig, die den Zentralprozessor auch veranlassen, Aufgaben an den Coprozessor zu delegieren. Werden dagegen auf einem PC mit Coprozessor Programme laufen gelassen, die nicht für den Betrieb mit einem Coprozessor entwickelt sind, so wird der Coprozessor auch nicht benutzt. Der Zentralprozessor führt dann z.B. die arithmetischen Berechnungen selbst durch. Ein großer Teil der angebotenen Programme gelangt daher in zwei Versionen auf den Markt. Eine Version ist für PCs ohne Coprozessor, die zweite für PCs mit Coprozessor. Andere Programme prüfen bei der Initialisierung, ob ein Coprozessor vorhanden ist und arbeiten danach mit oder ohne Coprozessor.

Mikroprozessoren, Hersteller

Der namhafteste Hersteller von Mikroprozessoren ist die Firma →Intel. Von dieser Firma wurden auch die Mikroprozessoren 8088, 8086, 80286 und 80386 entwickelt. Diese Mikroprozessoren werden jedoch auch von einer Vielzahl anderer Unternehmen gefertigt und vertrieben.

Ein weiterer bedeutender Mikroprozessor ist der 68000. Dieser Mikroprozessor wurde von der Firma →Motorola entwickelt. Er ist aber nicht kompatibel zu den Intel-Mikroprozessoren. In PCs wird dieser Mikroprozessor deshalb nicht verwendet. Er wird aber in nicht-IBM-kompatiblen Personalcomputern eingesetzt. Vgl. PC.

Minicomputer
Anders für →Workstation

MIPS
→Verarbeitungsgeschwindigkeit

MKI
→Basic-Befehle

MMU
Abk. für →Memory-Management-Unit

mnemonische Ausdrücke
→Symbol

MOD
→Basic-Befehle

MODE
1. →MS-DOS-Kommandos
2. Andere Bezeichnung für →Betriebsart.

Modem
Gerät zum Verbinden eines Computers mit dem Fernsprechnetz, um Daten über das Fernsprechnetz zu einem anderen Computer zu senden oder von einem anderen Computer zu empfangen. PCs werden mit einem Modem über die serielle Schnittstelle verbunden.

Modulation
Das Modem wird elektrisch in die Fernsprechleitung geschaltet. Es sendet die Nullen und Einsen der binären Daten in Form von zwei unterschiedlich hoch frequenten Signalen in das Fernsprechnetz. Diese Art, Daten zu übertragen, bezeichnet man auch als Modulation.

Demodulation
Auch das Empfangen zweier unterschiedlich hoher frequenter Signale aus dem Fernsprechnetz und das Umsetzen dieser Töne in Nullen und Einsen wird vom Modem ausgeführt. Die Umsetzung bezeichnet man auch als Demodulation. Die Bezeichnung Modem stellt also auch eine Abkürzung für Modulator/Demodulator dar.

Akustikkoppler
Die Funktion eines Modems kann auch ein Akustikkoppler übernehmen. Der Akustikkoppler stellt jedoch eine einfachere Form des Modems dar. Auch der Akustikkoppler wird über die serielle Schnittstelle mit einem PC verbunden. An das Fernsprechnetz wird er jedoch nicht elektrisch angeschlossen. Er überträgt statt dessen die Nullen und Einsen in Form akustischer Töne in die Sprechmuschel und empfängt Töne aus dem Telefonhörer.
Vgl. Datenfernübertragung.

Modul
Baustein, aus dem ein Gesamtsystem aufgebaut ist. Sowohl Programme als auch Computer werden aus einzelnen Modulen aufgebaut. Die einzelnen Programmteile und Geräteteile werden für sich beschrieben, entwickelt und gefertigt. Dadurch ist es möglich, später einzelne Module durch modernere zu ersetzen.

modular
Aus einzelnen Modulen aufgebaute Geräte und Programme bezeichnet man auch als modular. In modularen Geräten und Programmen gestaltet sich auch die Feh-

lersuche einfacher als in nicht modularen Geräten, da jedes Modul für sich getestet und geprüft werden kann.
Vgl. Computerarchitektur.

Modula-2

Höhere Programmiersprache, die als eine Weiterentwicklung der Programmiersprache Pascal entstanden ist. Daher ist Modula-2 auch vom Aufbau seiner Befehle her, eng an die Sprache Pascal angelehnt.

Modula-2, Modularisierung

Das Besondere an Modula-2 ist das Modulkonzept, durch das Programme besonders gut in Teilprogramme zerlegt werden können. Die einzelnen Teilprogramme werden auch als Module bezeichnet. Diese Module bestehen aus Definitionsteil und Implementationsteil. Im Definitionsteil eines Moduls wird nur die Schnittstelle zu anderen Modulen beschrieben, während im Implementationsteil die eigentliche Aufgabe des Moduls programmiert wird. Auf Grund dieser Aufteilung können die Module eines Programms unabhängig voneinander entwickelt werden. Es können dabei mehrere Programmierer unabhängig voneinander arbeiten. Sind alle Module fertig, so werden sie durch einen Linker zusammengebunden. Dieses

Zusammenbinden erfolgt unter Ausnutzung der Information im Definitionsteil der Module.

Modula-2, Compiler

Modula-2 ist eine Compilersprache. Es werden auch für PCs mehrere Compiler angeboten, durch die diese Sprache übersetzt werden kann. Obwohl Modula-2 eine sehr elegante Sprache ist, hat sie keine sehr große Verbreitung gefunden.

JPI-Topspeed-Modula-2

Beim JPI-Topspeed-Modula-2 handelt es sich um ein →Programmierpaket, das aus Editor, Compiler, Linker und Unterprogrammbibliothek besteht. Es ist ein leicht zu bedienendes, komfortables und leistungsfähiges Programmierpaket.

Taylor-Modula-2

Ein sehr leistungsfähiger Modula-2-Compiler wird unter dem Namen Taylor-Modula-2 angeboten. Dabei handelt es sich um einen Compiler mit Linker und Unterprogrammbibliothek. Das Taylor-Modula-2-Paket ist sehr kompakt, so daß es wenig Platz auf dem Massenspeicher beansprucht.
Vgl. Programmiersprachen.

modular

→Modul

Modulation
→Modem

Modulo-Arithmetik
→Arithmetische Befehle

Modus
→Betriebsart

Monitor
1. Andere Bezeichnung für →Bildschirm.
2. Andere Bezeichnung für ein sehr einfaches →Betriebssystem.

monochrom
Andere Bezeichnung für einfarbig

Monochrom-Bildschirm
→Bildschirm

Monochromkarte
Erweiterungsplatine für PCs, mit deren Hilfe ein PC einen Monochrom-Bildschirm ansteuern kann. Sie liefert dazu die Ansteuersignale für einen Schwarzweiß-Bildschirm.

Die Monochromkarte kann nur Texte aber keine Grafiken darstellen. Die Texte können in einem Darstellungsformat von 25*80 Zeichen dargestellt werden. Dafür ist ein Bildschirmspeicher von 2000 Bytes nötig. Weitere 2000 Bytes werden auf der Monochromkarte bereitgestellt, um jedes Zeichen mit einem individuellen Attribut darstellen zu können. Als Attribute können folgende Darstellungsformen der Zeichen gewählt werden: Unterstrichenes Zeichen, besonders helles Zeichen, invertiertes Zeichen und blinkendes Zeichen.

Da die Monochromkarte keine Grafiken darstellen kann, entspricht sie nicht mehr dem Stand der Technik. Für Neuanschaffungen kann sie daher nicht mehr empfohlen werden. In älteren PCs wird sie aber noch verwendet. Der formelle Zugriff auf den Bildschirmspeicher der Monochromkarte erfolgt wie bei den anderen Videokarten.

Vgl. Videokarten.

MORE
→MS-DOS-Kommando

MOS-Schaltung
Technik zum Aufbau von → logischen Schaltungen. MOS-Schaltungen sind aus MOS-Transistoren aufgebaut. MOS ist die Abkürzung für Metall-Oxid-Silizium. Die → Transistoren in dieser Technologie können besonders klein und stromsparend aufgebaut werden. Sie eignen sich daher gut für hochintegrierte Schaltungen in PCs. Vgl. Integrierte Schaltung.

MOS und Technologie
→ Chips und Technologie

MOS-Technologie
→ MOS-Schaltung

MOS-Transistor

→ siehe Transistor

Motorola

Amerikanisches Unternehmen, das elektronische Bauteile entwickelt und herstellt.

Mikroprozessoren

Bedeutung für Personalcomputer hat die Firma Motorola durch seine Mikroprozessorfamilie 68000. Der Mikroprozessor 68000 und die dazu gehörenden Peripherieschaltungen werden in vielen Personalcomputern verwendet, die nicht zum IBM-PC kompatibel sind. Dazu gehören die Personalcomputer Amiga von der Firma Commodore, Atari von der Firma Atari und Macintosh von der Firma Apple.

Videocontroller

Von der Firma Motorola wurde aber auch die integrierte Schaltung MC 6845 entwickelt. Diese Schaltung wird in den Videokarten der PCs als Videocontroller eingesetzt.
Vgl. Computerunternehmen.

MOVE

1. →Edlin-Befehle
2. →Debug-Befehle

MS-C

→C

MS-Cobol

→Cobol

MS-DOS

Abk. für Mikrosoft disk operating system. Betriebssystem für PCs, das von der Firma Mikrosoft entwickelt wurde.

MS-DOS, Aufbau

MS-DOS besteht aus einem Kommandointerpreter, einem Kernprogramm, einem BIOS-Gerätetreiber und einem BIOS-Urlader. Der Kommandointerpreter überwacht die Eingabe der →MS-DOS-Kommandos, die der Benutzer des PC über die Tastatur eingibt. Der Kommandointerpreter entschlüsselt auch die eingegebenen Kommandos und läßt sie vom Kernprogramm ausführen. Damit das Kernprogramm unabhängig von den Peripheriegeräten formuliert werden kann, erfolgt der Zugriff auf die Peripheriegeräte über einen getrennten Programmteil des MS-DOS, das sogenannte BIOS. BIOS heißt basic-input-output-system. In ihm sind sämtliche Routinen für den Zugriff auf die Peripheriegeräte untergebracht. Ein Teil des BIOS ist in ROMs untergebracht, da es gleich nach dem Einschalten des PC benutzt wird, um das Betriebssystem vom Massenspeicher in den Arbeitsspeicher zu laden. Diesen Teil bezeichnet man auch als BIOS-Urlader.

Versionen des Betriebssystems MS-DOS		
Version	Erschienen	Besondere Eigenschaften
1.0	8 / 1981	Orginalversion für PCs aus CP/M entstanden. Unterstützung eines Arbeitsspeichers mit bis zu 64 KByte Speicherkapazität. Unterstützung einseitiger 5.25-Zoll-Diskettenlaufwerke mit 160 KByte.
1.1		Verbesserung der Geräteunabhängigkeit. Unterstützung doppelseitiger 5.25-Zoll-Disketten mit 320 KByte Speicherkapazität.
2.0	1983	Erste Version für PC-XTs. Unterstützung doppelseitiger 5.25-Zoll-Disketten mit 360 KByte Speicherkapazität. Unterstützung einer Festplatte mit bis zu 10 MByte Speicherkapazität und baumstrukturierten Dateiverzeichnissen.
2.1		Unterstützung eines Arbeitsspeichers mit bis zu 256 KByte Speicherkapazität.
2.11		Betriebssystem für kompatibele PCs.
3.0	8 / 1984	Erste Version für PC-ATs. Unterstützung eines Arbeitsspeichers mit bis zu 640 KByte Speicherkapazität. Unterstützung doppelseitiger 5.25-Zoll-Disketten mit 1.2 MByte Speicherkapazität. Unterstützung mehrerer Festplatten mit bis zu 30 MByte Speicherkapazität und baumstrukturierten Dateiverzeichnissen.
3.1	11 / 1984	Unterstützung von Rechnernetzen, Korrektur verschiedener Fehler der Version 3.0.
3.2	3 / 1986	Unterstützung von 3.5-Zoll-Diskettenlaufwerken
3.3	10 / 1987	Unterstützung der EGA-Karte, Kompatibilität zum Betriebssystem OS/2.
4.0	10 / 1988	Unterstützung von Festplatten über 30 MByte ohne getrennte Partitionierung, Hauptspeichererweiterung nach EMS, Grafische Benutzeroberfläche.

MS-DOS-Kommandointerpreter

Der Kommandointerpreter des MS-DOS ist in einer Datei mit dem Namen COMMAND.COM gespeichert. Er überwacht die Eingabe der →MS-DOS-Kommandos, indem er die Tastennummer einer jeden gedrückten Taste zunächst in einem Eingabepuffer speichert und zusätzlich die eingegebenen Zeichen auf dem Bildschirm sichtbar macht. Wird ein Kommando durch die →Entertaste abgeschlossen, so überprüft der Kommandointerpreter die eingegebene Zeile zunächst auf Fehlerfreiheit. Wird dabei ein Fehler gefunden, so wird eine Fehlermeldung auf dem Bildschirm angezeigt und auf das nächste MS-DOS-Kommando gewartet.

War das eingegebene Kommando jedoch fehlerfrei, so ruft der Kommandointerpreter das Kernprogramm auf, um den Befehl ausführen zu lassen. An den Kern übergibt der Kommandointerpreter das Kommando in binär codierter Form. Die Trennung des Betriebssystems nach Kommandointerpreter und Kernprogramm hat den Vorteil, daß der Kern auch durch einen anderen Kommandointerpreter und damit durch eine andere Kommandosprache bedient werden kann, wenn ein anderer Kommandointerpreter geladen wird.

MS-DOS-Batchprozessor

Der Kommandoprozessor kann jedoch nicht nur Kommandos interpretieren, die über die Tastatur eingegeben wurden. Er ist auch in der Lage, Befehle zu interpretieren, die in einer Batchdatei zeilenweise gestapelt sind. Dazu bedient er sich des Batchprozessors, der Teil des Kommandoprozessors ist. Der Batchprozessor ist darüberhinaus in der Lage, zusätzliche →MS-DOS-Batchbefehle auszuwerten. Durch die MS-DOS-Batchbefehle können z.B. →MS-DOS-Kommandos innerhalb von Batchdateien in Schleifen repetierend ausgeführt werden.

MS-DOS-Kern

Die eigentliche Ausführung der Befehle wird von dem MS-DOS Kernprogramm übernommen. Dieses Kernprogramm hat den Namen IBMDOS.COM. Der Name ist jedoch in dem Inhaltsverzeichnis der →Systemdiskette nicht zu finden. Das liegt daran, daß dieses Programm unsichtbar gestellt ist, wodurch es in dem Dateiverzeichnis der Systemdiskette nicht erscheint. Unsichtbar ist auch die Datei IBMIO.COM. Sie enthält Gerätetreiberroutinen, die vom Kernbetriebssystem IBMDOS.COM benutzt werden, um auf periphere Geräte wie Diskettenlaufwerke, Festplatten oder Drucker zuzugreifen. Die beiden Dateien IBMDOS.COM und IBMIO.COM tragen auf kompatiblen PCs auch andere Namen, wie z.B. MSDOS.SYS und IO.SYS.

MS-DOS-Konfigurationsdatei

Als weitere Gruppe existieren auf einer MS-DOS-Systemdiskette mehrere Dateien, die die Extension .SYS haben, allen voran die Datei CONFIG.SYS. Hierbei handelt es sich um eine Konfigurationsdatei. In dieser Datei kann vom Benutzer selbst festgelegt werden, welche Peripheriegeräte, über die Grundausstattung des PCs hinaus benutzt werden sollen.

MS-DOS-Gerätetreiber

Die übrigen Dateien mit der Namenserweiterung .SYS sind →Gerätetreiber, die in der standardmäßig vorhandenen Gerätetrei- berdatei IBMIO.COM nicht mitgeliefert werden. Typische Beispiele für zusätzliche Gerätetreiber sind →ANSI.SYS, →RAMDISK.SYS oder →DRIVER.SYS.

Mit solchen zusätzlichen Gerätetreibern für eine RAM-Disk oder ein externes Diskettenlaufwerk kann man sein System aufrüsten, wenn man in der oben erwähnten Konfigurationsdatei CONFIG.SYS z.B. den Befehl

DEVICE=RAMDISK

oder

DEVICE=DRIVER.SYS

einfügt. Die in der Konfigurationsdatei zusätzlich aufgerufenen Geräte müssen natürlich auch hardwaremäßig vorhanden sein, z.B. in Form von genügend freiem Arbeitsspeicher oder einem extern angeschlossenen Diskettenlaufwerk.

MS-DOS, AUTOEXEC.BAT

Eine weitere Besonderheit des MS-DOS stellt die Datei AUTOEXEC.BAT dar. Es handelt sich dabei um eine Batchdatei. Sie wird vom MS-DOS nicht zwingend benötigt. Ist sie jedoch vorhanden, so werden die MS-DOS-Kommandos, die in ihr gespeichert sind, nach dem Einschalten des PC automatisch ausgeführt.

MS-DOS, transiente Befehle

Bei den restlichen Dateien, die auf einer MS-DOS-Systemdiskette zu finden sind, handelt es sich um Dateien für externe MS-DOS-Befehle, auch transiente MS-DOS-Befehle genannt. Die Programmteile für diese Befehle sind nicht im MS-DOS-Kern IBMDOS.COM untergebracht, weil sie nicht so häufig gebraucht werden und deshalb auch nicht ständig im Arbeitsspeicher des PC geladen sein sollen.

MS-DOS, residente Befehle

Im Gegensatz zu den externen Befehlen stehen die internen Befehle. Die Programmteile für diese Befehle sind immer im Arbeitsspeicher geladen, weil sie auch häufig benutzt werden. Die internen MS-DOS-Befehle nennt man deshalb auch residente Befehle.

MS-DOS, Ausführung von Befehlen

Findet also der Kommandointerpreter COMMAND.COM einen Befehl nicht im MS-DOS-Kern, so sucht er in dem aktuellen Dateiverzeichnis nach einer externen Befehlsdatei. Diese muß den gleichen Namen haben wie der eingegebene Befehl, aber mit der Namenserweiterung EXE, COM oder BAT versehen sein. Findet der Kommandointerpreter eine solche Datei, dann lädt er sie in den Arbeitsspeicher und läßt sie ausführen. Findet er sie nicht, so zeigt er eine Fehlermeldung auf dem Bildschirm an und wartet auf neue MS-DOS-Befehle.

MS-DOS, Speicherbegrenzung

MS-DOS war ursprünglich für den 8088-Mikroprozessor entwickelt. Dieser Mikroprozessor besitzt durch seine 20 Adreßleitungen einen →Adreßraum von 1 MByte. Als Arbeitsspeicher können davon nur 640 KByte benutzt werden, da der restliche Speicher für das Urladeprogramm, den Bildschirmspeicher und andere systeminterne Zwecke verplant ist und auch genutzt wird. Um die Abwärtskompatibilität zum PC-XT nicht zu gefährden, hat man für MS-DOS bis zur Version 3.3 auch nicht mehr als 640 KByte Arbeitsspeicher zugelassen.

MS-DOS, EMS

Da die Forderung nach mehr Arbeitsspeicher immer massiver wurde, hat man in MS-DOS ab Version 4.0 das →EMS-Verfahren eingesetzt. Bei diesem Verfahren kann auf einen 32 MByte großen Speicherbereich zugegriffen werden. Der Speicherbereich ist oberhalb von 1 MByte angeordnet. Damit auch der 8088-Mikroprozessor auf diesen Speicherbereich zugreifen kann, werden jeweils vier 16 KByte lange Speicherbereiche in den Adreßraum des Mikroprozessors von D0000 bis DFFFF hineingeschaltet. Die 16-KByte-Bereiche nennt man Speicherbänke, das Umschalten der Speicherbänke wird mapping genannt. Soll ein Zugriff auf eine Speicherzelle des 32-MByte-Speicherbereiches erfolgen, der nicht durch die Speicherbänke erfaßt wird, so muß ein Umschalten einer Speicherbank erfolgen. Das EMS-Verfahren wird erst ab MS-DOS Version 4.0 standardmäßig unterstützt. Vorherige Versionen können aber durch zusätzliche Software nachgerüstet werden.

MS-DOS, Multitaskfähigkeit

Ein echter Nachteil von MS-DOS besteht darin, daß dieses Betriebssystem nicht multitaskfähig ist. Es können also nicht mehrere Programme gleichzeitig auf dem gleichen PC laufen. Es ist zwar möglich, während eines Druckvorgangs ein weiteres Programm zu starten und dieses ausführen zu lassen, während der Druckvorgang noch läuft. Der Druckvorgang ist jedoch die einzige Operation, bei der andere Programme gleichzeitig bearbeitet werden können.

MS-DOS, Systemdiskette
Das Betriebssystem MS-DOS wird auf einer Diskette geliefert. Bei solch einer Diskette spricht man auch von einer →Systemdiskette. Sie muß mindestens einen Kommandointerpreter, den MS-DOS-Kern IBMDOS.COM und den BIOS-Gerätereiber IBMIO.COM beinhalten. Die beiden Dateien IBMDOS.COM und IBMIO.COM tragen das Attribut unsichtbar und sind im Dateiverzeichnis der Systemdiskette nicht zu erkennen. Dagegen ist der Kommandoprozessor COMMAND.COM im Dateiverzeichnis sichtbar. An ihm ist eine Systemdiskette sofort zu erkennen. Eine Systemdiskette kann durch das →MS-DOS-Kommando FORMAT erzeugt werden.

MS-DOS, Laden
Zur Inbetriebnahme schiebt man eine Systemdiskette in das Diskettenlaufwerk des PC. Nach dem Einschalten des PC werden die beiden Dateien IBMDOS.COM und IBMIO.COM automatisch von der Diskette in den Arbeitsspeicher geladen. Die beiden Dateien IBMDOS.COM und IBMIO.COM tragen auf kompatiblen PCs auch andere Namen, wie z.B. MSDOS.SYS und IO.SYS. Gelingt das Laden der beiden Dateien nicht, so wird der PC-Benutzer durch eine Meldung auf dem Bildschirm aufgefordert, eine andere Systemdiskette einzulegen. Befinden sich IBMDOS.COM und IBMIO.COM im Arbeitsspeicher, so wird die Programmkontrolle an den MS-DOS-Kern IBMDOS.COM abgegeben. Dieser initialisiert zunächst seine Variablen und Tabellen und die Standardgerätetreiber.

MS-DOS, Konfiguration
Danach wird die Konfigurationsdatei CONFIG.SYS aufgerufen. In dieser Datei wird durch die →MS-DOS-Konfigurationsbefehle festgelegt, welche Ausbaustufe des PC genutzt werden soll. Dazu kann z.B. der Aufruf eines weiteren Gerätetreibers oder die Definition eines speziellen Tastaturcodes gehören.

In der Konfigurationsdatei kann auch ein spezieller Kommandoprozessor aufgerufen werden. Erfolgt dies nicht, so wird anschließend der Kommandoprozessor

COMMAND.COM geladen. Dieser wartet dann auf die Eingabe von →MS-DOS-Kommandos über die Tastatur.

MS-DOS, Entwicklungsgeschichte
Die Version MS-DOS 1.0 wurde im August 1981 der Öffentlickeit vorgestellt. Diese Version, die zum Arbeiten mit einseitigen Diskettenlaufwerken gedacht war, wurde durch die Version 1.1 abgelöst, die bereits mit doppelseitigen Diskettenlaufwerken arbeiten konnte. Die Version 2.0 kam 1983 auf den Markt. Sie war erstmals mit Kommandos zum Verwalten einer Festplatte ausgestattet. In dieser Version wurden die Disketten mit 9 Sektoren statt wie bisher mit 8 Sektoren formatiert, wodurch die Diskettenkapazität von 320 KByte auf 360 KByte gesteigert wurde.

Die Version 3.0 wurde 1984 veröffentlicht. Sie enthielt Verbesserungen, die für den PC-AT benötigt wurden. Dazu gehörten die Ansteuerung der 20-MByte-Festplatte und des 1.2-MByte-Diskettenlaufwerkes. Auch ein Gerätetreiber für eine RAM-Disk wurde in dieser Version erstmals mitgeliefert. In der Version wurden die zusätzlichen MS-DOS-Kommandos JOIN und SUBSTITUTE bereitgestellt. Außerdem wurden Verbesserungen eingeführt, um den PC in Rechnernetzen einzusetzen. Die Version 3.2 unterstützte zusätzlich den Betrieb eines 3.5-Zoll-Diskettenlaufwerkes. Als zusätzliche Befehle wurden XCOPY und REPLACE aufgenommen. Die Version 3.3 erschien im Herbst 1987 zusammen mit der neuen PS/2-Computerserie. Sie gewährleistet die Kompatibilität zum Betriebssystem OS/2, solange OS/2 im Real-Mode benutzt wird.

Im Herbst 1988 kam die MS-DOS-Version 4.0 heraus. Sie verfügt erstmals über eine grafische Benutzeroberfläche. Um auch Speichererweiterungen über 640 KByte Arbeitsspeicher hinaus zu ermöglichen, ist diese Version standardmäßig mit EMS ausgestattet. Dadurch können bis zu 32 MByte Arbeitsspeicher installiert werden.

Vgl. Betriebssysteme.

MS-DOS-Befehle

Die MS-DOS-Befehle können in folgende drei Gruppen eingeteilt werden: →MS-DOS-Batchbefehle, →MS-DOS-Kommandos und →MS-DOS-Konfigurationsbefehle.

Am bekanntesten sind die MS-DOS-Kommandos. Sie werden vom Bediener über die Tastatur eingegeben und vom Kommandointerpreter ausgewertet. Durch die Kommandos wird das Betriebssystem vom Bediener gesteuert.

Kommandos können auch in eine Batchdatei eingegeben und aus einer Batchdatei heraus verarbeitet werden. Neben den Kommandos gibt es aber auch noch die MS-DOS-Batchbefehle, die nur aus Batchdateien heraus verarbeitet werden können. Solche Batchbefehle werden z.B. benutzt, um das Wiederholen von Kommandos in Batchdateien zu steuern.

Die MS-DOS-Konfigurationsbefehle dienen zum Einstellen der Konfiguration des PC beim Einschalten. Sie können im laufenden Betrieb nicht eingegeben werden, sondern müssen in der Konfigurationsdatei CONFIG.SYS stehen.

Die Einteilung der MS-DOS-Befehle nach Kommandos, Batchbefehlen und Konfigurationsbefehlen erfolgt in diesem Lexikon auch, damit die große Gruppe der MS-DOS-Kommandos, die für die Betriebssysteme MS-DOS und OS/2 gleich sind, nur einmal beschrieben werden muß. Bei den OS/2-Kommandos erfolgt ein Querverweis zu den MS-DOS-Kommandos. Die OS/2-Batchbefehle und die OS/2-Konfigurationsbefehle werden dagegen getrennt beschrieben.
Vgl. MS-DOS.

MS-DOS-Batchbefehle

Befehle, die nur in Batchdateien benutzt werden können. Sie dienen dazu, Funktionen zu realisieren, die nur in Batchdateien sinnvoll sind. Batchdateien werden eingesetzt, um einen Stapel von MS-DOS-Befehlen, der in immer gleicher Form benutzt wird, zu speichern. Zur Ausführung der Befehle in der Batchdatei wird der Name der Batchdatei ohne die Namenserweiterung BAT eingegeben. In einer Batchdatei können neben den Batchbefehlen aber auch Kommandos benutzt werden. Kommandos sind aber hauptsächlich für die Eingabe über die Tastatur gedacht. Umgekehrt können aber Batchbefehle nicht direkt über die Tastatur eingegeben werden.

Batchbefehle werden z.B. eingesetzt, um bei der Abarbeitung einer Batchdatei Kommentare auf dem Bildschirm anzuzeigen, oder um bestimmte Befehle innerhalb einer Batchdatei wiederholt ausführen zu lassen, oder unter einer Bedingung ausführen zu lassen.

Zeichenerklärung:
Zeichen in den eckigen Klammern brauchen nicht eingegeben zu werden. Es werden dann voreingestellte Werte benutzt. Der Doppelpunkt wird benutzt, um zu erklärende Ausdrücke von der Erklärung zu trennen.

CALL

Befehl zum Aufruf einer anderen Batchdatei. Ab MS-DOS 3.3.

Syntax:

CALL D1[P1]

D1:

Name der Batchdatei

P1:

Parameter, der übergeben wird.

ECHO

Befehl zum Unterdrücken der MS-DOS Meldungen auf dem Bildschirm

Syntax:

ECHO S1

S1:

Schalter zum Ein- und Ausschalten der Anzeige von MS-DOS-Meldungen auf dem Bildschirm.

S1=ON : Einschalten.

S1=OFF : Ausschalten

FOR

Befehl zur Bildung einer Schleife

Syntax:

FOR %%V1 IN (W1 W2 W3)
    DO K1

%%V1 :

Variable

W1, W2, W3:

Werte, die die Variable in der Schleife nacheinander durchläuft.

K1:

MS-DOS-Kommando, das in der Schleife ausgeführt wird.

GOTO

Befehl zum Springen an eine Marke

Syntax:

GOTO M1

M1:

Marke, die angesprungen wird. Die Marke muß sich am Anfang einer Zeile der Batchdatei befinden. Außerdem muß vor der Marke ein Doppelpunkt stehen.

IF

Befehl zum Ausführen eines anderen Befehls unter einer Bedingung.

Syntax:

IF C1 B1

C1:

Bedingung, unter der der Befehl B1 ausgeführt wird.

B1:

MS-DOS-Kommando oder MS-DOS-Batchbefehl.

PAUSE

Befehl zum Anhalten der Abarbeitung einer Batchdatei. Nach dem Drücken einer beliebigen Taste wird die Bearbeitung fortgesetzt.

Syntax:

PAUSE [M1]

M1:

Meldung, die nach dem Anhalten der Batchdatei auf dem Bildschirm ausgegeben wird.

REM
Befehl zum Ausgeben eines Kommentars auf dem Bildschirm.
Syntax:
REM [M1]
M1:
Kommentar, der ausgegeben wird.

SHIFT
Befehl zum Verschieben der Liste der Parameter.
Syntax:
SHIFT

MS-DOS-Kommandos

Befehle zum Steuern des Betriebssytems MS-DOS über die Tastatur. Die Eingabe der Kommandos wird vom Kommandointerpreter überwacht. Ist ein Kommando vollständig eingegeben, so wird es durch die Enter-Taste abgeschlossen. Der Kommandoprozessor läßt daraufhin das Kommando ausführen.

interne, externe Kommandos

Man unterscheidet interne und externe Kommandos. Für die Abarbeitung interner Kommandos ruft der Kommandoprozessor Routinen aus dem MS-DOS-Kern auf. Dagegen werden die Routinen, die zur Ausführung externer Kommandos nötig sind, aus separaten Dateien vom Massenspeicher geladen.
Interne Kommandos sind im einzelnen:

BREAK,
CHDIR, CLS, COPY, CTTY,
DATE, DEL, DIR, ERASE, EXIT,
MKDIR, PATH, PROMPT,
RENAME, RMDIR, SET, TIME,
TYPE, VER, VERIFY und VOL.
Die restlichen Kommandos sind extern. Sie können damit nur benutzt werden, wenn sich eine entsprechende Datei auf dem Massenspeicher befindet.

Zeichenerklärung

Die Zeichen in den eckigen Klammern [] brauchen nicht eingegeben werden. Es werden dann voreingestellte Werte benutzt.
Zu erklärende Ausdrücke werden von der Erklärung durch eine neue Zeile getrennt.

Hinweise:

Jede eingegebene Zeile muß mit der Enter-Taste abgeschlossen werden. Soll über ein MS-DOS-Kommando auf eine Datei zugegriffen werden, die sich nicht im aktuellen Verzeichnis befindet, so muß vor der Datei ein Verzeichnispfad angegeben werden, der zu dieser Datei führt. Der Verzeichnispfad und ein eventueller Laufwerks-Buchstabe müssen dem Dateinamen vorangestellt werden. Die Dateinamen müssen außerdem mit Namenserweiterung angegeben werden. Um z.B. den Inhalt der Datei D1 .SRC im Dateiverzeichnis DV1 auf dem

Bildschirm anzuzeigen, muß folgendes Kommando eingegeben werden:

TYPE C:\DV1\D1.SRC

Dabei wurde davon ausgegangen, daß das Dateiverzeichnis DV1 direkt dem Wurzelverzeichnis der Festplatte zugeordnet ist. Die Festplatte hat dabei den Laufwerksbuchstaben C.

ASSIGN

Befehl zum Ändern der Zuordnung von Laufwerksnamen zu Geräten.

Syntax:

ASSIGN [L1 [=] L2]

L1

Alter Laufwerksname

L2

Neuer Laufwerksname

ATTRIB

Befehl zum Setzen oder Löschen von Attributen einer Datei.

Syntax:

ATTRIB A1

A1

Attribut der Datei.

A1=+R:

Setzen des Attributes Nur-Lesen

A1=-R:

Löschen des Attributes Nur-Lesen.

BACKUP

Befehl zum Sichern von einer oder mehreren Dateien auf einem anderen Massenspeicher.

Im Gegensatz zum MS-DOS-Kommando COPY können mit BACKUP gezielt spezielle Dateien gesichert werden, z.B. alle geänderten Dateien.

Syntax:

BACKUP [L1][D1]L2[/S][/M] [/A][/D:DT1][/T:TM1][/L:LD1]

L1

Laufwerk, von dem Daten gelesen werden sollen.

Das Laufwerk muß mit Laufwerks-Buchstaben und Doppelpunkt angegeben werden.

D1

Name einer Datei, die gelesen werden soll.

L2

Laufwerk, auf dem die gelesenen Daten abgespeichert werden sollen.

/S

Schalter, über den das Sichern aller Unterverzeichnisse eingeschaltet wird.

/M

Schalter, über den das Sichern aller geänderten Dateien eingeschaltet wird.

/A

Schalter, durch den das Hinzufügen von Dateien eingeschaltet werden kann.

/D:DT1

Schalter zum Einschalten eines Datums, ab dem geänderte Dateien gesichert werden sollen. DT1 ist dabei das Datum.

/T:TM1
Schalter zum Einschalten einer
Zeit, ab der geänderte Dateien
gesichert werden sollen.
TM1 ist dabei die Zeit.
/L:LD1
Schalter zum Einschalten der Protokollführung über den Sicherungsvorgang. Das Protokoll wird
in der Datei LD1 abgespeichert.

BREAK

Befehl zum Aktivieren und Deaktivieren der Tastenkombinationen
(CTRL)-(BREAK) und (CTRL)-
C.
Syntax:
BREAK [S1]
S1
Schalter zum Aktivieren und Deaktivieren der Tastenkombination.
S1=ON
Aktivieren
S1=OFF
Deaktivieren

CHDIR

Befehl zum Anzeigen oder Wechseln des aktuellen Dateiverzeichnisses.
Syntax:
CHDIR [DV1]
DV1
Neues aktuelles Dateiverzeichnis.
Wird DV1 weggelassen, so wird
das aktuelle Dateiverzeichnis angezeigt.

CHKDSK

Kommando zum Analysieren des
Inhaltsverzeichnisses einer Diskette.
Syntax:
CHKDSK [L1] [D1] [/F][/V]
Parameter:
L1
Laufwerk, das überprüft werden
soll.
D1
Datei, die überprüft werden soll.
/F
Schalter zum Einschalten des Reparierens von Dateien.
/V
Schalter zum Einschalten von
Fehlermeldungen.

CLS

Kommando zum Löschen des
Bildschirms.
Syntax:
CLS

COMMAND

Kommando zum Aufruf des
Kommandointerpreters
COMMAND.COM. Bei diesem
Aufruf können verschiedene Betriebsarten des Kommandointerpreters definiert werden.
Syntax:
*COMMAND [L1][P1][G1][/P]
[/E:SK1][/C K1]*

Parameter:

L1

Laufwerk, auf dem der Kommandointerpreter gesucht werden soll.

P1

Verzeichnispfad, in dem der Kommandointerpreter gesucht werden soll.

G1

Peripheriegerät, über das die Eingabe der Kommandos in den Kommandointerpreter erfolgen soll.

/P

Schalter, über den der neue Kommandointerpreter permanent wird

/E:SK1

Schalter, über den die Speicherkapazität definiert werden kann. SK1 ist die definierte Speicherkapazität als Dezimalzahl.

/C K1

Schalter, durch den das Kommando K1 sofort ausgeführt wird.

COMP

Kommando zum Vergleichen der Inhalte zweier Dateien.

Syntax:

COMP D1 D2

Parameter:

D1

Erste Datei.

D2

Zweite Datei.

COPY

Kommando zum Kopieren von Dateien.

Syntax:

COPY D1[+D2][D3][/A][/V]

Parameter:

D1

Datei, die kopiert wird.

D2

Datei, die nach dem Kopieren von D1 angehängt wird.

D3

Datei, in die kopiert wird. Anstelle einer Datei kann für D3 auch der Gerätename eines Peripheriegerätes angegeben werden.

/A

Schalter, durch den ein (CTRL)-Z Zeichen an die Datei D3 angehängt wird.

/V

Schalter, durch den die Überprüfung der Datei D3 eingeschaltet wird.

CTTY

Kommando zum Ändern des Namens der Konsole. Über die Konsole erfolgt die Eingabe der Betriebssystembefehle und die Ausgabe der Meldungen des Betriebssystems. Standardmäßig bilden bei PCs Tastatur und Bildschirm die Konsole.

Syntax:

CTTY G1

Parameter:

G1

Gerätename des Peripheriegerätes, das neue Konsole wird.

DATE

Kommando zum Anzeigen und Ändern des Datums.
Syntax:

DATE [DT1]

Parameter:
DT1
Datum. DT1 kann z.B. die Form
20.04.88 haben. Ohne DT1 erfolgt
die Anzeige des Datums.

DEL

Kommando zum Löschen von Dateien.
Syntax:

DEL D1

Parameter:
D1
Datei, die gelöscht wird.

DIR

Kommando zum Anzeigen eines
Dateiverzeichnisses.
Syntax:

DIR [L1][DV1][D1][/P][/W]

Parameter:
L1
Laufwerk, auf dem ein Dateiverzeichnis angezeigt werden soll.
DV1
Dateiverzeichnis.
/P
Schalter. Bei Angabe von /P wird
das Dateiverzeichnis seitenweise
angezeigt. Nach dem Drücken einer beliebigen Taste wird die Anzeige fortgesetzt.

/W
Schalter. Bei Angabe von /W wird
das Dateiverzeichnis in komprimierter Form angezeigt.

DISKCOMP

Kommando zum Vergleichen
zweier Disketten.
Syntax:

DISKCOMP [L1][L2][/1][/8]

Parameter:
L1
Erstes Diskettenlaufwerk.
L2
Zweites Diskettenlaufwerk.
/1
Schalter. Es wird nur die erste Seite verglichen.
/8
Schalter. Es werden nur 8 Sektoren pro Spur verglichen.

DISKCOPY

Kommando zum Duplizieren einer Diskette.
Syntax:

DISKCOPY L1 [L2] [/1]

Parameter:
L1
Erstes Diskettenlaufwerk
L2
Zweites Diskettenlaufwerk
/1
Schalter. Es wird nur die erste Seite kopiert.

ERASE

Kommando zum Löschen von Dateien.
Syntax:
ERASE D1
Parameter:
D1
Datei, die gelöscht wird.

EXE2BIN

Kommando zum Umwandeln von EXE-Dateien in COM- oder BIN-Dateien.
Syntax:
EXE2BIN D1 D2
Parameter:
D1
EXE-Datei.
D2
COM- oder BIN-Datei.

EXIT

Kommando zum Verlassen des Kommandointerpreters.
Syntax:
EXIT

FASTOPEN

Kommando zum schnellen Öffnen von Dateien.
Syntax:
FASTOPEN L1 [=N1]
Parameter:
L1
Laufwerk
N1
Anzahl der Dateien, die geöffnet werden.

FDISK

Kommando zum Vorbereiten der Festplatte.
Syntax:
FDISK

FIND

Kommando zum Suchen einer Zeichenkette in einer Datei.
Syntax:
FIND [/V][/C][/N] "Z1" D1
Parameter:
/V
Schalter. Alle Zeilen werden angezeigt.
/C
Schalter. Es wird angezeigt, wie oft die Zeichenkette Z1 in der Datei D1 vorkommt.
/N
Schalter. Die Zeilennummern werden angezeigt.
Z1
Zeichenkette, die gesucht wird.
D1
Datei, in der gesucht wird.

FORMAT

Kommando zum Formatieren einer Diskette.
Syntax:
FORMAT
  [L1][/S][/1][/4][/8][/V]
  [/B][/4][/N:SK][T:SP1]
Parameter:
L1
Laufwerk

/S
Schalter. Die Betriebssystemdateien werden nach dem Formatieren kopiert.

/1
Schalter. Es wird einseitig formatiert.

/4
Schalter. In einem 1.2-MByte-Diskettenlaufwerk wird eine Diskette für 360 KByte formatiert. Bei dieser Betriebsart ist Vorsicht geboten. Auf einem 360-KByte-Laufwerk kann eine solche Diskette anschließend nicht sicher gelesen werden.

/8
Schalter. Formatieren erfolgt mit 8 Sektoren pro Spur. Sonst erfolgt Formatieren mit 9 bzw. 15 Sektoren pro Spur bei 360-KByte- bzw. 1.2-MByte-Laufwerken.

/V
Schalter. Diskette wird ein Name gegeben.

/B
Schalter. Es wird Platz für Systemdateien freigehalten.

/N:SK
Schalter. Die Anzahl der Sektoren wird festgelegt. SK ist die Anzahl der Sektoren pro Spur.

/T:SP
Schalter. Die Anzahl der Spuren SP wird festgelegt.

GRAFTBL
Kommando zum Laden einer Grafikzeichentabelle.

Syntax:
GRAFTBL [Z1][/STA][?]
Parameter:
Z1
Zeichensatztabelle:
Z1 Tabelle
437 USA
860 International

/STA
Schalter. Die aktuelle Tabelle wird angezeigt.

?
Schalter. Parameter werden angezeigt.

GRAFICS
Kommando zum Vorbereiten des Bildschirmspeichers auf das Erstellen einer Hardcopy. Bei der Hardcopy wird der Inhalt des Bildschirmspeichers ausgedruckt. Das Kommando GRAFICS ist nötig, wenn der Bildschirm Grafikzeichen enthält. Vgl. Hardcopy.

Syntax:
GRAFICS [M1][/R][/B][/LCD]
Parameter:
M1
Grafikmode

M1	Drucker	Band
COLOR1	Farbmatrix	schwarz
COLOR4	Farbmatrix	RGB
COLOR8	Farbmatrix	4-Farb
COMPACT	Kompakt	
GRAPHICS	Matrix	

/R
Schalter. Invertiertes Drucken.

/B
Schalter. Hintergrund farbig.
/LCD
Schalter. LCD-Bildschirm.

JOIN

Kommando zum Zuordnen eines Laufwerkes zu einem Dateiverzeichnis. Auf das Laufwerk kann anschließend zugegriffen werden, indem in MS-DOS-Kommandos das Dateiverzeichnis anstelle des Laufwerkes angegeben wird.

Syntax:

JOIN L1 [L2][DV2][/D]

Parameter:

L1
Laufwerk

L2
Laufwerk des Dateiverzeichnisses

DV2
Dateiverzeichnis

/D
Schalter. Die Zuordnung wird wieder aufgehoben.

KEYB

Kommando zum Definieren einer Landesspezifischen Tastatur.

Syntax:

KEYBGR
Deutschland

KEYBUK
England

KEYBFR
Frankreich

LABEL

Kommando, mit dem einer Diskette ein Name gegeben werden kann.

Syntax:

LABEL [L1][N1]

Parameter:

L1
Laufwerk

N1
Name

MKDIR

Kommando zum Erzeugen eines neuen Dateiverzeichnisses.

Syntax:

MKDIR [L1][VP1]

Parameter:

L1
Laufwerk, auf dem das neue Dateiverzeichnis eröffnet werden soll.

VP1
Verzeichnispfad, der vom Wurzelverzeichnis zum neu eröffneten Verzeichnis führt.

MODE COM1

Kommando zum Setzen der Betriebsart von Datenfernübertragungs-Leitungen, die über die serielle Schnittstelle an den PC angeschlossen sind.

Syntax:

MODE COM1
[:] UG1 [,P1][,DB1][,SB1][,P]

COM1
Gerätename für die serielle Schnittstelle 1. Für die serielle Schnittstelle 2 muß Gerätename COM2 benutzt werden.

UG1
Übertragungsgeschwindigkeit in Baud. Es können folgende Zahlen angegeben werden: 110, 150, 300, 600, 1200, 2400, 4800, 9600.

P1
Parameter für die Paritätsprüfung.

P1 Prüfung
N keine Prüfung
O ungerade Parität
E gerade Parität

DB1
Anzahl der Datenbits, die für ein Byte übertragen werden.

SB1
Anzahl der Stopbits.

S
Schalter zum wiederholten Setzen der Betriebsart.

MODE LPT1
Kommando zum Setzen der Betriebsart von Druckern, die über die serielle Schnittstelle angeschlossen sind.

Syntax:

MODE LPT1 [:][Z1][,Z2][,P]

Parameter:
LPT1
Gerätename für den Drucker. Je nach Nummer der parallelen

Schnittstelle kann auch LPT2 oder LPT3 benutzt werden.

Z1
Anzahl der Zeichen pro Zeile.

Z2
Anzahl der Zeilen pro Zoll.

MORE
Kommando zum Durchblättern langer Texte auf dem Bildschirm. Dabei werden 23 Zeilen lange Seiten seitenweise durchgeblättert.

Syntax:

MORE

PATH
Kommando zum Definieren eines oder mehrerer Dateiverzeichnisse, in dem ausführbare Programme gesucht werden sollen.

Syntax:

PATH [L1]VP1 [;[L2]VP2]..
[;[LN]VPN]

Parameter:
L1
Laufwerk des ersten Verzeichnisses.

VP1
Verzeichnispfad vom Wurzelverzeichnis zum ersten Verzeichnis.

L2, LN
Laufwerke weiterer Verzeichnisse

VP2, VPN
Verzeichnispfade weiterer Verzeichnisse

PRINT
Kommando zum Drucken von Dateien. Das Drucken erfolgt im Hintergrund. Die Dateien werden dazu in einer Warteschlage gespeichert und aus dieser Warteschlange heraus gedruckt.
Syntax:
PRINT [D1] [D2]..[DN] [/T][/C]
Parameter:
D1
Erste Datei, die gedruckt wird.
D2, DN
Weitere Dateien, die gedruckt werden.
/T
Schalter zum Löschen aller Dateien in der Warteschlange.
/C
Schalter zum Löschen einzelner Dateien in der Warteschlange.

PROMPT
Kommando zum Setzen eines neuen Bereitschaftszeichens.
Syntax:
PROMPT [Z1]
Parameter:
Z1
Bereitschaftszeichen.

RECOVER
Kommando zum Reparieren von Diskettendateien mit fehlerhaften Sektoren.
Syntax:
RECOVER D1

Parameter:
D1
Datei, die repariert werden soll.

RENAME
Kommando zum Ändern eines Dateinamens.
Syntax:
RENAME D1 D2
Parameter:
D1
Alter Name der Datei
D2
Neuer Name der Datei

REPLACE
Kommando zum Ersetzen von älteren Dateien durch Dateien mit einem neueren Erstellungsdatum. Das Ersetzen erfolgt in einem bestimmten Verzeichnis.
Syntax:
REPLACE D1 V1
    [/A][/D][/S][/R][/P][/W]
Parameter:
D1
Datei, die aktualisiert wird.
V1
Verzeichnis, in dem aktualisiert wird.
/A
Schalter zum Hinzufügen neuer Dateien.
/D
Schalter zum Ersetzen nur, wenn im aktualisierten Verzeichnis nicht schon die aktuellste Datei steht.

315

/S
Schalter zum Suchen in Unterverzeichnissen.

/R
Schalter zum Ersetzen schreibgeschützter Verzeichnisse

/P
Schalter zum Ersetzen nach Bestätigung.

/W
Schalter zum Ersetzen nach Tastenbetätigung.

RESTORE
Kommando zum Zurückladen von Dateien, die mit dem MS-DOS-Kommando BACKUP gesichert wurden.
Syntax:

RESTORE L1
[L2][V2] D2 [/S][/P][/N][/M]

Parameter:
L1
Laufwerk, von dem zurückgeladen wird.

L2
Laufwerk, auf dem gespeichert wird.

V2
Verzeichnis, in dem gespeichert wird.

D2
Datei
/S
Schalter zum Speichern in allen Unterverzeichnissen.

/P
Schalter. Es wird vor dem Zurückladen abgefragt.

/N
Schalter. Es werden nur nicht mehr vorhandene Dateien zurückgeladen

/M
Schalter. Es werden nur veränderte Dateien zurückgeladen.

RMDIR
Kommando zum Löschen eines Dateiverzeichnisses.
Syntax:
RMDIR VZ1

Parameter:
VZ1
Dateiverzeichnis

SET
Kommando zum Einfügen von Zeichenketten in die Zeichentabelle des Kommandointerpreters.
Syntax:
SET [N1=[Z1]]
Parameter:
N1
Name der Zeichenkette
Z1
Zeichenkette

SHARE
Kommando zum Zulassen des Zugriffs auf Dateien bei Betrieb des PCs im Netzwerkbetrieb.
Syntax:
SHARE [/F:DG1][/L:SP1]

Parameter:
/F:DG1
Schalter zum Angeben der Dateigröße DG1.
/L:SP1
Schalter zum Angeben der Anzahl der Sperren SP1.

SORT

Kommando zum alphabetischen Sortieren des Textes in Textdateien.
Syntax:
SORT [/R][/SP1]
Parameter:
/R
Schalter zum Sortieren in absteigender Reihenfolge.
SP1
Spaltennummer, von der ab sortiert wird.

SUBST

Kommando zum Ersetzen eines Dateiverzeichnisses durch ein virtuelles Laufwerk.
Syntax:
SUBST L1 V2 [/D]
Parameter:
L1
Laufwerk
V2
Dateiverzeichnis
/D
Schalter zum Aufheben des Ersetzens.

SYS

Kommando zum Übertragen der MS-DOS-Systemdateien vom aktuellen Dateiverzeichnis auf das angegebene Dateiverzeichnis.
Syntax:
SYS L1
Parameter:
L1
Laufwerk

TIME

Kommando zum Anzeigen oder Verändern der aktuellen Uhrzeit.
Syntax:
TIME [T1]
Parameter:
T1
Zeit, die neu eingegeben werden soll. T1 hat z.B. das Format 11:05:33.00. Wird T1 nicht eingegeben, so wird die Uhrzeit angezeigt.

TREE

Kommando zum Anzeigen der Verzeichnispfade eines Laufwerkes.
Syntax:
TREE [L1][/F]
Parameter:
L1
Laufwerk
/F
Schalter zum Anzeigen der Dateinamen in den Unterverzeichnissen.

TYPE

Kommando zum Anzeigen des Textes einer Textdatei auf dem Bildschirm.

Syntax:

TYPE D1

Parameter:

D1

Name der Textdatei.

VER

Kommando zum Anzeigen der Version des verwendeten Betriebssystems.

Syntax:

VER

VERIFY

Kommando zum Ein- und Ausschalten der Überprüfung von neuen Dateien nach dem Kopieren.

Syntax:

VERIFY [S1]

Parameter:

S1

Schalter

S1   Funktion

ON   Einschalten

OFF   Ausschalten

VOL

Kommando zum Anzeigen der Kennung einer Diskette.

Syntax:

VOL [L1]

Parameter:

L1

Laufwerk der Diskette.

XCOPY

Kommando zum Kopieren von Dateien und Dateiverzeichnissen.

Syntax:

XCOPY D1 D2
*   [/A][/D:DT1][/E]*
*   [/M][/P][/S][/V][/W]*

Parameter:

D1

Quellendatei

D2

Zieldatei

/A

Schalter. Nur Dateien mit aktivem Backupflag werden kopiert. Das Backupflag wird beim Erzeugen einer Datei gesetzt. Durch Zugriff mit dem Befehl XCOPY wird es gelöscht.

/D:DT1

Schalter. DT1 ist das Erstellungsdatum, von dem ab kopiert wird.

/E

Schalter. Auch leere Unterverzeichnisse werden copiert.

/M

Schalter. Nur Dateien mit aktivem Backupflag werden kopiert. Das Backupflag wird aber gelöscht.

/P

Schalter. Jede einzelne Kopie muß bestätigt werden.

/S
Schalter. Es wird auch aus Unterverzeichnissen kopiert.

/V
Schalter zum Überprüfen der Kopie.

/W
Schalter zum Starten des Kopiervorgangs auf Tastendruck einer beliebigen Taste.

MS-DOS-Konfigurationsbefehle

Die Konfigurationsbefehle können nicht direkt über die Tastatur eingegeben werden. Sie müssen z.B. mit Hilfe des Zeileneditors Edlin in die Konfigurationsdatei CONFIG.SYS eingegeben werden. Beim Neuladen des Betriebssystems nach dem Einschalten des PC werden dann die Befehle aus dieser Konfigurationsdatei ausgewertet und dabei festgelegt, wie die Ausbaustufe des PC genutzt werden soll.

Zeichenerklärung:
Zeichen in eckigen Klammern brauchen nicht eingegeben zu werden. Es werden dann voreingestellte Werte benutzt.

BREAK
Befehl zum Aktivieren und Deaktivieren der Unterbrechungstaste Break.
Syntax:
BREAK=S1

S1
Schalter zum Aktivieren und Deaktivieren der Break-Taste.
S1=ON
Aktivieren.
S2=OFF
Deaktivieren.

BUFFERS
Befehl zum Festlegen, wieviel Puffer benutzt werden sollen.
Syntax:
BUFFERS=N1
N1
Anzahl der Puffer

COUNTRY
Befehl zum Einstellen des PC auf das Land, in dem er benutzt werden soll. Dadurch werden Datum, Uhrzeit und Währungssymbole länderspezifisch angepaßt.
Syntax:
COUNTRY=C1
C1
Landescode

Code	Land
001	USA
031	Niederlande
032	Belgien
033	Frankreich
034	Spanien
039	Italien
041	Schweiz
044	Großbritannien
045	Dänemark
046	Schweden
047	Norwegen
049	Deutschland

DEVICE

Befehl zum Aufrufen eines Gerätetreibers für ein Peripheriegerät, das nicht standardmäßig benutzt wird.

Syntax:

DEVICE=T1
  [P1][P2][P3][P4][P5][P6][P7]

T1

Gerätertreiber

Es gibt verschiedene Gerätetreiber. Für die einzelnen Gerätetreiber haben die Parameter P1 bis P7 unterschiedliche Bedeutung. Einige Gerätetreiber benötigen auch gar keine Parameter oder weniger Parameter.

Für T1 können folgende Gerätetreiber angegeben werden:

ANSI.SYS
DRIVER.SYS
RAMDISK.SYS
RAMDRIVE.SYS
VDISK.SYS

Für die Gerätetreiber im einzelnen gilt:

DEVICE=ANSI.SYS
Gerätetreiber ANSI.SYS zum Auswerten der ANSI.SYS Steuerzeichen.

Keine Parameter

DEVICE=DRIVER.SYS
  [P1][P2][P3][P4][P5][P6][P7]
Gerätetreiber zum Beschreiben der Hardwareeigenschaften von Laufwerken.

P1=/D:LN1
LN1
Laufwerksnummer

P2=/C
Schalter zum Einschalten der Laufwerksverriegelung

P3=/F:f
Schalter zum Angeben des Formfaktors für die Speicherkapazität.

P4=/H:K1
Schalter zum Angeben der Anzahl der Schreib/Leseköpfe. K1 ist die Anzahl der Schreib/Leseköpfe.

P5=/N
Schalter zum Definieren eines wechselbaren Datenträgers.

P6=/S:S1
Schalter zum Angeben der Sektoren. S1 ist die Anzahl der Sektoren pro Spur.

P7=/T:SP1
Schalter zum Angeben der Spuren. SP1 ist die Anzahl der Spuren pro Seite.

DEVICE=RAMDISK.SYS
  [P1][P2][P3][P4]
DEVICE=RAMDRIVE.SYS
  [P1][P2][P3][P4]
DEVICE=VDISK.SYS
  [P1][P2][P3][P4]

Gerätetreiber zum Einrichten einer RAMDISK

P1
Speicherkapazität der RAMDISK

P2
Länge der Sektoren in Bytes
P3
Anzahl der maximalen Datei-
namen.
P4
Schalter zum Aktivieren eines Ar-
beitsspeicherbereiches oberhalb
von 1 MByte.
P4=/E
Aktivieren als extended memory.
P4=/A
Aktivieren nach EMS.

FCBS
Befehl zum Festlegen, wieviel Da-
teikontrollblöcke gleichzeitig er-
öffnet werden dürfen.
Syntax:
FCBS=M1,N1
M1
Anzahl der Dateikontrollblöcke,
die gleichzeitig geöffnet sein dür-
fen. Default für M1 ist 4.
N1
Anzahl der Dateikontrollblöcke,
die von MS-DOS nicht geschlos-
sen werden dürfen. Default für
M2 ist 0.

FILES
Befehl zum Festlegen der Anzahl
der Dateien, die gleichzeitig bear-
beitet werden dürfen.
Syntax:
FILES=N1

N1
Anzahl der Dateien, die gleichzeitig bearbeitet werden dürfen.

LASTDRIVE
Befehl zum Festlegen des letzten
Laufwerks-Buchstabens.
Syntax:
LASTDRIVE=B1
B1
Buchstabe des Alphabetes, der als
letzter Laufwerks-Buchstabe be-
nutzt werden soll.

SHELL
Befehl zum Aufruf eines speziel-
len Kommandointerpreters.
Syntax:
SHELL=K1
K1
Name des Kommandointerpreters

STACKS
Befehl zum Definieren der Spei-
cherkapazität von einem oder
mehreren Stacks. Befehl funktio-
niert ab MS-DOS-Version 3.3 und
in allen OS/2-Versionen.
Syntax:
STACK=N1,K1
N1:
Anzahl der Stacks.
K1:
Speicherkapazität der Stacks.

MS-Fortran
→Fortran

MS-Quick-Basic
→Quick-Basic

MS-Quick-C
→C

MS-Word
→Textverarbeitung

MS-Works
→Integrierte Programmpakete

Multifunktionskarte
Erweiterungskarte für PCs, auf der Arbeitsspeicher, serielle Schnittstellen, parallele Schnittstellen und eine Uhr vorhanden sind.
Vgl. Erweiterungsplatine.

Multi-IO-Karte
Erweiterungskarte für PCs auf der serielle Schnittstellen und parallele Schnittstellen untergebracht sind.
Vgl. Erweiterungsplatine.

Multimasterbus
Bussystem, auf dem mehrere Busteilnehmer nacheinander die Kontrolle über den Bus übernehmen können. Der Busteilnehmer, der gerade die Kontrolle über den Bus hat, kann einem anderen Busteilnehmer eine Nachricht übermitteln.
Für PCs haben Multimasterbusse besondere Bedeutung

durch den Mikrochannel der IBM-PS/2-Computerserie erhalten. Der Mikrochannel realisiert einen Multimasterbus.
Vgl. Mikrochannel.

Multimate
→Textverarbeitung.

Multiplan
→Tabellenkalkulation

Multiplexer
Umschalter, der mehrere langsam arbeitende Geräte nacheinander an ein schnell arbeitendes Gerät schalten kann. Durch einen Multiplexer kann ein schnell arbeitendes Gerät mehrere langsam arbeitende Geräte gleichzeitig bedienen, ohne dabei an Arbeitsgeschwindigkeit zu verlieren.
Der Umschaltvorgang bei Multiplexern kann ganz unterschiedlich gesteuert werden. Bei PCs übernimmt der Zentralprozessor das Selektieren der Peripheriegeräte durch die Lese- und Schreibbefehle. Bei den Datenkanälen der PS/2-Computer wird das Multiplexen durch die Kanalcontroller gesteuert.

gemultiplexter Bus
Bei dem Mikroprozessor 8088, der in PCs als Zentralprozessor eingesetzt wird, werden über die niederwertigen 8 Busanschlüsse nacheinander Daten und Adres-

sen ausgegeben. Daher spricht man beim 8088 auch von einem gemultiplexten Bus.
Vgl. Mikroprozessor.

Multiplikation
→Arithmetische Befehle

Multitaskbetrieb

Ausführung mehrerer Programme auf einem Computer durch einen Zentralprozessor. Den Multitaskbetrieb nennt man auch Multitasking. Sinn des Multitaskbetriebs ist es, den Zentralprozessor besser auszulasten. Auch die Nutzung aktueller Daten auf einem Massenspeicher durch mehrere Programme kann ein Grund für den Einsatz des Multitaskbetriebs sein.

Multitaskbetrieb, Task

Die Aufgaben, die in den gleichzeitig ablaufenden Programmen erledigt werden, bezeichnet man als Task. Multitaskbetrieb heißt also Ausführung mehrerer Aufgaben.

Multitask-Betriebssystem

Um gleichzeitig mehrere Programme ausführen zu können, benötigt man ein Multitask-Betriebssystem. Dieses Betriebssystem sorgt dafür, daß der Zentralprozessor jedes auszuführende Programm eine bestimmte Zeit bearbeitet, die Bearbeitung dann abbricht und im nächsten Programm fortsetzt. Sind alle Programme, die sich in der Bearbeitung befinden einmal an der Reihe gewesen, so wird erneut mit dem ersten Programm begonnen.

Auf PCs wird für den Multitaskbetrieb hauptsächlich das Multitask-Betriebssystem OS/2 eingesetzt. Daneben kommen noch die Betriebssysteme Unix und Xenix zum Einsatz.

Multitaskbetrieb, timeshare, timeslice

Die Zeit, die der Zentralprozessor in den einzelnen Programmen verweilt, wird auch timeshare oder timeslice genannt. Sie liegt im Bereich von Millisekunden.

dispatcher, scheduler

Die Steuerung der Bearbeitungszeit wird von einer Vorrichtung gesteuert, die auch dispatcher oder scheduler genannt wird. Die Bearbeitungszeit, die der Scheduler den einzelnen Programmen maximal zuteilt, läßt sich programmieren. Weist man einem Programm eine längere Bearbeitungszeit zu, so wird es schneller abgearbeitet als ein Programm mit einer kürzeren Bearbeitungszeit.

Multitaskbetrieb, Prozeß

Im Multitaskbetrieb wird einem bearbeiteten Programm nicht nur ein Arbeitsspeicher mit Programmcode und Variablen zugeordnet.

Ein bearbeitetes Programm muß auch mit Zugriffsrechten für die Dateien und Peripheriegeräte ausgestattet sein, auf die es zugreifen soll. Ein so ausgestattetes Programm bezeichnet man auch als Prozeß.

Multitaskbetrieb, Thread

Der Programmcode eines Prozesses kann aus einem oder mehreren in sich geschlossenen Programmteilen bestehen. Einen solchen Programmteil bezeichnet man als Thread. Ein Thread ist mit einem Unterprogramm vergleichbar.

Vaterprozeß, Kindprozeß

Innerhalb eines Prozesses können jedoch nicht nur Threads ausgeführt werden. Es können auch weitere Prozesse eröffnet werden, z.B. um mit anderen Peripheriegeräten zu arbeiten. Einen Prozeß, der von einem anderen Prozeß eröffnet wurde, nennt man Kindprozess. Den Prozeß, der den Kindprozeß eröffnet hat, nennt man Vaterprozeß.

Multitaskbetrieb, Session

Beim Multitaskbetrieb auf einem Computer mit nur einer Tastatur- und Bildschirmeinheit muß beachtet werden, daß die Eingaben und Ausgaben verschiedener Prozesse sich nicht gegenseitig stören dürfen. Beim Betriebssystem OS/2 faßt man daher einen oder mehrere Prozesse, die Tastatur und Bildschirm gleichzeitig benutzen dürfen, zu einer Session zusammen.

Multitaskbetrieb, Sessionmanager

Die einzelnen Sessions können dann mit Hilfe des Sessionmanagers aktiviert werden. Der Sessionmanager ist ein Dienstprogramm, das zum Betriebssystem OS/2 dazugeliefert wird. Der Sessionmanager wird durch die →OS/2-Sessionmanagerbefehle bedient.

Multitaskbetrieb, Screensession

Die durch den Sessionmanager gerade aktivierte Session darf Tastatur und Bildschirm benutzen, um Tastatureingaben anzufordern oder Bildschirmausgaben auszugeben. Die gerade aktivierte Session nennt man daher auch Screensession. Die übrigen Sessions dürfen Bildschirm und Tastatur nicht benutzen. Die Prozesse, die in ihnen ablaufen, können jedoch weiterarbeiten. Die produzierten Ausgaben müssen jedoch zwischengespeichert werden, damit sie auf dem Bildschirm dargestellt werden können, wenn die entsprechende Session aktiviert wird.

Multitaskbetrieb, Presentationmanager

Der Presentationmanager ist ein Dienstprogramm, mit dessen Hilfe mehrere Sessions gleichzeitig auf dem Bildschirm dargestellt werden können. Er ist ebenfalls auf das Betriebssystem OS/2 zugeschnitten und soll den Sessionmanager nach und nach ablösen. Um mehrere Sessions auf dem Bildschirm gleichzeitig darstellen zu können, werden durch den Presentationmanager mehrere →Fenster auf dem Bildschirm eröffnet, die jeweils einer Session zugeordnet sind. Die Fenster nennt man auch Windows. Jede Session kann dann ihre Ausgaben in einem eigenen Window darstellen. Vgl. OS/2.

Multitask-Betriebssystem

Betriebssystem, das den →Multitaskbetrieb ermöglicht.

Multitasking

Andere Bezeichnung für →Multitaskbetrieb.

Multitaskprogrammierung

Programmiertechnik, die bereits bei der Erstellung von Programmen auf die Besonderheiten des →Multitaskbetriebs eingeht. Bei der Multitaskprogrammierung muß besonders beachtet werden, daß Programme sich nicht selbst modifizieren. Außerdem müssen Programme im Arbeitsspeicher frei verschiebbar sein, da der Arbeitsspeicher von Multitask-Betriebssystemen als →virtueller Speicher adressiert wird. Vgl. OS/2.

Multiuser-Betriebssystem

Betriebssystem, das von mehreren örtlich voneinander getrennten Benutzern gleichzeitig benutzt werden kann. Dazu ist das Multiuser-Betriebssystem in der Lage, mehrere verschiedene Tastatur- und Bildschirmeinheiten zu bedienen. Das bekannteste Multiuser-Betriebssystem ist UNIX.

Betriebssystem OS/2

Das Betriebssystem OS/2 ist ursprünglich nur als Multitask-Betriebssystem entwickelt worden. Es kann daher mehrere verschiedene Aufgaben ausführen. Wie die Benutzer von OS/2 die Ausführung der einzelnen Programme überwachen, ist einem übergeordneten Dienstprogramm überlassen. Als Dienstprogramme können entweder der Sessionmanager oder der Presentationmanager benutzt werden. Mit Hilfe dieses Sessionmanagers können auf einem PC mit nur einer Bedienungseinheit nacheinander die Eingaben und Ausgaben von verschiedenen gleichzeitig ausgeführten Programmen überwacht werden.

Vgl. Betriebssystem.

Multiusersystem

Computersystem, das von mehreren Benutzern gleichzeitig benutzt werden kann. Dabei handelt es sich um einen Computer, auf dem ein Multiuser-Betriebssystem läuft. An diesen Computer müssen dann mehrere Bedienungseinheiten aus Tastatur und Bildschirm angeschlossen sein. Dadurch kann das System von mehreren Stellen aus bedient werden. Auch bei einem Rechnernetz handelt es sich um ein Multiusersystem.

Einzelne PCs sind keine Multiusersysteme. Es können jedoch mehrere PCs über ein Rechnernetz zu einem Multiusersystem zusammengeschaltet werden.
Vgl. Rechnernetz.

drucken, das aus einer Punkt-matrix von 9*7 Punkten zusammengesetzt ist, wird jeweils eine Spalte von 9 Punkten gedruckt und der Druckkopf dann eine Pixel weiter positioniert. Dann können die Punkte der nächsten Buchstabenspalte gedruckt werden. Um ein Zeichen zu drucken, muß der Druckkopf siebenmal vorwärts positioniert werden. Vgl. Drucker.

NAK
→Steuerzeichen

NAME
1. →Basic-Befehle
2. →Debug-Befehle

Namenserweiterung
Zusatz zu den Dateinamen, um auf den Dateityp hinzuweisen. Die Namenserweiterung wird vom eigentlichen Namen durch einen Punkt getrennt. Sie darf unter MS-DOS und OS/2 maximal 3 Buchstaben haben. Das gilt auch für die meisten anderen Betriebssysteme. Die Namenserweiterung wird auch als Namenszusatz oder Extension bezeichnet. Vgl. Datei.

Namenszusatz
→Namenserweiterung

Nand
→logischer Befehl

Nachführsymbol
Symbol, das bei grafischen Eingabegeräten wie z.B. einer Maus oder einem Lichtgriffel die Position des Cursors anzeigt. Das Nachführsymbol ist meistens ein Kreuz. Vgl. Maus.

Nadeldrucker
Drucker, bei dem die Zeichen durch Nadeln zu Papier gebracht werden. Die Nadeln schlagen an ein Farbband an und bringen so die Zeichen punktweise auf das Papier.

Nadeldrucker, Aufbau
Die Nadeln sind im Druckkopf des Druckers untergebracht. Es ist üblich, entweder 9 oder 24 Nadeln zu verwenden. Dann spricht man auch von einem 9-Nadeldrucker bzw. von einem 24-Nadeldrucker. Die Nadeln können einzeln über eine Mechanik und die dazu gehörende Elektronik angesteuert werden. Um z.B. mit einem 9-Nadeldrucker ein Zeichen zu

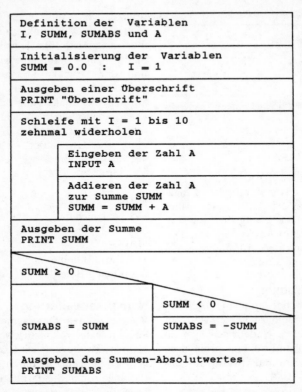

Nassi-Schneidermann-Diagramm eines Programms. Das Programm addiert 10 eingegebene Zahlen und gibt die Summe und den Summen-Absolutwert aus.

Nassi-Schneidermann-Diagramm

Diagramm, das den modularen Aufbau eines Programms darstellt. Das Nassi-Schneidermann-Diagramm wird daher gern benutzt, um strukturierte Programme zu entwickeln. Es wird auch als Struktogramm bezeichnet.

Das Nassi-Schneidermann-Diagramm wird aus Modulen aufgebaut, die auch als Strukturblöcke bezeichnet werden. Es werden nur drei verschiedene Strukturblöcke

verwendet, der lineare Struktur-block, die Verzweigung und die Schleife. Alle anderen Programm-module werden auf diese drei Strukturblocktypen zurückge-führt.
Vgl. Softwareengineering.

Netzteil
→Stromversorgung

Netzwerke
Zusammenschaltung von Bautei-len, Baugruppen oder Geräten über die Maschen eines Verbin-dungsnetzes.

Rechnernetze
Im Zusammenhang mit PCs sind mit Netzwerken meistens Rech-nernetze gemeint, bei denen meh-rere Computer über eine Daten-leitung zu einem Netzwerk zusammengeschaltet werden.

Schaltnetze
Zu dem Oberbegriff Netzwerke gehören jedoch auch Schaltnetze, bei denen z.B. elektronische Bau-teile zu einer Baugruppe oder elektronische Baugruppen zu ei-nem Gerät zusammengeschaltet werden. Werden PCs für CAD eingesetzt, so sind oftmals Schalt-netze gemeint, wenn von Netz-werken die Rede ist. Daher wird der Ausdruck Netzwerke in die-sem Lexikon als Sammelbegriff

für Rechnernetze und Schaltnetze benutzt.
Vgl. Rechnernetze.

NEW
→Basic-Befehle

Nibble
→Halbbyte

nichtflüchtiger Speicher
→Speicher

NOP
Befehl in Maschinensprache, der keine Operation ausführt, aber den Mikroprozessor eines Com-puters genau einen Maschinen-zyklus lang beschäftigt. Der NOP wird daher gern benutzt, um Ver-zögerungen in Programmen zu realisieren. Aber auch zum Frei-halten von Speicherplatz werden NOPs eingesetzt. Vgl. Befehl.

NOR
→logischer Befehl

Nortonfaktor
→Norton-Utilities

Norton-Utilities
Dienstprogramm, das über eine Reihe von einzelnen Funktionen verfügt, mit denen spezielle Auf-gaben auf PCs gelöst werden kön-nen. Dazu gehört z.B. das Suchen

von defekten Stellen auf Disketten oder das Wiederherstellen von versehentlich gelöschten Dateien. Auch die physische Belegung der Massenspeicher mit den Dateien kann mit Hilfe der Norton-Utilities auf dem Bildschirm dargestellt werden.

Nortonfaktor

Besondere Bedeutung haben die Norton-Utilities durch den Nortonfaktor erhalten. Der Nortonfaktor ist eine Vergleichszahl, mit der die Leistungsfähigkeit verschiedener PCs verglichen werden kann. Der Nortonfaktor kann mit Hilfe der Norton-Utilities gemessen werden. Er wird bestimmt, indem die Rechenzeit eines Programms gemessen wird. Das untersuchte Programm besteht aus mehreren Programmteilen, in denen die unterschiedlichen Funktionen eines Computers wie z.B. Zugriffe des Zentralprozessors auf den Arbeitsspeicher oder Zugriffe auf den Massenspeicher ausgeführt werden. Auf diese Weise gibt der Nortonfaktor eine praxisorientierte Vergleichszahl für PCs an. Er hat sich daher zu einem bedeutenden Maßstab für PCs entwickelt.

Vgl. Dienstprogramme.

NOT
→logischer Befehl

numerische Konstante
→Variable

numerische Lock-Lampe
→Shift-Taste

numerische Lock-Taste
→Shift-Taste

numerischer Ausdruck
→Variable

numerischer Coprozessor
→arithmetischer Coprozessor

numerischer Wert
→Variable

numerische Variable
→Variable

O

Objektcode

Code, der von einem Assembler, Compiler oder Linker erzeugt wird.

Objectcodedatei

Den Objektcode schreiben Assembler, Compiler oder Linker in eine Datei. Eine solche Datei wird auch als Objektcodedatei bezeichnet. Objektcodedateien, die von Assemblern oder Compilern erzeugt werden, erhalten meistens die Namenserweiterung OBJ. Dateien, die von Linkern für die Weiterverarbeitung auf PCs erzeugt werden, erhalten die Namenserweiterung COM oder EXE.
Vgl. Datei

Objectcodeformat

Auf PCs wird ein Objectcode mit einem festen Format verwendet. Dieses Format wird auch Intel-ASCII-Hex-Format genannt, weil es für die Mikroprozessoren der Firma Intel entwickelt wurde. Bei diesem Format werden die Datenbytes in Blöcken von maximal 256 Byte dargestellt. Jeder Block beginnt mit einem Doppelpunkt. Danach folgen die Anfangsadresse, bei der die Daten im Speicher beginnen sollen, und die Anzahl der Bytes, die der Block enthält. Dann beginnen die Datenbytes des Blockes. Als letztes folgt noch eine Prüfsumme. Die Anfangsadresse besteht aus 4 ASCII-Zeichen. Die Anzahl der Bytes, die Bytes selbst und die Prüfsumme werden durch jeweils zwei ASCII-Zeichen dargestellt. Auf Computern mit Mikroprozessoren anderer Firmen wie z.B. Motorola werden auch andere Objectcodeformate verwendet.

objektorientierte Programmierung

Programmiertechnik, bei der Programme aus Objekten aufgebaut sind.

Objekte

Objekte sind Gebilde, die auch beider Modellbildung in der menschlichen Denkweise benutzt werden. Es kann sich dabei z.B. um die Nachbildung von Personen, Unternehmen oder Gegenständen handeln, die untereinander Informationen austauschen. Die objektorientierte Programmierung eignet sich besonders, um komplexe Aufgaben der künstlichen Intelligenz effektiver und übersichtlicher zu programmieren.

Programmiersprachen
Als Programmiersprache für die objektorientierte Programmierung kann z.B. Quick-Pascal oder Turbo-Pascal ab Version 5.5 eingesetzt werden. Auch die Programmiersprache C in der Version C++ unterstützt die objektorientierte Programmierung.
Vgl. Programmiersprachen.

Occam
Höhere Programmiersprache, die speziell zur Programmierung von Programmen für Transputer entwickelt wurden. Occam ist eine einfach strukturierte Programmiersprache, die mit weniger als 25 veschiedenen Befehlen auskommt. Programmiersprachen wie Basic und Pascal besitzen dagegen über 150 verschiedene Befehle. Obwohl Occam eine höhere Programmiersprache ist, kann in ihr sehr maschinennah programmiert werden. Besonders die Parallelverarbeitung mehrerer Befehle, durch die Transputer eine besonders hohe Rechenleistung erzielen, wird von Occam sehr gut unterstützt.

Occam-Compiler
Ein Occam-Compiler wurde zusammen mit den Transputern von der Firma Inmos entwickelt. Dieser Compiler kann auch auf PCs betrieben werden.
Vgl. Programmiersprachen.

OEM
Abk. für Original Equipment Manufacturer. Unternehmen, das Computer und Computerzubehör anderer Hersteller kauft und diese Geräte durch eigene Produkte erweitert und veredelt. Die erweiterten Geräte werden dann von OEM weitervertrieben.
Vgl. Computerunternehmen.

Offline-Betrieb
Betriebsart periperer Geräte, in der diese vom zentralen Computer abgekoppelt arbeiten. Der Offline-Betrieb wird z.B. benutzt, um ein Peripheriegerät zu testen. Drucker haben dafür z.B. einen Selbsttestmode, in dem sie alle Zeichen einmal drucken, ohne mit dem Computer verbunden sein zu müssen.

Online-Betrieb
Im Gegensatz zum Offline-Betrieb steht der Online-Betrieb. In dieser Betriebsart werden die Peripheriegeräte durch den zentralen Computer gesteuert.
Vgl. Peripheriegeräte.

Offsetadresse
→Adresse, relative

Octalsystem
→Zahlensystem

Online-Betrieb
→Offline-Betrieb

Opcode
→Operationscode

Open-Access
→Integrierte Programmpakete

Operand
Ausdruck, mit dem eine arithmetische oder eine logische Operation durchgeführt werden soll. Operanden sind z.B. zwei Faktoren, die durch eine Multiplikation zu einem Produkt verknüpft werden sollen. Vgl. Arithmetik.

Operationscode
Teil eines Mikroprozessorbefehls. Der Operationscode gibt die Art der Operation an, die durch den Befehl ausgeführt werden soll. Bei den Mikroprozessoren, die in den PCs als Zentralprozessoren benutzt werden, besteht das erste Byte eines jeden Befehls aus dem Operationscode. Der Operationscode gibt z.B. an, ob es sich um einen unbedingten Sprungbefehl, einen bedingten Sprungbefehl, einen Additionsbefehl, einen Divisionsbefehl, einen Speicherbefehl oder einen Eingabebefehl handelt. Mit den 8 Bits des Operationscodes können insgesamt 256 verschiedene Befehle dargestellt werden.

Vgl. Mikroprozessoren.

OS/2
Betriebssystem, das speziell für die IBM-PS/2-Computerserie entwickelt wurde, um die Eigenschaften dieser Computer voll nutzen zu können. OS/2 ist zum Betriebssystem MS/DOS aufwärtskompatibel, das heißt, es kann alle Aufgaben lösen, für die auch MS-DOS geeignet ist. Zusätzlich ist es aber in der Lage, mehrere Programme gleichzeitig zu bearbeiten. Daher gehört OS/2 auch zur Gruppe der Multitask-Betriebssysteme.

Multitaskbetrieb
Die Eigenschaft, mehrere Programme gleichzeitig bearbeiten zu können, besitzt OS/2 nur in einer bestimmten Betriebsart. Diese Betriebsart wird Multitaskbetrieb oder Multitasking genannt. Diese beiden Ausdrücke werden in diesem Lexikon verwendet, wenn die Schnittstelle vom Bediener zum Betriebssystem betrachtet wird.

Protected Mode
Um den Multitaskbetrieb effektiv realisieren zu können, besitzen die Mikroprozessoren 80286 und 80386 eine spezielle Betriebsart, in der sie den Multitaskbetrieb durch sehr leistungsfähige Befehle unterstützen. Außerdem sind die Mikroprozessoren in dieser Betriebsart in der Lage, den Arbeitsspeicher als einen virtuellen Speicher zu addressieren. Da zur virtuellen Adressierung spezielle

Speicherschutzmechanismen nötig sind, wird diese Betriebsart der Mikroprozessoren →Protected-Mode genannt. Der Protected-Mode wird auch virtueller Mode genannt. Obwohl der Protected-Mode in erster Linie eine Betriebsart des Mikroprozessors ist, wird vielfach auch davon gesprochen, daß sich das Betriebssystem OS/2 im Protected-Mode befindet. In diesem Lexikon wird jedoch nur von Protected-Mode gesprochen, wenn die Schnittstelle des Betriebssystems zum Mikroprozessor hin behandelt wird. Alle bedienungstechnischen Probleme wie z.B. das Eröffnen mehrerer Sessions und Threads werden unter dem Begriff →Multitaskbetrieb behandelt.

Real-Mode

Um voll kompatibel zu MS-DOS zu bleiben, kann OS/2 jedoch auch im Real-Mode betrieben werden. Dann können alle Programme benutzt werden, die auch unter MS-DOS lauffähig sind. Es kann jedoch kein Gebrauch vom Multitaskbetrieb gemacht werden. Es kann also immer nur ein Programm laufen.

Auch der ausführende Mikroprozessor befindet sich dann im Real-Mode und kann keinen virtuellen Arbeitsspeicher, sondern nur einen realen Arbeitsspeicher addressieren. Daher kommt

ursprünglich der Name Real-Mode.

Hardwarevorraussetzungen

Da OS/2 vom Protected-Mode Gebrauch macht, kann dieses Betriebssystem auch nur auf Computern mit einem 80286- oder 80386-Mikroprozessor laufen, da nur diese beiden Mikroprozessoren den Protected-Mode kennen. OS/2 kann daher nicht auf PC-XTs mit ihren 8088-Mikroprozessoren betrieben werden. Auch das Modell 30 der PS/2-Computerserie besitzt einen 8088-Mikroprozessor und kann nicht unter OS/2 betrieben werden. Dagegen ist OS/2 neben den Modellen 50, 60, 70 und 80 der PS/2-Familie auch auf dem PC-AT und dem PC-AT-386 lauffähig.

OS/2, Bedienung

Werden die Multitaskeigenschaften zunächst nicht gebraucht, so kann OS/2 im Real-Mode betrieben werden. Es verhält sich in diesem Mode genauso wie MS-DOS. Es werden die gleichen Befehle verstanden wie unter MS-DOS, weil Tastatureingaben von dem Kommandointerpreter COMMAND.COM ausgewertet werden, der auch von MS-DOS verwendet wird. Aber auch die Ausführung der Programme geschieht im Zentralprozessor mit dem gleichen Instruktionssatz wie unter MS-DOS. Man nennt den

Real-Mode deshalb auch Kompatibilitätsmode oder Kompatibilitätsbox.

OS/2, Kommandointerpreter CMD.EXE

Sollen jedoch mehrere Programme gleichzeitig abgearbeitet werden, so muß man den Real-Mode verlassen und durch einen →OS/2-Sessionmanagerbefehl in den Protected-Mode umschalten. Die eingegebenen Befehle werden in diesem Mode von dem Kommandointerpreter CMD.EXE ausgewertet, dieser wird aber ähnlich bedient wie der Kommandointerpreter COMMAND.COM. Er ist lediglich in der Lage, zusätzlich zu den →MS-DOS-Kommandos →OS/2-Multitaskkommandos zu interpretieren. Durch die Multitaskkommandos wird auf Besonderheiten des Multitaskbetriebes eingegangen.

OS/2, Session Manager

Um jedoch mehrere gleichzeitig ablaufende Programme über Bildschirm und Tastatur überwachen zu können, benötigt man den →Session Manager. Dies ist ein Dienstprogramm, das zu dem Betriebssystem OS/2 gehört. Es wird über die →OS/2-Session Managerbefehle bedient. Der Session Manager legt fest, welches der gerade laufenden Programme die Tastatur und den Bildschirm für

Eingaben und Ausgaben benutzen darf. Mit Hilfe des Session Managers kann auch in den Real-Mode zurückgekehrt werden.

Presentation Manager

Komfortabeler als der Session Manager ist der →Presentation-Manager. Der Presentation Manager ist ein Dienstprogramm, das ab Version 1.1 von OS/2 anstelle des Session Managers benutzt wird. Dann können mehrere laufende Programme gleichzeitig auf dem Bildschirm angezeigt werden. Dazu können mit Hilfe des Presentation Managers mehrere →Fenster eröffnet werden. Der Presentation Manager dient dazu, den Session Manager abzulösen.

OS/2, Session, Prozeß, Thread

Die Problematik des Multitaskbetriebes liegt darin, daß sich mehrere laufende Programme den Arbeitsspeicher, die Massenspeicher und die übrigen Peripheriegeräte teilen müssen. Deshalb werden die Programme im →Multitaskbetrieb in Sessions, Prozesse und Threads aufgeteilt. Ein Thread ist dabei mit einem Unterprogramm vergleichbar. Ein Prozeß ist ein ausführbares Programm, dem auch schon Dateien und Peripheriegeräte zugeteilt sind. Die Programme einer Session dürfen jeweils über Tastatur und Bildschirm überwacht werden.

Interprozeßkommunikation

Damit die Prozesse auch untereinander Daten austauschen können, werden Semaphore, Pipes und Queues verwendet, um die Daten nach genau definierten Regeln zu transportieren. Den Datenaustausch bezeichnet man auch als →Interprozeßkommunikation.

Eine weitere Interprozeßkommunikation ohne festes Datenformat erlaubt das Shared-Memory

OS/2, Programmierung

Für einen Anwender, der unter OS/2 fertige Programme startet und bedient, ändert sich gegenüber MS-DOS nur wenig. Ein Programmierer, der Programme schreibt, die unter OS/2 laufen sollen, muß jedoch erheblich mehr beachten. Dies ist schon aus dem sehr umfangreichen Entwicklungstool zu erkennen, das die Firma Mikrosoft für die Entwicklung von Programmen für OS/2 zur Verfügung stellt.

Die wichtigsten Regeln, die aber allgemein bei der →Multitaskprogrammierung beachtet werden sollten, sind folgende:

1. Die Adressierung des Arbeitsspeichers muß mit relativen Adressen erfolgen.

2. Ein Programm darf sich nicht selbst modifizieren.

3. Die Programme müssen reentrant sein. Das heißt, sie müssen aufgerufen werden können, wenn sie selbst noch aktiv sind.

OS/2, Entwicklungsgeschichte

OS/2 ist von der Firma Mikrosoft für die Firma IBM entwickelt worden. OS/2 wurde von IBM unter dem Namen BS/2 zusammen mit der PS/2-Computerserie im Herbst 1987 vorgestellt. Parallel dazu wurde das gleiche Betriebssystem von der Firma Mikrosoft unter dem Namen OS/2 für Hersteller IBM-kompatibler PCs weitervertrieben.

Vgl. Betriebssysteme.

OS/2-Befehle

Befehle zum Bedienen des Betriebssystems OS/2.

Die OS/2-Befehle können in folgende fünf Gruppen eingeteilt werden:

→OS/2-Batchbefehle,

→OS/2-Singletaskkommandos,

OS/2-Multitaskkommandos,

→OS/2-Konfigurationsbefehle u.

→OS/2-Sessionmanagerbefehle.

OS/2-Singletaskkommandos

Die OS/2-Singletaskkommandos werden von dem Bediener über die Tastatur eingegeben und vom Kommandointerpreter COMMAND.COM ausgewertet. Durch die Singletaskkommandos wird das Betriebssystem vom Bediener gesteuert, wenn es sich im

Real-Mode befindet. Da die OS/2-Singletaskkommandos vom gleichen Kommandointerpreter ausgewertet werden wie die →MS-DOS-Kommandos, sind sie auch mit den MS-DOS-Kommandos identisch.

OS/2-Multitaskkommandos

Wird das Betriebssystem in den Multitaskbetrieb umgeschaltet, so wird auch ein anderer Kommandointerpreter aktiviert. Dieser Kommandointerpreter kann zusätzlich zu den OS/2-Singletaskkommandos die →OS/2-Multitaskkommandos auswerten.

Durch die Multitaskkommandos werden die Besonderheiten des Multitaskbetriebs gesteuert.

OS/2-Batchbefehle

Singletaskkommandos und Multitaskkommandos können auch in eine Batchdatei eingegeben und aus einer Batchdatei heraus verarbeitet werden. Neben den Kommandos gibt es aber auch noch die →OS/2-Batchbefehle, die nur aus Batchdateien heraus verarbeitet werden können. Solche Batchbefehle werden z.B. benutzt, um das Wiederholen von Kommandos in Batchdateien zu steuern.

OS/2-Konfigurationsbefehle

Die →OS/2-Konfigurationsbefehle dienen zum Einstellen der Ausbaustufe des PC beim Einschalten. Sie können im laufenden Betrieb nicht eingegeben werden, sondern müssen in der Konfigurationsdatei CONFIG.SYS stehen.

OS/2-Session-Managerbefehle

Die →OS/2-Session-Managerbefehle dienen zum Auswählen der Session, die den Bildschirm und die Tastatur für Eingabe und Ausgabe benutzen darf. Diese Befehle bestehen aus Tastenkombinationen, bei denen mehrere Tasten gleichzeitig gedrückt werden.

OS/2-Befehle, Vergleich mit MS-DOS

Die Einteilung der OS/2-Befehle in Singletaskkommandos, Multitaskkommandos, Batchbefehle, Konfigurationsbefehle und Session Managerbefehle erfolgt in diesem Lexikon auch, damit die große Gruppe der OS/2-Singletaskkommandos, die für die Betriebssysteme OS/2 und MS-DOS gleich sind, nur einmal beschrieben werden muß. Bei den OS/2 Kommandos erfolgt ein Querverweis zu den MS-DOS-Kommandos. Die übrigen vier Befehlsgruppen unterscheiden sich jedoch von den vergleichbaren MS-DOS-Befehlsgruppen in vielen Einzelheiten. Daher werden diese Befehlsgruppen für OS/2 getrennt beschrieben. Vgl. OS/2.

OS/2-Batchbefehle

OS/2-Befehle, die nur in Batchdateien benutzt werden können. Sie dienen dazu, Funktionen zu realisieren, die nur in Batchdateien sinnvoll sind. Batchdateien werden eingesetzt, um einen Stapel von OS/2-Befehlen, der in immer gleicher Form benutzt wird, zu speichern. Zur Ausführung der Befehle in der Batchdatei wird der Name der Batchdatei ohne die Namenserweiterung BAT eingegeben. In einer Batchdatei können neben den Batchbefehlen aber auch OS/2-Singletaskkommandos und OS/2-Multitaskkommandos stehen. Umgekehrt können aber Batchbefehle nicht direkt über die Tastatur eingegeben werden.

Batchbefehle werden z.B. eingesetzt, um bei der Abarbeitung einer Batchdatei Kommentare auf dem Bildschirm anzuzeigen. Auch die wiederholte Ausführung bestimmter Befehle innerhalb einer Batchdatei oder die Ausführung von Befehlen unter einer Bedingung gehören zur Aufgabe der Batchbefehle.

CALL

Befehl zum Aufruf einer anderen Batchdatei von einer Batchdatei aus.
Syntax:
CALL D1 [P1]
Parameter:
D1
Dateiname der gerufenen Batchdatei.

P1
Parameter, der beim Aufruf übergeben wird.

ECHO

Befehl zum Unterdrücken der OS/2-Meldungen auf dem Bildschirm
Syntax:
ECHO S1
Parameter:
S1
Schalter zum Ein- und Ausschalten der OS/2-Meldungen.
S1=ON
Einschalten
S1=OFF
Ausschalten

ENDLOCAL

Befehl zum Wiederherstellen des Systemzustandes
Syntax:
ENDLOCAL

EXTPROC

Befehl zum Aktivieren eines externen Batchprozessors.
Syntax:
EXTPROC P1
Parameter:
P1:
Name des Batchprozessors

FOR

Befehl zur Bildung einer Schleife
Syntax:
FOR %%V1
    IN (W1 W2 ... WN) DO K1

Parameter:
%%V1
Variable
W1, W2, WN
Werte, die die Variable %%V1 nacheinander in der Schleife durchläuft.
K1
OS/2-Kommando, das in der Schleife durchlaufen wird.

GOTO

Befehl zum Springen an eine Marke
Syntax:
GOTO M1
Parameter:
M1
Marke, die angesprungen wird.

IF

Befehl zum Ausführen eines anderen Befehls unter einer Bedingung.
Syntax:
IF C1 B1
Parameter:
C1
Bedingung, unter der der Befehl B1 ausgeführt wird.
B1
OS/2-Befehl

PAUSE

Befehl zum Anhalten der Abarbeitung einer Batchdatei. Nach dem Drücken einer beliebigen Taste wird die Bearbeitung fortgesetzt.
Syntax:
PAUSE [M1]
M1
Meldung, die nach dem Anhalten der Batchdatei auf dem Bildschirm ausgegeben wird.

REM

Befehl zum Ausgeben eines Kommentars auf den Bildschirm.
Syntax:
REM [M1]
M1:
Kommentar, der ausgegeben wird.

SETLOCAL

Befehl zum Zwischenspeichern des Systemzustandes.
Syntax:
SETLOCAL

SHIFT

Befehl zum Verschieben der Liste der Parameter.
Syntax:
SHIFT

OS/2-Singletask-kommandos

Die OS/2-Singletaskkommandos können über die Tastatur eingegeben werden, wenn sich OS/2 im Real-Mode befindet. Dann ist die gleichzeitige Bearbeitung mehrerer Programme nicht möglich.

OS/2 benutzt in dieser Betriebsart den Kommandointerpreter COM-MAND.COM, der auch vom Betriebssystem MS-DOS benutzt wird. Daher sind die OS/2-Singletaskkommandos mit den →MS-DOS-Kommandos identisch.

OS/2-Multitaskkommandos

Die OS/2-Multitaskkommandos können über die Tastatur eingegeben werden, wenn sich OS/2 im Multitaskbetrieb befindet. Dann ist die gleichzeitige Bearbeitung mehrerer Programme möglich. OS/2 benutzt in dieser Betriebsart den Kommandointerpreter CMD.EXE. Dieser Kommandointerpreter kann zusätzlich zu den OS/2-Singletaskkommandos die OS/2-Multitaskkommandos interpretieren. Über die OS/2-Multitaskkommandos wird auf die Besonderheiten der Bedienung des Betriebssystems im Multitaskbetrieb eingegangen.

DETACH
Befehl zum Ausführen eines Kommandos im Background.
Syntax:
DETACH K1
Parameter:
K1
Kommando, das ausgeführt wird.

DPATH
Befehl zum Anzeigen und Ändern eines Dateiverzeichnispfades, in

dem Programme gesucht werden sollen, die ausgeführt werden sollen.
Syntax:
DPATH [PH1]
Parameter:
PH1
Verzeichnispfad

HELPMSG
Befehl zum ausführlichen Anzeigen einer Fehlerbeschreibung.
Syntax:
HELPMSG F1
Parameter:
F1
Nummer der Fehlermeldung.

START
Befehl zum Starten eines Prozesses in einer neuen Session.
Syntax:
START P1
Parameter:
P1
Programm, das im Rahmen eines Prozesses gestartet wird.

OS/2-Konfigurationsbefehle

Die Konfigurationsbefehle können nicht direkt über die Tastatur eingegeben werden. Sie müssen z.B. mit Hilfe des Zeileneditors EDLIN in die Konfigurationsdatei CONFIG.SYS eingegeben werden. Beim Neuladen des Betriebssystems nach dem Einschalten des PC werden dann die Befehle aus dieser Konfigurationsdatei ausgewertet und dabei festgelegt, wie die Ausbaustufe des PC genutzt werden soll.

BREAK
Befehl zum Aktivieren und Deaktivieren der Break-Taste. Mit Hilfe der Break-Taste können laufende Programme unterbrochen werden.
Syntax:
BREAK=S1
Parameter:
S1
Schalter zum Aktivieren und Deaktivieren der Break-Taste.
S1=ON
Aktivieren.
S2=OFF
Deaktivieren.

BUFFERS
Befehl zum Festlegen, wieviel Puffer benutzt werden sollen.
Syntax:
BUFFERS=N1
Parameter:
N1
Anzahl der Puffer

CODEPAGE
Befehle zum Anwählen eines länderspezifischen Zeichensatzes.
Syntax:
CODEPAGE= T1 [,T2]

Parameter:
T1
Erster Zeichensatz
T2
Zweiter Zeichensatz

COUNTRY
Befehl zum Einstellen des PC auf das Land, in dem er benutzt werden soll. Dadurch werden Datum, Uhrzeit und Währungssymbole länderspezifisch angepaßt.
Syntax:
COUNTRY=C1
C1
Landescode

Code	Land
001	USA
031	Niederlande
032	Belgien
033	Frankreich
034	Spanien
039	Italien
041	Schweiz
044	Großbritannien
045	Dänemark
046	Schweden
047	Norwegen
049	Deutschland

DEVICE
Befehl zum Aufrufen eines Gerätetreibers für ein Peripheriegerät, das nicht standardmäßig benutzt wird.
Syntax:
DEVICE=T1
[P1][P2][P3][P4][P5][P6][P7]

341

Parameter:
T1
Gerätertreiber
Mögliche Gerätetreiber sind
ANSI.SYS, DRIVER.SYS,
RAMDISK.SYS,
RAMDRIVE.SYS und
VDISK.SYS.
Die Gerätetreiber sind im einzelnen beim →MS-DOS-Konfigurationsbefehl DEVICE beschrieben.

DEVINFO

Befehl zum Vorbereiten eines Gerätes für eine Codepage.
Syntax:
DEVINFO

FCBS

Befehl zum Festlegen, wieviel FCBs gleichzeitig eröffnet werden dürfen.
Syntax:
FCBS=M1,N1
Parameter:
M1
Anzahl der FCBs, die gleichzeitig geöffnet sein dürfen. Default für M1 ist 4.
N1
Anzahl der FCBs, die von OS/2 nicht geschlossen werden dürfen. Default für M2 ist 0.

IOPL

Befehl zum Zulassen des direkten Zugriffs auf Peripheriegeräte durch Prozesse.
Syntax:
IOPL S1
Parameter:
S1
Schalter
S1=YES
Direkter Zugriff zugelassen.
S1=NO
Direkter Zugriff verboten.

LIBPATH

Befehl zum Definieren eines Suchpfades für die Programmbiliothek.
Syntax:
LIBPATH=P1
Parameter:
P1
Suchpfad

MAXWAIT

Befehl zum Definieren der maximalen Wartezeit eines Threads.
Syntax:
MAXWAIT = T1
Parameter:
T1
Maximale Wartezeit

MEMMAN

Befehl zum Definieren der Optionen für das Memory-Management.
Syntax:
MEMMAN = [S1],[S2]

Parameter:
S1
Schalter
S1=SWAP
Segmentswapping eingeschaltet.
S1=NOSWAP
Segmentswapping ausgeschaltet.
S2
Schalter
S2=MOVE
Verschieben von Speicherbereichen erlaubt.
S2=NOMOVE
Verschieben von Speicherbereichen verboten.

PRIORYTY

Befehl zum Definieren der Zeitvergabe.
Syntax:
PRIORYTY=S1
Parameter:
S1
Schalter
S1=ABSOLUTE
Zeitvergabe absolut.
S2=DYMNAMIC
Zeitvergabe dynamisch.

PROTECTONLY

Befehl zum Sperren oder Freigeben des Real-Modes.
Syntax:
PROTECTONLY=S1
Parameter:
S1
Schalter

S1=YES
Sperren des Real-Modes.
S1=NO
Freigeben des Real-Modes.

PROTSHELL

Befehl zum Laden und Starten des Kommandointerpreters des Multitaskbetriebes.
Syntax:
PROTSHELL P1
Parameter:
P1
Name des Kommandointerpreters.

RMSIZE

Befehl zum Definieren des Speicherbereiches für den Real-Mode.
Syntax:
RMSIZE = K1
Parameter:
K1
Größe des Speicherbereiches für den Real-Mode.

RUN

Befehl zum Laden und Starten eines Prozesses.
Syntax:
RUN P1
Parameter:
P1
Name des Prozesses.

SHELL

Befehl zum Aufruf eines speziellen Kommandointerpreters.

Syntax:

SHELL=K1

Parameter:

K1

Name des Kommandointerpreters

SWAPPATH

Befehl zum Definieren eines Dateiverzeichnisses im Massenspeicher. In dieses Verzeichnis werden Speichersegmente ausgelagert, die im Arbeitsspeicher zwischenzeitlich nicht benutzt werden.

Syntax:

SWAPPATH DV1

Parameter:

DV1

Dateiverzeichnis

TIMESLICE

Befehl zum Definieren der größten und kleinsten Zeitperiode, die für die Bearbeitung eines Threads eingestzt wird.

Syntax:

TIMESLICE TMN TMX

Parameter:

TMN

Kleinste Zeitperiode

TMX

Größte Zeitperiode

THREAD

Befehl zur Definition der maximalen Anzahl Threads, die gleichzeitig bearbeitet werden.

Syntax:

THREAD N1

N1

Anzahl der Threads.

OS/2-Session-Managerbefehle

Die OS/2-Session-Managerbefehle dienen zum Auswählen der Session, die gerade den Bildschirm und die Tastatur zur Eingabe und Ausgabe benutzen darf. Zu einer Session können ein oder mehrere laufende Programme zugeordnet werden. Die ausgewählte Session nennt man auch Screensession. Das Dienstprogramm, das die Sessions verwaltet und das über die Session Managerbefehle gesteuert wird, nennt man auch Session Manager.

Hinweise zur Eingabe:

Die Session-Managerbefehle bestehen aus Tastenkombinationen. Es müssen also mehrere Tasten gleichzeitig gedrückt werden, um einen solchen Befehl einzugeben.

Zeichenerklärung:

Durch das Zeichen - werden die Tasten verbunden, die gleichzeitig gedrückt werden müssen.

Die Bezeichnungen haben folgende Bedeutung:

(CTRL)	Controltaste
(ESC)	Escapetaste
(ALT)	Alternatetaste

(F1)   Funktionstaste F1
(C)   Taste C
START   Das Wort Start muß
        ausgeschrieben werden.
EXIT   Das Wort EXIT muß
        ausgeschrieben werden.

(CTRL)-(ESC)
Aktivieren des Session Managers

(ALT)-(ESC)
Sessions Durchblättern

START
Eine neue Session starten.

EXIT
Verlassen des Session Managers

(F1)
Hilfstexte Aktivieren

(ESC)
Hilfstexte verlassen

(CTRL)-(C)
Abbruch eines Programms

Oszillator
Vorrichtung zum Erzeugen von Schwingungen. Ein Oszillator wird in PCs benötigt, um den Takt des Mikroprozessors zu erzeugen. Dieser Oszillator ist damit Bestandteil des Taktgebers.
Vgl. Taktgeber.

OUT
→Basic-Befehle

OUTPUT
→Debug-Befehle

Overflow
Englische Bezeichung für Überlauf.
1. Überschreiten des Zahlenbereiches der →Arithmetik bei Rechenoperationen.
2. Überschreiten des Speicherbereiches beim →Laden von Programmen in einen Speicher.
3. Überschreiten der Zeilenlänge eines →Druckers beim Drucken.

Overflowflag
Bit des Programmstatusregisters von Mikroprozessoren. Im Overflowflag wird der Überlauf des Zahlenbereiches bei arithmetischen Operationen gespeichert.

Vgl. Programmstatusregister.

Overlay
Überlagerungstechnik, bei der in einem Arbeitsspeicherbereich nacheinander verschiedene Programmteile eines Programms geladen werden. Geladen wird immer das Programmteil, das anschließend ausgeführt werden soll. Die Overlaytechnik wird bei großen Programmen eingesetzt, die nicht komplett in den Arbeitsspeicher passen.

Vgl. Laden.

P

Packungsdichte
→Integrationsgrad

Pagemaker
→DTP

PAGE
→Edlin-Befehle

PAINT
→Basic-Befehle

PALETTE
→Basic-Befehle

Papiervorschub
Vorrichtung in Druckern, die das Papier zeilenweise oder seitenweise am Druckkopf vorbeiführt. Vgl. Drucker.

parallele Schnittstelle
Hardware-Schnittstelle, die zum Übertragen von Daten benutzt wird. Die parallele Schnittstelle wird hauptsächlich benutzt, um Drucker an Computer anzu-schließen. Sie wird daher auch als Druckerschnittstelle oder Centronics-Schnittstelle bezeichnet. Die Firma Centronics hat diese Schnittstelle für Drucker einge-führt. Auf PCs ist die parallele Schnittstelle zum Anschluß eines Druckers sehr beliebt, da alle Drucker und fast alle PCs stan-dardmäßig über diese Schnittstelle verfügen.

parallele Schnittstelle, Daten-übertragung
Bei der parallelen Schnittstelle werden die Daten über 8 parallele Datenleitungen byteweise vom PC zum Drucker übertragen. Zusätz-lich werden Steuersignale bereit-gestellt, durch die die Übertra-gung der einzelnen Bytes ge-steuert wird.

parallele Schnittstelle, Stecker
Die Signale der parallelen Schnitt-stelle werden sowohl am PC als auch am Drucker an einen Stecker geführt. Die Belegung der einzel-nen Steckerpins mit Schnittstel-lensignalen am Drucker und am PC ist genormt.

parallele Schnittstelle, Schnittstellenkabel
Durch die einheitliche Steckerbe-legung können auch einheitliche Schnittstellenkabel zur Verbin-dung von PC und Drucker ver-wendet werden. Da alle PCs und alle modernen Drucker über eine

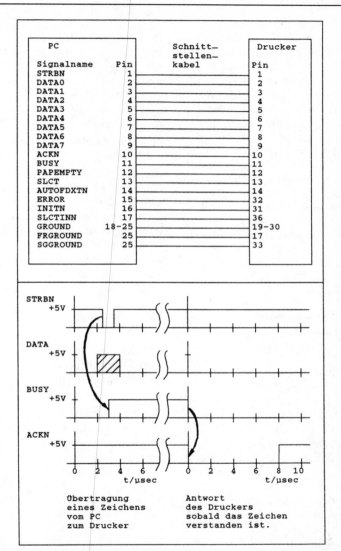

Steckerbelegung und Signalverhalten der parallelen Schnittstelle

347

parallele Schnittstelle verfügen, lassen sich mit einem solchen Kabel Drucker verschiedenster Hersteller mit PCs verschiedenster Hersteller verbinden. Zu beachten ist aber, daß es sich um ein Kabel für die parallele Schnittstelle handeln muß. Weiterhin ist zu beachten, daß das Kabel maximal 5 Meter lang sein darf, damit die Datenübertragung zwischen PC und Drucker störungsfrei arbeitet. Kabel für die parallele Schnittstelle werden deshalb in Längen von 1.5 Meter und 5.0 Metern angeboten. Bei größeren Entfernungen zwischen PC und Drucker muß eine serielle Schnittstelle zur Datenübertragung benutzt werden.

parallele Schnittstelle, Gerätenamen
Die Peripheriegeräte, die an die parallele Schnittstelle angeschlossen sind, können von den Betriebssystemen MS-DOS und OS/2 genauso angesprochen werden wie z.B. Tastatur oder Bildschirm. Die Datenausgabe mit Hilfe des →MS-DOS-Kommandos PRINT erfolgt standardmäßig immer auf die parallele Schnittstelle. Bei anderen Befehlen muß die Datenausgabe durch Angabe eines Gerätenamens auf die parallele Schnittstelle umgelenkt werden. Gerätenamen für die erste parallele Schnittstelle sind PRN und LPT1. Um die Daten in der Datei DATEI1.SRC auf die parallele Schnittstelle auszugeben, können also folgende Befehle benutzt werden:

PRINT DATEI1
COPY DATEI1 PRN
COPY DATEI1 LPT1

Alle drei Befehle zeigen die gleiche Wirkung.

parallele Schnittstellen, mehrere
An einen PC können aber auch mehrere Drucker gleichzeitig angeschlossen werden. Dann werden auch mehrere parallele Schnittstellen benötigt. Die zweite und dritte Schnittstelle kann dann jeweils unter dem Gerätenamen LPT2 und LPT3 angesprochen werden.
Vgl. Schnittstellen.

Parallele/Serielle-Schnittstellenkarte
→Schnittstellenplatine

Parallelverarbeitung
Gleichzeitige Bearbeitung mehrerer Befehle durch einen Computer.
Die Parallelverarbeitung wird möglich, wenn der Mikroprozessor des Computers mehrere Ausführungseinheiten besitzt. In diesen Ausführungseinheiten bearbeitet er dann jeweils einen Befehl.

Eine andere Möglichkeit, die Parallelverarbeitung zu realisieren, besteht in der Zusammenschaltung mehrerer Mikroprozessoren. Dann übernimmt jeder Mikroprozessor die Bearbeitung eines Befehls.

Anwendung

PCs arbeiten nicht mit Parallelverarbeitung. Es können aber Transputerkarten an den PC angeschlossen werden. Die Transputerkarten besitzen Mikroprozessoren, die mehrere Befehle parallel verarbeiten können.
Vgl. Computerarchitektur.

Parameter

Variable, über die die Funktion von Unterprogrammen, Makros, Befehlen und Batchdateien variiert werden kann. Die Parameter müssen dazu im aufrufenden Hauptprogramm definiert werden.

Parameter, Defaultwerte

Bei einigen Parametern ist es auch erlaubt, beim Aufruf keine Werte anzugeben. Es wird dann im gerufenen Programm überprüft, ob ein Parameter angegeben wurde. Beim Fehlen des Parameters wird dann mit voreingestellten Werten gearbeitet. Die voreingestellten Werte werden auch als Defaultwerte bezeichnet.

Parameter Befehle

Um die Funktionsweise der Bedienungsbefehle für Betriebssystem und Anwendungsprogramme vielseitiger zu gestalten, können in den Befehlen Parameter angegeben werden. Das Betriebssystem MS-DOS erlaubt z.B. für das →MS-DOS-Kommando DIR mehrere Parameter. Ohne Parameter könnte dieser Befehl nur die Dateien des aktuellen Verzeichnisses auf dem Bildschirm anzeigen. Durch den ersten Parameter, der im DIR-Befehl angegeben werden kann, können auch andere Verzeichnisse angezeigt werden.

Parameter, Batchdateien

Auch die Funktion von Batchdateien kann über Parameter vielseitiger gestaltet werden. In der Batchdatei werden Parameter als Variable mit zwei Prozentzeichen gekennzeichnet. Beim Aufruf müssen die Werte für diese Parameter hinter dem Namen der Batchdatei stehen.

Parameter, Unterprogramme

In Unterprogrammen und Makros werden Parameter in runden Klammern hinter dem Makronamen angegeben. Das gilt sowohl für die Definition der Parameter im Aufruf als auch für die Definition der Parameter in den Unterprogrammen und Makros.
Vgl. Unterprogramme.

Paritätsbit
→Paritybit

Paritätsflag
→Paritybit

Parität, gerade
→Paritybit

Parität, ungerade
→Paritybit

Paritybit
Bit, das zur Überprüfung der Fehlerfreiheit eines Datenbytes dient. Als Paritybit wird entweder das 8. Bit eines Bytes verwendet, dann stehen nur 7 Bits zur Speicherung der Information zur Verfügung. Vielfach wird aber auch ein 9. Bit bereitgestellt, in dem das Paritybit gespeichert wird.

Paritybit, Erzeugung
Das Paritybit wird bei der Erzeugung eines Datenbytes ermittelt, indem alle Bits des Bytes addiert werden. Die Einbit-Summe dieser Addition wird im Paritybit gespeichert. Die Überträge der Addition werden nicht verwertet.

Paritybit, Auswertung
Beim Auswerten des Datenbytes wird das Paritybit nocheinmal nach der gleichen Rechenvorschrift errechnet wie bei der Erzeugung des Datenbytes. Das errechnete Bit wird mit dem Bit verglichen, das im Paritybit gespeichert ist. Sind beide Paritybits nicht mehr gleich, so ist das Paritybit oder der Inhalt des Datenbytes zwischen dem Erzeugen und dem Auswerten verfälscht worden. Es muß dann eine Fehlermeldung bzw. eine Fehlerkorrektur erfolgen. Eine Fehlerkorrektur ist z.B. dadurch möglich, daß das Datenbyte noch einmal neu erzeugt wird.

ungerade Parität
Um bestimmte Fehlerfälle besser erkennen zu können, ist es üblich, beim Berechnen des Paritybits auf die Summe aller Bits noch eine eins zu addieren. Dann spricht man von ungerader Parität.

gerade Parität
Andere Fehlerfälle lassen sich besser durch gerade Parität erkennen. In diesem Fall entfällt die Addition der zusätzlichen 1 bei der Berechnung des Paritybits.

Parityflag
Die Zentralprozessoren der PCs besitzen in ihrem Programmstatuswort ein Parityflag. Dies ist ein Bit, das nach jeder arithmetischen Operation gesetzt wird, wenn die Parität des Ergebnisses gerade war. War die Parität ungerade, so wird das Parityflag gelöscht. Der Zustand des Parityflags bleibt bis zur nächsten arithmetischen Operation erhalten. In einem Programm kann also durch

einen bedingten Sprungbefehl verzweigt werden, wenn ein übertragenes Zeichen nicht die richtige Parität hat.
Vgl. Betriebssicherheit.

Partition

Teilbereich einer Festplatte. Verschiedene Partitions einer Festplatte können unterschiedlich formatiert werden. Dadurch wird es möglich, auf einem PC mit mehreren Betriebssystemen zu arbeiten, die unterschiedlich formatierte Massenspeicher benutzen.
Weiterhin ist es vorteilhaft, beim Betrieb von MS-DOS bis zur Version 3.3 eine Festplatte, die größer ist als 30 MByte, in mehreren Partitions zu formatieren. Bis einschließlich zur Version 3.3 ist MS-DOS nämlich nicht in der Lage, in einer einzelnen Partition mehr als 30 MByte anzusprechen. Um z.B. eine Festplatte mit 60 MByte voll zu nutzen, empfiehlt es sich daher, diese Platte in 2 Partitions aufzuteilen. Ab MS-DOS Version 4.0 ist dies nicht mehr nötig. Das Einrichten von Partitions erfolgt mit dem →MS-DOS-Kommando FDISK.
Vgl. Festplatte.

Pascal

Höhere Programmiersprache, die besonders gut die strukturierte Programmierung unterstützt. Da Pascal eine leicht zu erlernende Struktur aufweist, hat es eine große Verbreitung gefunden.

Turbo-Pascal

Auf PCs ist Turbo-Pascal besonders beliebt und verbreitet. Bei Turbo-Pascal handelt es sich sowohl um eine Programmiersprache als auch um ein →Programmierpaket, mit Hilfe dessen Programme in den PC eingegeben, übersetzt und mit anderen Programmmodulen zu einem ausführbaren Programm zusammengebunden werden können. Das Programmierpaket besteht dazu aus einem Editor, einem Compiler und einem Linker.
Da es sich bei dem Editor um einen speziellen Editor handelt, können Programme besonders schnell und übersichtlich eingegeben werden. Der Compiler ist einerseits auf hohe Arbeitsgeschwindigkeit ausgelegt, so daß die Übersetzung der Programme schnell ausgeführt wird. Andererseits ist der Compiler aber auch so ausgelegt, daß die übersetzten Programme eine hohe Arbeitsgeschwindigkeit besitzen.
Sowohl die Programmiersprache Turbo-Pascal, als auch das Programmiersystem stammen von der Firma Borland.

MS-Pascal

Ein sehr komfortabler Pascal-Compiler wird von der Firma

351

Microsoft angeboten. Dieser Compiler wird unter dem Namen MS-Pascal oder Mikrosoft-Pascal angeboten.

UCSD-Pascal

Ein weiterer Compiler ist der UCSD-Pascal-Compiler. Dieser übersetzt ein Pascal-Programm zunächst in den p-Code. Der p-Code wird anschließend in die Maschinensprachebefehle des PC-Zentralprozessors übersetzt und ausgeführt. Dies hat den Vorteil, daß der UCSD-Compiler einfacher auf anderen Computern installiert werden kann. Nur das Programm, das die Übersetzung von p-Code in Maschinensprache ausführt, muß dabei jeweils an die Maschinensprache des neuen Computers angepaßt werden. Das UCSD-Pascal-Konzept hat auf PCs jedoch keine große Verbreitung gefunden.
Vgl. Programmiersprachen.

Passwort

Schlüsselwort, das bei Computersystemen zur Identifizierung des Benutzers eingeben werden muß, bevor das Computersystem benutzt werden darf. Das Passwort soll verhindern, daß Unberechtigte den Computer benutzen. Die Betriebssysteme MS-DOS und OS/2 benutzen aber keine Passwortkontrolle zur Identifizierung der Benutzer.

Passwort unter Unix
Besondere Bedeutung hat das Passwort jedoch bei dem Betriebssystem Unix. Bei Unix handelt es sich um ein Multiusersystem, das mehrere örtlich getrennte Benutzer verwalten kann. Um sicherzustellen, daß kein Benutzer auf fremde Dateien zugreift, muß jeder Benutzer vor der Benutzung des Computersystems seinen Benutzernamen und sein Passwort eingeben. Der Benutzername wird jedem Benutzer vom Systemmanager zugeteilt. Der Systemmanager ist eine Person, die die übergeordnete Verwaltung des Systems übernommen hat.
Vgl. Betriebssystem.

Patchen

Modifizieren von Programmen durch Ändern des Maschinencodes im Arbeitsspeicher. Das Patchen kann auf PCs durch die →Debug-Befehle ASSEMBLE oder ENTER erfolgen. Bei Programmen, die in höheren Programmiersprachen geschrieben worden sind, ist es nicht üblich zu patchen. Vgl. DEBUG.

PATH
→MS-DOS-Kommando

PAUSE
1. →MS-DOS-Batchbefehl
2. →OS/2-Batchbefehl

PC

Bezeichnung für einen Personalcomputer von der Firma →IBM.
Außerdem werden funktionsglei-
che Geräte anderer Hersteller als
PC bezeichnet.

PC, Merkmale

Ein Personalcomputer ist ein
→Computer, der am Arbeitsplatz
einer Person steht und damit dieser Person zugeordnet ist. Dadurch unterscheidet er sich von
Datenverarbeitungsanlagen der
mittleren Datentechnik und von
Großrechenanlagen, die nicht nur
von einer Person, sondern von einer Vielzahl von Personen benutzt werden. Durch seine 16-Bit-
Architektur unterscheidet er sich
von den Homecomputern nach
unten und von den Workstations
nach oben. Innerhalb der Personalcomputer unterscheidet man
noch die PCs, die PS/2-Systeme
und die nicht-IBM-kompatiblen
Personalcomputer.

Computerfamilien

Die PCs, die PS/2-Systeme, die
nicht-IBM-kompatiblen Personalcomputer, die Homecomputer
und die Workstations bilden jeweils eine →Computerfamilie.
Die Computer einer Computerfamilie besitzen gemeinsame Eigenschaften, durch die der Zusam-
menhalt innerhalb der Familie
gewährleistet ist.

PC-Computerfamilie

Auch die Computer der PC-Computerfamilie besitzen viele gemeinsame Eigenschaften. Die einzelnen Computer sind zwar mit
unterschiedlich leistungsfähigen
→Mikroprozessoren ausgestattet,
die verwendeten Mikroprozessoren bauen aber auf eine einheitliche →Computerarchitektur auf.
Dadurch ist es auch möglich, auf
allen Computern der PC-Computerfamilie das gleiche Betriebssystem einzusetzen.

Betriebssystem MS-DOS

Das gängige →Betriebssystem für
die PCs ist MS-DOS. MS-DOS ist
das am weitesten verbreitete Betriebssystem überhaupt. Über dieses Betriebssystem haben auch die
PCs ihre weite Verbreitung gefunden. MS-DOS war ursprünglich für den PC-XT entwickelt. Es
wird aber auch auf allen anderen
Computern der PC-Familie benutzt. Durch das einheitliche Betriebssystem können alle PCs in
gleicher Weise bedient werden,
und es können auch auf allen PCs
die gleichen Programme laufen.

Bedienungstechnik

Das Betriebssystem MS-DOS
wird über die MS-DOS-Befehle
bedient. In besonderen Fällen
kommen aber auch spezielle
→Bedienungstechniken zum Einsatz, wie z.B die Tastenumdefinie-

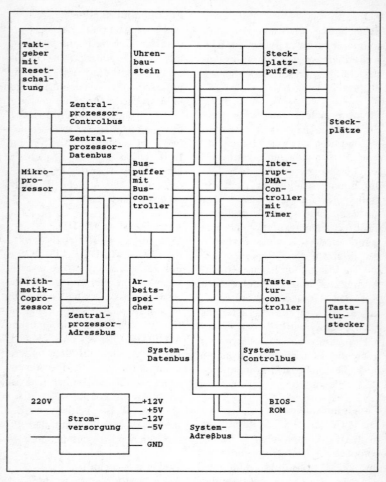

Blockschaltbild eines PC

Integrierte Schaltungen und Busse der PCs					
		PC/XT	PC/AT	PC/AT-386	PC/AT-486
Mikroprozessor		8088	80286	80386	80486
Arithmetik-Coprozessor		8087	80287	80387	
Taktgeber mit Resetschaltung		8284 8288	82C211	82C301 82C302	82C301 82C302
Buspuffer mit Buscontroller	3 *	8282 8286 8206 8208	82C212 82C215	82A303 82A304 82A305 82A306	82A303 82A304 82A305 82A306
Arbeitsspeicher	9 *	41256	18 * 41256	36 * 41256	36 * 41256
BIOS-ROM		27128	2 * 27128	4 * 27128	4 * 27128
Tastatur-controller		8048	8042	8042	8042
Interrupt-DMA-Controller mit Timer		8259 8237 8254	82C206	82C206	82C206
Steckplatz-puffer	4 *	8286	5 * 8286	8 * 8286	8 * 8286
Uhrenbaustein			MC146818	MC146818	MC146818
Datenbusbreite		8 Bit	16 Bit	32 Bit	32 Bit
Adreßbusbreite		20 Bit	24 Bit	32 Bit	32 Bit

rung, die ASCII-Codeeingabe oder der Kaltstart.

Anwendungsprogramme

Für MS-DOS gibt es eine Vielzahl von →Anwendungsprogrammen für verschiedenste Anwendungen. Auch durch diese vielseitigen Anwendungsprogramme haben die PCs ihre große Verbreitung gefunden und damit ihre hohe Bedeutung gewonnen.

Programmiersprachen

Außerdem wurden für die PCs Übersetzungsprogramme für alle gängigen →Programmiersprachen erstellt. Dadurch wurde es auch vielen kleinen Firmen möglich, eigene →Programme zu entwickeln und dabei fortschrittliche →Programmiertechniken zu nutzen, wie z.B. die strukturierte Programmierung.

Computerunternehmen

Die Übersetzungsprogramme, aber auch fertige Anwendungsprogramme wurden von einigen markanten →Computerunternehmen entwickelt, die für die Leistungsfähigkeit und Bedienerfreundlichkeit ihrer Produkte Meilensteine gesetzt haben. Weitere Computerunternehmen haben hervorragende Hardwareprodukte und Computerzubehör auf den Markt gebracht.

Einzelne PCs

Die PC-Computerfamilie besteht aus mehreren verschiedenen Computern. Die bedeutendsten Mitglieder der PC-Computerfamilie sind der →PC-XT und der →PC-AT. Für besonders hohe Ansprüche ist der →PC-AT-386 gedacht. Leistungsschwächer ist der →PC-AT-386-SX, noch erheblich leistungsstärker ist dagegen der →PC-AT-486. Für den Betrieb unterwegs sind →Laptops gedacht. Dies sind tragbare PCs, die von einer Batterie versorgt werden.

PC-XT

Der →PC-XT ist das Einsteigermodell der PC-Computerfamilie. Durch seinen einfachen Aufbau ist er zu einem erheblich günstigeren Preis erhältlich als der leistungsfähigere PC-AT. Trotzdem laufen auch auf dem PC-XT alle Programme, die für die PC-Familie unter dem Betriebssystem MS-DOS erstellt wurden. Auf PC-XTs kann jedoch nicht das Multitaskbetriebssystem OS/2 benutzt werden.

PC-AT

Der →PC-AT ist ein erheblich leistungsfähigerer Computer als der PC-XT. Er besitzt als Zentralprozessor einen leistungsfähigeren →Mikroprozessor als der PC-XT und kann dadurch Aufgaben schneller erledigen als der PC-XT. Auf Grund des leistungsfähigeren Mikroprozessors kann ein PC-AT sowohl mit dem →Betriebssystem MS-DOS als auch mit dem Multitaskbetriebssystem OS/2 betrieben werden.

PC-AT-386

Ein weiteres Familienmitglied, auf dem ebenfalls das Betriebssystem MS-DOS läuft, ist der →PC-AT-386. Dieses Gerät ist noch erheblich leistungsfähiger als der PC-AT. Es ist daher neben dem Betriebssystem MS-DOS auch für die →Betriebssysteme OS/2 und Unix geeignet.

PC, Peripheriegeräte

Ein PC ist lediglich ein Computer. Um mit diesem Computer effektiv arbeiten zu können, muß er mit →Peripheriegeräten ausgestattet werden. Zu diesen Peripheriegeräten gehören eine →Tastatur, ein →Bildschirm, ein →Massenspeicher und ein →Drucker. Ein Massenspeicher ist bereits standardmäßig in jeden PC eingebaut. Die übrigen Peripheriegeräte werden über Kabel und Stecker mit dem PC verbunden.

PC, Tastatur

Über die →Tastatur wird der PC vom Anwender bedient. Die Tastatur ist über ein Kabel mit dem PC verbunden. Nach dem Betätigen einer Taste wird dem PC von der Tastatur die Tastennummer der gedrückten Taste übertragen. Der PC empfängt die Tastennummer im →Tastaturcontroller. Im PC wird dann aus der Tastennummer durch ein geeignetes →Codierungsverfahren ein Zeichen erzeugt. Ein Zeichen kann anschließend vom Betriebssystem ausgewertet oder gespeichert werden.

Bildschirm

Auf dem →Bildschirm zeigt der PC die Ergebnisse seiner Berechnungen an. Aber auch die Eingaben über die Tastatur werden auf dem Bildschirm zur Kontrolle dargestellt. Außerdem werden Fehlermeldungen und Meldungen des Betriebssystems an den Bediener auf dem Bildschirm angezeigt.

Drucker

Die Texte und Grafiken auf dem Bildschirm verschwinden nach dem Ausschalten des PC. Sollen die Ergebnisse der Berechnungen jedoch aufbewahrt werden oder per Briefpost verschickt werden, so müssen sie über einen →Drucker ausgedruckt werden.

Massenspeicher

Zum Speichern des Betriebssystems und der Anwendungsprogramme benutzen die Computer der PC-Familie einen →Massenspeicher. Auf dem Massenspeicher können alle gekauften und selbst geschriebenen Programme und Daten dauerhaft gespeichert werden. Als Massenspeicher kann eine Diskette oder eine Festplatte eingesetzt werden. Eine Festplatte hat erheblich mehr Speicherkapazität als eine Diskette.

Speicher

PCs besitzen aber nicht nur einen →Massenspeicher, sondern auch einen →Arbeitsspeicher. Im Arbeitsspeicher erfolgt die eigentliche Bearbeitung von Daten und Programmen durch den →Mikroprozessor. Da auf den Arbeitsspeicher sehr oft und sehr schnell zugegriffen wird, müssen für den Aufbau dieses →Speichers sehr hochwertige Speichertechnologien eingesetzt werden. Einzelne Bereiche des Arbeitsspeichers sind auch durch Speicher mit verschiedenen Eigenschaften aufgebaut. Es kommen z.B. flüchtige

357

und nichtflüchtige Speicher oder statische und dynamische Speicher zum Einsatz. Während die Arbeitsspeicher von PCs ausschließlich als →Halbleiterspeicher aufgebaut sind, werden Massenspeicher überwiegend als →Magnetspeicher aufgebaut.

Installation

Die Größe des Arbeitsspeichers und des Massenspeichers, aber auch der übrigen Peripheriegeräte, läßt sich bei jedem PC individuell ausbauen. Nach einer Veränderung der Ausbaustufe muß aber auch eine →Installation erfolgen, bei der dem Betriebssystem die neue Ausbaustufe mitgeteilt wird.

PC-Hardware

Die physisch vorhandenen Geräteteile der PCs und der Peripheriegräte bezeichnet man auch als →Hardware. Die Leistungsfähigkeit der Hardware läßt sich durch die →Hardwareeigenschaften beschreiben. Diese Hardwareeigenschaften können durch physikalische Größen wie z.B die Taktfrequenz oder durch Vergleichszahlen wie z.B. den Nortonfaktor formuliert werden.

PC ohne Festplatte

Bei der Größe und Vielzahl der Programme, die mit den Computern der PC-Familie bearbeitet werden können, ist es sinnvoll, jedes Gerät mit mindestens einer Festplatte auszurüsten. Es ist aber auch möglich, ohne Festplatte auszukommen. Die ursprüngliche Bezeichnung der Firma IBM für ihren Personalcomputer ohne Festplatte war PC ohne Zusatz. PC-XTs, die nicht mit einer Festplatte ausgestattet sind, bezeichnet man daher auch als PC. Um Verwechselungen zu vermeiden, wird der Ausdruck PC in diesem Lexikon aber nur für die Computerfamilie der IBM-Personalcomputer verwendet. Der Ausdruck PC wird dagegen nicht für den PC-XT ohne Festplatte, als Mitglied dieser Computerfamilie, benutzt.

PC, Begriffe

Der Ausdruck PC wird auch nicht als Abkürzung für Personalcomputer benutzt, da der Ausdruck Personalcomputer den Oberbegiff für IBM-kompatible und nicht-IBM-kompatible Personalcomputer darstellt.

Grundsätzlich werden in diesem Lexikon auch nur der PC-XT und der PC-AT systematisch beschrieben. Auf den PC-XT ohne Festplatte wird nur eingegangen, wenn dieser sich durch Besonderheiten vom PC-XT unterscheidet. Auf den PC-AT386 wird nur eingegangen, wenn dieser sich vom PC-AT durch Besonderheiten unterscheidet. Sonst gilt das für den PC-AT beschriebene auch für den PC-AT386 und das für den PC-XT beschriebene auch für den PC-XT ohne Festplatte.

Kompatible PCs

Die PCs werden nicht nur von der Firma IBM angeboten, sondern auch von einer Vielzahl weiterer Hersteller. Diese Geräte funktionieren genauso wie Orginal IBM-Computer, sind aber intern anders aufgebaut. Solche Geräte nennt man auch →kompatible PCs. Kompatible Computer sind oft noch leistungsfähiger als Orginal-IBM-Geräte und werden zu einem erheblich niedrigeren Preis angeboten.

Systemerweiterung

Eine Besonderheit der PCs sind ihre →Steckplätze. In die Steckplätze können →Erweiterungsplatinen hineingesteckt werden, in denen die Ansteuerelektronik für →Peripheriegeräte untergebracht ist. Über Erweiterungsplatinen kann also auch nachträglich eine →Systemerweiterung mit zusätzlichen Peripheriegeräten erfolgen. Über neue Erweiterungsplatinen können aber auch fortschrittlichere oder leistungsfähigere Peripheriegeräte nachgerüstet werden.

Rechnernetze

Mit Hilfe einer →Erweiterungsplatine kann ein PC auch an ein →Rechnernetz angeschlossen

werden. Dann ist er in der Lage, Daten, Peripheriegeräte und auch Programme auf anderen Computern zu benutzen.

Datenfernübertragung

Soll nur eine Übertragung von Daten von einem Computer zu einem anderen erfolgen, so können beide Computer über eine Datenfernübertragungs-Leitung verbunden werden. Die →Datenfernübertragung, die dabei stattfindet, realisiert der PC ebenfalls über eine →Erweiterungsplatine.

PC, Aufbau

Die PCs sind aus Baugruppen aufgebaut, die durch mehrere Bündel von Verbindungsleitungen untereinander verbunden werden.

PC, Busse

Ein Leitungsbündel, das die Baugruppen eines Computers verbindet, nennt man auch →Bus. Jeder Computer besitzt einen Datenbus, auf dem die Daten transportiert werden, einen Adreßbus, über den einzelne Speicherplätze ausgewählt werden, und einen Controlbus, in dem die Steuerleitungen zusammengefaßt sind.

Breite der Busse

Die drei verschiedenen Computer der PC-Familie unterscheiden sich hauptsächlich in der Breite der Datenbusse und der Adreßbusse. Auch die Baugruppen selbst besitzen Anschlüsse für unterschiedlich breite Adreß- und Datenbusse. Während der PC-XT nur über einen 8-Bit-Datenbus und einen 20-Bit-Adreßbus verfügt, besitzt der PC-AT bereits einen 16-Bit-Datenbus und einen 24-Bit-Adreßbus. Der PC-AT-386 ist sogar mit einem 32-Bit-Datenbus und einem 32-Bit-Adreßbus ausgestattet.

Baugruppen

Die →Baugruppen sind selbständig arbeitende Teile des PC. Sie werden durch die Busse untereinander verbunden. Entsprechend der Breite des Datenbusses sind die Baugruppen unterschiedlich leistungsfähig. In ihrer Funktionsweise und in ihrem Zusammenwirken untereinander unterscheiden sich die Baugruppen der verschiedenen PCs jedoch nur geringfügig.

Schaltungstechnik

Die Baugruppen stellen dabei jeweils eine elektronische →Schaltung dar, die aus einer oder mehreren integrierten Schaltungen aufgebaut ist. Die Verbindung der Baugruppen untereinander erfolgt schaltungstechnisch auf der →Hauptplatine des PC.

Mikroprozessor

Die zentrale Baugruppe stellt im PC der →Mikroprozessor dar. Er wird deshalb auch als CPU oder Zentralprozessor bezeichnet. Der Mikroprozessor steuert die Reihenfolge, in der die einzelnen Befehle eines Programms abgearbeitet werden. Dazu holt er die Befehle aus dem Arbeitsspeicher des Computers. Außerdem übernimmt er die Ausführung der geholten Befehle.

Taktgeber

Um die zeitlich nacheinander ablaufenden Vorgänge zu steuern, benötigt der Mikroprozessor einen →Taktgeber. Im Taktgeber wird das Taktsignal erzeugt, das dem Mikroprozessor die Taktpulse liefert. Mit jedem Taktpuls führt der Mikroprozessor einen Arbeitsschritt aus.

Reset

Im →Taktgeber ist auch die Resetschaltung untergebracht. Über diese Schaltung erhält der Mikroprozessor des PC nach dem Einschalten einen →Reset. Der Reset ist ein elektrischer Impuls, durch den der Mikroprozessor in einen definierten Ausgangszustand gebracht wird. Dadurch beginnt er seine Arbeit immer in gleicher Weise.

Buspuffer

Die Datenbusleitungen und die Adreßbusleitungen müssen mit fast allen integrierten Schaltungen des PC verbunden werden. Damit ein Ausgang des Zentralprozessors die vielen Eingänge der anderen Baugruppen ansteuern kann, müssen die Bussignale vorher verstärkt werden. Dies übernimmt der →Buspuffer. Der Mikroprozessor selbst ist nur in der Lage, die Eingänge des Buspuffers und des Arithmetik-Coprozessors anzusteuern.

Arithmetik-Coprozessor
Der →Arithmetik-Coprozessor ist ebenfalls ein →Mikroprozessor. Er ist besonders gut für arithmetische Berechnungen mit Gleitkommazahlen geeignet. Sämtliche PCs besitzen einen Stecksockel, in den ein Coprozessor nachträglich eingesteckt werden kann.

Arithmetik
In einem PC ohne Coprozessor übernimmt der Zentralprozessor die arithmetischen Berechnungen selbst. Er rechnet dabei mit der gleichen →Arithmetik und benutzt auch die gleiche Zahlendarstellung wie der →Arithmetik-Coprozessor. Ist dagegen ein Arithmetik-Coprozessor installiert, so kann der Zentralprozessor Berechnungen vom Coprozessor ausführen lassen. Der Coprozessor führt solche Berechnungen dann schneller durch als der Zentralprozessor.

Arbeitsspeicher
Die Befehle und Daten, die der →Mikroprozessor eines PC ab-

arbeitet, sind in dem →Arbeitsspeicher des PC gespeichert. Der Mikroprozessor ist über den Controlbus, den Adreßbus und den Datenbus mit dem Arbeitsspeicher verbunden. Beide Busse werden vorher durch den →Buspuffer verstärkt. Im Buspuffer werden aber auch die Steuersignale für den Arbeitsspeicher erzeugt. Der Arbeitsspeicher benötigt besondere Steuersignale, da er ein dynamischer →Speicher ist, dessen Informationen ständig aufgefrischt werden müssen.

BIOS-ROM
Neben dem Arbeitsspeicher besitzen alle PCs ein →BIOS-ROM. Dies ist ein nichtflüchtiger →Speicher, der seine Informationen beim Ausschalten des PC nicht verliert. Im BIOS-ROM ist ein Urladeprogramm gespeichert. Dieses Urladeprogramm hat die Aufgabe, das Betriebssystem nach dem Einschalten des PCs vom →Massenspeicher in den →Arbeitsspeicher zu laden.

Tastaturcontroller
Die →Tastatur eines PCs wird über das Tastaturkabel mit dem PC verbunden. Innerhalb des PC führen die Signalleitungen des Tastaturkabels weiter zum →Tastaturcontroller. Der Tastaturcontroller stellt dann die Verbindung zum →Bus des PC her.

Interrupt-DMA-Controller

Um den PC in seiner laufenden Arbeit durch einen →Interrupt unterbrechen zu können, ist der →Interrupt-DMA-Controller vorgesehen. Dieser Baustein vereinigt einen Interruptcontroller und einen DMA-Controller in einer integrierten Schaltung. Über diese Baugruppe kann auch im →DMA-Betrieb auf den Arbeitsspeicher zugegriffen werden, ohne den Mikroprozessor zu stören. Der Interrupt-DMA-Controller wird auch als Peripheriecontroller bezeichnet.

Uhr

Bestandteil des Interrupt-DMA-Controllers ist auch der Timer, über den die →Uhr des PC weitergetaktet wird. PC-ATs besitzen darüberhinaus einen →Uhrenbaustein, der nach dem Einschalten des PC eine Uhrzeit liefert, mit der die Uhr des PC-AT automatisch gestellt wird. Bei PC-XTs muß die Uhrzeit nach dem Einschalten über die Tastatur eingegeben werden.

Steckplatzpuffer

Die Peripheriegeräte werden über →Erweiterungsplatinen an den PC angeschlossen. Deshalb müssen die Signale des Adreßbusses und des Datenbusses auch an die Steckplätze der Erweiterungsplatinen herangeführt werden. Vorher werden diese Signale aber noch einmal im →Steckplatzpuffer verstärkt, damit die Bussignale innerhalb des PC nicht zu stark durch die Erweiterungsplatinen belastet werden.

Hauptplatine

Die Baugruppen Mikroprozessor, Taktgeber, Arithmetik-Coprozessor, Buspuffer, Arbeitsspeicher, BIOS-ROM, Tastaturcontroller, Interrupt-DMA-Controller und Steckplatzpuffer sind in den PCs auf der →Hauptplatine untergebracht. Diese Platine ist parallel zur Bodenplatte in das Gehäuse des PC eingebaut. Sie trägt auch die Buchsenleisten der →Steckplätze.

Stromversorgung

Außerhalb der Hauptplatine ist dagegen die →Stromversorgung in das →PC-Gehäuse eingebaut. Die Stromversorgung erzeugt aus der 220-Volt-Netzspannung eine 5-V-Gleichspannung, die zum Betrieb der integrierten Schaltungen des PC benötigt wird. Außerdem stellt sie drei weitere Spannungen zur Verfügung, die zum Betrieb des PC benötigt werden.

PS/2-Computerfamilie

Ähnlich aufgebaut wie die Computer der PC-Familie sind die Computer der →PS/2-Familie. Die Computer dieser Familie stammen ebenfalls von der Firma IBM und zeichnen sich durch eine noch höhere Leistungsfähigkeit aus als die PCs. Trotzdem hat sich die PS/2-Familie nicht so massiv durchsetzen können wie die PCs. Auf der PS/2-Computerfamilie wird das Betriebssystem OS/2 benutzt, das mehrere Programme gleichzeitig bearbeiten kann.

Betriebssicherheit

Bei vielen Betrachtungen über PCs wird vergessen, die →Betriebssicherheit der PCs zu erwähnen. Die PCs waren von Anfang an für den professionellen industriellen Einsatz gedacht. Deshalb wurde auch bereits beim Entwurf der ersten PCs größter Wert auf Betriebssicherheit gelegt. Diese Maßnahmen registriert der Benutzer auch viel zu wenig, weil er keinen Zugriff auf die Vorrichtungen hat, die die Fehlererkennung und Fehlerkorrektur im Inneren des PCs durchführen. Die Betriebssicherheit der PCs ist aber ein wichtiger Faktor, der erheblich mit zur Verbreitung dieser Computerfamilie beigetragen hat.

PC-AT

Computer der IBM-PC-Computerfamilie. Die Abkürzung AT steht für advanced technology, was fortgeschrittene Technologie bedeutet.

PC-AT, Aufbau

Diese fortschrittlichere Technologie wird gegenüber dem PC-XT durch einen leistungsfähigeren Mikroprozessor erreicht. Während der PC-XT einen 8088-Mikroprozessor besitzt, benutzt der PC-AT einen 80286-Mikroprozessor als Zentralprozessor. Dieser Mikroprozessor verfügt über einen 16 Bit breiten Datenbus und einen 24 Bit breiten Adreßbus. Alle Adreß- und Datenbusanschlüsse werden über getrennte Anschlüsse aus diesem Mikroprozessor herausgeführt. Ein Multiplexen von Adressen und Daten wie beim PC-XT entfällt also.

PC-AT, Rechenleistung

Dadurch kann der 80286 in gleicher Zeit doppelt soviel Information aus dem Arbeitsspeicher holen wie der PC-XT. Dagegen ist aber die Rechenleistung des PC-AT bei gleicher Taktfrequenz etwa doppelt so hoch wie die Rechenleistung eines PC-XT. Zusätzlich kann der PC-AT aber auch mit einer höheren Taktfrequenz betrieben werden.

PC-AT, Besonderheiten

Eine weitere Besonderheit ist der →Uhrenbaustein, mit dem dieser Computer ausgestattet ist. Dieser Uhrenbaustein wird durch ein Batterie-Backup ständig mit Strom versorgt, auch wenn der PC-AT ausgeschaltet ist. Deshalb läuft die Uhr im Uhrenbaustein auch bei ausgeschaltetem Computer weiter. Nach dem Einschalten der Versorgungsspannung liest der Zentralprozessor des PC-AT dann die Uhrzeit aus dem Uhrenbaustein und stellt damit den Timercounter. Der Timercounter ist ein Zähler, der durch den →Timer und den Timerinterrupt weitergezählt wird. Im laufenden Betrieb liest der PC seine Uhrzeit aus dem Timercounter ab. Die Uhrzeit im Timercounter kann z.B. mit dem MS-DOS-Kommando TIME angezeigt werden. Der PC-XT besitzt ebenfalls einen Timercounter, der über den Timerinterrupt weitergetaktet wird. Er verfügt jedoch im Gegensatz zum PC-AT nicht über einen Uhrenbaustein. Deshalb muß nach dem Einschalten eines PC-XT die Uhrzeit über die Tastatur neu eingegeben werden.

Register im Uhrenbaustein

In dem Uhrenbaustein des PC-AT werden einige Register von der Uhr nicht benötigt. Diese Register werden zur Speicherung des Systemzustandes genutzt. In diesen Registern wird z.B. programmiert, mit wieviel Arbeitsspeicher der PC ausgestattet ist. Das Programmieren dieser Register erfolgt bei der →Installation des Arbeitsspeichers durch das Installationsprogramm SETUP. Beim PC-XT wird ein solches Installationsprogramm nicht benötigt, da der Systemzustand durch DIP-Schalter auf der Hauptplatine des Computers eingestellt wird.

PC-AT, Betriebssysteme

Auf dem PC-AT wird hauptsächlich das Betriebssystem →MS-DOS eingesetzt. Dann können alle auf diesem Betriebssystem laufenden Programme benutzt werden. Soll der PC-AT effektiver genutzt werden, so kann das Betriebssystem →OS/2 zum Einsatz kommen.
Vgl. PC.

PC-AT-386

Computer der IBM-PC-Familie. Der PC-AT-386 wird jedoch nicht von der Firma IBM hergestellt, sondern von der Firma Compaq. Er ist jedoch kompatibel zu den anderen IBM-PCs.

Aufbau

Der PC-AT-386 benutzt einen 80386-Mikroprozessor als Zentralprozessor. Dieser Mikroprozessor verfügt über einen 32-Bit-Datenbus und einen 32-Bit-Adreßbus. Deshalb ist auch der PC-AT-386 mit einem 32-Bit breiten Datenbus und einem 32-Bit breiten Arbeitsspeicher aufgebaut. Auch intern besitzt der Mikroprozessor 80386 eine 32-Bit-Struktur mit 32 Bit breiten Registern. Durch all diese Merkmale ist der PC-AT-386 erheblich leistungsfähiger als der PC-AT mit seinem 80286-Mikroprozessor und seiner 16-Bit-Struktur.

Kompatibilität

Trotz seiner 32-Bit-Struktur ist der Mikroprozessor 80386 jedoch aufwärtskompatibel zum Mikroprozessor 80286. Das heißt, er kann alle Befehle bearbeiten, die auch der 80286 kennt, und einige Befehle zusätzlich. Dadurch kann auch das Betriebssystem →MS-DOS mit all seinen →Anwendungsprogrammen auf dem PC-AT-386 benutzt werden.

Einsatz

Durch seine höhere Leistungsfähigkeit ist der PC-AT-386 aber auch preislich erheblich höher angesiedelt als der PC-AT. Technisch ist dies auch durch die höhere Komplexität der integrierten Schaltungen begründet. Der PC-AT-386 wird daher auch nur für anspruchsvollere Aufgaben eingesetzt, bei denen die höhere Rechenleistung auch gefordert wird. Solche Einsatzgebiete sind z. B. →CAD und →DTP.

PC-AT-386, Betriebssysteme

Am häufigsten wird auch auf dem PC-AT-386 das Betriebssystem →MS-DOS benutzt. Aber auch das Betriebssystem →OS/2 kann eingesetzt werden. Beliebt ist auf diesem PC aber auch das Betriebssystem →Unix. Unix ist ein 32-Bit-Betriebssystem. Es kann daher die volle Wortbreite des Mikroprozessors 80386 genutzt werden. Der PC-AT-386 arbeitet daher unter Unix leistungsfähiger als mit den 16-Bit-Betriebssystemen MS-DOS und OS/2. Vgl. PC.

PC-AT-386-SX

Computer der PC-Familie. Der PC-AT-386-SX benutzt als →Zentralprozessor den Mikroprozessor 80386-SX. Dieser Mikroprozessor verfügt über eine 32 Bit-Struktur und ist voll kompatibel zum 80386. Auf den Arbeitsspeicher und Peripheriegeräte greift er aber über einen 16-Bit-Datenbus zu. Er besitzt daher eine geringere →Verarbeitungsgeschwindigkeit als der 80386. Vgl. PC

PC-AT-486

Computer der PC-Familie. Der PC-AT-486 benutzt als →Zentralprozessor den Mikroprozessor 80486. Dieser Mikroprozessor besitzt intern wie extern einen 32-Bit-Datenbus. Er ist voll kompatibel zum Mikroprozessor 80386, besitzt aber auf Grund einer ausgefeilteren →Parallelverarbeitung bei gleicher Taktfrequenz eine höhere →Verarbeitungsgeschwindigkeit. Die Verarbeitungsgeschwindigkeit wird außerdem durch einen eingebauten Arithmetikprozessor verbessert.

Cache-Speicher

Eine weitere Besonderheit des 80486 ist der eingebaute Cache-Speicher Dabei handelt es sich um einen schnellen Pufferspeicher, in den Teile des Arbeitsspeichers durch einen Cache-Controller automatisch geladen werden. Auf den Cache-Speicher kann der Zentralprozessor erheblich schneller zugreifen als auf den Arbeitsspeicher. Dadurch können für den Arbeitsspeicher →RAMs mit längeren →Zugriffszeiten verwendet werden.

Vgl. PC

PC-DOS

Betriebssystem für Orginal-IBM-PCs. Die von der Firma IBM produzierten PCs werden grundsätzlich mit dem Betriebssystem PC-DOS ausgestattet. Dagegen werden die IBM-kompatiblen PCs von anderen Herstellern mit dem Betriebssystem MS-DOS ausgestattet. PC-DOS ist voll kompatibel zu MS-DOS. Es wird jedoch von der Firma IBM direkt vertrieben, während die Hersteller kompatibler PCs das Betriebssystem MS-DOS von der Firma Mikrosoft zukaufen. Mikrosoft hat MS-DOS entwickelt und an IBM verkauft, damit IBM das gleiche Betriebssystem unter einem anderen Namen vertreiben kann.

Vgl. Betriebssysteme.

PC-Draft

→CAD

PC-Gehäuse

Gehäuse, in dem ein PC untergebracht ist. Man unterscheidet Tischgehäuse, Towergehäuse und Lap-Top-Gehäuse. Towergehäuse werden neben dem Arbeitstisch aufgestellt, in Lap-Top-Gehäusen sind tragbare PCs untergebracht. Tischgehäuse kommen als Standardgehäuse, Kompaktgehäuse oder Slimline-Gehäuse auf den Markt. Kompaktgehäuse sind schmaler als Standardgehäuse, Slimline-Gehäuse sind zusätzlich flacher als Kompaktgehäuse. Kompaktgehäuse werden auch Babygehäuse genannt.

Vgl. PC

PC-Tools

Dienstprogramm für PCs. Mit PC-Tools können Funktionen realisiert werden, die das Betriebssystem MS-DOS nicht kennt. Zu diesen Funktionen gehören das Reparieren und Wiederherstellen von defekten oder versehentlich gelöschten Dateien. Auch die physische Belegung der Massenspeicher kann mit Hilfe von PC-Tools auf dem Bildschirm sichtbar gemacht werden.

Vgl. Dienstprogramme.

PC-XT

Computer der IBM-PC-Familie.
Die Abkürzung XT steht für extended technologie, was erweiterte Technologie bedeutet. Diese erweiterte Technologie besteht in
der standardmäßigen Ausstattung
mit einer Festplatte. Einen PC-
XT ohne Festplatte bezeichnet
man auch als PC. Der Ausdruck
PC wird in diesem Lexikon jedoch
nur für die PC-Computerfamilie
benutzt, um Verwechslungen zu
vermeiden. Der PC-XT ist neben
dem PC-AT und dem PC-AT-386
ein Mitglied dieser Computerfamilie.

PC-XT, Besonderheiten

Die Besonderheiten des PC-XT
sind der 8088-Mikroprozessor und
der 8 Bit breite Datenbus. Der
8088-Mikroprozessor wird als
Zentralprozessor benutzt, um den
herum die übrigen Schaltungen
des PC aufgebaut werden.

gemultiplexter Datenbus

Um den 8088-Mikroprozessor
problemlos in einem 40-Pin-
Gehäuse unterbringen zu können,
werden die Datenleitungen zusammen mit den unteren acht
Adreßleitungen auf einem Pin des
Gehäuses herausgeführt. Die Gültigkeit des Pins als Adreß- oder
Datenanschluß wird über das
Signal ALE festgelegt. Dieses Signal wird ebenfalls vom Mikroprozessor erzeugt. Die Technik

der wechselweisen Zuordnung der
Adressen und Daten zu einem
Mikroprozessorsignal nennt man
auch multiplexen der Adressen
und Daten.

PC-XT, Nachteile und Vorteile

Durch den 8-Bit-Datenbus ist der
PC-XT nicht so leistungsfähig wie
der PC-AT mit seinem 16-Bit-
Datenbus oder gar der PC-AT-386
mit seinem 32-Bit-Datenbus. Ein
zusätzlicher Verlust an Rechenleistung ergibt sich durch das
Multiplexen des Adreß- und Datenbusses.
Auf der anderen Seite wird der
Aufbau des PC-XT gerade durch
den schmaleren Datenbus einfacher und preisgünstiger. Besonders durch den gemultiplexten
Adreß- und Datenbus wird es
möglich, einen Mikroprozessor
mit einem kostengünstigen Gehäuse einzusetzen.

PC-XT, Betriebssysteme

Durch das Betriebssystem →MS-
DOS, das zum PC-XT kompatibel
gehalten wird, können auf dem
PC-XT auch alle anderen Pro-
gramme laufen, die unter MS-
DOS auf anderen Computern der
PC-Familie geschrieben wurden.
Das Betriebssystem →OS/2 ist da-
gegen nicht für den PC-XT geeig-
net, da es sich bei diesem
Betriebssystem um ein Multitask-
Betriebssystem handelt. Der

PC-XT ist jedoch mit seinem 8088-Mikroprozessor nicht in der Lage, echten →Multitaskbetrieb zu bearbeiten.

Dagegen ist es aber möglich, mehrere Programme in eine Warteschlange einzureihen und aus der Warteschlange heraus komplett abzuarbeiten. Dies erfolgt z.B. durch grafische Benutzeroberflächen wie →Windows oder →GEM.
Vgl. PC.

Pearl

Abk. für process and experiment automation realtime language. Pearl ist eine höhere Programmiersprache, die sich besonders zur Programmierung von Problemen der →Prozeßsteuerung und →Echtzeitverarbeitung eignet.

Vgl. Programmiersprachen.

PEEK

→Basic-Befehle

PEN

1. →Basic-Befehle
2. Englische Bezeichnung für →Lichtgriffel.

Peripheriecontroller

→Interrupt-DMA-Controller

Peripheriegerät

Gerät, das an einen Computer angeschlossen ist und von dem Computer benutzt wird, um Daten einzulesen, Daten zu speichern oder Daten auszugeben.

Eingabegeräte

Peripheriegeräte, über die Daten in einen Computer eingegeben werden können, bezeichnet man auch als Eingabegeräte. Auf PCs ist die Tastatur das bekannteste Eingabegerät. Alle PCs müssen mit einer Tastatur ausgestattet sein, um überhaupt bedient werden zu können. Als weitere Eingabegeräte können eine →Maus, ein →Grafiktablett, ein →Lichtgriffel oder ein →Scanner angeschlossen werden.

Gerätenamen von Peripheriegeräten	
Geräte-name	Peripheriegerät
CON	Konsole: Tastatur und Bildschirm
PRN	Drucker allgemein
LPT1	Drucker an der ersten parallelen Schnittstelle
LPT2	Drucker an der zweiten parallelen Schnittstelle
A:	Erstes Diskettenlaufwerk
B:	Zweites Diskettenlaufwerk
C:	Festplattenlaufwerk
COM1	Erste serielle Schnittstelle
COM2	Zweite serielle Schnittstelle

Ausgabegeräte

Peripheriegeräte, über die Daten aus dem Computer ausgegeben werden können, bezeichnet man auch als Ausgabegeräte. Zur Ausgabe können die Daten sichtbar oder hörbar gemacht werden.

Als Ausgabegeräte werden auf PCs Bildschirme und Drucker verwendet. Aber auch ein Lautsprecher, der eine akustische Ausgabe erzeugt, kann über eine Erweiterungsplatine an die PCs angeschlossen werden.

Massenspeicher

In einen Massenspeicher können Daten vom Computer ausgegeben werden. Später können die Daten dann wieder aus dem Speicher in den Computer eingelesen werden. Als Peripheriegeräte werden aber nur Massenspeicher bezeichnet. Der Arbeitsspeicher eines Computers ist kein Peripheriegerät, sondern Bestandteil des Computers.

Gerätenamen

Die Peripheriegeräte eines Computers werden vom Betriebssystem verwaltet. Damit das Betriebssystem die einzelnen Peripheriegeräte unterscheiden kann, wird jedem Peripheriegerät ein Name gegeben. Vom Benutzer des Computers kann das Peripheriegerät dann unter seinem Namen angesprochen werden.

Die Massenspeicher werden unter einem Laufwerksnamen angesprochen. Zusätzlich zum Namen des Laufwerkes muß aber noch mindestens ein Dateiname angegeben werden, da ein Massenspeicher in Dateien aufgeteilt wird. Als Dateinamen dürfen aber keine Namen von Eingabegeräten oder Ausgabegeräten angegeben werden, da der Computer sonst nicht eine Datei, sondern ein Gerät anspricht.

Vgl. PC.

Personalcomputer

Selbstständiges Computersystem, das dafür gedacht ist, am Arbeitsplatz einer Person zu stehen und das dieser Person zugeordnet ist. Personalcomputer verfügen über eine Datenwortbreite von 16 Bit und grenzen sich dadurch gegenüber den Homecomputern nach unten und den Workstations nach oben ab. Zur Mindestausstattung eines Personalcomputers gehört außerdem ein Bildschirm und ein Diskettenlaufwerk.

IBM-Kompatibilität

Zu den Personalcomputern gehören die IBM-kompatiblen Personalcomputer einerseits und die nicht-IBM-kompatiblen Personalcomputer andererseits. Die IBM-kompatiblen Personalcomputer werden auch als PC bezeichnet.

Die PCs sind Thema dieses Lexikons.
Vgl. Computerfamilien.

Pfad

Weg in einem baumstrukturierten Dateiverzeichnis. Ein Pfad führt von der Wurzel des Verzeichnisses zu dem gerade benutzten Unterverzeichnis.
Vgl. Dateiverzeichnisstruktur

physikalische Schicht
→Schichtenmodell

physischer Speicher
→viertueller Speicher

pinkompatibel
→kompatibel

Pipe

1. Übertragungsspeicher bei der →Interprozeßkommunikation.
2. Verkettung mehrerer MS-DOS- oder OS/2-Befehle. Die MS-DOS-Kommandos müssen dazu in einer Zeile eingegeben werden und durch das Pipesymbol | getrennt werden. Dann werden die Ausgabedaten des ersten Kommandos als Eingabedaten für das zweite Kommando benutzt. Pipes werden gern benutzt, um durch sogenannte Filterbefehle die Ausgabedaten des ersten Kommandos zu sortieren oder anders aufzubereiten.
Vgl. Filterbefehle.

pipeline
Hintereinanderschalten von Datentransporteinrichtungen im weitesten Sinne. Die einfachste Form einer pipeline wird bei den MS-DOS-Kommandos durch die Pipes realisiert.
Vgl. Pipe

piping
→Pipe

Pipesymbol
→Pipe

Pixel
Kleinstes Element eines Bildes, das im Bildschirmspeicher eines Computers gespeichert werden kann. Sollen alle Pixel eines Bildes als weißer Punkt auf schwarzem Hintergrund oder als schwarzer Punkt auf weißem Hintergrund dargestellt werden, so wird zur Speicherung eines Pixels ein Bit benötigt. Verwendet man im Bildschirmspeicher mehrere Bits zur Speicherung eines jeden Pixels, so können die einzelnen Pixel in unterschiedlichen Farben dargestellt werden. Mit n Bits/ Pixel können $2^{**}n$ verschiedene Farben dargestellt werden.
Vgl. Bildschirm.

PL/1
→PL/M

Platine

Montageplatte für elektronische Bauelemente. Eine Platine wird auch Karte oder Schaltkarte genannt.

Platine, Aufbau

Die Platine besteht aus einem Isolierkörper und aus mehreren Leiterbahnen. Der Isolierkörper besteht aus Hartpapier, Hartfasermaterial, Pertinax oder einem anderen elektrisch nicht leitenden Werkstoff. An der Oberfläche des Isolierkörpers befinden sich Leiterbahnen aus Kupfer oder Silber. Diese Leiterbahnen verbinden die Anschlüsse der elektronischen Bauteile, die auf der Platine montiert sind. Damit die Bauteile leichter montiert werden können und mechanisch stabiler auf der Platine sitzen, besitzt die Platine Bohrungen, in die die Anschlüsse der Bauteile bei der Montage hineingesteckt werden. Die Bohrungen führen dazu durch die Leiterbahnen und durch den Isolierkörper. Nachdem die Anschlüsse der Bauteile in die dafür vorgesehenen Bohrungen gesteckt sind, werden die Anschlüsse mit den Leiterbahnen verlötet.

Platine, Herstellung

Die Platine wird als Rohplatine geliefert, die auf einer Seite oder auf beiden Seiten mit einer dünnen Schicht aus einem leitenden Material, z.B. Kupfer, überzogen

ist. Solch eine Platine wird auch als einseitig kupferkaschierte bzw. zweiseitig kupferkaschierte Rohplatine bezeichnet. Auf diese Platine werden später die Leiterbahnen mit einer säurefesten Schicht überzogen. Das übrige leitende Material wird anschließend in einem Säurebad weggeätzt. Die säurefeste Schicht wird anschließend von den Leiterbahnen mit einem Lösungsmittel abgewaschen. Danach wird die Platine gebohrt. Um einen besseren elektrischen Kontakt zwischen den Anschlüssen der Bauteile und den Leiterbahnen zu gewährleisten, werden die Bohrungen ebenfalls mit einer leitenden Schicht überzogen. Da diese Schicht den Kontakt von einer Seite der Platine zur anderen herstellt, wird sie auch Durchkontaktierung genannt.

Platine, Bestückung

Nach der Herstellung der Leiterbahnen, Bohrungen und Durchkontaktierungen werden die Bauteile auf der Platine montiert. Diese Montage bezeichnet man auch als Bestückung der Platine. Die Bauteile werden dabei möglichst nur auf einer Seite der Platine plaziert. Diese Seite bezeichnet man auch als die Bestückungsseite der Platine. Auf der anderen Seite der Platine werden die Anschlüsse der Bauteile verlötet. Diese Seite bezeichnet man auch als Lötseite der Platine. Das Verlöten kann von Hand oder in einem Lötbad erfolgen, in das die Platine getaucht wird.

Platinen, Multilayerplatinen

Bei der Vielzahl der Verbindungen, die auf größeren Platinen hergestellt werden müssen, reicht es oft nicht aus, Leiterbahnen nur auf den beiden sichtbaren Seiten der Platine anzubringen. Man ordnet die Leiterbahnen dann in mehreren Schichten an, die jeweils durch eine Isolierschicht getrennt sind. In den Bohrungen werden dann wieder leitende Materialien aufgebracht. Auf diese Weise entstehen Durchkontaktierungen, die die elektrische Verbindung zu den verborgenen leitenden Schichten und damit zu den verborgenen Leiterbahnen herstellen. Leiterplatten mit Verbindungsleitungen in mehreren Schichten bezeichnet man auch als Multilayerplatinen.

Platine, Hauptplatine

Platinen werden in PCs als Hauptplatinen und als Erweiterungsplatinen eingesetzt. Auf der Hauptplatine sind die wichtigsten Baugruppen des PC untergebracht. Dazu gehören der Mikroprozessor, der Arithmetik-Coprozessor, der Taktgeber, der Buspuffer, der Arbeitsspeicher, das BIOS-ROM, der Tastaturcontrol-

ler und der Interrupt-DMA-Controller. Diese Baugruppen bestehen jeweils aus einer oder mehreren integrierten Schaltungen, die durch diskrete Bauteile wie Widerstände und Kondensatoren ergänzt werden.

Die Hauptplatine ist parallel zur Bodenplatte des PC-Gehäuses montiert. Auf Grund der vielen Verbindungen, mit denen die integrierten Schaltungen auf der Hauptplatine verbunden werden müssen, ist die Hauptplatine als Multilayerplatine ausgeführt.

Platine, Erweiterungsplatinen

Im hinteren Bereich besitzt die Hauptplatine der PCs mehrere Steckplätze. In diesen Steckplätzen können nachträglich Erweiterungsplatinen montiert werden, um die PCs für Aufgaben nachzurüsten, an die ursprünglich nicht gedacht war. Die Erweiterungsplatinen werden senkrecht in die Stecksockel der Steckplätze gesteckt.

Standardmäßig ist jeder PC mit einer Erweiterungsplatine für die Bildschirmsteuerung und einer Platine für die Steuerung der Massenspeicher wie z.B. Diskette und Festplatte ausgestattet. Diese Steuerfunktionen sind nicht auf der Hauptplatine untergebracht, da man bei der Entwicklung der PCs grundsätzlich die Möglichkeit offenhalten wollte, mit ständig verbesserten Bildschirmen und Massenspeichern zu arbeiten. Diese verbesserten Peripheriegeräte müssen dann aber auch durch verbesserte Videokarten und verbesserte Massenspeichercontroller angesteuert werden.

Um einen PC dagegen für komplexere Aufgaben einsetzen zu können, gibt es Speichererweiterungskarten, mit denen der Arbeitsspeicher der PC erweitert werden kann. Beliebt sind auch Schnittstellenkarten, mit denen ein PC nachträglich mit seriellen und parallelen Schnittstellen ausgerüstet werden kann. Multi-IO-Karten enthalten ebenfalls Schnittstellen. Multifunktionskarten enthalten sowohl zusätzlichen Speicher als auch zusätzliche Schnittstellen. Für spezielle Aufgaben können aber auch A/D-Umsetzerkarten oder Erweiterungsplatinen für Bildschirmtext- und Transputeranwendungen eingesetzt werden.

Vgl. Hauptplatine.

Platte

Magnetisches Speichermedium, das als →Diskette oder als →Festplatte aufgebaut sein kann.
Vgl. Magnetspeicher.

PLAY

→Basic-Befehle

PL/M

Abk. für programming language for mikrocomputers. Höhere Programmiersprache, die speziell zur Programmierung von Mikroprozessoren entwickelt wurde.

PL/1

PL/M ist aus der Programmiersprache PL/1 hervorgegangen. PL/1 vereinigt viele Sprachelemente aus den beiden Programmiersprachen Fortran und Cobol und ist deshalb sowohl für technische als auch für kaufmännische Probleme geeignet. Aber selbst auf größeren Rechenanlagen, für die PL/1 gedacht war, hat sich diese Programmiersprache nicht recht verbreiten können.

PL/M

Für die Entwicklung von Programmen für Mikroprozessoren wird aber gern die Programmiersprache PL/M benutzt. PL/M ist von der Firma Intel aus der Programmiersprache PL/1 weiterentwickelt worden, um eine einheitliche höhere Programmiersprache für alle Intel-Mikroprozessoren zu haben. Um die PL/M-Programme in die Maschinensprache der einzelnen Mikroprozessoren zu übersetzen, existieren verschiedene Compiler.

PL/M-86-Compiler

Auf PCs wird der 8088 Mikroprozessor verwendet, der den gleichen Befehlssatz wie der 8086-Mikroprozessor hat. Auf PCs wird daher der PL/M-86-Compiler benötigt, um PL/M-Programme zu übersetzen. Einen speziellen PL/M-Compiler für den 8088-Mikroprozessor gibt es nicht, da die Maschinenspracheprogramme für den 8088-Mikroprozessor und für den 8086-Mikroprozessor gleich sind.

Andere PL/M-Compiler

Neben dem PL/M-86-Compiler gibt es aber noch PL/M-Compiler für verschiedene andere Intel-Mikroprozessoren. Dazu gehören z.B. Compiler für die Mikroprozessoren 80286, 80386 und 8051. Vgl. Programmiersprachen.

Plotter

Zeichengerät, mit dem ein Computer hochaufgelöste Grafiken auf Papier zeichnen kann. Im Gegensatz zu einem Grafikdrucker, der Grafiken aus Punkten zusammensetzt, setzt ein Plotter Grafiken aus Linien zusammen.

Arbeitsweise

Um Linien zeichnen zu können, besitzt ein Plotter ein oder mehrere verschieden farbige Stifte, die über das Papier bewegt werden können. Mit dem Computer ist er über eine parallele oder eine serielle Schnittstelle verbunden. Um den Plotter zu veranlassen eine Linie zu zeichnen, übermittelt der Computer dem Plotter die Anfangs- und Endkoordinate einer Linie. Der Plotter bewegt danach den Zeichenstift an die Anfangskoordinate, senkt den Stift auf das Papier ab und zeichnet auf dem Papier die Linie bis zur Endkoordinate. Danach hebt er den Stift wieder vom Papier ab.

Trommelplotter

Man unterscheidet Trommelplotter und Tischplotter. Beim Trommelplotter wird das Papier über eine Trommel gespannt. Die Zeichenstifte sind über der Trommel angeordnet. Linien in tangentialer Richtung zur Trommel werden erzeugt, indem das Papier durch Rotation der Trommel an dem Zeichenstift vorbeibewegt wird. Linien in axialer Richtung zur Trommel werden durch Bewegung des Zeichenstiftes erzeugt.

Tischplotter

Beim Tischplotter wird das Papier über einen Zeichentisch gespannt. Der Zeichenstift wird in beiden Richtungen über den Tisch bewegt, während der Tisch und damit auch das Papier immer an der gleichen Position bleibt. Vgl. Systemerweiterung.

POINT
→Basic-Befehle

Pointer
→Zeiger

Polling

Regelmäßige Abfrage eines Zustandsbits oder eines Zustandswortes in einem Programm. Diese Abfrage erfolgt in einer Programmschleife, die immer wieder durchlaufen wird. Jeweils nach der Abfage wird im Programm entschieden, ob auf den neuen Zustand eine Reaktion durch das Programm erfolgen muß. Das Polling steht damit im Gegensatz zum Interrupt, bei dem eine Reaktion auf den Wechsel eines Zustandes sofort erfolgt. Dagegen reagiert der Computer beim Polling erst beim Erreichen der Abfrage. Der Vorteil des Pollings besteht in der einfacheren Programmierung. Besonders bei kurzen Schleifen ist das Pollingverfahren dem Interruptverfahren sogar überlegen, weil beim Interrupt der Mikroprozessor erst seine gerade benutzten Registerinhalte retten muß. Dadurch wird die Reaktionszeit des Interrupts verzögert.

Vgl. Programmiertechniken.

Port

Datentor, über das ein Mikroprozessor Daten ausgeben und einlesen kann.

Port, Verbindung zum Mikroprozessor

Der Port ist dazu über den Datenbus mit dem Mikroprozessor verbunden. Außerdem führt eine Steuerleitung vom Mikroprozessor zum Port. Über diese Steuerleitung kann das Tor geöffnet werden, wenn der Mikroprozessor Daten ausgeben oder einlesen will. Besitzt ein Computer mehrere Ports, so müssen die einzelnen Ports zusätzlich über Selektiersignale angesteuert werden, damit immer nur ein Port geöffnet wird. Diese Selektiersignale werden aus dem Adreßbus über eine Dekodierlogik gewonnen, da der Mikroprozessor die einzelnen Ports über den Adreßbus auswählt.

Port, Verbindung zur Peripherie

Auf der anderen Seite stellen die Ports die Verbindung zu den Peripheriegeräten her. Diesen stellen sie die Daten, die vom Mikroprozessor nur kurzzeitig ausgegeben werden, dauerhaft zur Verfügung. Daten, die von den Peripheriegeräten in den Computer eingegeben werden sollen, nehmen die Ports entgegen und reichen sie an den Mikroprozessor weiter, sobald dieser den Port liest.

Port, Datenausgabe

Die Ausgabe von Daten über einen Port führen die Mikroprozessoren auf Grund eines Ausgabebefehls aus. Soll ein solcher Ausgabebefehl abgearbeitet werden, so wählt der Mikroprozessor

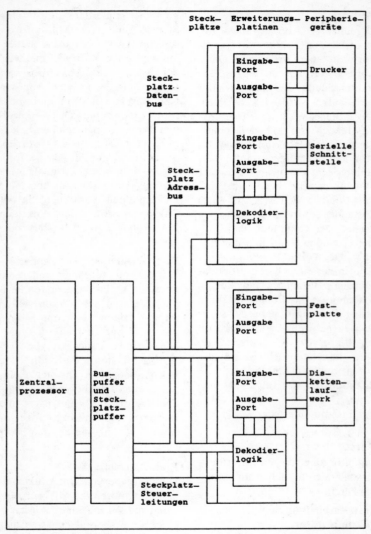

Anschluß verschiedener Peripheriegeräte über Ports an den Zentralprozessor eines PCs

zunächst über den Adreßbus den Port aus, über den er ausgeben will. Die Adresse des Ports muß im Ausgabebefehl mit angegeben werden. Der Mikroprozessor legt dann auf den Datenbus das Datenbyte, das er ausgeben will, und öffnet anschließend den Port. Der Port übernimmt das Datenbyte und schaltet es auf das Peripheriegerät. Der Mikroprozessor kann danach den Port wieder schließen und den nächsten Befehl abarbeiten. Das ausgegebene Datenbyte bleibt bis zum nächsten Ausgabebefehl am Ausgang des Ports stehen.

Port, Dateneingabe

Zur Dateneingabe legt ein Peripheriegerät ein Datenbyte auf ein Eingabeport. Der Mikroprozessor kann dieses Datenbyte durch einen Eingabebefehl lesen. Arbeitet er solch einen Befehl ab, so wählt er über den Adreßbus den Port aus, den er lesen will. Die Adresse des Ports muß im Eingabebefehl mit angegeben werden. Das Datenbyte am ausgewählten Port liest der Mikroprozessor anschließend über den Datenbus, indem er den Port öffnet. Danach wird der Port wieder geschlossen. Vgl. Mikroprozessor.

portable Programme

Programme, die auf verschiedenen Computern ohne größere Programmänderungen zum Lau-

fen gebracht werden können. Programme in höheren Programmiersprachen sind portabel, wenn ein Compiler für die benutzte Programmiersprache auf verschiedenen Computern zur Verfügung steht. Programme, die in Assembler geschrieben sind, sind jedoch nur portabel, wenn die verschiedenen benutzten Computer gleiche Mikroprozessoren benutzen und die Peripheriegeräte über gleiche Adressen ansprechen. Vgl. Programmiersprachen.

POS
→Basic-Befehle

Potenzierung
→Logarithmus

Prefetchspeicher
→Mikroprozessor

Presentation Manager

Dienstprogramm des Betriebssystems OS/2, über das mehrere gleichzeitig laufende Programme bedient werden können.

Presentation Manager, Arbeitsweise

Mit Hilfe des Presentation Managers können mehrere →Fenster auf dem Bildschirm eröffnet werden. In je einem solchen Fenster kann die Bildschirmausgabe eines laufenden Programms angezeigt werden. Unter OS/2 können mehrere solcher Programme im →Multitaskbetrieb betrieben werden. Auf diese Weise ist es z. B. möglich, in einem Fenster die Tabelle eines Tabellenkalkulationsprogramms abzubilden. In einem zweiten Fenster kann dann die grafische Darstellung der Tabelle erfolgen. Werden anschließend Tabellenwerte im ersten Fenster verändert, so ändert sich auch die grafische Darstellung im zweiten Fenster. Die Befehle zum Ändern der Tabellenwerte können mit einer →Maus aus einem →Menü ausgewählt werden. Voraussetzung für dieses Beispiel ist aber, daß das Tabellenkalkulationsprogramm für den Multitaskbetrieb geeignet ist. Der Presentation-Manager wird auch als die grafische Benutzeroberfläche von OS/2 bezeichnet.

Presentationmanager, Sessionmanager

Der Presentation-Manager ist erheblich komfortabler als der Session-Manager, über den das Betriebssystem OS/2 ebenfalls bedient werden kann. Beim Session-Manager kann jedoch nur jeweils eine Session auf dem Bildschirm angezeigt werden. Der Presentation-Manager löst deshalb den Session-Manager ab, mit dem das Betriebssystem OS/2 in der Anfangszeit ausgeliefert wurde. Vgl. OS/2.

Presentationsschicht
→Schichtenmodell

PRESET
→Basic-Befehle

PRINT
1. →MS-DOS-Kommando
2. →Basic-Befehle

Printscreentaste
→Hardcopy

Priorität
Rangfolge, mit der die einzelnen Programme beim →Multitaskbetrieb bearbeitet werden.

PRN
Name des Druckers als →Peripheriegerät.

problemorientierte Programmiersprache
→Programmiersprache

PROCEED
→DEBUG-Befehle

Programm
Folge von Befehlen, durch die in einem Computer eine bestimmte Aufgabe gelöst wird.
Ein Programm wird von einem Programmierer in einer Programmiersprache formuliert und in den Computer eingegeben. Anschließend wird das Programm in die Maschinensprache des Computers übersetzt. Ein solches Programm kann dann in den Arbeitsspeicher

des Computers geladen und Befehl für Befehl vom Mikroprozessor des Computers abgearbeitet werden.

Programm, Aufgabe

Die Aufgabe eines Programms besteht darin, →Daten zu verarbeiten. Die Bearbeitung der Daten erfolgt in Speicherplätzen des Arbeitsspeichers. Diese Speicherplätze nennt man auch →Variable, weil während der Bearbeitung ständig andere Werte in diesen Variablen gespeichert sind. Die Bearbeitung der Daten in den Variablen erfolgt durch →Befehle.

Befehle

Die Befehle werden in einer Programmiersprache formuliert und anschließend von einem Mikroprozessor ausgeführt. Es gibt Befehle für verschiedene Zwecke. Zunächst müssen in einem Programm Daten aus Peripheriegeräten in die Variablen eingelesen werden. Dazu werden →Eingabebefehle benutzt. Mit →arithmetischen Befehlen werden die eingelesenen Daten in den Variablen verknüpft und Ergebnisse errechnet. Die Ergebnisse werden in weiteren Variablen gespeichert und anschließend über →Ausgabebefehle ausgegeben. Um Programmteile wiederholt ausführen zu können, werden außerdem →Sprungbefehle benötigt, durch die z.B. vom Ende eines Pro-

grammteils an den Anfang zurückgesprungen werden kann.

spezielle Befehle

Um die Erstellung bestimmter Programmstrukturen noch weiter zu erleichtern, können in Programmen weitere Befehlsgruppen benutzt werden. Zu diesen Befehlsgruppen gehören die Schleifenbefehle, die →Stringbefehle, die →Unterprogrammbefehle, die →logischen Befehle, die →Schiebebefehle und die →Vergleichsbefehle.

Deklaration

Die bisher beschriebenen Befehle sind ausführbare Befehle, die vom Programmierer formuliert und vom Mikroprozessor ausgeführt werden. Dazwischen liegt aber noch die Übersetzung des Programms aus der Programmiersprache, in der es geschrieben wurde, in die Maschinensprache des Mikroprozessors. Die Übersetzung besorgt ein Compiler, Interpreter oder Assembler. Für diese Übersetzung müssen in den Übersetzungsprogrammen Angaben gemacht werden, wie die Übersetzung ausgeführt werden soll. Dies erfolgt im Deklarationsteil eines Programms durch Deklarationsbefehle. Die Deklarationsbefehle werden aber nicht mit in Maschinensprache übersetzt. Durch die Deklarationsbefehle werden z.B. die Namen der Varia-

blen festgelegt, die im Programm
benutzt werden sollen.
Vgl. PC.

Programmabbruch

Beenden eines Programms im
Fehlerfalle. Auf PCs kann ein
Programm durch die Tastenkombination CTRL-BREAK abge-
brochen werden; es erfolgt dann
automatisch ein Rücksprung ins
Betriebssystem. Ist ein solcher
Rücksprung nicht vorgesehen, so
kann ein Abbruch auch durch eine spezielle Taste oder Tastenkombination – programmspezi-
fisch – erfolgen.
Durch Betätigen der Tastenkombination CTRL-ALT-DEL wird
das laufende Betriebssystem abgebrochen und ein neues Betriebssystem vom Massenspeicher
geladen (→Warmstart).
Vgl. Fehler.

Programmablaufplan

→Flußdiagramm

Programmbibliothek

→Bibliothek

programm-counter

→Programmzähler

Programmdatei

→Datei, die ein Programm enthält.

Programmfehler

Fehler in einem Programm, der
dazu führt, daß das Programm seine Aufgabe nicht in der Form erfüllt, wie dies gewünscht ist.
Vgl. Fehler.

Programmieren

1. Erstellen von →Programmen.
2. Beschreiben von →EPROMS
   mit Information

Programmiergerät

Vorrichtung zum Beschreiben von
→EPROMS. Das Beschreiben
von EPROMS bezeichnet man
auch als Programmieren.

Anwendung

Viele Programmiergeräte besitzen
eine serielle Schnittstelle, über die
sie an einen PC angeschlossen
werden können. Dann können
Programme, die auf PCs entwickelt wurden, in EPROMS programmiert werden.
Vgl. Systemerweiterung.

Programmierpaket

Programmsammlung, die zum
Entwickeln von Programmen benutzt werden kann. Eine solche
Programmsammlung besteht aus
einem Editor, einem Übersetzungsprogramm, einem Linker
und einer Unterprogrammbibliothek. Das Übersetzungsprogramm
ist je nach Programmiersprache
ein Compiler, Interpreter oder

Assembler. Editor, Linker und Unterprogrammbibliothek sind in ihrer Arbeitsweise auf dieses Übersetzungsprogramm abgestimmt und können daher leistungsfähiger arbeiten als allgemein formulierte Programme. Programmierpakete werden auch als Programmiersysteme oderEntwicklungspakete bezeichnet.

Programmierpakete, spezielle

Für die verschiedenen Programmiersprachen werden neben reinen Compilern eine Reihe von Programmierpaketen angeboten. Die Impulse hat dabei besonders die Firma →Borland mit ihren Turbo-Produkten Turbo-Pascal, Turbo-Basic, Turbo-C und Turbo-Prolog gesetzt. Vergleichbare Produkte bietet die Firma →Mikrosoft unter den Namen Quick-Basic und Quick-C an. Vgl. Programmiersprachen.

Programmiersprachen

Künstliche Sprachen, die entwickelt wurden, um die Aufgaben zu beschreiben, die von Computern gelöst werden sollen. Eine Programmiersprache besteht aus Befehlen, die ein Computer ausführen kann. Die Befehle nennt man auch Anweisungen oder Instruktionen. Alle möglichen Befehle, die in einer Programmiersprache formuliert werden können, nennt man auch den Befehlssatz der Programmiersprache.

Programmiersprache, Maschinensprache

Die Programme, die von einem Programmierer in einer beliebigen Programmiersprache geschrieben sind, müssen durch ein Übersetzungsprogramm in die →Maschinensprache des Mikroprozessors übersetzt werden. Nur in der Maschinensprache können die Programme ausgeführt werden. Diese Maschinensprache setzt sich aus binär verschlüsselten Befehlsbytes zusammen, die der Mikroprozessor aus dem Arbeitsspeicher des Computers laden, auswerten und ausführen kann. Die Maschinensprache ist gewissermaßen die Programmiersprache des Mikroprozessors. Kleinere Programme lassen sich sogar direkt in Maschinensprache schreiben und in einzelnen Bytes des Arbeitsspeichers abspeichern. Dies ist jedoch ein sehr mühsames Verfahren, das sehr leicht zu Fehlern führt, wenn man die Bedeutung eines Bits übersieht.

Programmiersprache, symbolische

Man verwendet daher zur Erstellung der Programme Programmiersprachen, in denen die Befehle durch symbolische Wörter dargestellt werden. Solche symbolische Wörter können z.B. ADD

Programmiersprachen				
		Symbolische Programmiersprachen		
			Höhere Programmiersprachen	
	Maschinensprache	Assemblersprache	Interpretersprache	Compilersprache
Anwendung	Alle Programme werden zur Ausführung in Maschinensprache übersetzt	Erstellung von Programmen für zeitkritische Anwendungen	Kurzfristige Erstellung von Programmen, Erstellung von Expertensystemen	Erstellung komplexer Programme
Sprache	8088-Mikroprozessor-Befehlscode 80286-Mikroprozessor-Befehlscode	8088-Assemblersprache 80286 Assemblersprache	GWBasic BasicA Forth Lisp Prolog	Quick-Basic Turbo-Basic Turbo-Pascal C Cobol Fortran Modular-2 PL/M Occam Pearl PL/M
Programm zur Übersetzung in Maschinensprache		Assembler	Interpreter	Compiler
Häufig benutzte Übersetzungsprogramme und ihre Hersteller		Makroassembler, Mikrosoft. ASM86, Intel.	GWBasic, Mikrosoft BasicA, IBM.	Quick-Basic, Mikrosoft. Turbo-Basic, Borland. Turbo-Pascal, Borland.

oder SUB sein. ADD oder SUB sollen dann andeuten, daß es sich um einen Additions- oder Subtraktionsbefehl handelt. Neben den symbolischen Wörtern werden auch symbolische Zeichen wie + und - verwendet. Programmiersprachen, in denen die Befehle aus symbolischen Wörtern und Zeichen gebildet werden, nennt man auch symbolische Programmiersprachen.

Programmiersprache, Assembler
Symbolische Programmiersprachen, die mehr an die Maschinensprache der Mikroprozessoren an-

Höherer Programmiersprachen			
Sprache	Übersetzungs-programm	Hersteller	Anwendung und Besonderheiten
Basic	BasicA	IBM	Interpreter. Einsatz auf orginal IBM-PCs.
Basic	GWBasic	Mikrosoft	Interpreter. Einsatz auf kompatibelen PCs.
Basic	Quick-Basic	Mikrosoft	Programmierpaket mit Compiler.
Basic	Turbo-Basic	Borland	Programmierpaket mit Compiler.
C	MS-C	Mikrosoft	Compiler
C	Quick-C	Mikrosoft	Programmierpaket mit Compiler.
C	Turbo-C	Borland	Programmierpaket mit Compiler.
Cobol	MS-Cobol	Mikrosoft	Compiler
Fortran	MS-Fortran	Mikrosoft	Compiler
Forth	Forth		Interpreter
Lisp	Golden-Common-Lisp		Interpreter
Modular-2	JPI-Topspeed-Modular-2		Programmierpaket mit Compiler.
Occam	Occam	Inmos	Compiler für Transputerprogramme.
Pascal	Turbo-Pascal	Borland	Programmierpaket mit Compiler.
Pascal	MS-Pascal	Mikrosoft	Compiler
Pearl	Pearl		Prozeßsteuerung
PL/M	PL/M86	Intel	Compiler
Prolog	Turbo-Prolog	Borland	Programmierpaket mit Interpreter.

gelehnt sind und nur die Formulierung einzelner Maschinensprachebefehle durch Symbole erlauben, nennt man auch Assemblersprachen oder →Assembler.

In Assemblersprachen wird jeweils ein Maschinensprachebefehl durch einen Assemblerbefehl ersetzt. Der Assemblerbefehl besteht jedoch nicht aus binär ver-

383

schlüsselten Befehlsbytes, sondern aus symbolischen Ausdrükken. Ein Assemblerbefehl ist z.B.:
ADD AL,05
Dieser Befehl addiert zum Register AL die Zahl 5.

Programmiersprachen, höhere

Symbolische Programmiersprachen, die dagegen mehr an die menschliche Denkweise angepaßt sind, nennt man höhere Programmiersprachen. In diesen Sprachen lassen sich Befehle formulieren, die mehrere Maschinensprachebefehle in einem Befehl zusammenfassen. Höhere Programmiersprachen kann man auf den ersten Blick an der formelmäßigen Beschreibung von arithmetischen Befehlen erkennen. Ein arithmetischer Befehl ist z.B.:
SUMM:=A+B.

Programmiersprachen, Compilersprache

Höhere Programmiersprachen lassen sich nocheinmal in Compilersprachen und Interpretersprachen unterteilen. Programme in Compilersprachen werden vor ihrer Ausführung komplett in Maschinensprache übersetzt. Das übersetzte Programm wird auf einem Massenspeicher zwischengespeichert und kann danach jederzeit in den Arbeitsspeicher geladen und ausgeführt werden. Das Programm, das die Überset-

zung der Programmiersprache ausführt, nennt man auch →Compiler. Zu dem Compiler gehört noch ein Linker, der das übersetzte Programm mit Unterprogrammen zusammenbindet, die z.B. die Eingabe und Ausgabe von Daten besorgen. Compilersprachen sind z.B. →Pascal, →Fortran, →PL/M und →Cobol, aber auch →Quick-Basic.

Programmiersprache, Interpretersprachen

In Interpretersprachen wird ein Programm dagegen in der Form gespeichert, in der es eingegeben wurde. Zur Ausführung des Programms wird dann jeweils ein Befehl übersetzt und ausgeführt. Das verwendete Übersetzungsprogramm nennt man →Interpreter. Ein Interpreter hat gegenüber einem Compiler den Vorteil, daß er nach einer Programmänderung nicht das gesamte Programm neu zu übersetzen braucht. Ein Interpreter kann daher einen geänderten Befehl sofort ausführen. Ein ausgetestetes Programm, das von einem Compiler übersetzt wurde, läuft jedoch wesentlich schneller als ein Programm, das unter der Kontrolle eines Interpreters abläuft, weil der Interpreter jeden Befehl vor seiner Ausführung erst noch einmal übersetzen muß. Interpretersprachen sind z.B. →GW-Basic, →BasicA, →Forth und →Prolog.

Programmiersprache, Basic

Zum Lieferumfang des Betriebssystems MS-DOS gehört ein Interpreter für die Programmiersprache →Basic. Deshalb wird jeder Benutzer eines PCs als erstes mit der Programmiersprache Basic konfrontiert. Basic ist eine höhere Programmiersprache, die sich durch ihre einfache Struktur leicht erlernen läßt. Sie eignet sich gut für den Einstieg in die Programmierung. Stellt sich später heraus, daß der mitgelieferte Basic-Interpreter zu langsam arbeitet, so kann ein Basic-Compiler angeschafft werden. Die mit Hilfe des Interpreters entwickelten Programme können dann durch den Compiler in ein ausführbares Maschinenprogramm übersetzt werden.

Programmiersprachen, Pascal

Noch beliebter als Basic ist die Programmiersprache →Pascal, genauer gesagt Turbo-Pascal. Turbo-Pascal ist eine Compilersprache, die von der Firma Borland aus der Sprache Pascal speziell für PCs weiterentwickelt wurde. Die Firma Borland bietet auch ein →Programmierpaket für Turbo-Pascal an, das aus einem speziellen Editor, einem Compiler und einem Linker besteht. Der Editor ist speziell auf die Eingabe von Turbo-

Pascal-Programmen zugeschnitten, so daß solche Programme besonders übersichtlich eingegeben werden können. Der Compiler ist einerseits auf eine hohe Übersetzungsgeschwindigkeit getrimmt. Andererseits werden bei der Übersetzung aber auch Maschinenspracheprogramme erzeugt, die sehr schnell ablaufen. Dies ist nicht selbstverständlich, denn Programme in höheren Programmiersprachen laufen bestenfalls genausoschnell ab wie ein direkt in Assemblersprache geschriebenes Programm. Gerade dieses Ziel zu erreichen ist aber die hohe Kunst der Compilerentwicklung.

Modula-2

Eine Programmiersprache, die aus Pascal hervorgegangen ist, ist →Modula-2. Das Besondere an Modula-2 sind die erweiterten Möglichkeiten zur Modularisierung von Programmen. Modula-2 ist eine Compilersprache.

Expertensysteme und Künstliche Intelligenz

Die Programmiersprache →Prolog ist eine Interpretersprache. Sie eignet sich besonders gut zur Formulierung von →Expertensystemen und Programmen der →Künstlichen Intelligenz, da sich der verwendete Befehlssatz in dieser Sprache vom Programmierer festlegen läßt. Weitere Programmiersprachen, die sich für diese Zwecke eignen, sind →Forth und →Lisp. Beide Sprachen haben aber keine so weite Verbreitung gefunden wie Prolog.

Prozeßsteuerung, Echtzeitverarbeitung

Eine Programmiersprache, die besonders gut zur Programmierung von →Prozeßsteuerungen geeignet ist, ist →Pearl. Pearl läßt sich auch gut für die →Echtzeitverarbeitung einsetzen.

Transputer

Auf PCs können auch Programme für →Transputer entwickelt werden. Dafür ist die Programmiersprache →Occam geeignet, da diese Programmiersprache auch die →Parallelverarbeitung der Transputer besonders gut unterstützt.

Programmiersprachen, maschinennahe

Trotz der Vielzahl höherer Programmiersprachen muß man für bestimmte Anwendungen auf die Programmiersprache →Assembler zurückgreifen. Das ist immer dann sinnvoll, wenn an ein Programm sehr harte Anforderungen an die Rechengeschwindigkeit gestellt werden. Dann können besonders zeitkritische Programme in einem Unterprogramm untergebracht werden. Das Unterprogramm wird dann in Assembler geschrieben, während das übrige Programm in einer höheren Programmiersprache erstellt wird. Nach der getrennten Übersetzung durch Compiler und Assembler werden beide Programmteile durch einen →Linker zusammengebunden und anschließend auf einem Massenspeicher gespeichert. Danach kann das Programm in den Arbeitsspeicher geladen und ausgeführt werden.

Eine weitere Anwendung für Assemblerprogramme findet sich in der Systemprogrammierung. Hier lassen sich besonders durch Aufruf der →Interruptroutinen mit einfachen Mitteln sehr schnell kleinere Programme realisieren. Die Entwicklung solcher Programme kann ohne Anschaffung zusätzlicher Übersetzungsprogramme mit Hilfe der →Debug-Eingabeumleitung erfolgen. Dabei wird das Diensprogramm →Debug als Assembler benutzt.

C

Assemblernahe Programme, die unabhängig von einem Computer formuliert werden sollen, können in der Programmiersprache →C erstellt werden. Bei der Programmiersprache C handelt es sich um eine Compilersprache, die sehr viel Freiheit im Programmierstil erlaubt.

Programmiersprachen, verschiedene

Neben den besonders häufig benutzten Programmiersprachen

→Basic und →Pascal können auf PCs eine Vielzahl von verschiedenen Programmiersprachen eingesetzt werden. Für PCs existieren Interpreter und Compiler für folgende Programmiersprachen:

→ADA, →Algol, →C, →Cobol, →Fortran, →Forth, →Lisp, →Modular-2, →Occam, →Pearl, PL/1, →PL/M und →Prolog.

Die Compiler und Interpreter für diese Sprachen kommen auch dann zum Einsatz, wenn ein Programm benutzt werden soll, das bereits auf einem anderen Computer existiert. Dieses Programm kann dann mit Hilfe eines entsprechenden Compilers für den PC übersetzt und anschließend auf dem PC benutzt werden. Die Eigenschaft, Programme von einem Computer zum anderen "tragen" zu können, bezeichnet man auch als Portabilität der Programme. Programme in höheren Programmiersprachen sind meistens portabel, während Programme in Assembler oder Maschinensprache an den Zentralprozessor des Computers gebunden sind. Oftmals werden aber auch spezielle Programmiersprachen ausgewählt, weil sie für die Beschreibung einer Aufgabenstellung besonders gut geeignet sind, oder weil sie dem Programmierer von vorherigen Aufgabenstellungen vertraut sind. Vgl. PC.

Programmiersystem
→Programmierpaket

Programmiertechniken
Spezielle Verfahren zur Erstellung von Programmen mit besonderen Eigenschaften. Die Programmiertechniken sind z.B. darauf abgestimmt, besonders übersichtliche Programme zu erstellen. Andere Programmiertechniken führen zu einer kurzen Programmierzeit oder zu einer kurzen Ausführungszeit der Programme. Auch den Geräteaufwand zu optimieren kann Ziel von Programmiertechniken sein.

allgemeine Programmiertechniken
Es gibt allgemeine Programmiertechniken, die sich in jedem Programm anwenden lassen.

strukturierte Programmierung
Ein allgemeines Verfahren ist z.B. die →strukturierte Programmierung. Durch die strukturierte Programmierung lassen sich besonders übersichtliche Programme erstellen.

Software-Engineering
Zu den allgemeinen Programmiertechniken gehört auch das →Software-Engineering. Dieses Verfahren beschreibt die systematische Entwicklung von Programmen.

387

spezielle Programmiertechniken

Neben den allgemeinen Programmiertechniken gibt es auch spezielle Techniken, die jeweils die Lösung eines ganz speziellen Problems beschreiben.

Rekursion

Ein solches Verfahren ist z.B. die →Rekursion. Die Rekursion beschreibt die Programmierung von Vorgängen, die wiederholt ausgeführt werden sollen.

Polling

Auch das →Polling ist ein spezielles Verfahren. Es dient z.B. dazu, auf ein Peripheriegerät zu reagieren, ohne den Interrupt zu benutzen.

Sortierverfahren

Zum Sortieren von Daten in großen Datenbeständen sind besonders leistungsfähige →Sortierverfahren entwickelt worden. Diese Sortierverfahren werden z.B. eingesetzt, um Datenbestände zu sortieren, in denen einzelne Daten oft gesucht werden müssen. In sortierten Datenbeständen lassen sich dann einzelne Daten schneller finden als in unsortierten.

Vgl. PC.

Programmschleife

Teil eines Programms, der mehrfach in gleicher Weise durchlaufen wird. Dabei kann es sich um einen einzelnen Befehl handeln, der immer wieder aufgerufen wird. Eine Schleife kann aber auch aus mehreren Befehlen bestehen, die immer wieder durchlaufen werden. Am Ende dieser Befehle steht dann ein Sprungbefehl, der einen Rücksprung an den Anfang der Schleife veranlaßt.

Endlosschleife

Handelt es sich bei diesem Sprung um einen unbedingten Sprungbefehl, so kann die Schleife nicht mehr verlassen werden. Man spricht dann auch von einer Endlosschleife. Endlosschleifen können aber z.B. durch einen Interrupt unterbrochen werden. Sie dienen dazu, auf einen Interrupt zu warten.

beendbare Schleife

Eine Schleife kann aber auch durch einen bedingten Sprungbefehl geschlossen werden. Dann wird die Schleife bei einer bestimmten Bedingung verlassen. Solche Schleifen können ebenfalls benutzt werden, um auf ein bestimmtes Ereignis zu warten.

Anwendungen

Außer zum Warten auf Interrupts oder programmexterne Ereignisse können Programmschleifen benutzt werden, um etwas zu zählen oder um bestimmte Programmteile repetierend ausführen zu lassen. Gerade in diesem repetieren-

den Ausführen von Programmteilen liegt die Stärke von Computern, da sie einen einmal formulierten Rechnungsgang mit hoher Rechengeschwindigkeit vielfach wiederholen können.
Vgl. Programm.

Programmstatusregister

Register eines Mikroprozessors, in dem Information über den Zustand des Mikroprozessors gespeichert ist.

Das Programmstatusregister wird auch Statusregister genannt. Die Information im Statusregister wird Statuswort, Programmstatuswort oder PSW genannt. Das Programmstatuswort besteht aus mehreren Statusbits, in denen jeweils der Zustand einer Baugruppe oder einer Funktion des Mikroprozessors gespeichert ist. Das Carrybit z.B. enthält nach einer Addition mit Übertrag eine 1 und nach einer Addition ohne Übertrag eine 0.

PSW der PCs

Die Mikroprozessoren 8088 und 80286 im PC-XT bzw. PC-AT besitzen ein 16 Bit breites Programmstatusregister. Der 80386 verfügt sogar über ein 32-Bit-Register. Bei allen drei Prozessoren werden die unteren 8 Bit für Zustände benutzt, die aus arithmetischen Operationen resultieren. Dazu gehören das

→Carrybit, das →Paritybit, das →Auxiliarybit, das →Zerobit und das →Overflowbit. Die übrigen Bits werden nicht vom Rechenwerk des Mikroprozessors beeinflußt, sondern können durch spezielle Befehle gesetzt oder gelöscht werden, um den weiteren Programmablauf gezielt zu beeinflussen. Dazu gehören das →Trapflag, das →Interruptflag und das →Directionflag.
Vgl. Mikroprozessor.

Programmstatuswort

→Programmstatusregister

Programmunterbrechung

→Interrupt

Programmzähler

Register im Mikroprozessor. Der Programmzähler wird auch Befehlszähler oder instruction pointer genannt. Er speichert jeweils die Adresse des Befehls, der gerade vom Mikroprozessor ausgeführt wird. Vgl. Mikroprozessor.

Prolog

Abk. für programming in logic. Prolog ist eine problemnahe höhere Programmiersprache. Dies wird auch besonders dadurch erreicht, daß der Programmierer die verwendeten Befehle selbst definieren kann. Die definierten Befehle werden von einem Interpreter übersetzt und ausgeführt. Bei Prolog handelt es sich damit um eine Interpretersprache.

Anwendung

Da Prolog problemnahe Programmierung besonders gut unterstützt, ist es gut zur Programmierung von →Expertensystemen geeignet. Für das jeweilige Wissensgebiet, das in dem Expertensystem gespeichert und verwaltet werden soll, kann dann vom Programmierer ein zugeschnittener Befehlssatz definiert werden. Auch zur Formulierung von Problemen der →Künstlichen Intelligenz ist Prolog gut geeignet.

Turbo-Prolog

Es handelt sich dabei um eine spezielle Version der Programmiersprache Prolog. Für diese spezielle Version wird von der Firma Prolog Development Center in Dänemark ein sehr leistungsfähiges →Programmierpaket angeboten. Dieses Programmierpaket besteht aus einem Editor, einem Interpreter und einer Unterprogrammbibliothek.

Vgl. Programmiersprachen.

PROM

→ROM

PROMPT

1. →MS-DOS-Kommandos
2. Andere Bezeichnung für Bereitschaftszeichen. Das Bereitschaftszeichen signalisiert die Eingabebereitschaft des Kommandointerpreters für einen neuen Befehl. Beim Kommandointerpreter COMMAND.COM wird standardmäßig der Laufwerksbuchstabe des aktuellen Laufwerks, gefolgt von der spitzen Klammer, als Bereitschaftszeichen verwendet. Das Bereitschaftszeichen kann aber mit Hilfe des →MS-DOS-Kommandos PROMPT neu definiert werden. Vgl. Betriebssystem.

Proportionalschrift

Schriftart von Druckern, bei der jedes Zeichen soviel Platz einnimmt, wie es von seiner Breite her benötigt. Vgl. Drucker.

Protokoll

1. Aufzeichnung über Vorgänge, die in einem Computer abgelaufen sind. Dazu können z.B. über einen Drucker alle Tastatureingaben und alle Bildschirmausgaben aufgezeichnet werden.

2. Vereinbarungen über das Übertragungsformat auf Datenfernübertragungs-Leitungen und Rechnernetzen. Damit sich die Teilnehmer eines Rechnernetzes untereinander verstehen können, ist es nötig, daß ein einheitliches →Kommunikationsprotokoll verwendet wird.

Vgl. Rechnernetze.

Protected-Mode
→Real-Mode

Prozedur
Andere Bezeichnung für einen Teil eines Programms oder für ein →Unterprogramm.

Prozessor
Andere Bezeichnung für →Mikroprozessor.

Prozeß
→Multitaskbetrieb

Prozeßrechner
Computer, der seine Information direkt aus technischen Einrichtungen erhält und mit seinen errechneten Ergebnissen auch wieder technische Einrichtungen steuert. Eine technische Einrichtung kann dabei z.B. aus mehreren Kesseln bestehen, deren Temperatur und Druck gemessen und dem Computer zugeführt werden. Der Computer wertet die Temperaturen und Drücke aus und steuert z.B. einen Kompressor, der den Druck der einzelnen Kessel verändern kann.

Anwendung
Auch PCs können als Prozeßrechner verwendet werden, wenn sie mit geeigneten Erweiterungsplatinen aufgerüstet werden. Dazu werden z.B. A/D-Converterplatinen benutzt. Normalerweise kommen als Prozeßrechner jedoch spezielle Computer zum Einsatz. Vgl. Systemerweiterung.

Prozeßsteuerung
Steuerung und Regelung technischer Einrichtungen. Bei der Prozeßsteuerung werden bestimmte Betriebsdaten einer Einrichtung gemessen und mit Sollwerten verglichen. Bei Abweichungen der Betriebsdaten von den Sollwerten werden die Betriebsdaten mit Hilfe von Steuergliedern nachgeregelt.

Prozeßsteuerung, Anwendung
Eine technische Einrichtung ist z.B. ein Kessel, der die Betriebsdaten Temperatur und Druck besitzt. Ein Steuerglied, über das Temperatur und Druck beeinflußt werden können, ist z.B. ein Ventil für die Brennstoffzufuhr. Die Steuerung der Brennstoffzufuhr in Abhängigkeit von Temperatur und Druck kann auch durch einen Computer realisiert werden. Einen entsprechenden Computer bezeichnet man auch als Prozeßrechner. Auch PCs können als Prozeßrechner nachgerüstet werden.
Vgl. Systemerweiterung

Prüfbit
→Paritybit

Prüfsumme
→Paritybit

PSW
→Programmstatusregister

PS/2
Name einer Computerfamilie, die
von der Firma IBM entwickelt
wurde. Die Computer dieser Familie sind kompatibel zum PC-AT
mit seinem 80286-Mikroprozessor.
Sie wurden aber entwickelt, um
mit Hilfe des Betriebssystems
BS/2 Multitaskbetrieb zu ermöglichen. In dieser Betriebsart können auf einem Computer mehrere
Programme gleichzeitig ablaufen.
Das Betriebssystem BS/2 besitzt
jedoch auch eine Betriebsart, in
der nur jeweils ein Programm bearbeitet werden kann. Diese Betriebsart heißt Real-Mode. Im
Real-Mode können alle unter MS-
DOS entwickelten Programme
benutzt werden. Programme, die
für den Multitaskbetrieb geeignet
sein sollen, müssen jedoch besondere Eigenschaften aufweisen, die
nicht alle MS-DOS-Programme
besitzen. Das Betriebssystem BS/2
wurde von der Firma Mikrosoft
für die PS/2-Computer entwickelt.
Das gleiche Betriebssystem wird
aber auch von Mikrosoft unter
dem Namen →OS/2 direkt vertrieben. Auf diese Weise kann das
Betriebssystem OS/2 auch auf PC-
ATs benutzt werden.

PS/2 Mikrochannel
Technisch unterscheiden sich die
Computer der PS/2-Serie
hauptsächlich durch den →Mikro-
channel von den PCs. Der Mikrochannel ersetzt den Steckplatzbus
der PCs. Er wird durch einen Kanalcontroller angesteuert, der die
Signale für die Steckplätze erzeugt. Der Kanalcontroller übernimmt bei den PS/2-Geräten
einerseits die Funktion des Steckplatzpuffers, indem er die Bussignale für den Steckplatzbus erzeugt. Andererseits übernimmt er
aber auch die Funktion der Ports,
die bei den PCs bereits auf
den Erweiterungsplatinen sitzen.
Während bei den PCs der Zentralprozessor jedes einzelne aus-
zugebende Byte aus dem Arbeitsspeicher holen und in den Port
schreiben muß, braucht der Kanalcontroller vom Zentralprozessor nur angestoßen zu werden.
Zum Anstoßen übermittelt der
Zentralprozessor dem Kanalkon-
troller nur die Information, welche Bytes ausgegeben werden sollen. Die Datenübertragung aus
dem Arbeitsspeicher auf den Mikrokanal übernimmt dann der Kanalcontroller selbständig. Auf diese Weise können ganze
Speicherbereiche von Peripheriegeräten eingelesen oder an Peripheriegeräte ausgegeben werden,
ohne den Zentralprozessor zu be-
lasten.

PS/2 Familienmitglieder

Die PS/2 Computerfamilie besteht aus fünf Familienmitgliedern. Dazu gehören die Modelle 30, 50, 60, 70 und 80. Die Modelle besitzen unterschiedliche Zentralprozessoren und sind damit auch unterschiedlich leistungsfähig. Auch die Kanaltechnik ist auf den verschiedenen PS/2-Systemen ganz unterschiedlich gelöst.

PS/2 Modell 30

Das PS/2-Modell 30 benutzt einen 8086-Mikroprozessor als Zentralprozessor. Einen Mikrokanal besitzt dieses Modell überhaupt nicht. Die Ein- und Ausgabe wird hier über Ports realisiert, die mit den Steckplätzen der PCs kompatibel sind. Aber dieses Modell gehört eigentlich allein schon durch seinen 8086-Mikroprozessor eher in die Reihe der PC-XTs als in die Reihe der PS/2-Systeme. In die Familie der PS/2-Systeme ist dieses Modell unter anderem aufgenommen worden, um auch in dieser Familie ein Gerät zu haben, das auch von seinen Steckplätzen her zu den PCs kompatibel ist.

PS/2-Modelle 50 und 60

Das nächsthöhere Modell 50 dagegen besitzt für die Ein- und Ausgabe schon eine voll ausgeprägte Kanalarchitektur. Über den gleichen Mikrochannel verfügt auch das Modell 60. Da beide Modelle den 80286-Mikroprozes-sor als Zentralprozessor benutzen, ist der Mikrokanal für diese beiden Systeme auch mit einem 16 Bit breiten Datenbus ausgestattet.

PS/2-Modell 70

Das Modell 70 benutzt ebenfalls einen 16-Bit-Datenbus. Es kommt jedoch kein 80286-Mikroprozessor, sondern eine spezielle Version des 80386 zum Einsatz. Dieser Mikroprozessor trägt den Namen 80386 V. Er verfügt intern über eine Struktur wie der 80386-Mikroprozessor. Sein Bussystem ist aber an den 80286 angepaßt.

PS/2-Modell 80

Das Flaggschiff der PS/2-Computerfamilie ist das Modell 80. Es hat einen 80386 Mikroprozessor als Zentralprozessor und ist daher mit einem 32 Bit breiten Datenbus ausgestattet. Deshalb besitzt auch der Mikrokanal auf diesem System einen 32 Bit breiten Datenbus. Außerdem ist der Mikrokanal des Modells 80 in der Lage, mit zwei verschiedenen Zugriffszyklen auf Peripherieeinheiten zuzugreifen. Über den Basic Transfer Bus Cycle verfügen auch die Modelle 50 und 60. Der Matched Memory Bus Cycle dagegen, der einen besonders schnellen Zugriff ermöglicht, ist nur auf dem Modell 80 mit seinem 80386-Mikroprozessor realisiert.

PS/2, kompatible Geräte
Als das PS/2-System von IBM im Herbst 1987 vorgestellt wurde, war es zunächst fraglich, ob es auch gelingen würde, PS/2-kompatible Geräte zu entwickeln, die ebenfalls über einen Mikrokanal verfügen. Der Mikrokanal wurde sicherlich auch in das PS/2-System aufgenommen, um den Nachbau solcher Geräte durch andere PC-Hersteller zu erschweren. Inzwischen ist es aber der amerikanischen Firma Chips&Technologies gelungen, einen Chipsatz anzubieten, mit dem auch der Mikrokanal realisiert werden kann. Dabei ist der Chip 82C221 geeignet, einen 16 Bit breiten Mikrochannel aufzubauen, wie er in den PS/2-Modellen 50 und 60 realisiert ist. Mit dem Chip 82C321 kann dagegen ein 32-Bit-Mikrochannel aufgebaut werden, wie er im Modell 80 verwendet wird.

PS/2, EISA
Die Orginal PS/2-Systeme mit ihren Mikrokanälen stehen damit nicht mehr allein im Markt. Es ist allerdings fraglich, ob wirklich viele Hersteller PS/2-kompatible Geräte anbieten werden, da sich inzwischen eine Reihe führender PC-Hersteller zusammengeschlossen haben, um den →EISA-Standard zu definieren. Dabei handelt es sich um ein eigenes Buskonzept dieser Hersteller.
Vgl. PC.

Public-Domain Software
Software, die von ihrem Urheber zur Benutzung und zum Kopieren freigegeben ist. Public-Domain Software wird auch als PD-Software bezeichnet.

Shareware
Im Gegensatz zu PD-Software ist Shareware nicht vollständig frei verfügbar. Der Benutzer von Shareware wird vom Urheber gebeten, eine geringe Benutzungsgebühr zu bezahlen. Dafür erhält der Benutzer eine ausführliche Bedienungsanweisung und wird beim Urheber registriert.
Vgl. Anwendungsprogramme

Puffer
1. Schaltung zum Verstärken und Entkoppeln von →Signalen.
2. Speicher zum kurzfristigen Zwischenspeichern von Daten.
Vgl. Peripheriegeräte.

Pulldown-Menü
→Menü

PUT
→Basic-Befehle

Q

Quarz

Elektronisches Bauteil, das zur Erzeugung von Schwingungen eingesetzt wird. Quarze schwingen mit einer hohen Frequenzstabilität und eignen sich daher gut für die Erzeugung der Taktsignale von Mikroprozessoren. Sie werden daher im Taktgeber von PCs eingesetzt. Vgl. Taktgeber.

Quellprogramm

Programm, das in der Programmiersprache vorliegt, in der es geschrieben wurde. Ein Quellprogramm muß erst durch ein Übersetzungsprogramm in Maschinensprache übersetzt werden, bevor es ausgeführt werden kann. Sowohl Programme in Assembler als auch Programme in höheren Programmiersprachen sind Quellprogramme.
Vgl. Programmiersprachen.

query-language
→Abfragesprache

queues
→Interprozeßkommunikation

Quick-Basic

Programmiersprache, die von der Firma →Mikrosoft entwickelt wurde. Von dieser Firma stammt auch ein Programmierpaket mit dem Namen Quick-Basic, mit dem Programme in der Programmiersprache Quick-Basic entwickelt werden können. Quick-Basic ist eine Compilersprache, die sehr eng an die Interpretersprache Basic angelehnt ist. Quick-Basic wird auch als MS-Quick-Basic oder Mikrosoft-Quick-Basic bezeichnet.

Besonderheiten

Der Befehlssatz der Programmiersprache Quick-Basic ist aufwärtskompatibel zu den →Basic-Befehlen der Interpretersprachen GW-Basic und BasicA. Das bedeutet auch, daß Programme, die in GW-Basic oder BasicA geschrieben und getestet wurden, später mit dem Quick-Basic-Compiler übersetzt werden können. Diese Programme arbeiten dann um Größenordnungen schneller.

Hardwarevorraussetzungen

Zum Betrieb von Quick-Basic wird ein PC-XT oder ein PC-AT benötigt. Der PC sollte mindestens mit einem 360-KByte-Diskettenlaufwerk und einem Arbeitsspeicher von 512 KByte ausgerüstet sein. Vorteilhaft, aber nicht umbedingt erforderlich, ist der Einsatz einer Festplatte und einer Maus.

Leistungsmerkmale

Quick-Basic verfügt über einen Bildschirmeditor, einen Compiler, einen Linker und eine Unterprogrammbibliothek. Bei dem Compiler handelt es sich um ein sehr leistungsfähiges Übersetzungsprogramm, das sowohl die Übersetzung schnell ausführt, als auch ein leistungsfähig arbeitendes ausführbares Programm erzeugt.

Bedienung

Die Bedienung von Quick-Basic ist menügeführt. Dem Benutzer wird auf dem Bildschirm angezeigt, durch welche Befehle er Quick-Basic bedienen kann. Vgl. Basic.

Quick-C

→C

Quick-Sort

→Sortierverfahren

QUIT

1. →Edlin-Befehle
2. →Debug-Befehle

Quittung

Kontrollzeichen, das der Empfänger einer Datenübertragung dem Sender zurückschickt, um mitzuteilen, daß die gesendeten Daten empfangen und verstanden wurden.
Vgl. Kommunikationsprotokoll.

R

zubringen. In den meisten PCs werden aber noch RAMs mit 256 KBit eingesetzt. Diese integrierten Schaltungen tragen die Bezeichnung 41256. Zum Aufbau eines Arbeitsspeichers mit 512 KByte werden 18 solcher Schaltungen verwendet.
Vgl. Arbeitsspeicher.

RAM

Abk. für random-access-memory. Speicherbaustein, bei dem auf jede Speicherzelle über eine Adresse zugegriffen werden kann und bei dem jede Speicherzelle gelesen und beschrieben werden kann. Das RAM unterscheidet sich dadurch vom ROM, das nur gelesen werden kann, und vom Massenspeicher, auf den nur blockweise zugegriffen werden kann.

Anwendung

RAMs werden in PCs zum Aufbau des Arbeitsspeichers verwendet. Sie werden aber auch für die Bildschirmspeicher in den Grafikkarten benötigt.

spezielle RAMs

Zum Aufbau des Arbeitsspeichers von PCs kommen bitorganisierte dynamische RAMs zum Einsatz. Technologisch ist es möglich, 1 MBit Speicherzellen in einer integrierten Schaltung unter-

RAM-Disk

Speicherbereich des Arbeitsspeichers, der vom Betriebssystem wie ein Massenspeicher angesprochen wird. Der Zugriff auf eine RAM-Disk erfolgt formell über einen RAM-Disk-Gerätetreiber. Dieser Gerätetreiber muß nach dem Einschalten des PCs von der Konfigurationsdatei mit Hilfe des MS-DOS-Konfigurationsbefehls DEVICE aufgerufen werden.

RAM-Disk, Vorteile, Nachteile

Der Zugriff auf eine RAM-Disk erfolgt gegenüber dem Zugriff auf eine Diskette oder Festplatte um Größenordnungen schneller, da dafür keinerlei mechanische Teile bewegt werden müssen. Daher erfolgt auch keinerlei mechanischer Verschleiß an der RAM-Disk. Andererseits stellt die RAM-Disk einen flüchtigen Speicher dar, der beim Ausschalten des PC seine Information verliert. Dies hat jedoch auch den Vorteil, daß temporär erzeugte Dateien beim Ausschalten des PC auf der RAM-Disk auto-

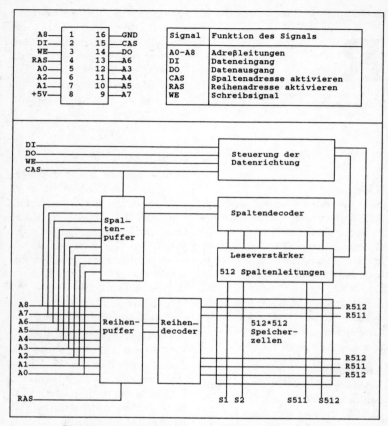

Signal	Funktion des Signals
A0-A8	Adreßleitungen
DI	Dateneingang
DO	Datenausgang
CAS	Spaltenadresse aktivieren
RAS	Reihenadresse aktivieren
WE	Schreibsignal

Pinbelegung und Blockschaltbild des RAMs 41256

matisch gelöscht werden und keinen Speicherplatz mehr benötigen.

RAM-Disk, Anwendungen

Nach dem Einschalten eines PCs können unter den Betriebssystemen MS-DOS und OS/2 eine oder mehrere RAM-Disks eingerichtet werden. Für den praktischen Betrieb werden oft benutzte Dateien von einer Diskette oder einer Festplatte auf die RAM-Disk kopiert. Auf diese Dateien kann dann im folgenden sehr schnell zugegriffen werden. Es können auch neue Dateien auf einer RAM-Disk erzeugt und mehrfach geändert werden. Es muß aber darauf geachtet werden, daß diese Dateien von der RAM-Disk auf Diskette oder Festplatte abgespeichert werden, bevor der PC ausgeschaltet wird. Es empfiehlt sich außerdem, solche neuen Dateien bei längerem Betrieb hin und wieder zu sichern, für den Fall, daß die Netzspannung unbeabsichtigt ausfällt.

RAM-Disk, Konfiguration

Für den sinnvollen Einsatz einer RAM-Disk sollte ein PC mindestens über 256 KByte Arbeitsspeicher verfügen. Besser läßt sich jedoch mit 512 KByte oder 640 KByte arbeiten. Die Größe der RAM-Disk kann nach dem Einschalten des PC ganz individuell festgelegt, aber im laufenden Betrieb des PC nicht mehr geändert werden. Sie wird in der Konfigurationsdatei CONFIG.SYS mit dem MS-DOS-Konfigurationsbefehl DEVICE angegeben. Mit diesem Befehl wird die RAM-Disk auch eingerichtet. Er hat folgende Syntax:

DEVICE=RAMDISK.SYS
P1 [P2 [P3 [P4]]]

P1: Größe der RAM-Disk in KB
P2: Anzahl der Bytes pro Sektor
P3: Anzahl der maximalen Dateinamen

P4: Adressierung des Speicherbereiches oberhalb von 1 MByte
P4: Adressierung
/A Expanded Memory nach EMS
/E →Extended Memory

Parameter in [] können weggelassen werden. Dann gilt:

P2= 512 Bytes pro Sektor
P3= 64 maximale Dateinamen
P4= extended memory

Der Parameter P2 sollte auf 512 Byte pro Sektor belassen und nur für spezielle Anwendungen verändert werden. Große Sektoren sind für Dateien mit unformatierten Daten sinnvoll, da die RAM-Disk dann effektiver genutzt wird.

Auch die maximale Anzahl der Dateinamen sollte nicht zu groß gewählt werden. Der Speicherplatz, der für das Dateiverzeichnis reserviert wird, hängt nämlich von der maximalen Anzahl der Dateinamen ab. Er geht von der Gesamtspeicherkapazität der RAM-Disk, die mit dem Parameter P1 festgelegt wurde, ab.

Mit dem Parameter P4 kann die Benutzung eines Arbeitsspeicherbereiches oberhalb der 1-MByte-Grenze nach dem EMS-Zugriffsverfahren erfolgen. Dazu ist aber eine spezielle Erweiterungskarte nötig. Einige PCs besitzen aber auch schon eine EMS-Vorrichtung auf der Hauptplatine.

RAM-Disk, Konfigurationsbeispiel

In den meisten Fällen wird man bei der Konfiguration nur die Größe der RAM-Disk angeben und für die restlichen Parameter die Defaultwerte benutzen. Dann sieht der Konfigurationsbefehl für eine 360 KByte große RAM-Disk folgendermaßen aus:

DEVICE=RAMDISK.SYS 360

Ist der PC mit 512 KByte Arbeitsspeicher ausgestattet, so bleiben für das Betriebssystem und die Anwendungsprogramme noch weitere 152 KByte übrig. Das Betriebssystem benötigt je nach Version etwa 60 KByte, so daß für Anwendungsprogramme dann noch 92 KByte frei bleiben. Soll ein größeres Anwendungsprogramm benutzt werden, so muß mit einer kleineren RAM-Disk gearbeitet werden. Beim Einrichten der RAM-Disk wird außerdem überprüft, ob mindestens 64 KByte Arbeitsspeicher für Anwendungsprogramme übrig bleiben. Andernfalls erfolgt eine Fehlermeldung.

RAM-Disk, Konfigurationsdatei

Der beschriebene DEVICE-Befehl muß neben anderen Konfigurationsbefehlen in der Konfigurationsdatei CONFIG.SYS stehen. Diese Konfigurationsdatei muß sich in dem Dateiverzeichnis befinden, aus dem auch das Be-triebssystem geladen wird. Die Konfiguration der RAM-Disk erfolgt direkt nach dem Laden des Betriebssystems. Daher ist es auch nicht mehr möglich, die Größe der RAM-Disk im laufenden Betrieb zu ändern. Stellt sich später heraus, daß die RAM-Disk zu groß oder zu klein ist, so muß erst die Datei CONFIG.SYS geändert werden und dann durch Betätigen der Tastenkombination (CTRL)-(ALT)-(DEL) das Betriebssystem neu geladen werden.

RAM-Disk, Gerätetreiber

In der Konfigurationsdatei wird mit dem DEVICE-Befehl ein Gerätetreiber aufgerufen, der den Zugriff auf die RAM-Disk übernimmt. Dieser Gerätetreiber hat je nach Version des Betriebssystems den Namen RAMDISK.SYS, RAMDRIVE.SYS oder VDISK.SYS. Wird zu dem Namen des Gerätetreibers kein Pfad angegeben, so muß sich der Gerätetreiber ebenfalls in dem Dateiverzeichnis befinden, von dem aus das Betriebssystem geladen wird.

RAM-Disk, Laufwerks-Buchstaben

Um auf die RAM-Disk später zugreifen zu können, wird bei der Konfiguration ein Laufwerks-Buchstabe automatisch zugeteilt. Besitzt der PC keine Festplatte, so wird der Laufwerks-Buchstabe C verwendet. Bei einem PC mit einer Festplatte wird der Buchstabe D zugeteilt, und bei zwei Festplatten wird E benutzt. In der Konfigurationsdatei können auch mehrere DEVICE-Befehle zum Einrichten mehrerer RAM-Disks eingegeben werden. Diese RAM-Disks erhalten dann die Laufwerks-Buchstaben, die dem ersten RAM-Disk-Laufwerks-Buchstaben folgen. Vgl. Massenspeicher.

RAMDISK.SYS

Name eines Gerätetreibers, mit dem eine RAM-Disk eingerichtet werden kann. Vgl. RAM-Disk.

RAM-Karte

→Speichererweiterungsplatine

Randausgleich

Andere Bezeichnung für →Blocksatz.

random access

→wahlfreier Zugriff

RANDOMIZE

→Basic-Befehle

READ

→Basic-Befehle

Reaktionszeit

Zeit, die ein Computer oder ein Peripheriegerät benötigt, um auf eine Anforderung zu reagieren. Vgl. Hardwareeigenschaften.

Real-Zahlen

→Gleitkommazahlen

Real-Mode

Betriebsart des Betriebssystems OS/2. Im Real-Mode sind die Mikroprozessoren 80286 und 80386, die das Betriebssystem ausführen, nur in der Lage, einen realen Arbeitsspeicher zu adressieren. In dieser Betriebsart sind beide Mikroprozessoren auch kompatibel zum Mikroprozessor 8088. Unter dem Betriebssystem MS-DOS wird der 80286-Mikroprozessor im PC-AT auch ausschließlich im Real-Mode betrieben. Auch unter dem Betriebssystem OS/2 kann der 80286 im Real-Mode betrieben werden. Dann können aber nicht die Multitaskeigenschaften dieses Betriebssystems voll genutzt werden. Es kann im Real-Mode also immer nur ein Programm bearbeitet werden. Andererseits ist ein PC-AT, auf dem das Betriebssystem OS/2 im Real-Mode läuft, voll kompatibel zu einem PC-XT mit seinem 8088-Mikroprozessor, auf dem MS-DOS betrieben wird. Der Real-Mode wird deshalb auch Kompatibilitätsmode oder Kompatibilitätsbox genannt.

Protected Mode

Um die volle Leistungsfähigkeit des Betriebssystems OS/2 zu nutzen, muß jedoch der Real-Mode verlassen werden und in den Protected-Mode umgeschaltet werden. Dieses Umschalten erfolgt durch einen geeigneten OS/2-Sessionmanagerbefehl. Dieser Befehl steuert den Sessionmanager, ein Dienstprogramm, das zu OS/2 geliefert wird. Nach dem Umschalten ist das Betriebssystem OS/2 in der Lage, mehrere Programme gleichzeitig zu bearbeiten. Diesen Betrieb nennt man auch Multitaskbetrieb.

Durch das Umschalten wird aber nicht nur das Betriebssystem, sondern auch der Mikroprozessor in den Protected-Mode umgeschaltet.

virtueller Mode

Im Mikroprozessor werden in der MMU besondere Vorrichtungen zur Speicherverwaltung eingeschaltet. Diese Vorrichtungen erlauben einen Zugriff auf einen virtuellen Arbeitsspeicher, bei dem jeweils ein Teil des Speichers auf einem Massenspeicher ausgelagert ist und bei Bedarf automatisch geladen wird.

virtueller Arbeitsspeicher

Im Protected-Mode kann der 80286 Mikroprozessor einen physischen Speicher von 16 MByte und einen virtuellen Speicher von 1 GByte adressieren. Der Protected-Mode wird deshalb auch virtueller Mode genannt.

Protected-Mode des 80386

Der Mikroprozessor 80386 verfügt ebenfalls neben dem Real-Mode über den Protected-Mode. Dieser Mikroprozessor kann jedoch im Protected-Mode 4 Gigabyte physisch vorhandenen Arbeitsspeicher und 64 Terabyte virtuellen Arbeitsspeicher adressieren.

Vgl. OS/2.

real-time

→Echtzeitverarbeitung

real-time-processing

→Echtzeitverarbeitung

Rechengenauigkeit

Vgl. Arithmetik.

Rechenwerk

Elektronische Schaltung, die zwei binäre Datenworte am Eingang miteinander verknüpft und daraus an ihrem Ausgang ein neues Datenwort erzeugt. Das neue Datenwort stellt dann das Resultat einer Rechenoperation zwischen den beiden Datenworten am Eingang dar.

Rechenwerk, Rechenoperationen

Auf den meisten Rechenwerken lassen sich folgende Rechenoperationen einschalten: Addition,

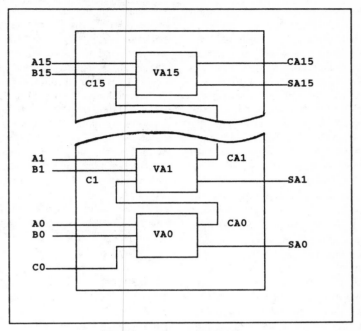

Aufbau eines 16-Bit-Rechenwerks

Subtraction, Und, Oder und Exclusiv-Oder. Einige Rechenwerke beherrschen auch die Multiplikation und die Division. Zum Umschalten auf die verschiedenen Rechenoperationen besitzen die Rechenwerke Eingangssignale, die je nach Rechenoperation aktiviert werden.

Rechenwerk, Addition

Für die Addition setzen Rechenwerke →Volladdierer ein. Um zwei 8, 16 oder 32 Bit breite Worte zu addieren, werden in Rechenwerken entsprechend viele Volladdierer parallel geschaltet. Jeder Volladdierer addiert dann zwei gleichwertige Bits der beiden zu addierenden Worte. Der Übertragsausgang eines Volladdierers wird jedoch auf den Übertragseingang des nächsthöherwertigen Volladdieres geschaltet.

Rechenwerk, Subtraktion

Die Subtraktion wird auf die Addition mit dem →Zweierkomplement des zweiten Operanden zurückgeführt. Dazu muß der zweite Operand invertiert werden. Die Subtraktion erfolgt also mit Hilfe eines Volladdierers, bei dem der zweite Operand invertiert wird. Zusätzlich zur Addition der beiden Operanden muß noch eine 1 addiert werden. Dies kann dadurch erfolgen, daß vor der Subtraktion der Übertragseingang des niederwertigsten Volladdierers auf 1 geschaltet wird.

Rechenwerk, logische Befehle

Für die Und- Oder- und Exclusiv-Oder-Verknüpfung zweier logischer Variablen durch logische Befehle werden im Rechenwerk einfache logische Gatter verwendet. Diese Gatter verknüpfen jeweils ein gleichwertiges Bit des ersten und zweiten Operanden und erzeugen daraus das entsprechende Bit des Ergebniswortes.

Rechenwerk, Multiplikation, Division

Für Multiplikation und Division gibt es verschiedene Verfahren. Entweder man führt Multiplikation und Division auf Addition und Subtraktion zurück, oder man teilt die Operanden und führt die Berechnung byteweise, halbbyteweise oder bitweise durch.

Anwendung

Rechenwerke werden hauptsächlich in Mikroprozessoren und Mikrocomputern benutzt. Dort wer-

den sie eingesetzt, um 8-Bit, 16-Bit oder 32-Bit breite Datenworte zu verknüpfen. Die Mikroprozessoren 8088 und 80286 benutzen ein Rechenwerk, das auf 8 oder 16 Bit Wortbreite geschaltet werden kann. Dadurch können sowohl Datenbytes als auch Datenworte miteinander verknüpft werden.

Der 80386-Mikroprozessor besitzt ein Rechenwerk, mit dem sogar Datenworte von 32 Bit Wortbreite verknüpft werden können. Aber auch dieses Rechenwerk ist auf 16 Bit und 8 Bit Wortbreite umschaltbar.

Vgl. Mikroprozessor.

Rechenzeit

Zeit, die der Mikroprozessor eines PC benötigt, um ein bestimmtes Programm auszuführen.

Vgl. Hardwareeigenschaften.

Rechner

Andere Bezeichnung für →Computer.

Rechnerfamilie

→Computerfamilie

Rechnernetze

Zusammenschaltung von mehreren selbständig arbeitenden Computern. Die Zusammenschaltung erfolgt über eine Verbindungsleitung, um Programme, Daten und

Peripheriegeräte, die nur auf einzelnen Computern vorhanden sind, von allen Computern zu nutzen.

Rechnernetze, Definition

Die Computer müssen alle einen eigenen Arbeitsspeicher besitzen, damit sie selbständig arbeiten können. Rechnernetze grenzen sich dadurch von Mehrprozessorsystemen ab, bei denen mehrere Mikroprozessoren auf einen Arbeitsspeicher zugreifen. Für Rechnernetze ist außerdem charakteristisch, daß nicht nur Daten, sondern Peripheriegeräte und sogar Programme einzelner Computer von allen Netzwerkteilnehmern genutzt werden können. Ist die Verbindungsleitung dagegen nur geeignet, um Daten zu übertragen, so spricht man von einer Datenfernübertragung und nicht von einem Rechnernetz.

Rechnernetz, Begriffe

Rechnernetze werden auch als Rechnernetzwerke, Netzwerke oder Computernetze bezeichnet. Um Verwechslungen zu vermeiden, soll der Ausdruck Netzwerk in diesem Lexikon nur als Oberbegriff für Rechnernetze und Schaltnetze benutzt werden, da auch Schaltnetze unter dem Thema CAD beschrieben werden.

Anwendung

Rechnernetze werden z.B. eingesetzt, um ein hochwertiges Peripheriegerät, das an einen Computer angeschlossen ist, von allen Computern eines Betriebes zu nutzen. Bei dem Peripheriegerät kann es sich z.B. um einen Drucker oder einen Plotter handeln. Den Computer, der dieses Peripheriegerät steuert, nennt man auch Server.

Rechnernetze werden aber auch benötigt, wenn alle Computer eines Betriebes auf eine Datenbank zugreifen sollen, die einen aktuellen Stand repräsentiert. In solch einer Datenbank ist dann z.B. der Bestand eines Lagers gespeichert. Dann ist es wichtig, daß alle Benutzer auf die gleiche Datenbank zugreifen, damit auch alle von dem gleichen aktuellen Zustand des Lagers ausgehen. Die Datenbank ist dann auf einem Massenspeicher untergebracht, der mit einem Computer eines Rechnernetzes verbunden ist. Über das Rechnernetz können alle anderen Computer auf diesen Massenspeicher zugreifen.

Rechnernetze, WAN

Für diese Anwendungen gibt es Rechnernetze, die über die ganze Welt gespannt sind, und die Kommunikation von Computern in verschiedenen Ländern erlauben. Bei solch einem Rechnernetz spricht man auch von einem wide area network oder einem WAN oder auch von einem globalen Netz.

Rechnernetze, LAN

Rechnernetze werden aber auch sehr häufig eingesetzt, um die Computer in einem einzelnen Haus oder einem Unternehmen zu verbinden. Dann spricht man von einem local area network, einem LAN oder einem lokalen Netz.

Rechnernetze, Standards

Damit alle Computer eines Rechnernetzes ihre Daten nach dem gleichen Übertragungsverfahren übertragen, hat man diese Übertragungsverfahren in →Rechnernetzstandards genormt. In diesen Normen werden aber nicht nur die Übertragungsverfahren, sondern auch die Zugriffsrechte der einzelnen Netzwerkteilnehmer geregelt.

Rechnernetz, Topologie

In den Rechnernetzstandards ist neben der Art der zu verwendenden Leitungskabel auch die Leitungsführung festgelegt, über die die Netzwerk-Teilnehmer untereinander verbunden werden müssen. Die Form dieser Leitungsführung bezeichnet man auch als Topologie oder →Rechnernetztopologie.

Vgl. PC.

Rechnernetzstandards

Norm, nach der die Übertragungsverfahren und die Zugriffsrechte auf ein Rechnernetz geregelt sind. Damit alle Computer, die an ein Rechnernetz ange-

Rechnernetzstandards			
Name des Standards	Ethernet	Tokenbus	Tokenring
Norm nach IEEE	IEEE 803.3	IEEE 803.4	IEEE 803.5
Netzwerkkabel	60-Ω-Koaxkabel	75-Ω-Koaxkabel	75-Ω-Koaxkabel
Knotenanschluß	Verbindungsdorn	T-Stück	T-Stück
Zugriffsverfahren	CSMA/CD	Tokenverfahren	Tokenverfahren
Name des Standards	Ethernet	Tokenbus	Tokenring
Praktische Beispiele	IBM-PCNET Opennet Cheapernet Starlan	MAP	IBM-Tokenring

schlossen sind, miteinander kommunizieren können, müssen auch alle Computer nach dem gleichen Verfahren auf das Rechnernetz zugreifen und nach dem gleichen Format Daten übertragen. Nur so ist gewährleistet, daß sich die Netzwerk-Teilnehmer untereinander verstehen und daß nicht mehrere Teilnehmer gleichzeitig senden und sich gegenseitig stören. Rechnernetzstandards sind der →Ethernetbus, der →Token-Bus und der →Token-Ring. Da diese drei Standards beim Aufbau von Rechnernetzen eine erhebliche Bedeutung haben, sind sie auch vom amerikanischen Ingenieursverband IEEE genormt worden. Sie tragen die Normenbezeichnung IEEE 803.3, IEEE 803.4 und IEEE 803.5.
Vgl. Rechnernetz.

Rechnernetztopologie

Form der Leitungsführung zwischen den Teilnehmern eines Rechnernetzes. Die Teilnehmer eines Rechnernetzes bilden dabei in dem Rechnernetz die Knoten. Bei den Verbindungsleitungen spricht man auch von Maschen.
Die drei üblichsten Leitungsführungen, die in Rechnernetzen eingesetzt werden, sind die Sterntopologie, die Ringtopologie und die Bustopologie.

Sterntopologie
Die Sterntopologie besitzt einen zentralen Knoten, über den alle Übertragungsleitungen geführt sind. Der Computer, der sich an diesem Knoten befindet, legt daher auch die Übertragungswege fest. Die Sterntopologie kommt daher hauptsächlich zum Einsatz, wenn mehrere kleinere Computer an einen größeren Computer angeschlossen werden sollen.

Ringtopologie
Bei der Ringtopologie ist jeder Knoten mit seinen beiden Nachbarn verbunden. Die Information wird auf dem ringförmig angeordneten Rechnernetz von Knoten zu Knoten weitergeschickt. Dadurch sind alle Knoten gleichberechtigt. Ein zentraler Knoten entfällt.

Bustopologie
Auch bei der Bustopologie gibt es keinen zentralen Knoten. Alle Knoten werden über eine Leitung verbunden. Im Gegensatz zur Ringtopologie wird diese Leitung jedoch nicht vom letzten zum ersten Knoten zurückgeführt.
Vgl. Rechnernetz.

rechnerunterstützte Entwicklung
→CAD

rechnerunterstützte Produktion
→CAM

Rechnerverbund
Andere Bezeichnung für →Rechnernetz.

RECOVER
→MS-DOS-Kommando

Redundanz
Zusätzliche Information, die in einem Code über die genutzte Information hinaus zur Verfügung steht. Die Redundanz wird in manchen Codes extra in Form von zusätzlichen Bits zur Verfügung gestellt. Bei einigen Codes muß aber auch mehr Information zur Verfügung gestellt werden, als eigentlich gebraucht wird, weil sich der Informationsgehalt eines Codes nur in Stufen steigern läßt. Die Redundanz eines Codes ist also eine Informationsdifferenz, die sich folgendermaßen berechnen läßt:

$R = H1 - H2$

H1 ist der Informationsgehalt des Codes. H2 ist die Information der tatsächlich genutzten Zeichen dieses Codes.

Redundanz, Informationsgehalt
Der Informationsgehalt H eines Codes mit M binär verschlüsselten Zeichen errechnet sich nach der Formel:

$H = ld\ M$

Ld ist der Logarithmus zur Basis 2. Den Informationsgehalt eines Codes bezeichnet man auch als Information oder Entropie.

Für einen Code mit M1 möglichen Zeichen und M2 genutzten Zeichen ergibt sich dann für die Redundanz:

$R = ld\ M1 - ld\ M2$

Berücksichtigt man, daß ein Code mit M1 möglichen Zeichen einen Informationsgehalt von H1 hat so ergibt sich

$R = H1 - ld\ M2$

Redundanz, BCD-Code
Wird zum Beispiel ein Code mit 10 verschiedenen Zeichen benötigt, wie dies beim BCD-Code der Fall ist, so wird zur Darstellung dieser Zeichen ein Code mit einer Entropie H1 von 4 Bits benötigt.

Mit diesem Code lassen sich 16 Zeichen darstellen, es werden aber nur 10 Zeichen benutzt. Es gilt also:

$R = ld\ 16 - ld\ 10 = 4 - ld\ 10 = 0.68$

Vgl. Codierungsverfahren.

reentrant
Eigenschaft eines Unterprogramms, von mehreren Benutzern gleichzeitig gerufen werden zu können. Dazu gehört auch der Aufruf durch sich selbst.

Damit ein Programm reentrant ist, darf es sich erstens nicht selbst modifizieren. Diese Bedingung ist meistens ohnehin erfüllt, da in höheren Programmiersprachen das Ändern des Programms durch sich selbst nicht unterstützt wird. Außerdem stellen Programme in Assembler, die sich selbst modifizieren, einen schlechten Programmierstil dar.

Die zweite Bedingung, die bei der Erstellung eines reentranten Unterprogramms eingehalten werden muß, ist schwerer zu erfüllen. Es müssen nämlich für jeden Unterprogrammaufruf getrennte Variable verwendet werden. Diese Variablen dürfen erst wieder benutzt werden, wenn der Aufruf, für den sie reserviert wurden, bearbeitet ist. Diese für jeden Aufruf getrennten Variablen kann man programmtechnisch dadurch realisieren, daß man sämtliche Variablen, die in dem Unterprogramm verändert werden, vor dem Aufruf auf den Stack rettet und beim Verlassen des Unterprogramms wieder zurücklädt.

Vgl. Programmiertechniken.

Register

Speichereinheit, in der kleine Datenmengen sehr schnell zwischengespeichert werden können. In den PCs werden Register in

Register der Mikroprozessoren 8088, 8086, 80286, 80386-SX, 80386 und 80486.					
Name des Registers			Wortbreite des Registers in Bit		Anwendung des Registers
Als 16-Bit-Register	Als 8-Bit-Register	Als 32-Bit Register	8088 8086 80286	80386-SX 80386 80486	
AX	AH, AL	EAX	8, 16	8, 16, 32	Akkumulator
BX	BH, BL	EBX	8, 16	8, 16, 32	Datenregister
CX	CH, CL	ECX	8, 16	8, 16, 32	Datenregister
DX	DH, DL	EDX	8, 16	8, 16, 32	Datenregister
SI		ESI	16	16, 32	Source Index
DI		EDI	16	16, 32	Destination Index
BP		EBP	16	16, 32	Base Pointer
SP		ESP	16	16, 32	Stackpointer
CS			16	16	Codesegment-Reg.
DS			16	16	Datensegment-Reg.
ES			16	16	Extrasegment-Reg.
SS			16	16	Stacksegment-Reg.
FS				16	Extrasegment-Reg.
GS				16	Extrasegment-Reg.
SW			16	32	Programmstatuswort
PC			16	32	Programmzähler

den Mikroprozessoren verwendet, um Ergebnisse zwischenzuspeichern, mit denen noch weitergerechnet werden soll. Außerdem werden Daten, auf die der Mikroprozessor sehr oft zugreifen muß, in Registern gespeichert.

Registerarten
Die Mikroprozessoren, die in den PCs als Zentralprozessoren verwendet werden, besitzen vier verschiedene Registerarten.

Datenregister
Die Datenregister sind eng mit dem Rechenwerk verknüpft. Sie bieten sich daher zur Speicherung der Operanden und Ergebnissen von arithmetischen und logischen Operationen an. In den Datenregistern können aber auch Adressen gespeichert werden. Datenregister besitzen als 16-Bit-Register die Namen AX, BX, CX und DX. Alle vier Register können als 8-Bit-Register benutzt werden. Dann bsitzen die gleichen Register die Namen AH, AL, BH, BL, CH, CL, DH, DL.

Adreßregister
Die Adreßregister sind zur Speicherung von Adressen, Indizes und Pointern gedacht. Deshalb besitzt der Mikroprozessor Adressierungsarten, mit denen über diese Register besonders effektiv Operanden adressiert werden

können. Zu den Adreßregistern gehören die Register SI, DI, BP, und SP. Eine Sonderstellung nimmt hier der Stackpointer SP ein, der den Stackspeicher verwaltet und nicht für andere Zwecke benutzt werden sollte.

Segmentregister
In den Segmentregistern werden die Anfangsadressen der gerade benutzten Speichersegmente des Arbeitsspeichers gespeichert. Die Segmentregister dürfen deshalb auch nicht für andere Zwecke benutzt werden. Zu den Segmentregistern gehören die Register CS, DS, SS und ES.

Prozessorinterne Register
Als vierte Gruppe besitzt jeder Mikroprozessor prozessorinterne Register. Diese Register benötigt der Mikroprozessor, um interne Informationen zu speichern. Zu diesen Registern gehören der Programmzähler IP und das Programmstatusregister PSW. Diese Register werden vom Mikroprozessor benötigt, um den Programmablauf zu steuern. Sie können schon deshalb nicht für andere Zwecke benutzt werden, weil es dafür keine Befehle gibt. Es darf aber nicht vergessen werden, daß auch durch jeden Sprungbefehl der Programmzähler neu gesetzt wird.
Vgl. Mikroprozessor.

```
1000 PRINT "BERECHNUNG VON N-FAKULTÄT DURCH ITERATION"
1200 INPUT "EINGABE VON N: ",N
1300 GOSUB 2000
1400 PRINT "N-FAKULTÄT= ",FAKUL
1500 END
2000 REM ROUTINE ZUR BERCHNUNG VON N!
2100 I=1
2200 FAKUL=1
2300 FAKUL=FAKUL*I
2400 I=I+1
2500 IF I>N THEN 2800 ELSE 2300
2800 RETURN
```

```
1000 PRINT "BERECHNUNG VON N-FAKULTÄT DURCH REKURSION"
1200 INPUT "EINGABE VON N: ",N
1300 GOSUB 2000
1400 PRINT "N-FAKULTÄT= ",FAKUL
1500 END
2000 REM ROUTINE ZUR BERCHNUNG VON N!
2100 IF N=1 THEN 2700 ELSE 2200
2200 N=N-1
2300 GOSUB 2000
2400 N=N+1
2500 FAKUL=N*FAKUL
2600 GOTO 2800
2700 FAKUL=1
2800 RETURN
```

Rekursion

Aufruf eines Unterprogramms durch sich selbst. Ein Unterprogramm, das sich selbst aufruft, bezeichnet man auch als rekursiv. Eine Formel, die in ihrer Rechenvorschrift die zu berechnende Funktion benutzt, bezeichnet man als Rekursionsformel. Damit die Rekursion nicht zu einer Endlosschleife führt, muß eine Abbruchbedingung existieren, bei der das Aufrufen des Unterprogramms unterbrochen wird. Ist diese Abbruchbedingung erreicht, so wird schrittweise wieder in die rufenden Programme zurückgekehrt. Die schrittweise Rückkehr erfolgt, bis das Hauptprogramm erreicht ist, von dem aus das rekursive Unterprogramm gerufen wurde.

Iteration

Bei der Rekursion wird zunächst eine Abbruchbedingung gesucht und von dieser Abbruchbedingung aus schrittweise das Ergebnis angenähert. Die schrittweise Annäherung direkt von einem Anfangswert aus nennt man auch

411

Iteration. Meistens ist es möglich, direkt von solch einem Anfangswert ausgehend sich dem Ergebnis anzunähern. Dann entfällt der rekursive Prozeß und es handelt sich um eine reine Iteration. Die Berechnungsvorschrift, nach der diese Annäherung an ein Ergebnis erfolgen kann, nennt man auch Iterationsformel. Eine Iterationsformel ist jedoch für viele Probleme nicht bekannt oder sie läßt sich nicht exakt beschreiben.

Rekursion, Programmiersprachen
Die Rekursion wird besonders gut in den Programmiersprachen Pascal und C unterstützt. Rekursive Probleme lassen sich aber auch in anderen Programmiersprachen formulieren. Bei der Programmiersprache Basic ist zu beachten, daß für den Stack des Basic-Interpreters meistens nur 512 Bytes vorgesehen sind. Dem wiederholten Aufrufen von Unterprogrammen sind dadurch schnell Grenzen gesetzt. Außerdem erlaubt Basic nicht die Übergabe von Parametern beim Aufruf eines Unterprogramms. Es können also nur rekursive Probleme formuliert werden, die ausschließlich mit globalen Variablen arbeiten.

Rekursion, Beispiel
Ein gutes Beispiel für Rekursion und Iteration ist die Berechnung von n!. Die Berechnungsvorschrift wird meistens in einer Rekursionsformel mit Abbruchbedingung angegeben.

Rekursionsformel:
$n! = n*(n-1)$
Abbruchbedingung:
$1! = 1$

Eine Iterationsformel läßt sich nur in Form einer endlichen Reihe beschreiben.

Iterationsformel:
$n! = 1*2*3...*(n-1)*n$

Genauso wie es eine Rekursionsformel und eine Iterationsformel für diese Funktion gibt, läßt sich n! auch durch ein rekursives Unterprogramm und durch ein iterativ arbeitendes Unterprogramm berechnen. Das iterative Unterprogramm ist einfacher und übersichtlicher als das rekursive. Deshalb werden rekursive Unterprogramme auch nur für Probleme eingesetzt, für die es kein iteratives Verfahren gibt, oder für die zum Zeitpunkt des Berechnungsbeginns kein iteratives Verfahren bekannt ist.
Vgl. Programmiertechniken.

Rekursionsformel
→Rekursion

rekursiv
→Rekursion

relationale Datenbank
→Datenbank

relative Adresse
→Adressierung, relative

relative Adressierung
→Adressierungsart

relocatable
→verschiebbare Programme

REM
1. →MS-DOS-Batchbefehle
2. →Basic-Befehle

RENAME
→MS-DOS-Kommandos

RENUM
→Basic-Befehle

Reorganisation
Neuordnung eines Programms oder eines Speichers.

Reorganisation eines Programms
Die Reorganisation wird bei Programmen nötig, deren Befehle eine Zeilennummer besitzen. Dies ist z.B bei Basic-Interpretersprachen der Fall. Nach dem Einfügen umfangreicher Programmteile an einer unvorhergesehenen Stelle sind dann nicht genug freie Zeilennummern vorhanden. Um eine Lösung für dieses Problem anzubieten, besitzen die Interpreter daher einen Befehl, mit dem die Zeilennummern neu geordnet werden können. Diese Neuordnung bezeichnet man auch als Reorganisation. In der Programmiersprache Basic kann die Reorganisation mit dem →Basic-Befehl RENUM erfolgen. Durch diesen Befehl wird ein neues Programm erzeugt, dessen Zeilennummern bei einer wählbaren Nummer beginnen und dann um einen festen, ebenfalls wählbaren Wert von Befehl zu Befehl erhöht werden.

Reorganisation eines Speichers
Die Reorganisation eines Speichers wird immer dann nötig, wenn viele Programme nacheinander in Speicherbereiche geladen werden, die vorher durch das Löschen anderer Programme frei geworden sind. Da die neu geladenen Programme nicht genausogroß sind wie die gelöschten, bleibt entweder Speicher zwischen zwei Programmen ungenutzt, oder das neu geladene Programm muß sogar auf zwei oder mehrere Speicherbereiche verteilt werden. Das führt zu einer uneffektiven Aufteilung des Speicherplatzes. Diese Aufteilung kann aber neu geordnet werden, indem alle Programme in einem anderen Speicher zwischengespeichert werden, dann gelöscht werden und danach in einer geordneten Reihenfolge neu in den Spei-

Speicher geladen werden. Diesen Vorgang bezeichnet man als Reorganisation.

Anwendung

Auf PCs wird die Reorganisation des Arbeitsspeichers unter dem Betriebssystem OS/2 im Multitaskbetrieb nötig. Die Programme werden dann im Arbeitsspeicher gelöscht und vom Massenspeicher neu geladen.

Die Reorganisation von Programmen wird dagegen in Basic-Programmen nötig, wenn größere Programmteile an einer unvorhergesehenen Stelle eingefügt werden sollen.
Vgl. Basic.

REPLACE
→Edlin-Befehle

Reservekopie
→Backup

reservierte Worte
Worte, die in einer Programmiersprache oder einem Betriebssystem eine bestimmte Bedeutung haben und deshalb nicht als Namen für eine Variable, einen Ausdruck oder eine Datei gewählt werden dürfen.
Vgl. Programmiersprachen.

Reset
1. →Basic-Befehl
2. Zurücksetzen eines Computers oder eines Peripheriegerätes in

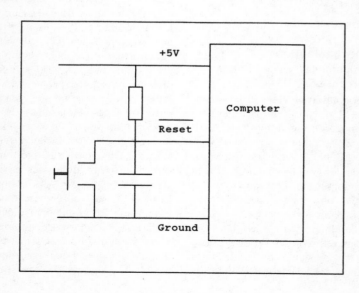

seinen Grundzustand. Man unterscheidet dabei zwischen Hardwarereset und Softwarereset.

Hardwarereset

Beim Hardwarereset wird der Mikroprozessor eines Gerätes durch einen Impuls auf seinen Reseteingang zurückgesetzt. Alle Geräte erhalten einen solchen Hardwarereset automatisch nach dem Einschalten.

Resetschaltung

Dazu ist der Reseteingang mit der Resetschaltung beschaltet. Dies ist eine Reihenschaltung aus einem Widerstand und einem Kondensator, die den Reseteingang noch einige Millisekunden in dem Zustand Reset hält, wenn die Versorgungsspannung schon eingeschaltet ist. Sobald der Kondensator geladen ist, nimmt der Reseteingang den Zustand Resetnot an und der Mikroprozessor beginnt zu arbeiten. Die Resetschaltung für die Zentralprozessoren der PCs ist im Taktgeber des PCs untergebracht.

Resettaste

Viele Computer und auch einige Peripheriegeräte besitzen außerdem eine Resettaste, über die das Gerät zurückgesetzt werden kann. Diese Resettaste ist ebenfalls mit dem Reseteingang des Mikroprozessors verbunden, der das Gerät steuert. Wenn der Computer oder das Peripheriegerät sich durch einen Programmfehler in einer Endlosschleife gefangen hat, kann das Gerät über die Resettaste zurückgesetzt werden.

Resetadresse

Nach dem automatischen Reset beim Einschalten, aber auch nach einem manuellen Reset beginnen die Mikroprozessoren an einer festen Adresse im Arbeitsspeicher Befehle abzuarbeiten. Bei allen Zentralprozessoren der PCs ist dies die Adresse FFFFE bzw. F000:FFFE. An dieser Adresse befindet sich das →Urladeprogramm, das den Arbeitsspeicherbereich von F0000 bis FFFFF belegt. Das Urladeprogramm ist in EPROMs untergebracht. Es ist unter anderem dafür zuständig, den Rest des Betriebssystems vom Massenspeicher in den Arbeitsspeicher zu laden.

Softwarereset

Der Neubeginn des Zentralprozessors bei Adresse FFFFE kann neben dem Betätigen der Resettaste auch durch Betätigen der Tastenkombination (CTRL)-(ALT)-(DEL) erreicht werden. Wird diese Tastenkombination betätigt, so wird im PC ein Interrupt erzeugt. Der Interrupt ruft eine Interruptroutine auf, die den Programmzähler des Mikroprozessors durch einen Sprungbefehl auf die Adresse FFFFE setzt. Dort beginnt der Mikroprozessor, das

Urladeprogramm abzuarbeiten. Das Rücksetzen eines Mikroprozessors durch das Springen an die Resetadresse bezeichnet man auch als Softwarereset. Der Softwarereset hat den Vorteil, daß keine zusätzliche Resettaste benötigt wird. Der Nachteil ist, daß der Softwarereset nicht mehr funktioniert, wenn der Mikroprozessor sich in einer Endlosschleife gefangen hat und der Tastaturinterrupt vorher ausgeschaltet wurde. Dann reagiert der PC auch auf das Betätigen der Tastenkombination (CTRL)-(ALT)-(DEL) nicht mehr.
Vgl. PC.

Resetadresse
→Reset

Resetschaltung
→Reset

Resettaste
→Reset

resident
Eigenschaft eines Programms, ständig im Arbeitsspeicher eines Computers geladen zu sein. Auf PCs sind die wichtigsten Funktionen des Betriebssystems MS-DOS in residenten Programmen untergebracht. Diese Programmteile werden nur einmal nach dem Einschalten des PCs vom Massenspeicher in den Arbeitsspeicher geladen. Bei den entsprechenden MS-DOS-Befehlen spricht man auch von residenten Befehlen oder internen Befehlen. Ein residenter Befehl ist z.B. das viel benutzte →MS-DOS-Kommando DIR.

transient
Die Programmteile zur Ausführung der restlichen MS-DOS-Befehle werden nur bei Bedarf vom Massenspeicher in den Arbeitsspeicher geladen. Nach der Ausführung des MS-DOS-Befehls wird der benutzte Speicherbereich wieder freigegeben. Man spricht dann auch von transienten Befehlen, nichtresidenten Befehlen oder externen Befehlen. Ein transienter Befehl ist z.B. das →MS-DOS-Kommando FORMAT.
Vgl. MS-DOS.

RESTORE
1. →Basic-Befehle
2. →MS-DOS-Kommandos

RESUME
→Basic-Befehle

RETURN
→Basic-Befehle

Return-Taste
→Enter-Taste

RGB-Signale

Signale, die die Farbe eines jeden Bildpunktes auf einem Farbbildschirm steuern. Die drei Signale R, G und B steuern jeweils die Intensität der roten grünen und blauen Farbe eines Punktes. Durch eine Mischung verschieden intensiver Rot-, Grün- und Blautöne kann eine große Anzahl von Farben erzeugt werden. Dazu müssen auch die Steuersignale R, G und B in mehreren Stufen abschwächbar sein. Üblich sind 2, 4, 8 oder 16 Stufen für jede Farbkomponente.
Vgl. Bildschirm.

RIGHT$

→Basic-Befehle

Ringleitung

→Rechnernetztopologie

RISC

Abk. für reduced-instruction-set-computer. Computer, der über einen sehr einfach strukturierten Befehlssatz verfügt. Im Gegensatz zum RISC steht der CISC. CISC bedeutet complex instrection-set-computer. Ein CISC besitzt einen Befehlssatz mit einer komplexen Struktur. Zu den CISC gehören alle Mikroprozessoren, die in PCs als Zentralprozessoren eingesetzt werden. Gegenüber den CISC besitzen RISC eine höhere Rechen-

leistung, da RISC für eine vergleichbare Aufgabe zwar mehr Befehle benötigen, die einzelnen Befehle jedoch erheblich schneller abarbeiten.

Befehlssatz
Der Befehlssatz eines RISC besteht überwiegend aus 1 Byte langen Befehlen. Von den 8 Bit dieses Bytes werden 4 Bit benutzt, um die Art der Operation anzugeben, die mit einem Befehl ausgeführt werden soll. In den übrigen 4 Bit kann ein Operand angegeben werden.

Operandenadressierung
Da in dem einfachen Befehlssatz eines RISC keine langen Operandenadressen untergebracht werden können, verwendet man zum Rechnen mit Operanden einen Registersatz. Auf diesen Registersatz wird nach einer Stackarchitektur zugegriffen, ähnlich wie dies bei Tischrechnern realisiert wird. Werden z.B. die drei Register X, Y und Z verwendet, so stehen vor einer Operation im Register X und Y die beiden Operanden. Nach der Operation steht im Register X das Resultat. Die beiden Operanden stehen im Register Y und Z. Sie sind jeweils eine Position im Registerstapel aufgerückt.

Sprungbefehle
In Sprungbefehlen werden beim RISC keine großen Sprungweiten

benötigt, so daß man meistens mit einer relativen Sprungadresse von 4 Bit bzw. 15 Adressen auskommt. Soll weiter als 15 Adressen aufwärts gesprungen werden, so muß die Adresse des anzuspringenden Befehls in einem speziellen Register durch sogenannte Prefixbefehle vorbereitet werden. Danach kann der Sprung mit einem speziellen Sprungbefehl ausgeführt werden.

Anwendungen

RISC erfreuen sich zunehmender Beliebtheit, da sie eine besonders leistungsfähige Rechnerarchitektur darstellen. Für PCs kann die RISC-Architektur mit Hilfe von →Transputerkarten genutzt werden. Diese Karten können über eine Transputer-Linkadapterkarte an einen PC angeschlossen werden. Neben den Transputern verfügen aber auch noch diverse andere moderne Computer höherer Leistungsklasse über eine RISC-Architektur.

Dazu gehören unter anderem einige Workstations.

Vgl. Computerarchitektur.

RMDIR

1. MS-DOS-Kommando
2. Basic-Befehle

RMX

→Echtzeitverarbeitung.

RND

→Basic-Befehle

Rollkugel

→Maus

ROM

Abk. für read only memory. Speicherbaustein, dessen gespeicherte Information nur gelesen, aber nicht neu beschrieben werden kann. Die gespeicherte Information wird bei einem ROM schon während der Produktion festgelegt.

PROM

Eine Sonderform des ROMs stellt das PROM dar. Es kann mit einem Programmiergerät vor dem Einsatz in eine Schaltung mit der Information beschrieben werden, die gespeichert werden soll. Aber auch das PROM läßt sich nur einmal programmieren.

EPROM

Noch vorteilhafter als PROMs sind EPROMs, die mehrfach mit einem Programmiergerät programmiert werden können. Vor dem Programmieren werden sie mit UV-licht gelöscht.

Anwendungen

ROMs sind besonders preisgünstig in großen Stückzahlen. Es lassen sich jedoch keine Änderungen an der gespeicherten Information mehr vornehmen. Sie werden daher in fertig entwickelten Geräten benutzt, die in großer Stückzahl produziert werden. Der Charactergenerator, der in Matrixdruckern die Punktmatrix für die zu druckenden Zeichen speichert, ist z.B. ein Einsatzgebiet für ROMs.

Können eventuelle Änderungen nicht ausgeschlossen werden, so setzt man lieber EPROMs ein. Auch in kleinen Serien werden immer EPROMs verwendet. EPROMs werden z.B. in PCs benutzt, um das Urladeprogramm zu speichern.

PROMs besitzen gegenüber EPROMs kürzere Zugriffszeiten. Sie werden daher für zeitkritische Anwendungen eingesetzt. PROMs werden aber nur noch sehr selten benutzt.

Vgl. Speicher.

ROM-Basic
→BIOS

ROM-Bios
→BIOS

Routine
Andere Bezeichnung für →Unterprogramm.

RS232C
Schnittstellennorm für eine serielle Schnittstelle. Die RS232C-Norm ist eine amerikanische Norm, durch die die Signale für eine Datenfernübertragung und die Steckerbelegung auf einer seriellen Schnittstelle festgelegt werden. Im deutschen Sprachraum wird die RS232C-Schnittstelle auch als V.24-Schnittstelle bezeichnet.

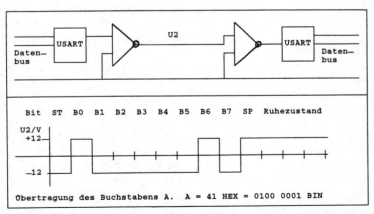

Aufbau und Signalverhalten der seriellen Schnittstelle nach RS232C

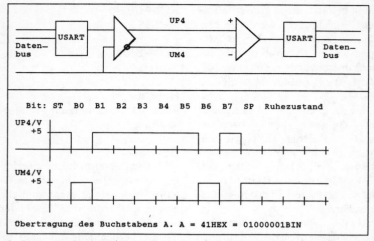

Aufbau und Signalverhalten einer seriellen Schnittstelle nach RS422

Auf einer RS232C-Schnittstelle lassen sich Daten bei einer Übertragungsgeschwindigkeit von bis zu 19200 Baud über eine Entfernung von bis zu 20 Metern übertragen.

RS232C-Signale

Auf der RS232C-Schnittstelle wird mit Spannungswerten von −12 Volt und +12 Volt für die beiden logischen Zustände 0 und 1 gearbeitet. Die Schnittstellensignale unterscheiden sich dadurch von den TTL-Signalen mit den Spannungswerten 0 und 5 Volt, die innerhalb des PC benutzt werden. Um die Signale von TTL auf RS232C und von RS232C auf TTL umzusetzen, gibt es Schnitt-

stellentreiber und Schnittstellenempfänger.

RS232C-Steckerbelegung

Neben den Signalpegeln ist für die RS232C-Schnittstelle auch eine einheitliche Steckerbelegung für die Signalleitungen festgelegt. Für die Datenübertragung wird für jede Übertragungsrichtung eine Signalleitung benutzt. Diese beiden Signalleitungen zum Senden und Empfangen liegen auf Pin 2 und 3 des Schnittstellensteckers. Da der Sendeausgang jedes Teilnehmers mit dem Empfangseingang des anderen Teilnehmers verbunden werden muß, müssen die Signale zur Datenübertragung innerhalb des Übertragungskabels zwischen zwei Teilnehmern gekreuzt werden. Auf Pin 7 des Steckers liegt die Signalmasse und auf Pin 1 die Schutzerde. Die übrigen Signale sind Steuersignale, über die die Teilnehmer untereinander Sende- und Empfangsbereitschaft signalisieren.

RS422-Schnittstelle

Störsicherer und schneller als über eine RS232C-Schnittstelle lassen sich Daten auf einer RS422-Schnittstelle übertragen. Diese Schnittstelle wird daher zur Ankopplung von PCs an Rechnernetze benutzt. Dabei kann eine Übertragungsgeschwindigkeit von bis zu 10 MBaud realisiert werden. Die RS422-Schnittstelle wird auch als X.27- oder V.11-Schnittstelle bezeichnet.

RS422-Schnittstelle, Aufbau

Zur Übertragung werden auf der RS422-Schnittstelle für jede Übertragungsrichtung zwei Signalleitungen mit inversen logischen Spannungen benutzt. Ist das erste Signal 0 Volt, so ist das andere Signal 5 Volt und umgekehrt. Das elektrische Feld beider Signale ist daher immer konstant. Man kommt deshalb auch mit geringeren Signalspannungen aus, benötigt aber zwei Übertragungsleitungen. Für die Wandlung von TTL-Signalen in RS422-Signale und umgekehrt gibt es spezielle Treiber und Empfängerbausteine.

Vgl. serielle Schnittstelle.

RS422

→RS232C

RUN

→Basic-Befehl

S

SAVE
→Basic-Befehl

Scan-Code
→Tastennummer

Scanner
Eingabegerät für PCs, mit dem Abbildungen und Texte von einem Blatt Papier direkt in einen Computer eingegeben werden können. Die Eingabe erfolgt ähnlich wie bei einem Fotokopierer, indem das Blatt Papier Punkt für Punkt abgetastet wird. Die Schwarzweißinformation wird dann in Form von Nullen und Einsen zum Computer übertragen und dort gespeichert.

Scanner am PC
Zum Anschluß eines Scanners an einen PC sind eine spezielle Erweiterungsplatine und ein Programm nötig. Das Programm steuert den Abtastvorgang und speichert die grafische Information im PC.
Vgl. Systemerweiterung.

Schaltalgebra
→logische Schaltungen

Schalter
Bezeichnung für eine Vorrichtung, die den Fluß eines elektrischen Stromes oder den Ablauf eines Programms steuert. Dazu unterscheidet man Hardwareschalter und Softwareschalter.

Hardwareschalter
Ein Hardwareschalter ist eine Vorrichtung, die zwei oder mehrere elektrische Signale elektrisch verbinden oder trennen kann. Die Verbindung kann mechanisch durch einen Schalthebel oder elektrisch über ein Steuersignal erfolgen. Im ersten Fall spricht man von einem mechanischen Schalter, im zweiten Fall von einem elektronischen Schalter. Beide gehören zur Gruppe der Hardwareschalter.

Softwareschalter
Über einen Schalter kann aber auch in einem Programm der Ablauf des Programms gesteuert werden. Dies geschieht mit Hilfe einer Steuervariablen. Diese Steuervariable wird an den Stellen im Programm abgefragt, an denen sich Programmwege verzweigen. Je nach Inhalt der Steuervariablen wird dann ein Programmweg weiter bearbeitet. Einen solchen Schalter bezeichnet man auch als Softwareschalter. Über einen sol-

chen Softwareschalter kann ein Programm auf mehrere verschiedene Funktionen umgeschaltet werden.
Vgl. Programm.

Schaltung

Baugruppe aus elektrischen Bauelementen, die durch elektrische Leitungen untereinander verbunden sind. Schaltungen können als integrierte Schaltungen, als gedruckte Schaltungen oder als freitragende Schaltungen aufgebaut sein.

integrierte Schaltungen

Bei →integrierten Schaltungen befinden sich die Bauelemente und Verbindungsleitungen auf einem Kristall aus Halbleitermaterial. Dieses Halbleitermaterial wird in ein Gehäuse eingebaut, das mit elektrischen Anschlüssen versehen ist.

gedruckte Schaltungen

Bei gedruckten Schaltungen befinden sich die Bauelemente und die Verbindungsleitungen auf einer →Platine. Eine Platine ist eine Platte aus Hartpapier, Pertinax oder einem anderen isolierenden Werkstoff.

freitragende Schaltungen

Durch freitragende Schaltungen werden Bauelemente verbunden, die fest in das Gehäuse eines Gerätes montiert sind. Diese Bauelemente werden durch Verbindungsleitungen verbunden, die in Form von Kabeln oder Einzeldrähten durch das Gehäuse des Gerätes geführt werden.

Anwendung im PC

In PCs werden komplexe Baugruppen wie z.B. Mikroprozessoren oder Speicherschaltungen in integrierten Schaltungen zusammengefaßt. Um die integrierten Schaltungen untereinander zu verbinden, werden gedruckte Schaltungen eingesetzt. Auf diesen gedruckten Schaltungen werden auch Bauelemente untergebracht, die sich durch ihre Baugröße nicht in integrierten Schaltungen zusammenfassen lassen wie z.B. größere Kondensatoren. Gedruckte Schaltungen sind z.B. die Hauptplatine und die Erweiterungsplatinen der PCs.
Freitragende Schaltungen werden in PCs eingesetzt, um z.B. die Hauptplatine mit der Stromversorgung zu verbinden. Die Verbindungsleitungen werden dabei in servicefreundlichen Geräten über Stecker angeschlossen, damit sich die Platine oder die Stromversorgung im Servicefall leichter wechseln läßt.
Vgl. PC.

Scheduler

→Multitaskbetrieb

Schichtenmodell

Beschreibungsverfahren, durch das die Übertragung über Datenfernübertragungs-Leitungen und Rechnernetze beschrieben wird. Das Schichtenmodell war ursprünglich für die Datenfernübertragung gedacht. Es wird aber auch dafür herangezogen, um die Eigenschaften von Rechnernetzen zu beschreiben.

andere Bezeichnungen

Das Schichtenmodell wird auch als ISO-Schichtenmodell oder ISO/OSI-Modell bezeichnet, da es von der ISO-Normenorganisation geschaffen wurde. Da es beliebig erweiterbar ist, spricht man auch von einem offenen System. Daher kommt der Name OSI für open system interconnection.

Schichten

Das Schichtenmodell beschreibt die Funktionsweise eines Kommunikationsweges in sieben Schichten.

Schicht 1

Die Schicht 1 wird auch physikalische Schicht genannt. Sie beschreibt alle physikalisch nötigen Einrichtungen für den Transport der Daten. Dazu gehört z.B. die Spezifikation des Kabels, über das übertragen wird.

Schicht 2

Die Schicht 2 beschreibt die Verfahren, durch die die Daten gegen Störungen geschützt werden. Solch ein Verfahren kann z.B. in dem Übertragen eines zusätzlichen →Paritybits bestehen, über das Übertragungsfehler erkannt werden. Im Fehlerfall wird dann eine Wiederholung der Übertragung durchgeführt. Noch sicherer ist die Fehlerprüfung mit Hilfe eines BCC Block-Check-Verfahrens, bei dem ein ganzer Datenblock mit Hilfe einer 16-Bit-Prüfsumme überprüft wird.

Schicht 3

Die Schicht 3 wird auch Vermittlungsschicht genannt. Sie beschreibt den Vorgang, wie der Transportweg für die Daten vom ersten Teilnehmer über das Leitungsnetz mit mehreren Leitungsknoten zum zweiten Teilnehmer gesucht werden soll.

Schicht 4

Die Schicht 4 wird auch Transportschicht genannt. Sie beschreibt die Übertragung der Daten auf dem Transportweg, der in der Schicht 3 gefunden wurde.

Schicht 5

Die Schicht 5 wird auch Sitzungsschicht genannt. Sie beschreibt die Information, die die beiden Teilnehmer zu Beginn und nach der Datenübertragung zur gegenseitigen Identifikation austauschen müssen. Dazu gehört das Erteilen und Überprüfen von Zugriffsrech-

Nummer der Schicht	Name der Schicht	Beschriebene Einrichtungen	Beispiel der Datenfern- übertragung	Beispiel Rechnernetze
		Schichtenmodell		
1	Pysikalische Schicht	Übertragungs- medium, elektrische Schnittstellen, Übertragungs- geschwindig- keit.	Fernsprech- leitung, RS-232, 9600 Baud.	Coax-Kabel, RS-422, 1 MBaud.
2	Sicherungs- schicht	Verfahren zur Erkennung und Korrektur von Übertragungs- fehlern.	CRC-Block- prüfung, Blockwieder- holung im Fehlerfalle.	
3	Vermittlungs- schicht	Suchen eines Übertragungs- weges über das Netzwerk, das die Teilnehmer verbindet.	Vorgänge im Fernsprechnetz bei der Anwahl eines andern Fernsprech- teilnehmers.	CSMA/CD- Verfahren
4	Transport- schicht	Datentransport von einem Teilnehmer zum anderen.	Übertragung	Übertragung
5	Sitzungs- Schicht	Erste Absprachen der Teilnehmer untereinander über den Verlauf der Kommunikation.	Identifikation.	Identifikation, Festlegung der Zugriffsrechte auf gespeicherte Daten und Programme.
6	Darstellungs- schicht	Codierung bzw. Decodierung der übertragenen Information.	Darstellung der übertragenen Information im ASCII-Code auf einem Bildschirm	Zugriff auf eine Datenbank.
7	Anwendungs- schicht	Anwendungs- spezifische Vereinbarungen zwischen den Teilnehmern.	Daten sollen den Tagesumsatz einer Filiale darstellen.	Daten in der Datenbank stellen den Lagerbestand eines Material- lagers dar.

ten und das Abrechnen von Ge-
bühren.

Schicht 6

Die Schicht 6 wird auch als Dar-
stellungsschicht oder Darstel-
lungsebene bezeichnet. In dieser
Schicht wird z.B. festgelegt, wie
die übertragenen Daten dargestellt werden sollen. In der Schicht
6 kann z.B. vorgeschrieben sein,

daß nur ASCII-Zeichen übertragen werden dürfen. Ist jedoch ein zusätzlicher ANSI-Zeichensatz vereinbart, so müssen auch beide Teilnehmer über einen Bildschirm verfügen, der neben den ASCII-Zeichen auch die Funktionen der ANSI-Zeichenfolgen darstellen kann.

Schicht 7
Die Schicht 7 wird auch Anwendungsschicht genannt. Sie beschreibt, für welchen Zweck die Daten genutzt werden sollen. Diese Information wird an die Anwendungsprogramme weitergegeben, die die übertragenen Daten empfangen.
Vgl. Datenfernübertragung.

Schiebebefehl

Befehl eines Mikroprozessors, der das Datenwort im Akkumulator oder in einem Register bitweise nach rechts oder links schiebt. Schiebebefehle gibt es nur in Assemblersprachen, da es auch nur in Assemblersprachen sinnvoll ist, Daten bitweise zu schieben. In höheren Programmiersprachen wird das Schieben nach links oder rechts durch Multiplikation oder Division ersetzt.

Schiebebefehle, PCs
Die Mikroprozessoren 8088, 8086, 80286 und 80386 besitzen 8 verschiedene Schiebebefehle, mit denen jeweils paarweise rechts oder

links geschoben werden kann. Bei allen Schiebebefehlen wird als erster Operand der zu schiebende Operand angegeben. Als zweiter Operand wird entweder die Konstante 1 oder das Register CL angegeben. Es wird dann einmal oder sooft wie in Register CL angegeben geschoben. Bei den Befehlen SHL und SHR geht die aus den Operanden herausgeschobene Information verloren. Hineingeschoben werden in den Operanden Nullen. Die beiden Befehle dienen hauptsächlich zum Verschieben von Bitmustern in Registern. Der Befehl SAL ist identisch mit dem Befehl SHL. SAR unterscheidet sich vom Befehl SHR dadurch, daß das höchstwertige Bit nicht geschoben wird. Mit dem Befehl SAR können daher vorzeichenbehaftete Zahlen geschoben werden, ohne das Vorzeichen zu zerstören.

Ringschiebebefehle, PCs
Soll die Information, die auf der einen Seite aus dem Operanden herausgeschoben wird, auf der anderen Seite wieder hineingeschoben werden, so müssen die Ringschiebebefehle benutzt werden. Diese Befehle werden auch als Rotatebefehle bezeichnet. Bei den Befehlen ROL und ROR wird die auf der einen Seite des Operanden herausgeschobene Information direkt wieder auf der

anderen Seite in den Operanden hineingeschoben. Bei den Befehlen RCL und RCR erfolgt die Ringschiebeoperation über das Carrybit. Über diese beiden Befehle können beliebig lange Schieberegister aufgebaut werden. Dazu wird die Information aus dem ersten Register in das Carrybit geschoben. Im nächsten Schiebebefehl wird dann die Information im Carrybit in das nächste Register geschoben.
Vgl. Assembler.

Schieberegister

Speicherregister mit mehreren Bits, das eine Vorrichtung besitzt, um alle Bits innerhalb des Registers in die jeweils benachbarten Speicherstellen zu schieben. Die Verschiebung kann nach rechts oder links erfolgen.

serieller Eingang

Bei dem Schiebevorgang wird links oder rechts ein Bit in das Schieberegister hineingeschoben. Ob dieses Bit den Zustand 0 oder 1 hat, kann über ein Eingangssignal des Schieberegisters gesteuert werden. Dieses Eingangssignal bezeichnet man auch als seriellen Eingang.

serieller Ausgang

Das rechts oder links aus dem Schieberegister herausgeschobene Bit wird auf ein Ausgangssignal des Schieberegisters gegeben.

Dieses Signal bezeichnet man auch als seriellen Ausgang. Die Information auf dem seriellen Ausgang kann entweder auf der anderen Seite wieder in das Schieberegister hineingeschoben werden, oder außerhalb des Schieberegisters ausgewertet werden. Dazu kann ein solches Bit z.B. in ein anderes Schieberegister hineingeschoben werden. Auf diese Weise können Schieberegister hintereinandergeschaltet werden, um die Wortbreite zu erhöhen.

Anwendungen

Schieberegister sind Bestandteile von USARTs. Die USARTs werden in PCs benutzt, um eine serielle Schnittstelle aufzubauen. Sie wandeln die Daten, die über ein einzelnes Signal bitseriell einlaufen, in byteparallele Daten um. Diese byteparallelen Daten können dann über den Datenbus vom Mikroprozessor eines PC gelesen werden. Umgekehrt kann der Mikroprozessor eines PC byteparallele Daten über den Datenbus an ein USART zur seriellen Ausgabe schicken. Diese Daten werden dann im USART durch ein Schieberegister seriell gewandelt und über den Ausgang des Schieberegisters ausgegeben.
Vgl. USART.

Schleife

→Programmschleife

Schnittstelle

Übergang zwischen zwei Geräten, zwei Programmen oder ganz allgemein zwischen zwei selbständig arbeitenden Systemen.

Hardware-Schnittstellen

Über eine Hardware-Schnittstelle werden zwei Geräte miteinander verbunden. Dabei kann es sich z.B. um eine →parallele Schnittstelle oder um eine →serielle Schnittstelle handeln. Auf seriellen Schnittstellen werden die Daten auf einer Leitung bitweise übertragen. Auf einer parallelen Schnittstelle werden dagegen 8 Bits gleichzeitig über 8 parallele Leitungen übertragen. Hardware-Schnittstellen werden z.B. benutzt, um PCs mit Peripheriegeräten wie Drucker oder Plotter zu verbinden.

Software-Schnittstellen

Eine Software-Schnittstelle kann zwischen zwei Programmen oder zwei Programmteilen vereinbart werden. Über eine solche Schnittstelle werden dann die Daten von einem Programm zum anderen übergeben. Über das Format der Daten müssen in beiden Programmen feste Vereinbarungen eingehalten werden.

Benutzerschnittstelle

Von einer Benutzerschnittstelle spricht man bei Eingabe- und Ausgabegeräten wie z.B. Tastatur, Bildschirm und Drucker. Zur Benutzerschnittstelle gehören dabei Vereinbarungen über die Bedienung solcher Peripheriegeräte.

parallele Schnittstelle

Die →parallele Schnittstelle gehört zu den Hardware-Schnittstellen. Sie wird gern benutzt, um einen Drucker mit einem PC zu verbinden. Deshalb wird sie auch Druckerschnittstelle genannt. Da die Firma Centronics diese Schnittstelle ursprünglich eingeführt hat, findet man auch noch den Namen Centronics-Schnittstelle.

parallele Schnittstelle, Verfügbarkeit

Die parallele Schnittstelle ist auch deshalb so beliebt, weil sie auf allen PCs und allen modernen Druckern verfügbar ist. In PCs wird sie zwar nicht auf der Hauptplatine, sondern auf der Ansteuerkarte für den Bildschirm erzeugt. Diese Erweiterungskarte ist jedoch auf jedem PC vorhanden. Darüber hinaus können PCs mit →Schnittstellenkarten ausgerüstet werden, auf denen zusätzliche parallele Schnittstellen vorhanden sind.

Serielle Schnittstelle

Auch die →serielle Schnittstelle gehört zu den Hardware-Schnittstellen. Auf PCs ist sie zwar nicht standardmäßig verfügbar, sie kann aber über eine →Schnittstellen-platine nachgerüstet werden. Viele PCs werden auch bereits mit solch einer Schnittstellenplatine geliefert.

serielle Schnittstelle, Anwendungen

Für die →serielle Schnittstelle gibt es mehrere Anwendungen. Am häufigsten wird sie benutzt, um mehrere Computer untereinander zu verbinden. Diese Computer können dann über die serielle Schnittstelle Daten austauschen.

serielle Schnittstelle, LEP-Link

Von der Zusammenschaltung von zwei Computern wird z.B Gebrauch gemacht, wenn Daten von einem PC mit einem 5.25-Zoll-Diskettenlaufwerk auf einen anderen Computer mit einem 3.5-Zoll-Diskettenlaufwerk kopiert werden sollen. Eine solche Übertragung bezeichnet man auch als →LEP-Link.

serielle Schnittstelle, Drucker

Eine weitere Anwendung ist der Anschluß eines Druckers an einen PC. Dies ist dann interessant, wenn der Drucker weiter als 5 Meter vom PC entfernt aufgestellt werden muß. Dann arbeiten parallele Schnittstellen nicht mehr störungsfrei genug. Deshalb muß in solchen Fällen eine serielle Schnittstelle benutzt werden.

serielle Schnittstelle, Rechnernetze

Auch zum Anschluß von PCs an Rechnernetze wird die serielle Schnittstelle benutzt. Da bei Rechnernetzen mit hohen Übertragungsgeschwindigkeiten gearbeitet wird, kommen Schnittstellentreiber nach →RS422 zum Einsatz. Über diese Treiber wird der Anschluß an das Kabel des Rechnernetzes realisiert.

Massenspeicher-Schnittstellen

Als weitere Hardware-Schnittstelle existiert im PC die →Massenspeicher-Schnittstelle. Über diese Schnittstelle greift der PC auf die Massenspeicher wie Diskettenlaufwerke und Festplatten zu. Es werden dazu verschiedene Massenspeicher-Schnittstellen eingesetzt. Dabei kommen bitserielle und byteparalle Übertragungsverfahren zum Einsatz.

spezielle Hardwareschnittstellen

Über Erweiterungsplatinen können PCs aber auch mit verschiedenen anderen Hardwareschnittstellen ausgestattet werden. Eine Schnittstelle, die z.B. in der Meßtechnik eingesetzt wird, ist der →IEC-Bus. Über diese Schnittstelle können z.B. Meßgeräte an den PC angeschlossen werden, deren Meßwerte der PC auswerten soll.

Vgl. PC.

Schnittstellen-Erweiterungsplatine
→Schnittstellenplatine

Schnittstellenkarte
→Schnittstellenplatine

Schnittstellenplatine
Erweiterungsplatine, durch die ein PC mit zusätzlichen parallelen und seriellen Schnittstellen ausgerüstet werden kann. Die Schnittstellenplatine wird auch Schnittstellenkarte, Schnittstellen-Erweiterungsplatine oder IO-Platine genannt. Sie wird in einem Steckplatz des PC montiert. Zur Rückwand des PC besitzt sie jeweils einen Stecker für eine parallele und eine serielle Schnittstelle.
Vgl. Erweiterungsplatine.

Schreibautomat
Computersystem, das speziell für die Erstellung von Briefen entwickelt wurde. Mit Schreibautomaten lassen sich Texte erstellen, ändern, ausdrucken und auf Disketten speichern. Diese Disketten sind jedoch nicht kompatibel zu den Disketten der PCs. Ein Text, der auf einem Schreibautomat erstellt wurde, kann also nicht über eine Diskette auf einen PC transportiert und dort weiterbearbeitet werden. Der PC ist nicht in der Lage, eine Diskette des Schreibautomaten zu lesen.
Vgl. Textverarbeitung.

Schreibdichte
→Diskettenqualität

Schreibmaschinentasten
Tastengruppe auf der Tastatur von PCs. Die Schreibmaschinentasten befinden sich in einem Tastenfeld der Tastatur. Dieses Tastenfeld enthält alle Tasten, die auch auf einer Schreibmaschine vorhanden sind.
Vgl. Tastatur.

Schreibschutzkerbe
→Diskette

Schubtraktor
→Traktor

SCREEN
1. Englische Bezeichnung für
   →Bildschirm.
2. →Basic-Befehle

Screeneditor
→Editor

Screensession
→Multitaskbetrieb

SCSI-Schnittstelle
→Massenspeicher-Schnittstelle

SD
Abk. für single density. →Diskettenkapazität

SEARCH
1. →Edlin-Befehle
2. →Debug-Befehle

Sedezimalsystem
Andere Bezeichnung für →Hexadezimalsystem.

Segment
→Speichersegment

Segmentregister
→Register

Segmentswapping
Auslagerung von Programmteilen, die gerade nicht benutzt werden, aus dem Arbeitsspeicher in den Massenspeicher. Das Segmentswapping wird durchgeführt, um im Arbeitsspeicher freien Platz für Programme zu schaffen, die neu geladen werden sollen. Vgl. virtueller Speicher.

Seitenumbruch
→Umbruch

Seitenvorschub
→Papiervorschub

Sektor
Teil einer →Diskette.

SELECT
→MS-DOS-Kommando

Semaphore
→Interprozeßkommunikation

serielle Schnittstelle
Hardware-Schnittstelle, die zum Übertragen von Informationen benutzt wird. Die Übertragung erfolgt dabei Bit für Bit auf einer einzelnen Übertragungsleitung. Die serielle Schnittstelle ist zum Verbinden von PCs und Peripheriegeräten geeignet. Sie wird aber auch benutzt, um den PC an ein Rechnernetz anzuschließen.

serielle Schnittstelle, Datenübertragung
Bei der seriellen Schnittstelle werden die Daten bitseriell auf einer Datenleitung übertragen. Es existieren aber eine Leitung für die Übertragung vom PC zu einem anderen Gerät und eine Leitung für die Übertragung von einem anderen Gerät zum PC. Die Übertragung eines Datenbytes auf solch einer Übertragungsleitung beginnt mit einem Startbit. Danach folgen 8 Datenbits und ein oder mehrere Stopbits. Beim Empfänger ist die Übertragungszeit eines jeden Bits durch die vereinbarte Baudrate bekannt. Der Empfänger kann also den Beginn und das Ende eines Datenbits an

431

der Zeit erkennen, die relativ zur Vorderflanke des Startbits vergangen ist. Ein Taktsignal wird nicht benötigt. Eine solche Datenübertragung nennt man deshalb auch asynchrone Übertragung.

serielle Schnittstelle, Verfügbarkeit

Eine serielle Schnittstelle gehört nicht zur Standardausrüstung eines PC. Sie kann aber durch eine →Schnittstellenplatine nachgerüstet werden. Solch eine Karte wird in einem Steckplatz des PC montiert. Auch bei Druckern ist die serielle Schnittstelle nicht standardmäßig vorhanden. Sie kann aber durch einen Bausatz nachgerüstet werden.

serielle Schnittstelle, Aufbau

Hauptbestandteile einer seriellen Schnittstelle sind ein →USART, ein Schnittstellentreiber und ein Schnittstellenstecker.

serielle Schnittstelle, USART

Das →USART ist über den Datenbus mit dem Zentralprozessor des PC verbunden. Es wandelt die parallelen Daten auf dem Datenbus in serielle Daten für die Übertragungsleitung. Umgekehrt empfängt es serielle Daten auf der Übertragungsleitung und wandelt diese Daten in parallele Daten für den Datenbus.

serielle Schnittstelle, Schnittstellentreiber

Das Ausgangssignal des USARTs ist zu schwach, um eine längere Übertragungsleitung zu treiben. Daher wird zwischen USART und Übertragungsleitung ein Schnittstellentreiber geschaltet, der die Signale des USARTs verstärkt. Auch beim Empfänger wird das übertragene Signal nocheinmal durch eine spezielle Empfängerschaltung verstärkt, bevor es dem USART zugeführt wird. Zum Aufbau von Schnittstellentreibern und Schnittstellenempfängern gibt es mehrere Normen. Für die Datenfernübertragung werden Schnittstellentreiber gern nach der Norm →RS232C aufgebaut. Mit solchen Schnittstellen können Entfernungen bis zu 20 Metern bei einer Übertragungsgeschwindigkeit von 19200 Baud überbrückt werden. Bei höheren Anforderungen können Schnittstellentreiber nach RS422 verwendet werden. Damit lassen sich Übertragungsgeschwindigkeiten von bis zu 10 MBaud realisieren.

serielle Schnittstelle, Stecker

Die Signale, die der Schnittstellentreiber erzeugt, werden an einen Schnittstellenstecker geführt. Neben den Signalen zur Datenübertragung gehören zur seriellen Schnittstelle noch Steuersignale, über die die Übertragung in beiden Richtungen angehalten werden kann, wenn ein Gerät nicht in der Lage ist, Daten zu empfangen. Die Übertragungssignale und die Steuersignale werden sowohl am PC als auch an den Peripheriegeräten auf einen Stecker geführt. Damit alle Stecker auf allen Pins mit den gleichen Signalen belegt sind, ist die Steckerbelegung für die serielle Schnittstelle in der Norm →RS232C festgelegt.

serielle Schnittstelle, Kabel

Die Bedeutung der einzelnen Steckerpins ist wieder genormt, so daß beide Stecker über ein Schnittstellenkabel für die serielle Schnittstelle miteinander verbunden werden können.

serielle Schnittstelle, Anwendungen

Für die serielle Schnittstelle gibt es mehrere Anwendungen. Am häufigsten wird sie benutzt, um mehrere Computer untereinander zu verbinden. Diese Computer können dann über die serielle Schnittstelle Daten austauschen.

Serielle Schnittstelle, LAP-Link

Von der Zusammenschaltung von zwei Computern wird z.B Gebrauch gemacht, wenn Daten von einem PC mit einem 5.25-Zoll-Diskettenlaufwerk auf einen anderen Computer mit einem 3.5-Zoll-Diskettenlaufwerk kopiert werden sollen. Eine solche Über-

tragung bezeichnet man auch als →LAP-Link.

Serielle Schnittstelle, Drucker

Eine weitere Anwendung ist der Anschluß eines Druckers an einen PC. Dies ist dann interessant, wenn der Drucker weiter als 5 Meter vom PC entfernt aufgestellt werden muß. Dann arbeiten parallele Schnittstellen nicht mehr störungsfrei genug. Deshalb muß in solchen Fällen eine serielle Schnittstelle benutzt werden.

serielle Schnittstelle, Rechnernetze

Auch zum Anschluß von PCs an Rechnernetze wird die serielle Schnittstelle benutzt. Da bei Rechnernetzen mit hohen Übertragungsgeschwindigkeiten gearbeitet wird, kommen Schnittstellentreiber nach →RS422 zum Einsatz. Über diese Treiber wird der Anschluß an das Kabel des Rechnernetzes realisiert.
Vgl. Schnittstellen.

Server

Computer in einem Rechnernetz, der für spezielle Aufgaben eingesetzt wird. Ein Server kann z.B. einen komfortablen Drucker ansteuern oder einen großen Massenspeicher verwalten. Mit Hilfe des Servers werden den anderen Computern des Rechnernetzes

433

die komfortablen Peripheriegeräte zur Verfügung gestellt. Vgl. Rechnernetz.

Session
→Multitaskbetrieb

Sessionmanager
→Multitaskbetrieb

Sessionmanagerbefehle
→OS/2-Sessionmanagerbefehle

SETUP
Installationsprogramm, mit dessen Hilfe beim PC-AT die Ausbaustufe festgelegt wird. Diese Ausbaustufe wird beim PC-AT nicht wie beim PC-XT durch DIP-Schalter auf der Hauptplatine festgelegt. Stattdessen werden freie Register des Uhrenbausteins mit der Ausbaustufe des PC programmiert. Dazu gehört die Information, über wieviel Arbeitsspeicher und über welche Peripheriegeräte der PC verfügt. Diese Information wird auch beim Ausschalten des PC-AT nicht gelöscht. Das Betriebssystem liest diese Information nach jedem Einschalten des PC und prüft danach, ob die angegebenen Peripheriegeräte und der Arbeitsspeicherbereich auch funktionieren. Dazu müssen die Register im Uhrenbaustein aber nach der erstmaligen Ausstattung des PC-AT

mit der Ausbaustufe des PC programmiert werden. Wird an der Ausbaustufe des PC-AT etwas geändert, so müssen auch die Daten in den Registern des Uhrenbausteins auf den neuen Stand gebracht werden. Sowohl das erstmalige Einschreiben der Ausbaustufe in die Register des Uhrenbausteins, als auch das spätere Ändern dieser Ausbaustufe kann mit Hilfe des Installationsprogramms SETUP erfolgen.

SETUP, Bedienung
Die Bedienung des Programms SETUP ist menügeführt. Dem Benutzer wird also auf dem Bildschirm angezeigt, welche Eingabemöglichkeiten er hat und welche Funktionen er mit den möglichen Befehlen ausführen kann. Nach dem Aufruf des Programms erscheint eine Liste mit Funktionen, die SETUP ausführen kann. Zum Eingeben und Ändern der Ausbaustufe wird Taste 4, zum Verlassen von SETUP Taste 9 betätigt. Nach der Betätigung der Taste 4 fragt SETUP das Vorhandensein der einzelnen Ausstattungsmerkmale des PC ab. Der Bediener muß dann jeweils mit J oder N für ja oder nein antworten. Nachdem alle Ausstattungsmerkmale eingestellt sind, wird die Taste 9 betätigt und SETUP wieder verlassen. Vgl. Installation.

SGN
→Basic-Befehle

Shareware
→Public-Domain-Software

SHELL
1. →MS-DOS-Konfigurationsbefehl
2. →OS/2-Konfigurationsbefehl
3. →Äußere Schale eines Betriebssystems. Diese äußere Schale übernimmt die Korrespondenz mit dem Benutzer des Betriebssystems. In den Betriebssystemen der PCs wird diese äußere Schale auch als Kommandoprozessor oder Kommandointerpreter bezeichnet. Standardmäßig wird vom Betriebssystem der Kommandointerpreter COMMAND.COM benutzt. Mit Hilfe des Konfigurationsbefehls SHELL kann jedoch sowohl bei MS-DOS als auch bei OS/2 ein anderer Kommandointerpreter aktiviert werden.
Vgl. Betriebssystem.

SHIFT
→MS-DOS-Batchbefehl

Shiftbefehl
Andere Bezeichnung für →Schiebebefehl.

Shift-Taste
Taste, auf der Tastatur von PCs, mit der zwischen kleinen und großen Buchstaben umgeschaltet werden kann. Die Shift-Taste wird auch als Umschalt-Taste bezeichnet, da sie die Aufschrift Shift, Umschalt oder Umsch trägt.

Caps-Lock-Taste
Die Umschaltung mit der Shifttaste von kleinen auf große Buchstaben erfolgt nur, solange die Shifttaste gedrückt ist. Soll eine dauerhafte Umschaltung der Schreibmaschinentasten erfolgen, so muß die Caps-Lock-Taste angetippt werden. Durch nochmaliges Antippen der Taste wird die Umschaltung rückgängig gemacht. Diese Taste ist meistens mit der Aufschrift "Caps", "Lock" oder "Groß" beschriftet.

Caps-Lock-Lampe
Den Umschaltzustand, der durch die Taste erreicht ist, wird durch die Lampe angezeigt. Ist sie ausgeschaltet, werden kleine Buchstaben eingegeben, sonst große Buchstaben.

numerische Locktaste
Die Capitellocktaste schaltet nur die Schreibmaschinentasten um. Sollen auch die Ziffernblocktasten dauerhaft umgeschaltet werden, so muß die Umschaltung mit der numerischen Locktaste erfolgen. Diese Taste befindet sich bei den Ziffernblocktasten und trägt die Aufschrift Num Lock.

435

numerische Locklampe

Den Umschaltzustand, der durch die numerische Locktaste erreicht ist, wird durch die numerische Locklampe angezeigt. Ist diese Lampe eingeschaltet, so erzeugen die Ziffernblocktasten Ziffern. Ist sie ausgeschaltet, haben die Ziffernblocktasten Cursorfunktionen.

Vgl. Tastatur.

Sicherheitskopie
→Backup

Sidekick

Dienstprogramm für PCs von der Firma Borland. Sidekick bleibt nach einmaligem Aufruf resident im Arbeitsspeicher. Dadurch kann es stets benutzt werden auch wenn gerade andere Programme bearbeitet werden. Sidekick kann dazu durch den →hot-key aktiviert werden.

Anwendungen

Mit Hilfe von Sidekick kann der PC z.B. als Taschenrechner benutzt werden. Eine andere Anwendung für Sidekick ist das Erstellen von Begriffssammlungen und Wörterbüchern, die später nach bestimmten Begriffen durchsucht werden können.

Vgl. Dienstprogramme.

Signal

Spannungswert, der auf einer elektrischen Leitung übertragen wird. Die Leitung, auf der das Signal übertragen wird, nennt man auch Signalleitung. Um den Spannungswert auf der Signalleitung eindeutig zu identifizieren, gibt man dem Signal einen Signalnamen. In Schaltbildern wird der Signalname an die Signalleitung geschrieben. Dann läßt sich im Servicefall überprüfen, ob eine Signalleitung den vorgeschriebenen Spannungswert hat.

Signalarten

Man unterscheidet analoge und digitale Signale. Während analoge Signale alle Spannungswerte zwischen einem unteren Zustand und einem oberen Zustand stufenlos durchlaufen können, besitzen digitale Signale nur eine feste Anzahl von Zuständen.

digitale Signale

In PCs verwendet man bis auf wenige Ausnahmen digitale Signale mit nur zwei Zuständen. Diese beiden Zustände werden auch als Low und High oder 0 und 1 bezeichnet. Digitale Signale mit zwei Zuständen bezeichnet man auch als binäre Signale.

TTL-Signale

In den PCs werden integrierte Schaltungen eingesetzt, die zur Darstellung dieser beiden Zustände Spannungen von 0 Volt und 5 Volt benutzen. Solche Signale werden auch als TTL-Signale bezeichnet.

parallele digitale Signale
Mit einem einzelnen digitalen Signal lassen sich nur die beiden Werte 0 und 1 darstellen. Zur Darstellung größerer bzw. genauerer Werte werden im PC mehrere solche digitale Signale parallel geschaltet. Diese Signale unterscheiden sich dann um eine jeweils zweifach höhere Wertigkeit. Auf diese Weise kann man die Genauigkeit digitaler Werte beliebig steigern, indem man entsprechend viele verschiedenwertige digitale Signale parallel schaltet.

analoge Signale
Analoge Signale können alle Spannungwerte von einem unteren Wert bis zu einem oberen Wert darstellen. Sie können von den Mikroprozessoren der PCs aber nicht direkt verarbeitet werden. Daher müssen solche Signale vor ihrer Verarbeitung durch den PC in digitale Signale umgewandelt werden. Umgekehrt können aber auch digital dargestellte Ergebnisse, die ein PC errechnet hat, in analoge Signale umgewandelt werden. Für die Umwandlung ist dann eine A/D-Converterkarte bzw. eine D/A-Converterkarte nötig. Diese kann in einem Steck-platz des PC montiert werden. Mit Hilfe einer solchen Karte ist der PC dann in der Lage, andere physikalische Größen, z.B. Temperaturen, auszuwerten, aber auch solche Größen durch analoge Signale zu steuern.
Vgl. Bus.

signflag
Bit des Programmstatusregisters. Das signflag zeigt an, ob das Ergebnis der letzen arithmetischen Operation positiv oder negativ war. Es wird auch als Vorzeichenflag bezeichnet und mit SF abgekürzt. Ist SF=0, so war das letzte Resultat positiv, ist SF=1, so war das letzte Resultat negativ.
Vgl. Programmstatusregister.

Simplexübertragung
→Duplexübertragung

SIN
→Basic-Befehle

Simulation
Durchführung von Untersuchungen und Berechnungen an einem Computermodell. Das Computermodell bildet dabei ein reales System durch eine formelmäßige Beschreibung nach. Bei dem realen System kann es sich z.B. um eine Maschine oder um eine elektrische Schaltung handeln, deren physikalisches Verhalten durch mathematische Formeln beschrie-

ben werden kann. Durch Variation der Eingangsvariablen dieses Formelsystems läßt sich das physikalische Verhalten des realen Systems untersuchen. Die Ergebnisse einer jeden Variation können in Form von Zahlenwerten ausgedruckt werden. Übersichtlicher und optisch schöner ist die grafische Darstellung solcher Ergebnisse. Auf diese Weise läßt sich z.b. sogar zeigen, wie sich das reale System bewegt.

Simulationsprogramm

Zur Simulation eines Computermodells wird ein Simulationsprogramm benötigt. Das Simulationsprogramm führt die Berechnungen aus, die für die Simulation nötig sind. Außerdem übernehmen Simulationsprogramme die grafische Ausgabe der simulierten Ergebnisse.
Vgl. Anwendungsprogramme.

Simulationsprogramm
→Simulation

single precision
→Gleitkommazahlen

Slot
Andere Bezeichnung für →Steckplatz.

SMD
Abk. für surface mounted devices. Ein SMD ist eine integrierte Schaltung, die direkt an der Oberfläche von Platinen aufgelötet wird. Vgl. integrierte Schaltung.

SMD-Schnittstelle
→Massenspeicher-Schnittstelle

Softkey
Einzelne Taste, über die ein ganzer Befehl oder eine bestimmte Funktion ausgeführt wird. Auf PCs sind in erster Linie die Funktionstasten als Softkeys geeignet. Unter dem Betriebssystem MS-DOS wird z.B. nach Betätigen der Taste (F1) der zuletzt eingegebene Befehl nocheinmal eingegeben. In Anwendungsprogrammen können aber auch andere Tasten der Tastatur die Funktion von Softkeys übernehmen.
Vgl. Tastenumdefinierung.

Software
Ausdruck für sämtliche Programme, die auf einem Computersystem installiert sind oder installiert werden können. Dazu gehört auch das Betriebssystem. Beim Betriebssystem spricht man auch von Systemsoftware, während man bei Anwendungsprogrammen von Anwendungssoftware spricht.
Vgl. Programme.

Software-Engineering
Systematisches Verfahren zur Entwicklung von Programmen. Das Software-Engineering glie-

dert die Entwicklung eines Programms in die Phasen Problemanalyse, Entwurf, Implementierung, Test, Korrektur und Auslieferung.

Problemanalyse

Beim Software-Engineering wird zunächst das Problem analysiert, das durch ein Programm formuliert werden soll. Das analysierte Problem wird anschließend beschrieben. Im Rahmen der Problemanalyse werden auch Berechnungen angestellt, ob sich die Erstellung des Programms mit den beschriebenen Leistungsmerkmalen durchführen läßt und wie hoch der Aufwand für die Durchführung ist. Zur Realisierung des Aufwandes wird eine Projektplanung aufgestellt.

Entwurf

Nach der Problemanalyse wird mit dem Entwurf des Programms begonnen. Dazu wird das Programm in Funktionsblöcke unterteilt und die Funktion der Funktionsblöcke beschrieben. Die Beschreibung der Funktionsblöcke erfolgt durch →Flußdiagramme oder →Nassi-Schneidermann-Diagramme.

Implementierung

Erst danach erfolgt die Umsetzung der Funktionsblöcke in Programmteile. Die Umsetzung nennt man auch Implementierung. Um die Funktion der Programmteile ständig vor Augen zu haben, ist es wichtig, in den Programmtext →Kommentare einzufügen, in denen die Funktionen des Programms erläutert werden.

Test

Das entstandene Programm wird nach der Implementierung getestet. Dabei wird überprüft, ob die Anforderungen erfüllt sind, die bei der Problemanalyse beschrieben wurden. Dazu werden die Funktionsblöcke einzeln und im Zusammenspiel mit anderen Funktionsblöcken überprüft.

Korrektur

Die beim Test gefundenen Programmfehler werden anschließend korrigiert. Danach erfolgt ein erneuter Test des Programms. Korrektur und Test werden solange fortgesetzt, bis das Programm die beschriebenen Anforderungen erfüllt.

Auslieferung

Nachdem das Programm alle geforderten Anforderungen erfüllt, kann es ausgeliefert werden. Dazu wird es auf dem Computer in Betrieb genommen, auf dem es benutzt werden soll. Zu der Inbetriebnahme gehört auch die Schulung des Personals, das das Programm später bedienen soll.

spontane Programmierung

Das Software-Engineering steht im Gegensatz zur spontanen Pro-

grammierung. Bei der spontanen Programmierung wird sofort damit begonnen, ein Problem in Form eines Programms zu formulieren. Die spontane Programmierung ist jedoch keine vorbildliche Programmiertechnik, weil bei ihr schlecht dokumentierte und unübersichtliche Programme entstehen.
Vgl. Programmiertechniken.

Softwarefehler
→Fehler

Softwarehaus
Unternehmen, das Programme im weitesten Sinne erstellt. Dazu gehört die Entwicklung, aber auch die Inbetriebnahme und Dokumentation der Programme. Bei den Programmen kann es sich um spezielle Betriebssysteme oder um Dienstprogramme handeln, die von Softwarehäusern für andere Computerunternehmen erstellt werden. Häufiger kommt es jedoch vor, daß Softwarehäuser Anwendungsprogramme für branchenfremde Unternehmen erstellen. In solch einem Fall übernehmen die Softwarehäuser auch die Schulung der Anwender, die später mit den Programmen arbeiten sollen.
Vgl. Computerunternehmen.

Softwareinterrupt
→Interrupt

softwarekompatibel
→kompatibel

Softwarepaket
Umfangreiches Programm, das aus mehreren Programmteilen besteht. Sowohl Anwendungsprogramme als auch Betriebssysteme können aus Sofwarepaketen bestehen.
Vgl. Anwendungsprogramme.

Softwarereset
→Reset

Software-Schnittstelle
→Schnittstelle

Sonderzeichen
Darstellbare Zeichen eines Zeichensatzes, die keine Buchstaben oder Ziffern sind. Die wichtigsten Sonderzeichen sind:
„.;:-()!?+-*/=%&#$
Vgl. Codierungsverfahren.

SORT
→MS-DOS-Kommando

Sortierverfahren
Verfahren, nach dem die Elemente einer Folge nach einem bestimmten Sortierkriterium sortiert werden können. Die Elemente einer Folge können z.B. die Daten

einer Datenbank sein, die alphabetisch sortiert werden sollen. Auch die einzelnen Variablen eines Variablenfeldes können sortiert werden. Das Sortierkriterium kann z.B. die alphabetische Reihenfolge sein.

Sortieren und Suchen von Daten

Das Sortieren hat eine besondere Bedeutung für das Suchen von Daten in großen Datenbeständen. In sortierten Datenbeständen braucht nämlich nicht der gesamte Datenbestand durchsucht zu werden. Es kann stattdessen die Stelle gesucht werden, an der die gesuchten Daten stehen müssen, ähnlich wie dies beim Nachschlagen in einem Lexikon erfolgt.

Suchverfahren

Der Suchalgorithmus beginnt zu diesem Zweck in der Mitte des Datenbestandes und prüft, ob die gesuchten Daten in der ersten oder zweiten Hälfte des untersuchten Datenbestandes stehen müssen. Ist die Hälfte des Datenbestandes, in der sich die gesuchten Daten befinden, gefunden, so wird diese Hälfte wieder in zwei Viertel geteilt. Von der Mitte dieser Hälfte ausgehend wird dann das Viertel in dieser Hälfte gesucht, in dem die Daten sein müssen. Dieser Prozeß wird mit Achteln, Sechzehnteln usw. solange

fortgesetzt, bis die Daten gefunden sind.

Suchgeschwindigkeit

Bei n zu durchsuchenden Worten in einem Datensatz sind nach diesem Verfahren maximal

$V = ld\ n$

Vergleichsvorgänge nötig. Ld ist der →Logarithmus zur Basiszahl 2. Beim Suchen in einem unsortierten Datensatz, der von vorn bis zum gefundenen Wort durchsucht werden muß, sind dagegen maximal n Vergleichsvorgänge nötig. Beim Suchen in einer Folge von 1000 Elementen sind damit in einer unsortierten Folge maximal 1000 Vergleichsoperationen nötig, während man in einer sortierten Folge mit 10 Vergleichsoperationen auskommt. Das Sortieren des Datenbestandes benötigt zwar mehr Zeit als ein einzelner Suchvorgang, ein einmal sortierter Datenbestand kann aber immer wieder durchsucht werden.

Sortieren und Suchen von Symbolnamen

Eine weitere Bedeutung hat das Sortieren von Symbolnamen eines Programms. Dies erfolgt in modernen Übersetzungsprogrammen bei der Übersetzung eines Programms. In einer sortierten Liste kann ein Symbolname schneller gesucht und gefunden werden als in einer unsortierten Liste. Bei der Übersetzung eines Pro-

```
10000 REM ******************************************
10100 REM   Bubble-Sort-Sortierprogramm in Basic
10200 REM ******************************************
10300 REM
11000 REM ***********************************
11100 REM   Definition der Variablen
11300 DEFDBL F
11400 DEFINT I-N
11500 DIM FL(100)
12600 REM
13000 REM ***********************************
13100 REM   Eingabe der Elemente
13200 INPUT "Anzahl der Elemente" ; N
13300 PRINT "Eingabe von " N " unsortierten Zahlen"
13400 FOR L = 1 TO N
13500 INPUT "Eingabe eines Elementes : " , FL(L)
13600 NEXT L
13700 REM
15000 REM ***********************************
15010 REM   Bubble-Sort-Sortiervorgang
15020 REM
15100 REM ***********************************
15110 REM   Äußere Sortierschleife
15120 FOR K = N TO 1 STEP -1
15130 REM
15200 REM ***********************************
15210   REM   Größtes Element in FL(K) Speichern
15220   FOR I = 2 TO K
15230   REM
15300     REM ***********************************
15310     REM Abfrage ob Vertauschen nötig
15320     IF FL(I) > FL(I-1) THEN 15600
15330     REM
15400       REM ***********************************
15410       REM FL(I) und FL(I-1) vertauschen
15420       FZ=FL(I)
15430       FL(I)=FL(I-1)
15440       FL(I-1)=FZ
15450       REM
15600     REM ***********************************
15610     REM Nächstes Elementpaar vergleichen
15620     NEXT I
15700   REM ***********************************
15710   REM   Nächstgrößtes Element in FL(K)
15720   NEXT K
15800 REM ***********************************
15820 REM Feld komplett sortiert
15830 REM
18000 REM ***********************************
18100 REM   Anzeigen der sortierten Elemente
18200 PRINT "Sortierte Elemente"
18300 PRINT "Index          Element"
18400 FOR L = 1 TO N
18500 PRINT L, FL(L)
18600 NEXT L
18700 REM
18800 REM ******************************************
18810 REM   Ende des Bubble-Sort-Sortierprogramms
18820 END
```

```
10000 REM ***********************************************
10100 REM  Heap-Sort-Sortierprogramm in Basic
10200 REM ***********************************************
11300 DEFDBL F
11400 DEFINT I-N
11500 DIM FL(100)
13000 REM ***********************************
13100 REM  Eingabe der Elemente
13200 INPUT "Anzahl der Elemente" ; N
13300 PRINT "Eingabe von " N " unsortierten Zahlen"
13400 FOR L = 1 TO N
13500 INPUT "Eingabe eines Elementes : " , FL(L)
13600 NEXT L
15100 REM ***********************************
15110 REM  Aufbau des Heap
15120 IH = N \ 2        :REM Ganzzahldivision
15130 IH = IH+1
15140 IM=N
15200 GOSUB 19000       :REM Heap bei FL(IH)
15230 IH=IH-1
15240 IF IH > 0 THEN 15200
15300 REM ***********************************
15310 REM  Sortieren der Elemente
15320 FZ = FL(IM)       :REM Vertauschen von
15330 FL(IM) = FL(1)    :REM FL(IM) und FL(1)
15340 FL(1) = FZ
15420 IH = 1
15430 IM = IM-1
15440 GOSUB 19000       :REM Heap bei FL(1)
15520 IF IM > 1 THEN    15300
18000 REM ***********************************
18100 REM  Anzeigen der sortierten Elemente
18200 PRINT "Sortierte Elemente"
18300 PRINT "Index          Element"
18400 FOR L = 1 TO N
18500 PRINT L, FL(L)
18600 NEXT L
18800 END
19000 REM ***************************************************
19010 REM  Unterprogramm zum Erzeugen der Heap-Bedingung
19020 REM  FL(IH) >= FL(2*IH) und FL(IH) >= FL(2*IH+1)
19030 REM  bei FL(IH) in dem Heap FL(IH) bis FL(IM).
19040 REM  Beim Aufruf muß die Heapbedingung bereits
19050 REM  von FL(IH+1) bis FL(IM) erfüllt sein.
19100 I1 = IH
19110 I2 = 2*IH
19200 REM ***********************************
19210 REM  Heapbedingung prüfen
19220 IF I2 > IM-1 THEN 19240
19230 IF FL(I2) < FL(I2+1) THEN I2=I2+1
19240 IF I2 > IM THEN 19800
19250 IF FL(I1) < FL(I2) THEN 19300 ELSE 19800
19300 REM ***********************************
19310 REM  Vertauschen von FL(I1) und FL(I2)
19320 FZ = FL(I1)
19330 FL(I1) = FL(I2)
19340 FL(I2) = FZ
19400 REM ***********************************
19410 REM  Heapbedingung bei FL(I2) restaurieren
19420 I1 = I2
19430 I2 = 2*I1
19440 GOTO 19200
19800 RETURN
```

443

gramms müssen die Symbolnamen aber gesucht werden, wenn ihnen z.B. eine Adresse zugeordnet werden soll.

spezielle Sortierverfahren.

Zum Sortieren der Elemente von Feldern hat man verschiedene Sortierverfahren entwickelt. Die drei gängisten Verfahren sind das Bubblesort-Verfahren, das Quicksort-Verfahren und das Heapsort-Verfahren.

Bubblesort-Verfahren

Das einfachste Verfahren ist das Bubblesort-Verfahren. Soll nach einer aufsteigenden Reihenfolge sortiert werden, so werden bei diesem Verfahren zunächst die ersten beiden Elemente eines Feldes verglichen. Nur wenn die Reihenfolge dieser Elemente nicht dem Sortierkriterium entspricht, werden sie vertauscht. Anschließend werden das zweite und dritte Element des Feldes verglichen und wenn nötig vertauscht. Dies wird bis zum Ende der Folge fortgesetzt. Danach steht das größte Element am Ende der Folge. Das Vergleichs- und Vertauschverfahren muß daher sooft wiederholt werden, wie die Folge Elemente hat. Der Name Bubblesort kommt aus dem englischen Sprachraum und bedeutet Blasensortierverfahren. Das Verfahren trägt seinen Namen, weil die größten Elemente beim Sortiervorgang in einer senkrecht übereinander angeordneten Folge wie Blasen in einer Flüssigkeit nach oben steigen.

Bubblesort, Sortiergeschwindigkeit

Das Bubble-Sort-Verfahren ist ein einfach zu überblickendes, aber langsam arbeitendes Verfahren. Zum Sortieren einer Folge von n Elementen werden

$$SB = KB * n * n$$

Vergleichs- und Vertauschschritte benötigt. KB ist ein Größenordnungsfaktor, der gleich 1 gesetzt werden kann.

Quicksort-Verfahren

Schneller als das Bubblesort-Verfahren arbeitet das Quicksort-Verfahren. Bei diesem Sortierverfahren wird ein Vergleichselement in der Mitte des Feldes gewählt. Soll nach einer aufsteigenden Reihenfolge sortiert werden, so wird vom rechten Rand ausgehend ein Element gesucht, das kleiner als das Vergleichselement ist. Vom linken Rand ausgehend wird ein Element gesucht, das größer ist als das Vergleichselement. Die beiden gefundenen Elemente werden dann vertauscht. Der Such- und Vertauschvorgang wird danach fortgesetzt, bis das Vergleichselement erreicht ist. Danach befinden sich links des Vergleichselementes Elemente, die kleiner sind als das Vergleichselement. Rechts der Mitte sind

Elemente, die größer sind als das Vergleichselement. Nach dem gleichen Verfahren werden die Elemente links und rechts der Mitte wiederholt geteilt und sortiert.

Quicksort-Sortiergeschwindigkeit
Zum Sortieren einer Folge von n Elementen benötigt das Quicksort-Verfahren statistisch

$$SQ = KQ * n * ld\,n$$

Vergleichs- und Vertauschschritte. KQ ist ein Größenordnungsfaktor, der gleich 1 gesetzt werden kann. Bei ungünstig geordneten Folgen kann das Quicksort-Verfahren aber bis zu

$$SQ = KQ * n * n$$

Vergleichs- und Vertauschschritte benötigen. Das passiert dann, wenn als Vergleichselement regelmäßig das größte oder kleinste Element gewählt wird. Dann erfolgt keine Teilung in zwei gleich große Folgen. Die Sortiergeschwindigkeit des Quicksort-Verfahrens rückt dann in die Größenordnung der Sortiergeschwindigkeit des Bubblesort-Verfahrens. Das Quicksort-Verfahren ist damit ein schnelles Sortierverfahren, es ist aber nicht zuverlässig schnell.

Heapsort-Verfahren
Das Heapsort-Sortierverfahren arbeitet zwar statistisch etwas langsamer als das Quicksort-Verfahren, es garantiert aber eine hohe Sortiergeschwindigkeit gegenüber dem Bubblesort-Verfahren.

Heap, Aufbau
Beim Heapsort-Verfahren wird das unsortierte Feld Fl(i) zunächst in einen Heap umgewandelt. Ein Heap ist ein Variablenfeld Fl(i) mit N Elementen, in dem alle Elemente die Bedingungen

$$Fl(i) \geq Fl(2i)$$

und

$$Fl(i) \geq Fl(2i+1)$$

erfüllen müssen. Zum Aufbau des Heaps wird mit dem Element Fl(N/2) begonnen, das unsortierte Feld in einen Heap zu überführen. Von FL(N/2) bis FL(N) ist in einem Feld von N Elementen die Heap-Bedingung definitionsgemäß immer erfüllt. Von FL(N/2) bis FL(1) wird das Feld schrittweise in einen Heap überführt. Der fertig aufgebaute Heap stellt ein Feld dar, in dem das größte Element bei FL(1) steht. Von FL(2) bis FL(N) nimmt die Größe der Elemente ab. Je weiter man auf FL(N) zukommt, desto weniger streng wird aber das Sortierkriterium eingehalten.

Heap, Sortiervorgang
Ist das Feld in einen Heap überführt, so erfolgt der eigentliche Sortiervorgang. Dazu werden Feld Fl(1) und Fl(N) vertauscht und danach das Feld Fl(1) bis

Fl(N-1) wieder in einen Heap umgewandelt. Dieser Vorgang wird fortgesetzt, bis Fl(1) und Fl(2) vertauscht worden sind. Danach sind die Elemente des Feldes sortiert.

Heapsort, Sortiergeschwindigkeit

Das Heapsort-Verfahren benötigt zum Sortieren einer Folge von n Elementen statistisch

$$SH = KH * n * ld\, n$$

Vergleichs- und Vertauschschritte. KH ist ein Größenordnungsfaktor, der etwas größer angesetzt werden muß als der vergleichbare Faktor KQ beim Quicksort-Verfahren. Die statistisch hohe Sortiergeschwindigkeit ist jedoch garantiert. Ein Absinken der Sortiergeschwindigkeit bei ungünstig geordneten Folgen wie beim Quicksort-Verfahren ist beim Heapsort-Verfahren nicht möglich. Das Heapsort-Verfahren wird daher in modernen Übersetzungsprogrammen gern eingesetzt, um die Liste der Symbolnamen zu sortieren.

Weitere Sortierverfahren

Die drei ausführlich behandelten Sortierverfahren Bubblesort, Quicksort und Heapsort gehören zu den internen Sortierverfahren. Sie benötigen keinen zusätzlichen Speicherplatz für die Elemente beim Sortieren. Neben den internen Sortierverfahren gibt es externe Sortierverfahren. Diese benötigen zusätzlichen Speicherplatz beim Sortieren. Externe Verfahren werden z.B. eingesetzt, wenn nicht alle Elemente gleichzeitig in den Arbeitsspeicher geladen werden können. Ein Teil der Elemente bleibt dann auf dem Massenspeicher zwischengespeichert und wird anschließend sortiert. Externe Sortierverfahren sind z.B. Einfügesort, Shellsort und Shuttlesort.

Vgl. Programmiertechniken.

SPACE

1. →Basic-Befehle
2. Englische Bezeichnung für Raum im weitesten Sinne des Wortes.
3. Englische Bezeichnung für →Leerzeichen.
4. Englische Bezeichnung für unbenutzte Speicherbereiche.

Spalt

→gap

SPC

→Basic-Befehle

Speicher

Vorrichtung zum Speichern von Informationen in Computern. Die Informationen können aus Daten oder Programmen bestehen. Sie werden in binärer Form, also in Form der Zustände 0 und 1, gespeichert.

Speicher, Eigenschaften
Für die Speichervorrichtungen, die in Computern zur Speicherung eingesetzt werden, sind verschiedene Eigenschaften wünschenswert.

1. Der Speicher darf beim Ausschalten der Versorgungsspannung seine Information nicht verlieren.

2. Auf jede einzelne Speicherzelle kann nach dem Anlegen einer Adresse zugegriffen werden.

3. Der Zugriff auf eine Speicherzelle erfolgt in möglichst kurzer Zeit.

4. Es müssen sich möglichst viele Speicherzellen in einem möglichst kleinen Speichergehäuse unterbringen lassen.

5. Der Speicher muß preisgünstig sein.

Diese aufgezählten Eigenschaften lassen sich einzeln realisieren, es gibt aber keine Speichervorrichtung, die alle Eigenschaften gleichzeitig besitzt. Deshalb werden Computer mit mehreren verschiedenen Speichern aufgebaut, die alle bestimmte Aufgaben haben.

nichtflüchtige Speicher
Speicher, die ihre gespeicherte Information beim Ausschalten der Versorgungsspannung nicht verlieren, bezeichnet man als nichtflüchtige Speicher. Solche nichtflüchtigen Speicher können als Magnetspeicher oder als Halbleiterspeicher aufgebaut sein.

Magnetspeicher
In Magnetspeichern wird die Information in Form eines magnetischen Zustandes in einem magnetischen Medium gespeichert. Dieses Medium behält auch beim Ausschalten der Versorgungsspannung seinen magnetischen Zustand. Daher sind alle Magnetspeicher nichtflüchtig. Preisgünstige Magnetspeicher besitzen den Nachteil, daß nur mechanisch und damit sehr langsam auf sie zugegriffen werden kann. Es können aber große Datenmengen auf diesen Speichern gespeichert werden. Man benutzt diese Magnetspeicher daher als Massenspeicher, um Programme und Daten abzuspeichern und dauerhaft aufzuheben. Preisgünstige Magnetspeicher sind z.B. die in PCs benutzten →Disketten und →Festplatten.

nichtflüchtige Halbleiterspeicher
Preisgünstige nichtflüchtige Halbleiterspeicher kommen in Form von →ROMs oder →EPROMs auf den Markt. Sie besitzen den Nachteil, daß sie nur gelesen, aber nicht beschrieben werden können. Die Speicherzelle eines solchen ROMs besteht aus einer vorhandenen oder fehlenden Diode, je nachdem, ob die Zelle eine 1 oder

eine 0 darstellen soll. Die Diode kann auch durch einen Transistor, bei dem Basis und Kollektor verbunden sind, gebildet werden. Die Speicherzellen sind in einem Halbleiterspeicher jeweils zwischen die Selektierleitung und die Leseleitung der Speicherzelle geschaltet. Selektierleitungen und Leseleitungen bilden eine X/Y-Matrix, in der die zu lesende Zelle durch jeweils ein X- und ein Y-Signal ausgewählt wird.

ROMs und EPROMs werden in PCs zum Speichern des Urladeprogramms verwendet. Auch der Speicher, in dem in Matrixdruckern die Punktmatrix der Zeichen gespeichert ist, besteht aus einem ROM.

nichtflüchtige Speicher mit wahlfreiem Zugriff

Es gibt natürlich auch nichtflüchtige Magnetspeicher in Form von Kernspeichern und nichtflüchtige Halbleiterspeicher in Form von EEPROMs sowie als batteriegepufferte CMOS-RAMs. Diese Speicher können gelesen und beschrieben werden. Sie werden aber nur für ganz spezielle Aufgaben und bei kleinem Speichervolumen eingesetzt, da sie sehr teuer sind. Ein batteriegepuffertes CMOS-RAM sitzt z.B. im Uhren-IC des PC-AT.

flüchtige Speicher

Speicher, die ihre Information beim Ausschalten der Versorgungsspannung verlieren, nennt man flüchtige Speicher. Flüchtig sind z.B. beschreibbare Halbleiterspeicher. Diese haben aber den Vorteil, daß über eine Adresse auf jede Speicherzelle des Speichers wahlfrei zugegriffen werden kann. Der Zugriff erfolgt sehr schnell und es kann gelesen und geschrieben werden.

flüchtige, dynamische Speicher

Eine besonders preisgünstige Version des flüchtigen Speichers stellt der dynamische Halbleiterspeicher dar. Bei diesem Speicher wird die Information in kleinen Kondensatoren gespeichert. Da die Kondensatoren die Einsen nur einige Mikrosekunden lang speichern können, muß die Information im dynamischen Speicher ständig ausgelesen und wieder neu eingeschrieben werden. Die Vorrichtung, die dies besorgt, wird auch als Auffrischlogik bezeichnet.

flüchtige, dynamische Speicher, Anwendung

Als dynamischer Halbleiterspeicher ist der Arbeitsspeicher der PCs aufgebaut, da man nur mit dynamischen Speichern so große Speicher mit wahlfreiem Zugriff preisgünstig aufbauen kann. Die Auffrischlogik, die die Zellen dieses Speichers zyklisch ausliest und wieder einschreibt, ist im Buspuffer der PCs untergebracht. Auf diese Weise wird auch verhindert, daß der Mikroprozessor auf die Zelle des Arbeitsspeichers zugreift, die gerade aufgefrischt wird. Ein flüchtiger dynamischer Halbleiterspeicher ist z.B. das →RAM 41256. Diese integrierte Schaltung wird in PCs zum Aufbau des Arbeitsspeichers benutzt. Sie enthält 256 KBit Speicherzellen.

flüchtige, statische Speicher
Wird ein Halbleiterspeicher mit wahlfreiem Zugriff benötigt, der nicht aufgefrischt werden darf, so kann ein flüchtiger statischer Halbleiterspeicher benutzt werden. Solche Speicher können bei gleicher Baugröße und gleichen Kosten nur mit wesentlich kleinerer Speicherkapazität aufgebaut werden als dynamische Speicher. Die Speicherzelle eines statischen Halbleiterspeichers wird nämlich nicht aus einem Kondensator, sondern aus zwei Invertern gebildet, die sich gegenseitig verriegeln. Ist der Eingang des ersten Inverters auf 5 Volt, so ist der Ausgang 0 Volt. Der Eingang des zweiten Inverters ist dann auch auf 0 Volt. Dadurch wird der Ausgang des zweiten Inverters auf 5 Volt gehalten, wodurch er auch den Eingang des ersten Inverters mit 5 Volt bestätigt. Der Zustand 5 V am Aus-

gang des zweiten Inverters bleibt ohne Auffrischen solange erhalten, bis die Zustände durch Einschreiben eines neuen Zustandes umgekippt werden. Das Umkippen beim Einschreiben besorgen Inverter, die speziell zum Einschreiben geeignet sind und dadurch einen stärkeren Strom treiben können als die speichernden Inverter.
Vgl. PC.

Speicheradresse
→Adresse

Speicherausdruck
→Dump

Speichererweiterungskarten
→Speichererweiterungsplatinen

Speichererweiterungsplatinen
Erweiterungsplatinen, durch die PCs mit zusätzlichem Arbeitsspeicher nachgerüstet werden können. Die Speichererweiterungsplatinen werden auch als Speichererweiterungskarten bezeichnet. Sie können in den Steckplätzen der PCs montiert werden.
Vgl. Eweiterungsplatinen.

Speicherkapazität
Physikalische Größe für das Speichervermögen eines Speichers. Die Speicherkapazität gibt die Anzahl der Speicherzellen an, die

in einem Speicher vorhanden sind. Die Einheiten für die Speicherkapazität sind Bit, Byte und Wort, je nachdem, ob es sich um einen bit-, byte- oder →wortorganisierten Speicher handelt. Vgl. Hardwareeigenschaften.

speicherresident
→resident

Speicherschutz
→Protected Mode

Speichersegment
Speicherbereich im Arbeitsspeicher eines PC. Ein Speichersegment ist maximal 64 KByte lang. Es kann bei allen Adressen beginnen, die ein ganzzahliges Vielfaches von 10 hexadezimal darstellen, also bei den Adressen 00000, 00010, 00020, 00030 usw.

Adressierung
Die verwendeten Speichersegmente haben für PCs eine hohe Bedeutung, weil die Mikroprozessoren, die in den PCs als Zentralprozessoren verwendet werden, den Arbeitsspeicher segmentweise adressieren. Auf diese Weise braucht nicht in jedem Befehl eine 20 Bit lange Adresse angegeben zu werden. Adressen können sich stattdessen auf den Anfang des Speichersegmentes beziehen.

Segmentregister
Die Anfangsadresse eines Speichersegmentes muß vor dem Zugriff des Mikroprozessors auf ein Speichersegment in dem zugehörigen Segmentregister stehen. Um mehrere Speichersegmente gleichzeitig ansprechen zu können, besitzen die Mikroprozessoren 8088 und 80286 die 4 Segmentregister CS, DS, SS und ES. Über diese Register können jeweils ein Codesegment für Programme, ein Datensegment für Daten, ein Stacksegment für den Unterprogrammstack und ein Extrasegment für spezielle Anwendungen angesprochen werden.

Die Segmentregister sind 16 Bit breit. Es können aber 20 Bit breite Adressen programmiert werden, da die 16 Bit der Segmentregister die obersten 16 Bit einer 20-Bit-Adresse darstellen. Die unteren 4 Bit dieser 20-Bit-Adresse werden immer als 0 vorausgesetzt. Dadurch können auch nur Segmentanfangsadressen angegeben werden, die ein ganzzahliges Vielfaches von 10 hexadezimal und 16 dezimal darstellen.

Der Mikroprozessor 80386 besitzt neben den vier besprochenen Segmentregistern noch die beiden zusätzlichen Segmentregister FS und GS. Obwohl der 80386 sonst 32 Bit breit organisiert ist, sind die Segmentregister nur 16 Bit breit. Vgl. Arbeitsspeicher.

Speicherverwaltung
→memory-management-unit

Speicher, virtueller
→virtueller Speicher

Speicherwort
→Wort

Speicherzelle
Kleinste Speichereinheit eines Speichers. In einer Speicherzelle kann gerade eine Binärstelle, also eine 0 oder eine 1, gespeichert werden. Ein Speicher ist aus vielen solcher Speicherzellen aufgebaut.
Vgl. Speicher.

Speicherzyklus
Arbeitsgänge, die für das Lesen oder Beschreiben eines Speichers ablaufen müssen. Dazu gehört das Adressieren der Speicherzelle, das Umschalten der Speicherzelle von Lesen auf Schreiben oder umgekehrt und das eigentliche Lesen bzw. Schreiben der Information. Für jeden Speicher werden Minimalzeiten für diese Arbeitsabläufe angegeben, die nicht unterschritten werden dürfen, damit der Speicher noch einwandfrei arbeitet. Vgl. Speicher.

Speziallösungen
→Anwendungsprogramme

Spool
Abk. für simultaneous peripheral operations on line. Mit Spool wird die Eingabe und Ausgabe von Daten über langsame Peripheriegeräte bezeichnet, die gleichzeitig mit der Bearbeitung eines Programms von einem Computer erledigt wird. Das Ausgeben und Einlesen von Daten nach dem Spool-Verfahren wird auch als spooling oder spoolen bezeichnet. Das Programm, das die Ausgabe oder Eingabe der Daten parallel zur Abarbeitung eines anderen Programms erledigt, wird auch Spooler genannt.

Anwendung
Auf PCs wird das Spooling zum Ausdrucken von Texten benutzt. Das Spooling erfolgt mit dem →MS-DOS-Kommando PRINT. Nach Eingabe dieses Kommandos kann der PC bereits für neue Aufgaben benutzt werden, auch während der Drucker noch druckt. Zum Spooling werden die Texte, die ausgedruckt werden sollen, in einem Teil des Arbeitsspeichers zwischenspeichert. Die Übertragung der Daten vom PC zum Drucker kann dann direkt aus dem Arbeitsspeicher ohne Zugriff auf den Massenspeicher erfolgen. Dadurch braucht das parallel zum Druckvorgang laufende Anwendungsprogramm nicht lange unterbrochen zu wer-

den. Um zum Spoolen einen größeren Speicher zur Verfügung zu haben, werden auch Speichererweiterungskarten eingesetzt. Zu einigen Speichererweiterungskarten werden auch passende Spooler geliefert, die die Datenausgabe auf den Drucker besonders effektiv ausführen können. Vgl. Drucker.

spoolen
→Spool

Spooler
→Spool

Sprung
→Sprungbefehl

Sprungadresse
→Sprungbefehl

Sprungbedingung
→Sprungbefehl

Sprungbefehl
Befehl, der ein Programm veranlaßt, nicht mit dem nächsten Befehl weiterzuarbeiten, sondern das Programm mit einem Befehl an einer anderen Stelle fortzusetzen. Diese andere Stelle kann durch eine Adresse oder durch eine Marke mit einem symbolischen Namen gekennzeichnet sein.

Sprungadresse, Sprungmarke
Die Adresse bzw. die Marke, die angesprungen werden soll, wird im Sprungbefehl mit angegeben. Eine solche Marke bezeichnet man als Sprungmarke. Eine Adresse, die durch einen Sprungbefehl angesprungen wird, ist eine Sprungadresse.

Sprungbefehl, Ausführung
Ein Sprungbefehl wird in einem PC von einem Mikroprozessor abgearbeitet. Der Mikroprozessor holt den Sprungbefehl aus dem Arbeitsspeicher und führt anschließend den Sprung aus. Dazu lädt er die Sprungadresse in seinen Programmzähler.
Dadurch wird das Programm automatisch an der Sprungadresse fortgesetzt. Der Programmzähler ist nämlich das Register im Mikroprozessor, in dem immer die Adresse des Befehls steht, der als nächstes bearbeitet wird.

bedingte Sprungbefehle
Bedingte Sprungbefehle führen den Sprung nur dann aus, wenn eine bestimmte Bedingung erfüllt ist. Eine solche Bedingung kann z.B. sein, daß das Ergebnis der letzten Subtraktion positiv, negativ oder null war.

Sprungbedingung
Die Bedingung, die vor Ausführung des Sprunges getestet wird, wird auch Sprungbedingung genannt. Sie wird im bedingten

Sprungbefehl mit angegeben. Ist die Bedingung nicht erfüllt, so erfolgt kein Sprung. Das Programm wird dann mit dem nächsten Befehl fortgesetzt.

Verzweigung
Der bedingte Sprungbefehl wird auch als Verzweigungsbefehl oder als Verzweigung bezeichnet, weil das Programm nach seiner Ausführung in einem von mehreren möglichen Programmzweigen fortgesetzt wird.

unbedingte Sprungbefehle
Unbedingte Sprungbefehle führen den Sprung immer aus. In ihnen braucht deshalb auch keine Bedingung angegeben zu werden.

Sprungbefehle, Anwendung
Sprungbefehle werden in einem Programm benutzt, um den Ablauf des Programms zu steuern. Besonders Schleifen, in denen Programmteile repetierend durchlaufen werden, wären ohne bedingte Sprungbefehle nicht realisierbar. Aber auch für die Verzweigung zwischen zwei Programmteilen wird der bedingte Sprungbefehl benötigt.
Der unbedingte Sprungbefehl dient dazu, das Programm in einem anderen Programmteil fortzusetzen. In Programmiersprachen für die strukturierte Programmierung wie z.B. Turbo-Pascal ist dieser Befehl möglichst zu vermeiden. In anderen Pro-

grammiersprachen kommt man dagegen nicht ganz ohne unbedingte Sprungbefehle aus. Ein typischer unbedingter Sprungbefehl ist der →Basic-Befehl GOTO. Ein typischer bedingter Sprungbefehl ist der →Basic-Befehl IF.
Vgl. Programm.

Sprungmarke
→Sprungbefehl

Spur
→Diskette

Spurdichte
Anzahl der Spuren, die auf einem Magnetspeicher wie z.B. einer Diskette oder Festplatte auf einer bestimmten Länge des Plattenradius untergebracht werden können. Die Spurdichte ist für die Speicherkapazität einer Diskette von Bedeutung. Je mehr Spuren sich auf einem Magnetspeicher unterbringen lassen, desto größer ist auch die Speicherkapazität.

Spurdichte, Einheit
Die Spurdichte wird in tracks per inch angegeben. Diese Einheit wird auch tpi abgekürzt.
Vgl. Hardware-Eigenschaften.

SQR
→Basic-Befehle

SS
→Diskettenkapazität

ST506-Schnittstelle

→Massenspeicher-Schnittstelle

Stack

Speicher, in dem die gespeicherten Daten nicht durch eine Adresse, sondern durch die Reihenfolge ihrer Abspeicherung charakterisiert sind. Beim Einschreiben von Daten in einen Stack wird jedes Byte in den Speicherplatz eingeschrieben, der dem Speicherplatz des letzten eingeschriebenen Datenbytes folgt. Beim Auslesen von Daten aus einem Stack werden die zuletzt eingeschriebenen Daten zuerst ausgelesen. Durch weitere Lesevorgänge werden jeweils die vorletzten und vorvorletzten eingeschriebenen Daten ausgelesen.

Stack, Vorteile, Nachteile

Vorteilhaft ist bei einem Stack, daß man keine Adressen zum Einschreiben und Wiederauslesen braucht. Nachteil ist jedoch, daß immer nur auf die zuletzt eingeschriebenen Daten direkt zugegriffen werden kann. Ein Stack kann also nur für Anwendungen eingesetzt werden, bei denen man die Daten in der umgekehrten Reihenfolge benötigt, in der sie eingeschrieben wurden.

Stack, Begriffe

Der Ausdruck Stack kommt aus der englischen Sprache und bedeutet dort Stapel. Der Stack wird deshalb auch als Stapelspeicher bezeichnet. Andere Bezeichnungen sind Kellerspeicher oder LIFO. LIFO kommt ebenfalls aus dem englischen und ist eine Abkürzung für last in first out. Das Verfahren, die zuletzt eingeschriebenen Daten zuerst wieder auszulesen, wird als Stackverfahren, Stackarchitektur oder als LIFO-Verfahren bezeichnet.

Stack, Anwendung

Auf PCs wird der Stack benutzt, um die Rücksprungadressen von aufgerufenen Unterprogrammen zu speichern. Der Stack ist dazu in einem Teil des Arbeitsspeichers untergebracht.

Stackpointer

Die Mikroprozessoren der PCs haben zur Verwaltung dieses Stacks einen Stackpointer. Dies ist ein Register, dessen Inhalt immer auf die Adresse im Stack zeigt, unter der die letzte Rücksprungadresse abgespeichert wurde.

Stack, Unterprogrammaufruf

Wird anschließend ein Unterprogramm aufgerufen, so erniedrigt der Mikroprozessor automatisch den Stackpointer und speichert die Rücksprungadresse unter der Adresse im Stack ab, auf die der Stackpointer zeigt. Ist das Unterprogramm abgearbeitet, so findet der Mikroprozessor als letzten Befehl den Befehl RETURN. Bei der Ausführung dieses Befehls lädt der Mikroprozessor die Rücksprungadresse, auf die der Stackpointer gerade zeigt, aus dem Stack in den Programmzähler. Der Mikroprozessor führt dadurch einen Rücksprung an die Adresse im Hauptprogramm aus, von der aus das Unterprogramm gerufen wurde. Nach dem Auslesen der Rücksprungadresse aus dem Stack wird der Stackpointer automatisch erhöht, damit er für den nächsten Unterprogrammaufruf auf die richtige Adresse im Stack zeigt.

Stack, verschachtelte Unterprogramme

Daß der Stackpointer immer auf die richtige Adresse im Stack zeigt, ist besonders wichtig, wenn mit verschachtelten Unterprogrammen gearbeitet wird. Bei verschachtelten Unterprogrammen werden aus einem Unterprogramm heraus neue Unterprogramme aufgerufen, und aus diesen Unterprogrammen zweiter Ebene Unterprogramme dritter Ebene usw.

Stack, retten von Registern

Der Stack ist außerdem in der Lage, nach einem Unterprogrammaufruf die Registerinhalte von Registern aufzunehmen, die in dem gerufenen Unterprogramm verändert werden. Zum hineinstapeln solcher Registerinhalte besitzen die Mikroprozessoren den Befehl

PUSH. Am Ende des Unterprogramms können die Registerinhalte mit dem Befehl POP aus dem Stack wieder herausgestapelt werden. Dabei muß die umgekehrte Reihenfolge eingehalten werden wie beim Hineinstapeln mit dem Befehl PUSH.
Vgl. Unterprogramm.

Stackpointer
→Stack

Stammdaten

Daten über eine Person, ein Unternehmen, ein Projekt oder einen Gegenstand, die sehr selten geändert werden. Stammdaten einer Person sind z.B. das Geburtsdatum und der Name.
Vgl. Adressenverwaltung.

Standardedition
→Edition

Standardsoftware
→Anwendungsprogramme

Standleitung

Datenleitung zwischen zwei Teilnehmern, die ständig zur Datenübertragung bereitsteht und nicht erst durch einen Wählvorgang aufgebaut werden muß.

Wählleitung

Bei einer Wählleitung muß dagegen die Verbindung zwischen den beiden Teilnehmern bei Bedarf

455

erst aufgebaut werden. Wählleitungen können mit Hilfe des Fernsprechnetzes, des Telexnetzes und des Datexnetzes aufgebaut werden.
Vgl. Datenfernübertragung.

Stapelspeicher
→Stack

Stapelverarbeitung
→Batchbetrieb

Startadresse
Adresse, bei der in einem Programm mit der Abarbeitung begonnen wird.
Vgl. Adresse.

Startbit
Bit, das die Übertragung eines Bytes auf einer seriellen Schnittstelle einleitet.
Vgl. serielle Schnittstelle.

Statement
Programmbefehl in einer höheren Programmiersprache.
Vgl. Programmiersprache.

statischer Speicher
→Speicher

Statusregister
→Programmstatusregister

Statuswort
Inhalt des →Programmstatusregisters.

Steckkarte
→Steckplätze

Steckplätze
Freie Plätze innerhalb eines PC, die dafür vorgesehen sind, eine Erweiterungsplatine aufzunehmen. Alle PCs besitzen mehrere Steckplätze, in denen verschiedene Erweiterungsplatinen untergebracht werden können. Die Steckplätze besitzen eine Buchsenleiste, an die die wichtigsten Datenbussignale, Adreßbussignale und Controlsignale herangeführt sind. Auf diese Weise können in die Buchsenleiste Erweiterungsplatinen für verschiedenste Anwendungen eingesteckt werden.

Buchsenleiste
In allen Erweiterungsplatinen wird von einer gleichen Signalbelegung für die einzelnen Buchsen der Buchsenleiste ausgegangen. Auf diese Weise sind die Erweiterungsplatinen für alle PCs untereinander kompatibel. Die Buchsenleiste ist für direktgesteckte Platinen geeignet. Dadurch braucht auf der Erweiterungsplatine keine Steckerleiste vorhanden zu sein. Die Signale münden auf der Erweiterungsplatine in etwas verbreiterten Leiterbahnen. Zu diesen Leiterbahnen stellt die Buchsenleiste den Kontakt her.

Steckerbelegung der zusätzlichen Buchsenleiste für 16-Bit Steckplätze auf dem PC-AT.

Pin	Reihe C Signal	Funktion des Signals	Reihe D Signal	Funktion des Signals
1	SHBE		MEMCS16N	16-Bit-Speicherzugr.
2	ADR23	Adreßleitungen	IOCS16N	16-Bit-Portzugriff
3	ADR22		IRQ10	Interrupt-Request
4	ADR21		IRQ11	
5	ADR20		IRQ12	
6	ADR19		IRQ13	
7	ADR18		IRQ14	
8	ADR17		DACK0N	
9	MEMRN	Speicher lesen	DRQ0	
10	MEMWN	Speicher beschreiben	DACK5N	
11	DATA8	Datenleitungen	DRQ5	
12	DATA9		DACK6N	
13	DATA10		DRQ6	
14	DATA11		DACK7N	
15	DATA12		DRQ7	
16	DATA13			
17	DATA14		MASTERN	
18	DATA15			

Steckerbelegung der Buchsenleiste für 8-Bit-Steckplätze auf PC-XTs und PC-ATs.

Pin	Reihe A Signal	Funktion des Signals	Reihe B Signal	Funktion des Signals
1	GND	Masse	IOCHKN	
2	DRV	Reset	DATA7	Datenbusleitungen
3	+5V	Versorgungsspannung	DATA6	
4	IRQ2	Interrupt-Request	DATA5	
5	-5V	Versorgungsspannung	DATA4	
6	DRQ2		DATA3	
7	-12V	Versorgungsspannung	DATA2	
8			DATA1	
9	+12 Volt	Versorgungsspannung	DATA0	
10	GND		IORDY	
11	MEMRN	Speicher lesen	AEN	Adreß-Enable
12	MEMWN	Speicher beschreiben	ADR19	Adreßleitungen
13	IOWRN	Ports lesen	ADR18	
14	IORDN	Ports beschreiben	ADR17	
15	DACK3N		ADR16	
16	DRQ3		ADR15	
17	DACK1N		ADR14	
18	DRQ1		ADR13	
19	DACKQN		ADR12	
20	CLOCK		ADR11	
21	IRQ7	Interrupt-Request	ADR10	
22	IRQ6		ADR09	
23	IRQ5		ADR08	
24	IRQ4		ADR07	
25	IRQ3		ADR06	
26	DACK2N		ADR05	
27	TC		ADR04	
28	ALE	Adreß-Latch-Enable	ADR03	
29	+5 Volt		ADR02	
30	OSC		ADR01	
31	GND		ADR00	

457

8-Bit-Steckplätze

Die PC-XTs verfügen nur über 8-Bit-Steckplätze. Diese Steckplätze bestehen aus einer zweireihigen Buchsenleiste mit je 31 Signalen. An diese Buchsenleisten sind 8 Datenbusleitungen, 20 Adreßbusleitungen und verschiedene Steuerleitungen geführt. Mit den 8-Bit-Steckplätzen werden auch PC-ATs ausgestattet. Auf diese Weise können auch auf PC-ATs Erweiterungskarten eingesetzt werden, die ursprünglich für PC-XTs gedacht waren.

16-Bit-Steckplätze

PC-ATs besitzen aber zusätzlich 16-Bit-Steckplätze. Diese bestehen aus zwei zweireihigen Buchsenleisten. Die erste Buchsenleiste mit den Reihen A und B trägt die gleichen Signale wie die Buchsenleiste der 8-Bit-Steckplätze. Die zweite Buchsenleiste mit den Signalreihen C und D trägt die zusätzlichen Signale, die ein PC-AT einer Erweiterungsplatine zur Verfügung stellen kann. Dazu gehören die Datenbussignale DATA8 bis DATA15 und die Adreßbussignale ADR17 bis ADR23.

Vgl. PC.

Steckplatzbus
→Bus

Steckplatzpuffer

Baugruppe im PC, die die Signale für die Steckplätze verstärkt. Die Baugruppen auf der Hauptplatine des PC werden durch den Systembus verbunden. Mit diesen Signalen ist auch der Steckplatzpuffer verbunden. Auf der Steckplatzseite führen die Signalleitungen des Steckplatzpuffers direkt zu den Buchsenleisten der Steckplätze.

Steckplatzpuffer, Bedeutung

Durch den Steckplatzpuffer wird eine Entkopplung der Signale des Systembusses von den Signalen der Steckplätze erreicht. Auf diese Weise wird gewährleistet, daß die Signale auf den Erweiterungsplatinen die Kommunikation des Zentralprozessors mit dem Arbeitsspeicher über den Systembus nicht stören oder verzögern. Will der Zentralprozessor über die Erweiterungsplatinen auf ein Peripheriegerät zugreifen, so schickt er Daten über den Steckplatzpuffer an die Peripheriegeräte, oder er empfängt Daten von Peripheriegeräten über den Steckplatzpuffer. Außerdem erfolgt über den Steckplatzpuffer der Zugriff auf Speichererweiterungsplatinen.

Steckplatzpuffer, Port

Der Steckplatzpuffer verändert jedoch nichts an den Bussignalen, sondern verstärkt diese nur. Er ist deshalb auch kein Port, sondern nur ein Puffer. Der Port, den der Zentralprozessor zur Dateneingabe und Datenausgabe an Peripheriegeräte öffnet, befindet sich auf den Erweiterungsplatinen. Dies hat den Vorteil, daß sich Erweiterungsplatinen besonders individuell gestalten lassen.

Steckplatzpuffer, Kanal
Der Steckplatzpuffer der PCs unterscheidet sich auch grundsätzlich von dem Kanalcontroller der PS/2-Computer. Der Steckplatzpuffer bietet auf den Steckplätzen der PCs die Signale eines Datenbus und eines Adreßbus an, die die gleiche Struktur besitzen wie der Datenbus und der Adreßbus des Systembusses innerhalb des PC. Die PS/2-Computer bieten dagegen auf ihren Steckplätzen bereits die Signale eines →Kanals an, die von einem Kanalcontroller erzeugt werden. Diese Kanalsignale sind besonders gut für schnellen Kanalbetrieb geeignet, besitzen aber nicht mehr die Universalität eines Busses, an den man in einfacher Form Ports und Speicher anschließen kann.
Vgl. PC.

Sternnetz
→Rechnernetztopologie

Steuereinheit
→Steuerwerk

Steuertasten
Tasten, die zum Aufruf von Steuerfunktionen benutzt werden.
Vgl. Funktionstasten.

Steuerwerk
Teil des Mikroprozessors, der den Ablauf der einzelnen Befehle nacheinander steuert. Dazu holt das Steuerwerk jeden einzelnen Befehl aus dem Arbeitsspeicher und decodiert die Operation, die durch den Befehl ausgeführt werden soll. Handelt es sich bei der Operation um eine arithmetische oder logische Operation, so läßt das Steuerwerk diese Operation vom Rechenwerk ausführen. Sprungbefehle führt das Steuerwerk dagegen selbst aus.
Vgl. Mikroprozessor.

Steuerzeichen
Zeichen eines Zeichensatzes, die keine darstellbaren Zeichen sind, sondern eine bestimmte Steuerfunktion von Peripheriegeräten bewirken. Steuerzeichen sind z.B. →Wagenrücklauf oder Seitenvorschub.

Steuerzeichen im erweiterten ASCII-Zeichensatz
Im erweiterten ASCII-Zeichensatz, der auf PCs benutzt wird, werden die ersten 32 Zeichen als Steuerzeichen benutzt. Nicht alle

459

Steuerzeichen im ASCII-Zeichensatz			
ASCII-Wert dezimal	ASCII-Wert hexa-dezimal	Name des Steuer-zeichens	Funktion des Steuerzeichens
000	00	NUL	Keine Funktion
001	01	SOH	Start eines Textkopfes
002	02	STX	Start eines Textblockes
003	03	ETX	Ende eines Textblockes
004	04	EOT	Ende eines Textes
005	05	ENQ	Aufforderung
006	06	ACK	Bestätigung des Empfangs eines Blockes
007	07	BEL	Klingel oder akustischer Warnton
008	08	BS	Den Cursor 1 Zeichen rückwärts bewegen
009	09	HT	Horizontaler Tabulator
010	0A	LF	Zeilenvorschub
011	0B	VT	Vertikaler Tabulator
012	0C	FF	Seitenvorschub
013	0D	CR	Wagenrücklauf
014	0E	SO	Dauerumschaltung
015	0F	SI	Zurückschaltung
016	10	DEL	Datenübertragungsumschaltung
017	11	DC1	Datensatz 1
018	12	DC2	Datensatz 2
019	13	DC3	Datensatz 3
020	14	DC4	Datensatz 4
021	15	NACK	Meldung eines fehlerhafen Datenblockes
022	16	SYNC	Synchronisierung
023	17	ETB	Ende einer Blockübertragung
024	18	CAN	Löschen des letzten Zeichens
025	19	EM	Ende der Aufzeichnung
026	1A	SUB	Ersetzen eines Zeichens
027	1B	ESC	Beginn eines Zeichenfolge
028	1C	FS	Formattrennung
029	1D	GS	Gruppentrennung
030	1E	RS	Reihentrennung
031	1F	US	Beginn einer Zeichenfolge

Steuerzeichen können von allen Peripheriegeräten ausgewertet werden. Daher haben einzelne Zeichen eine Funktion als darstellbare Zeichen und eine Funktion als Steuerzeichen.

Datei mit Steuerzeichen erzeugen
Mit Steuerzeichen läßt sich auf PCs am elegantesten arbeiten, wenn man diese nicht jedesmal über die Tastatur eingeben muß, sondern die Steuerzeichen für ei-

ne bestimmte Anwendung in einer Datei gespeichert hat. Um eine solche Datei zu erzeugen, kann der Zeileneditor →Edlin benutzt werden. Dieser Zeileneditor wird zunächst in den Eingabemode gebracht. Dann können Steuerzeichen eingegeben werden, indem zunächst die Taste (ALT) gedrückt gehalten wird. Danach wird der dezimale Code des Steuerzeichens mit Hilfe der Tasten des Ziffernblocks eingegeben. Sobald die Alternatetaste wieder losgelassen wird, ist das Steuerzeichen eingegeben.

Wichtig ist dabei, daß die Zifferntasten des Ziffernblocks benutzt werden, da die Zifferntasten der Schreibmaschinentastatur für diesen Zweck nicht benutzt werden können.

Um z.B. eine Datei PAGE.SRC zu erzeugen, die einen Seitenvorschub auf dem Drucker bewirkt, muß vom Betriebssystem MS-DOS ausgehend folgende Befehlsfolge in den PC eingegeben werden:

EDLIN PAGE.SRC
I
(ALT) 1 2
(CTRL)-C
E

Danach befindet sich die Datei PAGE.SRC in dem gerade benutzten Dateiverzeichnis und

kann z.B. mit dem folgenden Befehl ausgedruckt werden:

PRINT PAGE.SRC

Der Drucker führt dann einen Seitenvorschub an den Anfang der neuen Seite aus.

Steuerzeichenfolgen

Mit den 32 Steuerzeichen des erweiterten ASCII-Zeichensatzes lassen sich auch nur 32 Steuerfunktionen ausführen. Bei der Vielzahl der Steuerfunktionen, die benötigt werden, reicht dieser Zeichenvorrat nicht aus. Daher ist man dazu übergegangen, bestimmte Steuerfunktionen durch Folgen von Steuerzeichen zu steuern. Je länger diese Zeichenfolgen sind, desto größer ist auch die Vielfältigkeit der Steuerfunktionen. Andereseits dauert aber auch die Übertragung einer Steuerzeichenfolge um so länger, je mehr Zeichen sie besitzt.

Steuerzeichenfolgen, Aufbau

Steuerzeichenfolgen beginnen mit dem Zeichen ESC oder US. Die Codes für diese beiden Zeichen sind 1B und 1F. Danach folgen ein oder mehrere Steuerzeichen, aus denen die Funktion der Zeichenfolge hervorgeht. Danach folgen Parameter, die die auszuführende Funktion mit benötigten Zahlenangaben versorgen. Eine solche Zahlenangabe kann z.B. bei einer Löschfunktion angeben, wieviel Zeichen gelöscht werden sollen.

461

Steuerzeichenfolgen, Anwendungen

Steuerzeichenfolgen werden z.B. benutzt, um den Drucker eines PC zu steuern. Dazu sind im Drucker Zeichenfolgen bekannt, über die z.B. die Schriftform ausgewählt werden kann. Auch die Beschreibung von Grafikzeichen, die der Drucker drucken soll, erfolgt mit Hilfe solcher Steuerzeichenfolgen.

Aber auch die Bildschirme der PCs können durch Steuerzeichenfolgen gesteuert werden. Dazu ist es allerdings nötig, den Gerätetreiber ANSI.SYS zu installieren. Dies erfolgt in der Konfigurationsdatei CONFIG.SYS mit Hilfe des →MS-DOS-Konfigurationsbefehls DEVICE. Mit Hilfe des Gerätetreibers ANSI.SYS ist der PC in der Lage, die ANSI-Steuerzeichen auszuwerten und auf dem Bildschirm darzustellen.

Vgl. Codierungsverfahren.

Steuerzeichenfolgen
→Steuerzeichen

STICK
→Basic-Befehle

STOP
→Basic-Befehle

Stopbit
Bit, das das Ende der Übertragung eines Bytes auf einer seriellen Schnittstelle anzeigt.
Vgl. serielle Schnittstelle.

STR
→Basic-Befehl

Streamer
→Magnetband

Streifencode
→Strichcode

Strg-Taste
→Controltaste

Strichcode
Code, bei dem die Zeichen in Form von unterschiedlich breiten Strichen dargestellt werden. Auch der Abstand der Striche untereinander dient zur Unterscheidung der einzelnen Zeichen. Die Strichcodes werden mit Hilfe spezieller Lesegeräte gelesen. Zum Lesen wird mit einem Leuchtstift über den Strichcode gefahren. Die gelesene Information kann auch mit Hilfe von PCs ausgewertet werden.
Vgl. Systemerweiterung.

STRING
1. →Basic-Befehle
2. Kette von Zeichen, die von einem Computer durch →Stringbefehle bearbeitet werden kann.

Stringbefehle

Befehle, die eine ganze Zeichenkette bearbeiten können.

Stringbefehle in Assemblersprache

Die Mikroprozessoren, die in den PCs als Zentralprozessoren verwendet werden, besitzen solche Stringbefehle. Bei diesen Befehlen wird z.B. eine Kette mit 200 Zeichen durch einen einzigen Befehl von einem Speicherbereich des Arbeitsspeichers in einen anderen Speicherbereich kopiert. Der Vorteil eines solchen Stringbefehls gegenüber der Programmierung mit einzelnen Transportbefehlen besteht einerseits darin, daß man weniger Befehle eingeben muß. Hauptsächlich ist jedoch die Einsparung von Rechenzeit. Der Stringbefehl benötigt zwar auch für jeden Transportvorgang einen Mikroprozessorzyklus; die Mikroprozessorzyklen, die für das Laden und Dekodieren der Transportbefehle nötig sind, entfallen jedoch bei Stringbefehlen. Neben den Stringbefehlen für den Datentransport gibt es auch Stringbefehle für andere Operationen wie z.B. die Vergleichsoperation. Mit einem solchen Stringbefehl kann ein bestimmtes Datenwort in einem Speicherbereich schnell gesucht werden. Mit Stringbefehlen können aber nur einfache strukturierte Vorgänge programmiert werden.

Stringbefehle in höheren Programmiersprachen

Auch in höheren Programmiersprachen werden Stringbefehle benutzt, um Zeichenketten zu verarbeiten. Dabei geht es aber in erster Linie um eine einfachere Verarbeitung solcher Zeichenketten. Eine Einsparung an Rechenzeit steht dabei im Hintergrund, da die marktgängigen Compiler und Interpreter die Stringbefehle der höheren Programmiersprache nicht in Stringbefehle, sondern in Einzelbefehle übersetzen.

Stringbefehle in Basic

In der Programmiersprache Basic wird neben den Variablentypen Integer und Real der Variablentyp String eingeführt. Dadurch lassen sich in einer Variablen vom Type String Zeichenketten mit Texten eingeben, ausgeben, speichern und verarbeiten. Eine Stringvariable wird dadurch gekennzeichnet, daß ihr Name mit dem Zeichen $ endet. Außerdem lassen sich beliebige Variable mit dem →Basic-Befehl DEFSTR als Stringvariable definieren. Auf diese Variablen läßt sich mit allen Basic-Befehlen zugreifen, die für das Arbeiten mit Variablen geeignet sind. Sollen jedoch Teile von Strings abgetrennt oder hinzugefügt werden, so können in Basic spezielle Stringbefehle benutzt werden, die im Zusammenhang mit anderen Variablentypen nicht verwendet werden dürfen. Zu diesen Stringbefehlen gehören die →Basic-Befehle:

ASC, CHR$, LEFT$, MID$, MKD$, MKI$, MKS$, OCT$, RIGHT$ und SPACE$.

Davon werden die Befehle ASC und CHR$ besonders häufig benutzt, da sie eine Umwandlung eines Stringzeichens in eine Integervariable und umgekehrt ausführen.
Vgl. Programm.

Stringvariable
→Variable

Stromversorgung
Baugruppe innerhalb des PC, die die übrigen elektronischen Baugruppen mit den nötigen Betriebsspannungen versorgt. Die Stromversorgung transformiert die 220-Volt-Wechselspannung des Netzes herunter und richtet die transformierte Spannung gleich. Die gleichgerichtete Spannung wird anschließend geglättet, gesiebt und stabilisiert, damit Störungen auf dem Netz nicht die Funktionsweise des PC beeinflussen.

Stromversorgung, Spannungen
Die Stromversorgung stellt dem PC vier Spannungen zur Verfügung. Diese Spannungen haben die Werte +5.0 Volt, -5.0 Volt, +12 Volt und -12 Volt. Die beiden negativen Spannungen sind im orginal IBM-PC-AT mit maximal 0.3 Ampere belastbar. Die Spannung +5.0 Volt kann dagegen bis zu 20 Ampere liefern, die +12 Volt sind bis 7 Ampere belastbar. Wird z.B. durch Installation zu vieler Erweiterungsplatinen mehr Strom verbraucht, so schaltet sich die Stromversorgung ab. Erst durch Ausschalten und Wiedereinschalten des PC wird auch die Stromversorgung wieder eingeschaltet. In PC-XTs und vielen kompatiblen PC-ATs sind die Stromversorgungen auch kleiner ausgelegt, so daß ein Abschalten schon bei kleineren Strömen erfolgt.
Vgl. PC.

Struktogramm
Andere Bezeichnung für →Nassi-Schneidermann-Diagramm.

Strukturdiagramm
Andere Bezeichnung für →Nassi-Schneidermann-Diagramm.

strukturierte Programmierung
Programmierverfahren, bei dem besonders übersichtliche und

leicht zu testende Programme erstellt werden.

schrittweise Verfeinerung

Bei der strukturierten Programmierung werden die Aufgaben, die ein Programm übernehmen soll, zunächst gegliedert. Die dabei entstehenden Funktionsblöcke werden noch detaillierter beschrieben und dabei in noch detailliertere Funktionsblöcke aufgegliedert. Auf diese Weise wird die Beschreibung eines Programms schrittweise verfeinert.

top-down-design

Das Verfahren der schrittweisen Verfeinerung bezeichnet man auch als top-down-design.

Programmodule

Die einzelnen Funktionsblöcke werden anschließend in Programm-Module umgesetzt. Solche Progamm-Module sind Programmteile, die nur einen Eingang und einen Ausgang besitzen. Sprungbefehle und Verzweigungen dürfen nur innerhalb des Moduls erfolgen. Es darf auch nicht von einem Modul in einen anderen gesprungen werden. Die Module werden wie Bausteine zu einem Gesamtprogramm zusam- mengesetzt, indem jeweils an den Ausgang eines Moduls der Eingang des nächsten Moduls angefügt wird. Dadurch wird jedes Modul über seinen Eingang begonnen und über seinen Ausgang verlassen.

strukturierte Programmierung, Vorteile

Der Aufbau eines Programms aus selbständigen Modulen führt dazu, daß jedes Modul für sich selbständig geplant, entwickelt und getestet werden kann.

Auch Programmänderungen lassen sich in strukturierten Programmen übersichtlicher durchführen, da Änderungen in einem Modul nicht zu unbeabsichtigten Änderungen in einem anderen Programmteil führen.

Da jedes Modul für sich beschrieben wird, läßt sich außerdem die Dokumentation von strukturierten Programmen besonders leicht erstellen. Auch bei der Einarbeitung in ein solches Programm kann man sich zunächst auf die Beschreibung einzelner Module konzentrieren, ohne sofort das gesammte Programm vor Augen zu haben.

Unterstützung durch Programmiersprachen

Um die Erstellung von strukturierten Programmen noch weiter zu erleichtern, sind Programmiersprachen entwickelt worden, die sich für die strukturierte Programmierung besonders gut eignen. Für diese Programmiersprachen wie z.B. Turbo-Pascal werden besonders leistungsfähige Compiler angeboten, so daß auch durch diese Programmiersprachen die strukturierte Programmierung ständig an Bedeutung gewinnt. Vgl. Programmiertechniken.

SQL
→Abfragesprache

Subroutine
Englische Bezeichnung für →Unterprogramm.

SUBST
→ MS-DOS-Befehle

Subtraktion
→Arithmetische Befehle

Suchverfahren
→Sortierverfahren

SWAP
→Basic-Befehle

switch
Englische Bezeichnung für →Schalter.

Symbol
Anschauliches Zeichen, das einen abstrakten oder konkreten Ausdruck darstellt. Symbole werden auf PCs für verschiedene Zwecke eingesetzt.

Symbol, Menü
Am bekanntesten sind Symbole, die in Menüs dargestellt werden. Dort steht ein grafisches Symbol für ein Schlüsselwort. Anstelle des Schlüsselwortes DELETE, mit dem ein Löschbefehl aufgerufen wird, wird in solch einem Menü z.B. ein kleiner Papierkorb angezeigt. Das grafische Symbol Papierkorb steht in diesem Falle also für den Ausdruck DELETE.

symbolische Adressen
In symbolischen Programmiersprachen werden anstelle der Adressen, die ein Mikroprozessor verarbeiten soll, Namen angegeben. In diesem Fall ist der Name das Symbol für eine Adresse. Ein Name ist für einen Programmierer anschaulicher und leichter zu merken als eine binär oder hexadezimal verschlüsselte Adresse. Vgl. Menü.

symbolische Adresse
→Symbol

symbolische Programmiersprachen
→Programmiersprachen

Symphony
→Integrierte Programmpakete

synchrone Übertragung
→serielle Schnittstelle

Syntax
Gesetze und Regeln, die den formellen Aufbau von Programmbefehlen und Betriebssystembefehlen regeln. In der Syntax einer

Programmiersprache oder eines Kommandointerpreters ist festgelegt, wie die einzelnen Befehle geschrieben werden und mit welchen Parametern diese Befehle ausgestattet werden können. Diese Regeln müssen bei der Eingabe von Befehlen durch einen Programmierer, der ein Programm erstellt, oder durch einen Bediener, der ein Betriebssystem bedient, genau eingehalten werden.

Syntax, Überprüfung
Die eingegebenen Befehle werden anschließend durch einen Compiler bzw. durch einen Kommandointerpreter in eine mikroprozessorgerechte Form übersetzt. Bei dieser Übersetzung wird nach den Regeln und Gesetzen der Syntax übersetzt. Ist die Syntax nicht eingehalten, weil z.B. der Name eines Befehls falsch geschrieben ist, oder weil zu dem Befehl zu viele oder zu wenige Parameter eingegeben wurden, so kann das Übersetzungsprogramm die Übersetzung nicht ausführen und weist den eingegebenen Befehl mit einer Fehlermeldung zurück.
Vgl. Programmiersprachen.

SYS
→MS-DOS-Kommando

System
1. →Basic-Befehl
2. Einheit aus mehreren Teilkom-

ponenten, die zusammen in der Lage sind, eine bestimmte Aufgabenstellung zu lösen. Zu einem Computersystem gehört ein Computer mit einer arbeitsfähigen Ausstattung. Dazu gehört der Computer, die Peripheriegeräte und das Betriebssystem.

Systemdiskette
Diskette, auf die nach dem Formatieren ein Betriebssystem kopiert wurde. Bei PCs, die keine Festplatte besitzen, wird eine Systemdiskette benötigt, um nach dem Einschalten des PC das Betriebssystem von der Systemdiskette in den Arbeitsspeicher zu laden.

Systemdiskette, Formatierung
Eine Systemdiskette wird erstellt, indem man beim Formatieren einer Diskette mit dem →MS-DOS-Kommando FORMAT den Parameter /S angibt. Soll eine Diskette im Laufwerk A formatiert werden, so sieht der Formatierungsbefehl folgendermaßen aus:

FORMAT A:/S

Durch den Parameter /S werden nach dem Formatieren automatisch die beiden Betriebssystemdateien IBMDOS.COM und IBMIO.COM und der Kommandointerpreter COMMAND.COM auf die Diskette kopiert. Die beiden Betriebssystemdateien sind im Dateiverzeichnis der Systemdiskette nicht vorhanden, da sie in unsichtbarer Form gespeichert sind. Man kann ihr Vorhandensein auf der Diskette aber daran erkennen, daß eine Systemdiskette über etwa 90 KByte Speicherplatz weniger verfügt als eine Diskette ohne Betriebssystem. Davon werden je nach Version des Betriebssystems etwa 30 KByte vom Kommandointerpreter COMMAND.COM benutzt. Dieser ist im Dateiverzeichnis jedoch aufgeführt. Den restlichen Speicherplatz belegen die Dateien IBMDOS.COM und IBMIO.COM.

Arbeitsdiskette

Soll auf einer Diskette der volle Speicherplatz für Anwendungsprogramme oder Daten genutzt werden, so muß beim Formatieren dieser Diskette der Parameter /S weggelassen werden. Eine solche Diskette wird auch Arbeitsdiskette genannt. Bevor eine Arbeitsdiskette benutzt werden kann, muß jedoch nach dem Einschalten des PC das Betriebssystem von einer anderen Diskette oder von einer Festplatte geladen werden.
Vgl. MS-DOS.

Systemerweiterung

Zusätzliche Ausstattung eines Computers mit Peripheriegeräten und Leistungsmerkmalen, mit denen der Computer standardmäßig nicht ausgerüstet ist.

Systemerweiterung, Steckplätze

Die PCs sind durch ihren Aufbau mit Steckplätzen besonders geeignet, um nachträglich mit Erweiterungsplatinen ausgestattet zu werden. In seiner Grundausstattung wird der PC in den meisten Fällen mit einer →Grafikkarte und einer Massenspeicherkarte geliefert. Die Massenspeicherkarte wird auch als →Massenspeichercontroller bezeichnet. Über die Grafikkarte kann ein Bildschirm und über den Massenspeichercontroller können mehrere →Diskettenlaufwerke und →Festplatten angeschlossen werden. Die Grafikkarte verfügt außerdem fast immer über eine →parallele Schnittstelle, über die ein Drucker angeschlossen werden kann.

grafische Eingabegeräte

Sollen auf einem PC Grafiken erstellt werden, ist es vorteilhaft, ein grafisches Eingabegerät einzusetzen, mit dem Punkte und Linien direkt auf dem Bildschirm positioniert werden können. Dazu kann eine →Maus, ein →Grafiktablett oder ein →Lichtgriffel benutzt werden. Dann entfällt das lästige Eingeben von Punktkoordinaten über die Tastatur. Mit einer Maus können aber auch Befehle komfortabler eingegeben werden als über die Tastatur. Dazu ist jedoch eine grafische Benutzeroberfläche wie z.B. →Windows oder →GEM nötig, die ein →Menü auf dem Bildschirm darstellt und das Menü auch verwaltet. Ein Menü ist eine Liste von Befehlen, aus der ein Befehl mit Hilfe der Maus ausgewählt werden kann. Neben Windows und GEM besitzt auch die Benutzeroberfläche des Betriebssystems MS-DOS-4.0 ein Menü, aus dem Befehle mit einer Maus ausgewählt werden können. Der Kommandointerpreter COMMAND.COM, der von früheren MS-DOS Versionen benutzt wird, ist dagegen nicht für den Betrieb mit einer Maus geeignet.

weitere Eingabegeräte

Ein weiteres Eingabegerät, das an den PC angeschlossen werden kann, ist ein →Scanner. Mit einem Scanner können Grafiken direkt in den PC eingelesen werden.

Schnittstellenkarte

Um eine →Maus an den PC anzuschließen, wird eine →serielle Schnittstelle benötigt. Diese kann durch eine →Schnittstellenplatine nachgerüstet werden. Auf solch einer Karte ist meistens neben der seriellen Schnittstelle noch eine →parallele Schnittstelle vorhanden, über die ein zusätzlicher Drucker angeschlossen werden kann.

Joystick

Sollen auf einem PC →Computerspiele betrieben werden, so empfiehlt es sich, einen →Joystick anzuschaffen. Dies ist ein Steuerknüppel, mit dem bewegte Objekte auf dem Bildschirm gesteuert werden können. Ein Joystick wird ähnlich wie eine Maus über eine →serielle Schnittstelle mit dem PC verbunden.

Plotter

Über die serielle Schnittstelle kann auch ein →Plotter an den PC angeschlossen werden. Mit einem Plotter können komplexe Grafiken auf Papier ausgegeben werden.

weitere Schnittstellen

Neben der parallelen und der seriellen Schnittstelle kann der PC über Erweiterungsplatinen auch für andere Schnittstellen nachgerüstet werden. Eine solche Schnittstelle ist z.B. der →IEC-Bus, der in der Meßtechnik gern eingesetzt wird.

Speichererweiterung

Die Steckplätze der PCs können auch benutzt werden, um die Speicherkapazität des Arbeitsspeichers zu erweitern. Dafür gibt es →Speichererweiterungsplatinen. Mit solchen Karten kann der Arbeitsspeicher auch auf dem PC-XT über die 1-MByte-Grenze hinaus erweitert werden. Dies ist nicht selbstverständlich, da der Mikroprozessor 8088 des PC-XT nur über 20 Adreßleitungen verfügt, über die normalerweise auch nur 1 MByte Adreßraum angesprochen werden kann. Um den Speicherbereich trotzdem großzügig erweitern zu können, wird eine spezielle Adressiertechnik eingesetzt, durch die der Arbeitsspeicher auf bis zu 32 MByte erweitert werden kann. Diese Adressiertechnik nennt man auch →EMS.

Inboard

Die PCs können jedoch nicht nur über Platinen erweitert werden, die in den Steckplätzen montiert werden. Es ist auch möglich, die Leistungsfähigkeit eines PC zu erhöhen, indem man einen leistungsfähigeren Mikroprozessor einsetzt. Dazu gibt es Platinen, die über einen Stecker anstelle des Mikroprozessors in die Hauptplatine eines PCs gesteckt werden können. Eine solche Platine bezeichnet man auch als inboard oder piggyback. Auf dem inboard befindet sich dann ein Mikroprozessor, der eine Stufe leistungsfähiger ist als der standardmäßig vorhandene Mikroprozessor auf der Hauptplatine. Neben dem Mikroprozessor befindet sich auf dem inboard auch noch die Ansteuerlogik für den leistungsfähigeren Mikroprozessor.

Mit Hilfe eines inboards kann man z.B. einen PC-XT mit einem 80286-Mikroprozessor nachrüsten. Dadurch wird die Rechenleistung des PC bei konstanter Taktfrequenz etwa um das vierfache gesteigert. Wird der 80286-Mikroprozessor auf dem inboard mit einer doppelt so hohen Taktfrequenz betrieben wie der Mikroprozessor 8088 auf der Hauptplatine, so ergibt sich sogar eine Steigerung der Rechenleistung um das achtfache.

Mikroprozessorkarten

Neben den inboards gibt es Erweiterungskarten mit einem leistungsfähigeren Mikroprozessor, die in dem Steckplatz eines PC untergebracht werden können. Dann verfügt der PC über zwei Mikroprozessoren. Der Mikroprozessor auf der Hauptplatine läßt dann einzelne Aufgaben von dem Mikroprozessor auf der Erweiterungsplatine ausführen, behält aber selbst die übergeordnete Organisation.

Coprozessoren

Die Leistungsfähigkeit der PCs kann auch durch Coprozessoren gesteigert werden. Dies sind Mikroprozessoren, ähnlich wie die Zentralprozessoren der PCs. Sie sind jedoch besonders für Spezialaufgaben geeignet. Am bekanntesten sind Arithmetik-Coprozessoren, da alle PCs mit einem

Stecksockel für solche Coprozessoren ausgerüstet sind. Besitzt ein PC einen arithmetischen Coprozessor, so kann er arithmetische Berechnungen erheblich schneller ausführen als ohne Coprozessor. Standardmäßig werden PCs aber nicht mit arithmetischen Coprozessoren ausgerüstet, da diese sehr teuer sind. Neben den arithmetischen Coprozessoren gibt es →Grafikprozessoren, die den Zentralprozessor von der Aufbereitung komplizierter Grafiken auf dem Bildschirm entlasten. Auch →Kanalprozessoren sind Coprozessoren. Sie besorgen die Eingabe und Ausgabe von Daten aus dem Arbeitsspeicher, während der Zentralprozessor andere Aufgaben erledigt.

Transputer

Um den Zentralprozessor eines PC von speziellen Aufgaben zu entlasten, kann auch ein →Transputer eingesetzt werden. Dies ist ein sehr leistungsfähiger Mikroprozessor, an den der Zentralprozessor des PC z.B. arithmetische Berechnungen deligieren kann. Ein Transputer benötigt zum Arbeiten eine Transputerkarte. Die Transputerkarte kann über eine Transputer-Linkadapterkarte an den PC angeschlossen werden. Die Transputer-Linkadapterkarte wird dazu in einem Steckplatz des PC montiert.

Vgl. PC.

T

TAB
→Basic-Befehl

Tabellenkalkulation

Berechnungs- und Darstellungsverfahren für arithmetische Aufgabenstellungen. Um die Ergebnisse solcher Aufgabenstellungen übersichtlicher zu präsentieren, werden die Teilergebnisse und die Endergebnisse solcher Berechnungen in Form von Tabellen dargestellt. In einzelnen Spalten der Tabellen können auch erläuternde Texte untergebracht werden, die die Bedeutung einer Tabellenzeile leichter erkennen lassen.

Anwendung
Die Tabellenkalkulation eignet sich besonders gut für den Einsatz auf PCs, da mit Hilfe von ausgedruckten oder auf dem Bildschirm angezeigten Tabellen Teilergebnisse mathematischer, physikalischer, technischer und wirtschaftlicher Berechnungen leicht nachgeprüft werden können. Es lassen sich auch gezielt Berechnungen anstellen, um Fehler oder Mißstände aufzuspüren, oder um bestimmte Abrechnungen zu erstellen. Die Tabellenkalkulation wird daher für verschiedenste Anwendungsgebiete eingesetzt. Dazu gehören z.B. Kostenkalkulationen, Statistiken, Inventuren oder Steuererklärungen.

Anwendungsprogramme
Für die Tabellenkalkulation werden Anwendungsprogramme benötigt, die die Berechnungen

	Menge	Einheit	Preis pro Einheit	Preis
Kabel	25	m	1.40 DM	35.00 DM
Schalterdosen	5	Stck	.30 DM	1.50 DM
Abzweigdosen	2	Stck	.70 DM	1.40 DM
Schalter	1	Stck	6.50 DM	6.50 DM
Steckdosen	2	Stck	3.80 DM	7.60 DM
Lüsterklemmen	1	Stck	1.20 DM	1.20 DM
Arbeitslohn	3	Std	42.50 DM	127.50 DM
				180.70 DM

Erstellung einer Handwerkerrechnung mit Hilfe der Tabellenkalkulation durchführen und die Tabellen erstellen. Dazu können entweder Integrierte Programmpakete oder Branchenlösungen benutzt werden. Es gibt aber auch spezielle Tabellenkalkulationsprogramme.

Tabellenkalkulationsprogramme

Ein spezielles Tabellenkalkulationsprogramm ist Multiplan. Dieses Programm stammt von der Firma Microsoft. Es wurde speziell für Aufgaben der betriebswirtschaftlichen Planung entwickelt.

Integrierte Programmpakete

Integrierte Programmpakete sind allgemein formuliert und können für verschiedene Aufgaben und jede Branche benutzt werden. Sie gehen aber auch nicht auf einzelne Belange einer Branche ein. Neben der Tabellenkalkulation beinhalten sie auch noch ein Datenbankprogramm und ein Textverarbeitungsprogramm. Integrierte Programmpakete sind z.B. Framework, Lotus-1-2-3, Open-Access, Symphony und Works.

Branchenlösungen

Die Branchenlösungen sind Anwendungsprogramme, die speziell auf die Belange einer Branche zugeschnitten sind. Solche Programme sind damit in der Lage, ganz spezielle Tabellen zu erstellen. In solch einer Tabelle kann z.B. von einem Bauhandwerker eine Ko-

stenaufstellung oder von einem Steuerberater eine Steuererklärung erstellt werden. In einer Branchenlösung können dabei z.B. gezielter Besonderheiten des Steuerrechtes berücksichtigt werden, als dies bei einem integrierten Programmpaket möglich ist. Vgl. Anwendungsprogramme.

Tablett

→Grafiktablett

Tabulator

Einrichtung, durch die der Cursor des Bildschirms bei der Eingabe von Texten an den Anfang einer Tabellenspalte gesetzt wird. Tabulatoren werden in Anwendungsprogrammen und Betriebssystemen eingesetzt, um spaltenweise aufgebaute Texte einzugeben.

Tabulatortaste

Um den Cursor an den Anfang der nächsten Spalte zu stellen, ist auf PCs eine spezielle Taste vorgesehen. Mit dieser Taste kann der Tabulator eine Spalte vorwärts oder eine Spalte rückwärts gesetzt werden, je nachdem, ob gleichzeitig die Shifttaste nicht gedrückt oder gedrückt ist. Es gibt aber auch Anwendungsprogramme, die nur ein Vorwärtssetzen des Tabulators erlauben. Bei Anwendungsprogrammen, die ursprünglich nicht für den PC entwickelt wurden, kann auch eine ganz andere Taste als Tabulatortaste vereinbart sein. Genaueres ergibt sich bei solchen Programmen aus der Bedienungsanweisung.

Tabulatorspalten
Vor der Benutzung der Tabulatortaste muß die Breite der einzelnen Tabellenspalten eingegeben werden. Werden dazu keine Eingaben gemacht, so gehen die meisten Tabulatoren von einer einheitlichen Spaltenbreite von 8 Zeichen aus. Seltener ist eine Spaltenbreite von 4 Zeichen.
Vgl. Textverarbeitung.

Tabulatorspalten
→Tabulator

Tabulatortaste
→Tabulator

tag
Markierungszeichen, das eine bestimmte Stelle in einem Text oder einem Programm markiert.
Vgl. Marke.

Takt
→Taktgeber

Taktfrequenz
Physikalische Größe für die Anzahl der Taktpulse, die einem Mikroprozessor pro Zeiteinheit zugeführt werden. Mit jedem Taktpuls führt der Mikroprozessor einen Arbeitsschritt aus. Die Taktfrequenz beeinflußt damit direkt die Leistungsfähigkeit des Mikroprozessors. Handelt es sich bei dem Mikroprozessor um den Zentralprozessor eines PCs, so beeinflußt die Taktfrequenz auch die Leistungsfähigkeit des PC.

Taktfrequenz, Einheit
Die Einheit für die Taktfrequenz ist das Megahertz, abgekürzt MHz. Bei einer Taktfrequenz von 1 MHz werden 1 Million Taktpulse pro Sekunde an den Mikroprozessor geliefert.
Vgl. Hardwareeigenschaften.

Taktgeber
Baugruppe des PCs, die den Takt erzeugt.

Takt
Der Takt ist ein Arbeitsimpuls, mit dem der Zentralprozessor des PC jeweils einen Arbeitsschritt ausführt. Dieser Takt wird im Taktgeber mit Hilfe eines Quarzes erzeugt. Der Quarz führt elektrische Schwingungen aus, die im Taktgeber verstärkt werden. Aus jeweils einer Schwingung, die der Quarz ausführt, wird ein Taktimpuls gewonnen.

Taktleitung, Taktsignal
Die Taktimpulse liefert der Taktgeber über die Taktleitung an den Mikroprozessor. Der rechteckförmige Spannungsverlauf, den die

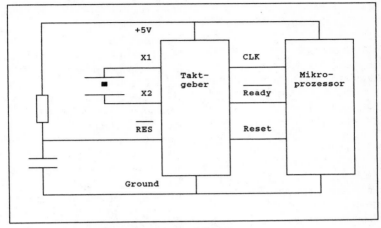

Taktgeber eines Mikroprozessors

Taktpulse auf der Taktleitung bilden, nennt man auch Taktsignal. Das Taktsignal läßt sich mit Hilfe eines Oszilloscops darstellen. Vgl. PC.

Taktleitung
→Taktgeber

Taktsignal
→Taktgeber

TAN
→Basic-Befehle

tape
Englische Bezeichnung für →Magnetband.

tape-unit
→Magnetband

Task
→Multitaskbetrieb

Tastatur
Peripheriegerät, mit dem ein Computer bedient werden kann. Bei PCs ist es üblich, die Tastatur in einem getrennten Gehäuse unterzubringen. Lediglich bei tragbaren PCs werden Tastatur, Bildschirm und Computer in ein gemeinsames Gehäuse eingebaut.

Tastaturprozessor
In der Tastatur befindet sich ein Mikrocomputer, der die Tasten abfragt. Wird eine Taste gedrückt, so ermittelt der Mikrocomputer die Nummer dieser Taste und überträgt diese Tastennummer über das Tastaturkabel zum PC.

Tastaturkabel

Das Tastaturkabel verbindet Tastaturgehäuse und PC. Bei der Übertragung der Tastennummern auf diesem Kabel wird ein serielles Übertragungsverfahren benutzt, um mit einen dreiadrigen Kabel auszukommen. Da bei Tastaturen keine technologischen Neuerungen hinsichtlich der Schnittstellen zu erwarten sind, hat man das Tastaturkabel nicht über eine Erweiterungsplatine und einen Steckplatz, sondern direkt über einen Stecker an die Hauptplatine des PC herangeführt.

Tastaturcontroller

Auf der Hauptplatine des PC werden die Signale des Tastaturkabels an den Tastaturcontroller geführt. Dies ist eine integrierte Schaltung, die die seriellen Tastennummern wieder parallel wandelt und die gewandelte Tastennummer dem Zentralprozessor des PC am Port 60 zur Verfügung stellt.

Tastaturinterrupt

Der Tastaturcontroller erzeugt zusätzlich ein Interruptsignal, das über den →Interruptcontroller beim Zentralprozessor des PC den Interrupt 09 auslöst. Dieser Interrupt unterbricht den Zentralprozessor und läßt die →Interruptroutine 09 ausführen. Dieses Unterprogramm liest die Tastennummer, die im Port 60 gespeichert ist, und schreibt sie in den Tastaturpuffer.

Tastaturpuffer

Der Tastaturpuffer ist ein 16 Byte langer Zwischenspeicher im Arbeitsspeicher des PC. In ihm werden die Tastennummern von betätigten Tasten gespeichert. Aus dem Tastenpuffer können die Tastennummern vom Betriebssystem oder von einem Anwendungsprogramm wieder ausgelesen werden.

Tastaturpuffer-Interruptroutine

Das Auslesen des Tastaturpuffers erfolgt nicht durch Zugriff mit einem Ladebefehl auf den Tastenpuffer, sondern durch Aufruf der →Interruptroutine 16. Dadurch benötigt der Anwender keine weitere Information über den Aufbau des Tastaturpuffers, selbst wenn ein Assemblerprogramm erstellt werden soll. In höheren Programmiersprachen wird der Aufruf der Interruptroutine 16 ohnehin in Form eines Eingabebefehls formuliert.

Tastennummer

Im Tastaturpuffer steht zunächst noch kein ASCII-Zeichen, sondern die Nummer einer Taste. Diese Nummer wird als Scancode oder als →Tastennummer bezeichnet. Die Umwandlung einer Tastennummer in ein ASCII-Zeichen übernimmt die →Interruptroutine 16.

Tasten

An der Frontplatte der Tastatur befinden sich die Tasten. Diese Tasten sind auf einfachen Tastaturen in den drei Gruppen →Schreibmaschinentasten, →Ziffernblocktasten und →Funktionstasten angeordnet. Auf erweiterten Tastaturen existieren zusätzlich die Cursorblocktasten.

Schreibmaschinentasten

Die →Schreibmaschinentasten sind in der Mitte der Tastatur angeordnet. Sie werden hauptsächlich benutzt, um Befehle und Texte einzugeben. Dazu gehören Tasten, mit denen alle Buchstaben und Ziffern und die wichtigsten Sonderzeichen eingegeben werden können. Weiterhin gehören zu den Schreibmaschinentasten eine →Entertaste, eine →Tabulatortaste, eine →Shifttaste, eine Capitellocktaste, eine →Controltaste und eine Alternatetaste.

Entertaste

Die →Entertaste trägt auf den meisten Tastaturen die Aufschrift Enter. Sie wird auf PCs zum Abschließen einer eingegebenen Text- oder Befehlszeile benutzt.

Tabulatortaste

Mit der Tabulatortaste wird der →Tabulator auf dem Bildschirm an den Anfang einer Tabellenspalte gesetzt.

Shifttaste

Wird die →Shifttaste gedrückt gehalten, so erfolgt ein Umschalten von kleinen auf große Buchstaben. Wird die Capitellocktaste angetippt, so erfolgt das Umschalten der Shifttaste umgekehrt von großen auf kleine Buchstaben.

Controltaste

Wird die →Controltaste oder die Alternatetaste gedrückt gehalten, so führt eine anschließend gedrückte Taste eine besondere Funktion aus. Mit solch einer Funktion läßt sich z.B. ein laufendes Anwendungsprogramm abbrechen oder ein Sonderzeichen in den PC eingeben.

Ziffernblocktasten

Die →Ziffernblocktasten befinden sich rechts neben den Schreibmaschinentasten. Sie ähneln der Tastatur einer Rechenmaschine und sind auch dafür gedacht, Ziffern und Rechenzeichen einzugeben. Dazu besitzen sie je eine Taste für die 10 Ziffern des Dezimalsystems und eine Taste für die Rechenoperationen +, - und *. Auch eine Taste für den Dezimalpunkt ist vorhanden. Weiterhin gehören 4 Tasten zu den Ziffernblocktasten, die für Steuerfunktionen gedacht sind.

Cursorblocktasten

Auf erweiterten Tastaturen befinden sich zwischen den Schreibmaschinentasten und den →Ziffern-

blocktasten die Cursorblocktasten. Über die Cursorblocktasten
kann die Position des Cursors auf
dem Bildschirm gesteuert werden.

Cursortasten

Auf einfachen Tastaturen sind
keine Cursorblocktasten vorhanden. Die Cursorfunktionen werden dann von den →Ziffernblock-
tasten übernommen. Zu diesem
Zweck erfolgt eine Umschaltung
der Ziffernblocktasten von Ziffernfunktion auf Cursorfunktion
mit Hilfe der →Shifttaste. Es
kann auch eine dauerhafte
Umschaltung durch Antippen der
numerischen Locktaste erfolgen.
Diese Taste hat auf den meisten
Tastaturen die Aufschrift Num
Lock. Sie gehört zu den Ziffernblocktasten. Der Ausdruck
Cursortasten wird in diesem
Lexikon für Tasten benutzt, die
gerade eine Cursorfunktion haben. Dies können sowohl die
Cursorblocktasten als auch die
Ziffernblocktasten sein.

Funktionstasten

→Funktionstasten sind auf allen
PC-Tastaturen vorhanden. Sie tragen die Aufschrift (F1) bis (F10).
Über diese Tasten können durch
Betätigen einer einzelnen Taste
ganze Befehle und Befehlszeilen
eingegeben werden. Wird unter
MS-DOS z.B. die Taste (F3)
betätigt, so wird der zuletzt eingegebene Befehl wiederholt. Unter

MS-DOS lassen sich auf die
Funktionstasten mit Hilfe der
→Tastenumdefinierung ganz individuelle Befehle legen. Für Anwendungsprogramme und Dienstprogramme lassen sich jedoch
keine allgemeingültigen Regeln
aufstellen, da alle Anwendungsprogramme diese Tasten mit unterschiedlichen Funktionen belegen.
Vgl. PC.

Tastaturcontroller

Integrierte Schaltung auf der
Hauptplatine des PC. Der Tastaturcontroller stellt dem Zentralprozessor des PC die Tastennummern von gedrückten Tasten
bereit.

Tastaturcontroller,
Funktionsweise

Die Tastennummern werden von
der Tastatur über das Tastaturkabel zum PC übertragen. Auf der
Hauptplatine werden dazu die
Signale des Tastaturkabels vom
Tastaturstecker zum Tastaturcontroller geführt. Der Tastaturcontroller wandelt die seriell einlaufenden Tastennummern wieder
parallel und schreibt die gewandelte Tastennummer in den Port
des Zentralprozessors mit der
Adresse 0060 hexadezimal. Von
dem Port gelangen die Tastennummern über den Datenbus in
den Zentralprozessor des PC.

Tastaturcontroller, spezieller
Hinter dem Tastaturcontroller
verbirgt sich ein Mikrocomputer
8048 beim PC-XT und ein 8042
beim PC-AT.
Vgl. PC.

Tastaturinterrupt
→Tastatur

Tastaturkabel
→Tastatur

Tastaturpuffer
→Tastatur

Tasten
→Tastatur

Tastennummer
8-Bit-Zahl, die nach der Betätigung einer Taste von der PC-
Tastatur über das Tastaturkabel
zum PC übertragen wird. Im PC
gelangt die Tastennummer über
den Tastaturcontroller in den
Tastenpuffer. Dort wird sie vom
Betriebssystem ausgewertet. Die
Tastennummer wird auch als
Scan-Code bezeichnet. Sie ist aber
nicht mit dem ASCII-Zeichen
identisch, das durch das Drücken
der Taste erzeugt wird. Eine Umwandlung der Tastennummer in
ein ASCII-Zeichen erfolgt im
Betriebssystem durch Aufruf der
→Interruptroutine 16.
Vgl. Tastatur.

Tastenumdefinierung
Zuordnung einer neuen Funktion
zu einer Taste, die nach dem Einschalten des PC eine andere
Funktion hat.

Tastencodes
Über die Tasten der Tastatur können Buchstaben, Ziffern und Sonderzeichen in den PC eingegeben
werden. Diese Zeichen werden innerhalb des PC als ASCII-Zeichen weiterverarbeitet. Dabei
wird der erweiterte ASCII-Zeichensatz mit 256 verschiedenen
Zeichen benutzt. Über die Tastatur können jedoch nur 54 kleine
und große Buchstaben, 10 Ziffern
und einige Sonderzeichen direkt
eingegeben werden. Viele Sonderzeichen können dagegen nicht
direkt über eine einzelne Taste
eingegeben werden. Wird ein spezielles Sonderzeichen oft benutzt,
so kann dieses Sonderzeichen auf
eine Taste gelegt werden, deren
Funktion gerade nicht benutzt
wird.

Vorbereitung
Das Umdefinieren einer Taste erfolgt am einfachsten durch Eingabe des MS-DOS-Kommandos
PROMPT. Dabei werden ANSI-
Steuerzeichen erzeugt, die vom
Betriebssystem nur bearbeitet
werden können, wenn der Gerätetreiber ANSI.SYS bei der Konfiguration aufgerufen wurde. Dies
kann z.B. in der Konfigurations-

datei CONFIG.SYS mit dem →MS-DOS-Konfigurationsbefehl

DEVICE=ANSI.SYS

erfolgen.

Befehl zum Umdefinieren

Ist der Gerätetreiber ANSI.SYS aufgerufen, kann eine Umdefinierung der Tasten jederzeit mit dem MS-DOS-Kommando PROMPT erfolgen. Als erster Parameter muß in diesem Kommando das Zeichen $e eingegeben werden. Im weiteren müssen dann die →ANSI-Steuerzeichen folgen. Das Escapezeichen, mit dem die ANSI-Steuerzeichen beginnen, muß dabei jedoch weggelassen werden. Die Zeichenfolge zum Belegen einer Taste mit dem Zeichen Z2 anstelle des standardmäßig belegten Zeichens Z1 sieht folgendermaßen aus:

PROMPT $e[Z1;Z2p

Z1 und Z2 sind dabei die dezimalen →ASCII-Werte der Zeichen, die die Taste vor und nach der Umdefinierung erzeugt.

Beispiel

Um z.B. die Taste, die das Zeichen # erzeugt, für das Zeichen \ umzudefinieren, muß folgendes MS-DOS-Kommando eingegeben werden:

PROMPT $e[35,92p

Die dezimalen →ASCII-Codes für die Zeichen # und \ sind dabei 35 und 92. Wird danach die Taste gedrückt, die mit dem Zeichen # beschriftet ist, so erscheint das Zeichen \ auf dem Bildschirm.

Funktionstasten, Umdefinierung

Um eine Funktionstaste mit einem bestimmten Zeichen oder einer Zeichenfolge zu belegen, sind spezielle →ANSI-Steuerzeichen erforderlich. Um eine Funktionstaste FN mit dem Text TX1 zu belegen, kann folgendes PROMPT-Kommando benutzt werden:

PROMPT $e[0;FN;"DIR";p

FN ist dabei die Tastennummer der Funktionstaste, die belegt werden soll. Die Tastennummern für die Funktionstasten F1 bis F10 heißen dabei 59 bis 68. Soll z.B. die Funktionstaste F1 mit dem Text DIR belegt werden, so sieht das PROMPT-Kommando folgendermaßen aus:

PROMPT $e[0;59;"DIR";p

Vgl. Bedienungstechnik.

TBit
→Giga

TByte
→Giga

Telekommunikation

Sammelbezeichnung für die Nachrichtenübertragung mit Hilfe der Übertragungseinrichtungen der Post. Zu diesen Übertragungseinrichtungen gehören das Fern-

sprechnetz, das Fernschreibnetz und das Datexnetz. Diese Übertragungsnetze werden von verschiedenen Postdiensten benutzt. Zu diesen Postdiensten gehören Bildschirmtext, Telebrief, Telegrammdienst, Fernkopieren und Fernschreiben.
Vgl. Datenfernübertragung.

Telemetrie
Übermittlung von analogen oder digitalen Meßwerten über eine Datenfernübertragungs-Leitung. Die Übertragung erfolgt von einem Sender, der diese Meßwerte feststellt, zu einem Empfänger, der sie auswertet.
Vgl. Datenfernübertragung.

Teletex
Postdienst, über den die angeschlossenen Teilnehmer sich gegenseitig Texte übermitteln können. Die Datenübertragung erfolgt normalerweise über das →Datexnetz mit einer Übertragungsgeschwindigkeit von 2400 Baud. Ein größerer Teilnehmerkreis kann über eine Querverbindung zum →Fernschreibnetz erreicht werden. Dann ist aber nur noch eine Übertragungsgeschwindigkeit von 50 Baud möglich.

Teletex, Datenendgeräte
Für Teletex werden als Sender und Empfänger normalerweise teletexfähige Speicherschreibmaschinen eingesetzt. Es kann aber auch ein PC mit einer Erweiterungsplatine und einer speziellen Software benutzt werden.
Vgl. Datenfernübertragung.

Telexnetz
→Fernschreibnetz

Tera
→Giga

Terminal
Peripheriegerät, das aus einer Tastatur und einem Bildschirm besteht. Ein Terminal kann über eine Datenfernübertragungs-Leitung an einen Computer angeschlossen werden. Dann können mit Hilfe eines solchen Terminals von einem entfernten Ort Daten eingegeben werden. Außerdem können Programme gestartet werden. Der Ablauf der Programme kann dann vom Terminal aus verfolgt werden. An PCs ist nur der Anschluß einer einzigen Tastatur möglich, da PCs keine Multiusersysteme sind. Es können aber mehrere PCs zu einem Netzwerk zusammengeschaltet werden. In diesem Netzwerk kann dann jeder PC wie ein Terminal betrieben werden, indem von ihm aus Daten in einen anderen PC eingegeben werden. Auch ein Programm auf einem anderen PC läßt sich von solch einem PC starten.
Vgl. Rechnernetze.

Test

Erprobung eines Gerätes oder eines Programms um festzustellen, ob alle Funktionen des Gerätes oder Programms einwandfrei arbeiten.

Vgl. Betriebssicherheit.

Tetrade
→Halbbyte

Textautomat
→Textverarbeitung

Texteditor
→Textverarbeitung

Textmode
→Grafikmode

Textverarbeitung

Erstellung von Texten für Briefe, Dokumentationen oder Beschreibungen mit Hilfe von Computern. Zur Textverarbeitung gehört auch das optische Gestalten des Druckbildes eines Textes. Für die Textverarbeitung werden neben →Schreibautomaten auch in zunehmendem Maße PCs eingesetzt.

Textverarbeitungssystem

Ein Computersystem, auf dem man Texte erstellen und gestalten kann, wird auch als Textverarbeitungssystem bezeichnet. Eine andere Bezeichnung für Textverarbeitungssystem ist Textautomat.

Textverarbeitungsprogramme

Auf PCs setzt man für die Textverarbeitung Textverarbeitungsprogramme ein. Mit Hilfe dieser Programme wird die Eingabe der Texte besonders einfach und komfortabel. Beim Ändern von Texten kann man eine ganze Textseite betrachten und an einer beliebigen Stelle ein Zeichen einfügen, ändern oder löschen.

Umbruch

Nach dem Eingeben des Textes und nach Änderungen sind jedoch in den seltensten Fällen noch alle Zeilen gleich lang. Wird der Text anschließend ausgedruckt, so ergibt sich ein sehr unschönes Druckbild, daß man auch als Flattersatz bezeichnet. Um das Druckbild optisch schöner zu gestalten, läßt sich mit einem Textverarbeitungsprogramm die Zeilenlänge der einzelnen Zeilen neu organisieren. Dazu wird eine neue maximale Zeilenlänge vereinbart, die vom Bediener eingegeben werden muß. Am Anfang des Textes beginnend, werden dann vom Textverarbeitungsprogramm in jede Zeile nur soviele Wörter geschrieben, wie maximal in der neuen Zeilenlänge untergebracht werden können. Das letzte Wort, das gerade nicht mehr in die Zeile hineinpaßt, wird in die nächste Zeile geschrieben. Diesen Vorgang nennt man Umbruch.

Trennhilfen

Damit beim Zeilenumbruch auch Worte getrennt werden können, bieten Textverarbeitungsprogramme Verfahren an, um Worte am Ende einer Zeile zu trennen. Da die Trennregeln sehr kompliziert sind, müssen vollautomatische Verfahren ein Wörterbuch benutzen, in dem die einzelnen Silben aller Wörter eines ganzen Sprachschatzes gespeichert sind. Das Wörterbuch kann dann auch zur Rechtschreibprüfung der eingegebenen Wörter dienen. Weniger aufwendig sind halbautomatische Verfahren, die von einer Silbentrennung ohne Ausnahmen ausgehen. Diese Verfahren stellen bei den Wörtern am Ende einer Zeile einen Trennungsvorschlag auf dem Bildschirm dar. Dieser Trennungsvorschlag kann vom Bediener durch Betätigen einer Taste angenommen, oder durch Betätigen einer anderen Taste abgelehnt werden.

Ausrichtung

Nach der Trennung am Ende einer Zeile können die einzelnen Zeilen immer noch um die Länge einer Silbe unterschiedlich lang sein. Dies wird von einem Textverarbeitungsprogramm auch noch ausgeglichen, indem die Zeilen, die nicht die vereinbarte Zeilenlänge haben, gedehnt werden. Diese Dehnung des Textes wird durch mehrere →Leerzeichen anstelle eines Leerzeichens erreicht. Dies Verfahren nennt man auch →Blocksatz oder Randausgleich. Eine andere Möglichkeit besteht darin, die Zeilen, die nicht die maximale Länge haben, textmittig zu zentrieren. Dabei ergibt sich ebenfalls ein optisch schönes Druckbild. Die Eigenschaft eines Textes, rechtsbündige, linksbündige, zentrierte oder gedehnte Zeilen zu besitzen, bezeichnen viele Textverarbeitungsprogramme als Ausrichtung.

Weitere Funktionen

Neben den erwähnten Funktionen haben moderne Textverarbeitungsprogramme noch weitere Funktionen wie z.B. Tabulatoren, mit denen sich sehr einfach Tabellen schreiben lassen.

spezielle Textverarbeitungsprogramme

Für die Textverarbeitung auf PCs werden spezielle Textverarbeitungsprogramme angeboten, die neben der Textverarbeitung keine anderen Aufgaben bewältigen können. Dazu gehören z.B. die Programme Multimate, Word, Wordperfect und Wordstar.

Multimate

Das Programm Multimate stammt von der Firma Ashton Tate. Neben den üblichen Ausstattungsmerkmalen von Textverarbeitungsprogrammen besitzt Multimate ein Wörterbuch mit über 90 000 Wörtern.

Word

Das Programm Word wurde von der Firma Microsoft entwickelt. Es wird daher auch unter den Namen MS-Word und Microsoft-Word angeboten. Es ist besonders bedienerfreundlich.

Wordperfect

Wordpefect ist ein sehr komfortables Textverarbeitungsprogramm. Es stammt von der Firma Wordperfect-Corporation. Wordperfect besitzt ein Wörterbuch mit über 100 000 Wörtern.

WordStar

Ein sehr weit verbreitetes Textverarbeitungsprogramm ist Word-Star. Es wurde von der Firma MicroPro entwickelt.

Integrierte Programmpakete

Neben speziellen Textverarbeitungsprogrammen kann die Textverarbeitung aber auch mit Hilfe von integrierten Programmpaketen erfolgen. Diese Programmpakete können neben der Textverarbeitung auch noch andere Aufgaben wie z.B. die Tabellenkalkulation, ausführen. Integrierte Programmpakete sind z.B. Framework, Lotus-1-2-3, Open-Access, Symphony oder Works.
Vgl. Anwendungsprogramme.

Textverarbeitungsprogramm
→Textverarbeitung

Thermodrucker

Drucker, der mit Hilfe von erhitzten Nadeln auf wärmeempfindlichem Papier druckt. Der Thermodrucker gehört zu den Matrixdruckern, da er die zu druckenden Zeichen aus einer Punktmatrix zusammensetzt. Da man mit Thermodruckern nur auf wärmeempfindlichem Papier drucken kann, werden sie im Zusammenhang mit PCs selten eingesetzt.
Vgl. Drucker.

Thesaurus

Stichwortverzeichnis, das in formatfreien Datenbanken benutzt wird, um bestimmte Informationen zu finden. Im Thesaurus ist deshalb zu jedem gespeicherten Stichwort die Adresse der Textstelle gespeichert. Dadurch kann, ohne im Text zu suchen, auf das Stichwort zugegriffen werden.
Vgl. Datenbank.

Thread
→Multitaskbetrieb

TIME
1. →MS-DOS-Kommando
2. →Basic-Befehl

timeout
Zeitintervall, das ein Computer oder ein Peripheriegerät wartet.

Timer
Vorrichtung, die in regelmäßigen Zeitabständen einen Impuls auslöst.

Timer in PCs
In PCs ist der Timer Bestandteil des Interrupt-DMA-Controllers. Innerhalb dieser Baugruppe ist der Timer entweder als getrennte integrierte Schaltung aufgebaut oder mit den übrigen Funktionen des Interrupt-DMA-Controllers in einer einzigen integrierten Schaltung zusammengefaßt. Getrennte integrierte Timerschaltungen sind z.B. der 8253 und der 8254 von der Firma Intel.

Timer, Funktionsweise
Der Timer erzeugt in regelmäßigen Abständen einen Interrupt, durch den er den Zentralprozessor in seinem laufenden Programm unterbricht.

Timerregister
Die Zeitabstände zwischen zwei solchen Interrupts lassen sich in den Timerregistern des Timers festlegen. Die Timerregister können vom Zentralprozessor des PC aus mit einem Wert beschrieben werden. In PCs werden die Timer-register des Timers so programmiert, daß der Timer 18.2 mal pro Sekunde einen Puls liefert.

Timerinterrupt
Der Impuls des Timers wird in PCs auf den Interrupteingang 08 des Interruptcontrollers geschaltet. Über den Interruptcontroller wird dann beim Zentalprozessor des PC der Interrupt 08 ausgelöst. Dieser Interrupt wird auch als Timerinterrupt bezeichnet.

Timer-Interruptroutine
Der Interrupt 08 ruft die →Interruptroutine 08 auf. Diese Routine wird auch als Timer-Interruptroutine bezeichnet.

Timercounter
Die Timerinterruptroutine erhöht eine Variable im Arbeitsspeicher des PC um den konstanten Wert 0.0549. Dieser Wert entspricht genau dem Wert 1/18.2. Da die Timer-Interruptroutine im Mittel 18.2 mal in der Sekunde aufgerufen wird, wird die Variable pro Sekunde um den Wert 1 erhöht. Die Variable wird auch Timer-counter genannt. Der Timer-counter besteht aus 4 Bytes im Arbeitsspeicher. Er wird beim Setzen der Uhrzeit nach dem Einschalten des PC oder durch das →MS-DOS-Kommando TIME auf die Anzahl der Sekunden seit Mitternacht gesetzt. Wird die Uhrzeit anschließend mit dem

MS-DOS-Kommando TIME angezeigt, so wird vom Betriebssystem die Anzahl der Sekunden seit Mitternacht im Timercounter in Stunden, Minuten und Sekunden zurückgewandelt und angezeigt. Die ungewandelte Anzahl Sekunden im Timercounter kann mit dem →Basic-Befehl TIMER in eine einfach-genaue Gleitkommavariable eingelesen und anschließend angezeigt werden. Der Timercounter funktioniert beim PC-XT und PC-AT in gleicher Weise. Beim PC-AT wird er jedoch nach dem Einschalten des PC automatisch mit der Zeit aus dem Uhrenbaustein geladen.
Vgl. Interrupt-DMA-Controller.

Timercounter
→Timer

Timerinterrupt
→Timer

timesharing
→Multitaskbetrieb

timeslice
→Multitaskbetrieb

Tintenplotter
→Plotter

→Tintenstrahldrucker
Drucker, der mit Hilfe von Tintenröhrchen Tinte auf das zu be-druckende Papier spritzt. Der Tintendrucker gehört zu den Matrixdruckern, da er die zu druckenden Zeichen aus einer Punktmatrix zusammensetzt. Da Tintendrucker verhältnismäßig teuer sind, werden sie im Zusammenhang mit PCs selten eingesetzt.
Vgl. Drucker.

Tischplotter
→Plotter

Token
→Tokenverfahren

Tokenbus
→Tokenring

Token-Passing
→Tokenverfahren

Tokenring
Rechnernetzstandard, bei dem die Zugriffsrechte auf das Rechnernetz nach dem →Tokenverfahren vergeben werden. Bei dem Tokenverfahren wird ein Token von Teilnehmer zu Teinehmer ringförmig weitergereicht. Der Teilnehmer, der das Token besitzt, darf auf das Rechnernetz zugreifen. Der Tokenringstandard setzt aber zusätzlich zu dem Tokenverfahren eine ringförmige Rechnernetztopologie voraus. Es müssen also

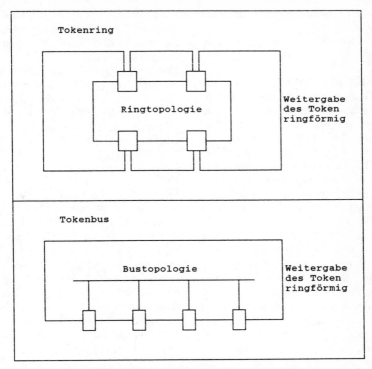

Netzwerktopologie und Weitergabe des Token bei Tokenbus und Tokenring Netzwerkstandard

alle Teilnehmer des Rechnernetzes über eine ringförmig umlaufende Netzwerkleitung verbunden werden.

Tokenbus

Durch die ringförmige Topologie unterscheidet sich der Tokenring vom Tokenbus Rechnernetzstandard. Beim Tokenbus wird zwar auch ein Token ringförmig von Teilnehmer zu Teilnehmer weitergereicht, um die Zugriffsrechte zu regeln, die Topologie der Netzwerkleitung ist jedoch eine Bustopologie.

Bedeutung

Tokenring und Tokenbus zählen neben dem Ethernetbus zu den

487

bedeutensten Normen für Rechnernetze.
Vgl. Rechnernetzstandards.

Tokenverfahren

Kennzeichnungsverfahren, um auf Rechnernetzen die Zugriffsrechte auf das Netz zu regeln. Dazu wird ein Kennzeichen benutzt, das auch Token genannt wird. Mit Hilfe des Token wird verhindert, daß zwei Netzwerk-Teilnehmer gleichzeitig auf das Netzwerk zugreifen und sich gegenseitig stören.

Beim Tokenverfahren wird das Token von Teilnehmer zu Teilnehmer weitergereicht. Der Teilnehmer, der das Token gerade erhalten hat, darf auf das Netzwerk zugreifen und eine Nachricht an einen anderen Teilnehmer schicken. Alle anderen Teilnehmer, die das Token gerade nicht besitzen, sind auf Empfang geschaltet. Sie empfangen alle Nachrichten, die auf dem Netzwerk gesendet werden. Stellt ein Netzwerk-Teilnehmer fest, daß gerade eine Nachricht für ihn gesendet wird, so speichert er diese Nachricht und sendet anschliessend ein Quittungszeichen an den Sender zurück, um anzuzeigen, daß er die Nachricht verstanden hat. Danach reicht der Sender das Token an den nächsten Netzwerk-Teilnehmer weiter. Auf diese Weise erhalten alle Teilnehmer nacheinander die Möglichkeit, über das Netzwerk mit anderen Teilnehmern zu kommunizieren.

Das Tokenverfahren wird oftmals auch als Tokenpassing bezeichnet. Neben dem CSMA/CD-Verfahren ist es eines der bekanntesten Verfahren, um die Zugriffsrechte auf Rechnernetze zu regeln.
Vgl. Rechnernetze.

tool

Englische Bezeichnung für Werkzeug. Im Zusammenhang mit PCs bezeichnet der Ausdruck tool ein Programm, das zur Erstellung und zum Testen von anderen Programmen benutzt wird. Als tools werden aber auch gern Programme bezeichnet, die für spezielle Aufgaben eingesetzt werden, wie z.B. das Wiederherstellen von versehentlich gelöschten Dateien.
Vgl. Dienstprogramme.

top-down-design
→Strukturierte Programmierung.

Topologie
→Rechnernetztopologie

tpi
→Spurdichte

TRACE
1. →Debug-Befehle
2. →Basic-Befehle
3. Ablaufverfolgung eines Programms.

Diese Ablaufverfolgung wird beim Testen von Programmen eingesetzt, um zu verfolgen, wie der Zentralprozessor eines Computers die einzelnen Befehle des Programms abarbeitet.

Tracer

Dazu werden Dienstprogramme eingesetzt, die die Abarbeitung der einzelnen Befehle des zu testenden Programms überwachen. Diese Dienstprogramme sind auch in der Lage, die abgearbeiteten Befehle und die zugehörigen Registerinhalte des Zentralprozessors auf dem Bildschirm des Computers darzustellen. Solche Dienstprogramme nennt man auch Tracer. Meistens sind Tracer jedoch Teile von umfangreichen Testprogrammen, mit denen neben der Tracefunktion auch noch andere Tests, wie z.B. das Setzen von Breakpoints, durchgeführt werden können.

tracen

Das Verfolgen eines Programms mit Hilfe eines Tracers nennt man auch tracen.

Anwendungen

Auf PCs können Programme in der Programmiersprache Basic mit Hilfe eines Basic-Interpreters durch den →Basic-Befehl TRACE getestet werden. Dann werden auf dem Bildschirm die Zeilennummern der abgearbeiteten Basic-Befehle dargestellt.

Auch Assemblerprogramme können entsprechend untersucht werden. Dies erfolgt z.B. mit Hilfe des Dienstprogramms Debug, das zu MS-DOS gehört. Das Tracen erfolgt mit dem →Debug-Befehl TRACE. Mit Hilfe des Dienstprogramms Debug läßt sich sogar der Ablauf von Programmen verfolgen, die nur als ausführbare Programme vorliegen.
Vgl. Debug.

tracen
→Trace

Tracer
→Trace

track
→Diskette

Traktor

Zugrad, das bei Druckern das Papier weiterzieht. Der Traktor greift dazu in die Perforation des Computerpapiers und zieht dadurch das Papier weiter.

Zugtraktor, Schubtraktor

Je nachdem ob der Traktor vor oder hinter dem Druckkopf sitzt, spricht man von einem Zugtraktor oder einem Schubtraktor.
Vgl. Drucker.

transient
→resident

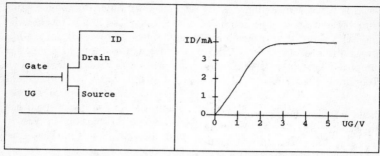

Schaltbild und Kennlinie eines MOS-Transistors

TRANSFER
1. →Edlin-Befehle
2. Transport von Daten oder Zeichen aus einem Speicherbereich in einen anderen.

Transferbefehl
Andere Bezeichnung für →Transportbefehl.

Transistor
Elektronisches Bauelement, das zum Verstärken und zum Schalten von Signalen benutzt wird. In PCs werden Transistoren in Form von integrierten Schaltungen eingesetzt. Je nach Integrationsgrad befinden sich auf einer integrierten Schaltung 10 bis mehrere Millionen Transitoren.
Vgl. integrierte Schaltungen.

Transportbefehl
Befehl, der Daten aus einem Speicherplatz in einen anderen Speicherplatz transportiert, ohne die Daten zu verändern oder mit anderen Daten zu verknüpfen.

spezielle Transportbefehle
Transportbefehle werden in Assemblersprachen benutzt. Die Zentralprozessoren der PCs besitzen den Transportbefehl MOV. Dieser Befehl kann mit verschiedenen Adressierungsarten kombiniert werden, um Daten von Registern und Speicherplätzen in andere Register oder Speicherplätze zu transportieren. Vgl. Programm.

Transportschicht
→Schichtenmodell

Transputer
Mikroprozessortyp, der eine besonders leistungsfähige Architektur besitzt. Diese Leistungsfähigkeit kann noch erweitert werden, indem man mehrere Transputer parallel schaltet. Dann entsteht

ein Computer, der eine erheblich höhere Rechenleistung besitzt als ein Computer, der nur einen Transputer als Zentralprozessor benutzt. Dies ist möglich, da die Transputer von ihrer Architektur her bereits für die Parallelverarbeitung vorbereitet sind.

Befehlssatz
Transputer unterscheiden sich von den Mikroprozessoren, die in den PCs als Zentralprozessoren verwendet werden, in erster Linie durch den Aufbau ihrer Befehle. Während z.B. der 80286-Mikroprozessor von der Firma Intel mit unterschiedlich langen Befehlen arbeitet, die maximal 6 Byte lang sein können, benutzt der Transputer T414 von der Firma Inmos nur 1 Byte lange Befehle. Von den 8 Bit eines solchen Befehls werden 4 Bit für den Operationscode und 4 Bit zur Adressierung des Operanden benutzt. Der Operationscode gibt dabei die Art des Befehls an. Mikroprozessoren mit einem so einfachen Befehlssatz nennt man auch →RISC. Dies ist eine Abkürzung für reduced instruction set computer. Die RISC stehen im Gegensatz zu den CISC. CISC bedeutet complex instruction set computer. Der 80286 ist z.B. ein CISC.

Verarbeitungsgeschwindigkeit
Der einfachere Befehlssatz der RISC wird aber durch eine höhere Verarbeitungsgeschwindigkeit der einzelnen Befehle wieder ausgeglichen. Dadurch sind Computer, die mit einem RISC aufgebaut sind, bei vielen Aufgaben leistungsfähiger als Computer mit einem CISC.

Register
Neben dem einfacheren Befehlssatz besitzen Transputer auch einen einfacheren Registersatz als Mikroprozessoren, die nach einer CISC-Architektur aufgebaut sind. Dafür kann aber auf ein RAM zugegriffen werden, das sich innerhalb des Transputers befindet. Die Zugriffszeiten auf dieses RAM sind sehr kurz, da die Daten nur innerhalb des Transputerchips transportiert werden müssen. Dadurch entstehen keine Zeitverzögerungen auf externen Bussen.

externer Speicher
Zusätzlich zum internen RAM läßt sich außerhalb des Transputers RAM oder ROM anschließen. Dazu besitzt der Transputer einen 32-Bit-Bus, der als Daten und Adreßbus gemultiplext wird.

Parallelverarbeitung innerhalb des Transputers
Ganz entscheidend für die höhere Verarbeitungsgeschwindigkeit der Transputer ist die Parallelverarbeitung. Dazu weicht der Trans-

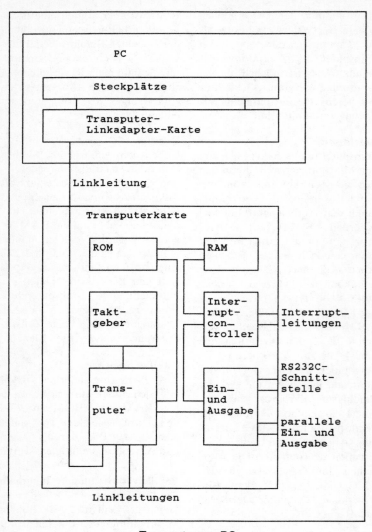

Transputer am PC

puter von der →von-Neumann-Architektur ab, die z.B. im 80286-Mikroprozessor verwendet wird. Anstelle eines Steuerwerkes und eines Rechenwerkes besitzt der Transputer ein Steuerwerk und mehrere Ausführungseinheiten. Die Ausführungseinheiten können verschiedene Operationen gleichzeitig ausführen.

Takt

Durch das Vorhandensein mehrerer Ausführungseinheiten wird es auch möglich, daß der Transputer mehrere Befehle pro Taktzyklus bearbeiten kann. Der Transputer T414 kann z.B. mit einer Taktfrequenz von 5 MHz betrieben werden. Mit den 5 Millionen Taktpulsen pro Sekunde kann er dann 10 Millionen Befehle pro Sekunde abarbeiten. Es werden bei jedem Taktimpuls also 2 Befehle abgearbeitet.

Netzwerkfähigkeit

Eine weitere Besonderheit des Transputers ist die Netzwerkfähigkeit, mit der dieser Mikroprozessortyp bereits ausgestattet ist. Für diesen Zweck besitzt der Transputer 4 serielle Schnittstellen, die speziell dafür entwickelt wurden, um mit anderen Transputern zu kommunizieren. Diese Schnittstellen werden auch als Linkleitungen bezeichnet, da sie die Verbindung zu anderen Transputern herstellen. Durch die vier getrennten Linkleitungen lassen sich beim Aufbau eines Transputernetzwerkes diverse Schwierigkeiten umgehen, die man bei Computern mit nur einem Netz-werkanschluß hat.

Datenübertragung

Die Datenübertragung von einem ersten Transputer zu einem zweiten beginnt mit einen DMA auf das interne RAM des ersten Transputers. Die Daten, auf die mit dem DMA zugegriffen wurde, werden parallel/seriell gewandelt und über die Linkleitung zum zweiten Transputer geschickt. Dort werden die Daten wieder seriell/parallel gewandelt und durch einen DMA im internen RAM des zweiten Transputers abgespeichert.

Parallelverarbeitung durch mehrere Transputer

Durch die Linkleitungen kann eine Vielzahl von Transputern parallel betrieben werden. Dadurch wird es nicht nur möglich, eine Aufgabe durch mehrere parallel ablaufende Befehle innerhalb des Transputers bearbeiten zu lassen. Es können sogar die Befehle einer Vielzahl von Transputern gleichzeitig ablaufen. Alle Transputer können sich auf diese Weise an der Bewältigung einer bestimmten Aufgabe beteiligen.

Programmierung

Die Entwicklung von Programmen, die einerseits für eine RISC-Architektur und andererseits für die Parallelverarbeitung geeignet sein müssen, erfordert natürlich einiges Umdenken bei den Programmierern. Um dieses Umdenken zu erleichtern, ist eine spezielle Programmiersprache für Transputer entwickelt worden. Diese Programmiersprache nennt sich OCCAM.

Anwendung

Transputer sind für PCs von besonderer Bedeutung, da es Transputerkarten und Transputerlink-Adapterkarten gibt.

Transputerkarten

Transputerkarten stellen einen selbständigen Computer mit Zentralprozessor, Arbeitsspeicher und Anschlüssen für Peripheriegeräte dar. Der Zentralprozessor ist natürlich ein Transputer. Die Anschlüsse zu Peripheriegeräten werden durch die Linkleitungen gebildet. Die Transputerkarten sind für allgemeine Anwendungen entwickelt, damit sie auch zusammen mit nicht-IBM-PC-kompatiblen Computern betrieben werden können. Die Transputerkarten verfügen daher nicht direkt über eine Schnittstelle zu den Steckplätzen der PCs.

Transputerlink-Adapterkarten

Um eine Transputerkarte an einen PC anzuschließen, wird eine Transputerlink-Adapterkarte benötigt. Diese kann in dem Steckplatz eines PC montiert werden. Andererseits besitzt sie einen Anschluß, der mit der Linkleitung einer Transputerkarte verbunden werden kann. Über diese Verbindung kann der PC mit dem Transputer auf der Transputerkarte kommunizieren. Er kann also Aufgaben an den Transputer delegieren, ähnlich wie dies z.B. bei einem arithmetischen Coprozessor funktioniert. Bei der Anschaffung einer Linkadapterkarte ist zu beachten, daß diese für PCs geeignet sein muß, da es auch Transputerlink-Adapterkarten für andere Computer gibt. Werden Transputerkarten mit PCs verbunden, so können von der Transputerkarte die Peripheriegeräte des PC wie Massenspeicher, Bildschirm und Tastatur mitbenutzt werden.

Transputernetzwerk

Mit der Transputerkarte, die unmittelbar mit der Linkadapterkarte verbunden ist, können auch weitere Transputerkarten verbunden werden. Dies ist dann sinnvoll, wenn eine Transputerkarte noch nicht die gewünschte Rechenleistung bringt. Auf diese Weise entsteht dann ein Transputernetzwerk.

Inmos

Die entscheidenden Impulse für die Entwicklung der Transputertechnologie hat die Firma Inmos gesetzt. Diese Firma fertigt auch den Transputer T414. Dieser wird häufiger eingesetzt als das etwas leistungsfähigere Modell T800. Der T800 stammt ebenfalls von Inmos und ist aufwärtskompatibel zum T414. Außerdem liefert die Firma Inmos die Transputerkarte mit der Bezeichnung IMS B004 und die Transputerlink-Adapterkarte mit der Bezeichnung IMS C002. Durch diese beiden Karten wird die Transputertechnologie auch von den PCs aus zugänglich. Vgl. Systemerweiterung.

Transputerkarte
→Transputer

Transputerlink-Adapterkarte
→Transputer

Trapflag

Bit des Programmstatusregisters. Das Programmstatusregister befindet sich in den Zentralprozessoren der PCs.

Einzelschrittbetrieb

Durch Setzen des Trapflags wird der Zentralprozessor im Einzelschrittbetrieb betrieben. In dieser Betriebsart führt er jeweils nur einen Befehl eines Programmes aus.

Danach wird der Zentralprozessor durch den Interrupt 01 unterbrochen. Dieser Interrupt ruft die Interruptroutine 01 auf, die dafür sorgt, daß Angaben über die Abarbeitung des Befehls gespeichert oder auf dem Bildschirm angezeigt werden. Danach wird der nächste Befehl abgearbeitet. Vgl. Programmstatuswort.

TREE
→MS-DOS-Kommando

Treiber
1. Verstärker für →Signale
2. →Gerätetreiber

TROFF
→Basic-Befehle

Trommelplotter
→Plotter

TRON
→Basic-Befehle

TTL-Schaltung

Integrierte Schaltung, die ausschließlich aus Transistoren aufgebaut ist. Die TTL-Schaltung ist eine logische Schaltung, die mit den beiden logischen Zuständen 0 und 1 arbeitet.

TTL-Signale

Die beiden logischen Zustände 0 und 1 werden in TTL-Schaltungen durch die beiden Spannungen 0

Volt und 5 Volt dargestellt. Ein Signal, das von einer TTL-Schaltung erzeugt wurde, bezeichnet man auch als TTL-Signal.
Vgl. Signal.

TTL-Signal
→TTL-Schaltung

Turbo-Basic
Programmiersprache, die von der Firma →Borland entwickelt wurde. Von dieser Firma stammt auch ein Programmierpaket mit dem Namen Turbo-Basic, mit dem Programme in der Programmiersprache Turbo-Basic entwickelt werden können. Turbo-Basic ist eine Compilersprache, die sehr eng an die Interpretersprache Basic angelehnt ist.

Besonderheiten
Der Befehlssatz der Programmiersprache Turbo-Basic ist aufwärtskompatibel zu den →Basic-Befehlen der Interpretersprachen GW-Basic und BasicA. Das bedeutet auch, daß Programme, die in GW-Basic oder BasicA geschrieben und getestet wurden, später mit dem Turbo-Basic-Compiler übersetzt werden können. Diese Programme arbeiten dann um Größenordnungen schneller.

Hardwarevoraussetzungen
Zum Betrieb von Turbo-Basic wird ein PC-XT oder ein PC-AT benötigt. Der PC sollte mindestens mit einem 360-KByte-Diskettenlaufwerk und einem Arbeitsspeicher von 512 KByte ausgerüstet sein. Vorteilhaft, aber nicht umbedingt erforderlich ist der Einsatz einer Festplatte und einer Maus.

Leistungsmerkmale
Turbo-Basic verfügt über einen Bildschirmeditor, einen Compiler, einen Linker und eine Unterprogrammbibliothek. Bei dem Compiler handelt es sich um ein sehr leistungsfähiges Übersetzungsprogramm, das sowohl die Übersetzung schnell ausführt, als auch ein leistungsfähig arbeitendes ausführbares Programm erzeugt.

Bedienung
Die Bedienung von Turbo-Basic ist menügeführt. Dem Benutzer wird auf dem Bildschirm angezeigt, durch welche Befehle er Turbo-Basic bedienen kann.
Vgl. Basic.

Turbo-C
→C

Turbo-Pascal
→Pascal

Turbo-PC
PC, der mit besonders hoher Taktfrequenz arbeiten kann und damit eine besonders hohe Rechenleistung besitzt. PC-XTs, die

eine höhere Taktfrequenz als 4.77 MHz und PC-ATs, die eine höhere Taktfrequenz als 6.0 MHz besitzen, bezeichnet man als Turbo-PC.
Vgl. Takt.

Turbo-Prolog
→Prolog

Turboschalter

Schalter, mit dem die Taktfrequenz von PCs verändert werden kann. Man unterscheidet Hardware-Turboschalter und Software-Turboschalter.

Hardwareschalter

Ein Hardwareturboschalter befindet sich meistens an der Frontplatte des PC. Er schaltet unterschiedliche Quarze an den Taktgeber des Mikroprozessors.

Softwareschalter

Beim Softwareschalter werden die Quarze elektronisch umgeschaltet. Das Umschalten erfolgt durch die Eingabe eines Befehls über die Tastatur. Der Zentralprozessor des PC schaltet dann über einen Port seine eigene Frequenz um.
Vgl. Takt.

Turtlegrafik

Grafik, die in einem Computer durch die Operationen Senken, Kriechen, Heben und Drehen erzeugt wird. Durch diese Operationen wird eine Linie erzeugt, ähnlich wie dies beim Zeichnen mit einem Zeichenstift erfolgt. Durch die Operation Senken wird der Anfangspunkt einer Linie markiert. Durch die Operation Kriechen wird die Linie erzeugt, durch die Operation Heben wird die Linie beendet. Durch die anschließenden Operationen Drehen und Kriechen kann der Anfangspunkt der nächsten Linie erreicht werden. Die Turtlegrafik wird auch als Schildkrötengrafik bezeichnet.

Vektorgrafik

Im Gegensatz zur Turtlegrafik steht die Vektorgrafik. Bei der Eingabe einer Vektorgrafik werden die Koordinaten des Anfangspunktes und des Endpunktes einer Linie eingegeben. In der Grafik wird dann vom Anfangspunkt zum Endpunkt eine Linie eingezeichnet. Die Vektorgrafik ist in professionellen CAD-Programmen die übliche Eingabeart.
Vgl. CAD.

TYPE
→MS-DOS-Kommandos

Typenraddrucker

Drucker, der mit Hilfe eines Typenrades druckt. Auf dem Typenrad befinden sich alle Zeichen, die der Drucker drucken kann, in Form von Typen. Das Typenrad wird soweit gedreht, bis sich das zu druckende Zeichen senkrecht über dem Papier befindet. Dann wird die Type von einem elektromagnetisch angetriebenen Hammer über ein Farbband an das Papier geschlagen und druckt damit ein Zeichen. Da Typenraddrucker nur eine geringe →Druckgeschwindigkeit besitzen und nur eine Schriftform drucken können, werden sie im Zusammenhang mit PCs nur noch selten eingesetzt. Vgl. Drucker.

U

UCSD-Pascal
→Pascal

Überlagerung
→Overlay

Überlauf
→overflow

Übersetzer
→Übersetzungsprogramm

Übersetzung
→Übersetzungsprogramm

Übersetzungsliste
→Übersetzungsprogramm

Übersetzungsprogramm
Dienstprogramm, das ein Programm aus einer Programmiersprache, in eine andere Programmiersprache übersetzt. Meistens erfolgt diese Übersetzung aus einer höheren Programmiersprache in der das Programm erstellt wurde, in die Maschinensprache des Mikroprozessors, der das Programm ausführen soll.
Als Übersetzungsprogramm wird dann ein Compiler oder ein Interpreter benutzt.

Übersetzungsprotokoll
Bei der Übersetzung eines Programms erstellt das Übersetzungsprogramm eine Liste von Meldungen über den Ablauf der Übersetzung. Diese Liste wird Übersetzungsprotokoll genannt. Der Umfang des Übersetzungsprotokolls läßt sich im Übersetzungsprogramm festlegen. So ist es z.B. möglich, nur fehlerhafte Zeilen anzeigen zu lassen. Das Übersetzungsprotokoll kann vom Übersetzungsprogramm zunächst auch in eine Datei ausgegeben werden, die dann später auf dem Bildschirm angezeigt oder auf einem Drucker ausgedruckt wird. Vgl. Programmiersprachen.

Übertrag
→Carrybit

Übertragsbit
→Carrybit

Übertragung
→Datenfernübertragung

Übertragungsgeschwindigkeit
Physikalische Größe für die Anzahl der Bits, die pro Zeiteinheit über eine Datenfernübertragungs-

gungsleitung übertragen wird. Die Übertragungsgeschwindigkeit wird auch als Übertragungsrate oder Baudrate bezeichnet.

Einheit
Die Übertragungsgeschwindigkeit wird in Baud, Bits pro Sekunde oder bps angegeben. Bei einer Übertragungsgeschwindigkeit von 1 Baud wird auf einer Leitung 1 Bit pro Sekunde übertragen. Gängigere Einheiten sind:

1 Kilobaud = 1000 Baud,
1 KBaud = 1000 Baud,
1 Megabaud = 1000000 Baud,
1 MBaud = 1000000 Baud.

Vgl. Hardwareeigenschaften.

Übertragungsprotokoll
→Kommunikationsprotokoll

Übertragungsrate
→Übertragungsgeschwindigkeit

Übertragungssicherheit
Sicherheit einer Übertragung gegen Fehler durch Störung der Übertragung. Die Übertragungssicherheit kann durch Übertragung zusätzlicher →Redundanz gesteigert werden.
Vgl. Betriebssicherheit.

Uhr
Vorrichtung in einem Computer, über die jederzeit die Uhrzeit abgefragt werden kann. Außerdem wird die Uhrzeit vom Betriebs-

system und von Anwendungsprogrammen ausgewertet. Das Betriebssystem MS-DOS speichert z.B. zu jeder Datei das Datum und die Uhrzeit ihrer Erstellung. Dadurch kann später im Dateiverzeichnis abgelesen werden, wann eine Datei erstellt oder geändert wurde.

Uhr im PC
Die PCs verfügen über eine Uhr, die über einen →Timer weitergestellt wird. Der Timer ist eine Vorrichtung, die 18.2 mal in der Sekunde einen Taktimpuls erzeugt. Dieser Taktpuls erzeugt über den →Interruptcontroller beim Zentralprozessor des PC einen Interrupt. Durch den Interrupt wird das laufende Programm unterbrochen und in der →Interruptroutine 08 der Timercounter weitergezählt. Der Timercounter ist ein 4 Byte langer Speicherplatz im Arbeitsspeicher des PC.

Uhr im PC-XT
In den 32 Bit des Timercounters ist im PC-XT die Anzahl der Sekunden gespeichert, die seit Mitternacht vergangen sind. Die Zahl im Timercounter ist in PC-XTs aber nur gültig, wenn auch beim Einschalten des PC eine gültige Uhrzeit eingegeben wurde.

Uhr im PC-AT
Auch die Uhr im PC-AT arbeitet mit einem 32-Bit-Timercounter.

Der PC-AT besitzt aber zusätzlich einen speziellen →Uhrenbaustein, der durch eine Batterie versorgt wird. Die Uhr in diesem Uhrenbaustein läuft daher auch weiter, wenn der PC ausgeschaltet wird. Der Uhrenbaustein speichert die Uhrzeit in eigenen Registern, die ebenfalls ihre Information nicht verlieren, wenn der PC ausgeschaltet wird. Wird der PC anschließend wieder eingeschaltet, so werden die Register im Uhrenbaustein vom Betriebssystem automatisch gelesen und im Timercounter des PC-AT gespeichert. Der PC-AT verfügt damit wieder über die aktuelle Uhrzeit. Vgl. PC.

Uhrenbaustein

→Integrierte Schaltung, aus der ein Computer die Uhrzeit lesen kann. Ein Uhrenbaustein besitzt dazu mehrere Register, die über einen Datenbus gelesen oder beschrieben werden können. Das Schreiben in solche Register erfolgt, wenn die Uhrzeit neu gestellt werden soll. Damit die Uhr im Uhrenbaustein auch weiterläuft wenn der Computer ausgeschaltet wird, werden Uhrenbausteine über ein →Batterie-Backup versorgt. Die Batterie liefert nur dann Strom, wenn der Computer ausgeschaltet ist. Sonst wird der Uhrenbaustein über die

Stromversorgung versorgt. Damit die Batterie möglichst mehrere Jahre lang hält, sind Uhrenbausteine in der stromsparenden CMOS-Technologie aufgebaut. Dadurch wird nur ein Strom von einigen Mikroampere verbraucht.

Uhrenbaustein, PC-XT

Der PC-XT besitzt keinen Uhrenbaustein. Die Uhrzeit wird bei diesem Computer im ausgeschalteten Zustand nicht weitergetaktet. Die Uhr des PC-XT muß beim Einschalten neu gestellt werden.

Uhrenbaustein, PC-AT

Im PC-AT wird jedoch ein Uhrenbaustein verwendet, um ständig die aktuelle Uhrzeit bereit zu halten. Dieser Uhrenbaustein speichert die Uhrzeit in internen Registern. Aus diesen Registern liest der PC-AT die Uhrzeit beim Einschalten und stellt mit der gelesenen Zeit seinen Timercounter.

Uhrenregister

Über die eigentlichen Zeitregister hinaus hat der Uhrenbaustein im PC-AT noch freie Register, die von der Uhr nicht benutzt werden. Diese Register können deshalb zum Speichern von Informationen genutzt werden, die beim Ausschalten des PC nicht verloren gehen dürfen. Sie werden auf dem PC-AT vom Be-

Register des Uhrenbausteins	
Register	Funktion des Registers
R00	Aktuelle Uhrzeit in Sekunden
R01	Alarmzeit in Sekunden
R02	Aktuelle Uhrzeit in Minuten
R03	Alarmzeit in Minuten
R04	Aktuelle Uhrzeit in Stunden
R05	Alarmzeit in Stunden
R06	Tag der Woche
R07	Datum des Tages
R08	Datum des Monats
R09	Datum des Jahres
R16	Beschreibung der Diskettenlaufwerke
R18	Beschreibung der Festplatten
R21	Speicherkapazität auf der Hauptplatine in KByte. Oberes Byte.
R22	Speicherkapazität auf der Hauptplatine in KByte. Unteres Byte.
R23	Speicherkapazität auf den Erweiterungsplatinen in KByte. Oberes Byte.
R24	Speicherkapazität auf den Erweiterungsplatinen in KByte. Unteres Byte.
R63	Letztes Register

triebssystem MS-DOS benutzt, um die Konfiguration zu speichern. Die Konfiguration gibt die Ausbaustufe des PC an. In den freien Uhrenregistern ist also z.B. gespeichert, mit wieviel KByte Arbeitsspeicher der PC ausgerüstet ist und ob er über eine Festplatte oder ein Diskettenlaufwerk verfügt. Die Konfiguration wird nach der Ausstattung, aber vor der Auslieferung des PC mit

Hilfe des Installationsprogramms SETUP in die Uhrenregister eingeschrieben.

Uhrenbaustein, spezielle

Als Uhrenbaustein wird in PC-ATs die integrierte Schaltung MC146818 eingesetzt. Diese Schaltung wurde von der Firma →Motorola entwickelt.
Vgl. Uhr.

Uhren-IC

→Uhrenbaustein

Uhrenregister

→Uhrenbaustein

Umbruch

Abbrechen einer Textzeile, sobald die Zeile bis zu ihrem Ende mit Text gefüllt ist. Die Fortsetzung des Textes erfolgt dann in der nächsten Zeile. Läßt sich ein Wort in der alten Zeile nicht mehr vollständig unterbringen, so muß es getrennt werden oder vollständig in die neue Zeile übernommen werden. Dabei entstehen ungleich lange Zeilen, die man aber durch Einfügen von Leerzeichen oder Dehnen des Textes an die maximale Länge der Zeile anpassen kann. Erfolgt keine Anpassung, so spricht man von Flattersatz. Haben alle Zeilen die gleiche Länge so spricht man von Blocksatz.

Umbruchprogramm

Zum Umbruch benutzt man ein Umbruchprogramm. Ein Umbruchprogramm liest den ungebrochenen Text und erzeugt automatisch einen Zeilenvorschub und Wagenrücklauf, sobald ein Wort nicht mehr in die laufende Zeile paßt. Als Umbruchprogramme können Textverarbeitungsprogramme wie z.B. Word oder DTP-Layoutprogramme wie z.B. Pagemaker benutzt werden.

Zeilenumbruch, Seitenumbruch, Wortumbruch

Beim Umbruch unterscheidet man Zeilenumbruch und Seitenumbruch. Beim Seitenumbruch wird nach der letzten Zeile einer Seite automatisch eine neue Seite begonnen. Beim Zeilenumbruch wird dagegen nur eine neue Zeile innerhalb einer Seite begonnen. Den Umbruch bezeichnet man auch als Wortumbruch.
Vgl. Textverarbeitung.

Umdefinieren von Tasten

→Tastenumdefinierung

Umleitung

→Umlenkung

Umlenkung

Ausgabe oder Eingabe von Daten durch einen Betriebssystembefehl auf ein Peripheriegerät, das standardmäßig von diesem Befehl

nicht benutzt wird. Die Umleitung erfolgt, indem der Name des Peripheriegerätes durch eine spitze Klammer getrennt an den Betriebssystembefehl angehängt wird. Die spitze Klammer nach rechts verursacht dann eine Ausgabe an das angegebene Peripheriegerät. Die spitze Klammer nach links bewirkt eine Eingabe von dem Peripheriegerät.
Vgl. Peripheriegeräte.

UNASSEMBLE
→Debug-Befehle

unbedingter Sprung
→Sprungbefehl

unbedingter Sprungbefehl
→Sprungbefehl

unbundling
Getrenntes Anbieten und Verkaufen von Hardware und Software.
Vgl. Computerunternehmen.

Und
→logische Schaltung

unformatierte Daten
Daten, die ohne jede Unterteilung in der Form gespeichert worden sind, wie sie entstanden sind.
Vgl. Datenbank.

unformatierte Datenbank
→Datenbank

Unix
Komfortables Multiuser-Betriebssystem für Personalcomputer und Workstations. Unix besteht aus einer sehr komfortablen äußeren Schale, die dem Benutzer zugänglich ist, und einem Kern, der für die Ausführung der Befehle sorgt. Die äußere Schale wird auch SHELL genannt. Sie ist dafür zuständig, die Eingabe der Befehle zu überwachen.

Unix, Wortbreite
Unix ist ein 32-Bit-Betriebssystem. Es kann im Gegensatz zu OS/2 32 Bit breite Worte in einem Arbeitsgang verarbeiten. Daher ist Unix besonders für den PC-AT-386 geeignet, der durch seinen 80386-Mikroprozessor über einen 32 Bit breiten Datenbus und über 32 Bit breite Register verfügt. Unix kann also die volle Leistungsfähigkeit des 80386-Mikroprozessors nutzen, während 16-Bit-Betriebssysteme wie MS-DOS und OS/2 nur die 16-Bit-Befehle dieses Mikroprozessors benutzen.

Zugriffsrechte
Da Unix aber ein Multiuser-Betriebssystem ist, unterscheidet es sich von MS-DOS und OS/2 durch ein aufwendiges Verfahren zur Regelung der Zugriffsrechte auf Programme und Dateien. Das beginnt schon damit, daß man nach dem Einschalten des Computers

seinen Benutzernamen und ein dazu gehörendes Passwort eingeben muß. Ist das Passwort richtig, so kann der Computer benutzt werden, andernfalls erhält der Benutzer keine Möglichkeit, den Computer zu benutzen.

Programmiersprache C
Das Betriebssystem Unix ist zu großen Teilen in der Programmiersprache C geschrieben. Dies ist eine Programmiersprache, in der zwar sehr maschinennahe Programme formuliert werden können, die jedoch nicht an einen Mikroprozessortyp gebunden ist. Auf diese Weise kann Unix ohne große Änderungen auf verschiedenen Computern zum Laufen gebracht werden. Es muß nur ein C-Compiler für diesen Computer existieren.
Vgl. Betriebssystem.

unmittelbare Adressierung
→Adressierungsarten

Unterbrechung
→Interrupt

Unterprogramm
Programmteil, der in einem Programm mehrfach benutzt wird. Um diesen Programmteil bei der Erstellung eines Programms nicht mehrmals schreiben zu müssen, kann man ihn in Form eines Unterprogramms formulieren. Das Unterprogramm kann dann von mehreren Stellen des Programms aus aufgerufen werden. Nachdem es vom Mikroprozessor abgearbeitet ist, wird durch einen Return-Befehl an die Stelle im Programm zurückgesprungen, von der aus das Unterprogramm gerufen wurde. Die Rücksprungadresse wird während der Ausführung des Unterprogramms im →Stack des ausführenden Mikroprozesors gespeichert.

Unterprogramm, Aufruf
Das Abspeichern der Rücksprungadresse erfolgt beim Aufruf des Unterprogramms automatisch durch den Befehl, der das Unterprogramm aufruft. In Assemblersprache heißen solche Befehle deshalb auch CALL-Befehle. In der Programmiersprache Basic werden Unterprogramme durch den →Basic-Befehl GOSUB aufgerufen.

verschachteltes Unterprogramm
Es ist auch möglich, von einem Unterprogramm aus ein zweites Unterprogramm zu rufen und auch in dem zweiten Unterprogramm ein weiteres Unterprogramm aufzurufen. Der Mikroprozessor ist dann aufgrund der Rücksprungadressen im Stack in der Lage, an die Stelle im Programm zurückzukehren, von der aus der erste Unterprogrammaufruf erfolgte.

Hauptprogramm

Der Programmteil eines Programms, der nicht als Unterprogramm ausgeführt wird, wird auch als Hauptprogramm bezeichnet. Vom Hauptprogramm aus können Unterprogramme aufgerufen werden. Das Hauptprogramm wird jedoch nicht von einem anderen Programmteil aufgerufen, sondern vom Betriebssystem angesprungen.

Makro

Um einen Programmteil, der mehrmals in einem Programm benutzt wird, nicht mehrfach schreiben zu müssen, gibt es noch eine zweite Programmiertechnik. Dazu erzeugt der Compiler oder Assembler, der das Programm aus einer höheren Programmiersprache in Maschinensprache übersetzt, den mehrfach benutzten Programmcode auch mehrfach. Den Programmteil, der mehrfach übersetzt wird, bezeichnet man als Makro. Der Beginn und das Ende der Beschreibung eines Makros wird in der höheren Programmiersprache durch Makrobefehle markiert.

Macroname

Am Beginn der Makrobeschreibung wird auch der Name des Makros festgelegt. Dieser Name wird auch als Makroname bezeichnet. Das wiederholte Aufrufen des Makros erfolgt dann durch Eingabe des Makronamens in eine Befehlszeile des Programms.

Vorteile, Nachteile

Der Vorteil des Makros ist, daß kein Stack und kein Unterprogrammechanismus zum Speichern von Rücksprungadressen benötigt wird. Dadurch werden Makros schneller ausgeführt als Unterprogramme. Der Nachteil besteht darin, daß Makros mehr Speicherplatz benötigen als Unterprogramme, da Makros mehrfach im Arbeitsspeicher vorhanden sind. Unterprogramme sind nur einmal im Arbeitsspeicher vorhanden und belegen dadurch auch weniger Speicherplatz.
Vgl. Programm.

Unterprogrammbefehle

Befehle, durch die Unterprogramme aufgerufen werden können, und Befehle, mit denen aus Unterprogrammen zurückgekehrt werden kann. In Assemblersprache werden Unterprogramme mit dem Befehl CALL aufgerufen und mit dem Befehl RET verlassen. In Basic-Programmen werden die Basic-Befehle GOSUB und RETURN zum Aufrufen und Verlassen von Unterprogrammen benutzt.

Vgl. Programm.

Unterprogrammbibliothek

Sammlung von Unterprogrammen, die in einer Datei gespeichert sind. Die Unterprogramme sind ausgetestet und können zusammen mit neu entwickelten Programmen zu einem ausführbaren Programm zusammengelinkt werden.
Vgl. Unterprogramm.

Unterverzeichnis

→Dateiverzeichnis

Update

Änderung eines Programms, um es an die neuesten Anforderungen anzupassen.
Vgl. Version.

Urladeprogramm

Programm, das nach dem Einschalten eines Computers das Betriebssystem von einem Massenspeicher in den Arbeitsspeicher lädt. Das Urladeprogramm ist ebenfalls in einem Teil des Arbeitsspeichers untergebracht. Dieser Teil des Arbeitsspeichers muß jedoch nichtflüchtig sein. Er darf also beim Ausschalten des Computers seine Information nicht verlieren.

Urlader

Das Urladeprogramm wird auch als Urlader bezeichnet.

Urladeprogramm in PCs

In PCs ist das Urladeprogramm in EPROMs untergebracht. Diese können vom Zentralprozessor des PC nur gelesen werden. Das Urladeprogramm wird nach der Herstellung der EPROMs mit einem Programmiergerät in die EPROMs hineingeschrieben.

Urladeprogramm, Adreßbereich

In PCs ist der Adreßbereich von F0000-FFFFF des Arbeitsspeichers für das Urladeprogramm reserviert. In diesem Speicherbereich des EPROMs sind auch Programmteile untergebracht, mit denen auf die Peripheriegeräte des PC zugegriffen werden kann. Dies ist erforderlich, da das Urladeprogramm ohnehin einen Massenspeicher lesen muß, um das Betriebssystem zu laden.

BIOS-Urladeprogramm

Die Programmteile zum Zugriff auf die Peripheriegeräte werden auch BIOS genannt. Deshalb wird das Urladeprogramm oftmals auch als BIOS-Urladeprogramm oder BIOS-Urlader bezeichnet.
Vgl. BIOS.

Urlader

→Urladeprogramm

USART

Abk. für universal synchronous asynchronous receiver transmitter. Baustein, mit dem die Seriell/

507

Parallel-Wandlung für serielle Schnittstellen realisiert werden kann. Das USART ist als integrierte Schaltung aufgebaut.

USART, Arbeitsweise
Die serielle Schnittstelle besteht aus zwei Datenleitungen, über die zwei Geräte miteinander kommunizieren können. Zum Anschluß an diese Schnittstelle besitzt jedes USART ein Eingangssignal RX und ein Ausgangssignal TX. Andererseits sind USARTs über den Datenbus mit dem Zentralprozessor des Computers verbunden.

Will der Zentralprozessor ein Datenbyte ausgeben, so schickt er dieses Datenbyte über den Datenbus zum USART. Das USART wandelt die parallelen Daten in serielle Daten und gibt die seriellen Daten bitweise über den Ausgang TX aus. Vom Ausgang TX gelangen die einzelnen Bits über einen Schnittstellentreiber auf die Datenleitung. Am anderen Ende der Datenleitung befindet sich ein Schnittstellenempfänger, der die empfangenen Bits verstärkt und dann auf den Eingang RX eines zweiten USARTs gibt. Dort werden die seriellen Daten in parallele Daten umgewandelt und über den Datenbus eines Computers zur Weiterverarbeitung an den Mikroprozessor geschickt.

USART, Register
Um im USART die vielfältigen Schnittstellenparameter wie z.B. Baudrate, Paritybit usw. einstellen zu können, besitzen USARTs mehrere Register. In diese Register kann der Zentralprozessor eines Computers über den Datenbus Schnittstelleninformation einschreiben. Die Register müssen nach dem Einschalten des Computers gezielt gesetzt werden, damit das USART arbeiten kann. Um die verschiedenen Register adressieren zu können, besitzen USARTs einen Adreßbus mit 2 oder 3 Adreßleitungen. Darüber können dann 4 oder 8 Register adressiert werden. Zusätzlich haben USARTs Steuerleitungen, über die das Schreiben und Lesen vom Mikroprozessor aus gesteuert wird.

USART, Anwendung
In PCs werden USARTs in den Schnittstellenkarten eingesetzt um die serielle Schnittstelle aufzubauen.
Vgl. serielle Schnittstelle.

Utilities
Englische Bezeichnung für →Dienstprogramm.

UV-löschbarer Speicher
→EPROM

V

V.11
→RS232C

V.24
→RS232C

VAL
→Basic-Befehle

Variable
Speicherplatz, in dem eine Zahl, ein logischer Ausdruck, ein Zeichen oder eine Zeichenkette dargestellt wird.

Variablenname
Eine Variable hat einen Variablennamen, unter dem in einem Programm auf den Wert zugegriffen werden kann, der in der Variablen gespeichert ist.

Variablenwert
Der Wert einer Variablen kann durch ein Programm verändert werden. Dadurch unterscheidet sich die Variable von der Konstanten, deren Wert in einem Programm nicht verändert werden kann.

Konstante
Eine Konstante wird in einem Programm benutzt, um eine Variable mit einem festen Wert zu laden oder um einen festen Wert zu verändern. Beispiele für Konstanten sind: 55   2.3   8.6667349   TRUE oder "K" . Während die Konstanten bereits zu Beginn des Programms einen festen Wert besitzen, durch den sie auch im Programm gekennzeichnet sind, werden die Variablen im Programm durch den Variablennamen gekennzeichnet.

Ausdruck
Der Oberbegriff für Variable und Konstante ist Ausdruck. Mit einem Ausdruck ist entweder eine Variable oder eine Konstante gemeint. Man unterscheidet arithmetische Ausdrücke, logische Ausdrücke und alphanumerische Ausdrücke.

Variablendeklaration
Es gibt Variable für die Darstellung verschiedener Ausdrücke. Dazu gehören numerische Variable zum Darstellen von Zahlen, logische Variable zum Darstellen logischer Werte und alphanumerische Variable zum Darstellen von Texten. Am Anfang eines Programms kann für jede Variable ein Variablentyp definiert werden.

Diesen Vorgang nennt man auch Variablendeklaration. Den Programmteil, in dem die Variablendeklaration erfolgt, nennt man Deklarationsteil des Programms. Zu jedem Variablentyp gibt es auch einen Konstantentyp, da es in jedem Programm möglich sein muß, alle Variablen auf feste Werte zu setzen und durch feste Werte zu verändern.

Die Konstanten brauchen jedoch nicht deklariert zu werden, da der Compiler aus ihrem Wert bereits ihren Typ erkennt.

numerische Variable

Für numerische Variable werden auf PCs drei verschieden genaue Variablentypen benutzt. Das sind ganzzahlige Variable, Gleitkommavariable mit einfacher Genauigkeit und Gleitkommavariable mit doppelter Genauigkeit. In den Programmiersprachen werden diese drei Variablentypen durch die Schlüsselworte INTEGER, SINGLE PRECISION und DOUBLE PRECISION gekennzeichnet. In der Programmiersprache Basic erfolgt die Variablendeklaration für numerische Variable durch die →Basic-Befehle DEFINT, DEFSNG und DEFDBL.

logische Variable

Logische Variable können nur die beiden Werte 0 und 1 bzw. TRUE und FALSE annehmen. In der Programmiersprache Basic sind keine logischen Variablen erlaubt. Benötigt man trotzdem eine logische Variable, so kann eine ganzzahlige numerische Variable benutzt werden. Diese Variable kann dann auf die Werte 0 oder 1 gesetzt und mit dem Basic-Befehl IF abgefragt werden.

Die Bedeutung von logischen Variablen besteht jedoch darin, diese durch logische Befehle wie AND und OR zu verknüpfen. Dafür besitzt die Programmiersprache Basic jedoch keine Befehle. Für solche Anwendungen kann z.B. die Programmiersprache Pascal eingesetzt werden. In dieser Sprache kann eine logische Variable durch das Schlüsselwort BOOLEAN definiert werden. Die Variable kann dann in PASCAL mit anderen logischen Variablen durch die logischen Operationen AND, OR und NOT zu einer neuen logischen Variablen verknüpft werden.

alphanumerische Variable

Alphanumerische Variable werden zum Speichern von Texten benutzt. In solch einer Variablen sind ein oder mehrere ASCII-Zeichen gespeichert.

Stringvariable

Besteht die Variable aus mehreren ASCII-Zeichen, so spricht man auch von einer Stringvariablen. In der Programmiersprache Basic werden solche Stringvariable durch den →Basic-Befehl DEFSTR definiert. Aber auch durch Anhängen des Dollarzeichens an den Namen der Variablen wird die Variable als Stringvariable gekennzeichnet.

Variablen in Unterprogrammen

Unterprogramme sollen oft getrennt vom Hauptprogramm erstellt werden, weil Unterprogramm und Hauptprogramm bei größeren Projekten von verschiedenen Programmierern entwickelt werden. Dann ist es sinnvoll, daß jeder Programmierer seine eigenen Variablen mit eigenen Variablennamen benutzt.

lokale Variablen

Die Variablen, die nur in einem einzelnen Unterprogramm oder nur im Hauptprogramm benutzt werden, nennt man lokale Variable.

globale Variablen

Damit das Hauptprogramm Daten an ein oder mehrere Unterprogramme übergeben kann, werden aber auch Variable benötigt, auf die alle Programmteile eines Programms zugreifen können. Solche Variable nennt man globale Variable. Über globale Variable kann ein Unterprogramm auch Daten an das Hauptprogramm zurückgeben.
Vgl. Programm.

Variable, alphanumerische
→Variable

Variablendeklaration
→Variable

Variablenfeld

Zusammenhängendes Feld von →Variablen. Die einzelnen Variablen dieses Feldes besitzen einen Index und können über diesen Index ausgwählt werden.

Variablenfeld, Deklaration

Die Größe eines Variablenfeldes muß am Anfang eines Programms deklariert werden, damit das Übersetzungsprogramm einen geeigneten Speicherplatz für das Variablenfeld reservieren kann. Diese Deklaration erfolgt z.B. in der Programmiersprache Basic durch den →Basic-Befehl DIM. In anderen Programmiersprachen wird dieser Befehl über das Schlüsselwort DIMENSION oder ARRAY formuliert. Der Basic-Befehl zur Deklaration des Variablenfeldes F1 mit 10 mal 20 Variablen heißt also:

DIM F1(10,20)

Zugriff

Der Zugriff auf die Elemente eines Variablenfeldes erfolgt, indem der Name des Variablenfeldes aufgerufen wird. An diesen Namen müssen die Indizes der Variablen in Klammern angehängt werden, auf die zugegriffen werden soll. Der Befehl, um die Variable in Zeile 3, Spalte 5 des Variablenfeldes F1 in die Variable V1 zu laden, heißt also:

V1=F1(3,5)

Diese Formulierung wird in der Programmiersprache Basic, aber auch in allen anderen höheren Programmiersprachen verwendet. Die Indizes müssen aber nicht umbedingt Konstanten sein. Es können auch Variablen als Indizes verwendet werden. Dann kann nacheinander auf alle Elemente eines Feldes zugegriffen werden. Das Basic-Programm zum Anzeigen aller Variablen des Variablenfeldes F1 sieht also folgendermaßen aus:

100 FOR I1 = 1 TO 10
200 FOR I2 = 1 TO 20
300 V1=F1(I1,I2)
400 PRINT V1
500 NEXT I2
600 NEXT I1

Der Zugriff auf Variablenfelder wird in allen höheren Programmiersprachen ähnlich formuliert. Daher ist der Zugriffsbefehl in Zeile 300 z.B. auch für die Programmiersprachen Pascal oder Fortran geeignet.
Vgl. Programm.

Variablen, globale
→Variable

Variablen, lokale
→Variable

Variablen, numerische
→Variable

VARPTR
→Basic-Befehle

Vaterprozeß
→Multitaskbetrieb

VDISK.SYS
Spezieller Gerätetreiber für eine RAM-Disk. Mit VDISK.SYS wurde das Betriebssystem MS-DOS bis zur Version 2.X ausgeliefert. Vgl. RAM-Disk.

Vektor
Eindimensionales →Variablenfeld

Vektorgrafik
→Turtlegrafik

Ventura-Publisher
→DTP

VER
→MS-DOS-Kommando

Verarbeitungsgeschwindigkeit
Physikalische Größe für die Arbeitsgeschwindigkeit von Computern. Die Verarbeitungsgeschwindigkeit gibt die Anzahl der Befehle an, die ein Mikroprozes-

sor pro Zeitenheit abarbeitet. Die Verarbeitungsgeschwindigkeit wird auch als Durchsatz bezeichnet.

Einheit
Die Einheit für die Verarbeitungsgeschwindigkeit wird in instructions per second bzw. in million instructions per second angegeben. Die Abkürzung ist MIPS.
Vgl. Hardwareeigenschaften.

Verbindungsschicht
→Schichtenmodell

Vergleichsbefehl
Befehl, der zwei numerische Ausdrücke miteinander vergleicht und als Ergebnis Gleichheit oder Ungleichheit feststellt. Das Ergebnis des Vergleichsbefehls speichert der Mikroprozessor, der den Befehl abarbeitet, in den Bits des Programmstatusregisters. Neben dem Bit, das die Gleichheit oder Ungleichheit anzeigt, gibt es im Programmstatusregister Bits, an denen sich ablesen läßt, ob der erste Ausdruck größer oder kleiner als der zweite Ausdruck ist. Die Mikroprozessoren besitzen weiterhin bedingte Sprungbefehle, in denen diese Bits des Programmstatuswortes als Sprungbedingung angegeben werden können.

Anwendung
Wird in höheren Programmiersprachen eine Abfrage programmiert, so übersetzt der Compiler oder Interpreter diese Abfrage in einen Vergleichsbefehl mit einem nachfolgenden bedingten Sprungbefehl. In der Programmiersprache Basic kann solch eine Abfrage z.B. durch den →Basic-Befehl IF formuliert werden.
Vgl. Programmiersprachen.

Verkettung
Aneinanderfügen von zwei oder mehreren Zeichenketten. Dabei entsteht eine neue Zeichenkette.
Vgl. String.

VERIFY
→MS-DOS-Kommandos

Verknüpfung
→logische Schaltung

Verknüpfungsbefehl
→logischer Befehl

vernetzte Datenbank
→Datenbank

verschachtelte Unterprogramme
→Unterprogramme

verschiebbare Programme
Programme, die im Arbeitsspeicher in einen beliebigen Speicher-

bereich geladen werden können und dort auch ausführbar sind. Eine andere Bezeichnung für verschiebbar ist relocatable.

EXE-Programme

Auf PCs sind Programme mit der Namenserweiterung EXE verschiebbar. EXE-Programme sind so allgemein formuliert, daß sie innerhalb eines Speichersegmentes an einer beliebigen Stelle stehen können.

COM-Programme

Programme mit der Namenserweiterung COM sind dagegen nicht frei verschiebbar. Diese Programme müssen innerhalb des Speichersegmentes bei Adresse 0100 hexadezimal beginnen. COM-Programme haben aber den Vorteil, daß sie einfacher formuliert sind. Außerdem können sie schneller vom Massenspeicher in den Arbeitsspeicher geladen werden als EXE-Programme, da beim Laden keine Adreßumrechnung mehr erfolgen muß.
Vgl. Programme.

Verschiebebefehl
→Schiebebefehl

Verschlüsselung
→Codierungsverfahren

Version

Aktueller Zustand eines Anwendungsprogramms oder Betriebssystems.

Version, MS-DOS

Für PCs ist das Betriebssystem MS-DOS im Laufe der Jahre in mehreren ständig verbesserten Versionen auf den Markt gekommen. Die gerade verwendete Version dieses Betriebssystems kann mit dem →MS-DOS-Kommando VER angezeigt werden.
Vgl. MS-DOS.

Verzeichnis
→Dateiverzeichnis

Verzeichnispfad
→Dateiverzeichnisstruktur

Verzeichnisstruktur
→Dateiverzeichnisstruktur

Verzweigung
→Sprungbefehl

VGA-Karte

Besonders hoch auflösende Farbgrafikkarte für PCs. Mit Hilfe der VGA-Karte können Texte und Farbgrafiken auf einem Farbbildschirm dargestellt werden. Sie wird dazu in dem Steckplatz eines PC montiert. Um ein Bild auf dem Bildschirm zu erzeugen, schreibt der Mikroprozessor das PC-Textzeichen und Grafikmuster in den Bildschirmspeicher der VGA-Karte. Die VGA-Karte erzeugt dann die Ansteuersignale für den Bildschirm, indem sie die Information im Bildschirmspeicher auswertet. Sie ist in der Lage, sowohl Monochrombildschirme als auch Farbbildschirme anzusteuern.

Besonderheiten

Die VGA-Karte ist aufwärtskompatibel zur EGA-Karte. Zusätzlich zur EGA-Karte besitzt sie aber einen Grafikmode, in dem sie kompatibel zur Herculeskarte ist. Dadurch ist sie in der Lage, auch Grafiken darzustellen, die von Anwendungsprogrammen für die Herculeskarte erzeugt werden. In einem weiteren Mode können 640*480 Pixel bei 16 Farben dargestellt werden. Dieser Mode ist durch seine höhere Auflösung gegenüber der EGA-Karte interessant.

Weiterhin besitzt die VGA-Karte einen Grafikmode, in dem 256 verschiedene Farben gleichzeitig dargestellt werden können. Vgl. Videokarten.

Videocontroller

→Integrierte Schaltung, die die Ansteuersignale für einen Bildschirm erzeugt. Ein Videocontroller ist Bestandteil einer jeden Videokarte. In dieser Karte hat er direkten Zugriff auf den Bild-

schirmspeicher. Der Bildschirmspeicher wird von dem Videocontroller zyklisch gelesen. Mit Hilfe der gelesenen Information erzeugt der Videocontroller die Ansteuersignale für den Bildschirm.

spezieller Videocontroller

In allen Videokarten wird als Videocontroller die integrierte Schaltung MC 6845 von der Firma →Motorola verwendet. Diese Schaltung ist so universell ausgelegt, daß mit ihr alle auf PCs üblichen Textmodi und Grafikmodi dargestellt werden können. Zum Einschalten der einzelnen Modi besitzt diese Schaltung interne Register, über die die Eigenarten der einzelnen Modi definiert werden können.

Begriffe

Der Videocontroller wird auch Videoprozessor oder Grafikcontroller genannt. Er sollte jedoch nicht als Grafikprozessor bezeichnet werden. Ein Grafikprozessor ist ein Coprozessor, der den Zentralprozessor eines Computers bei der Erzeugung von komplexen Grafikinformationen unterstützt. Vgl. Videokarten.

Videokarten

Erweiterungskarten für PCs, mit deren Hilfe Texte und Grafiken auf dem Bildschirm dargestellt werden können. Videokarten wer-

Grafikmodi der Videokarten			
Video-karte	Grafik-mode	Auflösung	Farben
Monochrom-karte	keine		
Herkules-karte	MDA	720 * 348	2
CGA-Karte	CGA	320 * 200 320 * 200 640 * 200	4 2 2
EGA-Karte	CGA EGA	320 * 200 320 * 200 640 * 200 320 * 200 640 * 200 640 * 350 640 * 350	4 2 2 16 4 4 16
VGA-Karte	CGA EGA VGA	320 * 200 320 * 200 640 * 200 320 * 200 640 * 200 640 * 350 640 * 350 640 * 480 640 * 480 320 * 200	4 2 2 16 4 4 16 2 16 256
AGA-Karte	MDA CGA AGA	720 * 348 320 * 200 320 * 200 640 * 200 640 * 200 320 * 200	2 4 2 2 16 256

den häufig auch als Grafikkarten bezeichnet. Der Ausdruck Video-karte ist aber der Oberbegriff, zu dem auch die Karten gehören, die nur Texte, aber keine Grafiken darstellen können.

Monochromkarte
Eine Karte ohne Grafikmode ist die →Monochromkarte von IBM. Diese Karte gehört zwar inzwischen nicht mehr zum aktuellen technischen Stand, sie soll aber

Textmodi der Videokarten			
Video—karte	Text—formate	Zeichen—auflösung	Farben
Monochrom—karte	80 * 25	8 * 8	2
Herkules—karte	80 * 25	9 * 14	2
CGA—Karte	80 * 25 40 * 25	8 * 8 8 * 8	16 16
EGA—Karte	80 * 25 80 * 25 40 * 25 40 * 25	8 * 8 8 * 14 8 * 8 8 * 14	16 16 16 16
VGA—Karte	80 * 25 80 * 25 40 * 25 40 * 25 132 * 25 132 * 25 132 * 44 132 * 44	8 * 8 8 * 14 8 * 8 8 * 14 8 * 8 8 * 14 8 * 8 8 * 14	16 16 16 16 16 16 16 16
AGA—Karte	80 * 25 40 * 25 132 * 25 132 * 44	8 * 8 8 * 8 8 * 8 8 * 8	16 16 16 16

zur Vollständigkeit erwähnt werden, weil es noch Geräte gibt, die mit dieser Karte ausgestattet sind.

Herculeskarte

Die →Herculeskarte verfügt über einen Textmode, in dem 80*25 Zeichen dargestellt werden können. Außerdem besitzt sie einen Grafikmode mit einer Auflösung von 720*348 Pixeln. Durch diese hohe Auflösung ist die Herculeskarte sehr beliebt, obwohl sie keine Farben darstellen kann. Die Herculeskarte wurde von der Firma Hercules entwickelt und populär gemacht.

CGA-Karte

Die →CGA-Karte stammt wieder von IBM. Sie ist in der Lage, farbige Texte und farbige Grafiken darzustellen, jedoch nicht mit der Auflösung der Herculeskarte. Sie ist auch nicht kompatibel zur Herculeskarte. Die CGA-Karte hat sich deshalb nicht so gut durchsetzen können.

EGA-Karte

Um ein qualitativ hochwertigeres Produkt zu schaffen als die CGA-Karte, wurde von IBM die →EGA-Karte auf den Markt gebracht. Diese Karte ist aufwärtskompatibel zur CGA-Karte, aber nicht kompatibel zur Herculeskarte. Sie kann farbige Texte und Grafiken darstellen. In ihrem hochauflösenden Grafikmode kann sie 640*350 Pixel bei 16 verschiedenen Farben darstellen. Sie stellt zwar ein hochwertiges Produkt dar, sie ist aber auch preislich sehr hoch angesiedelt.

VGA-Standard

Die neue PS/2-Computerfamilie wurde von IBM mit einem neuen Grafikstandard ausgerüstet. Dies ist der VGA-Standard, der gleich in die PS/2-Geräte mit eingebaut wurde. Es dauerte aber nicht lange, bis →VGA-Karten für PCs angeboten wurden.

AGA-Karte

Die →AGA-Karte wird von der Firma Commodore angeboten. Sie kann einerseits den hochauflösenden Grafikmode der Herculeskarte darstellen. Andererseits ist

sie aufwärtskompatibel zur CGA-Karte. Darin dürfte die Stärke dieser Karte liegen.

weitere Videokarten

Neben den hier erwähnten Karten gibt es eine Vielzahl weiterer Karten, die auf eine oder mehrere der erwähnten Karten aufbauen. Im einzelnen soll hier nicht weiter auf spezielle Videokarten eingegangen werden.

Videokarten, Aufbau

Alle auf PCs verwendeten Videokarten besitzen einen Bildschirmspeicher und einen Videocontroller.

Bildschirmspeicher

Der →Bildschirmspeicher ist über den Steckplatz und den Datenbus mit dem Zentralprozessor des PC verbunden. Über den Datenbus kann der Zentralprozessor also Bildschirminformation in Form von Texten oder Grafikpunkten in den Bildschirmspeicher einschreiben.

Videocontroller

Der →Videocontroller ist ebenfalls über den Adreß- und Datenbus mit dem Bildschirmspeicher verbunden. Über diese Busse liest er den Bildschirmspeicher ständig durch und erzeugt aus der gelesenen Information die Ansteuersignale für den Bildschirm.
Vgl. Bildschirm.

Videoprozessor
→Videocontroller

Video-RAM
→Bildschirmspeicher

Viren
→Computerviren

virtuelle Adresse
Adresse in einem →virtuellen Speicher.

virtueller Adreßraum
→virtueller Speicher

virtueller Arbeitsspeicher
→virtueller Speicher

virtueller Speicher
Arbeitsspeicher eines Computers, der eine größere Speicherkapazität vortäuscht als physisch vorhanden ist. Dazu werden Speicherbereiche des Arbeitsspeichers, auf die der Zentralprozessor des Computers gerade nicht zugreift, automatisch auf einen Massenspeicher ausgelagert und bei Bedarf wieder eingelagert. Das Auslagern von Speicherbereichen wird durch die Memory-Management-Unit des Zentralprozessors verwaltet.

Anwendung
Der Mikroprozessor 80286, der im PC-AT als Zentralprozessor benutzt wird, verfügt über eine ein-gebaute Memory-Management-Unit, die den Arbeitsspeicher als einen virtuellen Speicher verwalten kann. Unter dem Betriebssystem MS-DOS wird jedoch kein virtueller Speicher, sondern ein realer Speicher adressiert. Dazu besitzt der Mikroprozessor 80286 eine spezielle Betriebsart, in der die MMU den Arbeitsspeicher nicht virtuell, sondern real adressiert. Diese Betriebsart des Mikroprozessors wird auch Real-Mode genannt.

OS/2
Das Betriebssystem OS/2 ist zunächst ebenfalls in der Lage, den Arbeitsspeicher eines PC-AT als realen Speicher zu adressieren. Um die volle Leistungsfähigkeit des Betriebssystems auch zu nutzen, muß der Mikroprozessor aber in den virtuellen Mode umgeschaltet werden. Er adressiert dann den Arbeitsspeicher als virtuellen Speicher. Da in dieser Betriebsart besondere Maßnahmen zum Schutz des Speichers getroffen werden müssen, nennt man den virtuellen Mode auch Protected-Mode.

virtueller Adreßraum
Im Protected-Mode ist der Mikroprozessor 80286 in der Lage, 1 Gigabyte virtuellen Arbeitsspeicher zu adressieren. Den Speicherbereich, der auf Grund der virtuellen Memory-Manage-

519

ment-Unit maximal angesprochen werden kann, bezeichnet man als virtuellen Adreßraum. Der virtuelle Adreßraum des 80286 ist also 1 Gigabyte. Dagegen verfügt der Mikroprozessor 80386 im PC-AT-386 über einen virtuellen Adreßraum von 64 Terabyte. Dazu gilt:

*1 Terabyte = 1024 Gigabyte,
1 Gigabyte = 1024 Megabyte.*

physischer Adreßraum
Den maximalen Speicherbereich, den ein Mikroprozessor über seine Adreßleitungen direkt adressieren kann, bezeichnet man als physischen Adreßraum. Auf den physischen Adreßraum kann der Mikroprozessor zugreifen, ohne vorher Speicherbereiche auszulagern oder umzuschalten. Der Mikroprozessor 80286 mit seinen 24 Adreßleitungen verfügt über einen physischen Adreßraum von 16 MByte. Der Mikroprozessor 80386 kann dagegen 4 Gigabyte physischen Adreßraum adressieren.
Vgl. OS/2.

VLSI
Abk. für very-large-scale-integration. Technologie für integrierte Schaltungen mit besonders hohem Integrationsgrad. Auf solchen integrierten Schaltungen befinden sich mehr als 100000 Transistoren. In der VLSI-Technologie werden z.B. Mikroprozessoren und Speicher gefertigt.
Vgl. Integrationsgrad.

VOL
→MS-DOS-Kommando

Volladdierer
Logische Schaltung, die zwei Bits und das Übertragsbit eines anderen Volladdierers addieren kann.

Schaltungstechnik
Ein Volladdierer kann aus zwei Halbaddierern aufgebaut werden. Eleganter kann der Volladdierer jedoch auch aus Und- und Oder-Schaltungen aufgebaut werden. Dazu werden die Eingangssignale A, B und C durch je einen Inverter in ihrer invertierten Form AN, BN und CN erzeugt. Für die Bildung des Summenausgangs SA werden dann vier Und-Gatter mit je drei Eingängen benötigt. Die Ausgänge der Und-Gatter werden über ein Oder-Gatter verknüpft. In integrierten Schaltungen läßt sich eine solche Struktur von hintereinandergeschalteten Und- und Oder-Schaltungen in einer Matrix von Transistoren zusammenfassen. Eine ähnliche Matrix wird in integrierten Schaltungen auch zur Bildung des Übertragsausgangs CA benutzt.

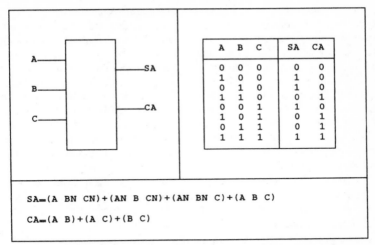

A	B	C	SA	CA
0	0	0	0	0
1	0	0	1	0
0	1	0	1	0
1	1	0	0	1
0	0	1	1	0
1	0	1	0	1
0	1	1	0	1
1	1	1	1	1

SA=(A BN CN)+(AN B CN)+(AN BN C)+(A B C)

CA=(A B)+(A C)+(B C)

Schaltbild, Wahrheitstafel und logische Formel des Volladdierers

Anwendung

Aus Volladdierern werden die Addierwerke der Mikroprozessoren aufgebaut. Das Addierwerk ist wiederum wesentlicher Bestandteil des Rechenwerkes von Mikroprozessoren, da die übrigen Grundrechnungsarten auf die Addition zurückgeführt werden können. Ein Addierwerk, das den Inhalt zweier 16-Bit-Register addieren kann, besteht aus 16 parallelgeschalteten Volladdierern. Vgl. Rechenwerk.

von-Neumann-Architektur

Computerarchitektur, die einen Computer beschreibt, der aus einem Rechenwerk, einem Steuerwerk, einer Memory-Management-Unit und einem Arbeitsspeicher aufgebaut ist. Weiterhin fordert diese Architektur, daß Programme und Daten in gleichberechtigter Form im Arbeitsspeicher stehen. Der Zentralprozessor muß also mit den gleichen Befehlen auf Programmspeicher und Datenspeicher zugreifen können.

Anwendung

Die von-Neumann-Architektur beschreibt einen sehr übersichtlichen Computer. Sie ist die momentan noch am häufigsten verwendete Computerarchitektur. Auch die PCs benutzen mit ihren Zentralprozessoren diese Architektur.

521

Aiken-Architektur

Eine andere Computerarchitektur ist die Aiken-Architektur. Sie unterscheidet sich von der von-Neumann-Architektur durch ihren getrennten Programm- und Datenspeicher. Ein Computer, der nach dieser Architektur augebaut ist, besitzt zwei Datenbusse und zwei Adreßbusse. Außerdem verfügt er über verschiedene Befehle zum Adressieren von Programm- und Datenspeicher.

Aiken-Architektur, Anwendung

Eine Aiken-Architektur weist z.B der Tastaturcontroller, der in den PCs verwendet wird, auf. Hinter dieser integrierten Schaltung verbirgt sich ein Mikrocomputer vom Type 8048 beim PC-XT und 8042 beim PC-AT. Dieser Mikrocomputer besitzt eine Aiken-Architektur, weil der Programmspeicher dieses Computers in einem nichtflüchtigen EPROM untergebracht ist. Einen Programmspeicher, der als Schreiblesespeicher aufgebaut ist, benötigt dieser Computer nicht, da mit einem festen Programm gearbeitet wird. Daher ist es vorteilhaft, solche Single-Chip-Computer mit getrennten Programm- und Datenspeichern aufzubauen.

Transputer-Architektur

Eine weitere interessante Computerarchitektur findet sich in den Transputern. Von der von-Neumann-Architektur unterscheiden sich Transputer durch ihre Parallelverarbeitung. Dadurch können mehrere Aufgaben mit einem Taktpuls ausgeführt werden. Neben dieser Abweichung verwenden die Transputer auch zwei getrennte Arbeitsspeicher. Außerdem wird ein Befehlssatz verwendet, der mit besonders wenigen leistungsfähigen Befehlen auskommt.

Transputer, Anwendungen

Transputer sind Mikroprozessoren. Sie können auf PCs in Form einer Transputerkarte eingesetzt werden. Diese Transputerkarte besteht aus dem Transputer, einem Arbeitsspeicher und der erforderlichen Steuerelektronik. Die Transputerkarte wird über eine Transputer-Linkadapterkarte an den PC angeschlossen. Die Transputer-Linkadapterkarte ist eine Erweiterungsplatine für einen Steckplatz des PC.

Vgl. Computerarchitektur.

W

Wählleitung
→Standleitung

Wagenrücklauf
→Einrichtung bei Druckern, die den Druckkopf am Ende einer Zeile wieder an den Anfang der Zeile zurücktransportiert.

Zeilenvorschub
Zusammen mit dem Wagenrücklauf wird meistens auch noch ein Zeilenvorschub ausgeführt. Dabei wird das Papier eine Zeile weitertransportiert.

Steuerzeichen
Wagenrücklauf und Zeilenvorschub lassen sich durch zwei verschiedene Steuerzeichen getrennt aktivieren. Im englischen Sprachraum bezeichnet man Wagenrücklauf und Zeilenvorschub als carriage return und line feed oder kurz CR und LF. Im ASCII-Zeichensatz werden CR und LF durch die Hexadezimalcodes 0A und 0D dargestellt.

Wagenrücklauf, Bildschirm
Auf Bildschirmen bewirken die Steuerzeichen CR und LF, daß der Cursor an den Anfang der Zeile bzw. auf die nächste Zeile gesetzt wird.

Wagenrücklauf, Tastatur
Auf den Tastaturen von PCs ist eine Entertaste vorhanden, die die beiden Steuerzeichen CR und LF erzeugt. Ihre Betätigung bewirkt, daß in den Betriebssystemen und Anwendungsprogrammen die gerade eingegebene Zeile ausgewertet wird. Nach der Auswertung meldet sich dann das Betriebssystem oder das Anwendungsprogramm mit einer Systemmeldung am Anfang der nächsten Zeile. Der Zeilenvorschub wird also automatisch mit ausgeführt.
Vgl. Steuerzeichen.

wahlfreier Zugriff
Zugriff auf eine beliebige Speicherzelle eines Speichers. Beim Zugriff muß das Lesen und Beschreiben der Speicherzelle möglich sein.
Vgl. Speicher

Waitstate
→Zugriffszeit

WAN
→Rechnernetze

Warmstart
→Kaltstart

Warteschlange

Kette von Programmen oder Daten, die auf einem Computer bearbeitet werden sollen, aber noch nicht zur Bearbeitung aufgerufen worden sind.

Anwendungen

Als Warteschlangen sind die Queues organisiert, die im Multitaskbetrieb zur Interprozeßkommunikation benutzt werden. In den Queues warten Daten auf ihre Verarbeitung.

Eine Warteschlange, in der Programme auf ihre Verarbeitung warten, wird von der grafischen Benutzeroberfläche Windows benutzt. In dieser Warteschlange werden Befehle gespeichert, die der Benutzer eingegeben hat. Die Befehle werden aus dieser Warteschlange in der gleichen Reihenfolge wieder entnommen, in der sie eingegeben wurden.
Vgl. Windows.

Warteschleife

→Programmschleife

Wartetakte

→Zugriffszeit

Wartung

Pflege eines Computers, der Peripheriegeräte und der Software und Ausführung aller anfallenden Reparaturen.
Vgl. Betriebssicherheit.

wildcards

Parameter in den MS-DOS- und OS/2-Befehlen, für die vom Betriebssystem nacheinander alle dem Betriebssystem bekannte Namen eingesetzt werden. Die wildcard nennt man auch Joker. Von den Betriebssystemen MS-DOS und OS/2 werden die Zeichen * und ? als wildcards interpretiert. Wildcards können z.B. eingesetzt werden, um alle Dateien eines Dateiverzeichnisses auf einen anderen Massenspeicher zu kopieren. Das entsprechende MS-DOS-Kommando sieht dazu folgendermaßen aus:

COPY C:*.* A:

Dabei wird von Laufwerk C nach Laufwerk A kopiert.
Vgl. Betriebssystem.

Winchesterlaufwerk

Markenname für ein →Festplatten-Laufwerk.

window

Englische Bezeichnung für →Fenster.

Windows

Grafische Benutzeroberfläche für das Betriebssystem MS-DOS. Windows ist von der Firma Microsoft entwickelt worden.

Bedienung

Vom Betriebssystem MS-DOS aus kann Windows wie ein ausführbares Anwendungsprogramm aufgerufen werden. Danach kann die Eingabe mit Hilfe eines →Menüs erfolgen, aus dem die Befehle mit einer →Maus ausgewählt werden. Das Menü wird von Windows erzeugt.

Mehrprogrammbetrieb

Unter Windows können auch mehrere Bildschirmausschnitte als Fenster definiert werden. Die →Fenster werden auch als windows bezeichnet. Jedes Fenster kann dann zum Ausführen und Überwachen von getrennt ablaufenden Vorgängen benutzt werden. Um mehrere solcher Vorgänge quasi gleichzeitig abzuarbeiten, benutzt Windows jedoch keinen echten Multitaskbetrieb. Der Zentralprozessor arbeitet unter Windows immer ein Programm komplett ab, bevor er das nächste Programm anfängt. Dadurch kommt unter Windows auch keine Leistungssteigerung des PCs gegenüber dem üblichen Betrieb unter MS-DOS zustande. Es findet auch keine bessere Auslastung des Zentralprozessors durch gleichzeitige Bedienung mehrerer Peripheriegeräte statt.

Warteschlange

Die Befehle, die von den einzelnen Fenstern aus eingegeben werden, werden unter Windows zunächst in einer Warteschlange gespeichert. In dieser Warteschlange ist auch vermerkt, von welchem Fenster aus ein Befehl eingegeben wurde, bzw. welchem Fenster ein Befehl zugeordnet werden muß. Aus dieser Warteschlange werden die Befehle wieder entnommen und ausgeführt. Erst wenn ein eingegebener Befehl komplett ausgeführt ist, wird der nächste Befehl aus der Warteschlange geholt. Dabei werden zuerst eingegebene Befehle auch zuerst abgearbeitet. Diese Reihenfolge nennt man auch first in first out oder FIFO.

Vorteile

Ein Vorteil, den Windows allen Anwendern bringt, ist die Bedienung des Betriebssystems über ein Menü und eine Maus. Anwenderprogramme können dann im weiteren immer über Tastatureingaben bedient werden.

Nachteile

Die Bedienung von Anwendungsprogrammen über eine Maus ist jedoch nur in speziellen Anwendungsprogrammen möglich. Auch die grafische Eingabe von Zeichnungen ist nur in CAD-Programmen möglich, die speziell für den Betrieb unter Windows geeignet sind. Auch wenn mehrere Programme in verschiedenen Fenstern ablaufen sollen, müssen diese Programme Vereinbarungen einhalten, die Windows voraussetzt. Dies ist in vielen Programmen nicht der Fall. Trotz dieser Nachteile erfreut sich Windows großer Beliebtheit, besonders weil es ständig verbessert worden ist.

Hardwarevorraussetzungen
Für den Betrieb von Windows sollte ein PC-AT mit mindestens 512 KByte Arbeitsspeicher und einer Festplatte ausgestattet werden. Auch eine Maus sollte nicht fehlen, da sonst keine grafischen Eingaben möglich sind. Windows läuft zwar auch auf PC-XTs, eine Festplatte und 512 KByte Arbeitsspeicher sollten jedoch immer vorhanden sein, da man sonst zu viele Einschränkungen und Probleme in Kauf nehmen muß.
Vgl. Betriebssystem.

Word
→Textverarbeitung.

Wordperfect
→Textverarbeitung

WordStar
→Textverarbeitung

Works
→Integriertes Programmpaket

Workstation
Selbständig arbeitendes Computersystem, das für gehobene Ansprüche eingesetzt wird. Workstations verfügen über einen Mikroprozessor mit 32 Bit Datenwortbreite und nutzen diese Wortbreite auch unter einem Multitask-Betriebssystem aus. In vielen Workstations wird der 68020-Mikroprozessor als Zentralprozessor eingesetzt. Als Betriebssystem wird überwiegend Unix verwendet.

Peripheriegeräte
An Peripheriegeräten gehört zur Mindestausstattung einer Workstation ein hochauflösender Bildschirm, eine Festplatte und ein Diskettenlaufwerk. Außerdem muß sich eine Workstation in einem Rechnernetz betreiben lassen.
Vgl. Computerfamilien.

Wort
Speichereinheit, auf die ein Mikroprozessor über einen Befehl direkt zugreifen kann.

Wortbreite
Die verschiedenen Mikroprozessoren besitzen Befehle, um auf unterschiedlich viele Bits gleichzeitig zugreifen zu können. Die Anzahl der Bits, auf die ein Mikroprozessor in einem Befehl zugreift, bezeichnet man auch als Wortbreite des verarbeiteten Datenwortes. Die Wortbreite wird auch als Wortlänge bezeichnet.

einfache Worte

Die Mikroprozessoren 80286 in PC-ATs besitzen Befehle, mit denen sie 16 Bit breite Worte verarbeiten können. Auch die Register der Mikroprozessoren sind 16 Bit breit organisiert. Man spricht dabei auch von einem Wort mit einer Wortbreite von 16 Bit, einem einfachen Wort oder auch von einem Wort.

Langworte

Der Mikroprozessor 80386 besitzt sogar Befehle, um auf 32 Bit breite Worte zuzugreifen. Man spricht dabei von einem Wort mit einer Wortbreite von 32 Bit, einem Langwort oder einem long-word. Vgl. Mikroprozessor.

Wortbreite
→Wort

Wortlänge
→Wort

wortorganisierter Speicher

Speicher, der mit einem 16 Bit breiten Datenbus ausgestattet ist. Über den Datenbus eines wortorganisierten Speichers kann nach Anlegen einer Adresse auf 16 parallele Speicherzellen gleichzeitig zugegriffen werden.

byteorganisierter Speicher

Ein byteorganisierter Speicher besitzt dagegen nur einen 8 Bit breiten Datenbus, über den auf 8 Speicherzellen gleichzeitig zugegriffen werden kann.

bitorganisierter Speicher

Bei einem bitorganisierten Speicher kann nach dem Anlegen einer Adresse nur auf eine Speicherzelle zugegriffen werden. Mehrere bitorganisierte Speicher können aber zu einem byteorganisierten oder wortorganisierten Speicher parallelgeschaltet werden. Vgl. Speicher.

Wortumbruch
→Umbruch

WRITE
1. →Edlin-Befehle
2. →Debug-Befehle

Wurzelverzeichnis

Oberstes Verzeichnis in einer Verzeichnisstruktur. Dem Wurzelverzeichnis sind alle anderen Unterverzeichnisse zugeordnet. Vgl. Dateiverzeichnisstruktur.

X.27
→RS232C

Xenix
Multitaskbetriebssystem für PCs. Xenix stellt eine stark vereinfachte Form des Betriebssystems Unix dar. Solange das Betriebssystem OS/2 noch nicht auf dem Markt war, war Xenix das bedeutenste Multitask-Betriebssystem für PCs. Diese Rolle hat es jedoch an OS/2 verloren.
Vgl. Betriebssysteme.

XOFF
Steuerzeichen zur Beendigung einer Verbindung über eine Datenfernübertragungs-Leitung.

Vgl. Steuerzeichen.

XON
Steuerzeichen zur Eröffnung einer Verbindung über eine Datenfernübertragungsleitung.
Vgl. Steuerzeichen.

XOR
1.→Basicbefehl
2.→logischer Befehl
3.→logische Schaltung

XT
→PC-XT

Z

Zahl
Ziffer oder Ziffernkette, die zur Abbildung von Mengen oder Eigenschaften benutzt wird.
Vgl. Arithmetik

Zahlendarstellung
→Arithmetik

Zähler

Zählerbaustein
Baustein, der eine Folge von Impulsen zählen kann. Die Anzahl der gezählten Impulse zeigt ein Zähler an seinen parallelen Ausgängen an. Diese Anzeige erfolgt in Form eines binären Datenwortes.

Softwarezähler
Ein Zähler kann auch in einem Programm realisiert werden. Dann wird eine Variable oder ein Register jeweils um eins erhöht, wenn ein bestimmtes Ereignis eintritt. Dieses Ereignis kann in dem Auftreten eines Interrupts bestehen.

Schleifenzähler
Ein Zähler kann aber auch benutzt werden, um die Umläufe in einer Programmschleife zu zählen. Dann spricht man von einem Schleifenzähler.
Vgl. Variable.

Zeichen
Informationsträger, der zur Übertragung und Darstellung von Daten benutzt wird. Auf Computern werden Zeichen in binär verschlüsselter Form dargestellt.

Binärzeichen
Die binäre Darstellung aus einer Folge von Nullen und Einsen bezeichnet man auch als Binärzeichen. Die einzelnen Nullen und Einsen in einem solchen Binärzeichen bezeichnet man als Bits.

binäre Darstellung
Binärzeichen können aus unterschiedlich vielen Bits bestehen. BCD-Zeichen bestehen z.B. aus vier Bits, erweiterte ASCII-Zeichen dagegen aus acht Bits. Je mehr Bit aber verwendet werden, desto mehr verschiedene Zeichen lassen sich darstellen.

menschliche Denkweise
Die binär dargestellten Zeichen in einem Computer bezeichnen ein Zeichen, das in der menschlichen Denkweise anders dargestellt wird. An die menschliche Denkweise angepaßt ist z.B. ein Zeichen, das als Buchstabe, Ziffer

oder auch als Grafiksymbol dargestellt wird.

Zuordnungsvorschrift

Um ein Zeichen aus der menschlichen Denkweise in ein Zeichen aus der binären Darstellung umzuwandeln, muß eine Zuordnungsvorschrift festgelegt werden. Nur dadurch wird z.B. gewährleistet, daß alle Buchstaben eines Alphabetes sich eindeutig durch ein binäres Zeichen darstellen lassen. Die Zuordnungsvorschrift, die jedem Zeichen eine binäre Darstellung zuordnet, bezeichnet man auch als Code. Der Ausdruck Code ist aber doppeldeutig. Man versteht darunter auch die binäre Darstellung des Zeichens.

Codes

Für verschiedene Zwecke gibt es auch verschiedene Codes. Für die Verschlüsselung eines Zeichens ist aber wichtig, daß beim Umwandeln von der menschlichen Darstellungsweise in die binäre Form der gleiche Code benutzt wird wie bei der späteren Zurückwandlung aus der binären Darstellungsweise in die menschliche Darstellungsweise.

Zeichensatz

Die Menge aller Zeichen, die sich durch einen Code darstellen lassen, bezeichnet man auch als Zeichensatz. Die Anzahl der Zeichen, die in einem Zeichensatz maximal dargestellt werden kön-

nen, hängt von der Anzahl der verwendeten Bits ab, die zur Darstellung eines Zeichens verwendet werden. Mit N Bits errechnet sich die Anzahl der darstellbaren Zeichen Z folgendermaßen:

$Z=2**N$

verschiedene Zeichensätze

Auf Computern werden verschiede Zeichensätze eingesetzt.

einfacher ASCII-Zeichensatz

Der einfache →ASCII-Zeichensatz benutzt 8 Bit zur Darstellung eines Zeichens. Davon wird jedoch ein Bit zur Erkennung von Fehlern verwendet, so daß sich mit dem einfachen ASCII-Zeichensatz nur 128 Zeichen darstellen lassen.

erweiterter ASCII-Zeichensatz

Ein weiterer Zeichensatz ist z.B. der erweiterte →ASCII-Zeichensatz. Mit seinen 8 Bit pro Zeichen kann er 256 verschiedene Buchstaben, Ziffern und Sonderzeichen darstellen. Der erweiterte ASCII-Zeichensatz wird auf PCs benutzt, um Texte darzustellen und zu speichern.

Alphamosaik-Zeichensatz

Der →Alphamosaik-Zeichensatz benutzt zur Darstellung ebenfalls 8 Bit. Anstelle einiger Sonderzeichen hat dieser Zeichensatz Mosaikzeichen, über die sich Grafiken darstellen lassen.

Weitere Zeichensätze
Weitere Zeichensätze werden z.B. durch den →BCD-Code und den →Hexadezimalcode definiert. Vgl. Codierungsverfahren.

Zeichendrucker
Drucker, der nur jeweils ein Zeichen in einem Arbeitsgang drucken kann. Die Nadeldrucker, die im Zusammenhang mit PCs am häufigsten verwendet werden, sind Zeichendrucker. Den Zeichendruckern stehen die Zeilendrucker und die Seitendrucker gegenüber.

Zeilendrucker
Zeilendrucker drucken eine Zeile in einem Arbeitsgang mit Hilfe einer Kette oder einer Walze. Zu den Zeilendruckern gehören Kettendrucker und Walzendrucker.

Seitendrucker
Die Seitendrucker drucken jeweils eine ganze Seite in einem Arbeitsgang. Zu den Seitendruckern gehören die Laserdrucker.
Vgl. Drucker.

Zeichenfolge
→Steuerzeichen

Zeichenkette
→String

Zeichensatz
→Zeichen

Zeiger
Register, das eine Adresse enthält, mit der ein bestimmter Speicherplatz adressiert wird. Der Inhalt dieses Registers zeigt gewissermaßen auf die Speicherzelle, auf die zugegriffen werden soll. Ein solches Register wird deshalb auch Pointerregister oder Pointer bezeichnet.

Stackpointer
Der bekannteste Zeiger ist der Stackpointer, der auf eine bestimmte Speicherzelle im Stack zeigt. Aus dieser Speicherzelle wird bei einer Rückkehr aus einem Unterprogramm die Rücksprungadresse geholt.
Vgl. Stack.

Zeilendrucker
→Zeichendrucker

Zeilennummer
Nummer einer Zeile in einem Programm. Zeilennummern werden in höheren Programmiersprachen verwendet, um in Sprungbefehlen angeben zu können, welche Zeile angesprungen werden soll.
Vgl. Programmiersprachen.

Zeilenrücklauf
→Wagenrücklauf

Zeilenumbruch
→Umbruch

Zeilenvorschub
→Wagenrücklauf

Zellbibliothek
→Bibliothek

Zentraleinheit
Zentrales Rechen- und Steuerwerk eines Computers. Auf PCs übernimmt der →Zentralprozessor die Aufgabe der Zentraleinheit.

Zentralprozessor
Mikroprozessor, der direkten Zugriff auf den Arbeitsspeicher eines Computers hat. Außerdem überwacht der Zentralprozessor alle Arbeiten der Peripheriegeräte und der Coprozessoren.

Zentralprozessor, Coprozessoren
Die Coprozessoren sind ebenfalls Mikroprozessoren. Sie werden aber nur auf Anweisung des Zentralprozessors aktiv. Der Zentralprozessor delegiert an die Coprozessoren spezielle Aufgaben, die diese besonders leistungsfähig bearbeiten können.
Vgl. Mikroprozessor.

Zentralprozessorbus
→Bus

Zero
Englische Bezeichnung für null.

Zero-Flag
Bit des Programmstatuswortes. Das Zero-Flag zeigt an, ob die zuletzt ausgeführte arithmetische Operation das Ergebnis null hatte. Dann ist das Zero-Flag null. Andernfalls ist das Zero-Flag 1.
Vgl. Programmstatusregister.

Zentralprozessorbus
→Bus

Ziffer
Zeichen, das zur Darstellung von Zahlen geeignet ist. Ziffern können aus dem Zeichenvorrat der Dezimalzahlen entnommen werden. Solche Ziffern sind dann geeignet, Zahlen im Dezimalsystem darzustellen.
Vgl. Codierungsverfahren.

Ziffernblocktasten
Tastengruppe auf der Tastatur von PCs. Die Ziffernblocktasten bestehen aus den Tasten, die auch auf Rechenmaschinen vorhanden sind. Dazu gehören Tasten für die 10 Ziffern 0 bis 9 und die Sonderzeichen +, -, * und Punkt. Die Tasten des Ziffernblocks unterscheiden sich in ihrer Funktion von den Tasten der Schreibmaschinentastatur. Für gleiche Zeichen werden unterschiedliche Tastennummern von der Tastatur zum PC übertragen. Erst das Betriebssystem ordnet dann z.B bei

Eingabe einer 3 über die Schreibmaschinentastatur den gleichen erweiterten ASCII-Wert zu wie bei Eingabe einer 3 über die Zifferntastatur. Es gibt aber auch Beispiele wie z.B. die →ASCII-Eingabe, bei der die Ziffern nur über die Ziffernblocktastatur eingegeben werden dürfen.

**Ziffernblocktasten,
Cursorfunktion**

Nach dem Einschalten des PC besitzen die Ziffernblocktasten zunächst die Funktion von Cursortasten. Es kann dann mit ihnen der Cursor bewegt werden. Dies ist besonders für einfache Tastaturen wichtig, da einfache Tastaturen keine getrennten Cursortasten besitzen. Um die Ziffernblocktasten von Cursorfunktion auf Ziffernfunktion dauerhaft umzuschalten wird die numerische Locktaste angetippt. Diese ist Bestandteil der Ziffernblocktasten. Sie trägt die Aufschrift Num Lock. Eine Zurückschaltung auf Zifferntasten kann durch nochmaliges Antippen der numerischen Locktaste erreicht werden.

Cursorblocktasten

Auf erweiterten Tastaturen befindet sich zwischen den Schreibmaschinentasten und den Ziffernblocktasten ein weiterer Tastenblock mit Cursortasten. Die Tasten dieses Tastenblocks werden als Cursorblocktasten bezeichnet. Sie bestehen aus 10 Tasten, die speziell zur Steuerung des Cursors auf dem Bildschirm gedacht sind. Im unteren Teil der Cursorblocktasten befinden sich vier Tasten mit Pfeilen nach oben, unten, rechts und links. Über diese Tasten kann der Cursor jeweils eine Zeichenposition nach oben, unten, rechts oder links bewegt werden. Im oberen Teil des Cursortastenblocks befinden sich sechs weitere Tasten. Mit vier dieser sechs Tasten kann der Cursor in geeigneten Programmen an den Anfang oder das Ende einer Zeile bzw. an den Anfang oder das Ende einer Seite gesetzt werden. Sie tragen die Aufschrift Home, End, Pg Up und Pg Dn. Die beiden restlichen Tasten sind die →Inserttaste und die Deletetaste, mit denen Zeichen eingefügt bzw. gelöscht werden können.

Cursortasten, Zifferntasten

In diesem Lexikon werden die Ausdrücke Cursortasten, Zifferntasten, Cursorblocktasten und Ziffernblocktasten benutzt. Als Cursortasten werden dabei einheitlich alle Tasten bezeichnet, die den Cursor steuern. Als Zifferntasten werden alle Tasten bezeichnet, über die Ziffern eingegeben werden können. Als Cursorblocktasten werden dagegen nur Tasten bezeichnet, die sich auf der Tastatur innerhalb des Cursorblocks befinden. Als Ziffernblocktasten werden nur die Tasten bezeichnet, die sich im Ziffernblock befinden. Bei den Cursortasten kann es sich damit um Cursorblocktasten oder um Ziffernblocktasten handeln. Bei Zifferntasten kann es sich um Ziffernblocktasten oder um Schreibmaschinentasten handeln. Vgl. Tastatur.

Zifferntasten
→Ziffernblocktasten

Zugriff
→Zugriffszeit

Zugriffszeit
Zeit, die nach dem Adressieren eines Speichers oder eines Peripheriegerätes vergehen muß, bis das adressierte Datenbyte oder Datenwort gelesen oder geschrieben werden darf. Den Vorgang des Adressierens und Lesens oder Schreibens bezeichnet man auch als Zugriff. Wird die Zugriffszeit unterschritten, so erfolgt ein fehlerhaftes Einschreiben oder Auslesen, da der Speicher bzw. das Peripheriegerät für die Operation noch nicht bereit ist.

Zugriffszeiten, Peripheriegeräte
Die Zugriffszeiten von Periphe-riegeräten liegen im Bereich von Millisekunden. Das hat seinen Grund in den mechanischen Vorrichtungen, die z.B beim Drucker, beim Diskettenlaufwerk oder bei der Festplatte bewegt werden müssen. Bei einem Zugriff auf Peripheriegeräte wird daher möglichst immer auf ganze Datenblöcke zugegriffen.

Zugriffszeiten, Arbeitsspeicher
Der Zugriff auf den Arbeitsspeicher erfolgt dagegen voll elektronisch. Die Zugriffszeiten auf den Arbeitsspeicher liegen daher im Bereich von Nanosekunden. Für einen PC mit einer Taktfrequenz von 10 MHz werden z.B. zum Aufbau des Arbeitsspeichers →RAMs mit einer Zugriffszeit von 80 ns benötigt. Für Taktfrequenzen von 12, 16, 20 bzw. 33 MHz müssen sogar RAMs mit Zugriffszeiten von 70, 50, 40 bzw. 25 ns eingesetzt werden.

Wartetakte
Will man kostengünstigere →RAMs mit längeren Zugriffszeiten einsetzen, so besteht die Möglichkeit, den Mikroprozessor mit Wartetakten auf den Arbeitsspeicher zugreifen zu lassen. Durch einen solchen Wartetakt können bei gleicher Taktfrequenz RAMs mit doppelter Zugriffszeit eingesetzt werden. Durch den Wartetakt verringert sich die Ver-

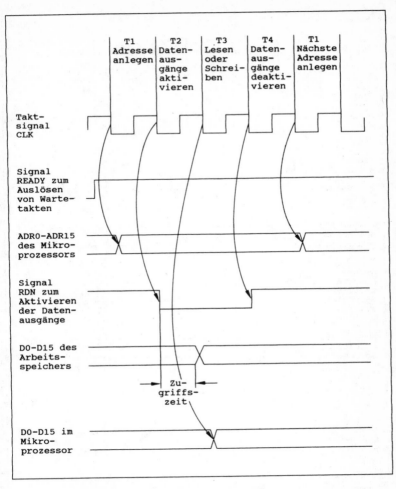

Zugriff des Mikroprozessors auf den Arbeitsspeicher ohne Wartetakte

arbeitungsgeschwindigkeit des Mikroprozessors dagegen nur von 100 % auf 80 %.

Waitstate

→Zugriffszeit, Wartetakte

Zugriffssignale

Der Zugriff der Mikroprozessoren 8088 bis 80386 auf den Arbeitsspeicher erfolgt immer über mindestens vier Taktzyklen und

535

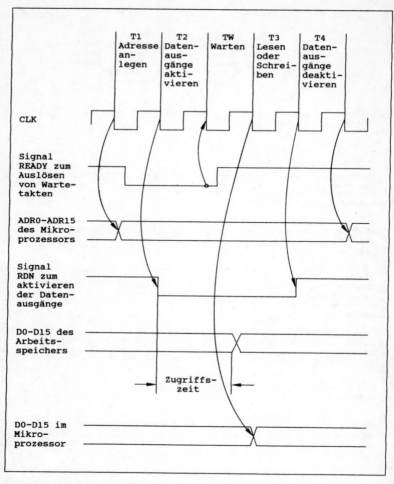

Zugriff des Mikroprozessors auf den Arbeitsspeicher mit einem
Wartetakt

zusätzliche Wartetakte. Von Mikroprozessor zu Mikroprozessor unterschiedlich ist aber die Erzeugung des Signals RDN. Über RDN steuert der Mikroprozessor den Lesevorgang des Arbeitsspeichers. Während der 8088 dieses Signal auf Pin 32 direkt zur Verfügung stellt, muß RDN bei den Mikroprozessoren 80286, 80386-SX und 80386 durch eine →logische Schaltungen aus den Signalen S0, S1 und S2 gewonnen werden. Diese Schaltung kann z.B im Buscontroller untergebracht werden. Das Signal RDN erhält dann auch den Signalnamen OEN. Das Signal READY, mit dem die Wartetakte ausgelöst werden, existiert dagegen bei allen vier Mikroprozessoren als Eingangssignal. Beim Betrieb ohne Wartetakte kann dieses Signal immer auf +5 Volt bleiben.

Burst-Mode

Im Gegensatz zu den Mikroprozessoren 8088 bis 80386, die immer auf externe Arbeitsspeicher zugreifen müssen, verfügt der 80486 über einen eingebauten Cache-Speicher. Der Zugriff des Mikroprozessors auf diesen kleinen Cache-Speicher kann erheblich schneller erfolgen als auf den Arbeitsspeicher, wodurch die Verarbeitungsgeschwindigkeit des 80486 gegenüber dem 80386 etwa verdoppelt wird. Der Cache-Speicher ist jedoch nur ein Pufferspeicher, der ständig mit Datenworten aus dem Arbeitsspeicher nachgeladen werden muß. Der Nachladevorgang erfolgt durch einen Cache-Controller, der ebenfalls in den 80486 mit eingebaut ist. Der Cache-Controller lädt aber nicht byteweise oder wortweise. Stattdessen wird einmalig eine Adresse angelegt und dann in weiteren

vier Taktzyklen auf vier Langworte bzw 16 aufeinander folgende Bytes des Arbeitsspeichers zugegriffen. Diese Zugriffsart bezeichnet man auch als Burst-Mode. Über den Burst-Mode verfügt nur der 80486.
Vgl. Hardwareeigenschaften

Zugtraktor
→Papiervorschub

Zweierkomplement

Binäre Darstellungsform einer negativen Zahl. Mit Hilfe des Zweierkomplementes wird auf Mikroprozessoren die Subtraktion zweier Zahlen durchgeführt. Addiert man zu einer ersten Zahl das Zweierkomplement einer zweiten Zahl, so erhält man das gleiche Ergebnis wie bei der Subtraktion der zweiten Zahl von der ersten.

Bildung des Zweierkomplementes

Das Zweierkomplement einer Binärzahl läßt sich errechnen, indem man zunächst jedes Bit der Zahl komplementiert. Auf die komplementierte Zahl wird dann eine Eins addiert. Auf diese Weise wird auch das Zweierkomplement im Rechenwerk eines Mikroprozessors gebildet. Das Zweierkomplement wird dabei von dem zweiten Operanden einer Sub-

537

traktion gebildet. Der erste Operand wird anschließend zum Zweierkomplement addiert, um die Differenz der beiden Operanden zu bilden.
Vgl. Rechenwerk

Zwischenspeicher

Speicherplatz, in dem Daten kurzfristig gespeichert werden können. Für größere Datenmengen kann ein Teil des Arbeitsspeichers als Zwischenspeicher benutzt werden. Einzelne Bytes können dagegen in Registern zwischengespeichert werden. In höheren Programmiersprachen werden Zwischenspeicher als Variable oder Variablenfelder erklärt.
Vgl. Variable

Zyklenzahl

Anzahl der zeitlich wiederholt ablaufenden Vorgänge während der Abarbeitung eines Assemblerbefehls durch einen Mikroprozessor. Den zeitlich wiederholt ablaufenden Vorgang nennt man auch →Zyklus. Man unterscheidet innerhalb des Mikroprozessors Taktzyklus und Prozessorzyklus bzw. Taktzyklenzahl und Prozessorzyklenzahl.

Taktzyklenzahl

Die Taktzyklenzahl ist die Anzahl der Taktpulse am Takteingang CLK des Mikroprozessors, die für die Bearbeitung eines Befehls benötigt werden. Die kürzesten Befehle, die von den Mikroprozessoren 8088, 80286, 80386-SX und 80386 bearbeitet werden können, benötigen vier Taktzyklen. Es gibt aber auch Befehle, die über 50 Taktzyklen benötigen. Der Mikroprozessor 80486 ist dagegen in der Lage die meisten Befehle in zwei Taktzyklen abzuarbeiten.

Prozessorzyklenzahl

Innerhalb der Mikroprozessoren von PCs werden jeweils zwei Taktzyklen zu einem Prozessorzyklus zusammengefaßt. Während eines Prozessorzyklus wird eine geschlossene Operation, die sogenannte Mikroinstruktion, abgearbeitet. Eine Mikroinstruktion ist z.B. das Addieren zweier Registerinhalte. Während der Bearbeitung eines Befehls müssen aber mehrere Mikroinstruktionen bearbeitet werden. Entsprechend benötigen die Mikroprozessoren 8088, 80286, 80386-SX und 80386 mindestens zwei Prozessorzyklen pro Befehl. Nur der Mikroprozessor 80486 ist in der Lage, bestimmte Befehle in einem Prozessorzyklus abzuarbeiten. Dazu wird in diesem Prozessor aber eine ausgefeilte Parallelverarbeitung, besonders bei der Dekodierung der Befehle, eingesetzt.

Zyklenzahl häufig benutzter Befehle. Alle Tabellenwerte sind Taktzyklenzahlen ohne Wartetakte.					
Befehl	Mikroprozessor				
	8088	80286	80386SX	80386	80486
;1000 000 Wiederholungen					
M10: MOV SI,03E8H					
; 1000 Wiederholungen					
M11: MOV DI,03E8H					
; Variable initialis.					
M20: MOV AX,0002H	12	6	6	4	2
MOV VAR1,AX	20	6	6	4	2
MOV BX,0004H	12	6	6	4	2
MOV VAR2,BX	20	6	6	4	2
; VAR3 = VAR1 + VAR2					
M31: MOV AX,VAR1	20	10	10	8	4
ADD AX,VAR2	20	10	10	8	4
MOV VAR3,AX	20	6	6	4	2
; VAR4 = VAR1 * VAR2					
M32: MOV AX,VAR1	20	10	10	8	4
MOV BX,VAR2	20	10	10	8	4
IMUL BX	100	30	14	14	10
MOV VAR4,AX	20	6	6	4	2
; VAR5 = VAR1 - VAR2					
M34: MOV AX,VAR1	20	10	10	8	4
SUB AX,BX	4	4	4	4	2
MOV VAR5,AX	20	6	6	4	2
; Nicht springen					
M35: JGE M37	8	4	4	4	2
; Pos. Differenz bilden					
M36: MOV DX,AX	4	4	4	4	2
MOV AX,0000H	12	6	6	4	2
SUB AX,DX	4	4	4	4	2
; Betrag abspeichern					
M37: MOV VAR6,AX	20	6	6	4	2
; Durch 2 dividieren					
M38: SHR AX,1	8	4	4	4	2
MOV VAR7,AX	20	6	6	4	2
; Unterprogramm rufen					
M60: CALL M62	22	16	14	14	6
; Springen					
JMP M70	16	12	10	10	6
; Unterprogramm-Rückkehr					
M62: RET	18	14	12	12	6
; Befehle wiederholen					
M70: DEC DI	4	4	4	4	2
JNZ M20	16	12	10	10	6
; Äußere Schleife					
M71: DEC SI					
JNZ M11					

Summe der Taktzyklen ST, bei einfachem Durchlauf der Programmschleife.	480	218	194	166	86
Rechenzeit TR in Mikrosekunden für 26 Befehle bei einer Taktfrequenz FT von 10 MHz. TR = ST / FT	48.0	21.8	19.4	16.6	8.6
Rechenzeit TG in Sekunden für 1000 000 Schleifenumläufe. TG kann während der Ausführung des Testprogramms gestoppt werden. TG = 1000 000 * TR	48.0	21.8	19.4	16.6	8.6
Verarbeitungsgeschwindigkeit VA in Millionen Befehle pro Sekunde bei einer Taktfrequenz FT von 10 MHz. VA = 26 / TR VA = FT * 26 / ST	0.54	1.2	1.3	1.6	3.0

Zyklenzahl häufig benutzter Befehle (Fortsetzung)

Bedeutung

Die Prozessorzyklen haben besondere Bedeutung, da sie im Datenblatt des Herstellers angegeben werden. Es wird dabei aber oft nicht deutlich genug darauf hingewiesen, daß es sich um Prozessorzyklen und nicht um Taktzyklen handelt. Für die Umrechnung von Prozessorzyklen in Taktzyklen gilt:

$$ZT = 2 * ZP$$

ZT ist die Taktzyklenzahl, ZP die Prozessorzyklenzahl. Die Taktzyklenzahl ist von Bedeutung, wenn die Rechenzeit eines Befehls aus der Taktfrequenz berechnet werden soll. Beim Betrieb ohne Wartetakte gilt für die Rechenzeit TR eines Befehls:

$$TR = ZT / FT$$

ZT ist die Taktzyklenzahl des Befehls, FT ist die Taktfrequenz des Mikroprozessors am Takteingang CLK. Wird die Taktfrequenz in MHz eingesetzt, so ergibt sich die Rechenzeit in Mikrosekunden.
Vgl. Hardwareeigenschaften

Zyklus

Periodisch wiederkehrender Vorgang. Im Zusammenhang mit PCs unterscheidet man Programmschleifen-Zyklen, Arbeitsspeicher-Zyklen und Prozessor-Zyklen.

Programmschleifen-Zyklen
Programmschleifen-Zyklen treten bei der wiederholten Abarbeitung von Programmschleifen auf. Jeder Durchlauf durch die Befehle der Programmschleife stellt dabei einen Zyklus dar.

Arbeitsspeicher-Zyklen
Beim periodischen Zugreifen des Mikroprozessors auf den Arbeitsspeicher spricht man von Speicherzyklen, Arbeitsspeicher-Zyklen oder Zugriffszyklen. Während eines solchen Zugriffszyklus werden nacheinander die Signalleitungen aktiviert, über die der Zugriff gesteuert wird. Der einzelne Zugriff stellt dabei einen Zyklus dar.

Mikroprozessor-Zyklen
Auch die Mikroprozessoren der PCs arbeiten ihre Befehle in Zyklen ab. Ein jeder Zyklus wird durch zwei Taktimpulse des Taktgebers ausgelöst. Für die Abarbeitung der einzelnen Befehle benötigen die Mikroprozessoren unterschiedlich viele Zyklen.

Mikroinstruktion
In jedem Zyklus verrichtet er dabei eine Teiloperation des Befehls. Eine solche Teiloperation nennt man Mikroinstruktion oder auch micro instruction. Eine Mikroinstruktion ist z.B. das Addieren zweier Registerinhalte.
Vgl. Zyklenzahl

Zykluszeit
Zeit, die für die Ausführung eines periodisch wiederkehrenden Vorgangs verbraucht wird. Bei dem periodisch wiederkehrenden Vorgang spricht man auch von einem →Zyklus.

Zykluszeit, PC
Für PCs ist die Zykluszeit des Mikroprozessors von Bedeutung. Diese Zykluszeit ist umgekehrt proportional zur Taktfrequenz des Mikroprozessors. Man unterscheidet dabei Taktzykluszeit TT und Prozessorzykluszeit TP. Rechnerisch gilt:

$$TT = 1 / FT$$
$$TP = 2 / FT$$

FT ist die Taktfrequenz. Wird FT in MHz eingesetzt so ergeben sich die Zykluszeiten in Mikrosekunden.
Vgl. Hardwareeigenschaften

Zylinder
→Diskette

OS/2

Dieses Buch wendet sich nicht nur an PC-Besitzer, die soeben einen Rechner mit OS/2-Betriebssystem gekauft haben; auch die DOS-Benutzer die beide Betriebssysteme auf ihrem PC zur Verfügung haben möchten und OS/2 kennenlernen wollen, sind hier besonders angesprochen.

Es stellt eine fundierte Einführung zum Betriebssystem OS/2 von Microsoft dar.

Nach einer Erklärung der Eigenschaften und Möglichkeiten des Betriebssystems wird der Presentation Manager mit seinen verschiedenen Dienstprogrammen gründlich erläutert, wobei die Dateiverwaltung besonders ausführlich besprochen wird.

Auch die Möglichkeiten, OS/2 individuell an den Bedarf anzupassen, werden umfangreich dargestellt.

OS/2

Erfolgreich arbeiten mit dem Presentation Manager. Versionen 1.1, 1.2 und Ausblick auf 2.0. Von Martin **Kuppinger.** 1. Auflage 1991. 192 Seiten, 82 Abbildungen, kartoniert, DM 39,–
ISBN 3-7723-4221-3

FRANZIS

Franzis-Verlag, Buchvertrieb Karlstr. 35, 8000 München 2, Telefon 0 89/51 17-2 85
Tag-und-Nacht-Service:
Telefax 0 89/51 17-3 79

Franzis-Fachbücher erhalten Sie in jeder Buch- und Fachhandlung

Preisänderung vorbehalten

Arbeitsbuch
PC-Hardware

Dieses Buch ist das Ergebnis einer
starken Überarbeitung des bekannten „Arbeitsbuch Mikrocomputer" von Herwig Feichtinger. Die
rasante Entwicklung in der Computertechnik hat praktisch ein
neues Buch entstehen lassen.
Es ist in erster Linie ein Nachschlagewerk und beantwortet die
Fragen der täglichen Praxis, wie
Mikroprozessoren, Anschluß-
belegungen von Bauelementen,
Normen von Schnittstellen und
Druckertypen. Neben den reinen
Fakten, Zahlen und Tabellen sind
reichlich Erklärungen und Hinweise zum Wieso und Warum angesiedelt. Das reicht von einfacher
digitaler Logik über den internen
Aufbau von Mikroprozessoren bis
hin zu den Netzwerk-Standards.
Zahlreiche Fotos, Grafiken und
Tabellen lockern die technische
Information auf.

Arbeitsbuch PC-Hardware

Rund um die Technik von PC, Peripherie und Rechnerkommunikation.
Von Gerhard **Oerter;** Herwig
Feichtinger. 1. Auflage 1991.
376 Seiten, 245 Abbildungen,
gebunden, DM 78,–
ISBN 3-7723-4241-8

FRANZIS

Franzis-Verlag, Buchvertrieb
Karlstr. 35, 8000 München 2,
Telefon 0 89/51 17-2 85
Tag-und-Nacht-Service:
Telefax 0 89/51 17-3 79

Franzis-Fachbücher erhalten Sie
in jeder Buch- und Fachhandlung

Preisänderung vorbehalten